Ratinganalyse durch internationale Ratingagenturen

Betriebswirtschaftliche Studien Rechnungs- und Finanzwesen, Organisation und Institution

Herausgegeben von
Prof. Dr. Dr. h.c. Wolfgang Ballwieser, München
Prof. Dr. Christoph Kuhner, Köln
Prof. Dr. Dr. h.c. Dieter Ordelheide †, Frankfurt

Band 82

Peter Lang
Frankfurt am Main · Berlin · Bern · Bruxelles · New York · Oxford · Wien

Christian Wappenschmidt

Ratinganalyse durch internationale Ratingagenturen

Empirische Untersuchung für Deutschland, Österreich und die Schweiz

Peter Lang
Internationaler Verlag der Wissenschaften

Bibliografische Information der Deutschen Nationalbibliothek
Die Deutsche Nationalbibliothek verzeichnet diese Publikation in der Deutschen Nationalbibliografie; detaillierte bibliografische Daten sind im Internet über <http://www.d-nb.de> abrufbar.

Zugl.: München, Univ., Diss., 2008

D 19
ISSN 1176-716X
ISBN 978-3-631-58004-2

www.peterlang.de

Geleitwort

Ratingagenturen haben eine große Bedeutung im Markt für Fremdkapitaltitel, wobei international Standard & Poor's und Moody's dominieren. Als Informationsintermediäre dienen sie der Senkung von Agency- und Transaktionskosten, verursachen aber selbst Kosten dieser Art. Insofern ist ihr Nettonutzen unklar. Dennoch hat ihre Bedeutung – nicht zuletzt aufgrund regulatorischer Vorgaben – in jüngster Zeit zugenommen. Vor diesem Hintergrund ist es besonders interessant zu erfahren, wie Ratingagenturen zu ihrem Urteil gelangen und welche Einblicke sie in den Prozeß der Urteilsgewinnung geben. Dies ist Kern der vorliegenden Arbeit, in der erstmals großzahlig eine inhaltsanalytische Auswertung der von den Ratingagenturen gelieferten Begründungen für ein Emittenten-Ratingurteil vorgenommen wird. Basis sind sämtliche von S&P und Moody's zum 31.10.2006 in elektronischer Form vorliegenden Ratingbegründungen für Unternehmen aus Deutschland, Österreich und der Schweiz für den Zeitraum von Anfang 2002 bis zu dem genannten Stichtag. Aus dieser Grundgesamtheit vewendet der Verfasser eine Stichprobe von denjenigen Unternehmen, die von beiden Agenturen geratet wurden, und begrenzt den Untersuchungszeitraum auf die Jahre 2004 und 2005. Er erhält 62 auszuwertende Unternehmen, mit deren Hilfe er neun selbst formulierte Hypothesen testet. Der Verfasser stellt zwar große Übereinstimmungen in den Kategorienkatalogen der beiden Ratingagenturen fest, entdeckt aber auch im Detail unterschiedliche Vorgehensweisen.

Das in den Begründungen aufscheinende „Eigenbild" der Ratingagenturen wird anschließend dem „Fremdbild" von gerateten Unternehmen gegenüber gestellt. Ein an 106 Unternehmen verschickter Fragebogen erzeugte eine Rücklaufquote von rd. 43 %. Hiervon wurden zur besseren Vergleichbarkeit mit den vorigen Ergebnissen vorrangig die 29 gemeinsam gerateten Unternehmen ausgewertet. Die Ergebnisse zeigen gewisse Abweichungen gegenüber den im Eigenbild qua Urteilsbegründungen erzeugten Resultaten. Auch hier bleibt die Arbeit ohne Vorbild.

Dem Verfasser ist es gelungen, unser Wissen über mögliche Determinanten des Ratingprozesses bei Emittentenratings im deutschsprachigen Raum zu erweitern. Ich wünsche der inhaltlich gehaltvollen und sehr gut lesbaren Arbeit eine gute Resonanz.

München, den 10. Juni 2008 *Wolfgang Ballwieser*

Vorwort

Die vorliegende Arbeit entstand während meiner Tätigkeit als wissenschaftlicher Mitarbeiter am Seminar für Rechnungswesen und Prüfung der Ludwig-Maximilians-Universität München und wurde im Sommersemester 2008 vom Promotionsausschuss der Fakultät für Betriebswirtschaft als Dissertation angenommen.

Mein außerordentlicher Dank gebührt meinem akademischen Lehrer und Doktorvater Herrn Professor Dr. Dr. h.c. *Wolfgang Ballwieser*. Er hat durch seine stets konstruktiven Anregungen und Ratschläge maßgeblich zum Gelingen dieser Arbeit beigetragen und mir gleichzeitig die nötigen Freiräume für eigene Ideen belassen. Herrn Professor Dr. *Bernd Rudolph* danke ich sehr für die freundliche Übernahme des Korreferats.

Allen meinen Kollegen am Lehrstuhl möchte ich sehr herzlich für die gute Zusammenarbeit, die tolle Atmosphäre und die unvergessliche Zeit danken. Auch wenn es nicht leicht fällt, möchte ich einige von ihnen besonders herausstellen. Zuvorderst gilt mein Dank *Salima Sifi*. Ihrer Freundschaft und Unterstützung sowie ihrer fachkundigen und wertvollen Anregungen durfte ich mir stets gewiss sein. *Michael Dobler*, *Raimo Reese* und *Jörg Wiese* hatten jederzeit ein offenes Ohr und standen mir mit hilfreichem Rat zur Verfügung. *Roland Paarz* hat über das Korrekturlesen hinaus vor allem durch gemeinsame sportliche Aktivitäten zu willkommener Abwechslung und zusätzlicher Motivation beigetragen. Danken möchte ich auch den studentischen Hilfskräften, insbesondere *Nina Günther* und dem mittlerweile Kollegen *Andreas Hofherr*, die mich bei meiner Datenauswertung sehr unterstützt haben.

Ein großes Dankeschön gilt auch den Ratingagenturen *Standard & Poor's* und *Moody's*, die mir freundlicherweise Zugang zu ihren Ratingbegründungen gewährt und dadurch einen Großteil meiner empirischen Analysen erst ermöglicht haben.

Für die wichtige Zerstreuung außerhalb der Arbeit und den moralischen Beistand danke ich meinen Freunden, allen voran *Andreas Vahlensieck*, der trotz meiner häufigen zeitlichen Restriktionen stets spontan für jeden Spaß zu haben war.

Meinen Eltern *Elisabeth* und *Wolfgang Wappenschmidt* danke ich von ganzem Herzen dafür, dass Sie mir das Studium ermöglicht und mir – ebenso wie meine Geschwister *Philipp*, *Helen*, *Hannes* und *Nele* sowie auch meine Schwiegereltern in spe *Bärbel* und *Sepp Stangl* und Schwägerin in spe *Marion* – mit Zuspruch und Aufmunterung während der Promotionszeit zur Seite gestanden haben. Mein größter Dank gilt aber meiner Verlobten *Sandra Stangl*. Der Anteil, den sie durch ihre Liebe, ihr Vertrauen und ihre vorbehaltlose Unterstützung am Gelingen dieser Arbeit hat, ist nicht in Worte zu fassen. Ihr ist diese Arbeit gewidmet.

München, im Juli 2008 *Christian Wappenschmidt*

Inhaltsverzeichnis

Abkürzungsverzeichnis

a.A.	anderer Ansicht
Abb.	Abbildung
abs.	absolut, -e, -er, -es
Abs.	Absatz
abzgl.	abzüglich
ADR	American Depository Receipt(s)
AFP	Association for Financial Professionals
AG	Aktiengesellschaft
AKFIN	Arbeitskreis „Finanzierung" der Schmalenbach-Gesellschaft für Betriebswirtschaft e.V.
a.M.	am Main
Anm. d. Verf.	Anmerkung des Verfassers
Art.	Artikel
AT	Österreich
Aufl.	Auflage
BaFin	Bundesanstalt für Finanzdienstleistungsaufsicht
BdAR	Bundesverband der Ratinganalysten und Ratingadvisor e.V.
BetrAVG	Gesetz zur Verbesserung der betrieblichen Altersversorgung
BörsenZulV	Börsenzulassungsverordnung
bspw.	beispielsweise
bzgl.	bezüglich
bzw.	beziehungsweise
ca.	circa
CA	Coefficient of Agreement
CDS	Credit Default Swap(s)
CEBS	Committee of European Banking Supervisors
CESR	Committee of European Securities Regulators
CFO	Chief Financial Officer
CFROI	Cash Flow Return on Investment
CH	Schweiz
cm	Zentimeter
Co.	Company
Corp.	Corporation
Cov.	Coverage
c.p.	ceteris paribus
CRA	Credit Rating Agency
CTA	Contractual Trust Arrangement
D	Deutschland

DAX	Deutscher Aktienindex
d.h.	das heißt
df	degree(s) of freedom (Freiheitsgrad(e))
DVFA	Deutsche Vereinigung für Finanzanalyse und Asset Management e.V.
€	Euro
EBIT	Earnings Before Interest and Taxes
EBITA	Earnings Before Interest, Taxes and Amortization
EBITDA	Earnings Before Interest, Taxes, Depreciation and Amortization
ECAI	External Credit Assessment Institution
EG	Europäische Gemeinschaft
EPS	Earnings Per Share
EStG	Einkommensteuergesetz
EU	Europäische Union
e.V.	eingetragener Verein
EVA	Economic Value Added
evtl.	eventuell
EZB	Europäische Zentralbank
f.	folgende
FASB	Financial Accounting Standards Board
FFO	Funds from Operations
Fn.	Fußnote(n)
FOCF	Free Operating Cash Flow
FR	Finanzrisiko
FS	Festschrift
F&E	Forschung und Entwicklung
GAAP	Generally Accepted Accounting Principles
ges.	gesamt (-e, -er, -es)
GJ	Geschäftsjahr
GmbH	Gesellschaft mit beschränkter Haftung
GR	Geschäftsrisiko
GuV	Gewinn- und Verlustrechnung
HGB	Handelsgesetzbuch
Hrsg.	Herausgeber
hrsg.	herausgegeben
IAS	International Accounting Standards
IASCF	International Accounting Standards Committee Foundation
IBES	Institutional Brokers' Estimate System
i.d.R.	in der Regel
IEEE	Institute of Electrical and Electronics Engineers

IFD	Initiative Finanzstandort Deutschland
Ifo	Institut für Wirtschaftsforschung e.V.
IFRS	International Financial Reporting Standard(s)
i.H.v.	in Höhe von
IKS	Informations- und Kontrollsystem(e)
Ill.	Illinois (USA)
Inc.	Incorporated
inkl.	inklusive
insb.	insbesondere
IOSCO	International Organisation of Securities Commissions
Jg.	Jahrgang
KGaA	Kommanditgesellschaft auf Aktien
KPMG	Klynveld Peat Marwick Goerdeler
Ltd.	Limited
Mass.	Massachusetts (USA)
Max	Maximum
max.	maximal
m.E.	meiner Einsicht
Min	Minimum
mind.	mindestens
Moody´s	Moody´s Investors Service
Mrd.	Milliarde(n)
m.w.N.	mit weiteren Nachweisen
N.J.	New Jersey (USA)
No.	Number
Nr.	Nummer
NRSRO	Nationally Recognized Statistical Rating Organization
N.V.	Naamloze Vennootschap (Aktiengesellschaft nach niederländischem Recht)
o.ä.	oder ähnliche
öHGB	österreichisches Handelsgesetzbuch
o. Jg.	ohne Jahrgang
o.V.	ohne Verfasser
plc.	public limited company
pt	Punkt (Schriftgröße)
Q	Quartal
®	Registered Trademark
RÄ	Ratingänderung
RÄB	Ratingänderungsbegründung
RB	Ratingbegründung

RCF	Retained Cash Flow
RoA	Return on Assets
RoCE	Return on Capital Employed
S.	Seite(n)
S.A.	Société Anonyme (Aktiengesellschaft in Frankreich, Luxemburg oder der Schweiz)
SEC	Securities and Exchange Commission
SFB	Sonderforschungsbereich
Sign.	Signifikanz
SK	Schlüsselkennzahl
sog.	sogenannte, -er, -es, -en
SolvV	Solvabilitätsverordnung
Sp.	Spalte(n)
SPE	Special Purpose Entity
Std.	Standardabweichung
S&P	Standard & Poor´s
T	Tausend
Tel.	Telefon(nummer)
U.	Unternehmen
u.a.	und andere, unter anderem
u.ä.	und ähnliche
ÜLA	Überwachungslistenaufnahme
US	United States
USA	United States of America
US-GAAP	United States Generally Accepted Accounting Principles
usw.	und so weiter
U-Test	Mann-Whitney-U-Test
u.U.	unter Umständen
v.	von
v.a.	vor allem
vgl.	vergleiche
Vol.	Volume
vs.	versus
WpHG	Wertpapierhandelsgesetz
WpPG	Wertpapierprospektgesetz
z.B.	zum Beispiel
z.T.	zum Teil
ZUMA	Zentrum für Umfragen, Methoden und Analysen (Mannheim)

Zeitschriftenabkürzungsverzeichnis

A&BR	Accounting and Business Research
AAAJ	Accounting, Auditing and Accountability Journal
ABACUS	A Journal of Accounting, Finance and Business Studies
ABER	Akron Business and Economic Review
ABR	American Business Review
AER	Amercian Economic Review
AF	Accounting Forum
AG	Die Aktiengesellschaft
AH	Accounting Horizons
AOS	Accounting, Organizations and Society
AR	The Accounting Review
BB	Betriebs-Berater
BFuP	Betriebswirtschaftliche Forschung und Praxis
BJE	Bell Journal of Economics
CAR	Contemporary Accounting Research
CLR	Cornell Law Review
DB	Der Betrieb
DBW	Die Betriebswirtschaft
DStR	Deutsches Steuerrecht
EAR	European Accounting Review
EJOR	European Journal of Operational Research
EPC	Environment and Planning C: Government and Policy
FAJ	Financial Analysts Journal
FAZ	Frankfurter Allgemeine Zeitung
FB	Finanz Betrieb
FM	Financial Management
FMII	Financial Markets, Institutions and Instruments
FR	Financial Review
FT	Financial Times
FTD	Financial Times Deutschland
Governance	An International Journal of Policy, Administration and Institutions
IER	International Economic Review
II	Institutional Investor
IJA	The International Journal of Accounting
IJFE	International Journal of Finance and Economics
IRFA	International Review of Financial Analysis
IRZ	Zeitschrift für Internationale Rechnungslegung

ISAFM	Intelligent Systems in Accounting, Finance and Management
JA&E	Journal of Accounting and Economics
JAAF	Journal of Accounting, Auditing and Finance
JABR	Journal of Applied Business Research
JACR	Journal of Applied Communication Research
JAE	Journal of Applied Econometrics
JAL	Journal of Accounting Literature
JAR	Journal of Accounting Research
JBF	Journal of Banking and Finance
JBFA	Journal of Business Finance and Accounting
JBR	Journal of Business Research
JCR	Journal of Consumer Research
JEB	Journal of Economics and Business
JEF	Journal of Economics and Finance
JET	Journal of Economic Theory
JFE	Journal of Financial Economics
JFI	Journal of Fixed Income
JFQA	Journal of Financial and Quantitative Analysis
JFR	Journal of Financial Research
JFSA	Journal of Financial Statement Analysis
JISM	Journal of International Securities Markets
JLE	Journal of Law and Economics
JMCB	Journal of Money, Credit and Banking
JMFA	Journal of the Midwest Finance Association
JMS	Journal of Mathematical Sociology
JoB	Journal of Business
JoF	The Journal of Finance
JPE	Journal of Political Economics
JPM	Journal of Portfolio Management
JRI	Journal of Risk and Insurance
KoR	Zeitschrift für internationale und kapitalmarktorientierte Rechnungslegung
krp	Kostenrechnungspraxis (ab 2000 ZfCM)
KuK	Kredit und Kapital
NPE	New Political Economy
NZZ	Neue Zürcher Zeitung
ÖBA	Österreichisches Bankarchiv
PiR	Praxis der internationalen Rechnungslegung
POQ	Public Opinion Quarterly
QJE	The Quarterly Journal of Economics

QREF	Quarterly Review of Economics and Finance
RES	Review of Economic Studies
RFE	Review of Financial Economics
RFS	The Review of Financial Studies
RQFA	Review of Quantitative Finance and Accounting
sbr	Schmalenbach Business Review
ST	Schweizer Treuhänder
StuB	Steuern und Bilanzen
TMR	The Marketing Review
WiSt	Wirtschaftswissenschaftliches Studium
WPg	Die Wirtschaftsprüfung
WSJE	The Wall Street Journal Europe
ZBB	Zeitschrift für Bankrecht und Bankwirtschaft
ZfB	Zeitschrift für Betriebswirtschaft
zfbf	Schmalenbachs Zeitschrift für betriebswirtschaftliche Forschung
ZfCM	Zeitschrift für Controlling und Management (bis 1999 krp)
ZfgK	Zeitschrift für das gesamte Kreditwesen
zfo	Zeitschrift für Führung und Organisation
ZGR	Zeitschrift für Unternehmens- und Gesellschaftsrecht
ZWS	Zeitschrift für Wirtschafts- und Sozialwissenschaften

Symbolverzeichnis

CA	Coefficient of Agreement
e	*Euler*sche Zahl
i	Laufindex
j	Laufindex
L	latente Variable der ordinalen Regression
ln	Logarithmus naturalis
log	dekadischer Logarithmus
m	Anzahl
MW	Mittelwert
n	Anzahl
p	Wahrscheinlichkeit
R	abhängige Variable der Regression („Rating“)
R^2	Bestimmtheitsmaß
r_P	*Pearson*-Korrelationskoeffizient
r_S	*Spearman*-Rangkorrelationskoeffizient
x	unabhängige Variable; Erklärungsvariable der Regression
Z	Prüfgröße des *Mann-Whitney*-U-Tests
α	Regressionskonstante
β	Regressionskoeffizient
Δ	Delta; Differenz
ε	Störterm der Regression
χ^2	Chi-Quadrat
#	Anzahl
Ø	Durchschnitt

Abbildungsverzeichnis

Anhangsverzeichnis

1. Problemstellung

Die Ratings international agierender Ratingagenturen, insbesondere *Standard & Poor's*, *Moody's Investors Service* und *Fitch Ratings*,[1] werden an den Anleihemärkten in anglo-amerikanischen Ländern seit vielen Jahrzehnten stark genutzt. Seit einigen Jahren ist auch in anderen, allen voran kontinental-europäischen, Ländern eine zunehmende Verbreitung zu verzeichnen.[2] Die fortschreitende aufsichtsrechtliche Verwendung von Ratings, u.a. im Rahmen von Basel II, führt zu einem weiteren Bedeutungszuwachs.[3] *Credit Ratings*[4] stellen komprimierte Urteile zum Bonitätsrisiko von Schuldnern (Emittentenrating) oder emittierten Schuldtiteln (Emissionsrating) durch eine darauf spezialisierte Ratingagentur dar.[5] Sie spielen für das Anlageverhalten von Fremdkapitalgebern eine wichtige Rolle. Entsprechend stellen sie zentrale Determinanten der Finanzierungsmöglichkeiten und -konditionen von Fremdkapitalnehmern an Kapitalmärkten dar.[6]

Die Agenturen sind Finanzintermediäre, die Transaktions- und Agency-Kosten in Fremdfinanzierungsbeziehungen mindern können.[7] Ihre Einschaltung kann allerdings neue Kosten dieser Art verursachen.[8] Die Gefahr eines Reputationsverlusts ist vor diesem Hintergrund der zentrale Mechanismus, um qualitativ hochwertige Ratings zu gewährleisten.[9] Die große Marktmacht der Agenturen, offenkundige Fehleinschätzungen wie bei *Enron*,[10] *Worldcom* oder *Parmalat* und Kontroversen über ihre Analysemethoden[11] lassen jedoch Zweifel an der Wirksamkeit des Reputationsmechanismus und der Qualität der Ratings aufkeimen.[12] Seit einigen Jahren sind daher in verschiedenen Ländern sowie auf internationaler Ebene Regulierungsinitiativen zu beobachten, die auf eine Verbesserung der Transparenz und der Qualität des Ratingprozesses abzielen.[13] Als internationale Initiative mit Ausstrahlungswirkung auf Deutschland ist

1 *Standard & Poor's* wird im Weiteren mit *S&P*, *Moody's Investors Service* mit *Moody's* und *Fitch Ratings* mit *Fitch* abgekürzt.

2 Vgl. Heinke/Steiner (2000a), S. 1-4; Smith/Walter (2002), S. 291.

3 Vgl. z.B. Estrella u.a. (2000), S. 40-54; Partony (2002); Asmussen (2005).

4 Im Weiteren wird vereinfachend von Rating gesprochen. Vgl. zu Details Kapitel 2.1.

5 Vgl. Everling (1991), S. 29; Heinke (1998), S. 17; Rudolph (2006), S. 405. Diese Arbeit bezieht sich nur auf externe Ratings durch Ratingagenturen, interne Ratings durch kreditgebende Banken werden nicht berücksichtigt. Vgl. zu dieser Unterscheidung z.B. Rudolph (2006), S. 404.

6 Vgl. Heinke (1998), S. 36-60; Rudolph (2006), S. 404.

7 Vgl. Wagner (1991), S. 69-89; Steiner/Heinke (1996), S. 611-622.

8 Vgl. Steiner/Heinke (1996), S. 618, Oehler/Voit (1999), S. 970; Fischer/Rudolph (2000), S. 386.

9 Vgl. Heinke (1998), S. 233-239; Rudolph (2006), S. 415; Päßler (2007), S. 174-217.

10 Die Rechtsformangaben bei Unternehmensnamen werden vernachlässigt.

11 Beispielhaft seien die Kontroverse um die Analysemethodik für Pensionsrückstellungen oder die Kritik an den Ratingmethoden für Verbriefungen privater Hypothekenkredite im Zuge der US-Hypothekenmarktkrise angeführt. Vgl. zu erstem Gerke/Mager (2005); Gerke/Pellens (2003). Vgl. zu zweitem o.V. (2007a); o.V. (2007b).

12 Vgl. Merton/Bodie (1992), S. 93; Kuhner (2001), S. 3f.; Asmussen (2005), S. 247-249; Gerke/Mager (2005), S. 203f.; Frost (2007), S. 470.

13 Vgl. für einen Überblick Hill (2003); Strunz-Happe (2005); Päßler (2007), S. 404-417.

v.a. der *IOSCO Code of Conduct Fundamentals* für eine Selbstverpflichtung der Ratingagenturen über Verhaltenskodizes zu nennen. Dieser fordert u.a. eine bessere Erläuterung des Zustandekommens von Ratings gegenüber Unternehmen.[14] Ein breiter Bereich der Ratingforschung beschäftigt sich deskriptiv oder theoretisch mit Nutzenaspekten und Problemen von Ratings sowie den damit zusammenhängenden institutionellen Gestaltungsfragen.[15] Diese Hintergründe des Ratinggeschäfts werden in Kapitel 2 aufgearbeitet, um die ökonomischen und institutionellen Ursachen der Transparenzproblematik aufzudecken.

Zentrale Fragen im Zusammenhang mit der Qualität und Transparenz von Ratings sind zum einen deren Informationsgehalt und zum anderen deren Bestimmungsfaktoren. Der Informationsgehalt ist entscheidend dafür, ob Ratings neue, bisher nicht öffentliche Informationen verarbeiten und an die Märkte bringen.[16] Auf Basis von Informationen zu den Ratingdeterminanten können sich Unternehmen von der Qualität und Fairness der Ratinganalyse überzeugen, auf diese besser vorbereiten sowie versuchen, ihre Fremdkapitalkosten zu senken.[17] Investoren können dadurch den Nutzen von Ratings für ihre Anlageentscheidungen besser einschätzen und versuchen, durch Prognosen künftiger Ratings Handelsstrategien zu entwickeln.[18] Aufsichtsbehörden dienen solche Kenntnisse zur Akkreditierung von Ratingagenturen und zur Qualitätskontrolle der zu Regulierungszwecken genutzten Ratings.[19]

Die Fragen nach dem Informationsgehalt und den Bestimmungsfaktoren von Ratings können nur empirisch beantwortet werden.[20] Daher existiert ein breites empirisches Forschungsfeld zu Ratings, zu dem auch die vorliegende Arbeit einen Beitrag leisten soll.[21] Es gibt drei Untersuchungsfelder. Erstens werden Zusammenhänge von Ratings mit historischen Ausfallraten untersucht.[22] Zweitens werden im Rahmen von Kapitalmarktstudien entweder Zusammenhänge von Ratings mit der Verzinsung von Anleihen oder der Einfluss von Ratingänderungen auf die Bewertung von Finanztiteln im Zeitablauf analysiert. Die Ergebnisse beider Gruppen legen i.d.R. einen gewissen Informationsgehalt von Ratings nahe.[23] Allerdings bleiben dessen genaue Ursachen ver-

---

14 Vgl. IOSCO (2004), insb. S. 9, Code Fundamental 3.7.

15 In diesen Bereich fallen die meisten deutschsprachigen Dissertationen zu externen Ratings. Vgl. v.a. Everling (1991); Wagner (1991); Kley (2003); Wieben (2004); Päßler (2007). Eine wichtige Ausnahme stellt die vorrangig empirische Arbeit von Heinke (1998) dar.

16 Vgl. Ederington/Yawitz (1987), S. 53; Leftwich (1992), S. 432; Steiner/Heinke (1996), S. 585f.

17 Vgl. Schmidt (1996), S. 270f.; IOSCO (2003a), S. 17f.; Ackermann/Jäckle (2006), S. 882.

18 Vgl. White/Sondhi/Fried (2003), S. 662; Wieben (2004), S. 128. Darüber hinaus können diese Informationen auch für Standardsetter der Rechnungslegung von Interesse sein. Vgl. Healy/Palepu (2001), S. 416-418; Kamp (1998), S. 1-3.

19 Vgl. Strunz-Happe (2005), S. 232 und 242f.; Norden/Weber (2005), S. 47-49.

20 Vgl. Ederington/Yawitz (1987), S. 27.

21 Vgl. Ederington (1992), S. 220; Heinke (1998), S. 258f.; Blume/Lim/MacKinlay (1998), S. 1391.

22 Vgl. Heinke (1998), S. 259.

23 Vgl. für einen Überblick z.B. Heinke (1998), S. 258-308; Norden/Weber (2004), S. 2815-2817.

borgen und zum Zustandekommen des Ratings liefern sie keine Einblicke.[24] Sie werden hier nicht vertieft.

Drittens interessiert das Zustandekommen von Ratings. „Ratingprozesse stellen (...) für Unternehmensin- und externe weitgehend eine ‚black box' dar. Zwar legen Ratinggesellschaften wesentliche verwendete Kennzahlen ihrer Ratingsysteme offen; die exakten Bewertungsprozesse bleiben jedoch ihr Geschäftsgeheimnis.“[25] Sowohl von Seiten der Praxis als auch der Wissenschaft wird vermehrt die mangelnde Transparenz der Ratingmethodik beklagt, denn „(e)ntscheidend für die Qualität des Beurteilungsprozesses ist die Auswahl der einzubeziehenden Kriterien sowie deren Gewichtung“.[26] In diesem Zusammenhang ist, v.a. angesichts der jüngsten Regulierungsinitiativen, von Interesse, welche Informationen die Agenturen zur Erläuterung ihrer Ratings zur Verfügung stellen.[27] Diese Problemkreise stehen im Mittelpunkt der vorliegenden Arbeit. Um den Transparenzmangel zu spezifizieren, werden in Kapitel 3 die Veröffentlichungen der Agenturen zur Beschreibung ihres Ratingansatzes ausgewertet und kritisch beleuchtet.[28] Zur Frage nach den Ratingdeterminanten finden sich bereits zahlreiche empirische Studien. Diese werden in Kapitel 4 aufgearbeitet und gewürdigt, um bestehende Forschungslücken zu konkretisieren und Schwachpunkte zu identifizieren, die es bei der eigenen Untersuchung zu vermeiden gilt.

Bisherige Arbeiten dieses Forschungszweigs können methodisch in drei Bereiche eingeteilt werden. Den ersten und mit Abstand größten Bereich stellen Ratingreplikationsstudien dar, die versuchen, mittels statistischer Modelle auf Basis öffentlich verfügbarer Fundamental- und Finanzdaten Ratingeinstufungen nachzubilden oder zu prognostizieren.[29] Sie sind für eine Vielzahl von Fragestellungen einsetzbar und liefern rechenbare Ergebnisse. Es sind jedoch methodische Schwachpunkte zu konstatieren, und es verbleiben stets deutliche Fehlklassifikationen. Mögliche Gründe sind u.a. in der Vernachlässigung der von den Agenturen i.d.R. vorgenommenen Anpassungen der Finanzdaten und, noch wichtiger, von qualitativen Beurteilungsfaktoren zu sehen.[30]

Zweitens gibt es Studien, die das Zustandekommen von Ratings anhand von Befragungen beleuchten. Einige davon richten sich an Ratingagenturen, der überwiegende

24 Vgl. Livingston u.a. (2003), S. 8.

25 Pellens/Jödicke/Richard (2005), S. 1399. Vgl. auch Serfling/Pries (1990), S. 383; Fight (2001), S. 20 und 32. „Beispielsweise ist die Verarbeitung und Bedeutung von Rechnungslegungsinformationen für Ratingagenturen nur unzureichend bekannt." Dallwiger (2006), S. 16.

26 Steiner/Starbatty (2003), S. 20. Vgl. auch Everling (1991), S. 20; SEC (2003b); Wieben (2004), S. 33; Gerke/Mager (2005), S. 212f.; Strunz-Happe (2005), S. 232f.; Asmussen (2005), S. 249.

27 Vgl. Frost (2007), S. 476.

28 Vgl. insb. S&P (2006a); Moody´s (1998a).

29 Vgl. Ederington (1992), S. 220f. Heinke (1998), S. 260, spricht vom Ursprung der empirischen Ratingforschung. Vgl. für einen Überblick Ederington/Yawitz (1987), S. 39-47; Everling (1991), S. 155-202; Kamstra/Kennedy/Suan (2001), S. 78-80; Wieben (2004), S. 128-133.

30 Vgl. Ederington/Yawitz (1987), S. 47; Everling (1991), S. 201f.; Wieben (2004), S. 133; Pettit u.a. (2004), S. 13.

Teil hingegen an Unternehmen oder Investoren.[31] Angesichts der restriktiven Informationspolitik der Agenturen erscheint deren Befragung als wenig fruchtbar. Eine Befragung gerateter Unternehmen stellt hingegen die interessante Möglichkeit dar, deren Erfahrungen zum Ratingprozess sowie die ihnen von den Agenturen gewährten Erläuterungen zu erheben. Dazu gibt es bisher nur wenige Befunde, die zudem alle vor den jüngsten Regulierungsinitiativen datieren.[32]

Drittens gibt es mit der Arbeit von *Kamp* (1998) eine Inhaltsanalyse von Ratingbegründungen (*rating rationales*).[33] Bei Ratingbegründungen handelt es sich um regelmäßig von den Agenturen verfasste kompakte Zusammenfassungen der aus ihrer Sicht wichtigsten Einflussfaktoren auf die vergebenen Ratings.[34] Die Methode der Inhaltsanalyse ist für die Untersuchung von Finanzanalystenempfehlungen bereits verbreitet.[35] Das Vorgehen erscheint interessant, weil es direkt am Ergebnis der Analyseprozesse der Ratinganalysten anknüpft.[36] Zudem können qualitative Ratingkriterien untersucht werden. Die zentrale Annahme ist, dass sich Angaben zum Zustandekommen des Ratings in den Dokumenten wiederfinden.[37] Die bisher allein vorliegende Studie lässt aber deutliches Potential für Verbesserungen und Erweiterungen erkennen. Es erfolgt bspw. eine wenig differenzierte Auswertung der Dokumente nur einer Ratingagentur, die Analysen werden kaum statistisch untermauert, und die Ergebnisse werden nicht mittels Sensitivitätsanalysen auf ihre Robustheit geprüft.

In der Gesamtschau sind folgende Forschungslücken zu konstatieren: Qualitative Kriterien der Ratinganalyse und ihre Wichtigkeit für das Ratingurteil wurden bislang nur sehr begrenzt erforscht. Systematische Vergleiche der Ratinganalyse verschiedener Agenturen erfolgten nur selten.[38] Weiterhin finden sich nur eingeschränkte und wenig aktuelle Befunde zu Ansichten und Erfahrungen der Unternehmen zum Thema Rating.[39] Schließlich fehlen empirische Arbeiten für den deutschsprachigen Raum.[40]

---

31 Vgl. zu Befragungen von Ratinganalysten Sherwood (1976); Hawkins/Brown/Campell (1983). Vgl. zu Befragungen gerateter Unternehmen oder Investoren z.B. Kniese (1996); Ellis (1998); Cantwell (1999); AFP (2002); Baker/Mansi (2002).

32 „Little (if any) descriptive evidence has been published on any of the disclosure issues raised by the SEC in 2003. Surveys on user and issuer perceptions have been published, but no information has been disclosed about what agencies actually do." Frost (2007), S. 476.

33 Vgl. Kamp (1998).

34 Vgl. Berblinger (1996), S. 105-107; Kamp (1998), S. 88.

35 Vgl. Hax (1998), S. 11; Previts u.a. (1994); Rogers/Grant (1997); Breton/Taffler (2001); Bradshaw (2002); Demirakos/Strong/Walker (2004); Nielsen (2004); García-Meca/Martínez (2007). Vgl. zur Inhaltsanalysemethodik z.B. Weber (1990); Früh (2001); Kromrey (2006), S. 319-345.

36 Vgl. Schipper (1991), S. 116; Rogers/Grant (1997), S. 19; Kamp (1998), S. 95.

37 Vgl. Schipper (1991), S. 117; Kamp (1998), S. 103-107; Breton/Taffler (2001), S. 92.

38 Ausnahmen sind z.B. die Ratingreplikationsstudien von Moon/Stotsky (1993) oder Adams/Burton/Hardwick (2003), sowie Studien zu divergierenden Ratingurteilen mehrerer Agenturen (*split ratings*), wie z.B. Ederington (1986); Cantor/Packer (1997); Jewell/Livingston (1999).

39 Vgl. Baker/Mansi (2002), S. 1368; Frost (2007), S. 476.

40 Vgl. Kniese (1996), S. 66. Dieser Befund gilt nach bestem Wissen des Verfassers bis heute.

In diese Lücken stößt die vorliegende Arbeit.[41] Dazu wird eine zweigliedrige Vorgehensweise gewählt. Erstens wird in Kapitel 5 eine Inhaltsanalyse von Ratingbegründungen für 62 von *S&P* und *Moody's* geratete Unternehmen außerhalb des Finanzsektors aus Deutschland, Österreich und der Schweiz durchgeführt.[42] Der Untersuchung liegen abgeglichene Stichproben (*matched samples*) von 62 Ratingbegründungen und über 40 Ratingänderungsbegründungen von jeder der beiden Agenturen zugrunde, was einen systematischen Vergleich zwischen ihnen ermöglicht. Diese Dokumente sind nicht öffentlich zugänglich, sondern nur über kostenpflichtige Abonnements von den Agenturen erhältlich. Sie wurden dem Verfasser von diesen zu Forschungszwecken bereitgestellt. Für deren Untersuchung wird ein differenziertes Kategoriensystem entwickelt, das auch vertiefte Einblicke in qualitative Ratingkriterien erlaubt. Die Analyse erfolgt zum einen explorativ, zum anderen werden Hypothesen erarbeitet und getestet. Die Ergebnisse werden Sensitivitätsanalysen bezüglich Branchen, Ratingklassen und geographischer Herkünfte der Unternehmen sowie Betrachtungszeiträumen unterzogen. In den Ratingbegründungen beider Agenturen finden sich auch Übersichten zu wichtigen, um analytische Anpassungen bereinigten Finanzkennzahlen, die in der Ratinganalyse berücksichtigt wurden. Darauf aufbauend werden erstmals für den deutschsprachigen Raum Ratingreplikationsmodelle entwickelt. Das ist insofern eine wichtige Ergänzung, als derartige Daten in solchen Studien bislang nicht genutzt wurden, sie es aber ermöglichen, bisherige Kritikpunkte zu vermindern.

Zweitens werden sämtliche Unternehmen aus Deutschland, Österreich und der Schweiz, die über ein Rating von *S&P* oder *Moody's* verfügen, zu ihrer Zusammenarbeit mit diesen Agenturen und ihren Erfahrungen mit deren Ratingprozess befragt (Kapitel 6). Die erzielte Rücklaufquote von über 43 % bietet eine solide Datenbasis, um die empirische Analyse bezüglich dieser Aspekte zu ergänzen. Das in den Ratingbegründungen zum Ausdruck gebrachte Eigenbild der Agenturen von ihrer Ratingmethodologie wird dem Fremdbild, das die gerateten Unternehmen davon geben, gegenübergestellt.[43]

Die hier erarbeiteten Ergebnisse können durch die Nutzung der in diesem Forschungsfeld bislang vernachlässigten Methode der Inhaltsanalyse, die v.a. eine Berücksichtigung auch qualitativer Aspekte ermöglicht, und der Auswertung einer neuen Datenba-

---

41 Dass auch die Rechnungslegungsforschung fruchtbare Beiträge hierzu liefern kann, bringt folgendes Zitat treffend zum Ausdruck: „To date, accounting researchers have played only a minor role in the debate. Because they are well-versed in such areas as disclosure analysis, capital market tests, and the operation of financial intermediaries and external auditors, these researchers potentially have much to add.“ Frost (2007), S. 471.

42 „Statistical bond-rating models, using only quantitative data, are unlikely to ever be perfectly accurate; however closer attention to rating agencies′ descriptions of the process seems to be an obvious route to better understanding and prediction.“ Perry/Henderson/Cronan (1984), S. 34. Vgl. dazu aktuell Frost (2007), S. 486.

43 Vgl. ähnlich Hackethal/Gleisner (2006) mit einer Gegenüberstellung von Eigen- und Fremdbild des Kreditprozesses von Banken durch Befragungen von Banken und mittelständischen Unternehmen.

sis die wissenschaftliche Diskussion befruchten. Sie bieten ferner dem Leitbild einer anwendungsorientierten Wissenschaft folgend der Praxis Orientierungshilfen für die Zusammenarbeit mit den Ratingagenturen und das Zustandekommen ihrer Ratings. Normative Aussagen zur Ratinganalyse sind damit aber nicht verbunden.

2. Grundlagen, Funktionen und Probleme von Ratings

2.1. Definition, Arten und Risikoaussage von Ratings

Im Finanz- und Bankenwesen versteht man unter einem Rating die Beurteilung eines Finanztitels oder des diesen emittierenden Wirtschaftssubjekts nach im Vorfeld festgelegten Kriterien und einer darauf basierenden Klassifikation bzw. Benotung auf einer Ordinalskala. Der Begriff wird sowohl für den Prozess als auch das Ergebnis der Beurteilung verwendet.[44] Das hier interessierende *Credit Rating* bezieht sich auf Fremdfinanzierungsbeziehungen und gibt durch Zuordnung zu einer ordinal abgegrenzten Klasse eine komprimierte Einschätzung des damit verbundenen Bonitätsrisikos wieder.[45] Das Bonitätsrisiko stellt das Risiko für den Fremdkapitalgeber dar, dass der Fremdkapitalnehmer seine Verpflichtungen zu Zins- und Tilgungszahlungen nicht vollständig oder nicht rechtzeitig erfüllt.[46] Ratings können entweder individuell durch Kreditgeber wie Banken vorgenommen werden (interne Ratings) oder aber in standardisierter Weise und mit Veröffentlichung des Ratingergebnisses durch darauf spezialisierte Ratingagenturen (externe Ratings).[47]

Der Fokus dieser Arbeit liegt auf dem externen Rating durch international agierende Agenturen. Prominenteste Vertreter sind *S&P*, *Moody's* sowie *Fitch*.[48] Sie betrachten bei ihrer Bonitätsrisikoeinschätzung nicht nur den kompletten Zahlungsausfall im Zuge einer Insolvenz des Emittenten durch Überschuldung oder Illiquidität als Ausfallereignis, sondern jede Zahlungsstörung.[49] Zudem betonen sie, dass ihre Ratings als Meinungsäußerungen zu betrachten sind und mit ihnen keine Anlageempfehlungen verbunden sind.[50] Eine Übersicht über wichtige von Ratingagenturen geratete Objekte und die damit verfolgte Zielsetzungen findet sich in Abbildung 1.

---

44 Vgl. Everling (1991), S. 21-24; Everling (1999), S. 1528f.; Rudolph (2006), S. 405.

45 Vgl. Everling (1991), S. 29; Steiner (1992), S. 509; Serfling/Badack/Jeiter (1996), S. 633; Rudolph (2006), S. 405. Vgl. zur Bewertung bonitätsrisikobehafteter Schuldtitel grundlegend Merton (1974). Vgl. für einen Überblick z.B. Fabozzi (1998), S. 357-417; Uhrig-Homburg (2002); Elton u.a. (2004); Brealey/Myers/Allen (2006), S. 649-665.

46 Vgl. Schulte (1996), S. 89; Heinke (1998), S. 15; Perridon/Steiner (2007), S. 173f.

47 Vgl. Rudolph (2006), S. 404.

48 Vgl. Hill (2003), S. 60f.; Wieben (2004), S. 10.

49 Vgl. S&P (2006a), S. 12; Berblinger (1996), S. 31. Vgl. zu Insolvenzprognosemodellen grundlegend Beaver (1966); Altman (1968); Altman/Haldeman/Narayanan (1977); Ohlson (1980); Baetge (1980). Vgl. auch Feidicker (1992); Hüls (1995); Hauschildt/Leker (2000). Vgl. für einen Überblick Rudolph (1999); Altman/Narayanan (2002); White/Sondhi/Fried (2003), S. 650-658; Baetge/Kirsch/Thiele (2004), S. 535-589.

50 S&P (2006a), S. 8. Vgl. auch Berblinger (1996), S. 51. Ratings als Anlageempfehlungen zu betrachten wäre schon deswegen problematisch, da sie auf das Bonitätsrisiko beschränkt sind, und zudem Anlageentscheidungen im Portfoliozusammenhang getroffen werden sollten. Vgl. Serfling/Badack/Jeiter (1996), S. 651f.; Heinke (1998), S. 17; Kerwer (2001), S. 20.

Ratingobjekt	Zielsetzung des Ratings	Ratingbezeichnung
Schuldtitel (Anleihen, Schuldscheine, syndizierte Bankkredite, Commercial Papers, strukturierte Finanzierungen u.ä.)	Beurteilung der Zinszahlungs- und Schuldentilgungsfähigkeit während der Laufzeit des Schuldtitels	Emissionsrating (*Issue Rating; Debt Rating*)
Emittenten von Schuldtiteln	Analyse der Zinszahlungs- und Schuldentilgungsfähigkeit eines Emittenten bzgl. seiner erstrangigen Verpflichtungen allgemein oder für Derivatgeschäfte	Emittentenrating (*Issuer Rating; Counterparty Rating*)
Länder	Analyse der Zahlungs- und Schuldentilgungsfähigkeit	Länderrating (*Sovereign Rating*)
Gebietskörperschaften (v.a. in den USA)	Analyse der Zahlungs- und Schuldentilgungsfähigkeit	Kommunalobligationsrating (*Municipal Rating*)
Geldmarkt-/Rentenfonds	Analyse der Qualität der Anlageinstrumente und des Fondsmanagements, der Einhaltung veröffentlichter Anlageziele, von Strategien, Liquiditätsvorsorge und Marktrisiko	Fondsrating (*Mutual Bond Fund Credit Quality Rating; Money Market Fund Safety Rating; Money Market and Bond Fund Rating*)
Versicherungen	Beurteilung der Sicherheit von Ansprüchen der Versicherten	Versicherungsrating (*Insurance Financial Strength Rating*)
Banken, Finanzinstitute	Beurteilung der Sicherheit von Einlagen, von Emissionen und verwalteten Geldbeträgen	Bankrating (*Bank Financial Strength Rating*)

Abb. 1: Objekte und Zielsetzungen der Ratings von Ratingagenturen[51]

Nach der Fristigkeit wird zwischen einem kurzfristigen Rating, bei dem die Laufzeit des Titels bzw. der Zeithorizont bis zu einem Jahr beträgt (*short-term credit rating*; *commercial paper-rating*), und einem langfristigen Rating (*long-term credit rating*; *bond rating*) unterschieden.[52] Eine weitere wichtige Differenzierung ist die zwischen einem Emittenten- und Emissionsrating. Ein Emittentenrating (*issuer rating*) beurteilt die generelle wirtschaftliche Fähigkeit eines Emittenten, seinen Zahlungsverpflichtungen nachzukommen. Ein Emissionsrating (*issue rating*) ist hingegen eine Einschätzung der wirtschaftlichen Fähigkeit und rechtlichen Bindung eines Emittenten, seinen Zahlungsverpflichtungen aus der betrachteten spezifischen Emission zu erfüllen. Bei einem Emissionsrating werden daher Emissionsspezifika wie Sicherungselemente, Rangstellung und Anleihebedingungen in die Beurteilung einbezogen.[53] Es wird i.d.R. aus dem Emittentenrating durch evtl. Anpassungen für derartige Elemente abgeleitet.[54] Schließlich wird unterschieden, ob ein Rating mit Auftrag (*solicited rating*) oder ohne Auftrag (*unsolicited rating*) des Emittenten durchgeführt wird. Die Ratinganalyse ist in beiden Fällen weitgehend vergleichbar, ein wichtiger Unterschied liegt aber in der Informationsbasis der Agentur. Bei einem beantragten Rating finden Gespräche mit dem Management statt

51 In Anlehnung an Heinke (1998), S. 18. Vgl. dazu auch S&P (2006a), S. 9; Moody's (2007a), S. 10-37; Berblinger (1996), S. 33-44.

52 Vgl. S&P (2006a), S. 8; Moody's (2007a), S. 11.

53 Vgl. S&P (2006a), S. 8f.; Moody's (2007a), S. 10-13. Vgl. zu einer ausführlichen Diskussion dieser Unterscheidung auch Heinke (1998), S. 18-21 m.w.N.

54 Vgl. S&P (2006a), S. 11 und 45-55; Moody's (1998c), S. 4. Ein Emittentenrating ist i.d.R. mit dem Emissionsrating für unbesicherte Anleihen ersten Ranges vergleichbar. Vgl. Moody's (1998c), S. 1; Heinke (1998), S. 20; Koziol/Thabe (2005), S. 927.

und das beurteilte Unternehmen stellt (z.T. interne) Informationen bereit. Bei einem Rating ohne Auftrag kann die Agentur nur auf eigene und öffentliche Daten zurückgreifen.[55]

Die vorliegende Arbeit konzentriert sich auf beantragte langfristige Ratings für privatwirtschaftliche Unternehmen, aber nur für solche außerhalb des Finanzsektors, da die Ratinganalyse für Banken und Versicherungen deutlich anders gestaltet ist und für Unternehmen dieser Branchen spezielle Arten von Ratings vergeben werden.[56]

	Moody's	*S&P*	*Fitch*	**Bedeutung der Symbole: Schuldtitel bietet ...**
investment grade	Aaa	AAA	AAA	**außergewöhnliche finanzielle Sicherheit** der Zins- und Tilgungszahlungen. Änderungen verschiedener ökonomischer Rahmenbedingungen führen nur höchst unwahrscheinlich zu einer Änderung der fundamental starken Position dieser Emission.
	Aa	AA	AA	**sehr gute finanzielle Sicherheit** der Zins- und Tilgungszahlungen. Die Fähigkeit zur Befriedigung der ausstehenden Ansprüche unterscheidet sich nur aufgrund der etwas höher einzuschätzenden langfristigen Risiken ein wenig von der höchsten Einstufung und ist auch unter veränderten ökonomischen Rahmenbedingungen stark.
	A	A	A	**gute finanzielle Sicherheit,** aber die Fähigkeit zur Befriedigung der Ansprüche ist empfindlicher gegen unerwartete negative Umweltentwicklungen als in den oberen Stufen.
	Baa	BBB	BBB	**angemessene finanzielle Sicherheit.** Allerdings können fehlende oder unverlässliche Sicherungselemente zu einer Empfindlichkeit der Zahlungsfähigkeit gegen unerwartete negative Umweltentwicklungen führen.
speculative grade	Ba	BB	BB	**unzureichende finanzielle Sicherheit** und enthält spekulative Elemente. Das Standing der Emission ist mäßig und damit insbesondere bei langfristigen Verpflichtungen nicht voll gesichert und empfindlich gegenüber negativen ökonomischen Umweltentwicklungen.
	B	B	B	nur eine **schwache finanzielle Sicherheit.** Zwar besteht augenblickliche Zahlungsfähigkeit, aber längerfristig sind starke Gefährdungselemente vorhanden.
	Caa	CCC	CCC	**sehr schwache finanzielle Sicherheit.** Die gegenwärtige Zahlungsfähigkeit kann nur unter weiterhin günstigen ökonomischen Umweltbedingungen aufrechterhalten werden. Bei unerwarteten negativen Umweltentwicklungen sind rechtzeitige Zins- und Tilgungszahlungen fraglich.
	Ca	CC	CC	**sehr schwache finanzielle Sicherheit,** wobei die Zahlungsfähigkeit bereits stärker eingeschränkt ist. Bei unerwarteten negativen Umweltentwicklungen sind Zahlungsstörungen sehr wahrscheinlich.
	C	C	C	**extrem schwache finanzielle Sicherheit.** Zahlungsschwierigkeiten oder Insolvenzverfahren bereits eröffnet, aber Zahlungen werden noch fortgeführt.
		D	RD	**hochspekulative Zahlungen.** Sie sind **bereits in Verzug oder** der Kapitaldienst ist durch andere Vertragsverletzungen bereits **akut gefährdet.**
			DDD, DD, D	**niedrigste finanzielle Sicherheit. Zahlungen** sind **bereits eingestellt,** oder Schuldtitel hat extrem schwache Zukunftsaussichten, niemals wieder finanzielle Sicherheit zu bieten.
	1,2,3 im Bereich Aa bis Caa	+/- im Bereich AA bis CCC	+/- im Bereich AA bis CCC	Die Feinabstufungen (sog. *modifier*) dienen zur Kennzeichnung der relativen Stellung des Ratingobjekts im oberen, mittleren oder unteren Drittel innerhalb der Ratingkategorien.

Abb. 2: Klassen und Definitionen langfristiger Emissions- und Emittentenratings[57]

---

[55] Vgl. Everling (1991), S. 54f.; Wieben (2004), S. 91. *S&P* ratet in den USA unabhängig von einem Auftrag alle öffentlich gehandelten Anleihen über 100 Mio. $ Volumen. Vgl. S&P (2006a), S. 15. *Moody's* tut das dort nach starker Kritik an der früher häufigen unbeauftragten Ratingvergabe nur noch für risikoreiche Unternehmensanleihen. *Fitch* geht selektiv vor. Außerhalb der USA vergeben die Agenturen unbeauftragte Ratings selektiv und nur in einigen Ländern, z.B. Japan, nicht aber Deutschland. Vgl. Poon (2003), S. 594 und 605. *Moody's* kennzeichnet diese Ratings in der Pressemitteilung, während *S&P* das Kürzel „pi" ergänzt. Vgl. S&P (2006a), S. 10. Vgl. auch White (2002), S. 47; Smith/Walter (2002), S. 311f.; Frost (2007), S. 51f.

[56] Vgl. Berblinger (1996), S. 40-43. Vgl. für Details zu Banken- und Versicherungsratings z.B. Monro-Davies (1996), S. 182-218; Sönnichsen (1996); Everling (1999), S. 1541-1543.

[57] In Anlehnung an Heinke (1998), S. 22. Vgl. auch S&P (2006a), S. 11f.; Moody's (2007a), S. 13; Fitch Ratings (2007a). Die Angaben wurden am 25.09.2007 mit denen auf den Internetseiten der drei Agenturen abgeglichen. Bei *S&P* wird für Emittentenratings bei Zahlungsausfall anstelle von

In Abbildung 2 sind die Ratingklassen und deren Bedeutungen für langfristige Ratings der international agierenden Agenturen aufgeführt. Sie werden sowohl für langfristige Emissions- als auch Emittentenratings verwendet.[58] Es werden die zwei übergeordneten Kategorien *investment grade*- (BBB-/Baa3 und besser) und *speculative grade*-Ratings (schlechter als BBB-/Baa3) unterschieden. Diese Einteilung wurde ursprünglich durch eine aufsichtsrechtliche Regelung in den USA, dass bestimmte institutionelle Investoren nur Schuldtitel mit einem Rating im *investment grade*-Bereich erwerben dürfen, geprägt.[59] Sie wird mittlerweile von den Agenturen ebenfalls verwendet. Es zeigt sich, dass die Ratingskalen der drei Agenturen nicht völlig im Einklang stehen, sondern im *speculative grade*-Bereich gewisse Unterschiede aufweisen.[60] Innerhalb der Ratingklassen gibt es eine Feinabstufung durch *modifier* (bei *S&P* und *Fitch* +/-, bei *Moody's* 1, 2, 3), die zur Kennzeichnung der relativen Stellung des Ratingobjekts im oberen, mittleren oder unteren Drittel der Ratingklasse dienen. Der Abstand zwischen zwei feingestuften Ratings wird als *notch* bezeichnet.[61] *S&P* verbindet seit langem mit jedem Rating einen Ausblick, der die erwartete Entwicklung über einen bis zu zweijährigen Zeithorizont andeutet.[62] Dieser ist aber nicht als Hinweis auf eine zwangsläufige künftige Herauf- oder Herabstufung des Ratings zu verstehen. Die Praxis wurde mittlerweile von *Moody's* und *Fitch* übernommen.[63] Eine Aufnahme in die sog. Überwachungsliste[64] zeigt dem Kapitalmarkt an, dass die Agentur das bisherige Rating gegenwärtig auf den Prüfstand stellt und ob sie eine Herauf- oder Herabstufung erwartet. Ein Rating kann aber auch ohne vorherige Aufnahme in die Überwachungsliste geändert werden.[65]

D die Ratingklasse SD (*selective default*) vergeben, wenn dieser nur bezüglich bestimmter und nicht aller Emissionen vorliegt.

58 Vgl. S&P (2006a), S. 11-13; Moody's (2007a), S. 12f.; Fitch Ratings (2007a). Für kurzfristige Ratings werden andere Ratingklassen und -symbole verwendet.

59 Vgl. Cantor/Packer (1994), S. 6f. Vgl. Brister/Kennedy/Liu (1994) für eine empirische Untersuchung der Auswirkungen dieser regulativen Unterscheidung von Ratings auf die relative Höhe der Bonitätsrisikoprämie. Sie finden für *speculative grade*-Anleihen eine zusätzliche Bonitätsrisikoprämienerhöhung, die sich nicht auf das gestiegene Ausfallrisiko, sondern den Regulierungseffekt zurückführen lässt. Vgl. ähnlich Heinke (1998), S. 328.

60 Vgl. ähnlich Wieben (2004), S. 137; Güttler/Wahrenburg (2007), S. 755f.

61 Vgl. S&P (2006a), S. 12; Moody's (2007a), S. 10; Fitch Ratings (2007a). So beträgt bspw. der Unterschied der *S&P*(*Moody's*)-Ratingklasse AA+ (Aa1) zur Ratingklasse AA (Aa2) ein *notch*.

62 Der Ausblick „*positive*" („*negative*") bedeutet, dass das Rating heraufgestuft (herabgestuft) werden könnte. Der Zusatz „*stable*" deutet darauf, dass die Wahrscheinlichkeit einer Ratingänderung gering ist, während „*developing*" die eher seltene Situation einer Unklarheit über die künftig mögliche Entwicklungsrichtung anzeigt. Vgl. S&P (2006a), S. 15.

63 *Moody's* und *Fitch* unterscheiden die gleichen Ausblicke wie *S&P*. *Moody's* bezieht diese auf einen Zeithorizont von 18 bis 36 Monaten und *Fitch* auf einen von 12 bis 24 Monaten. Vgl. z.B. Moody's (2007a), S. 53; Fitch Ratings (2002), S. 2; Wieben (2004), S. 140.

64 *Moody's* verwendet dafür den Begriff *Watchlist*. Vgl. Moody's (2004d), S. 23. Bei *S&P* heißt dieses Instrument *CreditWatch*. Vgl. S&P (2006a), S. 10.

65 Vgl. S&P (2006a), S. 10 und 14; Moody's (2004d), S. 23.

Das Bonitätsrisiko setzt sich sowohl aus der erwarteten Wahrscheinlichkeit eines Zahlungsausfalls als auch der erwarteten Ausfallhöhe zusammen.[66] *Moody's* verfolgt den *expected loss*-Ansatz, der beide Komponenten im Rating berücksichtigt.[67] Für *S&P* ist hingegen seit langem kontrovers, ob neben der erwarteten Ausfallwahrscheinlichkeit auch die erwartete Ausfallhöhe einbezogen ist. In der Literatur wird meist vermutet, dass keine explizite Schätzung beider Komponenten erfolgt, sondern die erwartete Ausfallhöhe über „Daumenregeln" das Rating beeinflusst.[68]

Die Agenturen verfolgen einen Ratingansatz, bei dem sich die Beurteilung nicht auf einen bestimmten Stichtag oder kurzen Zeithorizont bezieht, sondern, möglichst unabhängig von der jeweiligen konjunkturellen Situation, auf mehrere Jahre oder gar die gesamte Laufzeit erstrangiger Verpflichtungen bzw. einer speziellen Emission (*through-the-cycle*-Rating). Damit wird dem Rating eine gewisse Stabilität verliehen. Ratinganpassungen werden erst vorgenommen, wenn sich längerfristige, nicht allein auf kurzfristige zyklische Schwankungen zurückführbare Veränderungen wichtiger Bonitätsdeterminanten zeigen.[69] Dieser Ansatz steht im Kontrast zum Ansatz von Banken, das Bonitätsrisiko aufgrund der gegenwärtigen Situation des Kreditnehmers für ein bis zwei Jahre zu schätzen (*point-in-time*-Rating).[70]

Ein Rating ist als Einschätzung des relativen Bonitätsrisikos zu verstehen. Dementsprechend ist damit lediglich die Aussage verbunden, dass Objekte einer Ratingklasse ein untereinander vergleichbares Risiko eines Zahlungsausfalls und solche einer besseren im Vergleich zu denen einer schlechteren Ratingklasse ein geringeres derartiges Risiko aufweisen. Eine Ratingskala ist demnach als Ordinalskala zu betrachten. Eine Aussage über das erwartete absolute Bonitätsrisiko von Ratingobjekten ist damit nicht möglich.[71] Daher werden Ausfallstudien mit dem Ziel durchgeführt, das mit den Ratingklassen verbundene historische absolute Bonitätsrisiko zu messen.[72] Das ist aus zwei Gründen für Ratingnutzer von Interesse. Zum einen können damit Aussagen zur Qualität und Konsistenz von Ratings im Zeitablauf, über verschiedene Branchen oder Ratingagenturen hinweg gemacht werden. Mit einer besseren bzw. höheren Ra-

---

66 Vgl. Heinke (1998), S. 15-17; Collin-Dufresne/Goldstein/Martin (2001), S. 2178; Norden/Weber (2005), S. 32f.; Rudolph (2006), S. 416. Vgl. für weitere mögliche Einflussfaktoren auf die Bonitätsrisikoprämie z.B. Elton u.a. (2004); Collin-Dufresne/Goldstein/Martin (2001); Delianedis/Geske (2001); Elton u.a. (2001).

67 Vgl. Moody's (2002a), S. 5-10; Moody's (2007a), S. 10. Vgl. auch Berblinger (1996), S. 31f. und 52-56; Heinke (1998), S. 38-42.

68 Vgl. z.B. Cantor/Packer (1994), S. 13; Altman/Kishore (1996), S. 57; Heinke (1998), S. 42f.; Wieben (2004), S. 136; Güttler/Wahrenburg (2007), S. 756; a.A. Tracey/Carey (2000), S. 172f.

69 Vgl. S&P (2006a), S. 33-35; Moody's (2002a), S. 4; Rudolph (2006), S. 414.

70 Vgl. zu Details z.B. Treacy/Carey (2000), S. 171; Crouhy/Galai/Mark (2001), S. 49f.; Löffler (2004); Müller-Masiá u.a. (2005), S. 64-69. Vgl. zu empirischen Untersuchungen z.B. Altman/Rijken (2004) und (2006); Amato/Furfine (2004).

71 Vgl. S&P (2006a), S. 7; Berblinger (1996), S. 35; Heinke (1998), S. 36-44.

72 Vgl. grundlegend Hickman (1958) und Altman (1989). Vgl. auch Allen/Saunders (2003), S. 46-79; Estrella u.a. (2000), S. 126-152; Caouette/Altman/Narayanan (1998); Altman (1998). Vgl. für Studien der Agenturen S&P (2006b) und Moody's (2006c).

tingklasse sollte im Durchschnitt eine geringere tatsächliche Ausfallrate einhergehen.[73] Zum anderen dienen die historischen durchschnittlichen Ausfallraten einer Ratingklasse häufig als Schätzung der künftigen absoluten Ausfallwahrscheinlichkeit von Emittenten bzw. Emissionen dieser Ratingklasse.[74] Die Studien zeigen übereinstimmend für schlechter geratete Schuldtitel höhere historische Ausfallraten. Die deutlichste Erhöhung zeigt sich beim Übergang von *investment grade-* zu *speculative grade-*Ratings.[75] Ein weiterer, eng damit verbundener, und für Ratingnutzer ebenso wichtiger Fragenkomplex ist die Stabiliät bzw. Fortentwicklung von Ratings im Zeitablauf. Zu diesem Zweck werden u.a. Übergangsmatrizen ermittelt. Sie zeigen historische relative Häufigkeiten für den Übergang von Unternehmen von einer Ratingklasse in eine andere oder in den Ausfallzustand.[76] Sämtliche Studien ergeben tendenziell eine höhere Stabilität der besseren Ratingklassen.[77] Abbildung 3 zeigt beispielhaft die von *S&P* und *Moody's* ermittelten durchschnittlichen ein- und fünfjährigen Ausfallraten der Ratingklassen für die weltweit von ihnen gerateten Unternehmen. Abbildung 4 enthält eine Matrix mit durchschnittlichen einjährigen Übergangswahrscheinlichkeiten für Ratings von *S&P*.

Solche historischen Werte sollten nur sehr vorsichtig als Schätzer für künftige Ausprägungen der entsprechenden Parameter verwendet werden.[78] Sie spiegeln auch nur einen Teilaspekt der Ratingqualität wider. Zudem erlaubt die Feststellung hoher Korrelationen mit der historischen Ausfallrate keine Aussage darüber, ob das Rating in Entscheidungen von Investoren berücksichtigt wird.[79] Empirische Erkenntnisse dazu werden in Kapitel 2.4.1. näher beleuchtet.

---

73 Vgl. Berblinger (1996), S. 52f.; Estrella u.a. (2000), S. 126-128; Norden/Weber (2005), S. 45; Güttler/Wahrenburg (2007), S. 752. Vgl. zu weiteren Analysemethoden der Treffergenauigkeit und Validierung von Ratingsystemen z.B. Hamerle/Rauhmeier/Rösch (2003); Krämer/Güttler (2003); Norden/Weber (2005), S. 40-44. Vgl. auch Moody's (2000b).

74 Vgl. Estrella u.a. (2000), S. 126; Kealhofer/Kwog/Weng (1998), S. 1-4. Vgl. zum methodischen Vorgehen Kassberger/Wentges (1999); Cantor/Falkenstein (2001), S. 39-44. Vgl. Carey/Hrycay (2001) zum *mapping* von historischen Ausfallraten der Agenturratings und den internen Ratingklassen bei Banken aufgrund deren zu geringer eigener Datenhistorie. Die Ausfallwahrscheinlichkeit ist ein wichtiger Parameter zur Ermittlung des erwarteten Verlusts aus einem Kreditengagement. Daneben sind die erwartete Verlustquote und der erwartete ausstehende Betrag bei Ausfall relevant. Vgl. Rudolph (2006), S. 416f.

75 Vgl. Ederington/Yawitz (1987), S. 16f.; Cantor/Packer (1994), S. 9-12; Estrella u.a. (2000), S. 126f.; S&P (2006b), S. 16; Moody's (2006c), S. 10.

76 Vgl. grundlegend Altman/Kao (1992). Vgl. auch Altman (1998), S. 1232f.; Estrella u.a. (2000), S. 132; Nickell/Perraudin/Varroto (2000), S. 203f.; Lando/Skødeberg (2002); Jafry/Schuermann (2004). Diese Informationen spielen eine wichtige Rolle im Kreditrisikomanagement. Vgl. S&P (2006b) und Moody's (2006c) für Studien der Agenturen.

77 Vgl. Estrella u.a. (2000), S. 126f. Es lässt sich insgesamt aber feststellen, dass die Wahrscheinlichkeit einer Ratingänderung sinkt, je länger ein Unternehmen schon in einer bestimmten Ratingklasse verweilt (*rating momentum*). Vgl. Lando/Skødeberg (2002), S. 439f.; Christensen/Hansen/Lando (2004), S. 2576f.; Hull/Predescu/White (2004), S. 2809.

78 Vgl. Kealhofer/Kwok/Weng (1998), S. 16-19; Hull/Predescu/White (2004), S. 2792.

79 Vgl. Ederington/Yawitz (1987), S. 17; Heinke (1998), S. 259.

Ratingklasse (*S&P/Moody's*)	1-Jahres-Ausfallrate (%) *S&P*	1-Jahres-Ausfallrate (%) *Moody's*	5-Jahres-Ausfallrate (%) *S&P*	5-Jahres-Ausfallrate (%) *Moody's*
AAA/Aaa	0,00	0,00	0,10	0,09
AA/Aa	0,01	0,01	0,29	0,20
A/A	0,04	0,02	0,59	0,56
BBB/Baa	0,27	0,21	2,83	2,25
BB/Ba	1,12	1,31	10,65	11,85
B/B	5,38	5,69	24,16	29,73
CCC-C/Caa-C	27,02	20,98	47,56	57,01
investment grade	0,11	0,08	1,18	0,93
speculative grade	4,65	5,15	19,18	23,49
insgesamt	1,61	1,74	6,92	7,73
S&P: Durchschnittliche Emittenten-gewichtete kumulative Ausfallraten, 1981-2005.				
Moody's: Durchschnittliche Emittenten-gewichtete kumulative Ausfallraten, 1983-2005.				

Abb. 3: *S&P* und *Moody's* durchschnittliche 1- und 5-Jahres-Ausfallraten nach Ratingklasse[80]

1-Jahres-Übergangsraten (%)										
		zu Ratingklasse								
von Ratingklasse	in %	AAA	AA	A	BBB	BB	B	CCC-C	Ausfall	zurück-gezogen
	AAA	**88,20**	7,67	0,49	0,09	0,06	0,00	0,00	0,00	3,49
	AA	0,58	**87,16**	7,63	0,58	0,06	0,11	0,02	0,01	3,85
	A	0,05	1,90	**87,24**	5,59	0,42	0,15	0,03	0,04	4,58
	BBB	0,02	0,16	3,85	**84,13**	4,27	0,76	0,17	0,27	6,37
	BB	0,03	0,04	0,25	5,26	**75,74**	7,36	0,90	1,12	9,29
	B	0,00	0,05	0,19	0,31	5,52	**72,67**	4,21	5,38	11,67
	CCC-C	0,00	0,00	0,28	0,41	1,24	10,92	**47,06**	27,02	13,06

Abb. 4: *S&P* 1-Jahres-Durchschnitts-Übergangsmatrix über den Zeitraum 1981-2005[81]

2.2. Überblick über den Ratingmarkt

Das Rating durch Ratingagenturen hat seinen Ursprung Anfang des 20. Jahrhunderts in den USA genommen. Dort wurde 1909 mit *Moody's* die erste Agentur gegründet, nur wenige Jahre später entstand *S&P*. Begonnen haben sie mit der Publikation von Analysen und Beurteilungen der Anleihen von Eisenbahngesellschaften.[82] Früher erzielten sie ihre Umsätze aus Subskriptionsgebühren der Investoren für ihre Ratingpublikationen. Allerdings sahen sich die Agenturen seit den 1970er Jahren zunehmend mit *free rider*-Problemen durch Kopien und kostenlose Weitergabe ihrer Publikationen konfrontiert. Zudem wurden Ratings immer wichtiger für eine Fremdkapitalaufnahme am Kapitalmarkt und die Agenturen wurden immer häufiger von Emittentenseite mit einem Rating beauftragt. Daher gingen sie dazu über, Gebühren von den beurteilten Emittenten zu verlangen.[83] Damit waren merklich höhere Umsätze erzielbar und die

80 In Anlehnung an S&P (2006b), S. 17; Moody's (2006c), S. 34.
81 In Anlehnung an S&P (2006b), S. 45f.
82 Vgl. Cantor/Packer (1994), S. 1f. Vgl. zur Historie der Ratingagenturen ausführlich Sylla (2002).
83 Vgl. Cantor/Packer (1994), S. 4; White (2002), S. 47; Hill (2003), S. 50-53.

Verbreitung von Ratings stieg stark an, da eine Veröffentlichung im Interesse der zahlenden Emittenten liegt. Die Ratinggebühren orientieren sich im Wesentlichen am Emissionsvolumen und bewegen sich i.d.R. zwischen zwei und fünf Basispunkten davon, können sich aber um weitere variable Gebühren erhöhen. Genaue Angaben dazu sind nicht bekannt.[84] Die Agenturen bieten Ratingnutzern weiterhin vertiefte Informationen zu Ratings, Branchen- und Länderanalysen u.ä. in Form von subskriptionspflichtigen Publikationen und Internetdatenbanken an.[85] Im Jahr 2006 erzielte z.B. *Moody's* 87 % des Umsatzes aus Ratinggebühren der Emittenten und nur 13 % aus Subkriptionsgebühren.[86]

Der globale Ratingmarkt kann als beschränktes Oligopol mit wenigen dominanten Anbietern und einer Vielzahl kleiner Konkurrenten in Nischen charakterisiert werden.[87] *S&P* und *Moody's* kommen jeweils, gemessen am Umsatz, auf einen weltweiten Marktanteil von ca. 40 %. Daneben hat *Fitch* in den letzten Jahren zunehmende Bedeutung erlangt. Sie ist durch mehrere Fusionen aus *Fitch*, *IBCA*, *Duff & Phelps* und *Thomson Financial Bank Watch* hervorgegangen und verfügt mittlerweile über 16 % Marktanteil.[88] Diese drei Agenturen bieten mit Ratings für Industrieunternehmen, Versicherungen und Banken, für Länder und Gebietskörperschaften, strukturierte Finanzierungen sowie weiteren speziellen Ratings das gesamte Spektrum an Ratingleistungen an.[89] Sie konzentrieren sich bislang auf größere Unternehmen mit einem gewissen Mindestemissionsvolumen.[90] In den verschiedenen Segmenten haben sie aber unterschiedliche Marktanteile, *Fitch* ist z.B. vergleichsweise stärker auf Ratings von Banken und strukturierten Finanzierungen ausgerichtet.[91] Sie sind zudem in allen bedeutenden Fremdkapitalmärkten und Finanzzentren weltweit präsent.

Eine umfangreiche Erhebung aus dem Jahr 2000 ergab, dass weltweit 130-150 Ratingagenturen bestehen.[92] Die vielen weiteren Agenturen sind vergleichsweise klein und haben sich in Anbetracht der Dominanz der drei internationalen Agenturen auf Marktnischen konzentriert, v.a. auf bestimmte Branchen, Länder bzw. Regionen oder mittelständische Unternehmen.[93] *A. M. Best* hat sich bspw. als international tätige Agentur auf das Rating von Versicherungsunternehmen spezialisiert. Sie erreicht damit einen globalen Marktanteil von ca. 4 %.[94] Darüber hinaus gibt es v.a. in Japan und Kanada

---

84 Vgl. Cantor/Packer (1994), S. 4; White (2002), S. 47f.; Smith/Walter (2002), S. 302-305; Kley (2003), S. 202-205 m.w.N.

85 Vgl. zu weiteren Details auch Kapitel 3.4.

86 Vgl. Moody's (2006f), S. 5. Das gilt ähnlich für *S&P* und *Fitch*. Vgl. Fight (2001), S. 20.

87 Vgl. Everling (1996), S. 6; Kley (2003), S. 199-202; Steiner/Bruns (2007), S. 192.

88 Vgl. White (2002), S. 58.

89 Vgl. Gras (2003), S. 15.

90 Vgl. Serfling/Badack/Jeiter (1996), S. 636; Heinke (1998), S. 31. Beide Quellen nennen ca. 10 Mio. $ als Mindestemissionsvolumen. Vgl. auch Kley (2003), S. 204.

91 Vgl. Hill (2003), S. 64; Kley (2003), S. 200.

92 Vgl. Estrella u.a. (2000), S. 14f. und 21-32.

93 Vgl. Fight (2001), S. 13-15; Kley (2003), S. 201.

94 Vgl. Adams/Burton/Hardwick (2003), S. 542; Kley (2003), S. 199.

national tätige Agenturen, die auf ihren Heimatmärkten solide Marktstellungen besitzen.[95] In den meisten anderen Ländern wird der nationale Markt aber von den drei Großagenturen beherrscht. Heimische Agenturen bieten meist Ratings für mittelständische Unternehmen an und besetzen damit eine von den Großen bisher nicht bediente Nische.[96] Dies lässt sich auch in Deutschland beobachten.[97] Seit 1998 sind hier mehrere Ratingagenturen gegründet worden, die sich allesamt auf Mittelstandsratings konzentrieren.[98] Die Großagenturen wollen längerfristig allerdings auch in dieses Segment vordringen.[99] Der Wettbewerb unter den großen drei Agenturen ist eher gering ausgeprägt, v.a. da Emittenten i.d.R. Ratings von zwei großen Agenturen, meist *S&P* und *Moody's*, und bei Abweichungen zwischen deren Urteilen (*split ratings*) häufig noch das Rating einer dritten Agentur beantragen.[100] Wichtige Merkmale der Agenturen fasst Abbildung 5 zusammen.[101]

Agentur / Merkmal	***S&P***	***Moody's***	***Fitch***
Mutterunternehmen	McGraw-Hill Inc., New York	Seit 2000 selbständig und börsennotiert	Fimalac S.A., Paris
Gegründet	1916	1909	1924
Mitarbeiter	ca. 8.500, davon über 1.250 Analysten	ca. 3.600, davon über 1.000 Analysten	ca. 2.100, davon über 800 Analysten
Umsatz 2006 (Mio. $)	2.750	2.037	823
Niederlassungen (inkl. Partnerunternehmen)	in 25 Ländern (in Deutschland seit 1992)	in 27 Ländern (in Deutschland seit 1991)	in 36 Ländern (in Deutschland seit 1999)
Vergebene Ratings	• in ca. 100 Länder • 28.300 Unternehmen • 50.000 Finanzinstitute und Versicherungen • 976.000 hoheitliche Emittenten • 188.000 strukturierte Finanzierungen	• in ca. 100 Länder • 29.000 Unternehmen • 84.000 Finanzinstitute und Versicherungen • 154.000 hoheitliche Emittenten • 108.000 strukturierte Finanzierungen	• in ca. 100 Länder • 14.000 Unternehmen • 69.000 Finanzinstitute und Versicherungen • 766.000 hoheitliche Emittenten • 71.000 strukturierte Finanzierungen
globaler Marktanteil (gemessen am Umsatz)	40 %	39 %	16 %
Kosten eines Ratings	Ab ca. 20.000 $ (Fixum und zusätzliche variable (abhängig vom Emissionsvolumen) Vergütung) mit jährlichen Folgekosten		

Abb. 5: Wichtige Merkmale der international anerkannten Ratingagenturen[102]

---

95 Vgl. Everling (1996), S. 5; Smith/Walter (2002), S. 304

96 Vgl. Heinke/Steiner (2000a), S. 1.

97 Vgl. Heinke/Steiner (2000a), S. 5; Gromer (2000), S. 91.

98 Vgl. zu Details z.B. Heinke/Steiner (2000a), S. 5f. Vgl. Wieben (2004), S. 10f., 99-102 und 119f., dort auch für Hinweise zu den Ratingansätzen ausgewählter deutscher Ratingagenturen.

99 Vgl. z.B. S&P (2002a), S. 1-3; S&P (2004b), S. 4f.

100 Vgl. Baker/Mansi (2002), S. 1378f.; White (2002), S. 47f.; Hill (2003), S. 60-65. Vgl. zu möglichen Gründen für die Beantragung mehrerer Ratings z.B. Jewell/Livingston (1999), S. 1-3, und mit empirischen Ergebnissen einer Befragung von Emittenten und Investoren Ellis (1998), S. 38f., sowie Baker/Mansi (2002), S. 1370 und 1375-1382.

101 Vgl. ausführlich zu den drei Agenturen Fight (2001), S. 15-53; Smith/Walter (2002), S. 298-301.

102 In Anlehnung an Wieben (2004), S. 10, mit eigener Erhebung aktueller Angaben, insb. aus S&P (2007a); Moody's (2007b); Fitch Ratings (2007b).

Ratings waren bis vor wenigen Jahrzehnten vorrangig in den USA zu finden. Dort haben sie insbesondere seit den 70er Jahren immer größere Verbreitung und ebenso verstärkte Verwendung zu regulativen Zwecken gefunden.[103] Seit den 90er Jahren haben Ratings auch international, v.a. in Europa und Asien, deutlich an Bedeutung gewonnen.[104] Zum einen hat die Globalisierung der Finanzmärkte eine entscheidende Rolle gespielt. Ratings dienen international agierenden Investoren als Orientierungshilfe und Vergleichsbasis zur Beurteilung ausländischer Anlagemöglichkeiten. Für Emittenten, die internationale Investoren ansprechen bzw. internationale Kapitalmärkte nutzen wollen, ergibt sich ein gewisser Anpassungsdruck an die dort herrschenden, oft US-amerikanisch geprägten, Usancen und folglich zur Beantragung eines Ratings.[105] Zum anderen wurden neue Finanzierungsformen und -produkte wie Kreditderivate und strukturierte Finanzierungen bzw. Forderungsverbriefungen zum Handel mit Krediten und Kreditrisiken entwickelt und haben seither ein rasantes Wachstum zu verzeichnen. Für die Bepreisung solcher Titel besteht großer Bedarf an Informationen zu Bonitätsrisiken, die durch Ratings geliefert werden können.[106]

Weiterhin hat sich der europäische Markt für Unternehmensanleihen seit den 90er Jahren deutlich ausgeweitet und damit die dortige Verbreitung von Ratings zusätzlich gefördert.[107] Wichtige Aspekte für diese Entwicklung sind erstens in der Deregulierung und Liberalisierung des deutschen und europäischen Kapitalmarktes und der Schaffung des gemeinsamen Euro-Währungsraumes zu sehen. So entstand in Deutschland mit der Abschaffung der staatlichen Emissionsgenehmigung für Anleihen im Jahr 1991 ein zunehmender Informationsbedarf der Investoren zum Bonitätsrisiko.[108] Wichtige Konsequenzen der Euro-Einführung waren der Wegfall der Währungsrisiken am Kapitalmarkt des Euro-Raums und der Ersatz der länderspezifischen Ratingobergrenzen durch das AAA- bzw. Aaa-Rating der *Europäischen Zentralbank* (*EZB*), so dass nun verstärkt das Bonitätsrisiko als Differenzierungskriterium zwischen Anleihen in den Fokus gerückt ist.[109] Zweitens ist ein Trend zur Disintermediation zu verzeichnen, so dass Unternehmen ihren Fremdkapitalbedarf nicht mehr so stark wie früher über Bankkredite decken, sondern zunehmend über die Emission von verbrieften Schuldtiteln am Kapitalmarkt.[110] Sie versprechen sich Zugang zu einem erweiterten Kapitalgeberkreis, niedrigere Finanzierungskosten und mehr Flexibilität bei der Ausgestaltung der Finanzierungsbedingungen. Damit verlagert sich die Aufgabe der Bonitätsrisikobeurteilung zunehmend von Banken auf die Investoren, was die Anforderungen an deren Informationsverarbeitungskapazität bezüglich dieses Risikos stark erhöht

---

103 Vgl. ausführlich Cantor/Packer (1994), S. 5-7; Sylla (2002), S. 33-37.

104 Vgl. ausführlich Heinke/Steiner (2000a), S. 1-4; Kley (2003), S. 208-212.

105 Vgl. Paul (1996), S. 387; Peters (2001), S. 43; Gras (2003), S. 13.

106 Vgl. Heinke/Steiner (2000a), S. 3; Norden/Weber (2005), S. 36; Rudolph (2006), S. 430-437.

107 Vgl. für einen Überblick Fischer (2001), S. 253-264; Deutsche Bundesbank (2004); Rudolph (2006), S. 429f.

108 Vgl. Heinke/Steiner (2000a), S. 1f.; Rudolph (2006), S. 429.

109 Vgl. Heinke/Steiner (2000a), S. 1f.; Peters (2001), S. 42-44.

110 Vgl. z.B. Deutsche Bundesbank (2000), S. 34; Rudolph (2006), S. 399-402.

und ihre Nachfrage nach Ratings steigen lässt.[111] Drittens ist eine zunehmende regulatorische Bezugnahme auf Ratings auch außerhalb der USA zu beobachten.[112] Hier ist v.a. Basel II und dessen Regelung, dass Banken Ratings anerkannter Agenturen (*External Credit Assessment Institutions* (ECAI)), im Rahmen des modifizierten Standardansatzes zur Ermittlung der Eigenkapitalunterlegungspflichten für vergebene Unternehmenskredite heranziehen können, zu nennen.[113] Die meisten Banken haben allerdings eine Variante des sog. internen Ansatzes, der auf bankinterne Ratings abstellt, gewählt, so dass eine durch Basel II bedingte starke Nachfragesteigerung nach externen Ratings nicht zu verzeichnen ist.[114] Die erst jüngst gegründeten Mittelstandsratingagenturen sind weder als ECAI anerkannt noch werden ihre Ratings von institutionellen Anlegern oder Banken in sonstiger Form für eine Kreditvergabeentscheidung berücksichtigt.[115] Ihre Marktentwicklung ist daher bislang schwierig. Allmächlich werden ihre Ratings zwar von mittelständischen Unternehmen als hilfreich empfunden, z.B. als Stärken-Schwächen-Analyse, Vorbereitung auf bankinterne Ratings oder für Beziehungen zu Lieferanten und Kunden.[116] In dem Zusammenhang ist es aber interessant, dass sich die Mitglieder der *Initiative Finanzstandort Deutschland* (IFD), darunter v.a. die großen deutschen Bankenverbände, entschlossen haben, ihre bankinternen Ratings den Unternehmenskunden künftig offenzulegen.[117] Diese Ratings werden mit denen von Ratingagenturen in Konkurrenz treten, was den Wettbewerb am Ratingmarkt hierzulande intensivieren könnte.[118] Diese Konkurrenz wird v.a. die jungen Agenturen für Mittelstandsratings treffen, denn bankinterne Ratings, selbst wenn öffentlich bekannt, werden am Kapitalmarkt wohl nicht als Ersatz für Ratings der etablierten internationalen Agenturen angesehen.

Der starke Bedeutungszuwachs von Ratings in Deutschland in den letzten Jahren spiegelt sich u.a. in der stetig gestiegenen Zahl der von *S&P* und *Moody's* gerateten Industrieunternehmen wider, wie aus Abbildung 6 ersichtlich wird. Sie lässt auch die gängige Praxis der Unternehmen erkennen, ein Rating beider Agenturen zu beantragen. Allerdings ist hierzulande die Marktdurchdringung selbst bei großen Unternehmen im Vergleich zu einigen anderen Ländern, z.B. Großbritannien, Japan und v.a. den USA, immer noch sehr niedrig. Kontinentaleuropa wird von den internationalen Agenturen daher zurzeit als wichtigster Wachstumsmarkt betrachtet.[119]

---

111 Vgl. Heinke/Steiner (2000a), S. 1; Steiner/Mader/Starbatty (2003), S. 519-524.
112 Vgl. dazu ausführlich Estrella u.a. (2000), S. 40-54.
113 Vgl. Basel Committee on Banking Supervision (2006), S. 19-27. Vgl. zu Details der Anerkennung als ECAI Kapitel 2.4.3.
114 Vgl. Wieben (2004), S. 14.
115 Vgl. Wieben (2004), S. 14; Schröder (2005), S. 99f. Vgl. zu Details Kapitel 2.4.3.
116 Vgl. Kley (2003), S. 300-310; Wieben (2004), S. 14f. In diese Richtung deuten auch die Ergebnisse der Befragung deutscher mittelständischer Unternehmen von Gromer (2000), S. 107, und Brandt/Offerhaus (2002), S. 19. Vgl. zu diesen Studien auch Anhang 3.
117 Vgl. IFD (2004), S. 3; o.V. (2006e).
118 Vgl. Asmussen (2005), S. 253.
119 Vgl. Kley (2003), S. 212; Schröder (2005), S. 108f.

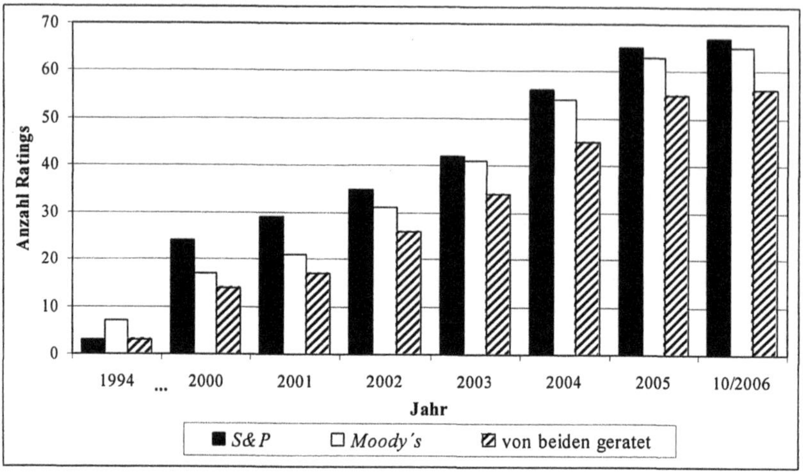

Abb. 6: Zeitliche Entwicklung der Anzahl von *S&P* oder *Moody's* gerateter deutscher Unternehmen außerhalb des Finanzsektors[120]

2.3. Funktionen von Ratings

Ratings können für Investoren, Emittenten und Aufsichtbehörden als den wesentlichen Akteuren an Fremdkapitalmärkten auf verschiedene Weise von Nutzen sein.[121] Sie können Investoren im Emissionszeitpunkt zur Festlegung oder Prüfung einer bonitätsrisikoadäquaten Verzinsung von Schuldtiteln dienen. Durch ihre regelmäßigen Überwachungen und Anpassungen an veränderte Bedingungen können sie auch während der Laufzeit der Wertpapiere aktuelle Einschätzungen der Bonitätsrisiken geben.[122] Vor diesem Hintergrund nutzen v.a. institutionelle Anleger Ratings im Rahmen des Portfoliomanagements. Sie dienen als Entscheidungshilfe bei der Strukturierung und Umschichtung von Anleiheportfolios nach Bonitätsrisikoaspekten und können die Performancemessung unterstützen. Weiterhin finden sie Verwendung in internen Anlagerichtlinien und Steuerungsinstrumenten für Kreditrisiken und in der Ausfallrisikokostenkalkulation von Banken.[123] Ratingagenturen können aus Sicht der Investoren auch

---

[120] Die Zahlen für das Jahr 1994 stammen aus Kniese (1996), S. 78. Die weiteren Zahlen basieren auf eigenen Erhebungen des Verfassers anhand der Ratinglisten der Agenturen. Vgl. u.a. S&P (2005b); Moody's (2005b). Gezählt wurden nur Unternehmen außerhalb des Finanzsektors (also keine Banken und Versicherungen) mit Hauptsitz in Deutschland, die in den Ratinglisten der beiden Agenturen zu finden waren. Konzerne wurden nur einmal gezählt, selbst wenn mehrere Konzernunternehmen (z.B. Finanzierungsgesellschaften) ein eigenes Rating aufweisen. Vgl. Fitch (2005b) für von *Fitch* geratete deutsche Unternehmen.

[121] Vgl. ausführlich Everling (1991), S. 204-273; Heinke (1998), S. 44-69; Heinke/Steiner (2000b), S. 138-143; Steiner/Bruns (2007), S. 195-198. Vgl. zu Ratingfunktionen speziell für Investoren Behrenwaldt (1996) und für Emittenten Schnabel (1996) sowie Schmidt (1996), S. 255-259.

[122] Vgl. Heinke (1998), S. 44-46.

[123] Vgl. Heinke (1998), S. 47-52.

einer laufenden Überwachung des Emittenten dienen.[124] Schließlich kann ein bestimmtes Mindestrating in privaten (Kredit-)Verträgen als Grenzwert (*rating trigger*) fungieren, bei dessen Unterschreitung z.B. eine Konditionenanpassung oder Kreditliniensperrung ausgelöst wird oder ein Kündigungsrecht besteht.[125]

Auch für Emittenten erfüllen Ratings wichtige Funktionen, was sich in der Bereitschaft zeigt, ein Rating zu beantragen und zu bezahlen. Sie erhalten Kenntnis über ihr Bonitätsrisiko im Vergleich zu anderen Emittenten und eine Orientierungshilfe bezüglich der aus einer Emission entstehenden Fremdkapitalkosten.[126] Die Ratinganalyse durch die Agenturen kann einem Unternehmen zudem Stärken und Schwächen der eigenen leistungs- und finanzwirtschaftlichen Situation verdeutlichen und einen Eindruck über die Stellung im Konkurrenzvergleich vermitteln. Damit können von einem Rating Verbesserungspotentiale aufgezeigt werden und disziplinierende Effekte auf Unternehmensentscheidungen ausgehen.[127] Weiterhin erfüllt ein Rating eine Zertifizierungsfunktion, indem es dem Emittenten ermöglicht, seine Glaubwürdigkeit als Schuldner zu dokumentieren und bei den Investoren Vertrauen zu schaffen, was förderlich für das Zustandekommen einer Finanzierungsbeziehung ist. Durch eine geringere Unsicherheit der Investoren erhöht sich die Marktgängigkeit und Liquidität einer Emission und Misstrauen wird abgebaut, was zu einer Reduktion der Fremdkapitalkosten beiträgt.[128] Ein Rating kann des Weiteren zur Homogenisierung der Investorenerwartungen hinsichtlich der zu gewährenden Bonitätsrisikoprämie führen und aufgrund des *through-the-cycle*-Ansatzes die Kursstabilität erhöhen.[129] Um bestimmte Anlegerkreise anzusprechen oder Zugang zu internationalen Kapitalmärkten zu erhalten, ist ein Rating meist zwingend erforderlich.[130] Schließlich kann es auch in der Finanzkommunikation und dem Finanzmarketing genutzt werden und positive Wirkungen auf weitere Geschäftsbeziehungen entfalten.[131] In diesem Zusammenhang wird häufig auf die Bedeutung des Ratings als schützender Filter und seinen im Vergleich zu anderen Informationsinstrumenten potentiell höheren Informationswert verwiesen. Es können in das Rating nämlich auch sensible Informationen einfließen und gegenüber dem Kapitalmarkt kommuniziert werden, ohne dass diese für Externe, v.a. Konkurrenten, exakt nachvollziehbar sind.[132]

Schließlich werden Ratings von Aufsichtsbehörden als Instrument der Finanzmarktregulierung genutzt.[133] Sie bieten die Möglichkeit für eine flexible Form der Regulierung, die nach Bonitätsrisikograden differenzieren kann und sich automatisch an das

---

124 Vgl. Heinke (1998), S. 51f. Vgl. zu Details Kapitel 2.4.2.2.
125 Vgl. SEC (2003b), S. 29-31; EZB (2004), S. 12-15; CESR (2004), S. 38 und 87-93.
126 Vgl. Heinke (1998), S. 52-55.
127 Vgl. Schnabel (1996), S. 315f.
128 Vgl. Wakeman (1990), S. 413f.; Heinke (1998), S. 59f. Vgl. zu Details Kapitel 2.4.2.2.
129 Vgl. Heinke (1998), S. 58.
130 Vgl. Schnabel (1996), S. 308. Vgl. zu regulatorischen Verwendungen von Ratings weiter unten.
131 Vgl. Schnabel (1996), S. 314-318.
132 Vgl. Ederington (1992), S. 221; Goh/Ederington (1993), S. 2002; Steiner/Heinke (1996), S. 613f.
133 Vgl. Randow (1995), S. 151; Heinke (1998), S. 60. Vgl. auch Kapitel 2.4.3.

aktuelle Niveau anpasst. Vor allem in den USA, aber auch in vielen anderen Ländern, finden sich zahlreiche Verweise auf Ratings in Vorschriften zur Kapitaladäquanz von Finanzunternehmen, zu Anlagerestriktionen institutioneller Anleger, Emissionsvoraussetzungen oder Publizitätspflichten.[134] Motive für solche Regelungen sind in der Minderung von Risiken im Finanzsystem, der Sicherung der Funktionsfähigkeit und Stabilität der Finanzmärkte sowie im Schutz privater Anlegern zu sehen.[135]

Diese Praxis nahm ihren Anfang in den USA im Jahr 1931 mit einer vom Erreichen eines Mindestratings abhängigen Bilanzierungsregel für von Banken gehaltene Anleihen. Besondere Erwähnung verdient eine Regelung der SEC aus dem Jahr 1975 zu von Ratings der Papiere abhängigen Mindestkapitalunterlegungspflichten von Wertpapierhändlern. Darin wurde erstmals festgelegt, dass nur die Ratings solcher Agenturen zu Regulierungszwecken zugelassen sind, die in einem Anerkennungsverfahren den Status einer *Nationally Recognized Statistical Rating Organization* (NRSRO) erhalten haben. Diese Voraussetzung wurde seither für sämtliche regulativen Verwendungen von Ratings auch anderer US-Behörden übernommen.[136] Bis vor kurzem besaßen nur die fünf Agenturen *S&P*, *Moody's*, *Fitch*, *A. M. Best* und die kanadische *Dominion Bond Rating Service* den NRSRO-Status.[137] Mit dem *Credit Rating Agency Reform Act of 2006* wurde das Anerkennungsverfahren nachvollziehbarer und weniger restriktiv gestaltet. Seitdem wurden mit *Japan Credit Rating Agency* und *Rating and Investment Information* bereits zwei weitere Agenturen anerkannt.[138]

Deutschland ist das einzige Mitgliedsland des Baseler Komitees für Bankenaufsicht, in dem externe Ratings bislang kaum eine Rolle in der Finanzmarktregulierung gespielt haben.[139] Durch Basel II finden externe Ratings, wie angedeutet, in den Mitgliedsländern des Baseler Komittees für Bankenaufsicht, darunter Deutschland, und weiteren Ländern, die sich an dem Regelwerk orientieren, fallweisen Eingang in die Kapitaladäquanzvorschriften für Banken. Die vormals einheitliche Eigenkapitalunterlegungspflicht von 8 % des Kreditbetrags wird im Rahmen des anstatt eines bankinternen Ratingverfahrens anwendbaren modifizierten Standardansatzes nun in Abhängigkeit des externen Ratings des Kreditnehmers mit differenzierten Risikogewichten belegt.[140] Dazu sind nur die Ratings anerkannter Agenturen (ECAI) zugelassen.[141] Die Empfeh-

---

134 Vgl. Randow (1996b), S. 152; Heinke (1998), S. 60-65. Vgl. für einen kompakten Überblick über die Verwendung von Ratings zu Regulierungszwecken in den USA Cantor/Packer (1994), S. 5-9; SEC (2003), S. 6f.; Rosenbaum (2004), S. 9-20; und für die zwölf Mitgliedsstaaten des Baseler Komitees für Bankaufsicht und ausgewählter weiterer Länder v.a. Estrella u.a. (2000), S. 40-44.

135 Vgl. Heinke (1998), S. 61.

136 Vgl. White (2002), S. 52; Hill (2003), S. 53-57.

137 Vgl. Strunz-Happe (2005), S. 234 m.w.N.; Beaver/Shakespeare/Soliman (2006), S. 307.

138 Vgl. SEC (2007a).

139 Vgl. Estrella u.a. (2000), S. 41-44; Kley/Everling (2002), S. 137-140; Asmussen (2005), S. 249.

140 Vgl. Basel Committee on Banking Supervision (2006), S. 19-23 und 126f. Vgl. auch Hofmann/Pluto (2005), S. 248.

141 Vgl. zu Details der Anerkennung als ECAI Kapitel 2.4.2.5.

lungen von Basel II wurden in Deutschland durch die Solvabilitätsverordnung (SolvV) zum 01.01.2007 in nationales Recht umgesetzt.[142]

Die verschiedenen Aufgaben von Ratings können auf die beiden zentralen Funktionen der Information und Zertifizierung zurückgeführt werden.[143] Die Informationsfunktion des Ratings besteht darin, dass es über das mit Schuldtiteln oder deren Emittenten verbundene Bonitätsrisiko informiert und einen Vergleich zwischen diesen ermöglicht. Viele der weiterhin aufgezeigten Funktionen und Verwendungsbereiche bauen auf der Erfüllung der Informationsfunktion auf bzw. lassen sich daraus ableiten.[144] Die Zertifizierungsfunktion stellt hingegen darauf ab, dass Ratingagenturen als sachverständige und unabhängige Dritte die von Emittenten kommunizierten Informationen zur Beurteilung ihres Bonitätsrisikos bezüglich Qualität und Glaubwürdigkeit zertifizieren bzw. für die Investoren überwachen.[145] Im nächsten Kapitel wird beleuchtet, wie sich die Existenz von Ratingagenturen und der potentielle Nutzen ihrer Ratings durch Erfüllung der Informations- und Zertifizierungsfunktion auf Basis der Finanzierungstheorie erklären lassen, welche Probleme sich dabei ergeben können und welche Möglichkeiten für deren Lösung bestehen.

2.4. Theoretische Grundlagen des Ratinggeschäfts

2.4.1. Neoklassische Finanzierungstheorie

Die neoklassische Finanzierungstheorie geht davon aus, dass auf Finanzmärkten zeit- und zustandsbezogene Zahlungsströme gehandelt werden, ein vollkommener Markt im Gleichgewicht vorliegt und Informationseffizienz herrscht.[146] Da alle Marktteilnehmer kostenlos umfassend und gleich informiert sind und diese Informationen unverzüglich in den Wertpapierpreisen verarbeitet werden, ist in dieser Modellwelt kein Platz für Ratingagenturen und sie ist folglich für die Erklärung der theoretischen Grundlagen des Ratinggeschäfts unergiebig.[147]

Wird in diesem Theorierahmen die Annahme vollkommener Information gelockert und der Informationseffizienzthese nach *Fama*[148] gefolgt, kann aber gefragt werden, welchen Informationsumfang Ratings beinhalten müssten, um nützliche Informationen für die Marktteilnehmer bereitzustellen.[149] Unter einem informationseffizienten Kapitalmarkt versteht man, dass die Wertpapierpreise zu jedem Zeitpunkt alle verfügbaren

142 Vgl. Deutsche Bundesbank (2006), S. 76; Deutsche Bundesbank (2007).

143 Vgl. Wakeman (1990), S. 412f.; Leftwich (1992), S. 432; Smith/Walter (2002), S. 292; Beaver/Shakespeare/Soliman (2006), S. 304.

144 Vgl. Serfling/Badak/Jeiter (1996), S. 645; Heinke (1998), S. 71.

145 Vgl. Wakeman (1990), S. 412f.; Gerke/Pfeufer (1995), Sp. 728-732; Heinke (1998), S. 59f.

146 Vgl. Schmidt/Terberger (2003), S. 55f.; Rudolph (2006), S. 28f.; Perridon/Steiner (2007), S. 19f.

147 Vgl. Rudolph (1979), S. 1052; Schmidt (1988), S. 245; Breuer (1993), S. 44 und 53f.; Steiner/Heinke (1996), S. 583; Paul (1999), S. 650.

148 Vgl. Fama (1970); Fama (1976); Fama (1991).

149 Vgl. Steiner/Heinke (1996), S. 622, und ausführlich Heinke (1998), S. 145-165.

bewertungsrelevanten Informationen korrekt widerspiegeln.[150] Hinsichtlich des Effizienzgrades werden je nach Umfang der reflektierten Informationsmenge schwache, halb-strenge und strenge Informationseffizienz unterschieden. Von schwacher Informationseffizienz spricht man, wenn sämtliche Informationen, die in den historischen Kursen enthalten waren, in den aktuellen Preisen verarbeitet sind. Die halb-strenge Informationseffizienz ist gegeben, wenn alle öffentlich verfügbaren Informationen in den Preisen reflektiert sind. Bei der strengen Informationseffizienz wird dies für sämtliche verfügbaren Informationen, auch für solche mit Insidercharakter, gefordert.[151] Bei Vorliegen der schwachen Informationseffizienz können Ratings auf Basis öffentlich verfügbarer und über historische Kurse hinausgehender Daten z.B. aus der Rechnungslegung bereits zu einer Steigerung der Informationseffizienz beitragen.[152] Bei der halbstrengen Form können sie nur informativ sein, wenn sie neben öffentlich verfügbaren z.T. auch Insiderinformationen, z.B. aus Managementgesprächen oder internen Planungsdaten von Unternehmen, beinhalten. Ein Informationswert von Ratings bei Vorliegen strenger Informationseffizienz ist hingegen nicht möglich.[153] Aussagen darüber, ob Ratings neue, bisher nicht in den Preisen verarbeitete Informationen an den Markt bringen und damit eine originäre Informationsfunktion erfüllen, können nur empirisch abgeleitet werden.[154]

Zahlreiche Studien haben im Kapitalmarktzusammenhang diese Frage untersucht, wobei Studien zur Erklärung der Bonitätsrisikoprämie (*yield spread*-Studien) und Ereignisstudien vorliegen.[155] Im Mittelpunkt von *yield spread*-Studien stehen mögliche Determinanten der Bonitätsrisikoprämien[156] verschiedener Schuldtitel zu einem bestimmten Zeitpunkt.[157] Als eine mögliche Determinante wird das Rating betrachtet. Daneben fließen weitere makroökonomische, fundamentale und titelspezifische Erklärungsfaktoren in solche Modelle ein.[158] Ein Informationswert von Ratings wird mit einem Bei-

---

150 Vgl. Fama (1970), S. 383. Vgl. auch Franke/Hax (2004), S. 398; Rudolph (2006), S. 86. Was unter „korrekter" Informationsverarbeitung zu verstehen ist, bedarf zur Präzisierung der Heranziehung von Kapitalmarktmodellen. Vgl. Fama (1991), S. 1575f. Vgl. auch Rudolph (2006), S. 87.

151 Vgl. grundlegend Fama (1970), S. 383f. Vgl. auch Franke/Hax (2004), S. 398-400; Rudolph (2006), S. 85-88.

152 Vgl. Everling (1991), S. 122f.; Steiner/Heinke (1996), S. 584f. Vgl. zur Informationsökonomie z.B. Demski (1980); Ballwieser (1982), S. 780-790; Wagenhofer/Ewert (2007), S. 43-84.

153 Vgl. Everling (1991), S. 122f.; Steiner/Heinke (1996), S. 584f.

154 Vgl. Ederington/Yawitz (1987), S. 53; Leftwich (1992), S. 432; Steiner/Heinke (1996), S. 585f.; Heinke/Steiner (2000b), S. 144.

155 Vgl. Ederington/Yawitz/Roberts (1987), S. 50-55; Heinke (1998), S. 259f.

156 Die Bonitätsrisikoprämie wird durch Vergleich der Rendite des Titels mit der eines in allen sonstigen Merkmalen möglichst ähnlichen, aber (fast) bonitätsrisikofreien Titels, i.d.R. einer erstklassigen Staatsanleihe, ermittelt. Vgl. Schulte (1996), S. 108; Everling/Heinke (2001), S. 736-740.

157 Vgl. Heinke (1998), S. 261-271; Everling/Heinke (2001), S. 740-755, für einen ausführlichen Überblick über derartige Studien. Vgl. Rottmann/Seitz (2004) für die erste derartige Untersuchung auf Basis deutscher Daten.

158 Vgl. Heinke (1998), S. 270; Liu/Thakor (1984), S. 345; Ederington/Yawitz/Roberts (1987), S. 222f.; Ziebart/Reiter (1992), S. 254f.

trag zur statistischen Erklärung der Bonitätsrisikoprämie gleichgesetzt.[159] Insgesamt zeigen die Ergebnisse der Studien bis auf wenige Ausnahmen, dass Ratings auch bei zusätzlicher Berücksichtigung diverser Finanzkennzahlen und weiterer Erklärungsfaktoren einen Erklärungsbeitrag leisten.[160] Es finden sich folglich signifikante Korrelationen zwischen Ratings und Bonitätsriskoprämien.[161] Es erfolgt allerdings nur eine Zeitpunktbetrachtung. Erkenntnisse über den Einfluss von Ratings und deren Änderungen auf die Bonitätsrisikoprämie im Zeitablauf sind nicht möglich.[162] Weiterhin bleibt die Ursache des so ermittelten Informationswertes von Ratings unklar. Dieser kann darauf zurückgehen, dass die Agenturen neue, u.U. interne Informationen oder aufgrund überlegener Analyse- und Informationsverarbeitungsfähigkeiten öffentlich zugängliche, aber in den Marktpreisen noch nicht vollständig reflektierte Informationen verarbeiten.[163] Allerdings können die Ursachen auch in der regulativen Verwendung von Ratings liegen oder darin, dass sie am Markt verarbeitete Informationen enthalten, die aber in der Studie nicht berücksichtigt wurden. Daher sagen selbst hohe Korrelationen nichts darüber, ob der Markt seine Einschätzung (zumindest z.T.) originär auf Basis von Ratings vornimmt oder ob Ratings nur die bereits bestehende Einschätzung des Marktes gut widerspiegeln.[164]

Hierzu versuchen Ereignisstudien vertiefende Einsichten zu liefern.[165] Sie analysieren Auswirkungen einer Ratingänderung am Kapitalmarkt, indem sie nach abnormalen Kurs- bzw. Renditeentwicklungen der Finanztitel der betroffenen Unternehmen im Zeitraum um das Ereignis suchen.[166] Bisher wurden v.a. Anleihen oder Aktien betrachtet.[167] Neueste Studien beziehen sich auch auf *Credit Default Swaps* (CDS).[168] Da auf die Kursentwicklung der betrachteten Finanztitel abgestellt wird, sind alle öffentlich verfügbaren und vom Markt eingepreisten Informationen berücksichtigt, so dass das Problem u.U. vernachlässigter bewertungsrelevanter Faktoren anders als bei *yield*

---

159 Vgl. Heinke (1998), S. 261.

160 Vgl. Ederington (1992), S. 221; Ziebart/Reiter (1992), S. 267-280; Heinke (1998), S. 270.

161 Vgl. Heinke (1998), S. 270.

162 Vgl. Heinke (1998), S. 270f.

163 Vgl. Leftwich (1992), S. 432; Livingston u.a. (2003), S. 6f.

164 Vgl. Livingston u.a. (2003), S. 6. Vgl. auch Sorensen (1980), S. 68; Ziebart/Reiter (1992), S. 254; Kliger/Sarig (2000), S. 2880; Perraudin/Taylor (2004), S. 2771.

165 Vgl. Sorensen (1980), S. 68; Fama (1991), S. 1607; Kliger/Sarig (2000), S. 2880.

166 Vgl. grundlegend Katz (1974); Holthausen/Leftwich (1986); Hand/Holthausen/Leftwich (1992). Vgl. grundlegend zur Methode Fama u.a. (1969); Beaver (1968), Dall/Brown (1968); Brown/Warner (1985). Dabei besteht das Problem des Tests verbundener Hypothesen. Vgl. Heinke (1998), S. 149-152; Kothari (2001), S. 115; Wagenhofer/Ewert (2007), S. 98.

167 Vgl. für einen Überblick Heinke (1998), S. 271-297; Norden/Weber (2004), S. 2816f. Die mögliche Relevanz von Ratingänderungen für Aktionäre lässt sich über die Optionspreistheorie zeigen. Vgl. grundlegend Black/Scholes (1973); Merton (1974). Vgl. auch Heinke (2000), S. 744-748. Vgl. Behr/Güttler (2005) für einen Vergleich der Aktienmarktreaktionen auf Ratingänderungen in Deutschland und den USA und Užík/Nelles (2007) für eine Studie mit deutschen Daten.

168 Vgl. Hull/Predescu/White (2004); Norden/Weber (2004). Vgl. zu CDS z.B. Rudolph (2006), S. 435-437.

spread-Studien nicht auftreten kann.[169] Abnormale Kursreaktionen deuten darauf hin, dass Investoren sich bei ihren Bewertungen auf Ratings stützen und diesen Informationsgehalt beimessen, ihr Unterbleiben zeigt hingegen, dass Ratings dem Markt eher nachlaufen und nur bereits in den Kursen verarbeitete Informationen widerspiegeln.[170] Bedenkt man aber, dass Ratingänderungen auch aufgrund der regulativen Verwendung von Ratings abnormale Kursreaktionen auslösen können, kann daraus nicht eindeutig auf einen eigenständigen Informationswert geschlossen werden.[171] In der Gesamtschau der Ergebnisse lässt sich feststellen, dass auf Anleihe-, Aktien- und CDS-Märkten abnormale Reaktionen i.d.R. nur auf Herabstufungen und noch stärker auf Überwachungslistenaufnahmen mit Herabstufungsaussicht, jedoch kaum oder gar nicht auf positive Ratingaktionen zu finden sind.[172] Es sind aber deutliche Antizipationseffekte zu verzeichnen, so dass die Märkte z.T. bereits bis zu mehreren Monaten vor den Ratingänderungen neue bonitätsrisikorelevante Informationen in Kursanpassungen verarbeiten, was auf einen *rating lag* hindeutet.[173] Es ist aber zu bedenken, dass die Agenturen u.a. durch den *through-the-cycle*-Ansatz eine gewisse Stabilität ihrer Ratings anstreben, so dass sie nicht wie die Märkte kontinuierlich auf jede neue Information reagieren.[174] Die besonders starken abnormalen Reaktionen auf Überwachungslistenaufnahmen weisen darauf hin, dass dieses Instrument den Informationswert von Ratingänderungen für die Märkte erhöht.[175] Die Situation könnte sich in den USA durch die *Regulation Financial Disclosure* aus dem Jahr 2000 weiter verändert haben. Sie verbietet eine selektive Preisgabe von bislang nicht öffentlichen Informationen, sieht aber als wichtige Ausnahme die Informationsübermittlung an Ratingagenturen zu Ratingzwecken vor.[176] Damit könnte für sie eine informationelle Besserstellung gegenüber anderen Marktakteuren entstanden sein.[177] Erste empirische Befunde dazu deuten auf einen seither gestiegenen originären Informationswert von Ratings am US-Kapitalmarkt hin.[178]

---

169 Vgl. Kliger/Sarig (2000), S. 2880; Livingston u.a. (2003), S. 7f.

170 Vgl. Ederinton (1992), S. 221; Heinke (1998), S. 271; Norden/Weber (2004), S. 2815.

171 Vgl. Livingston u.a. (2003), S. 8.

172 Vgl. Leftwich (1992), S. 432; Heinke (1998), S. 299; Hull/Predescu/White (2004), S. 2791f. „The reasons are unclear, but it has been hypothesized that the firms' managements tend to release positive information but try to suppress negative information." Ederington (1992), S. 221. Vgl. zu freiwilligen Publizitätsanreizen Wagenhofer/Ewert (2007), S. 323-362; Dobler (2004), S. 50f. Weiterhin wird die bezüglich ihrer Reputation u.U. asymmetrische Verlustfunktion der Agenturen angeführt, die dazu führen könnte, dass mehr Ressourcen für die Aufdeckung von Risiken und negativen Entwicklungen als von Chancen verwendet werden. Vgl. Ederington/Goh (1998), S. 585f.; Heinke (1998), S. 301f.; Sengupta/Wang (2004), S. 19. Beaver/Shakespeare/Soliman (2006) finden empirische Hinweise, dass dies vorrangig für staatlich anerkannte (NRSRO) Ratingagenturen gilt und auf die regulative Verwendung ihrer Ratings zurückzuführen ist. Vgl. auch Kapitel 2.4.2.4.

173 Vgl. Heinke (1998), S. 298.

174 Vgl. Löffler (2003), S. 1-5; Löffler (2004), S. 695-698; Norden/Weber (2004), S. 2838.

175 Vgl. Hand/Holthausen/Leftwich (1992), S. 494; Norden/Weber (2004), S. 2838.

176 Vgl. SEC (2000), speziell Rule 100(b)(2)(iii).

177 Vgl. Jorion/Liu/Shi (2004), S. 2-6.

178 Vgl. Jorion/Liu/Shi (2004), S. 15-22; Frost (2007), S. 477.

2.4.2. Neoinstitutionalistische Finanzierungstheorie

2.4.2.1. Transaktions- und Agency-Kosten in Fremdfinanzierungsbeziehungen

Die neoinstitutionalistische Finanzierungstheorie berücksichtigt im Gegensatz zur neoklassischen, dass in der Realität die Beschaffung, Übertragung und Auswertung von Informationen mit Kosten verbunden sind, die Marktteilnehmer nicht alle über den gleichen Informationsstand verfügen und die Gefahr der opportunistischen Ausnutzung von Informationsvorsprüngen besteht.[179] Sie ermöglicht damit eine Erklärung der Existenz von Ratingagenturen.[180]

Kosten der Informationsbeschaffung und -auswertung sind Teil der Transaktionskosten, die für die Anbahnung, Vereinbarung, Abwicklung, Kontrolle und Anpassung von Vertragsbeziehungen, so auch Fremdfinanzierungsverträge, anfallen.[181] Als Konsequenz solcher Kosten lässt sich für die Informationseffizienz des Marktes zeigen, dass die Marktteilnehmer unterschiedliche und nicht mehr vollkommene Informationsstände aufweisen und nicht sämtliche verfügbaren Informationen in den Marktpreisen reflektiert sind.[182] Zudem lässt sich ableiten, dass bei Informationskosten aufgrund des Informationsparadoxons ein Gleichgewicht nur auf einem nicht streng informationseffizienten Markt möglich ist.[183] Durch höhere Qualität oder geringere Kosten der Informationen kann die Informationseffizienz des Marktes aber verbessert werden.[184]

Eine Situation, in der es nicht beseitigbare Informationsvorsprünge einzelner gibt, wird mit dem Begriff asymmetrischer Informationsverteilung gekennzeichnet.[185] Informationsasymmetrien in Verbindung mit den Annahmen individueller Nutzenmaximierung und opportunistischen Verhaltens verursachen die Gefahr, dass der besser informierte Vertragspartner seinen Nutzen durch Schädigung des schlechter informierten steigert. Mit der Analyse und Lösung daraus resultierender Probleme beschäftigt sich die Prin-

---

179 Vgl. Schmidt (1988), S. 248-262; Rudolph (2006), S. 124.

180 Vgl. Gerke/Pfeufer (1995), Sp. 728f.; Steiner/Heinke (1996), S. 607; Paul (1999), S. 650; Franke/Hax (2004), S. 457-459.

181 Vgl. grundlegend Coase (1937) und Williamson (1975). Vgl. auch Picot/Dietl/Frank (2005), S. 56-58; Gerke/Pfeufer (1995), Sp. 729.

182 Vgl. Grossman/Stiglitz (1980), S. 398-401; Ho/Michaely (1988), S. 56-59. Vgl. auch Heinke (1998), S. 165-169 und 173-181. Die Modelle abstrahieren noch von den nachfolgend erläuterten Anreiz- und Glaubwürdigkeitsproblemen bei unterschiedlichem Informationsstand der Akteure.

183 Das Informationsparadoxon besagt: Bei strenger Informationseffizienz des Marktes würden die Preise stets alle bewertungsrelevanten Informationen widerspiegeln, so dass für eine mit Kosten verbundene Informationssammlung und -auswertung kein Anreiz bestünde. Der Markt würde zwangsläufig seine strenge Effizienz einbüßen. Vgl. Grossman/Stiglitz (1980), S. 404. Vgl. zu Einschränkungen Hellwig (1982); Hax (1998), S. 70-83; Rudolph (2006), S. 89.

184 Vgl. Grossman/Stiglitz (1980), S. 399f.; Ho/Michaely (1988), S. 61; Hax (1998), S. 72-75.

185 Vgl. Spremann (1990), S. 562.

zipal-Agenten-Theorie.[186] Diese Probleme sind auch im Verhältnis zwischen Fremdkapitalgeber bzw. Anleiheinvestor (Prinzipal) und Fremdkapitalnehmer bzw. Emittent (Agent) sowohl vor als auch nach Vertragsschluss gegeben und beziehen sich insbesondere auf das Bonitätsrisiko der Finanzierungsbeziehung.[187]

Vor Vertragsschluss resultieren Probleme aus Informationsasymmetrie v.a. daraus, dass ein Kreditnehmer sein Bonitätsrisiko und dessen Einflussfaktoren viel besser einschätzen kann als der Kreditgeber (Qualitätsunsicherheit bzw. *hidden information/ characteristics*). Da ein höheres Bonitätsrisiko zu einer höheren Zinsforderung der Kreditgeber führen würde, hat ein Kreditnehmer Anreize zur Fehlinformation. Das ist rationalen Kreditgebern aber bewusst.[188] Können sie potentielle Kapitalnehmer bezüglich ihres Bonitätsrisikos nicht verlässlich beurteilen und ihre Zinsforderung entsprechend differenzieren, kann es zu dem seit *Akerlof* bekannten Problem der Negativauslese und letztlich einem Marktzusammenbruch kommen.[189] *Stiglitz/Weiss* zeigen, dass Kapitalgeber daher nicht allein über erhöhte Zinsforderung die Schädigungsmöglichkeiten zu begrenzen versuchen, was die Fehlanreize sogar erhöhen könnte, sondern, dass sie den Umfang ihrer vergebenen Kredite einschränken.[190] Dadurch können die geschilderten Probleme vorvertraglicher Qualitätsunsicherheit zwar gemildert, aber nicht gelöst werden.[191] Vielmehr sind dazu Instrumente der glaubwürdigen Informationsübertragung und wirksamen Differenzierung der Kapitalnehmer nach ihrem Bonitätsrisiko erforderlich.[192] Wichtige Ansätze dieser Art sind das *screening* und *signaling*.[193] Beim *screening* versucht der schlechter informierte Kapitalgeber glaubwürdige Informationen zu beschaffen und auszuwerten, um auf das nicht direkt beobachtbare wahre Bonitätsrisiko eines Kapitalnehmers zu schließen.[194] Das *signaling* ist dadurch gekennzeichnet, dass der Kapitalnehmer durch bestimmte Signalmaßnahmen bestrebt ist, den Kapitalgeber von der Glaubwürdigkeit übermittelter Informationen zu über-

---

186 Vgl. grundlegend Jensen/Meckling (1976), S. 308. Vgl. für einen Überblick Richter/Furubotn (2003), S. 197-263; Picot/Dietl/Franck (2005), S. 72-142; und speziell zur Finanzierungstheorie Barnea/Haugen/Senbet (1985).

187 Vgl. grundlegend Jensen/Meckling (1976). Vgl. auch Arrow (1985); Barnea/Haugen/Senbet (1985), S. 31; Hartmann-Wendels (2001), S. 119-123; Franke/Hax (2004), S. 419-423; Rudolph (2006), S. 163-185. Die Darstellung geht im Einklang mit der Literatur davon aus, dass Anreizprobleme auf beiden Seiten angestellter Manager bereits vollständig gelöst sind. Vgl. Spremann (1990), S. 585; Rudolph (2006), S. 163f.

188 Vgl. Hax/Hartmann-Wendels/Hinten (2001), S. 602; Franke/Hax (2004), S. 420.

189 Vgl. Akerlof (1970); Hax/Hartmann-Wendels/Hinten (2001), S. 602; Franke/Hax (2004), S. 402f.

190 Vgl. Stiglitz/Weiss (1981); Hax/Hartmann-Wendels/Hinten (2001), S. 602.

191 Vgl. Milgrom/Roberts (1992), S. 149-157; Schmidt/Terberger (2003), S. 420f.

192 Vgl. Spremann (1990), S. 568; Milgrom/Roberts (1992), S. 153-157; Steiner/Heinke (1996), S. 609; Franke/Hax (2004), S. 428.

193 Vgl. Franke/Hax (2004), S. 428; Rudolph (2006), S. 164.

194 Vgl. grundlegend Stiglitz (1975); Rothschild/Stiglitz (1976). Vgl. Wagner (1991), S. 84-87; Steiner/Heinke (1996), S. 614; Rudolph (2006), S. 403f.

zeugen.[195] Bei indirekten *signaling*-Ansätzen übernimmt ein vom Kapitalnehmer beauftragter Intermediär die Signalproduktion.[196]

Probleme nach Vertragsschluss ergeben sich aus den Handlungsfreiräumen und Anreizen des Kapitalnehmers zu eigennützigem und gläubigerschädigendem Verhalten (Handlungsunsicherheit bzw. *moral hazard*), welches der Kapitalgeber wegen seines Informationsnachteils nicht beobachten und unterbinden kann.[197] In der Literatur werden als mögliche Verhaltensweisen des Kapitalnehmers v.a. (i) die zusätzliche Kreditaufnahme bei drohender Insolvenz zur Finanzierung von Ausschüttungen,[198] (ii) die Unterlassung kapitalwertpositiver, vorteilhafter Investitionen, die in erster Linie die Position des Fremdkapitalgebers im Insolvenzfall verbessern,[199] und (iii) die Durchführung risikoreicher Investitionen in einer insolvenzbedrohlichen Lage, selbst wenn diese nicht vorteilhaft und weniger riskanten unterlegen sind,[200] angeführt.[201] Auch derartige Schädigungsmöglichkeiten wird ein rationaler Fremdkapitalgeber antizipieren.[202] Ihnen könnte er durch Kontrollmechanismen zur Einschränkung von Handlungsspielräumen oder ein Anreizsystem zur Herstellung eines Interessengleichklangs beider Parteien zu begegnen versuchen.[203]

Zusammenfassend zeigt sich, dass es nur auf den ersten Blick für den besser informierten Kapitalnehmer vorteilhaft ist, sich opportunistisch zu verhalten. Da ein rationaler Kapitalgeber solche Schädigungsmöglichkeiten antizipiert, hat der Kapitalnehmer ein Interesse, seine Möglichkeiten dazu vor und nach Vertragschluss in glaubwürdiger Weise auszuschließen. Der Kapitalgeber wird seinerseits Maßnahmen ergreifen, um den Kapitalnehmer vor Vertragsschluss zu überprüfen und nach Vertragsschluss zu überwachen oder ihm Anreize zu vertragskonformem Verhalten zu geben.[204] Dadurch entstehen Kosten, die als Agency-Kosten bezeichnet werden.[205]

Vor diesem Hintergrund können Finanzintermediäre eine wichtige Rolle zur Senkung von Transaktions- und Agency-Kosten in Finanzierungsbeziehungen übernehmen.[206]

---

195 Vgl. grundlegend Spence (1973). Vgl. für einen Überblick z.B. Milgrom/Roberts (1992), S. 505-507; Franke/Hax (2004), S. 424f.

196 Vgl. Heinke (1998), S. 203f.; Franke/Hax (2004), S. 458f.

197 Vgl. Spremann (1990), S. 572; Franke/Hax (2004), S. 420.

198 Vgl. Hax/Hartmann-Wendels/Hinten (2001), S. 601; Wagenhofer/Ewert (2007), S. 192-195.

199 Vgl. Myers (1977), S. 147-175; Wagenhofer/Ewert (2007), S. 195f.

200 Vgl. Jensen/Meckling (1976), S. 334-337; Wagenhofer/Ewert (2007), S. 196-198.

201 Vgl. für einen Überblick z.B. Schmidt/Terberger (2003), S. 68; Franke/Hax (2004), S. 431-435; Kuhner (2005), S. 766-769; Rudolph (2006), S. 176-180; Wagenhofer/Ewert (2007), S. 191-198.

202 Vgl. Hax/Hartmann-Wendels/Hinten (2001), S. 602.

203 Vgl. Franke/Hax (2004), S. 447-453; Rudolph (2006), S. 164.

204 Vgl. Steiner/Heinke (1996), S. 609-611; Rudolph (2006), S. 137-142.

205 Vgl. Jensen/Meckling (1976), S. 308f. Es lassen sich *bonding costs, monitoring costs* und der sog. *residual loss* als Komponenten der Agency-Kosten unterscheiden.

206 Vgl. Gerke/Pfeufer (1995), Sp. 727f.; Steiner/Heinke (1996), S. 611. Vgl. z.B. Barnea/Haugen/Senbet (1985), S. 41-111, Franke/Hax (2004), S. 447-465, oder Rudolph (2006), S. 179-181, für weitere Gestaltungselemente von Finanzierungsverträgen zur Reduktion solcher Kosten.

Unter einem Finanzintermediär versteht man eine dritte Partei, die in einer Finanzierungstransaktion zwischengeschaltet wird.[207] Finanzintermediäre im weiteren Sinne werden nicht selbst Vertragspartner in einer solchen Beziehung, sondern erleichtern durch ihre Tätigkeit deren Zustandekommen und Abwicklung.[208] Ratingagenturen sind als Finanzintermediäre im weiteren Sinne zu verstehen. Aufgrund ihrer Tätigkeiten, Informationen zu beschaffen und aufzuarbeiten sowie deren Zuverlässigkeit zu überprüfen, sind sie genauer als Informationsintermediäre zu bezeichnen.[209] Die Existenz von Finanzintermediären lässt sich über die Möglichkeit, durch ihre Einbeziehung eine Senkung von Transaktions- und Agency-Kosten zu erzielen, ökonomisch erklären.[210] Das soll für Ratingagenturen näher untersucht werden.[211]

2.4.2.2. Transaktions- und Agency-Kostensenkung durch Ratingagenturen

Ratingagenturen können Spezialisierungsvorteile und Skaleneffekte bei der Informationsbeschaffung und -auswertung zu Bonitätsrisiken gegenüber eigenen Informationsbemühungen von Marktteilnehmern erzielen.[212] Als Gründe dafür sind z.B. (i) gute Kundenkenntnisse und Pflege von Informationskanälen, (ii) bessere Analyseressourcen sowie Spezialisierungs- und Erfahrungsvorteile in der Datenauswertung und (iii) die Möglichkeit der Weitergabe einmal erhobener und ausgewerteter Informationen an eine Vielzahl von Marktteilnehmern denkbar.[213] Unter Berücksichtigung von Informationskosten können Ratings folglich auch dann einen Informationswert aufweisen und die Informationseffizienz des Marktes verbessern, wenn sie keine völlig neuen Informationen beinhalten.[214]

Um darüber hinaus zu einer Senkung von Agency-Kosten beizutragen, müssten Ratingagenturen in der Lage sein, (i) vor Vertragsschluss Informationsasymmetrien zwischen Fremdkapitalgeber und -nehmer zu reduzieren, (ii) nach Vertragsschluss ein Anreizsystem zu schaffen, das den Nutzen des Fremdkapitalnehmers genau dann erhöht, wenn der Nutzen des Fremdkapitalgebers erhöht wird, oder (iii) Schädigungsmöglichkeiten des Fremdkapitalnehmers wirksam einzuschränken.[215] Auch diesbezüglich können sie Spezialisierungsvorteile aufweisen.

---

207 Vgl. Breuer (1993), S. 20f.; Gerke/Pfeufer (1995), Sp. 727f.

208 Vgl. Gerke/Pfeufer (1995), Sp. 728; Paul (1999), S. 649; Langer/Weber (2000), S. 202.

209 Vgl. Hax (1998), S. 41; Päßler (2007), S. 7-12, jeweils m.w.N. Breuer (1993), S. 17, spricht von Finanz-Gutachter. Andere Autoren sprechen sich gegen eine Bezeichnung von Ratingagenturen als reine Informationsintermediäre aus, da ihnen durch die regulatorische Nutzung ihrer Ratings gewisse Marktaufsichtsfunktionen zuzuschreiben seien. Vgl. z.B. White (2002), S. 43f.; Partony (2002), S. 65f.; Gras (2003), S. 27. Vgl. dazu auch Kapitel 2.3. und Kapitel 2.4.2.5.

210 Vgl. Gerke/Pfeufer (1995), Sp. 728f.; Paul (1999), S. 650; Franke/Hax (2004), S. 457f.

211 Vgl. für die Diskussion dieser Probleme und Lösungsmöglichkeiten durch Ratings speziell für mittelständische Unternehmen z.B. Wagner (1991); Kley (2003).

212 Vgl. grundlegend Benston/Smith (1976). Vgl. auch Wakeman (1990), S. 412; Gerke/Pfeufer (1995), Sp. 729; Heinke (1998), S. 193; Smith/Walter (2002), S. 291.

213 Vgl. Gerke/Pfeufer (1995), Sp. 729; Hax (1998), S. 62-68; Päßler (2007), S. 19-25.

214 Vgl. Smith/Walter (2002), S. 293; Rudolph (2006), S. 414.

215 Vgl. Spremann (1990), S. 576-583; Heinke (1998), S. 199; Päßler (2007), S. 25-33.

Vor Vertragsschluss können Ratingagenturen mit ihrer Ratinganalyse Kosten- und Qualitätsvorteile gegenüber einem eigenständigen *screening* durch den Fremdkapitalgeber erzielen.[216] Wenn Kapitalgeber davon ausgehen können, dass die Ratings der Agentur aussagefähige und glaubwürdige Bonitätsrisikoeinschätzungen darstellen, erscheint eine Übertragung des *screening* auf sie ökonomisch vorteilhaft.[217] Das Rating kann daher als *screening*-Indikator betrachtet werden, anhand dessen ein Kapitalgeber potentielle Kapitalnehmer unterscheiden kann, um zu entscheiden, ob und zu welchen Konditionen er eine Finanzierungsbeziehung einzugehen bereit ist.[218] Ein durch den Kreditnehmer als Agenten beantragtes Rating ist aber eher als Signal zu interpretieren.[219] Ein Signal muss bestimmte Eigenschaften erfüllen, um glaubwürdig und wirksam zu sein.[220] Zunächst muss das eigentlich interessierende Merkmal des Schuldners - sein wahres Bonitätsrisiko - für den Gläubiger nicht oder nur schwer beobachtbar sein, ein geeignetes Signal dagegen leicht. Das ist für Ratings der Fall, da sie veröffentlicht und regelmäßig aktualisiert werden.[221] Weitere Voraussetzung ist eine hohe negative Korrelation zwischen dem interessierenden, aber unbeobachtbaren, Merkmal und den Kosten für die Erzielung einer guten Signalausprägung. Ratings erfüllen auch diese Voraussetzung. Unternehmen mit niedrigem Bonitätsrisiko werden einen positiven Nettoeffekt aus der Senkung der Fremdkapitalkosten und den Kosten der Ratingbeantragung erwarten und es daher als Signal nutzen. Unternehmen mit hohem Bonitätsrisiko werden auf ein Rating verzichten, da sie neben den Kosten des Ratings auch höhere Fremdkapitalkosten gemäß ihrem tatsächlichen Bonitätsrisiko zu erwarten haben. Selbst wenn Unternehmen mit höherem Bonitätsrisiko ein Rating beantragen, wird es für sie sehr viel schwieriger sein, ein gutes Rating zu erhalten, als für Unternehmen mit niedrigem Bonitätsrisiko.[222] Ein Rating erscheint somit als Signal geeignet,[223] und gegenüber anderen Signalen werden ihm die besonderen Vorteile zugesprochen, dass es auf einer umfassenderen Analyse des Unternehmens beruht und als schützender Filter für eine Übermittlung auch sensibler Informationen dienen kann.[224]

Ein Rating kann auch nach dem Zustandekommen der Finanzierungsbeziehung Agency-Probleme mildern. Es kann sowohl ein Anreizsystem bereitstellen als auch Schädigungsmöglichkeiten begrenzen.[225] Der Kapitalnehmer erhält Anreize, während der Dauer der Fremdfinanzierungsbeziehung umfassende und korrekte Informationen über

---

216 Vgl. grundlegend Benston/Smith (1976); Diamond (1984). Vgl. auch Oehler/Voit (1999), S. 968; Gerke/Pfeufer (1995), Sp. 729; Hax (1998), S. 62-68.

217 Vgl. Wagner (1991), S. 87; Gerke/Pfeufer (1995), Sp. 729-731; Steiner/Heinke (1996), S. 618. Vgl. dazu auch Kapitel 2.3. Glaubwürdigkeitsprobleme der Ratingagenturen werden in diesem Kapitel noch ausgeblendet. Vgl. dazu Kapitel 2.4.2.3. und 2.4.2.4.

218 Vgl. Wagner (1991), S. 87; Steiner/Heinke (1996), S. 614.

219 Vgl. Steiner/Heinke (1996), S. 612f.

220 Vgl. Spremann (1990), S. 579f.; Wagner (1991), S. 80-83.

221 Vgl. Heinke (1998), S. 205. Vgl. zu Details Kapitel 3.4.

222 Vgl. Spremann (1990), S. 579f.; Wagner (1991), S. 83; Steiner/Heinke (1996), S. 612f.

223 Vgl. Wagner (1991), S. 83f.; Steiner/Heinke (1996), S. 613.

224 Vgl. Goh/Ederington (1993), S. 2002; Steiner/Heinke (1996), S. 613f.

225 Vgl. Steiner/Heinke (1996), S. 614-616; Heinke (1998), S. 200-202.

bonitätsrelevante Aspekte an die Ratingagentur zu übermitteln. Ein Zuwiderhandeln wäre nämlich mit Sanktionen verbunden, da Agenturen in solchen Fällen regelmäßig zu schlechteren Ratings kommen[226] oder im Extremfall ein bereits vergebenes Rating zurückziehen, was sich negativ auf die Finanzierungsmöglichkeiten und -konditionen auswirken würde.[227] Ferner unterwirft sich der Kapitalnehmer durch die Beauftragung und Bezahlung einer Ratingagentur einer regelmäßigen Überwachung und schränkt dadurch freiwillig seine Handlungs- und Schädigungsmöglichkeiten ein.[228] Neben dem vorvertraglichen *screening* kann eine Agentur auch bei der regelmäßigen Überwachung des Kapitalnehmers über die Dauer der Kreditbeziehung im Vergleich zu einzelnen Gläubigern Informations- und Überwachungskosten senken. Daher kann eine Übertragung dieser Aufgabe von den einzelnen Kapitalgebern auf einen solchen Informationsintermediär ökonomisch vorteilhaft sein.[229]

Selbst wenn Ratings keine neuen Informationen enthalten, können sie also ökonomische Vorteile erzielen, indem sie eine Informationsfunktion durch die Senkung der Kosten oder die Verbesserung der Qualität von Informationen oder eine Zertifizierungsfunktion für bereits verfügbare Informationen durch die Senkung von Agency-Kosten erfüllen.[230]

Ratingagenturen können zudem als Standardsetzer der Beurteilung des Bonitätsrisikos verstanden werden. Sie können mit ihren Ratings vieler verschiedener Emittenten oder Emissionen auf einer einheitlichen Ratingskala positive Netzwerkeffekte ermöglichen und längerfristig einen Standard der Beurteilung des Bonitätsrisikos etablieren.[231] Es lassen sich Größen- und Reichweitenvorteile erzielen. Für die Investoren ist es von Vorteil, eine Vielzahl von Emittenten oder Emissionen auf Basis eines einheitlichen Standards der Bonitätsbeurteilung vergleichen zu können.[232] Je mehr Ratings eine Agentur vergibt, desto höher wird der Nutzen des einzelnen Ratings für die Investoren und in der Folge auch für die Emittenten.[233]

Die angeführten Vorzüge von Ratings machen sie auch für die erwähnten regulativen Verwendungen interessant. Die Regelungen können in Abhängigkeit verschiedener Ratingklassen differenzieren und passen sich im Zeitablauf aufgrund der regelmäßigen Ratingüberprüfung durch die Agenturen bei Veränderungen der Bonitätsrisiken auto-

226 Ratings ohne Auftrag sind regelmäßig schlechter als solche, die von Kreditnehmern beantragt werden. Vgl. Everling (1991), S. 52; Poon (2003), S. 612.

227 Vgl. Steiner/Heinke (1996), S. 615.

228 Vgl. Steiner/Heinke (1996), S. 615f.

229 Vgl. grundlegend Diamond (1984). Vgl. auch Gerke/Pfeufer (1995), Sp. 732; Steiner/Heinke (1996), S. 615-617.

230 Vgl. Ramakrishnan/Thakor (1984), S. 415; Wakeman (1990), S. 412f.; Steiner/Heinke (1996), S. 617. Vgl. zu empirischen Befunden eines originären Ratinginformationswertes Kapitel 2.4.1.

231 Vgl. Kerwer (2002), S. 45.

232 Vgl. ähnlich für internationale Rechnungslegungsstandards Ballwieser (2005), S. 15.

233 Vgl. Kerwer (2001), S. 12; White (2002), S. 41 und 46; Hill (2003), S. 64f.

matisch an.[234] Ferner wird der Zugang zum Fremdkapitalmarkt vereinfacht und vereinheitlicht, da sämtliche Finanztitel mit einem entsprechenden Bonitätsurteil der Agenturen zugelassen werden können und nicht nur solche, die von den Behörden in einen starren Katalog aufwendig geprüfter Titel aufgenommen wurden.[235]

2.4.2.3. Neue Transaktions- und Agency-Kosten durch Ratingagenturen

Bei der Betrachtung der möglichen Nutzenaspekte von Ratings wurde bislang vernachlässigt, dass durch die Einschaltung einer Ratingagentur neue Transaktionskosten und ein Geflecht von Prinzipal-Agenten-Beziehungen mit neuen Agency-Problemen resultieren.[236] Ihre Einbeziehung ist folglich nur dann ökonomisch sinnvoll, wenn die dadurch erzielbaren Kostensenkungen in der Beziehung zwischen Kapitalgeber und -nehmer nicht durch diese zusätzlichen Kosten überkompensiert werden.[237] Der Qualität und Glaubwürdigkeit ihrer Ratings kommt dabei besondere Bedeutung zu.[238] Bei Berücksichtigung dieser Probleme ist zu untersuchen, ob und wie eine Ratingagentur als Drittpartei ihre Glaubwürdigkeit sicherstellen kann.[239]

Im Verhältnis zu Fremdkapitalgebern ist eine Ratingagentur als Agent zu betrachten.[240] Es sind mehrere Anreize der Agenturen zu opportunistischen Verhaltensweisen denkbar. Können diese Probleme nicht wirksam und glaubwürdig ausgeschlossen werden, verliert das Rating für die Kapitalgeber als Mechanismus zur Information und zur Reduktion von Agency-Kosten an Bedeutung und wird in der Folge auch für die Kapitalnehmer als Signalisierungsinstrument uninteressant.[241] Ein erster kritischer Aspekt könnte in einer Abhängigkeit der Ratingagentur vom Kapitalnehmer liegen, der sie beauftragt und bezahlt. Das Interesse am Erhalt eines Mandats und an künftigen Ratingaufträgen könnte die Objektivität ihrer Urteile einschränken.[242] Die naheliegende Lösung, dass der Kapitalgeber die Ratinggebühren bezahlt, ist jedoch nicht zielführend. Es müsste dazu eine Subskriptionsgebühr erhoben werden, die die bekannten *free rider*-Probleme für die Agenturen mit sich bringt.[243] Das ist aber auch deswegen kritisch zu sehen, da es zu stärkeren Informationsgefällen zwischen (potentiellen) Kapitalgebern führen würde.[244] Durch die begrenzte Zahl von Ratingagenturen, deren große

---

234 Vgl. Randow (1995), S. 154; Randow (1996a), S. 562f.; Kerwer (2005), S. 463f.

235 Vgl. Randow (1995), S. 154; Randow (1996a), S. 562f.

236 Vgl. Steiner/Heinke (1996), S. 618; Hax (1998), S. 48f.; Oehler/Voit (1999), S. 970; Fischer/Rudolph (2000), S. 386.

237 Vgl. Gerke/Pfeufer (1995), Sp. 728; Heinke (1998), S. 215. Vgl. z.B. Päßler (2007), S. 91-124, ausführlich zu möglichen Interessenkonflikten von Informationsintermediären

238 Vgl. Hax (1998), S. 49; Heinke (1998), S. 215-217; Päßler (2007), S. 33-35.

239 Vgl. Breuer (1993), S. 147; Heinke (1998), S. 215.

240 Vgl. Steiner/Heinke (1996), S. 618; Wieben (2004), S. 26.

241 Vgl. Steiner/Heinke (1996), S. 620.

242 Vgl. Hoffmann (1991), S. 105; SEC (2003), S. 41; Frost (2007), S. 479. Eine ähnliche Problematik besteht bezüglich der Unabhängigkeit von Wirtschaftsprüfern. Vgl. DeAngelo (1981); Antle (1982). Vgl. auch Ballwieser (2001), S. 100-115; Wagenhofer/Ewert (2007), S. 517-555.

243 Vgl. Heinke (1998), S. 220f. Vgl. auch Kapitel 2.2., insb. Fn. 83.

244 Vgl. Steiner/Heinke (1996), S. 619; Smith/Walter (2002), S. 289; Wieben (2004), S. 28.

Kundenstämme und die relativ starre Struktur der Ratinggebühren erscheint die Abhängigkeit von einzelnen Kapitalnehmern eher gering.[245] Auch konnten empirische Studien bislang keine Anzeichen dafür finden.[246] Allerdings wird diese Problematik duch entgeltliche Nebengeschäfte und Beratungsleistungen der Agenturen für geratete Kapitalnehmer, wie sie in den letzten Jahren vermehrt angeboten werden, wieder verstärkt.[247] Des Weiteren wird die Gefahr gesehen, dass neu gegründete Ratingagenturen im Kampf um Marktanteile und den Aufbau eines eigenen Kundenstammes zu Zugeständnissen bei ihren Ratingurteilen bereit sein könnten. Dieses Problem wird aber durch die speziellen Strukturen und Eigenschaften des Ratingmarktes weitgehend entschärft, denn der Aufbau eines Kundenstammes und die Marktanteilsausweitung werden einer Agentur nur durch eine hohe Marktakzeptanz ihrer Ratings gelingen.[248] Zudem wird eine Insiderproblematik darin gesehen, dass Ratingagenturen ihre besonderen Einblicksmöglichkeiten zum eigenen Vorteil nutzen könnten.[249] Der bewusste Verzicht von Ratingagenturen auf eigene Kapitalanlagegeschäfte und die Vereinbarung strikter Geheimhaltungspflichten mit dem Kunden sprechen gegen eine große Bedeutung dieses Problems.[250] Auch könnte eine bevorzugte Weitergabe von besonders wichtigen und sensiblen Informationen an bestimmte Ratingnutzer, z.B. Abonnenten, erfolgen.[251] Zwar veröffentlichen die Agenturen ihre Ratings und dazugehörige Kurzkommentare allgemein und kostenlos. Hintergrundinformationen wie ausführliche Ratingbegründungen oder Branchenanalysen sind aber nur über kostenpflichtige Abonnements zugänglich.[252] Allerdings beschränken die Ad-hoc-Publizitätspflichten

---

245 Vgl. Randow (1996b), S. 554f., und Päßler (2007), S. 112-115, jeweils m.w.N. Vgl. DeAngelo (1981), S. 189f., mit ähnlichen Befunden für die Wirtschaftsprüfungsbranche.

246 Vgl. Frost (2007), S. 479. Vgl. auch Covitz/Harrison (2003), die den Einfluss von Reputationserwägungen und von Interessen am Erhalt einer Geschäftsbeziehung auf die Entscheidung von Ratingagenturen zur Ratingherabstufung untersuchen. Sie vermuten einen besonders großen Anreiz zur Verzögerung von Herabstufungen zum Erhalt der Geschäftsbeziehungen bei großen und hohe Ratinggebühren zahlenden Emittenten und solchen, die durch die Herabstufung die *investment grade*-Schwelle unterschreiten. Hier finden sie aber gerade ein geringeres Ausmaß an Verzögerung von Ratinganpassungen und werten das als Zeichen von Unabhängigkeit der Agenturen und Interesse an der Aufrechterhaltung ihrer Reputation. Vgl. auch Päßler (2007), S. 212-214.

247 Vgl. o.V. (2001), S. 69; Frost (2007), S. 480; Päßler (2007), S. 116. Die Agenturen bieten bspw. an, entgeltlich für Emittenten mögliche Einflüsse von angedachten Geschäftsentscheidungen auf das erteilte Rating aufzuzeigen oder Proberatings durchführen. Vgl. Covitz/Harrison (2003), S. 6.

248 Vgl. Heinke (1998), S. 220; Randow (1996b), S. 551; Monro-Davies (1996), S. 181. Marktakzeptanz resultiert aber v.a. aus einem großen Kundenstamm und einer weiten Verbreitung der Ratings einer Agentur. Dieser Zusammenhang verursacht besondere Markteintrittsbarrieren für neue Agenturen. Vgl. Heinke (1998), S. 220; Päßler (2007), S. 114 und 179f.

249 Vgl. Steiner/Heinke (1996), S. 619f.; Heinke (1998), S. 221.

250 Vgl. Millon/Thakor (1985), S. 1403f.; Randow (1996b), S. 555. Vgl. auch Berblinger (1996), S. 88; Meyer-Parpart (1996), S. 113. Nach eigenem Bekunden gewähren die Ratingagenturen den Emittenten sogar ein Überprüfungsrecht von zur Veröffentlichung vorgesehenen Ratinginformationen, um eine Preisgabe sensibler Informationen zu verhindern. Vgl. zu Details Kapitel 3.4.

251 Vgl. Frost (2007), S. 477.

252 Vgl. Frost (2007), S. 477.

der Unternehmen potentielle Gefahren daraus.[253] Weiterhin verpflichten sich die Agenturen vertraglich zu Verschwiegenheit bezüglich vertraulicher Informationen.[254]

Das zentrale Problem wird deshalb eher in der Gefahr mangelnder Qualität und Aktualität von Ratings durch zu geringen Ressourceneinsatz oder auch fehlerhafte oder ungenaue Ratingsysteme gesehen. Die Ratingagentur als privatwirtschaftliches Unternehmen könnte eine Senkung der Kosten bzw. Steigerung des Gewinns zu Lasten der Ratingqualität anstreben. Bspw. ergaben empirische Untersuchungen, dass nur etwa 12 % der vergebenen Ratings jährlich überprüft werden.[255] Auch wird in Befragungen von Investorenseite v.a. mangelnde Aktualität kritisiert.[256] Die deutlichen Antizipationseffekte von Ratingänderungen in empirischen Studien zum Informationswert von Ratings weisen ebenfalls in diese Richtung. Die in Ereignisstudien festzustellende signifikante Reaktion des Marktes vorrangig auf Herabstufungen deutet jedoch darauf hin, dass Ratingagenturen im Interesse der Kapitalgeber Bonitätsverschlechterungen schneller durch Ratingänderungen berücksichtigen als Verbesserungen.[257] Weiterhin wird häufig gefragt, ob die US-amerikanischen Agenturen nationale Besonderheiten und Unterschiede ausreichend in ihren Analysen ausländischer Emittenten berücksichtigen und über ortsspezifische Fachkenntnisse verfügen.[258] Schließlich weckt auch die Tatsache von Mehrfachratings und *split ratings*[259] Zweifel an der Glaubwürdigkeit und Objektivität einzelner Agenturen.[260] Im Fall freiwilliger Mehrfachratings erscheinen derartige Zweifel nachvollziehbar, denn in diesen Fällen wird einem weiteren Rating vom Kapitalnehmer offensichtlich zusätzlicher Nutzen beigemessen.[261] Bei *split ratings* lassen sie sich hingegen entkräften. Empirische Untersuchungen finden kaum signifikante und systematische Ratingdifferenzen, sondern v.a. zufällige Schwankungen an den unteren Grenzen von Ratingklassen und keine Hinweise auf Anreizprobleme als Ursache.[262] Investoren fordern daher mehr Transparenz des Zustandekommens von Ratings, um deren Qualität und Nutzen für die eigenen Entscheidungen besser einschätzen zu können.[263]

---

253 Vgl. Steiner/Heinke (1996), S. 620; Wieben (2004), S. 29. Vgl. insb. § 15 WpHG.

254 Vgl. Berblinger (1996), S. 59; S&P (2006a), S. 16.

255 Vgl. Schulte (1996), S. 121; Heinke (1998), S. 222; Wieben (2004), S. 29.

256 Vgl. Ellis (1998), S. 41-43; Baker/Mansi (2002), S. 1387-1393.

257 Vgl. Steiner/Heinke (1996), S. 621. Vgl. zu diesen Studien Kapitel 2.4.1.

258 Vgl. Cantor/Packer (1994), S. 14f.; Fight (2001), S. 102; Kuhner (2001), S. 4.

259 Bei Doppel- bzw. Mehrfachratings beurteilen zwei oder mehrere Agenturen einen Kapitalnehmer oder eine Emission, *split ratings* liegen vor, wenn sich deren Ratings unterscheiden.

260 Vgl. Ederington (1986), S. 37f.; Cantor/Packer (1994), S. 19.

261 Vgl. Hsueh/Kidwell (1988), S. 47; Heinke (1998), S. 223f.; Baker/Mansi (2002), S. 1375-1382. Doppel- oder Mehrfachratings können jedoch durch Kapitalmarktregularien auch vorgeschrieben sein. Cantor/Packer (1994), S. 8; Randow (1996b), S. 551 und 560-566.

262 Vgl. Beattie/Searle (1992a), S. 168; Heinke (1998), S. 223-225; Ederington (1986), S. 46; Ederington/Yawitz (1987), S. 50; Cantor/Packer (1996a). Vgl. ausführlich Kapitel. 4.2.2.

263 Vgl. Hoffmann (1991), S. 94; SEC (2003), S. 33.

Gegenüber den Emittenten ist eine Ratingagentur sowohl in der Position des Agenten als auch der des Prinzipals.[264] Als Prinzipal ist sie für ihre Bonitätsrisikoeinschätzung, ähnlich wie vorher der Kapitalgeber, auf die Kooperationsbereitschaft und die Bereitstellung wahrheitsgemäßer Informationen durch den besser informierten Kapitalnehmer angewiesen.[265] Dieser könnte versuchen, durch geschönte oder manipulierte Informationen sein Rating zu verbessern oder nach dessen Veröffentlichung seine Geschäftspolitik entgegen seiner vorherigen Angaben zu ändern.[266] Vorteile daraus wären jedoch allenfalls kurzfristig möglich, längerfristig würde sich der Kreditnehmer selbst schädigen. Ein offensichtliches Missverhältnis zwischen tatsächlichem Bonitätsrisiko und Rating gefährdet die Reputation der Agentur. Da die Nutzbarkeit des Ratings als Signal und Instrument zur Senkung der Fremdkapitalkosten aber stark von dieser Reputation und Glaubwürdigkeit abhängt, besteht für Kapitalnehmer kein unbegrenzter Anreiz zur Manipulation.[267] Die Agenturen versuchen sich weiterhin dadurch zu schützen, dass sie dem Emittenten vertragliche Informationspflichten auferlegen,[268] u.U. nur auf von Abschlussprüfern testierte Finanzdaten zurückgreifen,[269] ihr Rating regelmäßig überprüfen, v.a. intensiver und häufiger mit schlechter werdender Ratingklasse,[270] und insbesondere die Kriterien und deren Gewichtungen für das Rating weitgehend geheimhalten.[271] Es besteht nämlich die Gefahr, dass „die Transparenz der Kriterien die Gerateten dazu bringen, nicht ihre Aktivitäten zu verbessern, sondern allein deren Darstellung gegenüber der Agentur (...).“[272] Die hohe Bedeutung des Ratings für die Kapitalnehmer entfaltet zudem eine Disziplinierungswirkung und erhöht die Kooperationsbereitschaft. Allerdings zeigt die Möglichkeit der Unternehmen, vor Veröffentlichung des Ratings weitere Informationen zur Verfügung zu stellen, einen verbleibenden Beeinflussungsspielraum.[273] In letzter Konsequenz können Ratingagenturen ein Rating auch verweigern oder ein bereits vergebenes zurückziehen, was dem Fremdkapitalnehmer einen hohen Imageschaden verursachen würde. Diese Perspektive ist daher als eher unkritisch einzustufen.

Der Ratingagentur kommt in ihrem Verhältnis zum Emittenten auch die Rolle des Agenten zu.[274] Problematisch könnte die Durchführung und Veröffentlichung von Ratings ohne Auftrag sein, wenn damit Druck auf Emittenten ausgeübt weden soll, ein Rating zu beantragen und zu bezahlen. Allerdings werden unbeauftragte Ratings nur in einigen Ländern, vorrangig den USA und Japan, vergeben und eine mißbräuliche

264 Vgl. Oehler/Voit (1999), S. 971.
265 Vgl. Oehler/Voit (1999), S. 972f.
266 Vgl. Shapiro (1976), S. 47-52; Oehler/Voit (1999), S. 973; Peemöller/Hofmann (2005), S. 152f.
267 Vgl. Shapiro (1976), S. 47-52; Oehler/Voit (1999), S. 973.
268 Vgl. Everling (1991), S. 111f.
269 Vgl. Steiner/Heinke (1996), S. 622. Vgl. auch S&P (2006a), S. 25.
270 Vgl. Everling (1999), S. 257.
271 Vgl. Oehler/Voit (1999), S. 973.
272 Vgl. Elschen/Graalmann (2004), S. 33.
273 Vgl. Everling (1991), S. 118; Steiner/Heinke (1996), S. 622.
274 Vgl. Oehler/Voit (1999), S. 971f. Diese Perspektive ist bei Steiner/Heinke (1996) und Heinke (1998) nicht berücksichtigt.

Verwendung ließ sich bisher nicht feststellen.[275] Die Agenturen haben bezüglich ihrer Ratingverfahren, den relevanten Kriterien und deren Gewichtung den eben erläuterten Informationsvorteil.[276] Fehlende Genauigkeit und mangelnde Sorgfalt bei der Analyse sind auch für den Kapitalnehmer das zentrale Problem und können für ihn nicht nachvollziehbar zu einem ungerechtfertigt schlechten Rating führen, so z.B. durch risikoaverses Analyseverhalten oder Außerachtlassen nationaler Besonderheiten.[277] Ähnlich kann auch eine kurzfristige und dem Emittenten nicht kommunizierte Änderung der Ratingkriterien wirken.[278] Ein prominentes Beispiel ist die kurzfristige Änderung der Analysemethodik für Pensionsrückstellungen durch *S&P*, die überraschend zu massiven Herabstufungen mehrerer deutscher Emittenten führte.[279] Kapitalnehmer können wegen des großen Einflusses des Ratings auf ihre Fremdfinanzierungsmöglichkeiten dadurch erheblich geschädigt werden.[280] Es entsteht sogar ein gewisser Druck für die Unternehmen, Geschäftsentscheidungen mit Blick auf die Vorstellungen der Ratingagenturen zu treffen.[281] „(A)ny borrower will have a strong incentive to monitor his decision-making in the light of the rating agencies′ standard of credit-worthiness by asking how it will affect the credit rating.“[282] Vor diesem Hintergrund besteht ein besonders großes Interesse der Kapitalnehmer an der Transparenz des Ratingverfahrens.[283] Diesbezüglich ist einerseits zu bedenken, dass vollständige Transparenz starke Beeinflussungen durch die Kapitalnehmer hervorrufen und die Objektivität und Qualität der Ratings gefährden könnte. Zudem handelt es sich um das zentrale Geschäftsgeheimnis der Agenturen.[284] Andererseits hat der Kapitalnehmer als Auftraggeber und vornehmlich Betroffener ein legitimes Interesse daran, prüfen zu können, ob es sich um eine qualitativ hochwertige und sachgerechte Beurteilung handelt.[285] Vor dem Hintergrund dieser Probleme ist die Entstehung des neuen Geschäftsfeldes *Rating Advisory* zu sehen,[286] in dem wie angedeutet auch die Ratingagenturen selbst aktiv sind. Das ist auch aus dieser Perspektive wegen möglicher Interessenkonflikte sehr kritisch zu sehen.[287]

---

275 Vgl. Smith/Walter (2002), S. 311f.; Frost (2007), S. 481.

276 Vgl. Oehler/Voit (1999), S. 971f.

277 Vgl. Oehler/Voit (1999), S. 972; Kuhner (2001), S. 4; Smith/Walter (2002), S. 313.

278 Vgl. Oehler/Voit (1999), S. 972.

279 Vgl. Gerke/Pellens (2003); Gerke/Mager (2005); Strunz-Happe (2005), S. 232.

280 Vgl. Heinke (1998), S. 219; Gerke/Mager (2005), S. 211f.

281 Vgl. Kerwer (1999), S. 7; Gras (2003), S. 22. Vgl. z.B. Hofmann (2004) und Kapitel 3.2.4.4.2. zur Auslagerung von Pensionsverpflichtungen wegen deren Behandlung bei der Ratinganalyse, Kisgen (2003), der den Einfluss von Ratings auf Kapitalstrukturentscheidungen zeigt, oder Aivazian/Booth/Cleary (2006), die einen Einfluss des Ratings auf die Dividendenpolitik finden.

282 Kerwer (2001), S. 14. Ähnlich Peters (2001), S. 152.

283 Vgl. Hoffmann (1991), S. 94; Gerke/Mager (2005), S. 212f.; Asmussen (2005), S. 249.

284 Vgl. Serfling/Badack/Jeiter (1996), S. 648f.; Steiner/Heinke (1996), S. 622; Oehler/Voit (1999), S. 973.

285 Vgl. Serfling/Badack/Jeiter (1996), S. 649; Oehler/Voit (1999), S. 972; IOSCO (2003a), S. 17f.

286 Vgl. zum *Rating Advisory* z.B. Kniese (1996), S. 46-51; Kerwer (1999), S. 4; Holzkämper/Fischer (2002).

287 Vgl. o.V. (2001), S. 68f.; SEC (2003b), S. 23 ; Gras (2003), S. 22.

Wichtigste Grundlage des Geschäftsmodells der Ratingagenturen und der Überwindung der möglichen Agency-Probleme durch ihre Einschaltung ist gemäß Erkenntnissen der Finanzintermediationstheorie ihre Glaubwürdigkeit bzw. Reputation bei den Marktteilnehmern.[288] Die Funktionsweise und Wirksamkeit dieses marktbasierten Mechanismus zur Bewältigung von Interessenkonflikten der Agenturen wird im nächsten Kapitel genauer erläutert und kritisch diskutiert.

2.4.2.4. Reputationsmechanismus und seine Wirksamkeit

Für Informationsintermediäre ist es von großer Bedeutung, sich im Rahmen von längerfristigen Vertragsbeziehungen und zum Erreichen von Marktakzeptanz eine Reputation als verlässlicher Informationslieferant zu erarbeiten und zu bewahren.[289] Unter Reputation ist allgemein die auf Basis von Vergangenheitserfahrungen gebildete Erwartung eines Akteurs bezüglich ihm verborgener Eigenschaften oder Verhaltensmerkmale eines potentiellen Partners zu verstehen.[290] Es entspricht dem Prinzip der individuellen Nutzenmaximierung, wenn eine Ratingagentur freiwillig auf Schädigung der Kapitalgeber bzw. -nehmer verzichtet, denn ihre zukünftigen Erträge, die sich aus langfristigen Geschäftsbeziehungen erzielen lassen, hängen über ihre Reputation von der heutigen Qualität ihrer Ratingurteile ab.[291] Ihr Reputationskapital kann damit als Quasi-Rente charakterisiert werden.[292] Mit jedem Rating setzen die Agenturen ihr Reputationskapital zu einem gewissen Grad aufs Spiel.[293] Zudem beschränken sie ihre Geschäftstätigkeit freiwillig sehr stark auf Ratings. Die Gefahr von Reputationseinbußen durch fehlerhafte Urteile und damit verbundene Gewinneinbrüche im Ratinggeschäft können so nicht durch anderweitige Gewinne, z.B. aus dem Eigenhandel mit Wertpapieren, kompensiert werden. Diese Selbstbeschränkung kann als ein Signal für die Glaubwürdigkeit und Qualität der Ratings gesehen werden.[294] Des Weiteren ist die Ratingqualität nicht gänzlich unbeobachtbar. Über einen längeren Zeitraum bieten sich, wie in Kapitel 2.1. und 2.4.1. gezeigt, Anknüpfungspunkte für Untersuchungen der Ratingqualität.[295] Die Wirksamkeit des Reputationsmechanismus wird jedoch immer wieder angezweifelt. Es lassen sich drei zentrale Problemfelder identifizieren:

(i) Aufgrund einer stets nur unvollkommen möglichen Qualitätsmessung von Ratings gibt es trotz Reputationsmechanismus einen Anreiz, eine eigene gründliche Ratingana-

---

288 Vgl. Randow (1996b), S. 148; Heinke (1998), S. 215; Oehler/Voit (1999), S. 972; Partony (2002), S. 67f.; Kerwer (2005), S. 460; Cantor/Packer (1994), S. 4.

289 Vgl. Breuer (1995); Randow (1996a), S. 554f.; Heinke (1998), S. 233; Hax (1998), S. 129-184.

290 Vgl. Kreps/Wilson (1982), S. 256; Shapiro (1983), S. 659; Richter/Furubotn (2003), S. 276-284. Vgl. auch Päßler (2007), S. 174-181.

291 Vgl. Shapiro (1983), S. 666; Liu (1985), S. 133f.; Hsueh/Kidwell (1988), S. 47; Megginson/Weiss (1991), S. 881. Vgl. auch Hax (1998), S. 129-184, für eine modelltheoretische Analyse des Reputationsmechanismus, sowie die Aufarbeitung bei Päßler (2007), S. 174-217.

292 Vgl. Hax (1998), S. 129; Päßler (2007), S. 176f.

293 Vgl. Heinke (1998), S. 235-238; Kley (2003), S. 223; Päßler (2007), S. 176.

294 Vgl. Randow (1996a), S. 555; Heinke (1998), S. 236.

295 Vgl. auch Randow (1996a), S. 556-558.

lyse zu unterlassen und sich an dem Ratingurteil konkurrierender Agenturen zu orientieren (Konvergenzanreiz), weil ein fehlerhaftes Rating der Reputation dann besonders schadet, wenn die anderen Agenturen richtige Urteile abgegeben haben. Es besteht also eine asymmetrische Verteilung von Möglichkeiten zum Gewinn bzw. Verlust an Reputation.[296] Allerdings unterstellt diese auf einem Herdenverhalten basierende Argumentation, dass eine Vielzahl von Ratingagenturen gegeben ist, was in der Realität durch die Dominanz nur weniger Agenturen nicht der Fall ist.[297] Ohne diese Einschränkung lassen sich vor allem für den Fall einer Krise des Finanzsystems Anreize zu solchem Fehl- bzw. Konvergenzverhalten von Ratingagenturen sowie daraus resultierender prozyklischer Wirkungen zeigen.[298] Insgesamt wird damit deutlich, dass die Reputation nur ein relativer Wert ist und es letztlich allein auf die Qualität und Leistung in Relation zur Konkurrenz ankommt, was die Wirksamkeit des Reputationsmechanismus deutlich einschränken könnte.[299]

(ii) Ein weiteres Problem ergibt sich aus den positiven Netzwerkeffekten im Ratinggeschäft und der Funktion von Ratingagenturen als Standardsetzer. Bedenklich ist, dass die Ratingagenturen nicht nur den Standard der Bonitätsrisikobeurteilung setzen, sondern dessen Einhaltung auch selbst überprüfen.[300] „Somit liegen Regelsetzung (...) und Regelüberprüfung (...) in einer Hand."[301] Ein solcher Standard führt zudem tendenziell zu einer Vereinheitlichung der Einschätzung von Emittenten durch die Investoren und birgt damit die Gefahr von Herdenverhalten.[302] Eine Abkehr von einem verbreiteten und etablierten Standard ist außerdem mit sehr hohen Wechselkosten für Emittenten und insbesondere für Investoren verbunden. Eine in gewissen Grenzen sinkende Ratingqualität bzw. Reputation wird sich folglich nicht ausgeprägt negativ auf die Geschäftstätigkeit einer Agentur auswirken.[303] Weiterhin ergeben sich starke monopolistische Tendenzen auf dem Ratingmarkt und sehr wirksame Eintrittsbarrieren für neue Ratingagenturen.[304] Das spiegelt sich in der Struktur des weltweiten Ratingmarktes deutlich wider, der von nur drei Agenturen beherrscht wird.[305] Da Emittenten i.d.R. Ratings von mindestens zwei großen Agenturen beantragen, gibt es kaum eine Konkurrenz der Agenturen um den „besten" Standard.[306]

---

296 Vgl. Merton/Bodie (1992), S. 93; Kuhner (2001), S. 4; Kerwer (2002), S. 44; Gras (2003), S. 29, mit weiteren Hinweisen. Weiterhin könnten durch die Konvergenz Kosten einer eigenen aufwendigen Ratinganalyse gesenkt werden, insbesondere bei der Überprüfung und Änderung bereits vergebener Ratings. Vgl. Güttler/Wahrenburg (2007), S. 752.

297 Vgl. Heinke (1998), S. 239.

298 Vgl. mit einer modelltheoretischen Analyse Kuhner (2001), S. 5-25. Vgl. auch Kerwer (2001), S. 25; o.V. (2002), S. 69.

299 Vgl. Gras (2003), S. 29; o.V. (2002), S. 70.

300 Vgl. Kerwer (2005), S. 472.

301 Gras (2003), S. 26.

302 Vgl. Gras (2003), S. 26.

303 Vgl. Sinclair (2000), S. 495.

304 Vgl. Kerwer (2002), S. 44.

305 Vgl. Poon (2003), S. 594; Gras (2003), S. 15; Strunz-Happe (2005), S. 231f.

306 Vgl. Kerwer (2002), S. 45.

(iii) Schließlich wird ein besonders großes Hemmnis für die Wirkung des Reputationsmechanismus darin gesehen, dass in vielen Ländern Ratings staatlich anerkannter Ratingagenturen immer stärkere Verwendung in der Kapitalmarktregulierung finden. Mit einem Anerkennungsverfahren wird eine zusätzliche regulatorische Marktzugangsbarriere für neue Agenturen errichtet. Den etablierten und anerkannten Agenturen wird zudem die Rolle einer quasi-öffentlichen Aufsichtsinstitution zuerkannt.[307] Sie geben dadurch mit ihren Ratings nicht nur Einschätzungen zum Bonitätsrisiko, sie verkaufen damit auch „valuable property rights associated with compliance with the regulation."[308] Das führt einerseits dazu, dass Investoren gezwungen sind, die Ratingurteile staatlich anerkannter Agenturen zu beachten, auch wenn sie mit deren Qualität unzufrieden sind.[309] Andererseits sind v.a. die Emittenten gezwungen, sich der Beurteilung dieser Agenturen zu unterwerfen und ein hohes Rating zu erreichen, wenn sie ihre Finanztitel bei entsprechenden Investoren platzieren wollen.[310]

Kritik von Seiten der Investoren wird i.d.R. nur in Krisen laut, wenn Ratingagenturen große Ausfälle nicht früh genug prognostiziert haben und sie überraschende Verluste erleiden.[311] Problematisch sehen Investoren nur zu gute Ratings bzw. zu späte Anpassungen, bei zu schlechten Ratings haben sie wegen der höheren Rendite bei gleichem Bonitätsrisiko keinen Anreiz zur Kritik.[312] Ratings stellen für Portfolioentscheidungen darüber hinaus meist nicht den einzigen Entscheidungsparameter dar, sondern werden durch weitere Informationen und eigene Analysen ergänzt.[313] Einflüsse fehlerhafter Ratings machen sich zudem nur bei einer Überschreitung bestimmter Grenzen bemerkbar. Sofern regulative Vorgaben eingehalten werden, hätten Investoren daher bei Unzufriedenheit mit der Ratingqualität die Möglichkeit, diese in ihren Entscheidungen nicht mehr zu berücksichtigen.[314]

Im Vergleich dazu sind Emittenten durch den Einfluss von Ratings auf ihre Fremdkapitalkosten und Geschäftsentscheidungen intensiver und kontinuierlicher betroffen.

---

307 Vgl. Partony (1999), S. 623; Partony (2002), S. 66; White (2002), S. 52-54; Kerwer (2005), S. 464. Für mögliche Vorteile einer solchen Regulierung durch Ratings vgl. Kapitel 2.4.3.

308 Partony (1999), S. 682. *Beaver/Shakespeare/Soliman* (2006) gehen möglichen Unterschieden in den Ratings von als NRSRO anerkannten und denen von nicht als solchen anerkannten Agenturen nach. Sie unterscheiden die Unterstützung der Anleihebewertung (*valuation*) und die Einhaltung von Regularien oder Vertragsklauseln mit Bezug zu Ratings (*contracting*) als wesentliche Verwendungen von Ratings. Sie vermuten, dass Ratings nicht anerkannter Agenturen ausschließlich dem ersten Zwecken dienen, während diejenigen der anerkannten Agenturen beiden Zwecken gerecht zu werden versuchen, was sich bei diesen u.a. in Anreizen zu einer konservativeren Ratingvergabe, verzögerter Ratinganpassung oder anderem Verhalten beim Übergang zwischen *investment-* und *speculative grade*-Bereich niederschlagen könnte. Sie können in einer empirischen Analyse Hinweise auf derartige Auswirkungen der *contracting*-Rolle feststellen.

309 Vgl. Kerwer (2001), S. 24; Päßler (2007), S. 215f.

310 Vgl. Kerwer (2005), S. 465; Gras (2003), S. 22.

311 Vgl. Kerwer (2005), S. 465-467; Gras (2003), S. 3f.; Strunz-Happe (2005), S. 232.

312 Vgl. Heinke (1998), S. 242.

313 Vgl. Baker/Mansi (2002), S. 1370; Ellis (1998), S. 38-40; Osman (2007b).

314 Vgl. Kerwer (2005), S. 465.

Auch bei Finanzkrisen sind sie stärker den prozyklischen Auswirkungen zu später Ratinganpassungen ausgesetzt. Sie haben daher ein größeres Interesse an einer wirksamen Kontrolle der Ratingagenturen als die Investoren.[315] Eine Kritik an den Ratingagenturen ist für sie aber vergleichsweise schwieriger, denn diese werten das als unzulässigen Beeinflussungsversuch und ignorieren sie v.a. mit dem Hinweis auf die Wahrung ihrer Neutralität.[316] Aufgrund der mangelnden Transparenz des Ratingprozesses ist es zudem nur schwer möglich, eine dezidierte Kritik vorzubringen.[317] Es besteht folglich die Gefahr, dass ein Emittent sich bei einer öffentlichen Kritik an dem jetzigen oder einem künftigen Verzicht auf das Rating einer Agentur letztlich selbst mehr schadet, denn es verbleiben auf Investorenseite stets Zweifel, ob der Grund dafür nicht eher in gesunkener Offenlegungsbereitschaft oder gestiegenen Risiken zu finden ist. Ratingagenturen weisen nämlich i.d.R. eine höhere Reputation als der einzelne Emittent auf.[318] Hierin liegt ein weiteres Argument, warum die Emittenten ein großes Interesse an einer höheren Transparenz des Ratingprozesses aufweisen. Könnten sie das Zustandekommen des Ratings besser nachvollziehen, könnten sie Probleme oder Fehler aus ihrer Sicht gegenüber der Öffentlichkeit klar aufzeigen und die Agentur dafür besser verantwortlich machen.[319]

Zusammenfassend ist festzuhalten, dass die Ratingagenturen nur insoweit zu mehr Transparenz bereit sein werden, wie der daraus erwartete Nutzen aus einer Reputations- und Glaubwürdigkeitssteigerung oder der Abwendung drohender regulatorischer Maßnahmen größer ist als die erwarteten Kosten z.B. aus Know-How-Preisgabe an Konkurrenten und Ratingnutzer, Manipulationsgefahren durch geratete Unternehmen oder höhere Gefahr von Haftungsfällen.[320] In Anbetracht der aufgezeigten potentiellen Defizite des Reputationsmechansimuses sind „continual calls from firms, governments, financial regulators, and the press, to hold rating agencies accountable for their activities“[321] zu verzeichnen und es ist zu fragen, „who rates the raters?“[322] Die bisherige Regulierung des Ratinggeschäfts, die Diskussion der letzten Jahre über einen zunehmenden Regulierungsbedarf und der aktuelle Stand der Entwicklung werden im nächsten Kapital kurz nachgezeichnet und kommentiert.

2.4.3. Regulierung von Ratings

Sowohl gegenüber Investoren als auch Emittenten besteht eine sehr geringe rechtliche Verantwortlichkeit von Ratingagenturen.[323] Die Agenturen wollen ihre Ratings als

---

315 Vgl. Kerwer (2005), S. 465-468.
316 Vgl. Kerwer (2005), S. 468; Heinke (1998), S. 242.
317 Vgl. Peters (2001), S. 154.
318 Vgl. Kniese (1996), S. 43.
319 Vgl. IOSCO (2003a), S. 17f.; Elschen/Graalmann (2004), S. 32f.; Strunz-Happe (2005), S. 240.
320 Vgl. Kerwer (2005), S. 469; Frost (2007), S. 476. Vgl. auch Elschen/Graalmann (2004).
321 Kerwer (2005), S. 455. Vgl. auch Gras (2003), S. 29f.; Päßler (2007), S. 405.
322 O.V. (2005).
323 Vgl. Randow (1996b), S. 150; Kerwer (1999), S. 20; Kerwer (2001), S. 3; Kuhner (2001), S. 4; Partony (2002), S. 78-80; Gras (2003), S. 16.

Meinungsäußerung verstanden wissen und lehnen jede Verantwortung für auf Ratings basierende Anlageentscheidungen ab.[324] In den USA folgen die Gerichte dieser Sicht und betrachten Ratings als durch das verfassungsmäßige Recht auf freie Meinungsäußerung geschützt. Damit sind Ratingagenturen nur für grobe Fahrlässigkeit und Vorsatz haftbar zu machen, was eine sehr hohe Hürde darstellt.[325] Zudem sind sie trotz ihrer verpflichtenden Registrierung gemäß *Investment Advisers Act of 1940* von einer Aufsicht durch die SEC bis heute größtenteils ausgenommen.[326] Die Lage in Deutschland ist vergleichbar, denn Ratingagenturen stellen zum einen keine Wertpapierdienstleistungsunternehmen dar, die unter die Regeln der §§ 31 ff. WpHG und die Überwachung der BaFin nach § 35 WpHG fallen.[327] Zum anderen gilt, dass ein „Rating nach geltendem Recht allenfalls in Fällen evidenten Missbrauchs die Haftung der Agentur auslösen wird."[328] Wegen des Prognosecharakters von Ratings wäre ein verschärftes Haftungsrecht, das auf den Erfolg der Prognose abstellt, problematisch. Es könnte zu einer steigenden Wahrscheinlichkeit der Inanspruchnahme auch ohne Fehlverhalten führen, die Bereitschaft der Agenturen zur Durchführung von Ratings, v.a. bei risikoreichen Emittenten, und damit deren Verbreitung senken und die Kosten in die Höhe treiben, während nicht sichergestellt wäre, dass sich die Ratingqualität dadurch verbessern würde.[329] Angesichts des beschränkten gewährleistungs- und haftungsrechtlichen Investoren- und Emittentenschutzes sowie der aufgezeigten Schwachstellen des Reputationsmechanismus stellt sich die Frage nach regulatorischen Maßnahmen gegenüber Ratingagenturen.[330]

In den USA stellt das Akkreditierungsverfahren als NRSRO durch die SEC bislang die einzige Form der Regulierung von Ratingagenturen dar. Davon abgesehen sind die Agenturen „die einzigen bedeutenden Kapitalmarktinstitutionen, die ungeachtet ihrer erheblichen Marktmacht keiner Regulierung unterliegen."[331] Das Verfahren war lange Jahre wenig formalisiert und nachvollziehbar und wurde zunehmend als willkürlich kritisiert. Zudem stellte es als wesentliches Kriterium auf eine breite Marktakzeptanz ab, was die bestehende Marktsituation mit nur fünf Agenturen mit NRSRO-Status zementierte und eine für weitere Agenturen kaum überwindliche Markteintrittsbarriere schaffte.[332] Im Rahmen des *Sarbanes-Oxley Act* wurde die SEC verpflichtet, mögliche Probleme im Zusammenhang mit Ratingagenturen zu untersuchen.[333] In ihrem Bericht

---

324 S&P (2006a), S. 8; Berblinger (1996), S. 51.

325 Vgl. Husisian (1990); Fight (2001), S. 239-241; Partony (2002), S. 78-80; Hill (2003), S. 56f.

326 Vgl. Kerwer (2001), S. 23; SEC (2002); Hill (2003), S. 54.

327 Vgl. Deipenbrock (2003), S. 1850; Deipenbrock (2005), S. 2088f.; Strunz-Happe (2005), S. 241f.; Päßler (2007), S. 405.

328 Kübler (1997), S. 133. Vgl. ausführlich auch Ebenroth/Koos (1996); Peters (2001), S. 48-155; Deipenbrock (2003); Krimphove (2005); Päßler (2007), S. 278-289.

329 Vgl. Randow (1996a), S. 559; Kübler (1997), S. 133.

330 Vgl. für einen Überblick Peters (2001), S. 144-179; Strunz-Happe (2005); Asmussen (2005).

331 Päßler (2007), S. 405. Vgl. auch Schwarcz (2002), S. 297.

332 Vgl. Peters (2001), S. 146; Partony (2002), S. 74; White (2002), S. 52-54; Schwarcz (2001), S. 20; Kerwer (2005), S. 464; Hill (2003), S. 53-55. Vgl. für diese fünf Agenturen Kapitel 2.2.

333 Vgl. Sarbanes-Oxley Act 2002 Section 702(b); SEC (2003b), S. 1.

vom Januar 2003 wurden als kritische und zu prüfende Aspekte (i) der Informationsfluß von Ratingdaten, (ii) die potentiellen Interessenkonflikte innerhalb der Agenturen, (iii) die möglichen wettbewerbsbehindernden Praktiken, (iv) die Reduzierung möglicher regulativer Markteintrittsbarrieren sowie (v) die Frage einer dauerhaften Aufsicht von Ratingagenturen herausgestellt.[334] In einem daran anknüpfenden *Concept Release* vom Juni 2003 wurden verschiedene Regulierungsalternativen öffentlich zur Diskussion gestellt.[335] Bezüglich des NRSRO-Anerkennungsverfahrens nahm die SEC bis 2005 lediglich eine stärkere Formalisierung vor.[336] Der US-Gesetzgeber hat der SEC mit dem *Credit Rating Agency Reform Act of 2006* nun Vorgaben für ein neues, formalisiertes und weniger restriktives Verfahren gemacht, um die markteintrittsbehindernden Wirkungen zu entschärfen.[337] Die SEC hat diese in einer *Final Rule* umgesetzt und konkretisiert. Die Antragsunterlagen von Agenturen an die SEC müssen Angaben zu potentiellen Interessenkonflikten, Vorgehensweisen und Methoden ihrer Ratingerstellung, Performance ihrer Ratings im Zeitablauf, Maßnahmen zum Schutz vor Missbrauch vertraulich gewährter Informationen sowie ihrer Organisationsstruktur enthalten und sind, mit Ausnahme gewisser vertraulicher Angaben, von diesen öffentlich bekannt zu machen.[338] Auf Basis des neuen Verfahrens hat die SEC bis September 2007 neben den fünf bisherigen zwei weitere, japanisch-stämmige Ratingagenturen als NRSRO anerkannt.[339]

Darüber hinaus entfaltet Basel II gewisse Regulierungswirkungen auf Ratingagenturen. Ihre Anerkennung als ECAI ist nämlich an bestimmte Anforderungen geknüpft. Das Anerkennungsverfahren stellt auf folgende Kriterien ab: (i) Objektivität, (ii) Unabhängigkeit, (iii) internationaler Zugang zu den und Transparenz von Ratingurteilen, (iv) Offenlegung der Beurteilungsmethoden, Bedeutung der Ratingurteile, der historischen Ausfallraten und Übergangswahrscheinlichkeiten, (v) Ressourcen sowie (vi) Glaubwürdigkeit bzw. Marktakzeptanz der Ratingurteile. Diese Vorgaben sind jedoch nur sehr knapp spezifiziert und als Leitlinien zu verstehen. Die nationalen Aufsichtsbehörden haben letztlich über die genaue Ausgestaltung und den Ablauf des Verfahrens zu entscheiden.[340] Die Europäische Union hat die Empfehlungen des Basler Ausschusses 2006 in der Bankenrichtlinie 2006/48/EG (Art. 81-83) umgesetzt. Um eine möglichst einheitliche Richtlinienauslegung in der EU zu erreichen, wurde zusätzlich

334 Vgl. SEC (2003b), S. 44f. Vgl. auch Asmussen (2005), S. 249; Frost (2007), S. 472.
335 Vgl. SEC (2003a).
336 Vgl. SEC (2005); Deipenbrock (2005), S. 2086.
337 Vgl. für einen Überblick auch CESR (2006c), S. 9f.
338 Vgl. zur *Final Rule* SEC (2007c).
339 Dabei handelt es sich um *Japan Credit Rating Agency* und *Rating and Investment Information*. Vgl. SEC (2007a) und (2007b).
340 Vgl. Basel Committee on Banking Supervision (2006), S. 27f. Vgl. für einen Überblick Kley/Everling (2002), S. 141-144; Strunz-Happe (2005), S. 236; Päßler (2007), S. 405-409. Zwar findet sich wie bei der vormaligen NRSRO-Regulierung in den USA das Kriterium der Marktakzeptanz. Angesichts der dort zu beobachtenden wettbewerbshemmende Wirkung einer zu starken Betonung dieses Aspekts ist es aber nicht das wesentliche Kriterium, sondern dient v.a. zur Differenzierung des erforderlichen Prüfungsumfangs. Vgl. CEBS (2006b), S. 24f.

eine Konkretisierung durch den *Ausschuss der Europäischen Bankenaufsichtsbehörden* (CEBS) erarbeitet.[341] Bei Agenturen, die in mehreren EU-Staaten eine Anerkennung beantragen, findet ein gemeinsames Verfahren der Aufsichtsbehörden der betreffenden Länder statt, wobei die Anerkennung in den einzelnen Ländern formal weiterhin von den nationalen Behörden erfolgt.[342] Das Anerkennungsverfahren in Deutschland ist an den Leitlinien der CEBS orientiert in den §§ 52, 53 SolvV geregelt und erfolgt gemeinsam durch Bundesbank und BaFin. Als ECAI sind in Deutschland bislang *S&P*, *Moody's*, *Fitch* und *Dominion Bond Rating Service* (DBRS) anerkannt, die auch EU-weit diesen Status innehaben.[343]

Angesichts der hohen weltweiten Bedeutung hat sich auch die IOSCO mit dem Ratingmarkt auseinander gesetzt.[344] Ergebnis ihrer Bemühungen ist der im Dezember 2004 verabschiedete *IOSCO Code of Conduct Fundamentals*.[345] Dieser enthält Vorgaben für Verhaltenskodizes der Ratingagenturen.[346] Er ist unabhängig von jeglicher aufsichtsrechtlichen oder regulativen Verwendung von Ratings zu sehen.[347] In die Erarbeitung bezog die IOSCO neben Vertretern von Aufsichtsbehörden, Emittenten und Investoren auch solche der Agenturen ein.[348] Die Verhaltensregeln betreffen im Wesentlichen folgende Bereiche: (i) Qualität und Aktualität des Ratingprozesses, (ii) Verhinderung von Interessenkonflikten, (iii) Erhöhung der Transparenz der Ratingurteile, (iv) Umgang mit vertraulichen Informationen und (v) die Einrichtung einer Stelle für Beschwerden über den Ratingprozess.[349] Besonders erwähnenswert ist, dass künftig „(w)here feasible and appropriate, prior to a rating, the CRA should inform the issuer of the critical information and principal considerations upon which a rating will be based and to afford the issuer an opportunity to clarify any likely factual misperceptions or other matters that the CRA would wish to be made aware of in order to produce an accurate rating."[350] Außerdem sollen die Agenturen wesentliche Änderungen ihrer Methoden und Verfahren rechtzeitig veröffentlichen.[351] Mit diesen beiden Punkten haben wichtige Interessen v.a. deutscher Emittenten Eingang in den IOSCO-Code gefunden.[352] Die Agenturen haben aber selbst zu entscheiden, ob und wie sie die Vor-

---

341 Vgl. CEBS (2006b). Vgl. für einen Überblick auf Päßler (2007), S. 406-409.

342 Vgl. Deutsche Bundesbank (2006), S. 76; Deutsche Bundesbank (2007).

343 Vgl. Deutsche Bundesbank (2006), S. 76; Deutsche Bundesbank (2007). Vgl. zur EU-weiten Anerkennung dieser Agenturen CEBS (2006a).

344 Vgl. Strunz-Happe (2005), S. 233.

345 Im Weiteren wird dieser auch kurz als IOSCO-Code oder IOSCO-Vorgaben bezeichnet.

346 Vgl. IOSCO (2004). Im Vorfeld wurde ein *IOSCO Statement of Principles Regarding the Activities of Credit Rating Agencies* erarbeitet. Vgl. IOSCO (2003a) und (2003b). Es wurde durch den IOSCO-Code konkretisiert und ist gemeinsam damit anzuwenden. Letzterer hat sich allerdings als das maßgebliche Bezugsdokument etabliert. Vgl. Deipenbrock (2005), S. 2086 m.w.N.

347 Vgl. Strunz-Happe (2005), S. 236; o.V. (2006a), S. 32.

348 Vgl. Strunz-Happe (2005), S. 238; o.V. (2006a), S. 32.

349 Vgl. IOSCO (2004), S. 4-11. Vgl. für einen Überblick Strunz-Happe (2005), S. 239f.; Asmussen (2005), S. 251; Deipenbrock (2005), S. 2086-2088; Päßler (2007), S. 409-413.

350 IOSCO (2004), S. 9, Code Fundamental 3.7.

351 Vgl. IOSCO (2004), S. 9, Code Fundamental 3.9.

352 Vgl. Asmussen (2005), S. 252.

gaben umsetzen. Abweichungen sind nach dem Prinzip „*comply or explain*" der Öffentlichkeit gegenüber bekanntzugeben und zu begründen.[353] Von einem laufenden Überwachungsverfahren, speziellen Mechanismen der Regeldurchsetzung und Sanktionen bei Nichteinhaltung wurde abgesehen und damit erneut v.a. auf Marktmechanismen sowie Reputationserwägungen der Agenturen gesetzt.[354] Die großen internationalen Agenturen sahen sich mit ihren internen Verfahrensregeln bereits weitgehend im Einklang mit den IOSCO-Vorgaben[355] und haben in Reaktion darauf entsprechende eigene Verhaltenskodizes veröffentlicht.[356]

Auf europäischer Ebene wurde auf Grundlage des Vorschlags des CESR vom März 2005 vom Europäischen Parlament und der Europäischen Kommission entschieden, die Umsetzung und Beachtung des IOSCO-Codes abzuwarten und vorher nicht in einem europäischen Alleingang darüber hinaus zu gehen.[357] Das CESR wurde gebeten, deren Einhaltung zu überwachen und der EU-Kommission jährlich darüber zu berichten.[358] Der Bericht des CESR vom Dezember 2006 sieht die großen internationalen Agenturen und ihre individuellen Verhaltenskodizes weitgehend im Einklang mit den IOSCO-Vorgaben. Kleinere offene Punkte sollen bis zum nächsten Bericht genauer untersucht werden.[359] Die EU-Kommission hat in Reaktion auf diesen Befund fürs erste ihr Festhalten an dieser freiwilligen Regulierungsvariante bekräftigt.[360]

In Deutschland gab es bereits vor der IOSCO-Initiative Bemühungen um Ratingstandards, die in ihren Vorgaben z.T. sogar noch weitergehen als diese.[361] Zu nennen sind v.a. die im Jahr 2000 von der *Deutsche Vereinigung für Finanzanalyse und Asset Management e.V. (DVFA)* erarbeiteten und in der neuesten Fassung von 2006 vorliegenden Rating- und Validierungsstandards[362] sowie die Berufsordnung des *Bundesverband der Ratinganalysten und Ratingadvisor e.V. (BdAR)*, vormals *RatingCert e.V.*, eines Vereins von Vertretern der deutschen Ratingbranche, vom September 2004.[363] Die Initiativen können jedoch allenfalls für die kleineren deutschen Agenturen Rele-

---

353 Vgl. IOSCO (2004), S. 10f., Code Fundamental 4.1.
354 Vgl. IOSCO (2004), S. 1-4. Vgl. auch Strunz-Happe (2005), S. 238; Asmussen (2005), S. 251.
355 Vgl. Batchelor (2004).
356 Vgl. zu den Verhaltenskodizes in der akutellen Fassung S&P (2007b); Moody´s (2005c); Fitch (2005a). Vgl. zu Abweichungen dieser Kodizes zu den IOSCO-Vorgaben ausführlich CESR (2006c) und mit einem Überblick Päßler (2007), S. 415. Kleinere deutsche Ratingagenturen haben sich bislang i.d.R. keinen entsprechenden Verhaltenskodex gegeben. Vgl. CESR (2006c), S. 8; Osman (2007a).
357 Vgl. Europäische Kommission (2004). Vgl. zum CESR-Bericht CESR (2004) sowie für einen Überblick Weber-Rey (2005) oder Deipenbrock (2005), S. 2089f.
358 Vgl. Europäische Kommission (2006).
359 Vgl. CESR (2006c).
360 Vgl. Europäische Kommission (2007).
361 Vgl. für einen Überblick Päßler (2007), S. 413f.
362 Vgl. DVFA-Kommission Rating Standards (2001); DVFA (2006).
363 Vgl. BdAR (2004).

vanz entfalten, „(d)ie großen, international agierenden Agenturen haben keinen Anlass, sich zusätzlich rein nationalen Kodizes zu unterwerfen.“[364]

Es gibt Stimmen, die einer zunehmenden Ratingregulierung insgesamt kritisch gegenüber stehen und alternativ vorschlagen, die regulative Verwendung von Ratings einzuschränken oder abzuschaffen. Durch den Wegfall von regulatorischen Markteintrittsbarrieren könnte sich ein stärkerer Wettbewerb entwickeln und der Markt selbst über die Nutzung von Ratings entscheiden, so dass der Reputationsmechanismus wieder mehr Wirkung entfalten könnte.[365] Interessanterweise tendieren auch die internationalen Agenturen zu dieser Sicht.[366] Die Abschaffung der regulativen Nutzung von Ratings ist allerdings kaum vorstellbar. Sie würde dem Staat mehr schaden als den etablierten Agenturen. Er würde sich eines flexiblen Regulierungsmechanismus berauben und stünde vor großen Schwierigkeiten, angemessenen Ersatz zu schaffen. Die Eintrittsbarrieren zum Ratingmarkt blieben u.a. aufgrund der Netzwerkeffekte weiterhin hoch.[367] Trotz vielfältiger Kritik an den Agenturen ist, wie gezeigt, der gegenteilige Trend einer international zunehmenden regulativen Nutzung von Ratings zu beobachten. Es gibt sogar schon Vorschläge, die Agenturen für eine stärke Regulierung z.B. von Hedge-Fonds heranzuziehen.[368]

Viele der in Kapitel 2.4.2.3. und 2.4.2.4. aufgezeigten kritischen Aspekte des Ratinggeschäfts sind in der Regulierungsdiskussion und den verschiedenen Regelwerken der letzten Jahre adressiert worden. Das neue NRSRO-Anerkennungsverfahren gilt nur für die USA und zielt vorrangig auf die Minderung regulierungsbedingter Marktzugangsbeschränkungen, während die ECAI-Anerkennung auf das Anwendungsgebiet von Basel II beschränkt ist. Ein internationales und universelles Regelwerk, das auch auf andere Initiativen ausstrahlt, ist der IOSCO-Code.[369] Dessen Vorgaben sowie die daran orientierten agentureigenen Kodizes bieten Marktteilnehmern erstmals eine Grundlage zur Prüfung und Spiegelung des Verhaltens der Agenturen sowie konkrete Anknüpfungspunkte für eine Kritik. Auch die Informationspflichten bei wichtigen Methodenänderungen und Erläuterungspflichten gegenüber den Emittenten zu zentralen Bestimmungsfaktoren und Überlegungen für das Zustandekommen des Ratings sind zu begrüßen. Es ist aber davon auszugehen, dass dessen genaues Zustandekommen weiterhin eine „black box“ bleibt und angesichts der ansonsten zu befürchtenden adversen Auswirkungen auch bleiben soll. Eine Erläuterung soll nämlich zum einen nur erfolgen, soweit dies machbar und angemessen ist, und zum anderen nur bezüglich wesentlicher Aspekte und Überlegungen.[370] Das belässt den Agenturen einige Interpretations-

---

364 Päßler (2007), S. 416.
365 Vgl. Schwarcz (2002), S. 302-310; o.V. (2002), S. 70; White (2002), S. 42; Gras (2003), S. 35.
366 Vgl. Cantor (2001), S. 184; Griep/De Stefano (2001), S. 166; Drost (2004).
367 Vgl. Hill (2003), S. 45.
368 Vgl. Avery (2006); Hesse (2006); o.V. (2007c). Die Ratingagenturen sind erst jüngst dazu übergegangen, Hedge-Fonds zu raten. Vgl. Ng/Anand (2006). Allerdings besteht von Seiten der Hedge-Fonds bislang nur geringes Interesse an einer Ratingbeantragung. Vgl. Atzler/Osman (2007).
369 Vgl. Deipenbrock (2005), S. 2087; Päßler (2007), S. 414.
370 Vgl. IOSCO (2004), S. 9, Code Fundamental 3.7. Vgl. auch Kapitel 2.4.3., insb. Fn. 350.

und Ermessenspielräume.[371] Es gibt zudem bislang keine empirischen Befunde, welche Informationen die Agenturen zum Zustandekommen ihrer Ratings vor Inkrafttreten dieser Regeln zur Verfügung gestellt haben und welche sie seitdem gewähren.[372] Diesbezügliche Wirkungen der Regulierung lassen sich also bis dato kaum einschätzen. Kritisch ist auch, dass dem Regelwerk die rechtliche Verbindlichkeit fehlt. Seine Umsetzung und Einhaltung beruht allein auf einer Selbstregulierung der Agenturen und Reputationsgründen.[373] Das stellt eine sehr weiche Regulierungform dar.[374] Ob weitere Schritte erforderlich sind, wird sich erst künftig mit Blick auf die Einhaltung der Regeln und ihre Effektivität zur Lösung der adressierten Probleme beurteilen lassen. Aufgrund der Kritik an den Ratingagenturen in der jüngst zu beobachtenden Krise am US-Hypothekenmarkt steht diese Regulierungsvariante sowohl in Europa als auch in den USA bereits wieder auf dem Prüfstand und es werden schärfere Maßnahmen erwogen.[375]

2.5. Fazit

Ratings stellen komprimierte Urteile über das Bonitätsrisiko von Fremdkapitalnehmern oder von diesen emittierten Schuldtiteln dar. Als wichtige Triebkräfte ihrer weltweit zunehmenden Bedeutung sind die Globalisierung und Deregulierung der Kapitalmärkte sowie die Disintermediation und Verbriefung im Rahmen der Fremdfinanzierung von Unternehmen zu nennen. Auch ihre aufsichtsrechtliche Verwendung, u.a. im Zuge von Basel II, sorgt für weiteren Bedeutungszuwachs.

Die verschiedenen Verwendungsbereiche von Ratings durch Emittenten und Investoren lassen sich auf die beiden zentralen Funktionen von Information und Zertifizierung zurückführen. Die Informationsfunktion besteht darin, dass Ratings über das mit Schuldtiteln bzw. deren Emittenten verbundene Bonitätsrisiko informieren und einen Vergleich zwischen diesen ermöglichen. Die Zertifizierungsfunktion beinhaltet hingegen, dass Agenturen die von Emittenten kommunizierten Informationen zur Bonitätsrisikobeurteilung bezüglich Qualität und Glaubwürdigkeit prüfen. Zu Regulierungszwecken greifen Aufsichtsbehörden auf Ratings spezieller, dazu hoheitlich anerkannter Agenturen (z.B. NRSRO in den USA oder ECAI für Basel II) zurück.

Die Existenz von Ratingagenturen und der Nutzen ihrer Ratings durch Erfüllung der beiden zentralen Funktionen lässt sich theoretisch dadurch erklären, dass sie als Informationsintermediäre die Transaktions- und Agency-Kosten in Fremdfinanzierungsbeziehungen mindern können. Sie können einerseits Spezialisierungsvorteile und Skaleneffekte bei der Informationsbeschaffung und -auswertung gegenüber eigenen In-

---

371 Vgl. ähnlich Päßler (2007), S. 415.

372 „Little (if any) descriptive evidence has been published on *any* of the disclosure issues raised (...). Surveys on user and issuer perceptions have been published, but no information has been disclosed about what the agencies actually do.“ Frost (2007), S. 476.

373 Vgl. Päßler (2007), S. 415.

374 Vgl. Strunz-Happe (2005), S. 241.

375 Vgl. o.V. (2007a); o.V. (2007b).

formationsbemühungen von Fremdkapitalgebern erzielen. Andererseits können ihre Ratings, sofern sie als unabhängig und glaubwürdig betrachtet werden, vor Vertragschluss als *signaling*- bzw. *screening*-Instrument Informationsasymmetrien zwischen Fremdkapitalgebern und -nehmern abbauen und nach Vertragschluss als Überwachungs- und Anreizmechanismus für Handlungen des Emittenten fungieren. Ob Ratings eine originäre Informationsfunktion durch Verarbeitung neuer und bislang nicht öffentlicher Informationen erfüllen, ist fraglich und Gegenstand zahlreicher Kapitalmarktstudien. Diese ergeben in der Gesamtschau bislang uneinheitliche Ergebnisse.

Die Einschaltung einer Ratingagentur verursacht allerdings neue Transaktions- und Agency-Kosten. Als wichtigstes Instrument zur Gewährleistung ihrer Glaubwürdigkeit und Ratingqualität ist ihre Reputation bei den Marktteilnehmern zu betrachten. Anreize der Agenturen zur Konvergenz ihrer Ratings durch asymmetrische Wahrscheinlichkeiten für Reputationsgewinne und -verluste, Netzwerkeffekte des Ratinggeschäfts, die gegenwärtige wettbewerbshemmende Marktstruktur sowie zusätzliche regulative Marktzutrittsbarrieren aufgrund restriktiver staatlicher Anerkennungsverfahren sind Gefahren für die Wirksamkeit des Reputationsmechanismus. Der große Einfluss der Agenturen, offenkundige Fehleinschätzungen sowie Kontroversen über ihre Analysemethoden haben sowohl bei Emittenten als auch Investoren in den letzten Jahren zunehmend Zweifel an der Wirksamkeit des Reputationsmechanismus und der Qualität von Ratings aufkommen lassen und zu Forderungen nach einer stärkeren Regulierung von Ratingagenturen geführt. Zentrales Anliegen beider Marktparteien ist eine bessere Transparenz und Nachvollziehbarkeit des Ratingverfahrens, denn „(i)nvestors are given information to help assess the quality of a CRA´s opinion for the purposes of their investment decision-making. Issuers, on the other hand, are reassured of the fairness of the rating process and encouraged to provide (...) the information CRA´s need in forming their opinions.“[376]

Von den jüngsten Regulierungsbemühungen ist insbesondere der IOSCO-Code als geschlossenes und international ausgerichtetes Regelwerk hervorzuheben. Diese unter Einbezug aller Interessengruppen erarbeiteten Vorgaben adressieren wesentliche Probleme des Ratinggeschäfts. Unter anderem sollen die Ratingagenturen Emittenten nun wesentliche Aspekte des Zustandekommens des Ratingurteils erläutern und Methodenänderungen rechtzeitig bekannt geben. Eine wesentliche Verbesserung der Transparenz durch diese Regelungen erscheint aber fraglich, da sie den Agenturen große Ermessenspielräume belassen. Mangels empirischer Erkenntnisse zur vorherigen Erläuterungspraxis der Agenturen fehlt es weiterhin an einer aussagefähigen Vergleichsbasis, um zu prüfen, ob diese regulativen Vorgaben zu Verbesserungen geführt haben. In der Ausgestaltung als rechtlich unverbindliche Leitlinien für eigene Verhaltenskodizes der Ratingagenturen stellen sie zudem eine Kompromisslösung und sehr weiche Form der Regulierung dar. Zweifel an ihrer Beachtung und Effektivität sind durch neue Kritik an den Agenturen im Rahmen der jüngsten Krise am US-Hypothekenmarkt bereits aufgekommen.

---

376 IOSCO (2003), S. 17f. Vgl. ähnlich bereits Serfling/Badack/Jeiter (1996), S. 649.

Als Quintessenz des Kapitels lässt sich festhalten: „Ratings sollen die Transparenz der Finanzmärkte steigern. In eigentümlichem Widerspruch hierzu steht die mangelnde Transparenz der Ratingverfahren.“[377]

[377] Deipenbrock (2005), S. 2085.

3. Ratinganalyse der Ratingagenturen

3.1. Ablauf des Ratingprozesses

Die Ausführungen dieses Kapitels dienen der Aufarbeitung dessen, was Ratingagenturen zu ihrer Ratinganalyse öffentlich preisgeben, um die aufgeworfene Transparenzproblematik genauer zu spezifizieren. Sie basieren daher v.a. auf Veröffentlichungen der Agenturen, in denen sie den Ablauf ihres Ratingverfahrens und die von ihnen herangezogenen Analysekriterien beschreiben.[378] Die Ausführungen fokussieren auf *S&P* und *Moody's,* da sie den Ratingmarkt dominieren und ihr Vorgehen als repräsentativ betrachtet werden kann. Für sie sind zudem die meisten Informationen verfügbar.[379] Die organisatorischen Abläufe der Ratingprozesse unterscheiden sich kaum zwischen beiden, so dass ein gemeinsamer Überblick gegeben wird.[380] Grundsätzlich ist zu unterscheiden, ob ein beantragtes oder nicht beantragtes Rating durchgeführt wird, denn letzteres findet ohne Kooperation des Unternehmens statt und basiert daher allein auf öffentlich verfügbaren und agentureigenen Informationen.[381] Der Ratingprozess ist entsprechend verkürzt, verläuft aber prinzipiell vergleichbar.[382] Im Weiteren wird der allgemeinere Fall des beantragten Ratings betrachtet.

Die Agentur bestimmt intern die zuständigen Ratinganalysten, i.d.R. Branchenexperten.[383] Zu Beginn werden vom zu ratenden Unternehmen v.a. die Jahresabschlüsse und bei konzerngebundenen Unternehmen zusätzlich die Konzernabschlüsse sowie die zugehörigen Abschlussprüferberichte der letzten fünf Jahre, Planungsrechnungen und -unterlagen für die kommenden zwei bis drei Jahre, Emissionsprospekte sowie Vertragsunterlagen angefordert. Daneben werden Informationen zum Sitzland, zur Branche und den wichtigsten Wettbewerbern zusammengetragen. Die Informationen werden ausgewertet, um eine vorläufige Einschätzung des Unternehmens zu gewinnen und kritische Bereiche aufzudecken. Daran anknüpfend werden Checklisten und Fragenkataloge für das Treffen mit dem Management erstellt.[384] Im Managementgespräch erhält die Unternehmensleitung Gelegenheit, das Unternehmen vorzustellen sowie ihre Strategien und Planungen und ihre Einschätzung der künftigen operativen und finanziellen Entwicklung darzulegen.[385] Der Kontakt mit der Unternehmensleitung ermöglicht den Ratingagenturen nach eigenem Bekunden auch Zugang zu Insiderinformatio-

---

[378] Vgl. zum Ablauf des Ratingprozesses aus Unternehmenssicht Schmidt (1996). Die meisten Unternehmen lassen sich auf das Rating von Ratingberatern vorbereiten. Vgl. Schmidt (1996), S. 262f.; Cantwell (1999), S. 20. Vgl. zum *Rating Advisory* auch Kapitel 2.4.2.3, insb. Fn. 286f.

[379] Vgl. ebenso z.B. Serfling/Badack/Jeiter (1996), S. 639.

[380] Vgl. ebenso z.B. Baum (1987), S. 13; Everling (1991), S. 111-124; Heinke (1998), S. 31-35. Nach Wieben (2004), S. 90, ist die Vergleichbarkeit auch mit *Fitch* gegeben.

[381] Vgl. Kapitel 2.1., insb. Fn. 55.

[382] Vgl. Fight (2001), S. 102; Wieben (2004), S. 90.

[383] Vgl. S&P (2006a), S. 15.

[384] Vgl. S&P (2006a), S. 16; Moody's (2004d), S. 18f.

[385] Vgl. S&P (2006a), S. 15-17; Moody's (2004d), S. 19; Berblinger (1996), S. 61-63, auch zu weiteren Aspekten des Managementgesprächs.

nen.[386] In der Folge werden die vorläufigen Analyseergebnisse um die Erkenntnisse aus dem Gespräch und ggf. weitere zur Verfügung gestellte Informationen ergänzt und entsprechend überarbeitet. Auf Basis der endgültigen Ergebnisse wird von den Analysten schließlich ein Ratingbericht erstellt und ein Rating inklusive Ausblick für das Unternehmen vorgeschlagen.[387] Die Entscheidung wird mit einfacher Mehrheit vom zuständigen Ratingkomitee der Agentur getroffen, das neben dem für das Unternehmen zuständigen Hauptanalysten mit führenden Analysten der Agentur sowie solchen mit speziellen Branchen- oder Länderkenntnissen besetzt ist. Die Beratungen werden streng vertraulich behandelt.[388] In der Literatur finden sich Hinweise, dass *Moody's* sämtliche Ratingentscheidungen zentral am Hauptsitz in New York trifft, während *S&P* den nationalen Niederlassungen diesbezüglich größere Eigenständigkeit und Freiräume lässt.[389] Der Ratingprozess für ein Erstrating dauert abhängig von Größe und Komplexität des Emittenten bzw. der Emission zwischen einem und drei Monaten.[390] Das Rating bleibt solange gültig, bis es von der Agentur geändert wird, der Ratingauftrag von einer der Parteien beendet wird[391] oder bei einem Emissionsrating das Laufzeitende erreicht ist.

In der Folge werden das geratete Unternehmen und dessen Umfeld von den zuständigen Analysten kontinuierlich beobachtet, um die Ratingaktualität sicherzustellen. Sie werten Brancheninformationen und die neuesten Rechnungslegungsdaten des Unternehmens aus, vergleichen die Planungen vergangener Perioden mit den tatsächlich erreichten Ergebnissen und treffen sich zumindest jährlich zu Gesprächen mit dem Management.[392] Ein intensiver Überprüfungsprozess und zusätzliche Gespräche mit dem Management werden v.a. durch das Eintreten wichtiger Ereignisse wie Akquisitionen, neue Emissionen, Veränderungen der Erfolgs- und Finanzlage, unerwartete operative Entwicklungen oder Veränderungen des wirtschaftlichen Umfeldes ausgelöst.[393] Die Entscheidung darüber liegt erneut beim Ratingkomitee, ebenso wie die, das Rating in Anbetracht der Prüfungsergebnisse zu ändern oder beizubehalten. Die Einleitung des Überprüfungsprozesses wird den Marktteilnehmern durch Aufnahme des Ratings in die Überwachungsliste mitgeteilt. Wenn alle erforderlichen Informationen vorliegen

---

386 Vgl. S&P (2006a), S. 16. Vgl. auch SEC (2003b), S. 33f. Vgl. Kapitel 2.4.1. zu empirischen Erkenntnissen über einen originären Informationswert von Ratings, der auf einen Zugang der Agenturen zu Insiderinformationen deuten könnte.

387 Vgl. S&P (2006a), S. 17.

388 Vgl. S&P (2006a), S. 17; Moody's (2001), S. 3-5.

389 Vgl. Fight (2001), S. 29 und 39; Kuhner (2001), S. 4; Bank/Lawrenz (2003), S. 8f. In dem Vorgehen von *Moody's* wird die Gefahr einer Vernachlässigung nationaler Besonderheiten gesehen.

390 Vgl. Hoffmann (1991), S. 66; Berblinger (1996), S. 61f.

391 Agenturen ziehen ein Rating in den seltenen Fällen vorzeitig zurück, in denen der Emittent den vereinbarten Informationspflichten nicht nachkommt oder sie ein Fortbestehen des Ratingauftrags nicht vertreten können. Vgl. Heinke (1998), S. 35.

392 Vgl. S&P (2006a), S. 17f.; Berblinger (1996), S. 60.

393 Vgl. S&P (2006a), S. 17; Moody's (2000a), S. 3; Berblinger (1996), S. 60. Allerdings zeigen die Ergebnisse einer Emittentenbefragung dass die Initiative zu einem Treffen auch häufig von den Unternehmen ausgeht. Vgl. Cantwell (1999), S. 14.

und sich ein längerer Überprüfungsprozess erübrigt, kann ein Rating auch umgehend geändert werden.[394]

3.2. Analysebereiche und -kriterien

3.2.1. Überblick

Das Ziel der Ratinganalyse liegt in der Ermittlung des Bonitätsrisikos im Vergleich zu anderen Unternehmen oder Emissionen. Es gibt bisher keine geschlossene betriebswirtschaftliche Theorie, die für diese komplexe Aufgabe eine Ableitung allgemeingültiger Determinanten des Bonitätsrisikos erlauben würde.[395] Von zentraler Bedeutung erscheint es aber, die geschätzten zukünftigen Cash Flows des Unternehmens ins Verhältnis zum erwarteten Schuldendienst zu setzen.[396] Als Grundlage bedarf es einer umfassenden Analyse des gesamtwirtschaftlichen und branchenspezifischen Umfelds sowie unternehmensbezogener Eigenschaften.[397] Um das Bonitätsrisiko möglichst gut zu schätzen und damit qualitativ hochwertige Ratingurteile zu fällen, ist es für Ratingagenturen zum einen sehr wichtig, aus der Vielzahl möglicher Einflussfaktoren so gut wie möglich die tatsächlich relevanten auszuwählen und adäquat zu analysieren.[398] Angesichts des Prognosecharakters von Ratings sollte v.a. zukunftsbezogenen Informationen eine wichtige Rolle zukommen.[399] Häufig weisen qualitative Faktoren früher auf Risikoquellen und kritische Entwicklungen hin, die sich noch nicht in Rechenwerken des Unternehmens niedergeschlagen haben.[400] Zum anderen ist zu entscheiden, wie die als relevant identifizierten Ratingkriterien verknüpft und zum Rating verdichtet werden. Da bonitätsrisikobeeinflussende Faktoren Veränderungen unterliegen können, müssen die Agenturen ihre Analyse regelmäßig auf mögliche Auswirkungen neuer Entwicklungen prüfen.[401]

Auch in den Veröffentlichungen zu Analysekriterien sind zwischen *S&P* und *Moody's* zahlreiche Übereinstimmungen erkennbar. Daher erfolgt eine gemeinsame Darstellung, bei der wichtige Unterschiede zwischen ihnen aber herausgestellt werden.[402] Die

---

394 Vgl. S&P (2006a), S. 10 und S. 14; Moody's (2004d), S. 23; Moody's (2000a), S. 3.

395 „Similar to bankruptcy models, formal theoretical models do not exist." White/Sondhi/Fried (2003), S. 663.

396 Vgl. Sinclair (2003), S. 150.

397 Vgl. Berblinger (1996), S. 59. Vgl. für einen Überblick zur modelltheoretischen Bonitätsrisikobewertung z.B. Heinke (1998), S. 93-134; Croughy/Galai/Mark (2000); Saunders/Allen (2002).

398 Vgl. Wieben (2004), S. 106. Vgl. zur Messung und Beurteilung der Prognosegüte von Ratingsystemen Kapitel 2.1., insb. Fn. 73.

399 Vgl. Löffler/Posch (2007) zu einer empirischen Untersuchung der Prognosefähigkeit von Ratings für künftige Ausprägungen von Finanzkennzahlen gerateter Unternehmen.

400 Vgl. Baum (1987), S. 17; Wieben (2004), S. 105f.

401 Vgl. Moody's (1998a), S. 3; Randow (1996a), S. 547.

402 Vgl. ähnlich Howe (1998), S. 273-290; Crouhy/Galai/Mark (2001), S. 53; Fight (2001), S. 102; Wieben (2004), S. 107. Letzterer sieht ebenfalls eine weitgehende Vergleichbarkeit mit den Analysebereichen und -kriterien von *Fitch*. Vgl. zu diesen z.B. Schmidt-Bürgel (2005). Inwieweit die Annahme weitgehend vergleichbarer Ratingkriterien der beiden hier im Mittelpunkt stehenden Agenturen zutrifft, wird in Kapitel 5.2. näher untersucht.

Ratinganalyse folgt einem Top-Down-Ansatz und lässt sich in die Stufen Länder-, Branchen- und Unternehmensrisiko untergliedern. Das Unternehmensrisiko wird weiter in Wettbewerbsposition, Managementqualität sowie Finanzrisiko unterschieden. Es gibt gewisse Interdependenzen zwischen diesen Analysebereichen.[403]

Beim Rating einer Emission werden darüber hinaus die speziellen Ausstattungsmerkmale des Schuldtitels, z.B. die Anleihebedingungen, die Rangstellung und die Gewährung von Sicherheiten, berücksichtigt. Das Emissionsrating wird i.d.R. aus dem Emittentenrating abgeleitet, in dem abhängig von der Ausgestaltung derartiger Elemente Zu- und Abschläge auf Ebene der Feinabstufungen der Ratingklassen erfolgen.[404] Im Weiteren zielen die Ausführungen auf Emittentenratings, die Analyse von Emissionsspezifika wird nicht vertieft.[405] Es scheint einerseits kaum möglich, hier sämtlichen denkbaren speziellen Ausgestaltungsvarianten Rechnung zu tragen. Andererseits wird das Bonitätsrisiko häufig primär als Eigenschaft des emittierenden Unternehmens und nicht seiner Schuldtitel betrachtet, was auch aus dem beschriebenen Vorgehen der Agenturen zum Ausdruck kommt, das Emissionsrating aus dem Emittentenrating zu entwickeln, und daraus, dass merkliche Unterschiede zwischen beiden Ratings nur selten zu beobachten sind.[406]

3.2.2. Länderrisiko

Ausgangspunkt der Ratinganalyse ist das Länderrisiko, das die Gefahren aus politischen oder wirtschaftlichen Entwicklungen des Sitzlandes widerspiegelt.[407] Länderratings werden i.d.R. unabhängig von Unternehmensratings durch spezielle Analystenteams erstellt.[408] Wichtige Analysebereiche sind z.B. Kriegs- und Umsturzgefahren, die Gefahr von Enteignungen, das Rechts- und Steuersystem, die Infrastruktur, Rohstoffvorkommen, die Wachstumsaussichten der Volkswirtschaft, die Währungsstabilität, Zölle, die Zinsniveauentwicklung, Inflationsgefahren, das Banken- und Kapitalmarktsystem, die Arbeitsmarktverfassung oder Rechnungslegungs- und Publizitätsregeln.[409] Im Rahmen eines Emittentenratings von Verbindlichkeiten in Landeswährung werden die Auswirkungen der identifizierten Risiken des Sitzlandes auf das Unternehmen untersucht, während bei der Beurteilung von Fremdwährungsverbindlich-

---

403 Vgl. S&P (2006a), S. 19-33; Ganguin/Bilardello (2005), S. 1f.; Moody's (1998a), S. 3; Steiner (1992), S. 511f.

404 Vgl. S&P (2006a), S. 45-55; Moody's (1998c), S. 4. Vgl. auch Kapitel 2.1., insb. Fn. 61.

405 Vgl. dazu S&P (2006a), S. 45-60; Moody's (1998a), S. 13-17.

406 Vgl. Amato/Furfine (2004), S. 2646f.; Hull/Predescu/White (2004), S. 2790. Vgl. für eine ausführliche Diskussion Heinke (1998), S. 18-21 m.w.N. Allerdings kommt es für Investoren, die eine bestimmte Emission des Unternehmens halten, vorrangig auf das Emissionsrating an, das ihre spezielle Stellung und Sicherung bei Eintritt des Ausfallereignisses berücksichtigt.

407 Vgl. S&P (2006), S. 37; Moody's (1998a), S. 3.

408 Vgl. Everling (1991), S. 140-144; Berblinger (1996), S. 64.

409 Vgl. S&P (2006a), S. 37-41; Moody's (1998a), S. 3f. Vgl. zu weiteren Details von Länderratings z.B. Gaugin/Bilardello (2005), S. 3-20; Bhatia (2002); Cantor/Packer (1995); Cantor/Packer (1996b); Afonso (2003); Everling (1991), S. 140-144.

keiten zusätzlich der Frage nachgegangen wird, wie wahrscheinlich angesichts dieser Risiken der Zahlungsausfall eines dort ansässigen Emittenten durch staatlich verhängte Moratorien ist.[410] Hieraus kann sich eine Ratingobergrenze für Ratings von Fremdwährungsverbindlichkeiten ergeben.[411] Da für den gesamten Euro-Währungsraum das Rating der EZB gilt und sie über das bestmögliche Rating verfügt, besteht für dort ansässige Emittenten faktisch keine Länderobergrenze.[412]

3.2.3. Branchenrisiko

Als nächstes werden die Risiken der Branche(n) des Unternehmens analysiert. Das umfasst eine Einschätzung v.a. qualitativer Aspekte der Wettbewerbssituation in der Branche und ihrer weiteren Zukunftsaussichten.[413] Die aktuelle Wettbewerbssituation wird anhand von Einflussfaktoren wie Alter und Größe der Branche, Anzahl und Struktur der Wettbewerber, Ausmaß der Kapital- und Personalintensität, Bedeutung von Wettbewerbsparametern wie Preis, Qualität, Produktdifferenzierung oder Service, Abhängigkeit von bestimmten Rohstoffen oder anderen Branchen, Anfälligkeit gegenüber Zins- und Wechselkursschwankungen, möglichen Marktzugangsbarrieren oder Bedeutung von technologischen Neuerungen bzw. Substitutionsprodukten untersucht und beurteilt. Für die Einschätzung der Zukunftsaussichten einer Branche sind u.a. die Abhängigkeit von gesamtwirtschaftlichen und branchenspezifischen konjunkturellen Einflüssen,[414] die gegenwärtige Phase im Marktlebenszyklus und das erwartete Marktwachstum sowie die Anfälligkeit gegenüber technologischem Wandel zu beachten. Außerdem werden Auswirkungen staatlicher Maßnahmen wie Subventionen oder Wettbewerbsbeschränkungen, Regulierung oder Deregulierung und weitere wirtschaftspolitische Veränderungen sowie Streiks berücksichtigt.[415] Brancheneinflüsse können großen Einfluss auf das Bonitätsrisiko eines Unternehmens ausüben.[416] Deswegen kann sich u.U. eine weitere Ratingobergrenze ergeben.[417]

---

410 Vgl. S&P (2006a), S. 40; Moody's (1998a), S. 3f.

411 Vgl. S&P (2006a), S. 41; Moody's (2002b), S. 4f.

412 Vgl. Heinke/Steiner (2000a), S. 1f.; S&P (2006a), S. 41.

413 Ist ein Unternehmen in mehreren Branchen tätig, werden diese getrennt analysiert und für eine Gesamteinschätzung gemäß ihrer Bedeutung für das Unternehmen gewichtet. Vgl. S&P (2006a), S. 21-22; Moody's (1998a), S. 4-7. Ein vergleichbares Vorgehen gilt für die Analyse der Wettbewerbsposition, die in Kapitel 3.2.4.1. behandelt wird.

414 Die Ratingagenturen verfolgen den *through-the-cycle*-Ansatz, d.h. ihre Ratings sollen vom Konjunkturzyklus unabhängig sein. Vgl. Kapitel 2.1., insb. Fn. 69.

415 Vgl. S&P (2006a), S. 20-22; Moody's (1998a), S. 4-7. Die Analyse ähnelt der Branchen- und Wettbewerbsanalyse der strategischen Unternehmensführung. Vgl. z.B. Porter (1999); Bea/Haas (2005), S. 99-108; Welge/Al-Laham (2003), S. 187-234; Ganguin/Bilardello (2005), S. 48-50.

416 Vgl. Süchting (1995), S. 445; Berblinger (1996), S. 65; Meyer-Papart (1996), S. 122.

417 Vgl. S&P (2006a), S. 20; Berblinger (1996), S. 65.

3.2.4. Unternehmensrisiko
3.2.4.1. Wettbewerbsposition

Die Unternehmensrisikoanalyse wird durch die vorangegangene Einschätzung der Branchenrisiken beeinflusst.[418] Bei der Beurteilung der Wettbewerbsposition gibt es deutliche Parallelen zur Branchenrisikoanalyse, allerdings wird hier besonderes Augenmerk auf die Position des Unternehmens im Vergleich zu wichtigen Konkurrenten gelegt.[419] Die identifizierten Risiken und kritischen Erfolgsfaktoren der Branche beeinflussen weiterhin die Prioritätensetzung der Agenturen bei den Analysekriterien zur Beurteilung der Wettbewerbsposition. Zudem gibt es Brancheneinflüsse, die zu typischen Vorgehensweisen in der Rechnungslegung oder Ausprägungen von Finanzkennzahlen führen können und so in die weiter unten behandelte Finanzrisikoanalyse hineinspielen.[420]

Zur Analyse der Wettbewerbsposition eines Unternehmens und der daraus resultierenden Chancen und Risiken werden Instrumente wie Stärken-Schwächen-Analysen, Portfolio-Analysen und Checklisten verwendet.[421] Zunächst wird die Marktposition untersucht. Hierfür sind der relative Marktanteil und die Stellung bezüglich wichtiger Wettbewerbsparameter der Branche wie Preis, Produktpalette, Qualität oder Service wichtige Kriterien. Des Weiteren betrachten die Analysten den Produkt-Markt-Mix und den Diversifikationsgrad, um potentielle Risiken aus Abhängigkeiten von einzelnen Produkten, Kunden oder Regionen aufzuspüren. Auch die Absatzsituation und das Marketing des Unternehmens werden beleuchtet. Dann wird die operative Situation begutachtet. Der Zugang zu wichtigen Produktionsfaktoren, die Struktur der Lieferanten und der vertikale Integrationsgrad geben Hinweise auf die Beschaffungssituation. Weitere wichtige Analysebereiche stellen die Kostenstruktur und -position, die Produktionseffizienz und die Technologieposition der Produktionsprozesse sowie der erstellten Produkte dar. Daneben spielen Unternehmensalter, -standort(e) und v.a. -größe eine Rolle.[422] Nach Meinung der Agenturen weisen große Unternehmen häufig einen höheren Diversifikationsgrad auf, können Risiken und Krisen besser bewältigen, verfügen über mehr nicht-betriebsnotwendige Vermögenswerte, die dem Vermögensschutz der Schulden dienen und in Notsituationen liquidiert werden können, und Banken und Staat haben an ihrem Fortbestehen häufig ein ausgeprägtes Interesse. Die Ratingagenturen betonen allerdings, dass allein durch die Unternehmensgröße keine Ratingobergrenze gegeben ist.[423] Vor dem Hintergrund der angesprochenen Kriterien

418 Vgl. S&P (2006a), S. 21; Moody's (1998a), S. 1.

419 Vgl. S&P (2006a), S. 21f.; Moody's (1998a), S. 8.

420 Vgl. S&P (2006a), S. 21; Berblinger (1996), S. 70; Ganguin/Bilardello (2005), S. 81. Vgl. zur Finanzrisikoanalyse Kapitel 3.2.4.3.

421 Vgl. Steiner (1992), S. 512; Fight (2001), S. 144.

422 Vgl. S&P (2006a), S. 20-22; Moody's (1998a), S. 5-9.

423 Vgl. S&P (2006a), S. 22; Amann/Bissinger (2002). Die Unternehmensgröße wird vielfach als gute Näherungsgröße für viele Aspekte des Unternehmensrisikos betrachtet und in zahlreichen Studien als Erklärungsvariable verwendet. Vgl. speziell für Studien zu Ratings z.B. Ederington/Ya-

wird anschließend eingeschätzt, wie hoch der zukünftige Innovations- und Investitionsbedarf ist, um die gegenwärtige Wettbewerbsposition zu halten oder weiter zu verbessern.[424]

3.2.4.2. Managementqualität

Die Ratingagenturen betonen die Bedeutung der Managementqualität für das Rating.[425] Diese Analyse basiert zum einen darauf, die Glaubwürdigkeit des Managements zu beurteilen und dessen Fähigkeiten einzuschätzen, zukünftige Krisensituationen zu vermeiden bzw. zu bewältigen. Dazu untersuchen die Agenturen, inwieweit die vergangene Unternehmensperformance auf Leistungen der Manager zurückzuführen ist und wie sich diese in vergangenen Situationen verhalten haben. Weiterhin überprüfen sie, ob sich die angekündigten Planungen und Strategien als realistisch erwiesen haben und umgesetzt werden konnten.[426] Auch die gegenwärtigen Planungen werden daraufhin eingeschätzt, wie realistisch und sinnvoll sie erscheinen.[427] Die Analysten betrachten in diesem Zusammenhang ebenfalls die Zweckmäßigkeit der Organisationsstruktur. Daneben sind Aspekte der Corporate Governance relevant.[428] Diese Punkte gewinnen angesichts zahlreicher Management- und Bilanzskandale der jüngeren Vergangenheit[429] zunehmend an Bedeutung für die Agenturen.[430]

Der andere wichtige Analysebereich der Managementqualität ist die Risikoneigung der Unternehmensleitung.[431] Diese kommt nach Ansicht der Agenturen insbesondere durch die Finanzpolitik des Unternehmens im Vergleich zu geschäftlichen Risiken zum Ausdruck. Hier betrachten die Analysten, wie konservativ das Management in Bezug auf die Entwicklung des Verschuldungsgrades, das Ausmaß der Ausnutzung von Kreditlinien, die Art und Weise von Akquisitionsfinanzierungen, die Durchführung von Aktienrückkäufen, die Dividendenpolitik u.ä. ist.[432]

Die Beurteilung der Managementqualität wird auch durch die persönlichen Eindrücke der Analysten aus den Gesprächen mit dem Management beeinflusst, und ist daher stark qualitativ und subjektiv geprägt. Gerade dadurch sollen nach Ansicht der Agenturen aber Erfahrungen und Wissen ihrer Analysten zum Tragen kommen.[433]

---

witz (1987), S. 40; Blume/Lim/MacKinlay (1998), S. 1394f.; Pettit u.a. (2004), S. 9. Vgl. allgemein Wagenhofer/Ewert (2007), S. 399f.; Bujaki/Richardson (1997).

424 Vgl. S&P (2006a), S. 20-22; Moody's (1998a), S. 5-9.

425 Vgl. S&P (2006a), S. 22f.; Moody's (1998a), S. 7; Gaugin/Bilardello (2005), S. 64.

426 Vgl. Meyer-Parpart (1996), S. 127; Moody's (1998a), S. 8.

427 Vgl. S&P (2006a), S. 22; Moody's (1998a), S. 7.

428 Vgl. S&P (2006a), S. 22f. und 115-117; Moody's (1998a), S. 7f. Vgl. zu Corporate Governance-Ratings z.B. Bassen/Klein/Zöllner (2006); Bassen/Pupke/Zöllner (2006); Arnsfeld/Growe (2006).

429 Vgl. für einen Überblick Ballwieser/Dobler (2003); Peemöller/Hofmann (2005).

430 Vgl. S&P (2006a), S. 115; Bassen/Klein/Zöllner (2006), S. 82.

431 Vgl. S&P (2006a), S. 22-26; Moody's (1998a), S. 7f.

432 Vgl. S&P (2006a), S. 25f.; Moody's (1998a), S. 7f.

433 Vgl. S&P (2006a), S. 22; Gaugin/Bilardello (2005), S. 64f.; Steiner (1992), S. 512.

3.2.4.3. Finanzrisiko

Die Erkenntnisse der Länder-, Branchen- und Geschäftsrisikoanalysen sollen es ermöglichen, den zukünftigen Finanzmittelbedarf und Gefahren für die finanzielle Stabilität des Unternehmens bereits abschätzen zu können, bevor sie sich in den Finanzdaten niederschlagen. Durch die Finanzrisikoanalyse soll daran anknüpfend die konkrete Fähigkeit des Unternehmens beurteilt werden, ausreichende Finanzierungsquellen bereitzustellen, um pünktlich und in vollem Umfang seinen finanziellen Verpflichungen nachzukommen.[434] Das Finanzrisiko beurteilen die Agenturen primär anhand quantitativer Kriterien und deren Vergleich über die Zeit und mit Konkurrenten bzw. Branchendurchschnitten.[435] Als Datenbasis dienen v.a. die Jahresabschlüsse der vergangenen Jahre sowie die zugehörigen Berichte des Abschlussprüfers, Planungsrechnungen und -unterlagen für die kommenden zwei bis drei Jahre sowie u.U. wichtige Vertragsunterlagen des Unternehmens.[436] Bei konzerngebundenen Unternehmen werden die Konzernabschlüsse und die rechtliche Konzernstruktur berücksichtigt, da hier die Allokation finanzieller Mittel und die Durchsetzbarkeit von Zahlungsansprüchen externer Dritter gegenüber Konzernunternehmen stark beeinflusst sein können.[437] Die Finanzrisikoanalyse basiert vorrangig auf Prognosen, Szenarien und Stresstests für entsprechende Analysekennzahlen und ergänzende qualitative Einschätzungen mit einem Zeithorizont von zwei bis fünf Jahren. Vergangenheitsdaten, v.a. aus der Rechnungslegung, dienen einerseits zu Kontrollzwecken bezüglich vergangener Pläne und Prognosen des Unternehmens und andererseits zur Identifizierung von Trends und Verbesserung der Prognosebasis.[438]

Die Rechnungslegungsdaten werden bezüglich ihrer Qualität, der Ausübung von Wahlrechten und bilanzpolitischen Maßnahmen untersucht und bei Bedarf so weit wie möglich bereinigt.[439] Diese Überprüfung hat in den letzten Jahren aus Sicht der Agenturen u.a. in Anbetracht des Wechsels des Rechnungslegungssystems bei vielen Unternehmen, der häufigen Änderungen und zunehmenden Komplexität von Rechnungslegungsstandards sowie zahlreicher Bilanzskandale an Bedeutung gewonnen. Den Umfang einer erneuten Abschlussprüfung erreicht sie jedoch nicht. Ferner betonen die Agenturen, dass für eine vergleichbare und konsistente Kennzahlenermittlung über Länder- und Branchengrenzen hinweg, v.a. bei Verwendung verschiedener Rech-

434 Vgl. S&P (2006a), S. 23; Moody's (1998a), S. 3f.
435 Vgl. S&P (2006a), S. 24; Moody's (1998a), S. 9.
436 Vgl. S&P (2006a), S. 8, 16 und 24; Moody's (1998a), S. 9.
437 Vgl. S&P (2006a), S. 85-91, sowie Moody's (1998a), S. 12f., zur Analyse der Konzernstrukturen und konzerngebundener Unternehmen, v.a. konzerneigener, häufig zur Absatzfinanzierung bestimmter Finanzierungsgesellschaften (*captive finance companies*).
438 Vgl. S&P (2006a), S. 24; Moody's (1998a), S. 9; Ganguin/Bilardello (2005), S. 83 und 109-155.
439 Vgl. für einen Überblick S&P (2006a), S. 24f.; S&P (2004a); Moody's (2003a); Moody's (2006a); Moody's (2006b). Vgl. zu empirischen Studien des Einflusses der Rechnungslegungsqualität auf die Fremdkapitalkosten und das Rating z.B. Sengupta (1998); Ewert (1999), S. 40-45; Yu (2005); Nikolaev/van Lent (2005); Kiefer/Schorn (2007).

nungslegungssysteme, weitere analytische Korrekturen vorgenommen werden.[440] Diese Notwendigkeit wird für kapitalmarktorientierte Unternehmen zukünftig durch die EU-weite Pflicht zu einem IFRS-Konzernabschluss sowie deren angestrebte Konvergenz mit den US-GAAP gemildert, wenn auch nicht völlig entschärft.[441] Die Frage, inwieweit von einer IFRS-Umstellung Auswirkungen auf die Ratinganalyse und das Rating ausgehen, wird in Kapitel 3.2.4.4.3. beleuchtet.

Darauf aufbauend werden die Kapitalstruktur und der Vermögensschutz, die Ertragskraft, die Cash Flows sowie die finanzielle Flexibilität des Unternehmens untersucht.[442] Die Kapitalstruktur wird auf Basis des Verschuldungsgrades und Aspekten wie Fälligkeitsstruktur der Schulden und deren Fristenkongruenz mit Vermögenswerten beurteilt.[443] Neben den bilanziellen werden, soweit bestimmbar, auch die außerbilanziellen Schulden,[444] z.B. aus Operating Leasing-Verhältnissen[445] oder nichtkonsolidierten Konzerngesellschaften[446], einbezogen. Weitere wichtige Themen im Rahmen der Verschuldungsanalyse sind hybride Finanzinstrumente (Mezzanine-Kapital)[447] und Pensionsverpflichtungen.[448] Hybride Finanzinstrumente werden von Unternehmen zunehmend als attraktive Finanzierungsalternative betrachtet, da sie durch ihren Mischcharakter zwischen Eigen- und Fremdkapital eine Verbesserung der Kapitalstruktur in Aussicht stellen.[449] Die wesentliche Frage für das Rating ist, zu welchem Teil die Agenturen verschiedene Formen hybrider Finanzinstrumente jeweils dem Eigenkapital (*equity credit*) und dem Fremdkapital zurechnen.[450] Pensionsverpflichtungen haben die Agenturen in den letzten Jahren u.a. angesichts hoher De-

---

440 Vgl. S&P (2006a), S. 24f.; S&P (2007c), S. 45-51; Moody's (2003a); Moody's (2006a); Moody's (2006b). Ob sie in ausreichendem Maße und ökonomisch gebotener Weise erfolgen, wird z.T. bezweifelt. Vgl. Kniese (1996), S. 58; Kuhner (2001), S. 4; Wieben (2004), S. 113f.; Gerke/Pellens (2003).

441 Vgl. S&P (2006a), S. 24f.; S&P (2004b), S. 1; Moody's (2004c), S. 1.

442 Vgl. S&P (2006a), S. 25-33; Berblinger (1996), S. 70.

443 Vgl. S&P (2006a), S. 27f.; Moody's (1998a), S. 10f.

444 Vgl. S&P (2005e) für einen zusammenfassenden Überblick bezogen auf die IFRS.

445 Die Berechnung dieser Schulden basiert entweder auf einem Barwertkalkül der geschätzten Mindestleasingzahlungen unter Berücksichtigung einer möglichen Erneuerung der Leasingverhältnisse, die mit einem adäquaten Zins diskontiert werden, oder vereinfacht über einen Multiplikator (i.d.R. achtfach) bezogen auf die Leasingaufwendungen des betrachteten Jahres. *Moody's* scheint fallweise über die Methoden zu entscheiden, während *S&P* nur die Barwertmethode heranzieht. Vgl. S&P (2006a), S. 29 und 92-95; Moody's (1999); Moody's (2004b), S. 7.

446 Vgl. S&P (2006a), S. 85-87; Moody's (2004b), S. 4f.; Moody's (2002c).

447 Weite Teile der Literatur verwenden die Begriffe synonym, z.T. wird aber auch zwischen ihnen unterschieden. Vgl. auch Dürr (2007), S. 21-24 m.w.N. Die Ratingagenturen sprechen zwar von *„hybrid securities"*, es ist aber nicht erkennbar, dass damit eine Eingrenzung auf eine Teilmenge mezzaniner Finanzinstrumente verbunden ist. Vgl. S&P (2006a), S. 74-84; S&P (2005c); Moody's (2005a); Moody's (2003b); Dürr (2007), S. 296-302. In Anlehnung an die Agenturen bezeichnen hier hybride Finanzinstrumente das gesamte Spektrum mezzaniner Instrumente.

448 Vgl. S&P (2006a), S. 27f. und 96-111; Moody's (2003c); Moody's (2003d); Moody's (2004f).

449 Vgl. Rudolph (2004), S. 12; o.V. (2006b).

450 Vgl. S&P (2006a), S. 74-84; S&P (2005c); Moody's (2005a); Moody's (2003b). Vgl. dazu ausführlich Kapitel 3.2.4.4.2.

ckungslücken verstärkt ins Blickfeld genommen.[451] Ein wichtiger Punkt ist hierbei, v.a. für deutsche Unternehmen, eine Vergleichbarkeit bei der Analyse von Pensionsrückstellungen gegenüber externen Finanzierungsformen herzustellen.[452] Die analytischen Vorgehensweisen von *S&P* und *Moody's* für hybride Finanzinstrumente und Pensionsverpflichtungen weisen einige wichtige Unterschiede auf. Zudem besteht von Seiten der Praxis für diese beiden Analysebereiche gegenwärtig ein besonderes Interesse.[453] Vor diesem Hintergrund werden sie in Kapitel 3.2.3.4.1. und 3.2.3.4.2. näher betrachtet. Verfügt das Unternehmen auf der Aktivseite über Bestände an liquiden Mitteln und marktgängigen Wertpapieren, die das für den normalen Geschäftsablauf erforderliche Niveau übersteigen und nicht zweckgebunden sind, werden diese von den gesamten Schulden abgezogen und die Nettoschulden betrachtet.[454] Die Beurteilung der Verschuldung geschieht auch vor dem Hintergrund der Vermögenslage des Unternehmens bzw. des Vermögensschutzes. Dazu analysieren die Agenturen die einzelnen Vermögensgegenstände auf stille Reserven und Lasten sowie ihre Veräußerbarkeit, um unabhängig von Bilanzierungsnormen deren Schuldendeckungspotential abzuschätzen.[455] Besonderes Gewicht kommt der Analyse der Verschuldung des Unternehmens im Verhältnis zu dessen Cash Flows zu.[456] Darauf wird weiter unten bei der Cash Flow-Analyse näher eingegangen.

Aus der Untersuchung der Profitabilität ergeben sich Aufschlüsse über die Fähigkeit des Unternehmens, künftige Gewinne zu erwirtschaften. Außerdem gibt die Gewinnentwicklung Hinweise auf die Wettbewerbsposition und -fähigkeit des Unternehmens, so dass deren Beurteilung auf der vorherigen Analysestufe daran gewissermaßen gespiegelt werden kann.[457] Es werden v.a. Kennzahlen wie Kapital- und Umsatzrentabilität berechnet. Die Gewinngrößen werden um einmalige und außerordentliche Komponenten bereinigt, um besser die langfristig durchschnittliche Ertragskraft widerzuspiegeln.[458] Des Weiteren analysieren die Agenturen mit Hilfe von Deckungskennzahlen, welche Verpflichtungen im Verhältnis zu den erwarteten Erträgen künftig regelmäßig zu erfüllen sind und wann diese Verpflichtungen fällig sein werden.[459] Bei der Ermittlung der festen Zahlungsverpflichtungen werden aus Konsistenzgründen u.U. gewisse Anpassungen, v.a. um außerbilanzielle Schulden, vorgenommen.[460]

Zins- und Tilgungszahlungen für das Fremdkapital können aber nicht aus Gewinnen, sondern letztlich nur aus liquiden Mitteln geleistet werden. Daher legen die Agenturen

---

451 Vgl. Gerke/Pellens (2003), S. 1; o.V. (2003); Hofmann (2004).
452 Vgl. S&P (2006a), S. 96-111; Moody's (1998b); Moody's (2004b), S. 5. Vgl. auch Gerke/Pellens (2003); Heubeck/Seeger (2004); Pellens/Crasselt (2005); Gerke/Mager/Röhrs (2005).
453 Vgl. z.B. Ackermann/Jäckle (2006), S. 882.
454 Vgl. Meyer-Parpart (1996), S. 139; S&P (2006a), S. 27f.
455 Vgl. S&P (2006a), S. 27f.
456 Vgl. S&P (2006a), S. 30; Berblinger (1996), S. 70.
457 Vgl. S&P (2006a), S. 26; Moody's (1998a), S. 10.
458 Vgl. S&P (2006a), S. 26f. Vgl. auch S&P (2002b); Kley/Vater (2002); Berblinger (1996), S. 70.
459 Vgl. S&P (2006a), S. 26f.; Berblinger (1996), S. 70.
460 Vgl. S&P (2006a), S. 27.

besonderes Gewicht auf die Analyse der internen und externen Liquiditätsquellen.[461] Des Weiteren sind Cash Flows als reine Zahlungsgrößen anders als der Gewinn nicht durch verschiedene Rechnungslegungsvorschriften beeinflusst und durch Wahlrechte und bilanzpolitische Maßnahmen verzerrt und damit zwischen verschiedenen Unternehmen besser vergleichbar.[462] Dementsprechend gilt: „Cash-flow analysis is the single most critical aspect of all credit rating decisions."[463] Dabei ist es zentral, die erwartete verfügbare Liquidität dem erwarteten Liquiditätsbedarf des Unternehmens gegenüber zu stellen (Cash Flow-Adäquanz). Letzterer resultiert neben den Zins- und Tilgungsverpflichtungen aus weiteren Zahlungsverpflichtungen wie Miet- oder Leasingzahlungen, der laufenden Finanzierung der Betriebsmittel, betriebsnotwendigen Investitionen, Dividenden oder Steuerzahlungen. Es wird auch berücksichtigt, inwieweit es Möglichkeiten zum Aufschub solcher Auszahlungsverpflichtungen gibt.[464] Wichtigste interne Liquiditätsquelle ist der aus der Geschäftstätigkeit erwirtschaftete Cash Flow.[465] Auf dessen Basis werden u.a. der dynamische Verschuldungsgrad als Verhältnis zu den Gesamtschulden, die sog. Entschuldungsdauer als Kehrwert davon sowie Deckungsgrade bezüglich Zins- und Tilgungsverpflichtungen und ggf. weiterer oben bereits aufgeführter fixer Zahlungsverpflichtungen berechnet.[466] Bei starken, risikoarmen Unternehmen wird den Berechnungen vorrangig der operative Cash Flow zugrunde gelegt, während bei schwächeren, risikoreicheren Unternehmen tendenziell auf freie Cash Flows, also solchen nach Netto-Ersatz- und Erweiterungsinvestitionen und ggf. Dividenden, abgestellt wird.[467] Insgesamt kommt für Unternehmen im *speculative grade*-Bereich im Vergleich zu denen des *investment grade*-Bereichs der Cash Flow-Analyse im Rahmen der Liquiditätsquellenanalyse merklich größere Bedeutung zu, denn sie verfügen i.d.R. nur über eingeschränkte Liquiditätsreserven und weitere externe Finanzierungsalternativen und sind daher verstärkt auf die interne Cash Flow-Generierung angewiesen.[468]

Die Beurteilungen von Kapitalstruktur und Vermögensschutz, Ertragskraft sowie Cash Flow-Adäquanz fließen auch in die Einschätzung der finanziellen Flexibilität des Unternehmens ein. Hier können zusätzliche qualitative Aspekte dieser Bereiche erfasst werden. Zudem spielt herein, inwieweit weitere interne Liquiditätsquellen vorhanden sind und zur Begleichung von Zahlungsverpflichtungen genutzt werden könnten. Externe Liquiditätsquellen des Unternehmens wie ungenutzte Kreditlinien, Bankkredite, Einlagen oder Darlehen der bisherigen Gesellschafter oder die Inanspruchnahme des Eigen- oder Fremdkapitalmarktes werden nach ihrer Art, Höhe, zeitlichen Verfügbarkeit, Fristigkeit und dem Verbindlichkeitsgrad der Zusagen potentieller Kapitalgeber

461 Vgl. S&P (2006a), S. 30; Moody's (1998a), S. 10-12.
462 Vgl. S&P (2002c), S. 6. Vgl. ähnlich z.B. Baetge/Kirsch/Thiele (2004), S. 344f.
463 S&P (2006a), S. 29. Vgl. ähnlich Moody's (1998a), S. 10.
464 Vgl. S&P (2006a), S. 30-33; Moody's (1998a), S. 10.
465 Vgl. zu den verschiedenen Cash Flow-Abgrenzungen z.B. S&P (2006a), S. 31f.
466 Vgl. S&P (2006a), S. 29f.; Moody's (1998a), S. 10.
467 Vgl. S&P (2006a), S. 30f.; Meyer-Parpart (1996), S. 144; Pettit u.a. (2004), S. 11.
468 Vgl. S&P (2006a), S. 30; Moody's (1998a), S. 11; Ganguin/Bilardello (2005), S. 101 und 276f.

untersucht.[469] Ferner werden in diesem Analysebereich Kriterien betrachtet, die keiner der anderen Kategorien des Finanzrisikos zugeordnet werden können. Darunter fallen z.B. schwerwiegende Rechtsstreitigkeiten, mangelnder Versicherungsschutz oder restriktive Klauseln in Kreditverträgen.[470]

Die bisherigen Ausführungen haben gezeigt, dass für die Beurteilung des Finanzrisikos eine Vielzahl von Finanzkennzahlen in Frage kommt. *S&P* kommuniziert zehn Schlüsselkennzahlen (*key ratios*), die für besonders aussagefähig und wichtig erachtet werden. Sie sind in Anhang 1 wiedergegeben und lassen sich den Analysebereichen Kapitalstruktur und Vermögensschutz, Profitabilität sowie Cash Flow-Adäquanz zuordnen.[471] *Moody's* hingegen nennt öffentlich keine Schlüsselkennzahlen. Hinweise der Literatur legen aber nahe, dass für *Moody's* ein sehr ähnliches Vorgehen zu vermuten ist.[472] *S&P* veröffentlicht regelmäßig die Mediane dieser Schlüsselkennzahlen für geratete Unternehmen differenziert nach einzelnen Ratingklassen.[473] Diese Informationen stellen keine Richtwerte zum Erreichen einer bestimmten Ratingklasse dar. Sie lassen sich auch nicht ohne weiteres über Branchen oder Ländergrenzen hinweg vergleichen.[474] Die im Einzelfall relevanten Schwellenwerte für wichtige Finanzkennzahlen zur Erreichnung einer bestimmten Ratingklasse werden vielmehr vor dem Hintergrund des länder-, branchen- und geschäftsspezifischen Risikoprofils eines Unternehmens festgelegt.[475] Das geschieht durch Kennzahlen-Richtlinien. Sie geben für die Finanzkennzahlen Grenzwerte vor, die bei einem gegebenen Geschäftsrisikoprofil zum Erreichen eines bestimmten Ratings tendenziell einzuhalten sind.[476] Die Beurteilung des Finanzrisikos kann allerdings nicht auf die Anwendung derartiger Richtlinien reduziert werden. So sind diese nicht exakt einzuhalten und es wird eine Reihe weiterer, z.T. nicht quantifizierbarer Faktoren berücksichtigt.[477] Ferner lassen die Agenturen offen, wie die mitunter unterschiedlichen Ergebnisse für einzelne Kennzahlen für die Zuordnung zu einer Ratingklasse zusammenspielen. Die Frage nach der Verknüpfung der relevanten Kriterien zum endgültigen Rating wird in Kapitel 3.3. genauer beleuchtet.

---

469 Vgl. S&P (2006a), S. 32f.; Moody's (1998a), S. 10-12.

470 Vgl. S&P (2006a), S. 33; Meyer-Parpart (1996), S. 145. *Moody's* versucht darüber hinaus die Anfälligkeit eines Schuldners auf schwer vorhersehbare und für die Bonität besonders negative Ereignisse (Ereignisrisiken) einzuschätzen und u.U. durch einen Ratingabschlag zu berücksichtigen. Vgl. Moody's (1998a), S. 17f.

471 Vgl. S&P (2005a), S. 43. Im Jahr 2006 nennt *S&P* allerdings nur noch sieben Schlüsselkennzahlen, so dass drei davon scheinbar nicht mehr als solche betrachtet werden. Dabei handelt es sich um die Umsatzrentabilität, den langfristigen Verschuldungsgrad und Discretionary Cash Flow/ Gesamtverschuldung. Vgl. S&P (2006a), S. 43.

472 Vgl. Ederington/Yawitz (1987), S. 28-31; Berblinger (1996), S. 109.

473 Vgl. z.B. S&P (2006a), S. 43. Diese Werte beziehen sich allerdings bislang ausschließlich auf geratete US-amerikanische Unternehmen.

474 Vgl. S&P (2006a), S. 42-44. Unternehmen sehen sie aber z.T. als Richtwerte zum Erreichen einer Ratingklasse. Vgl. Ackermann/Jäckle (2006), S. 883f.; Pettit u.a. (2004), S. 8.

475 Vgl. S&P (2006a), S. 44. Vgl. ähnlich Ackermann/Jäckle (2006), S. 881.

476 Vgl. S&P (2005a), S. 42-44; Meyer-Parpart (1996), S. 166-169.

477 Vgl. S&P (2006a), S. 44; Meyer-Parpart (1996), S. 167; Berblinger (1996), S. 70.

3.2.4.4. Spezielle Aspekte der Finanzrisikoanalyse

3.2.4.4.1. Hybride Finanzierungsinstrumente

Hybriden Finanzinstrumenten kommt ein Mischcharakter zwischen Eigen- und Fremdkapital zu. Auf diesem Spektrum gibt es viele Ausgestaltungsmöglichkeiten. Beispiele sind nachrangige Darlehen oder Anleihen, stille Beteiligungen, Genussrechte, Wandel- und Optionsanleihen oder Vorzugsaktien.[478] Einer Finanzierung mittels hybrider Finanzinstrumente werden verschiedene Vorteile zugesprochen. Ein zentraler Aspekt ist die mögliche Erhöhung der Eigenkapitalquote.[479] Für die Unternehmen ist es daher sehr wichtig, ob ein solches Finanzinstrument bilanziell und v.a. wirtschaftlich als Eigen- oder Fremdkapital behandelt wird.[480] Bedeutung gewinnt dieser Aspekt u.a. dadurch, dass eine Verbesserung der Bilanzstruktur durch Zurechnung zum Eigenkapital zu einer besseren Bewertung durch Banken und Ratingagenturen sowie durch Anleger und Analysten führen kann.[481] Diese Aussicht hat zunehmend das Interesse großer, kapitalmarktorientierter Unternehmen für solche Finanzierungsformen geweckt. Für sie stellt sich die Frage, zu welchem Teil die Ratingagenturen verschiedene Ausgestaltungen hybrider Finanzinstrumente im Rahmen der Finanzrisikoanalyse dem Eigenkapital zurechnen und zu welchem Teil dem Fremdkapital.[482] Die Agenturen lösen sich bei ihrer Beurteilung solcher Instrumente von der bilanziellen Sichtweise und sind bestrebt, deren wirtschaftliche Konsequenzen im Hinblick auf das Bonitätsrisiko zu erfassen.[483] Bis Anfang 2005 kommunizierten sie hierfür allerdings keine klare Vorgehensweise, so dass für geratete Unternehmen die Auswirkungen einer derartigen Emission auf die Ratinganalyse unklar blieben und der Anreiz dazu geschmälert wurde.[484] *Moody's* hat im Februar 2005, u.a. auf Drängen von Unternehmen und sie beratender

---

[478] Vgl. zu Details Brüggemann/Lühn/Siegel (2004a), S. 340-345; Golland u.a. (2005); Rudolph (2006), S. 351-362; Dürr (2007), S. 43-125.

[479] Vgl. Rudolph (2006), S. 363. Das erscheint gerade für deutsche Unternehmen interessant, die traditionell im internationalen Vergleich eine geringe Eigenkapitalausstattung aufweisen. Vgl. Steiner/Starbatty (2004), S. 16f.; Nelles/Klusemann (2003), S. 1; Deutsche Bundesbank (2005), S. 45f. Vgl. zu weiteren möglichen Vorteilen z.B. Dörscher/Hinz (2003), S. 606; Nelles/Klusemann (2003), S. 6-10; Plankensteiner/Rehbock (2005), S. 790; Rudolph (2006), S. 363; Nölling/Jendruschewitz (2006), S. 437-439. Vgl. Rudolph (2006), S. 362-375, zu einem Überblick über weitere Motive und Anlässe einer Ausgabe hybrider Finanzinstrumente. Sie können auch zur Reduzierung der Agency-Kosten durch Eigner-Gläubiger-Konflikte beitragen. Vgl. Barnea/Haugen/Sanbet (1985), S. 80-111; Rudolph (2006), S. 373-375; Schulz (2006), S. 35-86.

[480] Vgl. Nelles/Klusemann (2003), S. 1; Dörscher/Hinz (2003), S. 606; Rudolph (2004), S. 17; Brüggemann/Lühn/Siegel (2004a), S. 342; o.V. (2006b), S. 4; o.V. (2006c), S. 8. Vgl. zur bilanziellen Behandlung z.B. Brüggemann/Lühn/Siegel (2004a); Brüggemann/Lühn/Siegel (2004b); Scheffeler (2006), S. 49-66; Bigus (2007), S. 10-16. Vgl. ausführlich sowohl zur bilanziellen Behandlung als auch zur wirtschaftlichen Einordnung Dürr (2007), S. 127-280 m.w.N.

[481] Vgl. Küting/Ranker/Wohlgemuth (2004), S. 103f.; Rudolph (2006), S. 363.

[482] Vgl. S&P (2006a), S. 80; Moody's (2003b), S. 1; Nölling/Jendruschewitz (2006), S. 435-438; o.V. (2006b), S. 4; o.V. (2006c), S. 8.

[483] Vgl. S&P (2006a), S. 74 und 81; Moody's (2003b), S. 3.

[484] Vgl. o.V. (2006b), S. 4; o.V. (2006c), S. 8.

Finanzinstitute, eine verbindliche Vorgehensweise eingeführt.[485] *S&P* hat im Laufe des Jahres 2005 nachgezogen.[486]

Moody's ordnet diese Finanzinstrumente jeweils einer von fünf Klassen (*basket A* bis *basket E*) mit verschiedenen Fremd- und Eigenkapitalanteilen zu, wobei *basket A* zu keiner Eigenkapitalanrechnung führt, die *baskets B* bis *D* eine in 25 %-Schritten steigende Zuordnung zum Eigenkapital mit sich bringen, und *basket E* eine vollständige Eigenkapitalzurechnung zur Folge hat.[487] Die Klassifizierung orientiert sich an den zentralen Charakteristika der Instrumente wie Fälligkeit, Art des Entgeltes der Kapitalüberlassung, Vorhandensein einer vorzeitigen Kündigungsoption, Wandlungsmöglichkeit, Möglichkeiten für einen Aufschub von Zins- oder Dividendenzahlungen sowie Nachrangigkeit bzw. Umfang der Verlustbeteiligung. Diese werden mit den drei wesentlichen Eigenschaften reinen Eigenkapitals, nämlich keine Fälligkeit, keine verpflichtenden Zahlungen und vollständige Verlustbeteiligung, verglichen, und ihre Nähe dazu auf einer vierstufigen Ordinalskala beurteilt.[488] Das Einstufungsprofil des Instruments bezüglich dieser drei Charakteristika entscheidet dann über die Klassenzuordnung und den *equity credit*.[489] Alle von der Kapitalstruktur beeinflussten Kennzahlen werden gemäß dieser Aufteilung des Instruments in Eigen- und Fremdkapitalanteil angepasst.[490] Im Rahmen der Analyse der finanziellen Flexibilität und Finanzpolitik werden solche Instrumente auch nach qualitativen Aspekten beurteilt, was nicht unbedingt an die Klassenzuordnung gebunden ist.[491]

S&P beurteilt hybride Finanzinstrumente ebenfalls anhand der Nähe ihrer zentralen Eigenschaften zu denen reinen Eigenkapitals.[492] Das Gesamturteil wird auf einer in 10 %-Schritten unterteilten Skala von 0 % bis 100 % ausgedrückt. Der zugeordnete Prozentwert entspricht aber im Gegensatz zu *Moody's* nicht der Höhe des *equity credit*, in dessen Umfang die Finanzkennzahlen angepasst werden. Vielmehr werden Instrumente mit einem Wert von 10 % bis 30 % vollständig dem Fremdkapital und solche mit Werten von 70 % bis 90 % vollständig dem Eigenkapital zugerechnet. Bei Werten von 40 % bis 60 % werden die Kennzahlen einmal unter der Annahme der vollen Zurechnung zum Fremdkapital und einmal unter der Annahme der vollen Zurechnung zum Eigenkapital ermittelt. Die richtige Zuordnung wird als irgendwo zwischen diesen Extremen liegend betrachtet und die genaue Höhe des *equity credit* wird von

---

485 Vgl. Moody's (2003b); Moody's (2005a).

486 Vgl. S&P (2006a), S. 74-84.

487 Vgl. Moody's (2003b), S. 1. Das Konzept der fünf *baskets* wurde bereits 1999 eingeführt. 2003 wurden dann die genauen Prozentsätze der Eigenkapitalzurechnung für die *baskets* und die daran orientierte Anpassung der Analysekennzahlen eingeführt. Die nachfolgend beschriebenen genauen Zuordnungregeln für einzelne Instrumente zu den Klassen waren bis Anfang 2005 noch nicht öffentlich bekannt. Vgl. dazu erstmals Moody's (2005a).

488 Vgl. Moody's (2005a), S. 2f.

489 Vgl. Moody's (2005a), S. 5-7, u.a. mit mehreren Beispielen.

490 Vgl. Moody's (2005a), S. 3.

491 Vgl. Moody's (2005a), S. 3; Moody's (2003b), S. 3f.

492 Vgl. S&P (2006a), S. 74-77.

den Ratinganalysten im Einzelfall festgelegt.[493] Sie ist daher anhand der öffentlich verfügbaren Informationen nicht genau nachvollziehbar.

Die Vorgehensweisen beider Agenturen lassen Unterschiede erkennen. Größere Abweichungen sind dennoch nicht zu erwarten, v.a. nicht für das endgültige Rating.[494] Die Methodik von *Moody's* ist klarer umrissen und transparenter als die von *S&P*. Die Höhe des einem bestimmten Instrument gewährten *equity credit* lässt sich bei *Moody's* vorab exakt bestimmen, bei *S&P* ist das nicht möglich, weil dort der Analyst im Einzelfall entscheidet. Zwar könnten Zweifel bestehen, ob die beiden Analyseansätze der Vielfalt verschiedener hybrider Finanzinstrumente gerecht werden. Unter Kosten-Nutzen-Gesichtspunkten erscheint das Vorgehen aber adäquat und auch von Seiten der Praxis werden die Ansätze begrüßt und akzeptiert. Nicht zuletzt dadurch ist seither eine stark steigende Anzahl an Emissionen hybrider Instrumente, insbesondere Hybridanleihen, zu beobachten. Der Variante von *Moody's* wird aber eindeutig der Vorzug gegeben, denn die höhere Transparenz ermöglicht es, solche Instrumente im Hinblick auf die Ratingkonsequenzen maßzuschneidern.[495] *S&P* hat dies erkannt und scheint sich daher aktuell an das Konzept von *Moody's* anzunähern.[496] Bei Instrumenten mit Werten von 40 % bis 60 % wird neuerdings anscheinend eine jeweils hälftige Zurechnung zum Eigen- und Fremdkapital für die Kennzahlenberechnung vorgenommen.[497]

3.2.4.4.2. Pensionsverpflichtungen

Einen weiteren wichtigen Aspekt der Finanzrisikoanalyse stellen Pensionsverpflichtungen eines Unternehmens dar.[498] Bei beitragsorientierten Pensionsplänen ist das Unternehmen zu regelmäßigen, vertraglich festgelegten Zahlungen an eine externe Versorgungseinrichtung verpflichtet und steht nicht für die Begleichung der aus den geleisteten Beiträgen bei Renteneintritt resultierenden Pension gerade.[499] Solche Pensionspläne sind für die Rechnungslegung und die Ratinganalyse weitgehend unkri-

493 Vgl. S&P (2006a), S. 77 und v.a. 83f.

494 Vgl. Moody's (2003b), S. 4.

495 Vgl. Nölling/Jendruschewitz (2006), S. 437; o.V. (2006b), S. 4; o.V. (2006c), S. 8.

496 Vgl. Nölling/Jendruschewitz (2006), S. 437.

497 Vgl. S&P (2007c), S. 48.

498 Vgl. S&P (2006a), S. 27f. und 96-111; Moody's (1998b), S. 3. Diese stellen einen großen und in den letzten Jahren stetig zunehmenden Verpflichtungsumfang von Unternehmen dar, der sich 2005 bspw. bei den DAX 30-Unternehmen auf insgesamt 247 Mrd. € belaufen hat. Das entsprach ca. 35 % ihrer Börsenkapitalisierung. Vgl. Jasper/Delvai (2005), S. 507; o.V. (2006d), S. 372. Die weiteren Ausführungen gehen von einer Bilanzierung der Pensionsverpflichtungen nach IFRS oder US-GAAP aus. Vgl. für einen Überblick Schildbach (1999); Feld (2003a); Feld (2003b); Planert (2006), S. 99-237. Vgl. für eine Bilanzierung nach HGB Ballwieser (2008), Rn. 26-39; Petersen (2002), S. 11-67; Planert (2006), S. 10-98, jeweils m.w.N.

499 Vgl. Pellens/Fülbier/Sellhorn (2004), S. 134; Planert (2006), S. 113. Solche Pensionspläne sind in Deutschland allerdings in Reinform aufgrund von § 1 Abs. 1 Satz 2 BetrAVG nicht zulässig, da der Arbeitgeber auch bei mittelbarer Durchführung der betrieblichen Altersversorgung letzlich stets für die Erfüllung einstehen muss. Vgl. auch Planert (2006), S. 29.

tisch.[500] Die große Mehrzahl der Pensionspläne, auch in Deutschland, sind leistungsorientiert.[501] Diese verpflichten das Unternehmen, ab dem Renteneintritt eine festgelegte Pensionsleistung vollständig zu gewährleisten und etwaige Lücken auszugleichen.[502] Hierbei lassen sich die interne Finanzierung über Rückstellungen, bei der die fälligen Pensionsleistungen aus den Zahlungsüberschüssen des Unternehmens beglichen werden, und die externe Finanzierung über eine Versorgungseinrichtung, an die das Unternehmen bereits während der Dienstzeit der Mitarbeiter regelmäßig Zahlungen leistet und deren Rückflüsse zur Deckung der Pensionszahlungen dienen, unterscheiden.[503] In Deutschland war bislang die interne Finanzierung über Rückstellungen üblich, international die externe über einen Pensionsfonds.[504] Aufgrund verstärkt festzustellender Deckungslücken finden solche Verpflichtungen in den letzten Jahren zunehmende Aufmerksamkeit der Ratingagenturen.[505]

Um angesichts unterschiedlicher Annahmen zu den Berechnungsparametern und verschiedener Finanzierungsformen, rechtlicher Ausgestaltungsvorschriften sowie Bilanzierungsregeln in verschiedenen Rechnungslegungssystemen eine unternehmensübergreifende und internationale Vergleichbarkeit zu gewährleisten und ökonomisch angemessene Werte zu erhalten, lösen sich die Ratingagenturen in ihrer Analyse übereinstimmend von bilanziellen Werten und berechnen die Verpflichtungshöhe neu.[506] Sie bereinigen dazu v.a. in Anspruch genommene bilanzielle Glättungsmöglichkeiten von Verpflichtungsänderungen[507] und Unterschiede in den zugrunde gelegten Bewertungsparametern wie erwartete Gehaltssteigerungen, dem Diskontierungszinsfuß, den versicherungsmathematischen Annahmen oder der erwarteten Fondsrendite bei externer Finanzierung.[508] Diese Schritte werden in der Literatur unter Kosten-Nutzen-Gesichtspunkten als angemessen beurteilt. Kritisch wird hingegen der analytische Umgang der Agenturen mit den verschiedenen Finanzierungsformen leistungsorientierter Pensionszusagen gesehen.[509] Bei Fondsfinanzierung wird von *S&P* und *Moody's* eine Über- oder Unterdeckung aus der Differenz der auf Basis der angesprochenen Bereinigungs-

500 Vgl. zur Bilanzierung Ballwieser (2008), Rn. 44 und 54f.; Planert (2006), S. 114. Vgl. zum Rating Gerke/Pellens (2003), S. 39.

501 Vgl. Meier/Recktenwald (2006), S. 709.

502 Vgl. Ballwieser (2008), Rn. 44 und 54; Planert (2006), S. 114-117.

503 Vgl. Pellens/Fülbier/Sellhorn (2004), S. 134f.; Pellens/Crasselt (2005), S. 4. Vgl. AKFIN (1998), S. 324-332, für Vor- und Nachteilen einer internen gegenüber einer externen Finanzierung von Pensionszusagen. Vgl. zu Gestaltungsoptionen der externen Finanzierung von Pensionszusagen in Deutschland Schäfer/Wojtysiak (2002); Meier/Bätzel (2004); Planert (2006), S. 28-36.

504 Vgl. AKFIN (1998), S. 322; Meier/Recktenwald (2006), S. 707.

505 Vgl. S&P (2006a), S. 96-111; Moody's (1998b); Gerke/Pellens (2003), S. 1; Gerke/Mager/Röhrs (2005), S. 36. Vgl. Pellens/Fülbier/Sellhorn (2004), S. 139, zur Deckung der Pensionsverpflichtungen bei deutschen und US-amerikanischen Unternehmen.

506 Vgl. S&P (2006a), S. 96-99; Moody's (1998b), S. 3. Vgl. zu Problemen der Bilanzanalyse durch Pensionsverpflichtungen z.B. Küting/Nardmann (1993); Burger/Schellberg (1995), S. 2436f.; Ordelheide (1998), S. 518-520; Lachnit/Müller (2004), S. 499f.

507 Vgl. z.B. die sog. Korridormethode gem. SFAS 87.32 und IAS 19.92 und .95.

508 Vgl. S&P (2003); S&P (2006a), S. 98f.; Moody's (1998b), S. 3-5; Pellens/Crasselt (2005), S. 13.

509 Vgl. Gerke/Pellens (2003), S. 75; Heubeck/Seeger (2004); Pellens/Crasselt (2005), S. 4-6.

schritte neu berechneten Pensionsverpflichtungen mit dem aktuellen Wert des Fondsvermögens ermittelt. Beide rechnen in der Kennzahlenanalyse übereinstimmend eine eventuelle Unterdeckung vollständig dem Fremdkapital zu. Eine Überdeckung wird nur von *Moody's* berücksichtigt und den liquiden Mitteln zugeschlagen.[510] Der weitaus wichtigere Unterschied zwischen beiden Agenturen liegt bei der analytischen Behandlung rückstellungsfinanzierter Zusagen. Um Vergleichbarkeit mit der externen Finanzierung herzustellen, werden die neu berechneten Pensionsrückstellungen, gekürzt um (zu ihrer Deckung vorgehaltene) liquide Mittel und kurzfristige Wertpapiere,[511] von beiden Agenturen fiktiv aus der Bilanz in einen Pensionsfonds ausgelagert.[512] *Moody's* geht dabei grundsätzlich von einer anteiligen Eigen- und Fremdfinanzierung entsprechend der bisherigen Kapitalstruktur ohne Pensionsverpflichtungen aus.[513] *S&P* hat früher Pensionsrückstellungen im Rahmen der Kennzahlenanalyse nicht berücksichtigt.[514] Seit Frühjahr 2003 wird eine vollständige Fremdfinanzierung der gesamten fiktiv ausgelagerten Pensionsrückstellungen unterstellt, was dem Vorgehen bei Deckungslücken einer externen Pensionsfinanzierung nach Abzug des Fondsvermögens entspricht.[515]

Diese Methodenänderung bewirkte z.T. eine merkliche Verschlechterung der Kapitalstruktur- und Zinsdeckungskennzahlen deutscher Unternehmen in der Ratinganalyse von *S&P* und führte in einigen Fällen sogar zu einer Ratingherabstufung.[516] Das neue Vorgehen von *S&P* wurde von den betroffenen Unternehmen heftig und als ökonomisch nicht angemessen kritisiert.[517] Auch die Literatur hat sich daraufhin mit der Frage intensiv auseinandergesetzt.[518] Dort wird u.a. bemängelt, dass die Ratingagenturen Pensionsrückstellungen bei interner Finanzierung nach evtl. Abzug liquider Mitteln und kurzfristiger Wertpapiere als ungedeckt betrachten. Sie vernachlässigen damit alle weiteren nicht-betriebsnotwendigen und operativen Vermögenswerte des Unternehmens, deren Rückflüsse auch zur Deckung der Pensionsverpflichtungen zur Verfügung stehen. Bei externer Finanzierung werden hingegen Pensionsverpflichtungen und Fondsvermögen vollständig saldiert.[519] Weiterhin stellen Pensionsrückstellungen zwar unstreitig Fremdkapital dar, jedoch wird ihnen häufig aufgrund der internen Erwirtschaftung des Kapitals, der langen Fristigkeit und stabilen Konditionen und des Feh-

510 Vgl. S&P (2006a), S. 99; Moody's (1998b), S. 6. *S&P* vernachlässigt dies mit dem Argument, dass damit keine kurzfristig verfügbaren Mittel verbunden sind.

511 Vgl. S&P (2006a), S. 99; Moody's (1998b), S. 6.

512 Bei der alternativen Bruttobetrachtung werden für extern finanzierende Unternehmens jeweils das Vermögen des Pensionsfonds und die gesamte Pensionsverpflichtung fiktiv in die Bilanz aufgenommen. Vgl. Gerke/Pellens (2003), S. 62-69; Pellens/Crasselt (2005), S. 21f.

513 Vgl. Moody's (1998b), S. 6f.; Gohdes/Meier (2003), S. 1379.

514 Vgl. Gerke/Pellens (2003), S. 27; Pellens/Crasselt (2005), S. 15.

515 Vgl. S&P (2003); S&P (2006a), S. 99.

516 Vgl. Gerke/Pellens (2003), S. 29f. Betroffen waren v.a. *ThyssenKrupp*, *Linde* und *Deutsche Post*.

517 Vgl. Gerke/Pellens (2003); Sanio (2004); Pellens/Crasselt (2005), S. 5.

518 Vgl. Gerke/Pellens (2003); Heubeck/Seeger (2004); Pellens/Crasselt (2005); Gerke/Mager/Röhrs (2005); Gerke/Mager (2005).

519 Vgl. Heubeck/Seeger (2004), S. 994; Scherer (2004). Interessant ist, dass Meyer-Parpart (1996), S. 134, dies für *S&P* noch ähnlich angeführt hatte.

lens besonderer Besicherungs- und Gläubigerrechte der Pensionsempfänger zu einem gewissen Teil Eigenkapitalcharakter zugesprochen. Manche Autoren sehen daher eine vollständige Zurechnung zum Fremdkapital wie durch *S&P* kritisch und begrüßen eine anteilige Zurechnung zum Eigenkapital, was der Vorgehensweise von *Moody's* entspricht.[520] Andere Autoren sehen in diesen Eigenschaften keinen Grund für eine teilweise Eigenkapitalzurechnung, plädieren aber für deren Berücksichtigung bei der qualitativen Beurteilung solcher Verpflichtungen.[521] Unabhängig davon kann eine anteilige Zurechnung zum Eigenkapital aus zwei im Folgenden erläuterten Gründen zweckmäßig sein, um eine bessere Vergleichbarkeit zwischen den Finanzierungsformen über eine fiktive Auslagerung von intern finanzierten Zusagen auf einen Pensionsfonds herzustellen.[522]

Erstens führen unter der Annahme gleicher Risiken von Unternehmen und realem bzw. fiktivem Pensionsfonds sämtliche Varianten der Nettobetrachtung zu Kennzahlenausprägungen,[523] die ein verzerrtes Bild der Kapitalstrukturrisiken der zu vergleichenden Unternehmen erzeugen. Das gilt besonders, wenn, wie bei *S&P*, die gesamte Pensionsrückstellung als Fremdkapital eingeordnet wird. Die Vorgehensweise von *Moody's* führt hingegen zu deutlich geringeren Verzerrungen.[524] Vollständig vermeiden ließen sie sich bei einer Bruttobetrachtung, bei der das Fondsvermögen und die gesamten Pensionsverpflichtungen durch Bilanzverlängerung fiktiv in die Bilanz des extern finanzierenden Unternehmens aufgenommen werden. Diese Methode wäre daher zu bevorzugen.[525] Wird zweitens die wenig realistische Annahme gleicher Risiken von Unternehmen und Pensionsfonds aufgegeben, ist zusätzlich das Anlagerisiko des Fonds zu berücksichtigen.[526] Da das Unternehmen für leistungsorientierte Pensionszusagen letztlich verpflichtet bleibt, können die Rendite-Risiko-Entwicklung des Fonds und deren Korrelation mit dem Unternehmensrisiko erheblichen Einfluss auf das Bonitätsrisiko haben. Diese Auswirkungen des Anlagerisikos einer externen im Vergleich zur internen Pensionsfinanzierung werden aber von beiden Agenturen nicht angemessen berücksichtigt.[527] Adäquat wäre dies über etablierte Methoden der Bank- und Versicherungswirtschaft wie den *Value-at-Risk* zu bewerkstelligen. Eine weniger aufwendige Alternative wäre eine analytische Anpassung der Kapitalstruktur intern finanzierender Unternehmen, um die unterschiedlichen Risiken zu kompensieren und Ver-

---

520 Vgl. Gerke/Pellens (2003), S. 56f. und 96f.; Gohdes/Meier (2003), S. 1377f.; Heubeck/Seeger (2004), S. 996.

521 Vgl. Gerke/Pellens (2003), S. 57f.; Gohdes/Meier (2003), S. 1378.

522 Vgl. Gerke/Pellens (2003), S. 58.

523 Diese Varianten unterscheiden sich durch die Annahme zu den Eigen- und Fremdkapitalanteilen der fiktiven Refinanzierung. Vgl. Gerke/Pellens (2003), S. 62-67; Pellens/Crasselt (2005), S. 18f.

524 Vgl. Gerke/Pellens (2003), S. 62-76; Pellens/Crasselt (2005), S. 13-24; Gerke/Mager/Röhrs (2005), S. 56-58; Meier/Recktenwald (2006), S. 710.

525 Vgl. Gerke/Pellens (2003), S. 75; Pellens/Crasselt (2005), S. 24.

526 Die durchschnittliche Aktienquote der Pensionsvermögen der DAX 30-Unternehmen in 2004 von ca. 40 % verdeutlicht die Bedeutung solcher Anlagerisiken. Vgl. Jasper/Delvai (2005), S. 508.

527 Vgl. Gerke/Pellens (2003), S. 90-120; Gerke/Mager/Röhrs (2005), S. 36-61; Pellens/Crasselt (2005), S. 29f.

gleichbarkeit herzustellen.[528] Die Nettobetrachtung mit anteiliger Eigen- und Fremdkapitalfinanzierung von *Moody's* bietet in pragmatischer Form einen gewissen Ausgleich für die Auswirkungen des Anlagerisikos. Dieser erfolgt allerdings nicht exakt und bleibt damit unzureichend.[529] Die Annahme vollständiger Fremdfinanzierung bei *S&P* erweist sich auch diesbezüglich als problematischer als die Vorgehensweise von *Moody's*.

Im Rahmen der Cash Flow-Analyse versuchen die Ratingagenturen ebenfalls Vergleichbarkeit zwischen den Finanzierungsformen herzustellen, in dem sie die Zahlungswirkungen der internen Finanzierung durch Verwendung der Dienstzeit- und Zinsaufwendungen aus der GuV fiktiv mit denen der externen Finanzierung gleichsetzen.[530] Das führt aber zu einer Vernachlässigung des Finanzierungs- und Stundungseffekts der internen gegenüber der externen Finanzierung, der daraus resultiert, dass bei ersterer die Dienstzeit- und Zinsaufwendungen erst erheblich später zu Auszahlungen führen, nämlich nach Renteneintritt des Pensionsempfängers.[531]

Insgesamt bewirken die analytischen Methoden beider Agenturen eine ökonomisch nicht gerechtfertigte und nicht beabsichtigte[532] systematische Benachteiligung von Unternehmen mit rückstellungs- gegenüber fondsfinanzierten Pensionszusagen.[533] Wie gezeigt, gilt das v.a. für *S&P*. Die vorrangig deutsche Kritik hat die Agenturen bislang nicht zu einer Änderung ihres Vorgehens veranlasst. Auch aus diesem Grund ist seit einigen Jahren ein zunehmender Wechsel deutscher Unternehmen auf eine externe Finanzierung zu verzeichnen.[534] Mittlerweile sind fast alle DAX 30-Unternehmen diesem Trend zumindest für einen Teil ihrer Pensionsverpflichtungen gefolgt.[535] Dazu wird i.d.R. aber kein Pensionsfonds nach internationalem Vorbild, sondern ein *Contractual Trust Arrangement* (CTA) eingerichtet.[536] Hier überträgt das Unternehmen seine Pensionsverpflichtungen und die zu deren Deckung bestimmten Vermögenswerte auf einen Treuhänderfonds und verzichtet dauerhaft auf jegliche Zugriffsmöglichkeit darauf.[537] Diese Konstruktion ermöglicht eine steuerrechtlich rückstellungsfähige Pensionszusage, die gleichzeitig nach US-GAAP und IFRS wie eine externe Fondsfinanzierung bilanziert und auch von den Ratingagenturen entsprechend

528 Vgl. Gerke/Pellens (2003), S. 120; Gerke/Mager/Röhrs (2005), S. 58.

529 Vgl. Gerke/Pellens (2003), S. 120; Gerke/Mager/Röhrs (2005), S. 58f.

530 Vgl. S&P (2006a), S. 108f. Vgl. auch Heubeck/Seeger (2004), S. 997.

531 Vgl. Heubeck/Seeger (2004), S. 997.

532 Die Agenturen betonen, dass sie die interne Finanzierung nicht generell als nachteilig ansehen. Vgl. Moody's (1998b), S. 3; Heubeck/Seeger (2004), S. 993.

533 Vgl. Pellens/Crasselt (2005), S. 30; Gerke/Mager/Röhrs (2005), S. 61.

534 Vgl. Hofmann (2004); Jasper/Delvai (2005), S. 506; Kirsten/Schiffer (2006), S. 681; Ackermann/Jäckle (2006), S. 882; Mittermaier/Böhme (2006), S. 204; Atzler (2006). Vgl. zu weiteren Motiven einer Umstellung Schäfer/Wojtysiak (2002), S. 349f.; Meier/Bätzel (2004), S. 1437f.

535 Vgl. Kirsten/Schiffer (2006), S. 681; o.V. (2006d), S. 372.

536 Vgl. o.V. (2003); Hofmann (2004); Mittermaier/Böhme (2006), S. 204; Seeger (2007), S. 697.

537 Vgl. für Details zu CTAs z.B. Schäfer/Wojtysiak (2002), S. 355-357; Küppers/Louven/Schröder (2005); Mittermaier/Böhme (2006); Seeger (2007), S. 697.

behandelt wird.[538] Sie bietet zudem größere Flexibilität bei der Vermögensanlage und unterliegt keiner Überwachung durch die Finanzaufsicht.[539]

3.2.4.4.3. Umstellung der Rechnungslegung auf IFRS

Bereits seit Ende der 90er Jahre war in Europa, allen voran in Deutschland, eine zunehmende Anzahl von Unternehmen zu beobachten, die ihren Konzernabschluss von nationalen Standards auf US-GAAP oder IFRS umgestellt haben.[540] Mit der IAS-Verordnung der EU aus dem Jahr 2002 wurden alle kapitalmarktorientierten Unternehmen[541] in der EU verpflichtet, spätestens ab 2005 bzw. in Ausnahmefällen[542] ab 2007 ihren Konzernabschluss nach IFRS aufzustellen.[543] Noch im Jahr 2004 stellten die Ratingagenturen fest, dass weniger als 20 % der von ihnen gerateten europäischen Unternehmen nach IFRS Rechnung legen.[544] Die große Mehrheit hat folglich erst zum von der IAS-Verordnung vorgegebenen Zeitpunkt auf die IFRS umgestellt. Für Deutschland lag dieser Anteil wesentlich höher. Von den 67 deutschen Unternehmen außerhalb des Finanzsektors, die bis Ende 2004 von *S&P* oder *Moody's* geratet wurden, hatten bereits 38 und damit ca. 57 % auf die IFRS umgestellt.[545]

Wie gezeigt, basiert die Beurteilung des Finanzrisikos stark auf einer Analyse von Finanzkennzahlen, deren zeitlichen und zwischenbetrieblichen Vergleich und darauf aufbauender Prognosen. Die IFRS unterscheiden sich stellenweise deutlich von bisherigen nationalen Rechnungslegungsstandards,[546] so dass durch eine Umstellung zahl-

---

538 Vgl. Schäfer/Wojtysiak (2002), S. 355. Da die Ratingagenturen nicht zweckgebundene, überschüssige Liquidität bei der Kapitalstrukturanalyse in Abzug bringen, führt die Finanzierung einer CTA-Gestaltung allein darüber allerdings zu keiner Änderung in der Ratinganalyse. Vgl. Heubeck/Seeger (2004), S. 995f. Vgl. auch S&P (2006a), S. 99.

539 Vgl. Schäfer/Wojtysiak (2002), S. 360; Mittermaier/Böhme (2006), S. 204; o.V. (2006c), S. 6f.; Meier/Bätzel (2004), S. 1437. Vgl. Seeger (2007) mit einer ausführlichen Würdigung.

540 Vgl. Burger/Fröhlich/Ulbrich (2004), S 358; Gassen/Sellhorn (2006), S. 365f. Vgl. zu einem Überblick auch Pellens/Fülbier/Gassen (2006), S. 34-51.

541 Kapitalmarktorientierte Unternehmen verfügen über Eigen- oder Fremdkapitaltitel, die an einem organisierten Markt in der EU gehandelt werden. Vgl. EG-Verordnung Nr. 1606/2002, Art. 4. In Deutschland präzisiert dies § 2 Abs. 1 Satz 1 und Abs. 5 WpHG. Nach § 315a Abs. 2 HGB genügt bereits der Antrag auf Zulassung.

542 Vgl. EG-Verordnung Nr. 1606/2002, Art. 9.

543 Vgl. EG-Verordnung Nr. 1606/2002, Art. 4. Vgl. auch Ballwieser (2006), S. 1-5.

544 Vgl. S&P (2005d), S. 1; Moody's (2004c), S. 1.

545 Die Daten basieren auf eigenen Erhebungen des Verfassers. Dazu wurden die Ratinglisten der Agenturen herangezogen. Vgl. S&P (2005b); Moody's (2005b). Gezählt wurden nur Unternehmen außerhalb des Finanzsektors (also keine Banken und Versicherungen) mit Hauptsitz in Deutschland, die in den Ratinglisten der beiden Agenturen zu finden waren. Konzerne wurden nur einmal gezählt, selbst wenn mehrere Konzernunternehmen ein eigenes Rating aufweisen. Vgl. auch Kapitel 2.2., insb. Fn. 119. Die Informationen zum verwendeten Rechnungslegungssystem stammen teilweise von der Deutschen Börse AG und teilweise aus den Geschäftsberichten der Unternehmen. Vgl. Deutsche Börse (2004). Im Jahr 2005 wurden noch 452 umstellungspflichtige deutsche Unternehmen gezählt. Vgl. Glaum (2005), S. 155.

546 Vgl. z.B. Ballwieser/Paarz (2007); Mahlstedt (2008), S. 15-144.

reiche Abschlussposten und Finanzkennzahlen merkliche Wertänderungen erfahren haben.[547] So kommen bspw. *Burger/Fröhlich/Ulbrich* in einer Studie zu Auswirkungen der IFRS-Umstellung bei deutschen Unternehmen zu der Einschätzung, „dass die mit Kennzahlen des externen Rechnungswesens verbundenen Aussagen z.T. einer Prüfung bedürfen bzw. Grenz- und Schwellenwerte in einer IFRS-Welt adjustiert werden müssen."[548] Häufig wird v.a. auf die tendenzielle Erhöhung der Eigenkapitalquote verwiesen.[549] „Vor diesem Hintergrund stellt sich für Unternehmen die Frage, ob eine Umstellung auf IFRS zu einer Verbesserung des Ratings beitragen kann und wie eine auf das Rating zugeschnittene Bilanzpolitik auszusehen hat."[550] Mit einer IFRS-Umstellung wurde daher vielfach die Hoffnung auf eine Ratingverbesserung verbunden.[551] Die Ergebnisse einer Befragung der DAX 100-Unternehmen durch *Weißenberger/Stahl/Vorstius* zeigen den hohen Stellenwert dieses Ziels durch eine Umstellung auf internationale Standards.[552] Vor diesem Hintergrund stellt sich die Frage, welche Bedeutung der IFRS-Umstellung für die Finanzrisikoanalyse und letztlich die Ratingurteile der Agenturen beizumessen ist.

S&P und *Moody's* haben die IFRS-Umstellung der Rechnungslegung bei kapitalmarktorientierten Unternehmen in der EU sehr begrüßt und dadurch längerfristig eine verbesserte Transparenz, Konsistenz und Vergleichbarkeit der Finanzdaten der gerateten Unternehmen und ein geringeres Informationsrisiko erwartet.[553] Sie haben jedoch kaum Auswirkungen auf ihre Ratingurteile für möglich gehalten.[554]

Die Agenturen haben großen Wert auf einen transparenten und effektiven Kommunikationsprozess der Unternehmen zu Effekten einer IFRS-Umstellung gelegt, um diese besser auf Ratingrelevanz überprüfen zu können. *S&P* formulierte sogar einen Katalog mit konkreten Informationswünschen, die über die Angabepflichten nach IFRS 1.38-

547 Vgl. Burger/Fröhlich/Ulbrich (2004), S. 359-366; Burger/Feldrappe/Ulbrich (2006); Oehler (2005), S. 39-161. Vgl. Mahlstedt (2008), S. 147-163, mit einem Studienüberblick und S. 190-236 mit einer eigenen empirischen Untersuchung.

548 Burger/Fröhlich/Ulbrich (2004), S. 366.

549 Vgl. Burger/Fröhlich/Ulbrich (2004), S. 365f.; Oehler (2005), S. 156f.; Burger/Feldrappe/Ulbrich (2006), S. 137; Küting/ Zwirner (2007), S. 143; Wielenberg (2007), S. 730.

550 Rammert (2006), S. 1887. Vgl. ebenfalls Wielenberg (2007), S. 730 m.w.N.

551 Vgl. Weißenberger/Stahl/Vorstius (2004), S. 7; Küting/Ranker/Wohlgemuth (2004), S. 97; Rammert (2006), S. 1887; Oehler (2006), S. 113. Da vergleichbare Wirkungen auf bankinterne Ratings vermutet werden, wird daraus häufig die Empfehlung einer freiwilligen Anwendung der IFRS für den Mittelstand abgeleitet. Vgl. Küting/Ranker/Wohlgemuth (2004), S. 93, Oehler (2006), S. 114, oder Massenberg/Borchardt (2007), S. 346-348, jeweils m.w.N. Vgl. Mahlstedt (2008), S. 236-308, mit dem Vergleich von Bilanzratings auf Basis von HGB- und IFRS-Zahlen.

552 Vgl. Weißenberger/Stahl/Vorstius (2004), S. 10. Vgl. auch Wielenberg (2007), S. 730; Keitz/Stibi/Stolle (2007), S. 516.

553 Vgl. S&P (2004b), S. 1; Moody's (2004c), S. 1; S&P (2007c), S. 44. Vgl. mit Zweifeln an einer vorteilhaften Informationsqualität der IFRS für Ratingzwecke Küting/Ranker/Wohlgemuth (2004), S. 97-99.

554 Vgl. S&P (2005d), S. 1; Moody's (2004c), S. 11.

44 und weitere Empfehlungen des CESR hinausgingen.[555] Insbesondere Überleitungen für die Bilanz, GuV und Cash Flow-Rechnung, aufgespalten nach einzelnen Posten und den sie beeinflussenden Rechnungslegungsregeln, eine IFRS-Bilanz auf den Umstellungszeitpunkt, Erläuterungen der „Accounting Policies“ bei der Umstellung und schließlich die Aufrechterhaltung des bisherigen Publizitätsniveaus wurden gefordert.[556] Nach Aussage der Agenturen wurden diese Informationswünsche jedoch nur von einigen Unternehmen vollständig erfüllt, insgesamt war vielmehr ein breites Spektrum an Art und Umfang der zur Verfügung gestellten Informationen zu beobachten. Weitere Details sind nicht bekannt, aber Ratingänderungen aufgrund zu geringer Informationen zu Umstellungseffekten gab es keine.[557]

Die Agenturen hatten im Vorfeld wichtige Aspekte der Bilanzierung identifiziert, bei denen signifikante Unterschiede zwischen den meisten nationalen Rechnungslegungssystemen in der EU und den IFRS bestehen und von denen merkliche Veränderungen bei wichtigen Abschlussposten ausgehen konnten.[558] Allerdings haben sie nur wenige Auswirkungen durch solche veränderten Posten erwartet, die auf ihre um analytische Bereinigungen angepassten und für das Rating relevanten Kennzahlenwerte durchschlagen. Sie sind zum einen der Ansicht, dass ihre Anpassungen in einigen Bereichen bereits vor einer IFRS-Umstellung zu mit diesen Regelungen im Einklang stehenden Korrekturen geführt haben, z.B. die Berücksichtigung künftiger Gehaltssteigerungen bei der Berechnung von Pensionsverpflichtungen. In anderen Bereichen führen diese zu Zahlen, die losgelöst von jeglichen Rechnungslegungsstandards besser die ökonomische Realität wiedergeben, z.B. die analytische Behandlung von Operating Leasing-Verhältnissen oder hybriden Finanzinstrumenten.[559] Zum anderen fokussieren die Agenturen in ihrer Ratinganalyse stark auf Cash Flow-basierte Kennzahlen, die deutlich weniger von Umstellungseffekten beeinflusst werden.[560]

S&P hat im Jahr 2006 auf Basis einer Stichprobe von 50 von ihnen gerateten, großen europäischen Industrie- und Versorgungsunternehmen die Auswirkungen der erfolgten IFRS-Umstellung auf wichtige Abschlussposten untersucht und versucht, die dafür maßgeblichen Rechnungslegungsbereiche zu identifizieren. Die Auswertung basierte ausschließlich auf Angaben, die den Geschäftsberichten der Unternehmen entnommen werden konnten.[561] Abbildung 7 fasst die Ergebnisse zusammen.

555 Vgl. S&P (2004b), S. 3 und 18; CESR (2003).
556 Vgl. S&P (2004b), S. 4.
557 Vgl. S&P (2007c), S. 41f.
558 Vgl. S&P (2004b), S. 4-8; Moody's (2004c), S. 2-10.
559 Vgl. Moody's (2004c), S. 11.
560 Vgl. Moody's (2004c), S. 11.
561 Vgl. S&P (2007c), S. 39-44.

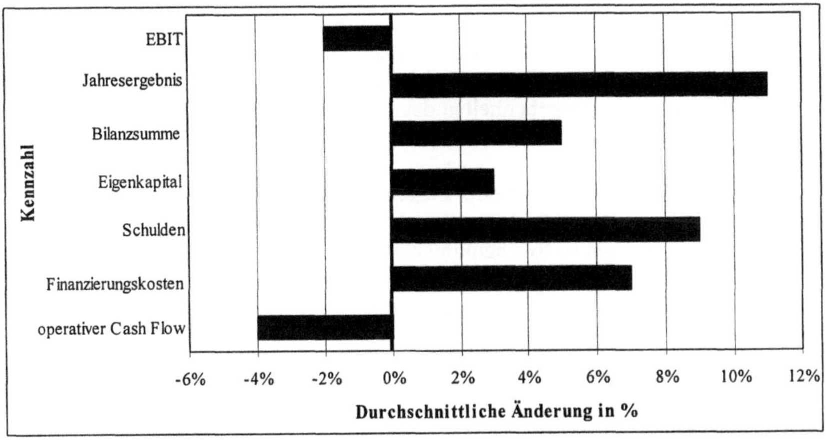

Rechnungslegungsbereich	operatives Ergebnis	Net income	Aktiva	Eigen-kapital	Schulden/ Zinskosten	operativer Cash Flow
Unternehmenszusammenschlüsse	+	+	+	+		
Joint Ventures/Konsolidierung	–	+			+	–
Finanzinstrumente		–	+	+	+	
Anlagevermögen/Aktivierung	–	+	+	+		
Leasingverhältnisse	+	–	+	–	+	
Pensionsverpflichtungen	+	+	+	–	+	
Aktienbasierte Vergütung	–	–				
Umsatzrealisation	–	+		–		
Vorräte	+	+	+	+		
Latente Steuern		–	+	–	+	
Langfristfertigung	+	+	–			
Dividenden				+		
Ausweis/Umgliederung	–		+			–

+ = im Durchschnitt erhöhende Auswirkungen auf die Kennzahl
– = im Durchschnitt senkende Auswirkungen auf die Kennzahl

Abb. 7: Durchschnittliche Veränderung (in %) wichtiger Kennzahlen durch die Umstellung auf IFRS und wichtige ursächliche Rechnungslegungsbereiche[562]

Wichtiger noch ist aber folgende Überlegung: Sofern sich eine IFRS-Umstellung nur auf die Ausprägung von Finanzkennzahlen auswirkt, ohne die ökonomische Realität des Unternehmens zu beeinflussen bzw. neue Informationen darüber aufzudecken oder Anreize zu veränderten Verhaltensweisen auszulösen, sollten sich dadurch in einem adäquat funktionierenden Ratingverfahren keine Änderungen im Rating ergeben.[563] Das ist auch die Sichtweise und das Bestreben der Ratingagenturen: „In general, the

[562] In Anlehnung an S&P (2007c), S. 40.

[563] Vgl. Küting/Rancker/Wohlgemuth (2004), S. 101; Oehler (2006), S. 114; Massenberg/Borchardt (2007), S. 354f.; Wielenberg (2007), S. 730f. Vgl. zu Anreizwirkungen von Rechnunglegung Ballwieser (2005), S. 8-13 m.w.N.

impact of converting to IFRS should be mitigated by Moody's ‚looking through' the reported financial statements in order to focus on the underlying financial reality and economic substance (...)."[564] Folgende mittelbare Aspekte im Zusammenhang mit einem IFRS-Umstieg hätten nach Ansicht der Agenturen allerdings Auswirkungen auf Risiken und ökonomische Gegebenheiten des Unternehmens bzw. ihren Kenntnisstand darüber haben und insoweit ihr Rating beeinflussen können:[565]

(i) Die Aufdeckung von Risiken oder Gegebenheiten, die aus bislang nach nationalen Standards erstellten Abschlüssen nicht ersichtlich waren,
(ii) ein Verstoß gegen restriktive bankinterne oder andere vertragliche Regelung (*covenants*) durch veränderte Kennzahlenausprägungen,
(iii) eine zum Nachteil der Emittenten veränderte Wahrnehmung durch die Märkte,
(iv) negative Reaktionen von Regulierungsbehörden auf die IFRS-Kennzahlen oder
(v) ein verändertes Entscheidungsverhalten der Unternehmen bezüglich bestimmter Sachverhalte, z.B. ein Abgehen von einer aktienbasierten Vergütung wegen ihrer aufwandswirksamen Verbuchung nach IFRS oder eine Veränderung des Risikomanagements durch die IFRS-Vorschriften zum Hedge-Accounting.

Die eben genannten Aspekte würden nach Meinung der Agenturen jedoch nur in wenigen Ausnahmefällen relevant werden und sollten keine merklichen Auswirkungen auf ihre Ratings haben. Zwar weisen IFRS-Abschlüsse im Vergleich zu Abschlüssen nach nationalen Standards v.a. detailliertere Anhangangaben auf, was neue oder verbesserte Einblicke der Agenturen in Risiken und finanzielle Gegebenheiten der Unternehmen ermöglichen könnte.[566] Aber gerade zum Zwecke des Ratings lassen sich solche Informationen, die sich aus dem Anhang ergeben könnten, im Regelfall bei den Unternehmen erfragen und sind den Agenturen bereits bekannt.[567] Weiterhin haben sich keine nennenswerten Verstöße gegen Kennzahlengrenzwerte in Kredit- oder sonstigen Verträgen ergeben, so dass derartige Risiken ebenfalls keine Rolle gespielt haben. Der Umstellungsprozess verlief auch aus Sicht der Kapitalmärkte und Finanzmarktaufsichtsbehörden bisher weitgehend reibungslos, so dass sich keine negativen Konsequenzen für die Unternehmen und ihre Bonitätsrisikosituation ergeben haben.[568] Schließlich haben die Agenturen auch kein durch die Umstellung bedingtes merklich geändertes Entscheidungsverhalten der Unternehmen erkennen können.

---

[564] Moody's (2004c), S. 11.
[565] Vgl. Moody's (2004c), S. 11. Vgl. ähnlich S&P (2004b), S. 1f.
[566] Die Agenturen verweisen als Beispiel auf nach IFRS verpflichtende Angaben zu künftigen Mindestleasingzahlungen, die ihnen die Anwendung des Barwertkalküls zur Ermittlung der Operating Leasing-Verpflichtungen erleichtern. Vgl. S&P (2007c), S. 40f.; Moody's (2004c), S. 11. Vgl. auch Kapitel 3.2.4.3., insb. Fn. 445.
[567] Vgl. Küting/Ranker/Wohlgemuth (2004), S. 97.
[568] Vgl. S&P (2007c), S. 40f. Vgl. zu empirischen Studien von Wirkungen einer Rechnungslegungsumstellung auf die Eigenkapitalkosten z.B. Daske (2006), Gassen/Sellhorn (2006), und für einen Überblick Ballwieser (2006), S. 212-222. Zum Einfluss auf die Fremdkapitalkosten fehlen empirische Befunde weitgehend. Vgl. Ballwieser (2006), S. 222. Vgl. einzig die Befragungsergebnisse von Oehler (2005), S. 169-184, und die Studie von Kiefer/Schorn (2007).

Zusammenfassend stellen die Agenturen fest: „We expected the change to IFRS to have minimal ratings impact because we have always looked beyond reported figures, regardless of the accounting standards used, to measure a company's true financial health.“[569] Bislang war nach ihrem Bekunden keine primär durch die IFRS-Umstellung induzierte Ratingänderung zu verzeichnen. Die bei Unternehmen verbreitete Hoffnung auf eine Ratingverbesserung hat sich nicht erfüllt,[570] sondern angesichts der aufgezeigten Argumente zu recht als weitgehend unberechtigt entpuppt.[571]

3.3. Auswahl und Verknüpfung der Kriterien

In Kapitel 3.2. wurde ein Überblick über die verschiedenen Untersuchungsbereiche der Ratinganalyse und die dort betrachteten Kriterien gegeben. Um darauf aufbauend das Ratingurteil abzuleiten, müssen die Agenturen entscheiden, welche Kriterien aus diesem Katalog zugrundegelegt und wie diese verknüpft werden sollen. Welche aus der Vielzahl der genannten Faktoren eine Agentur für wesentlich erachtet, kann insbesondere von der Branche und speziellen Umständen des Einzelfalls beeinflusst sein und sich darüber hinaus im Zeitablauf verändern. Details hierzu lassen die Veröffentlichungen der Ratingagenturen aber weitgehend offen.[572] „Der Prozess der Urteilsgewinnung wird von den Agenturen bestenfalls vage beschrieben.“[573]

Ähnlich verschlossen sind die Ratingagenturen, was die Verknüpfung bzw. Gewichtung von Kriterien betrifft.[574] Den veröffentlichten Informationen von *S&P* lassen sich dazu die im Folgenden behandelten Hinweise entnehmen.[575] In bisherigen Veröffentlichungen von *Moody's* gibt es dazu keine genaueren Angaben. Hinweise bei *Berblinger* lassen aber ein weitgehend vergleichbares Vorgehen als wahrscheinlich erscheinen.[576] Für die oben differenzierten Analysebereiche werden die Beurteilungen der relevanten Einzelkriterien jeweils auf Basis von Scoringmodellen verdichtet. Die Beurteilungen der Bereiche Länderrisiko, Branchenrisiko, Wettbewerbsposition sowie Managementqualität, ohne den Aspekt der Finanzpolitik, werden dann ebenfalls über Scoringmodelle unter dem Oberbegriff Geschäftsrisiko zusammengefaßt, während die Finanzpolitik, die Rechnungslegungsqualität sowie die Beurteilungen der Kapitalstruktur, der Ertragskraft, der Cash Flow-Adäquanz sowie der finanziellen Flexibilität dem Finanz-

---

569 S&P (2007c), S. 40.

570 Vgl. auch die Befragungsergebnisse von Weißenberger/Stahl/Vorstius (2004), S. 11.

571 Aufgrund der weitgehenden Übertragbarkeit der Argumente auf bankinterne Ratings ist dem Mittelstand „(v)on einer allein ratinginduzierten Umstellung der Rechnungslegung auf IFRS (...) somit abzuraten.“ Küting/Ranker/Wohlgemuth (2004), S. 104. Vgl. ebenso Oehler (2006), S. 119; Massenberg/Borchardt (2007), S. 355.

572 Vgl. Baum (1987), S. 43; Serfling/Pries (1990), S 383; Wieben (2004), S. 120.

573 Päßler (2007), S. 65.

574 Vgl. Serfling/Badack/Jeiter (1996), S. 648.

575 Vgl. S&P (2006a), S. 19f.; Vgl. Ganguin/Bilardello (2005), S. 272-284.

576 Vgl. Berblinger (1996), S. 56f.

risiko zugerechnet werden.[577] Vor diesem Hintergrund können die oben angeführten Analysebereiche und -kriterien wie in Abbildung 8 strukturiert werden.

Bis auf vereinzelte beispielhafte Tendenzaussagen ist zur Gewichtung der Analysebereiche für das Gesamturteil wenig bekannt.[578] So deuten die Agenturen bspw. an, dass die finanzielle Flexibilität, v.a. die Liquiditätsanalyse, mit höherem Risiko oder schlechterer Unternehmenssituation stärkeres Gewicht in der Finanzrisikoanalyse oder sogar der gesamten Ratinganalyse erhält. Finanzkennzahlen verlieren unter solchen Umständen nämlich deutlich an Aussagekraft und es kommt zunehmend darauf an, ob und wie das Unternehmen seine bevorstehenden Zins- und Tilgungsverpflichtungen erfüllen kann.[579] Als weiteres Beispiel findet sich, dass die qualitativen Aspekte Managementstrategie und Finanzpolitik in die finanziellen Prognosen hineinspielen und nur dann, wenn sie wichtige Schwachpunkte darstellen, zu Abschlägen im Scoring führen sollten.[580]

Auf der obersten Ebene wird schließlich das Geschäftsrisiko des Unternehmens auf einer Skala mit den Stufen „hervorragend“, „überdurchschnittlich“, „durchschnittlich“, „unterdurchschnittlich“ oder „anfällig“ eingestuft, während das Finanzrisiko mit dem Urteil „minimal“, „bescheiden“, „mittel“, „aggressiv“ oder „hochgradig verschuldet“ belegt wird.[581] „The degree of a company's business risk sets the expectations for the financial risk it can afford at any rating level.“[582] Die Kombination beider Teilurteile führt schließlich tendenziell zum abschließenden Ratingurteil.[583] Für die Gewichtung der beiden Teilurteile gilt die Grundregel, „the worse the credit, the more emphasis credit analysts should place on the financial score.“[584] Die Zuordnung zu einer Ratingklasse erfolgt jedoch nicht streng nach diesem Schema, gewisse Abweichungen sind möglich.[585] In Einzelfällen können sogar spezielle Umstände besonders schweres oder entscheidendes Gewicht für das Ratingurteil erlangen. Zum Beispiel werden Ratings der Klassen CCC und schlechter nur in Situationen vergeben, in denen einem Unternehmen akut eine Krisensituation bevorsteht oder eine besonders starke Anfälligkeit vorliegt. Das Ratingurteil stützt sich in solchen Fällen, wie angedeutet, v.a. auf die finanzielle Flexibilität und Liquiditätsanalyse.[586]

---

577 Vgl. S&P (2005a), S. 19; S&P (2006a), S. 20; Ganguin/Bilardello (2005), S. 273-276; Steiner (1992), S. 512. Bei dieser Unterteilung stehen eine Betrachtung der Zusammenhänge der verschiedenen Analysebereiche und Ratingkriterien und deren Verdichtung zum Rating im Vordergrund. Diese Strukturierung unterscheidet sich von der am Ablauf des Ratingprozesses orientierten bisherigen Darstellung nach Analysestufen.

578 Vgl. ähnlich Heinke (1998), S. 26.

579 Vgl. Ganguin/Bilardello (2005), S. 275.

580 Vgl. Ganguin/Bilardello (2005), S. 276.

581 Vgl. S&P (2006a), S. 19f.; Ganguin/Bilardello (2005), S. 277.

582 S&P (2005a), S. 19. Vgl. auch Moody's (1998a), S. 8.

583 Vgl. S&P (2006), S. 20.

584 Ganguin/Bilardello (2005), S. 276.

585 Vgl. S&P (2005a), S. 19.

586 Vgl. S&P (2006a), S. 19f.

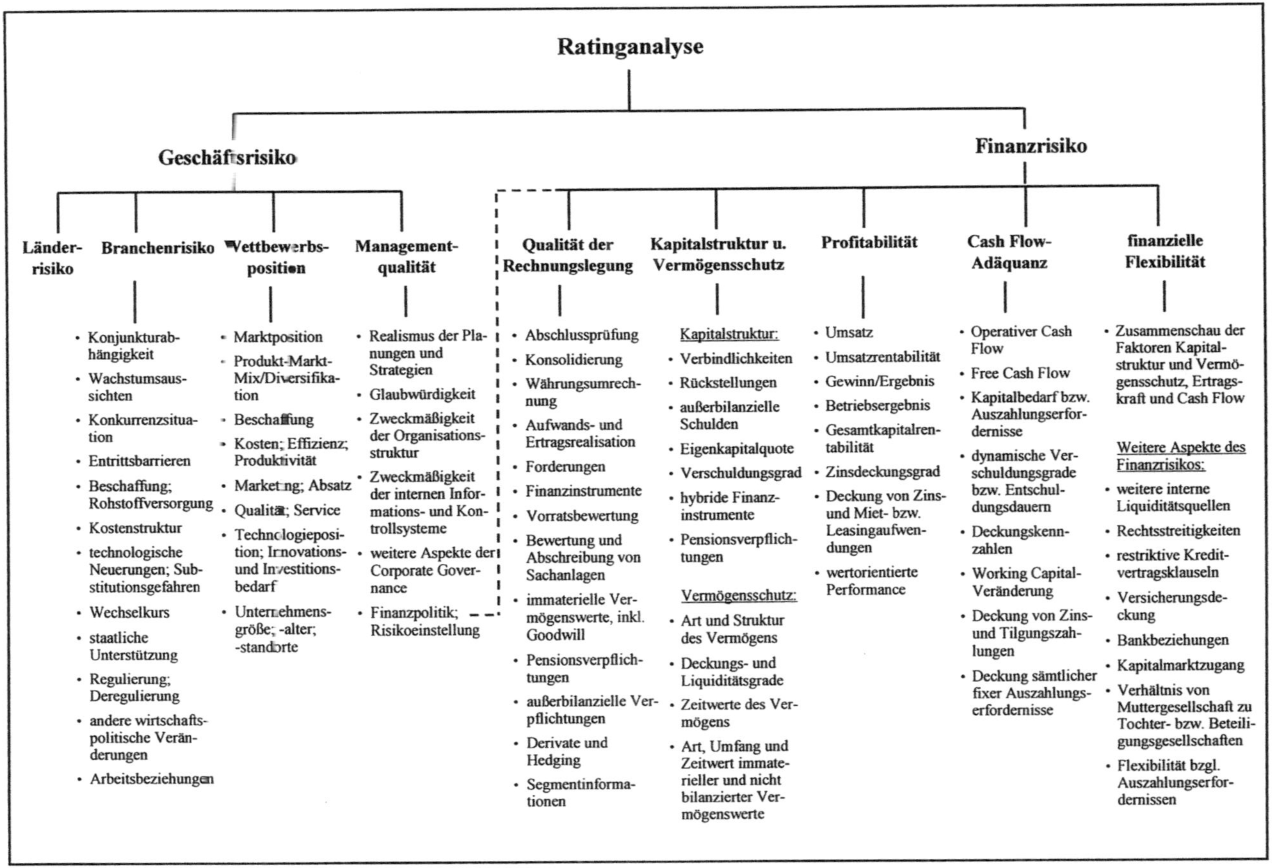

Abb. 8: Übersicht über Analysebereiche und -kriterien der Ratinganalyse

Insgesamt gibt es keine festen Regeln, wie die Einzelbewertungen zur Gesamtbewertung zusammengefasst werden. Die Agenturen betonen stets „there are no formulae for combining scores to arrive at a rating conclusion: ratings are an art as much as a science. A rating is, in the end, an opinion."[587]

3.4. Bekanntmachung des Ratingurteils

Bei einem beauftragten Rating werden dem Emittenten direkt im Anschluss an die Ratingentscheidung der Agentur das Rating und die wichtigsten Entscheidungshintergründe mitgeteilt, wobei i.d.R. auch die zur Veröffentlichung vorgesehene Pressemitteilung eingesehen werden kann. Sie hat die Form einer standardisiert aufgebauten, komprimierten, ca. ein- bis zweiseitigen Erklärung (*Research Update* bei *S&P*, *Rating Action* bei *Moody's*), die neben der Beschreibung der Ratingaktion auch eine kurze Begründung enthält. Das Unternehmen erhält vor der Veröffentlichung üblicherweise ein befristetes Einspruchsrecht gegen das Ratingurteil und die Pressemitteilung, so dass es die Möglichkeit hat, falsche Angaben und Fehlinterpretationen zu korrigieren und versehentlich enthaltene vertrauliche Informationen zu entfernen. Es ist u.U. sogar möglich, dass ein Unternehmen der Agentur im Zuge des Einspruchs noch neue, zusätzliche Informationen in der Hoffnung auf eine Ratingverbesserung bereitstellt.[588] Bei einem Erstrating kann der Emittent der Veröffentlichung des Ratings auch endgültig widersprechen.[589] Akzeptiert das Unternehmen das Ratingurteil, wird es von der Agentur schließlich kostenlos und allgemein publik gemacht wird. Nicht beauftragte Ratings werden stets umgehend veröffentlicht. Neben der Erteilung des ursprünglichen Ratings gilt dies auch für Überwachungslistenaufnahmen und -streichungen sowie Ratingänderungen bzw. -bestätigungen.[590] Die Publikationen erfolgen über wichtige Finanzmedien, die agentureigene Internetseite und weitere agentureigene Publikationen.[591] Das geschieht zeitgleich für die allgemeine Öffentlichkeit und Abonnenten der Agenturen, um keinen Marktteilnehmern Vorteile bei der Nutzung dieser Informationen zu verschaffen.[592]

Beide Agenturen verfassen zudem für jedes geratete Unternehmen eine regelmäßig ca. fünf bis zehn Seiten umfassende, ausführliche Ratingbegründung (*Research* bei *S&P*, *Analysis* bei *Moody's*). Von *S&P* gibt es diese Dokumente mindestens einmal jährlich, von *Moody's* hingegen alle 12-18 Monate. Daneben gibt es bei beiden Agenturen je nach Bedarf, meist nach Quartals- oder Halbjahresabschlüssen, bis zu vier Mal jährlich

587 S&P (2005a), S. 19.

588 Vgl. S&P (2006a), S. 10 und 17; Moody's (2001), S. 6-8. In einer Befragung gaben 10 % der Emittenten an, dass ihnen von den Agenturen keine solchen Einblicke gewährt und Möglichkeiten zum Einspruch gewährt wurden. Vgl. Cantwell (1999), S. 14.

589 Vgl. Serfling/Badack/Jeiter (1996), S. 637; S&P (2006a), S. 10.

590 Vgl. S&P (2006a), S. 10; Moody's (2001), S. 6; SEC (2003b), S. 26f. und 33. Die kostenlose und weite Verbreitung liegt sowohl im Interesse der Agenturen als auch der Emittenten. Vgl. Steiner/Heinke (1996), S. 613; SEC (2003b), S. 33.

591 Vgl. S&P (2006a), S. 10; Moody's (2001), S. 6; Fight (2001), S. 107; SEC (2003b), S. 33.

592 Vgl. S&P (2006a), S. 10; Moody's (2001), S. 6.

eine deutlich komprimiertere Ratingbegründung (*Summary* bei *S&P*, *Credit Opinion* bei *Moody's*).[593] Des Weiteren bieten sie auch Ratingbegründungen und Analysen zu gerateten Emissionen, Analysen verschiedener Branchen u.ä. an.[594] Diese tiefergehenden Dokumente sind allerdings nur gegen Subskriptionsgebühren zugänglich.[595] Bis Ende der 90er Jahre wurden sie regelmäßig in Form von Büchern, Newslettern oder Zeitschriften zur Verfügung gestellt,[596] seit einigen Jahren erfolgt dies v.a. über die verschieden konfigurierbaren, subskriptionspflichtigen Internetdatenbanken *Ratings Direct* von *S&P* und *Ratings Interactive* von *Moody's*.[597]

3.5. Fazit

Der organisatorische Ablauf des Ratings, die Informationsanforderungen an die zu beurteilenden Unternehmen und deren Einbindung in den Prozess werden von den Agenturen ausführlich offengelegt.[598] Diese organisatorischen Aspekte des Ratings erscheinen weitgehend unproblematisch und für die zentrale Forschungsfrage dieser Arbeit nachrangig. Hingegen hat die Aufarbeitung der Veröffentlichungen der Agenturen gezeigt, dass sie den Prozess ihrer Urteilsgewinnung nur sehr vage beschreiben. Die entscheidenden Fragen für das Verständnis des Zustandekommens des Ratingurteils, nämlich welche der zahlreichen genannten Kriterien mit welchem Gewicht darin eingehen, werden weitgehend offen gelassen.[599] Dieser Fragenkomplex gilt als „(…) the most secretive aspect of the bond rating business (…)".[600] Zur Auswahl der tatsächlich entscheidenden Determinanten von Ratings aus der Fülle möglicher Kriterien finden sich keinerlei Anhaltspunkte. Zu deren Verknüpfung finden sich lediglich Hinweise auf die Verwendung von Scoringmodellen und vereinzelte Tendenzaussagen für plakative Beispiele. *Fight* kommt daher zu der Einschätzung, dass „(…) the method of weighting or calculating the elements and categories is a procedure which can charitably be described as nebulous."[601] Bezüglich der hier aufgearbeiteten Veröffentlichungen der Ratingagenturen bemerkt er entsprechend kritisch: „(T)hese documents are designed to reassure and impress the investor-creditor community and related parties that everything has been looked at without actually defining the specifics underlying the assessment process."[602]

593 Diese Angaben basieren z.T. auf Auskünften von Gesprächspartnern bei *S&P* und *Moody's* aus Frankfurt a.M. Vgl. Gesprächspartner Nr. 3 und 5 des Gesprächspartnerverzeichnisses.

594 Vgl. die Internetseiten der beiden Agenturen: www.standardandpoors.com sowie www.moodys.com. für einen Überblick über die Informationsangebote.

595 Vgl. SEC (2003b), S. 35.

596 Vgl. Hoffmann (1991), S. 68-72, Fight (2001), S. 20 und 32, und Sinclair (2003), S. 151, für einen Überblick über derartige Publikationen von *S&P* und *Moody's*.

597 Vgl. Sinclair (2003), S. 151. Er nennt Subskriptionsgebühren zwischen 15 T$ und 65 T$ im Jahr.

598 Vgl. ebenso Wieben (2004), S. 236.

599 Vgl. Serfling/Pries (1990), S. 383; Fight (2001), S. 20 und 32; Wieben (2004), S. 120-122.

600 Sinclair (2003), S. 150.

601 Fight (2001), S. 110. Vgl. ähnlich Everling (1991), S. 137f.

602 Fight (2001), S. 101.

Diese Befunde belegen die aufgeworfene Transparenzproblematik. Außenstehende dürften auf Basis der öffentlich zugänglichen Beschreibungen kaum in der Lage sein, zentrale Aspekte des Zustandekommens der Ratingurteile nachzuvollziehen. Welche Aussagefähigkeit dazu die subskriptionspflichtigen ausführlichen Ratingbegründungen der Agenturen aufweisen, ist unklar. Von den Agenturen gibt es zu deren Inhalt keine genaueren öffentlichen Angaben und auch in der Literatur ist darüber nichts zu finden. In Kapitel 2 wurden daraus resultierende Probleme für Emittenten, Investoren und Aufsichtsbehörden ebenso wie wesentliche Gründe für das Geheimhaltungsinteresse der Ratingagenturen verdeutlicht. Eine vollständige Transparenz ist angesichts der Subjektivität zahlreicher Ratingdeterminanten und gewisser Veränderungen im Zeitablauf einerseits kaum möglich und andererseits aus den ebenfalls in Kapitel 2 aufgezeigten Gründen weder hoheitlich durchsetzbar noch wünschenswert.

Vor diesem Hintergrund ist die bisherige empirische Evidenz zu Ratingdeterminanten und den von den Agenturen zum Zustandekommen ihrer Ratings preisgegebenen Informationen Gegenstand des nächsten Kapitels. Für die eigene empirische Untersuchung ist deren Aufarbeitung und kritische Würdigung ein sinnvoller Ausgangspunkt zur Vergegenwärtigung des Stands der Forschung und Aufdeckung von Forschungslücken.[603]

[603] Vgl. zum empirischen Forschungsprozess Atteslander (2003), S. 25; Kromrey (2006), S. 76-80.

4. Empirische Evidenz zu Bestimmungsfaktoren von Ratings
4.1. Überblick

Empirische Studien zu Ratings beschäftigen sich vorrangig damit, welche Informationen in diesen verarbeitet werden und ob sie zu einer besseren Informationslage der Investoren führen.[604] Bislang stammt der überwiegende Teil davon aus den USA oder greift auf US-amerikanische Daten zurück. Da Ratingagenturen dort eine lange Tradition und ihre Ratings große Bedeutung haben, gibt es eine ausgiebige Datenhistorie und ein ausgeprägtes Interesse an empirischer Ratingforschung.[605] Seit einigen Jahren sind aber auch außerhalb des anglo-amerikanischen Raumes bereits vereinzelte Studien durchgeführt wurden.[606] *Blume/Lim/MacKinlay* unterscheiden drei wesentliche empirische Untersuchungsbereiche zu Ratings (Abbildung 9), nämlich

(i) Ausfallstudien,[607]
(ii) Studien zu Ratingeinflüssen am Kapitalmarkt[608] und
(iii) Studien zu den Determinanten des Ratings.[609]

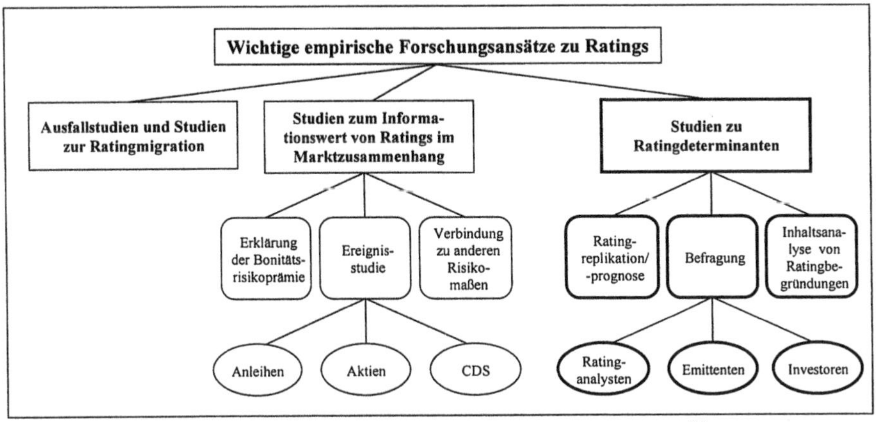

Abb. 9: Wichtige empirische Forschungsansätze zu Ratings[610]

Nur Studien des letztgenannten Untersuchungsbereichs verfolgen vorrangig das Ziel, Einblicke in wesentliche Bestimmungsfaktoren von Ratings zu gewinnen und das

604 Vgl. Ederington (1992), S. 220; Heinke (1998), S. 258f.
605 Vgl. Heinke (1998), S. 258; Adams/Burton/Hardwick (2003), S. 540.
606 Vgl. Resti (2003), S. 213. Vgl. Kapitel 2.2. zu Gründen für diese Entwicklung.
607 Vgl. Kapitel 2.1. für einen Überblick über Hintergründe und Ergebnisse dieses Bereichs.
608 Vgl. Kapitel 2.4.1. für einen Überblick über Hintergründe und Ergebnisse dieses Bereichs.
609 Vgl. Blume/Lim/MacKinlay (1998), S. 1391. Vgl. auch Ederington (1992), S. 220; Heinke (1998), S. 258f.
610 In Anlehnung an Heinke (1998), S. 258. Dicker umrandet ist der Untersuchungsbereich, der den Schwerpunkt der weiteren Ausführungen dieses Kapitels darstellt.

Problem der mangelnden Transparenz zu mildern.[611] Dieser Bereich stellt also genau auf die auch für diese Arbeit zentrale Forschungsfrage ab. Er soll daher in der Folge ausführlich aufgearbeitet und gewürdigt werden. Es können drei methodische Ansätze unterschieden werden,[612] an denen sich auch die weitere Struktur dieses Kapitels orientiert:

(a) Ratingreplikations- und prognosemodelle,[613]
(b) Befragungen von Ratinganalysten, Emittenten oder Investoren sowie
(c) Inhaltsanalysen von Ratingbegründungen der Ratingagenturen.

4.2. Ratingreplikation und -prognose
4.2.1. Motivation und Überblick

Studien zur Ratingreplikation und -prognose stellen den Ursprung der empirischen Ratingforschung dar. Darin wird versucht, mittels statistischer Modelle, in die öffentlich verfügbare Fundamental- und Finanzdaten als Erklärungsfaktoren einfließen, die Ratings von Emittenten oder Schuldtitel zu replizieren und vorherzusagen. Aus den Modellen lassen sich Erkenntnisse über wichtige Ratingdeterminanten ableiten,[614] sie lassen aber auch gewisse Erkenntnisse über den Informationswert von Ratings zu.[615] Sollten diese mit wenigen Erklärungsvariablen auf Basis öffentlich verfügbarer Informationen weitgehend nachgebildet werden können, erscheint ein eigenständiger Informationswert fraglich.[616] Viele derartige Studien wurden in den USA in den 70er und 80er Jahren durchgeführt, in einer Zeit, in der Ratingagenturen nur wenige Informationen zu ihren Ratingsystemen bekannt gegeben haben. Seither ist eine offenere Informationspolitik der Agenturen zu beobachten.[617] Folglich sind danach weniger Replikationsstudien mit dem vorrangigen Erkenntnisziel der Aufdeckung wesentlicher Ratingdeterminanten durchgeführt worden, und wenn, finden sie sich seit einigen Jahren eher außerhalb der USA. Vielmehr werden spezifischere Untersuchungsfragen zu Ratings wie die Bedeutung der Branchenzugehörigkeit, die Zeitstabilität der Ratingkriterien, die Ursachen von abweichenden Ratingurteilen verschiedener Agenturen (*split ratings*) oder die Relevanz spezieller Faktoren wie bspw. Pensionsverpflichtungen oder

---

611 Vgl. Ederington/Yawitz (1987), S. 53f.; Heinke (1998), S. 259f.; Livingston u.a. (2003), S. 6-8.
612 Vgl. Kamp (1998), S. 90-99 und 176-188.
613 Vgl. Altman u.a. (1981), S. 201, zum Begriff der Replikation von Ratings.
614 Vgl. grundlegend West (1973). Vgl. auch Altman u.a. (1981), S. 200; White/Sondhi/Fried (2003), S. 662.
615 Vgl. Ederington/Yawitz (1987), S. 39f. Vgl. für weitere Nutzenaspekte dieser Forschungsrichtung z.B. Elton u.a. (2003), S. 511f.; White/Sondhi/Fried (2003), S. 1059f.
616 Allerdings sind nur schwache Hinweise möglich, denn für Fehlklassifikationen zwischen modellbasierten und tatsächlichen Ratings sind neben der Berücksichtigung bisher am Markt nicht verarbeiteter Informationen, die einen Informationswert von Ratings ausmachen würden, verschiedene weitere Ursachen denkbar. Vgl. Ederington/Yawitz (1987), S. 39f.; Ederington (1992), S. 220f.; Heinke/Steiner (2000b), S. 144. Vgl. ausführlich Kapitel 4.2.3.
617 Vgl. Ederington/Yawitz (1987), S. 30-39.

Aspekte der Corporate Governance für das Ratingurteil im Rahmen von Ratingreplikationsstudien adressiert.

Bestimmungsfaktoren von Ratingänderungen wurden bislang nur in wenigen Studien untersucht.[618] Das liegt daran, dass die Datenlage zu Ratingänderungen lange Zeit eingeschränkt war, da solche Ereignisse nicht mit großer Häufigkeit zu verzeichnen waren und die Ratingagenturen nur wenige Informationen dazu preisgaben.[619] Weiterhin lag bis vor wenigen Jahren bezüglich Veränderungen des Bonitätsrisikos das Hauptaugenmerk auf der Prognose des tatsächlichen Ausfallereignisses und weniger auf dessen graduellen Veränderungen.[620] Schließlich erschien die Prognose einer Ratingänderung noch schwieriger als die Ratingreplikation und -prognose.[621] Die zunehmende Verbreitung von Ratings und ein merklich häufigeres Auftreten von Ratingänderungen haben die Datenlage deutlich verbessert. Außerdem besteht, bspw. angesichts von Kapitalmarktinnovationen wie Verbriefung und Handel von Kreditrisiken, veränderten Kapitaladäquanzvorschriften für Banken im Rahmen von Basel II oder neuen Instrumenten des Kreditportfoliomanagements seit einigen Jahren ein großer Bedarf an Informationen zu graduellen Bonitätsrisiko- und Ratingänderungen.[622] Bislang dienen dazu vorrangig die bereits erläuterten Übergangsmatrizen auf Basis historischer Daten, empirische Prognosemodelle finden sich erst wenige.[623]

4.2.2. Wichtige Befunde

Als wichtigste Erklärungsfaktoren erweisen sich in den meisten Studien Finanzkennzahlen zur Verschuldung, Rentabilität und Zinsdeckung sowie die Unternehmensgröße. Cash Flow-basierte Kennzahlen und solche zur Vermögenslage finden sich seltener oder zeigen weniger Erklärungsgehalt. Bei Emissionsratings kommt zudem der Rangstellung der Anleihegläubiger eine hohe Bedeutung zu.[624] In neueren Studien werden allerdings i.d.R. Emittentenratings herangezogen, da hier von der Vielzahl an möglichen Titelspezifika abstrahiert werden kann.[625] Es gilt bezüglich der Erklärungsfaktoren, dass „(i)n general these studies have focused on the issuer′s financial strength and have not tried to replicate the rating agencies′ business analysis.“[626] Allerdings werden den regelmäßig berücksichtigten gewinnbasierten Kennzahlen und der Unternehmensgröße zusätzliche Eigenschaften als gewisse Näherungsgrößen für Aspekte

---

618 Vgl. Bhandari/Soldofsky/Boe (1983), S. 92; Purda (2005b), S. 10.

619 Vgl. Bhandari/Soldofsky/Boe (1983), S. 92; Manzoni (2004), S. 278; Purda (2005b) S. 14.

620 Vgl. Manzoni (2004), S. 278. Vgl. zu Insolvenzprognosemodellen Kapitel 2.1., insb. Fn. 49.

621 Vgl. Bhandari/Soldofsky/Boe (1983), S. 92; Purda (2004), S. 12.

622 Vgl. Manzoni (2004), S. 278. Vgl. zu diesen Entwicklungen auch Kapitel 2.2. und 2.3.

623 Vgl. Manzoni (2004), S. 278. Vgl. zu Übergangsmatrizen auch Kapitel 2.1., insb. Fn. 76f. und Abbildung 4.

624 Vgl. Ederington/Yawitz (1987), S. 40; Kamstra/Kennedy/Suan (2001), S. 78f.; White/Sondhi/ Fried (2003), S. 663f. Weitere Emissionsspezifika werden allerdings selten berücksichtigt.

625 Vgl. z.B. Resti (2003), S. 216-218; Amato/Furfine (2004), S. 2646f.; Hull/Predescu/White (2004), S. 2790; Purda (2005b), S. 8. Vgl. auch Anhang 2.

626 Ederington/Yawitz (1987), S. 40. Vgl. ähnlich Kamstra/Kennedy/Suan (2001), S. 79f.

der Geschäftsrisikoanalyse zugesprochen.[627] Neuere Studien wie die von *Blume/Lim/MacKinlay* (1998), *Amato/Furfine* (2003) oder *Shin/Moore* (2003) versuchen qualitative Aspekte des Branchen- und Geschäftsrisikos und der Managementqualität über zusätzliche quantitative kapitalmarktbasierte Größen wie Betafaktor der Aktie oder unsystematisches Aktienkursrisiko zu approximieren.[628] Ratingreplikationsstudien erreichen in Validierungsstichproben i.d.R. Trefferquoten zwischen 60 % und 80 %.[629] Angesichts der Vielzahl solcher Studien sollen im Folgenden wichtige Arbeiten und Ergebnisse gezielt herausgegriffen und nach inhaltlichen Gemeinsamkeiten gruppiert dargestellt werden.[630] Details dieser Studien wie Datenbasis, untersuchte Fragestellungen, methodisches Vorgehen, Erklärungsfaktoren und gefundene Ergebnisse sind in einer tabellarischen Übersicht in Anhang 2 zusammengestellt. Für Deutschland gibt es angesichts der noch begrenzten Datenbasis nach bestem Wissen des Verfassers bislang keine derartige Studie.[631]

Die Studien bedienen sich verschiedener statistischer Methoden, frühe Arbeiten v.a. der linearen Regressions- oder Diskriminanzanalyse.[632] Diese Methoden sind allerdings nicht in der Lage, dem ordinalen Charakter von Ratings Rechnung zu tragen.[633] *Kaplan/Urwitz* (1979) plädieren daher für ordinale Logit- oder Probit-Modelle.[634] Auf ihr spezielles Replikationsmodell wurde von anderen Autoren seitdem häufig Bezug genommen.[635] *Ederington* (1985) kommt auf Basis des Vergleichs der Klassifikationsgenauigkeit von vier in der Literatur verwendeten statistischen Verfahren für einen einheitlichen Datensatz und die gleichen Erklärungsvariablen ebenfalls zur Empfeh-

---

627 Vgl. Amato/Furfine (2004), S. 2648; Odders-White/Ready (2006), S. 144f.

628 Vgl. Blume/Lim/MacKinlay (1998), S. 1395; Amato/Furfine (2004), S. 2648; Shin/Moore (2003), S. 336f.

629 Vgl. White/Sondhi/Fried (2003), S. 663; Wieben (2004), S. 128. Der Anteil der richtig klassifizierten Ratings, im Weiteren auch als Klassifikationsleistung oder Treffergenauigkeit bezeichnet, ist ein intuitives und einfaches Maß der Prognosegüte eines Modells. Vgl. Ederington/Yawitz (1987), S. 47; Adams/Burton/Hardwick (2003), S. 559; Purda (2004), S. 14. Vgl. für weitere Gütemaße z.B. Kaiser/Szczesny (2001), S. 175-178.

630 Vgl. für einen Überblick über derartige Studien bspw. Ederington/Yawitz (1987), S. 39-50; Everling (1991), S. 157-173; White/Sondhi/Fried (1994), S. 1055-1066; Wieben (2004), S. 128-133.

631 Vgl. Everling (1991), S. 155f.; Kniese (1996), S. 66; Resti (2003), S. 218.

632 Vgl. Kaplan/Urwitz (1979), S. 235f.; Altman u.a. (1981), S. 202-211; Resti (2003), S. 217.

633 Die Regressionsanalyse unterstellt realitätsfern eine Intervallskalierung, also äquidistante Ratingklassen, und die Diskriminanzanalyse eine Nominalskalierung, d.h. die Rangordnung der Klassen wird vernachlässigt. Vgl. Kaplan/Urwitz (1979), S. 240-242; Altman u.a. (1981), S. 210; Kamstra/Kennedy/Suan (2001), S. 77; Greene (2003), S. 736. Für eine kompakte Zusammenfassung der Diskussion auch Manzoni (2004), S. 279f. Vgl. zum ordinalen Charakter der Bonitätsrisikobeurteilung durch Ratings auch Kapitel 2.1., insb. Fn. 71.

634 Vgl. Kaplan/Urwitz (1979), S. 240f. Vgl. grundlegend McKelvey/Zavoina (1975). Vgl. zu weiteren methodischen Details Altman u.a. (1981), S. 60-68; Agresti (1984), S. 104-131; Long (1997), S. 114-147; Greene (2003), S. 736-738.

635 Vgl. z.B. Altman u.a. (1981), S. 210f.; Resti (2003), S. 223; Blume/Lim/MacKinlay (1998), S. 1392-1394; Purda (2005a), S. 8; Adams/Burton/Hardwick (2003), S. 549-551; Shin/Moore (2003), S. 335-339; Crabtree/Maher (2005), S. 238.

lung von Logit- bzw. Probit-Modellen.[636] Diese Modelltypen finden seitdem in den meisten Ratingreplikationsstudien Verwendung.[637] Daneben haben in den letzten Jahren auch Künstliche Neuronale Netze einige Verbreitung gefunden.[638] Die in derartigen Studien vorrangig interessierende Frage, ob diese Methode überlegene Klassifikationsleistungen gegenüber statistischen Verfahren ermöglicht, ließ sich aber bislang nicht eindeutig beantworten.[639] *Kamstra/Kennedy/Suan* (2001) finden heraus, dass sich die Klassifikationsleistung durch eine Kombination der Schätzungen mehrerer Ratingreplikationsmodelle auf Basis verschiedener statistischer Methoden gegenüber den Ergebnissen der einzelnen Modelle verbessern lässt.[640] In einer Studie aus dem Jahr 2004 analysieren *Chan/Jegadeesh* die Güte von Ratingreplikations- bzw. -prognosemodellen nicht anhand ihrer Klassifikationsleistung, da ihrer Ansicht nach Ratings u.U. nur zeitlich verzögert angepasst werden und so eine schlechte Benchmark darstellen.[641] Sie stellen vielmehr auf realisierte Anleiherenditen bestimmter modellinduzierter Anlagestrategien ab, um die Güte von vier verschiedenen Modellspezifikationen zu beurteilen.[642] Sie kommen zu dem Urteil, dass trotz oben angeführter theoretischer Vorteile von Logit- und Probit-Modellen eine Diskriminanzanalyse nach diesem Gütekriterium zu signifikant besseren Ergebnissen führt.[643]

Vor dem Hintergrund des Abstellens der meisten vorangegangenen Studien auf bilanz- und GuV-basierte Erklärungsvariablen im Kontrast zur Betonung der Cash Flow-Analyse durch Ratingagenturen vergleichen *Gentry/Whitford/Newbold* (1988) die Klassifikationsleistung von Modellen auf Basis derartiger gegenüber Cash Flow-basierten Erklärungsfaktoren sowie einer Kombination aus beiden.[644] Cash Flow-basierte Variablen erzielen schwächere Resultate als bilanz- und GuV-basierte und Kombinationen sind nur in einigen Fällen am leistungsstärksten.[645]

Die Agenturen verweisen auf wichtige Einflüsse von Branchenrisiken und damit der Branchenzugehörigkeit auf das Rating.[646] Dieser Aspekt wird in vielen Studien vernachlässigt. *Altman u.a.* (1981) sehen in seiner Berücksichtigung ein Verbesserungspotential für Ratingreplikationsmodelle.[647] So zeigt sich, dass Studien, deren Stichpro-

---

636 Vgl. Ederington (1985); Ederington/Yawitz (1987), S. 41. Verglichen wurden die lineare Regression, die Diskriminanzanalyse, das ordinales Logit- und das ordinales Probit-Modell.

637 Vgl. Anhang 2.

638 Vgl. grundlegend für eine Anwendung zur Ratingreplikation Dutta/Shekhar (1988). Vgl. Yesilyaprak (2004) für einen Überblick. Vgl. zur Anwendung für die Insolvenz- oder Bonitätsprognose z.B. Baetge/Kirsch/Thiele (2004), S. 552-586, oder Dittmar/Hilbert (1998), jeweils m.w.N.

639 Vgl. z.B. die Studien von Singleton/Surkan (1991); Singleton/Surkan (1995); Moody/Utans (1995); Maher/Sen (1997); Yesilyaprak (2004).

640 Vgl. Kamstra/Kennedy/Suan (2001), S. 86f.

641 Vgl. Chan/Jegadeesh (2004), S. 154f.

642 Vgl. Chan/Jegadeesh (2004), S. 155f.

643 Vgl. Chan/Jegadeesh (2004), S. 165-168.

644 Vgl. Gentry/Whitford/Newbold (1988), S. 269-271.

645 Vgl. Gentry/Whitford/Newbold (1988), S. 272-284.

646 Vgl. S&P (2006a), S. 20f.; Moody's (1998a), S. 1. Vgl. auch Kapitel 3.2.3.

647 Vgl. Altman u.a. (1981), S. 215f.

ben sich auf eine oder wenige ähnliche Branchen beziehen, tendenziell höhere Klassifikationsleistungen erzielen als solche, die Stichproben mit Unternehmen vieler verschiedener Branchen zugrunde legen.[648] *Perry/Henderson/Cronan* (1984) und *Jackson/Boyd* (1984) finden daran anknüpfend heraus, dass nach Branchen differenzierte Replikationsmodelle zu besseren Ergebnissen führen als solche ohne diese Unterscheidung.[649] *Ederington/Yawitz* (1987) beurteilen solche Brancheneinflüsse dennoch als weniger wichtig, da sich nur schwach verbesserte Klassifikationsleistungen gegenüber nicht branchenspezifischen Modellen einstellen, verweisen aber auf weiteren Forschungsbedarf in diesem Bereich.[650] Branchenspezifische Modelle wurden seither jedoch kaum aufgestellt. Häufiges Problem ist ein Mangel an Daten.[651] Zum Teil wird eine Normierung der als Erklärungsvariablen dienenden Kennzahlen um Branchendurchschnitte vorgenommen, um bei heterogener Stichprobe dennoch für Brancheneinflüsse zu kontrollieren.[652] Einige andere, v.a. jüngere, Studien nehmen zumindest eine grobe Branchendifferenzierung über Indikatorvariablen vor, um anhand der Signifikanz der Koeffizienten zu prüfen, ob die Branchenzugehörigkeit das Modell beeinflusst.[653] In einer der wenigen Ratingreplikatonsstudien auf Basis europäischer Daten nimmt *Resti* (2003) eine Differenzierung zwischen Unternehmen der verarbeitenden Industrie einerseits und solchen aus dem Bereich Versorger, Handel und Dienstleistungen andererseits vor. Die Koeffizienten der zwei separaten ordinalen Logit-Modelle weisen mit einer Ausnahme keine signifikanten Unterschiede auf. Auch eine alternativ berücksichtigte Branchen-Indikator-Variable erweist sich als nicht signifikant.[654] Das ist in den meisten anderen Studien mit dieser Modellierung ebenfalls festzustellen. *Jorion/Shi/Zhang* (2007) finden bei einer Differenzierung in Industrie- und Versorgungsunternehmen für letztere hingegen einen hoch signifikanten, positiven Koeffizienten der Indikator-Variablen bzw. ein c.p. signifikant höheres Rating.[655] *Pettit u.a.* (2004) verweisen darauf, dass in der Praxis zu Zwecken des *Rating Advisory* branchenspezifische Ratingreplikationsmodelle aufgestellt werden.[656]

Die Ergebnisse von *Peavy/Edgar* (1982) legen nahe, dass sich die den Ratingurteilen zugrundeliegenden Kriterien im Zeitablauf kaum verändern.[657] Zu abweichenden Er-

---

648 Vgl. Altman u.a. (1981), S. 215f.; Perry/Henderson/Cronan (1984), S. 27f.; Everling (1991), S. 201.

649 Vgl. Perry/Henderson/Cronan (1984), S. 32-34; Jackson/Boyd (1984) zitiert nach Ederington/Yawitz (1987), S. 41. Letztgenannte unveröffentlichte Studie ist nicht in Anhang 2 enthalten.

650 Vgl. Ederington/Yawitz (1987), S. 41. Diese Quelle ist ein Überblicksartikel und daher nicht in Anhang 2 enthalten. Vgl. auch Altman u.a. (1981), S. 216f.; Resti (2003), S. 228.

651 Vgl. Resti (2003), S. 228.

652 Vgl. z.B. Horrigan (1966), S. 44-62; Kaplan/Urwitz (1979) S. 245f. Damit wird die Position in der Branche berücksichtigt, nicht aber das Branchenrisiko. Vgl. Ederington/Yawitz (1987), S. 40.

653 Vgl. z.B. Resti (2003), S. 228; Crabtree/Maher (2005), S. 238; Odders-White/Ready (2006), S. 144; Jorion/Shi/Zhang (2007), S. 20.

654 Vgl. Resti (2003), S. 228.

655 Vgl. Jorion/Shi/Zhang (2007), S. 20.

656 Vgl. Pettit u.a. (2004), S. 13. Diese Quelle ist keine eigenständige Studie und daher nicht in Anhang 2 enthalten.

657 Vgl. Peavy/Edgar (1982), S. 338.

gebnissen kommen *Boyd/Jackson* (1988), die für *Moody's* im Zeitraum von 1980 bis 1984 Veränderungen in der Ratingskala und auch der Gewichtung wichtiger Bonitätsmerkmale finden und daher auf eine begrenzte Gültigkeitsdauer von Ratingreplikationsmodellen schließen.[658] Ähnliches zeigen auch *Ho/Rao* (1993) und finden eine wichtige Ursache in konjunkturellen Veränderungen, was ein Hinweis auf den *through-the-cycle*-Ansatz der Agenturen sein könnte.[659] Auch sie folgern für Ratingreplikationsmodelle, dass deren Erklärungsfaktoren und Koeffizienten regelmäßig überprüft und sie darüber hinaus u.U. um makroökonomische Variablen erweitert werden sollten.[660] Die Ergebnisse von *Iskandar* (1992) legen nahe, dass die Agenturen für *speculative grade*-Unternehmen in Phasen schwacher Konjunkturentwicklung, gemessen anhand des Vergleichs der Variablenkoeffizienten, striktere Maßstäbe anlegen als in guten Phasen.[661] *Blume/Lim/MacKinlay* (1998) kommen zu der Einschätzung, dass die in den letzten Jahrzehnten im Durchschnitt zu beobachtende Verschlechterung der Ratings US-amerikanischer Unternehmen v.a. auf eine Verschärfung der Beurteilungsstandards der Agenturen, gemessen anhand der Veränderung der Regressionskonstante über den Betrachtungszeitraum, zurückzuführen ist.[662] *Amato/Furfine* (2004) finden Anhaltspunkte dafür, dass die Agenturen sogar zu Überreaktionen auf Konjunkturveränderungen bei ihren Ratingurteilen neigen.[663] Sie können nach Berücksichtigung weiterer Erklärungsfaktoren für systematische Änderungen des Ausfallrisikos über die Zeit die Befunde von *Blume/Lim/MacKinlay* allerdings nicht stützen.[664] Auch *Jorion/Shi/Zhang* (2007) kommen bezüglich der durchschnittlichen Ratingverschlechterung in den USA zu anderen Ergebnissen. Sie können diese nur für *investment grade*-Unternehmen feststellen.[665] Die Ursache sehen sie vorrangig in einer Verschlechterung der Rechnungslegungsqualität dieser Unternehmen im Zeitablauf, wie sie sich auch in Studien zur Wertrelevanz und Gewinnsteuerung gezeigt hat.[666] Das hat sich aufgrund der Wichtigkeit der Rechnungslegung als Informationsbasis für die Agenturen negativ auf die Ratings ausgewirkt.[667]

658 Vgl. Boyd/Jackson (1988), S. 56.

659 Vgl. Ho/Rao (1993), S. 136-138.

660 Vgl. Ho/Rao (1993), S. 138.

661 Vgl. Iskandar (1992), S. 128. Die Ergebnisse von Iskandar (1992) und Amato/Furfine (2004) wecken Zweifel am *through-the-cycle*-Ansatz der Agenturen. Vgl. dazu Kapitel 2.1., insb. Fn. 69.

662 Vgl. Blume/Lim/MacKinlay (1998), S. 1392-1412.

663 Vgl. Amato/Furfine (2004), S. 2666-2671. Vgl. modelltheoretisch zu prozyklischem Verhalten von Ratingagenturen Kuhner (2001).

664 Vgl. Amato/Furfine (2004), S. 2671. Zhou (2001) kommt auf Basis der Analyse von ex post-Ausfallraten ebenfalls zu abweichenden Befunden.

665 Vgl. Jorion/Shi/Zhang (2007), S. 28f.

666 Vgl. Jorion/Shi/Zhang (2007), S. 18-26. Vgl. zu Wertrelevanz grundlegend Lev (1989). Vgl. für eine Übersicht Holthausen/Watts (2001); Barth/Beaver/Landsman (2001); Wagenhofer/Ewert (2007), S. 105-122; Lindemann (2006); Mölls/Strauß (2007). Vgl. für eine Übersicht zu Studien zur Gewinnsteuerung z.B. Wagenhofer/Ewert (2007), S. 237-271; Graham/Harvey/Rajgopal (2005); Fields/Lys/Vincent (2001); Healy/Wahlen (1999).

667 Vgl. Jorion/Shi/Zhang (2007), S. 30f.

Ederington (1986) untersucht abweichende Ratingurteile von *S&P* und *Moody's* für dasselbe Unternehmen oder denselben Schuldtitel. Signifikante Unterschiede in der Auswahl oder Gewichtung wichtiger Finanzkennzahlen kann er ebenso wie abweichende Beurteilungsstandards oder Anpassungsgeschwindigkeiten der Ratings an neue Informationen nicht als Ursache der *split ratings* feststellen. Vielmehr scheinen vorrangig unsystematische, zufällige Schwankungen an Ratingklassengrenzen dafür verantwortlich zu sein.[668] *Beattie/Searle* (1992) finden beim Vergleich der Mehrfachratings von zwölf Agenturen aus fünf Ländern *split ratings* in ca. 56 % der Fälle und eine durchschnittliche absolute Differenz von ca. 1,1 Ratingstufen unter Berücksichtigung der Feinabstufungen.[669] *S&P* und *Moody's* zeigen mit 36 % der Fälle den kleinsten Anteil und zudem, mit durchschnittlich einem halben *notch*, das geringste Ausmaß an Abweichungen aller verglichenen Agenturen.[670] Die Autorinnen führen die abweichenden Ratingurteile v.a. auf Unterschiede in den Ratingstandards bzw. -skalen zurück.[671] *Cantor/Packer* (1997) untersuchen Ratingunterschiede von *S&P* und *Moody's* gegenüber weiteren Agenturen. Letztere vergeben im Falle eines Drittratings im Durchschnitt bessere Ratings als die beiden erstgenannten Agenturen. Die Autoren kontrollieren für eine potentielle Verzerrung durch Selbstselektion der Beantragung eines Drittratings[672] und finden als Abweichungsursache ebenfalls vorrangig Unterschiede in den Ratingskalen bzw. -standards der Agenturen.[673] Jedoch finden sich in anderen Studien auch Hinweise auf Unterschiede in den relevanten Ratingdeterminanten oder deren Gewichtungen zwischen den Agenturen. *Moon/Stotsky* (1993) stellen bei Anleihen US-amerikanischer Gebietskörperschaften mit Ratings von *S&P* und *Moody's* fest, „(i)n sum, split ratings appear to reflect differences in both the weight attached to specific determinants of the ratings and differences in the way the bonds are classified."[674] *Pottier/Sommer* (1999) finden für Versicherungsratings von *S&P*, *Moody's* und *A. M. Best* signifikante Unterschiede sowohl in den jeweils signifikanten Bestimmungsfaktoren der Ratings als auch in deren Gewichtung.[675] Diese Befunde bestätigen *Adams/Burton/Hardwick* (2003) für Versicherungsratings von *S&P* und *A. M. Best* in Großbritannien.[676] *Shin/Moore* (2003) untersuchen, ob *split ratings* durch *S&P* und *Moody's* einerseits und japanische Agenturen andererseits für japanische

---

668 Vgl. Ederington (1986), S. 46. Als weiterer Abweichungsgrund sind unterschiedliche Informationsgrundlagen der Agenturen denkbar, was sich allerdings kaum empirisch untersuchen lässt. Vgl. für die verschiedenen möglichen Abweichungsursachen z.B. Ederington/Yawitz (1987), S. 49, und Beattie/Searle (1992a), S. 168. Vgl. zu *split ratings* und den Auswirkungen auf Bonitätsrisikoprämien z.B. Cantor/Packer/Cole (1997) und Jewell/Livingston (1998).

669 Vgl. Beattie/Searle (1992a), S. 169.

670 Vgl. Beattie/Searle (1992a), S. 169.

671 Vgl. Beattie/Searle (1992a), S. 171.

672 Dieser könnte darin bestehen, dass v.a. solche Unternehmen ein drittes Rating beantragen, die sich von *S&P* oder *Moody's* zu schlecht beurteilt fühlen und erwarten, dass das Drittrating besser ausfällt. Vgl. Cantor/Packer (1997), S. 1400.

673 Vgl. Cantor/Packer (1997), S. 1409-1415.

674 Moon/Stotsky (1993), S. 66. Wegen ihres Fokuses auf Ratings von Gebietskörperschaften ist die Studie nicht in Anhang 2 enthalten.

675 Vgl. Pottier/Sommer (1999), S. 637f.

676 Vgl. Adams/Burton/Hardwick (2003), S. 563-565.

Emittenten, wie in Japan vielfach vermutet, auf die mangelnde Berücksichtigung der Auswirkungen einer *Keiretsu*-Einbindung durch die US-Agenturen zurückzuführen sind.[677] Sie finden dafür keine Anzeichen, stellen aber einige signifkante Unterschiede in der Bedeutung der anderen Erklärungsfaktoren ihrer Modelle zwischen den betrachteten Agenturen fest.[678]

Livingston u.a. (2003) untersuchen, inwieweit Ratingagenturen Insiderinformationen in ihren Ratings verarbeiten. Sie wählen jedoch nicht die dazu bislang vorherrschende Herangehensweise einer *yield spread*- oder Ereignisstudie, die einen Informationswert von Ratings, v.a. wegen möglicher regulierungsbedingter Effekte, nicht eindeutig auf Insiderinformationen zurückführen können, sondern stellen ein Ratingreplikationsmodell auf.[679] Darin versuchen sie den Einfluss der unbeobachtbaren, latenten Variablen „Insiderinformation" durch Näherungsgrößen einzufangen.[680] Da ein höheres derart gemessenes Ausmaß an Informationsasymmetrie c.p. mit einem schlechteren Rating einhergeht, schließen die Autoren, dass Ratings Insiderinformationen verarbeiten. Diese können allerdings nur max. 10 % der Variationen der Ratings erklären.[681] In diese Richtung deuten auch die Ergebnisse von *Odders-White/Ready* (2006), die einen signifikanten negativen Zusammenhang der Ratinghöhe eines börsennotierten Unternehmens mit vom Aktienmarkt abgeleiteten Näherungsgrößen für *adverse selection*-Probleme bzw. asymmetrische Informationen feststellen.[682] *Butler/Rodgers* (2003) kommen zu dem Ergebnis, dass Ratingagenturen bei beantragten Ratings eher einen Zugang zu qualitativen (Insider)informationen erhalten und solche Ratings im Vergleich zu nicht beantragten signifikant stärker darauf, und weniger auf harte, öffentlich verfügbare Finanzdaten, abstellen.[683] Die Frage, ob nicht beantragte Ratingurteile systematisch schlechter ausfallen als beantragte, untersucht *Poon* (2003). Seine Stichprobe enthält beauftragte und unbeauftragte Emittentenratings von *S&P* aus 15 Ländern, v.a. aus Japan, allerdings keine aus den USA.[684] Er findet, dass unbeauftragte Ratings signifikant schlechter ausfallen. Allerdings kann dieser Befund nach Kontrolle für Verzerrungen aufgrund von Selbstselektion nur für die Teilstichprobe japanischer Emittenten aufrechterhalten werden.[685]

Purda (2005) analysiert anhand von *Moody's* Ratings erstmals schwerpunktmäßig Unterschiede in Ratingdeterminanten für Unternehmen aus verschiedenen Ländern. Sie

---

677 Vgl. Shin/Moore (2003), S. 329f. Ein *Keiretsu* ist eine spezielle japanische Konzernorganisationsform.

678 Vgl. Shin/Moore (2003), S. 339-342.

679 Vgl. Livingston u.a. (2003), S. 6-8. Vgl. auch Kapitel 2.1.

680 Vgl. Livingston u.a. (2003), S. 18-21. Als Näherungsgrößen werden die Unternehmensgröße, der Prognosefehler von Analystenschätzungen und die *adverse selection*-Komponente der Geld-Brief-Spanne herangezogen.

681 Vgl. Livingston u.a. (2003), S. 27-30.

682 Vgl. Odders-White/Ready (2006), S. 149. Vgl. zu den Näherungsgrößen auch Anhang 2.

683 Vgl. Butler/Rodgers (2003), S. 19.

684 Vgl. Poon (2003), S. 595f. und 605.

685 Vgl. Poon (2003), S. 607-612.

findet, dass Nicht-US-Unternehmen im Vergleich zu US-Unternehmen derselben Ratingklasse auch nach Kontrolle für Branchen- und Konjunktureinflüsse signifikant schlechtere Ausprägungen der von ihr als Erklärungsfaktoren herangezogenen Finanzkennzahlen aufweisen.[686] Ihre Ergebnisse zeigen weiterhin, dass Ratingkriterien für verschiedene Länder, insbesondere Japan und Deutschland im Vergleich zu den USA, z.T. unterschiedlich stark gewichtet werden. Sie kommt zu der Einschätzung, dass sich beides vorrangig auf Unterschiede der rechtlichen und institutionellen Rahmenbedingungen der Länder zurückführen lässt.[687] *Poon* (2003) findet ähnliche Hinweise für die Ratings von *S&P* für japanische im Vergleich zu nicht-japanischen Emittenten.[688] Auch Ergebnisse von *Güttler/Wahrenburg* (2007) speziell für solche Emittenten, für die ein Ausfall zu verzeichnen war, deuten in diese Richtung. In der Zeit vor den Ausfallereignissen waren keine Bevorzugungen von US-Emittenten durch US-Ratingagenturen festzustellen, sondern teilweise sogar bessere Ratings für nicht-US-amerikanische Emittenten. Als mögliche Ursachen sehen die Autoren ebenfalls v.a. Unterschiede in den Rahmenbedingungen der verschiedenen Länder.[689]

Weitere Ratingreplikationsstudien untersuchen spezielle Faktoren darauf, ob sie auf das Rating einwirken bzw. potentielle Ratingdeterminanten darstellen. Dabei werden ebenfalls Ratingreplikationsmodelle aufgestellt, um für andere Ratingdeterminanten zu kontrollieren und den Einfluss des interessierenden Faktors isolieren zu können.[690] *Maher* (1987, 1996) untersucht die Bedeutung von Pensions- und anderen Altersversorgungsverpflichtungen für die Ratingeinstufung durch Erweiterungen des Modells von *Kaplan/Urwitz* (1979) um verschiedene Erklärungsvariablen zur Erfassung dieser Verpflichtungen.[691] Das erhöht die Klassifikationsleistung allerdings nicht signifikant.[692] Daran knüpfen *Sengupta/Wang* (2004) an und untersuchen den Einfluss außerbilanzieller Schulden sowohl aus ungedeckten, extern finanzierten Pensionsverpflichtungen[693] als auch aus Operating Leasing-Verhältnissen auf Ratings und Bonitätsrisikoprämien.[694] Ihre Ergebnissen zeigen, dass Ratingagenturen diese Aspekte berücksichtigen, allerdings ungedeckte Pensionsverpflichtungen etwas weniger stark gewichten als bilanzielle Schulden und Operating Leasing, so dass diesen ein weniger ausgeprägter Schuldcharakter zugesprochen zu werden scheint.[695] Da die Untersuchungsdaten aus den Jahren 1999 bis 2001 stammen, *S&P* aber erst seit 2003 offiziell Pensionsverpflichtungen in der Kennzahlenanalyse explizit berücksichtigt, scheinen sie vorher auch auf anderem Wege das Rating beeinflusst zu haben.[696] *Crabtree/Maher* (2005)

686 Vgl. Purda (2005a), S.14f., 24f. und 33.
687 Vgl. Purda (2005a), S. 24f.
688 Vgl. Poon (2003), S. 612.
689 Vgl. Güttler/Wahrenburg (2007), S. 760.
690 Vgl. z.B. Bohjraj/Sengupta (2003), S. 461-463; Shin/Moore (2003), S. 336f.
691 Vgl. Maher (1987), S. 785-787; Maher (1996), S. 79.
692 Vgl. Maher (1987), S. 793; Maher (1996), S. 79.
693 Vgl. zu Finanzierungsvarianten von Pensionsverpflichtungen Kapitel 3.2.4.4.2.
694 Vgl. Sengupta/Wang (2004), S. 2-5.
695 Vgl. Sengupta/Wang (2004), S. 16f.
696 Vgl. Kapitel 3.2.4.4.2.

finden einen positiven Einfluss des Grades der Prognostizierbarkeit von Gewinnen auf die Höhe des Ratings von neuemittierten Anleihen und können durch Einbezug entsprechender Maße die Klassifikationsleistung ihres Ratingreplikationsmodells erhöhen.[697] Nach *Bhojraj/Sengupta* (2003) geht mit einer hochwertigeren oder strikteren Corporate Governance, gemessen anhand des Anteils institutioneller Aktionäre und des Anteils unternehmensfremder Board-Mitglieder, tendenziell ein besseres Ratingurteil einher.[698] Der positive Einfluss dieses Faktors steigt mit zunehmend schlechterer Ratingklasse an.[699] *Ashbaugh-Skaife/Collins/LaFond* (2004) orientieren sich bei der Messung der Corporate Governance-Qualität an dem von *S&P* im Jahr 2002 veröffentlichten Analyseschema[700] und kommen auf dieser Basis zu vergleichbaren Resultaten.[701] In ähnliche Richtung deuten auch die Ergebnisse von *Brandon/Crabtree/Maher* (2004), die einen negativen Zusammenhang zwischen dem Grad der Abhängigkeit des Abschlussprüfers, gemessen anhand des Anteils der vom Unternehmen für nicht prüfungsbezogene Dienstleistungen gezahlten Honorare an der Honorargesamtsumme, und dem Rating des Unternehms finden. Durch Einbeziehung dieses Aspekts in ihr Ratingreplikationsmodell ergibt sich aber keine verbesserte Klassifikationsleistung.

Nur wenige Studien widmen sich der Aufgabe, Ratingänderungen zu erklären und zu prognostizieren. In einer frühen Studie kommen *Bhandari/Soldofsky/Boe* (1983) auf Basis einer Diskriminanzanalyse mit den zwei Gruppen Herauf- und Herabstufungen zu einer Klassifikationsleistung von ca. 75 % und folgern daraus, „(…) that, although agencies′ claims of the difficulty of duplicating a rating by quantitative models may have substantial empirical basis, their claims are not substantiated in the case of duplicating their rating-change decisions.“[702] In diese Richtung tendiert auch *Wakeman* (1990), der u.a. argumentiert, dass Ratingänderungen der Agenturen signifikant häufiger kurz nach der Veröffentlichung von Abschlussinformationen der Unternehmen vorgenommen und in zwei Drittel der Fälle, die nicht auf ein wichtiges Ereignis wie z.B. eine Neuemission oder einen Unternehmenskauf/-verkauf zurückgehen, mit Veränderungen im Finanzrisiko begründet werden.[703] Eine empirische Studie wurde von ihm dazu allerdings nicht publiziert. Bezüglich bankinterner Ratings finden *Weber/ Krahnen/Vossmann* (2000) ähnliche Hinweise, nämlich, dass qualitative Teilratings im Vergleich zu quantitativen und von der Finanzkennzahlenanalyse geprägten Teilratings sehr viel seltener verändert werden.[704] *Manzoni* (2004) stellt die erste modellbasierte Prognose für die Wahrscheinlichkeit einer Herabstufung mit einjährigem Zeitho-

697 Vgl. Crabtree/Maher (2005), S. 215f.

698 Vgl. Bhojraj/Sengupta (2003), S. 464. Die Autoren stellen zudem fest, dass die Bonitätsrisikoprämie mit höherer Qualität der Corporate Governance sinkt. Vgl. auch Menz/Nelles (2006), S. 631-635

699 Vgl. Bhojraj/Sengupta (2003), S. 467-469.

700 Vgl. Kapitel 3.2.4.2. m.w.N.

701 Vgl. Ashbaugh-Skaife/Collins/LaFond (2004), S. 40f. Die Autoren finden ebenfalls eine sinkende Bonitätsprämie mit höherer Qualität der Corporate Governance.

702 Bhandari/Soldofsky/Boe (1983), S. 104 (im Original z.T. kursiv).

703 Vgl. Wakeman (1990), S. 411f.

704 Vgl. Weber/Krahnen/Vossmann (1999), S. 130f.; Brunner/Krahnen/Weber (2000), S. 14-22.

rizont auf. In einer zweistufigen Vorgehensweise isoliert sie die Wirkungen des Ratings und die von Fundamental- bzw. Finanzdaten des Unternehmens.[705] Auf der ersten Stufe ermittelt sie ein Ratingreplikationsmodell. Daraus wird für jede Ratingklasse ein bedingtes erwartetes Ausfallrisiko ermittelt, das dann auf der zweiten Stufe in das Prognosemodell für die Herabstufungswahrscheinlichkeit neben den Fundamental- und Finanzdaten einfließt.[706] *Purda* (2005) bezieht auch Heraufstufungen mit ein. Sie findet keine schlechtere Prognosegüte für kleine im Vergleich zu großen Unternehmen, obwohl das die verbreitete Annahme höherer Informationsasymmetrien bei kleineren Unternehmen nahe legen würde.[707] Weiterhin untersucht sie die Vermutung, dass das Ausmaß einer abnormalen Aktienkursreaktion auf eine Ratingänderung umso stärker ausfällt, je schlechter sich die Ratingänderung auf Basis ihres Modells vorhersagen lässt. Sie kann jedoch keinerlei Zusammenhang zwischen beidem feststellen, was für sie v.a. auf Effekte der regulativen Verwendung von Ratings hindeutet.[708] *Sengupta/Wang* verweisen in ihrer Analyse des Einflusses außerbilanzieller Schulden auf das Rating ergänzend darauf, dass Erhöhungen (Senkungen) in deren Ausmaß eine gewisse Prognoseeignung für künftige Ratingherabstufungen (-heraufstufungen) zukommt.[709] Ähnliches finden *Odders-White/Ready* auch für die vom Aktienmarkt abgeleiteten *adverse selection*-Maße.[710]

4.2.3. Würdigung

Ratingreplikationsstudien wurden in einer großen Zahl durchgeführt und stellen den Schwerpunkt der Erforschung von Ratingdeterminanten dar. Viele Studien haben mit Klassifikationsleistungen zwischen 60 % und 80 % recht gute Ergebnisse erzielt, Ratings der Agenturen mit nur wenigen Erklärungsfaktoren zu replizieren. Sie ermöglichen statistisch gestützte Erkenntnisse über Zusammenhänge bestimmter Faktoren mit Ratings und damit Hinweise auf potentielle Ratingdeterminanten. Insbesondere bieten sie im Ergebnis rechenbare und praktisch verwendbare Ratingmodelle. Darüber hinaus können darauf aufbauend weitere Forschungsfragen wie der Einfluss spezieller Faktoren wie außerbilanzielle Schulden oder Aspekte der Corporate Governance auf das Rating, oder bestimmte Eigenschaften von Ratings oder potentiellen Ratingdeterminanten, z.B. deren Zeitstabilität oder Branchenabhängigkeit, untersucht werden. Der Ansatz ist folglich sehr flexibel und vielfältig anwendbar.

Erkenntnisse dieser Studien können in mehrfacher Hinsicht von Nutzen sein. Emittenten können sie als Orientierungshilfe oder zur Erstellung eines Vorabratings dienen, um sich auf das Rating der Agenturen vorzubereiten oder Anknüpfungspunkte für eine Verbesserung bestehender Ratings zu identifizieren. Weiterhin können geplante unter-

---

[705] Vgl. Manzoni (2004), S. 277f.
[706] Vgl. Manzoni (2004), S. 286f.
[707] Vgl. Purda (2005b), S. 15-21.
[708] Vgl. Purda (2005b), S. 21-24.
[709] Vgl. Sengupta/Wang (2004), S. 18f.
[710] Vgl. Odders-White/Ready (2006), S. 149-152.

nehmerische Geschäfts- und Finanzierungsentscheidungen bezüglich ihrer potentiellen Auswirkungen auf das Rating geprüft werden.[711] Entsprechend finden solche Modelle auch großes Interesse der *Rating Advisory*-Branche, die Emittenten in solchen Punkten berät und unterstützt.[712] Investoren, inbesondere institutionellen Investoren, ermöglichen sie einen Vergleich mit ihrer eigenen Herangehensweise der Bonitätsrisikoanalyse und eine Einschätzung des Nutzens von Agenturratings für ihre Anlageentscheidungen. Sie können damit ebenfalls eine von den Agenturen unabhängige laufende Überwachung von Ratings betreiben und diese bzw. deren künftige Änderungen zu prognostizieren versuchen, um daran orientiert Handelsstrategien zu entwickeln.[713] Banken können solche Erkenntnisse zum Benchmarking ihrer bankinternen Ratingsysteme gegenüber denen von Ratingagenturen heranziehen.[714] Auch für die Agenturen bieten diese Studien Hinweise zur Aussagefähigkeit und Konsistenz ihrer Ratingurteile.[715] Schließlich lassen sich daraus, wie erwähnt, Anhaltspunkte für den Informationswert von Ratings ableiten.[716] Welche Erläuterungen Ratingagenturen zum Zustandekommen ihrer Ratings gewähren, lässt sich mit diesem Ansatz hingegen nicht untersuchen.

Die Studien basieren auf deutlich unterschiedlichen Stichprobengrößen, was sich auf die Zuverlässigkeit und Repräsentativität ihrer Ergebnisse auswirkt. Ältere Studien weisen, v.a. angesichts damals noch begrenzter Datenverfügbarkeit, relativ kleine Stichprobenumfänge auf, *Peavy/Edgar* (1982) bspw. 62 US-Industrieanleihen, während Studien jüngeren Datums i.d.R. sehr viel mehr Daten zugrunde legen, z.B. *Sengupta/Wang* (2004) mit 1.714 US-Emittenten. Allerdings kann die Datenverfügbarkeit abhängig von der Fragestellung nach wie vor stark schwanken.[717] Die statistischen Methoden dieser Studien erfordern Stichprobenumfänge, die bislang nur für die USA und vielleicht Japan problemlos verfügbar sind. Studien für andere als diese Länder greifen daher regelmäßig auf international zusammengesetzte Stichproben zurück.[718] Das könnte angesichts der in einigen Untersuchungen gefundenen Unterschiede in Ratingdeterminanten für Unternehmen aus verschiedenen Ländern problematisch sein.[719] Ebenfalls kritisch sind Ausprägungen von Erklärungsvariablen auf Basis unterschied-

[711] Vgl. Belkaoui (1983), S. 24f.; Paul (1996), S. 408-417; White/Sondhi/Fried (2003), S. 662; Pettit u.a. (2004), S. 13; Wieben (2004), S. 128.

[712] Vgl. Kniese (1996), S. 47; Pettit u.a. (2004), S. 13, u.a. mit beispielhafter Verdeutlichung des *Rating Advisory*-Ansatzes der Investment Bank *UBS*.

[713] Vgl. Belkaoui (1983), S. 24f.; White/Sondhi/Fried (2003), S. 1059f.; Resti (2003), S. 214; Wieben (2004), S. 128. Vgl. Templin (2005), S. 132-137, mit beispielhafter Verdeutlichung des Ratingreplikationsmodells eines institutionellen Investors.

[714] Vgl. Resti (2003), S. 214.

[715] Vgl. z.B. Belkaoui (1983), S. 115; Srinivasan/Bolster (1990), S. 106.

[716] Vgl. Kapitel 4.2.1., insb. Fn. 615.

[717] So weist z.B. die Grundgesamtheit japanischer Emittenten mit Ratings von *S&P* und *Moody's* sowie zwei weiteren japanischen Agenturen für die Studie von Shin/Moore (2003) oder diejenige unbeantragter Ratings der großen Agenturen außerhalb der USA für die Studie von Poon (2003) von vorneherein einen sehr begrenzten Umfang auf. Vgl. Anhang 2 zu Details dieser Studien.

[718] Vgl. Heinke (1998), S. 260f.; Resti (2003), S. 217.

[719] Vgl. z.B. Ergebnisse von Poon (2003), Purda (2005a) und Güttler/Wahrenburg (2007).

licher Rechnungslegungssysteme.[720] Für solche potentiellen Verzerrungen wird in den meisten Studien nur rudimentär kontrolliert.

Weitere Aspekte relativieren die Erkenntnisse dieser Studien und ihre aufgezeigten Nutzenaspekte und sollten bei ihrer Interpretation bedacht werden. Die Modelle differenzieren als Ausprägungen der erklärten Variable fast durchgängig nur volle Ratingklassen, berücksichtigen also nicht die von den Agenturen vergebenen Feinabstufungen und ergeben damit keine exakten Ratingergebnisse. In einigen Studien wird die Vorhersagekraft außerdem mittels Validierungsstichproben aus demselben Zeitraum wie dem der Stichprobe der Modellentwicklung geprüft, was nur einen schwachen Test der Prognosegüte darstellt.[721]

Zudem verbleibt ein deutlicher Anteil von Fehlklassifikationen zwischen modellbasierten und tatsächlichen Ratings. Für diese Abweichungen sind verschiedene Ursachen denkbar,[722] wobei aber nicht eindeutig klärbar ist, welche davon tatsächlich wirken:[723]

(i) Sie können darauf zurückgehen, dass Ratingagenturen Zugang zu Insiderinformationen haben und diese in ihren Ratings verarbeiten, was einen originären Informationswert von Ratings implizieren würde.[724]

(ii) Der Ratingprozess könnte unabhängig von Insiderinformationen zu einem nicht unerheblichen Teil durch qualitative, subjektive und erfahrungsabhängige Elemente geprägt und damit zu komplex und zu wenig fassbar sein, um durch ein statistisches Modell abgebildet zu werden.[725] Vor allem deswegen folgerte *Altman u.a.* bereits 1981: „(F)uture studies really cannot be expected to improve very much upon existing results, given the nature of the rating process."[726]

(iii) Weiterhin ist festzustellen, dass „(f)or the most part no systematic adjustments for differences in accounting policies, off-balance-sheet obligations, unusual items et cetera (...) are made to the ratios used (...)",[727] obwohl Ratingagenturen, wie in Kapitel 3 gezeigt, zahlreiche solcher Anpassungen durchführen.

(iv) Da die Studien sich i.d.R. auf wenige Kennzahlen beschränken, können zudem wichtige öffentlich zugängliche Informationen vernachlässigt worden sein (*omit-*

---

720 „We exclude the data of foreign companies and ADR's to avoid variation in the data from accounting conventions." Pettit u.a. (2004), S. 7.

721 Vgl. Belkaoui (1983), S. 85.

722 Vgl. für einen Überblick z.B. Ederington/Yawitz (1987), S. 47; Altman u.a. (1981), S. 214-219.

723 Vgl. Ederington/Yawitz (1987), S. 40; Ederington (1992), S. 220; Chattopadhyay/Arcelus/Srinivasan (1997), S. 541; Heinke (1998), S. 260.

724 Vgl. Ederington/Yawitz (1987), S. 47.

725 Vgl. Srinivasan/Bolster (1990), S. 105. Das wird auch von den Ratingagenturen immer wieder betont. Vgl. z.B. S&P (2006a), S. 9 und 44; Berblinger (1996), S. 57.

726 Altman u.a. (1981), S. 215.

727 White/Sondhi/Fried (2003), S. 666. Vgl. ähnlich Belkaoui (1983), S. 84f. Er knüpft an dem Kritikpunkt an und berücksichtigt in seiner Studie außerbilanzielle Schulden aus Operating Leasing-Verhältnissen. Vgl. auch Hoffmann (1991), S. 100; Kamp (1998), S. 179; Pettit u.a. (2004), S. 7.

ted variable-Problem).[728] Insbesondere werden Aspekte des Geschäfts- und Branchenrisikos und weitere qualitative Faktoren in den meisten Studien gar nicht und in den wenigen anderen Fällen mittels kapitalmarktbasierter Risikomaße nur in sehr globaler und aggregierter Weise berücksichtigt, obwohl die Agenturen nach eigenen Angaben darauf großes Gewicht legen.[729] Allerdings ist es kaum möglich, diese Aspekte in derartigen quantitativen Modellen angemessen zu berücksichtigen. Der Ansatz kann zu dieser Frage der Ratinganalyse folglich nur grobe Anhaltspunkte liefern. Daher erscheint angeraten, dass „(t)he models are best used in conjunction with insightful qualitative analysis (…).“[730]

(v) In diesem Zusammenhang ist auch die häufig nur schwach fundierte Auswahl der Erklärungsvariablen kritisch anzumerken. Sie orientiert sich oft an subjektiven Erwägungen oder vorangegangenen Studien.[731] Bemerkenswert ist zudem, dass nach bestem Wissen des Verfassers bis heute „(w)ith the exception of a 1984/1985 working paper by Martin et al., these studies have not utilized the same 10 ratios identified by S&P as 'keys' to their industrial ratings.“[732] Dieser Befund wird auch aus der Übersicht der Erklärungsvariablen der Studien in Anhang 2 deutlich. Viele neuere Studien nehmen zwar Bezug auf die Kriterienkataloge der Agenturen und orientieren sich bei ihrer Variablenauswahl an den Schlüsselkennzahlen,[733] wählen dann aber nur einige davon aus und definieren sie z.T. auch abweichend. Die in den Studien zu findende Beschränkung der Zahl von Erklärungsvariablen steht zwar im Gegensatz zur Vielzahl der von den Agenturen möglicherweise betrachteten Ratingkriterien, trägt allerdings drohenden Multikollinearitätsproblemen in den Modellen Rechnung, die entstehen können, wenn hohe Korrelationen zwischen mehreren Erklärungsvariablen bestehen.[734] Häufig erfolgt auch keine ausreichende Kontrolle für mögliche Brancheneinflüsse auf die Ergebnisse, denen die Ratingagenturen aber einen hohen Stellenwert einräumen.

(vi) Ein weiteres Problem kann darin begründet sein, dass derartige Modelle die Zusammenhänge und Verknüpfungen zwischen den verschiedenen Erklärungsfaktoren zum Ratinggesamturteil nicht in der von den Agenturen verfolgten Weise

---

728 Vgl. Ederington/Yawitz (1987), S. 47. Vgl. auch Wooldridge (2003), S. 89-95; Greene (2003), S. 148f.

729 Vgl. Ederington/Yawitz (1987), S. 47; Everling (1991), S. 201f.; Wieben (2004), S. 133.

730 Pettit u.a. (2004), S. 13.

731 Vgl. Belkaoui (1983), S. 84; Hoffmann (1991), S. 100; Koziol/Thabe (2005), S. 942. Vgl. Belkaoui (1983), S. 89-91, mit ökonomischen Begründungen für seine Variablenwahl. Vgl. Koziol/Thabe (2005) zu einer modelltheoretisch fundierten Ableitung von Einflussfaktoren auf das im Sinne des Shareholder Value-Gedankes optimale Rating eines Unternehmens.

732 Ederington/Yawitz (1987), S. 40. Dieses Arbeitspapier wurde nicht veröffentlicht. Nach Ederington/Yawitz (1987), S. 40, finden die Autoren aber keine verbesserte Klassifikationsleistung gegenüber anderen bis dahin aufgestellten Modellen. Vgl. auch Kamp (1998), S. 177.

733 Vgl. z.B. Blume/Lim/MacKinlay (1998), S. 1394; Poon (2003), S. 598; Amato/Furfine (2004), S. 2647-2650; Purda (2005a), S. 11.

734 Vgl. z.B. Poon (2003), S. 600; Pettit u.a. (2004), S. 7. Vgl. dazu allgemein Wooldridge (2003), S. 96-100; Greene (2003), S. 56-59.

herstellen und berücksichtigen können.[735]

(vii) Schließlich sind auch gewisse Inkonsistenzen, systematische Verzerrungen sowie verzögerte Anpassungen in den von den Agenturen vergebenen Ratings selbst, wie sie z.B. in *split ratings* zum Ausdruck kommen können, als Abweichungsursache nicht auszuschließen.[736]

Bezüglich einiger der aufgeführten Problembereiche erscheinen Verbesserungen der zugrunde gelegten Datenbasis und der Modelle denkbar und damit eine Steigerung der Klassifikationsleistung möglich.[737]

Zwei weitere kritische Punkte sind bezüglich der Modelle zu bedenken. Zum einen haben einige Studien gezeigt, dass Ratingkriterien oder deren Gewichtungen im Zeitablauf merklichen Veränderungen unterliegen.[738] Für sämtliche dieser Modelle und daraus abgeleiteter Ergebnisse ist daher zu beachten, dass „the close correspondence between model parameters and rating agency behaviour can be expected to diminish as rating agency behaviour changes over time. Therefore, the useful life of any particular model is likely to be limited, perhaps to a period of time no longer than one year."[739] Zum anderen basieren die Modelle und daraus abgeleitete Aussagen ausschließlich auf statistischen und nicht kausalen Zusammenhängen zwischen den gewählten Erklärungsfaktoren und der zu erklärenden Variablen. Es ist nicht auszuschließen, dass diese Zusammenhänge zum Teil unabhängig davon oder zumindest anders gelagert sind, als dies im tatsächlichen Ratingverfahren der Fall ist. Beispielsweise ergeben die Modelle i.d.R. einen signifikanten Zusammenhang von Ratings mit gewinn-, nicht aber Cash Flow-basierten Kennzahlen, obwohl Ratingagenturen eigenen Aussagen zufolge auf letztere deutlich mehr Gewicht legen.

In einigen der aufgearbeiteten Studien stellt ein Ratingreplikationsmodell nur den ersten Schritt der Analyse dar, um darauf aufbauend im nächsten Schritt spezielle Aspekte von oder den Einfluss ausgewählter weiterer Erklärungsvariablen auf Ratings zu betrachten. Die aufgezeigten potentiellen Probleme der Modelle schlagen daher auf die weitergehenden Untersuchungen durch. Deren Erkenntnisse hängen also v.a. von der Güte des zugrunde liegenden Ratingreplikationsmodells ab.

Angesichts der aufgezeigten Probleme und Grenzen gibt es in der Literatur u.a. die Einschätzung, dass dadurch, dass „(s)tatistical bond-rating models, using only quantitative data, are unlikely to ever be perfectly accurate, (...) closer attention to rating

735 Vgl. Ederington/Yawitz (1987), S. 47; Srinivasan/Bolster (1990), S. 105f.; White/Sondhi/Fried (2003), S. 665.

736 Vgl. Ederington/Yawitz (1987), S. 47; Ederington (1992), S. 220; White/Sondhi/Fried (2003), S. 665; Wieben (2004), S. 133.

737 Vgl. Ederington/Yawitz (1987), S. 47; Kamp (1998), S. 180.

738 Vgl. Boyd/Jackson (1988), S. 56; Ho/Rao (1993), S. 136f.; Iskandar (1992), S. 128; Blume/Lim/MacKinlay (2004), S. 1412; Amato/Furfine (2004), S. 2666-2671. Vgl. ähnlich Everling (1991), S. 201.

739 Boyd/Jackson (1988), S. 56.

agencies′ descriptions of the process seems to be an obvious route to better understanding and prediction.“[740]

4.3. Befragungen

4.3.1. Motivation und Überblick

Bislang gibt es nur sehr wenige Studien, die sich auf Basis von Befragungen mit Ratings auseinandersetzen.[741] Frühe Befragungen stammen aus der Zeit, als Ratingagenturen kaum Informationen zu ihrer Ratinganalyse öffentlich bekannt gegeben hatten und richteten sich daher direkt an Agenturen bzw. deren Analysten. Sie wurden in Form von Interviews durchgeführt. Ziel war es, Einblicke in die Analyseprozesse und Ratingkriterien zu gewinnen. Seit die Agenturen ab Mitte der 80er Jahre der Öffentlichkeit Informationen zu Abläufen und Kriterien ihrer Ratinganalyse zur Verfügung stellen, ist davon auszugehen, dass sie darüber hinausgehende Einblicke kaum gewähren werden. Ihre Befragung zur weiteren Erforschung dieser Aspekte erscheint daher nicht erfolgversprechend. Entsprechend sind seither keine Studien dieser Art mehr durchgeführt worden.

In der Folgezeit ist die Wissenschaft dazu übergegangen, Emittenten als Auftraggeber oder Investoren als wichtigste Nutzergruppe von Ratings zu befragen. Dadurch können Erfahrungen und Einblicke, die diese Gruppen im Umgang mit Ratingagenturen und der Verwendung ihrer Ratings gewonnen haben, erhoben werden.[742] Befragungen dieser Art beschäftigen sich mit Motiven der Emittenten für die Beantragung von Ratings, ihrer Nutzung durch Investoren für Anlageentscheidungen, ihrer Qualität und Aktualität und wahrgenommenen Unterschieden zwischen verschiedenen Ratingagenturen sowie dem Ablauf des Ratingprozesses und dem Kontakt mit den Agenturen.[743] Fragen zu Ratingkriterien stehen allerdings in keiner Studie im Mittelpunkt des Interesses und sind i.d.R. sehr allgemein gehalten. In der Darstellung der Ergebnisse im nächsten Abschnitt wird aber v.a. auf diesen Themenkomplex abgestellt. Die Befragungen stammen vorrangig aus den USA. In Deutschland ist die Arbeit von *Kniese* (1996) bislang die einzige zu externen Ratings. Weitere Befragungen beziehen sich hier vor dem Hintergrund von Basel II auf das Thema Rating allgemein oder speziell bankinterne Ratings und richten sich v.a. an den Mittelstand. Sie wurden meist von Praxisseite durchgeführt.[744] Die Übersicht in Anhang 3 fasst die Eckdaten der im Weiteren angesprochenen Befragungen und ihre wesentlichen Ergebnisse zur Qualität und Transparenz von Ratings sowie zu wichtigen Ratingkriterien zusammen.

---

740 Perry/Henderson/Cronan (1984), S. 34.

741 „(O)ur findings add to the very limited survey research on credit rating agencies.“ Baker/Mansi (2002), S. 1368. Vgl. auch Ellis (1998), S. 36.

742 Vgl. Ellis (1998), S. 35; Baker/Mansi (2002), S. 1368; AFP (2002), S. 1.

743 Vgl. Anhang 3.

744 Vgl. für einen Überblick Becker/Grunert (2004).

4.3.2. Wichtige Befunde

Untersuchungen zu Ratingkriterien auf Basis von Interviews mit Ratinganalysten wurden von *Sherwood* (1976) für *S&P* und *Hawkins/Brown/Campell* (1983) für *S&P* und *Moody's* durchgeführt. Beide identifizieren übereinstimmend fünf zentrale Analysebereiche der Ratinganalyse, nämlich (i) Anleihebedingungen, (ii) Kapitalstruktur und Vermögensschutz, (iii) Liquiditätsquellen, (iv) Profitabilität und (v) Managementqualität. Unter Profitabilität subsumieren sie ebenfalls Aspekte des Branchenrisikos sowie der Marktposition des Unternehmens.[745] Erkenntnisse zur Gewichtung der einzelnen Bereiche für das Ratingurteil finden sich in ihren Studien aber kaum, einzig die Bedeutung der Finanzkennzahlenanalyse sehen *Hawkins/Brown/Campell* bei ca. 50 %.[746] Diese Studien wurden durchgeführt, bevor die Ratingagenturen Informationen zu ihrem Ratingprozess und ihren Ratingkriterien veröffentlichten. Sie ermöglichten daher erste Einblicke in die Ratinganalyse und deckten bereits einige der später in den Agenturveröffentlichungen angeführten Kriterien auf. Allerdings gibt es deutliche Unterschiede in Struktur und Tiefe sowie manchen Details zwischen ihren Ergebnissen und den Kriterienkatalogen der Agenturen.

Kniese (1996) befragte im Jahr 1994 die 100 größten deutschen Unternehmen zum Thema externes Rating. Zu der Zeit verfügten sehr wenige dieser Unternehmen über ein solches Rating.[747] Die Fragen beziehen sich daher nicht auf den Ratingprozess und Erfahrungen damit, sondern u.a. auf Motive für eine Ratingbeantragung, Gründe für die Wahl einer Agentur oder Art und Ort einer künftigen Fremdkapitalaufnahme.[748] Diese Aspekte sind hier nachrangig und werden daher nicht weiter ausgeführt.[749]

Cantwell hat von 1996 bis 1999 jährlich eine umfangreiche Befragung von gerateten Anleiheemittenten weltweit zu verschiedenen Aspekten des Ratingprozesses und des Kontakts mit Ratingagenturen durchgeführt.[750] Im Rahmen der jüngsten Studie aus dem Jahr 1999 ergaben sich folgende Ergebnisse mit Bezug zu Ratingkriterien. Über 55 % der antwortenden Unternehmen bekundeten, dass sie den Ratingagenturen ausgewählte interne Finanzdaten zur Verfügung stellen, während 36 % dies sogar in substantiellem Umfang tun. Mit der Transparenz und Nachvollziehbarkeit des Ratingverfahrens zeigten sich bei *S&P* (*Moody's*) ca. 24 % (31 %) der Befragten unzufrieden.[751] Das korrespondiert in etwa mit der Beurteilung der Qualität der von den Agenturen veröffentlichten Ratingbegründungen, die von ca. 80 % als gut oder sehr gut und von

---

745 Vgl. Sherwood (1976), S. 50-55; Hawkins/Brown/Campell (1983), S. 83-90

746 Vgl. Sherwood (1976), S. 70; Hawkins/Brown/Campell (1983), S. 95.

747 Von den 51 Unternehmen, die den Fragebogen ausgefüllt haben, verfügten nur 8 bereits über ein externes Rating. Vgl. Kniese (1996), S. 118f.

748 Vgl. Kniese (1996), S. 119-123.

749 Vgl. dazu aber Anhang 3.

750 Dahinter steht das auf Anleihefinanzierung und Ratings spezialisierte US-Beratungsunternehmen *Cantwell & Company*. Unter den 212 Antwortenden waren sieben Unternehmen aus Deutschland und vier aus der Schweiz.

751 Vgl. Cantwell (1999), S. 19.

ca. 20 % als mittelmäßig oder schlecht eingestuft wurden.[752] Etwa 35 % gaben an, diese Dokumente vorab bezüglich Fakten prüfen zu können, 55 % sogar zusätzlich bezüglich der analytischen Aussagen, während 10 % keinerlei Einblicke darin erhalten haben.[753] Um die Genauigkeit des erhaltenen Ratings einzuschätzen, griffen nur 58 % der befragten Unternehmen auf die veröffentlichten Kriterienkataloge der Agenturen zurück. Deutlich mehr von ihnen, nämlich über 70 %, stellten dazu auf ein zweites Rating einer anderen Agentur oder das Rating ihrer Konkurrenten ab.[754] Subskriptionspflichtige Publikationen der Agenturen wie Branchenanalysen und Ratingbegründungen anderer Unternehmen wurden nur von ca. 10 % der Befragten in größerem Umfang und von ca. 45 % in ausgewählten Fällen bezogen, während die restlichen ca. 45 % keinerlei Kenntnis davon nahmen.[755]

Die Befragungen mittelständischer deutscher Unternehmen durch *Gromer* (2000) und *Brandt/Offerhaus* (2002) kommen bei der Frage, aus welchen Bestandteilen sich ein Ratingurteil zusammensetzt, zu uneinheitlichen Ergebnissen. Bei *Gromer* erhielt die Analyse der Branche und Marktposition mit 94,5 % vor der quantitativen Finanzanalyse mit 82,2 % die meisten Nennungen. Merklich weniger häufig wurden eher qualitative Analysebereiche wie Unternehmensstrategie und Produktpolitik (75,3 %), Managementqualität (53,4 %) und Zukunftsperspektiven (65,8 %) genannt.[756] Demgegenüber steht bei *Brandt/Offerhaus* die akuelle Ertragslage (84 %) gefolgt von finanziellen Prognosedaten (77 %) im Vordergrund. Bei den qualitativen Aspekten wird der Managementqualität (75 %) die größte und annähernd gleich hohe Bedeutung beigemessen, während Branchenrisiken (53 %) sowie Marktposition (63 %) und Produktqualität (45 %) sehr viel seltener für relevant erachtet werden.[757]

Die *Association of Financial Professionals* (AFP) (2002) befragt ihre Mitglieder, überwiegend Finanzexperten in US-amerikanischen Unternehmen, zur Qualität und Aktualität von Ratings und zur Regulierung von Ratingagenturen. Eine Frage mit Bezug zu Ratingdeterminanten zielt auf die Gewichtung von Geschäfts- und Finanzrisiko im Ratingurteil ab. Etwa 43 % der Befragten gehen von einer annähernden Gleichgewichtung aus. Das Geschäftsrisiko wird hingegen von 33 % als deutlich höher gewichtet ansehen, während nur 17 % das für das Finanzrisiko meinen. Den verbleibenden 7 % ist keine Einschätzung möglich.[758]

Ellis (1998) befragt erstmals sowohl Emittenten als auch institutionelle Investoren zu Ratingagenturen und ihren Ratings. Die Befragung beider Gruppen eröffnet die Möglichkeit, Vergleiche anzustellen.[759] *Ellis* fokussiert auf Emittentenseite aber ausschließ-

752 Vgl. Cantwell (1999), S. 12.
753 Vgl. Cantwell (1999), S. 14.
754 Vgl. Cantwell (1999), S. 9. Bei dieser Frage waren Mehrfachnennungen möglich.
755 Vgl. Cantwell (1999), S. 12.
756 Vgl. Gromer (2000), S. 106.
757 Vgl. Brandt/Offerhaus (2002), S. 18.
758 Vgl. AFP (2002), S. 11.
759 Vgl. Ellis (1998), S. 35.

lich privatwirtschaftliche Versorgungsunternehmen.[760] Deren Ansichten müssen nicht repräsentativ für andere Emittenten sein. *Baker/Mansi* (2002) führen eine sehr ähnliche Studie durch, bei der auf Emittentenseite Industrieunternehmen aus verschiedenen Branchen einbezogen werden. Beide Studien erfragen den wichtigsten Ratinganalysebereich aus einem Katalog, der auf den veröffentlichten Informationen von *S&P* basiert. Übereinstimmend nennen die Emittenten in beiden Untersuchungen am häufigsten Cash Flow-basierte Kennzahlen, dann die finanzielle Flexibilität und die Kapitalstruktur. Das gleiche Ergebnis zeigt sich bei *Baker/Mansi* auch für die Investorenseite. Bei *Ellis* nennt diese Seite hingegen am zweithäufigsten die Kapitalstruktur und am dritthäufigsten die Managementqualität. Insgesamt werden ganz überwiegend quantitative Faktoren als wichtigste Ratingkriterien betrachtet, qualitativen Faktoren wird eine deutlich geringere Bedeutung beigemessen.[761]

4.3.3. Würdigung

Interviews mit Ratinganalysten haben grundlegende Einblicke in den Ratingprozess und die -kriterien geliefert, als diesbezüglich noch kaum Informationen öffentlich verfügbar waren. Die Vorgehensweise erscheint als naheliegende Lösung, um solche Informationen zu erhalten. Sie ermöglicht grundsätzlich, das gesamte Themenspektrum des Ratingprozesses sowie der qualitativen und quantitativen Ratingdeterminanten zu berücksichtigen. Der Einfluss von subjektiven Einschätzungen und Erfahrungswissen der Analysten lässt sich aber nur schwer einfangen und konkretisieren.[762] Es resultieren im Vergleich zu Ratingreplikationsstudien auch keine rechenbaren Zusammenhänge mit dem Rating, sondern lediglich Anhaltspunkte und Tendenzaussagen. Befragungen in Form von Interviews sind sehr aufwendig und meist auf geringe Fallzahlen beschränkt, was die Repräsentativität der Ergebnisse einschränkt.[763] Ein grundlegendes Problem für die Erforschung der Ratinganalyse durch Befragungen von Analysten ist die restriktive Informationspolitik der Agenturen. Darüber hinaus ist zu bedenken, dass bestimmte Anreize und Eigeninteressen das Antwortverhalten der Analysten beeinflussen können. Der Verbindlichkeitsgrad ihrer Antworten ist i.d.R. eher gering. Insgesamt ist die Zuverlässigkeit der erhobenen Daten daher fraglich.[764] Diese wird weiter durch die Reaktivität der Methode gefährdet, die darin besteht, dass der untersuchte Sachverhalt durch den Forschungs- bzw. Erhebungsprozess selbst und die dabei herrschenden speziellen situativen Gegebenheiten beeinflusst werden kann.[765] Aus diesen Gründen ist zu befürchten, dass sich deutliche Divergenzen ergeben zwischen dem,

---

760 Vgl. Ellis (1998), S. 37.

761 Vgl. Ellis (1998), S. 43f.; Baker/Mansi (2002), S. 1392f.

762 Vgl. Kamp (1998), S. 92.

763 Vgl. Kamp (1998), S. 92f.

764 Vgl. Schipper (1991), S. 116; Rogers/Grant (1997), S. 17; Kamp (1998), S. 93f.; Demirakos/Strong/Walker (2004), S. 222.

765 Vgl. Rogers/Grant (1997), S. 19; Kamp (1998), S. 93. Vgl. allgemein Schnell/Hill/Esser (2005), S. 353; Atteslander (2003), S. 191f.; Kromrey (2006), S. 405 und 532-534.

was die Befragten antworten, und dem, was sie in realen Analysesituationen tun.[766] Selbst wenn diese Probleme nicht zum Tragen kommen, ist es seit den Veröffentlichungen von Informationen durch die Ratingagenturen, wie sie in Kapitel 3 aufgearbeitet wurden, sehr wahrscheinlich, dass sich die Analysten bei ihren Antworten darauf beziehen und keine weitergehenden Einblicke gewähren werden. Neue und tiefergehende Erkenntnisse zu diesem Themenkomplex erscheinen auf diese Weise also kaum möglich.[767]

Die bisherigen, auf Fragebögen gestützten, Befragungen von Emittenten oder Investoren zum Thema Rating haben Aspekte zu wichtigen Ratingdeterminanten nur am Rande und in sehr allgemeiner Form berücksichtigt. Ihre Ergebnisse dazu sind entsprechend bescheiden. Bei den deutschen Studien wird zudem nicht explizit zwischen externen Agentur- und bankinternen Ratings unterschieden. Über alle betrachteten Untersuchungen hinweg kann man zusammenfassend festhalten, dass sowohl von Seiten der Emittenten als auch der Investoren quantitativen Kriterien eine etwas höhere Bedeutung für das Rating beigemessen wird als qualitativen. Bei den quantitativen Kriterien werden v.a. Cash Flow- und gewinnbasierte Kennzahlen, die finanzielle Flexibilität und die Kapitalstruktur als wichtig erachtet. Von Emittentenseite wurde die Gewährung eines Zugangs der Agenturen zu ausgewählten internen Finanz- und Prognosedaten überwiegend bestätigt. Inwiefern das einen Hinweis auf einen eigenständigen Informationswert von Ratings darstellt, ist aber fraglich. Nach wie vor verbleiben die oben angesprochenen Probleme der Zuverlässigkeit der erhobenen Daten und der Reaktivität der Methodik. Durch den Versand von Fragebögen und die damit verbundene Zeit- und Kostenersparnis ist zwar eine höhere Repräsentativität der Ergebnisse im Vergleich zu Interviews möglich. Dem stehen allerdings die z.T. geringen Rücklaufquoten, bspw. bei *Cantwell* (1999) nur 7 %, entgegen.[768] Außerdem wird regelmäßig eine angemessene Kontrolle möglicher Verzerrungen des Rücklaufs durch Selektionseffekte vernachlässigt.[769] Des Weiteren erfordern schriftliche Befragungen einfache und selbsterklärende Fragen und einen knappen Umfang. Die erzielbare Breite und Tiefe der Untersuchung ist im Vergleich zu Interviews dadurch geschmälert.[770] Die Auskunftsbereitschaft von Emittenten und Investoren zu Ratingdeterminanten dürfte zwar deutlich höher liegen als bei den Agenturen, da keine gleichartigen Geheimhaltungsinteressen bestehen. Allerdings haben diese befragten Gruppen keine direkten Kenntnisse zu Details des Ratingzustandekommens. Insbesondere von ihrer Seite werden ja die mangelnde Transparenz in diesem Punkt beklagt und weitere Einblicke gefordert.[771] Sie können jedoch ihre Erfahrungen im Umgang mit den Agenturen berichten und ihre eigene Erkenntnisse zum Ablauf des Ratingverfahrens und Analysevorge-

[766] Vgl. Rogers/Grant (1997), S. 18; Kamp (1998), S. 92f.; Breton/Taffler (2001), S. 92. Vgl. allgemein zu diesem Problem bei Befragungen Kromrey (2006), S. 408f.

[767] Vgl. ähnlich Kamp (1998), S. 26.

[768] Vgl. Atteslander (2003), S. 175; Frost (2007), S. 476.

[769] Vgl. Schnell/Hill/Esser (2005), S. 359; Diekmann (2005), S. 441.

[770] Vgl. z.B. Atteslander (2003), S. 175, und Diekmann (2005), S. 439, zu diesem Problem postalischer Befragungen.

[771] Vgl. Kapitel 2.4.2.3.

hen der Agenturen äußern.[772] Diese Aspekte wurden bislang kaum erforscht.[773] Sie sind aber im Rahmen der aktuellen Regulierungsdiskussion von großem Interesse.[774] Emittenten dürften durch ihren direkten Kontakt mit den Agenturen im Ratingprozess diesbezüglich über mehr Einblicke verfügen als Investoren. Dass bei Emittenten Erfahrungen vorliegen und Auskunftsbereitschaft besteht, machen einige neuere Veröffentlichungen von Unternehmensvertretern zu diesem Themenkomplex deutlich.[775] Dieses Wissen wurde in den bisherigen Studien nur sehr eingeschränkt abgefragt. Die Analyse der erhobenen Daten erfolgte darüber hinaus bislang vorrangig deskriptiv. Statistische Tests auf Antwortunterschiede von Emittenten, z.B. in Abhängigkeit der Größe, Branchenzugehörigkeit oder ähnlicher Unternehmensmerkmale oder für verschiedene Ratingagenturen, wurden nicht durchgeführt. Hier besteht Potential für weitere Forschungsbemühungen.

4.4. Inhaltsanalyse von Ratingbegründungen

4.4.1. Motivation und Überblick

Ein bisher wenig beachteter Anknüpfungspunkt für Untersuchungen zu Ratingkriterien stellen die in Kapitel 3.4. erwähnten Ratingbegründungen dar. Diese Dokumente beinhalten für das analysierte Unternehmen neben Angaben zum aktuellen Rating und der Ratinghistorie, den Ausprägungen wichtiger Kennzahlen, v.a. der Schlüsselkennzahlen, und deren Vergleich mit Branchendurchschnitten insbesondere einen mehrseitigen verbalen Erläuterungsteil zur Ratinganalyse. Er stellt eine kompakte Zusammenfassung der aus Sicht der Ratingagentur wichtigsten Bestimmungsfaktoren und -gründe des vergebenen Ratings dar.[776] Zur Analyse der Dokumente kann die Inhaltsanalyse herangezogen werden. Sie ist eine in den Sozialwissenschaften weit verbreitete empirische Methode „zur systematischen, intersubjektiv nachvollziehbaren Beschreibung inhaltlicher und formaler Merkmale von Mitteilungen."[777] Dabei kann es sich um alle Arten von Kommunikationsinhalten handeln, wobei der Schwerpunkt auf der Textanalyse liegt.[778] Vor diesem Hintergrund gilt, dass „(c)ontent analysis is suited as a method of studying bond ratings since the essence of bond ratings is a communication process."[779]

Bei der Inhaltsanalyse werden relevante Textelemente identifiziert (Kodiereinheiten) und vorab festgelegten Kategorien (deren Gesamtheit als Kategoriensystem bezeichnet

[772] Vgl. AFP (2002), S. 1.
[773] Vgl. Baker/Mansi (2002), S. 1394f.
[774] Vgl. Frost (2007), S. 476.
[775] Vgl. z.B. Ackermann/Jäckle (2005); Kirsten/Schiffer (2006).
[776] Vgl. Berblinger (1996), S. 105-107; Kamp (1998), S. 88.
[777] Früh (2001), S. 25. Vgl. grundlegend Holsti (1969); Berelson (1971). Vgl. für einen Überblick über die Methode Weber (1990); Boyatzis (1998); Früh (2001), S. 25-134; Atteslander (2003), S. 215-249; Kromrey (2006), S. 319-345.
[778] Vgl. Atteslander (2003), S. 215; Kromrey (2006), S. 319.
[779] Kamp (1998), S. 89.

wird) zugeordnet. Der Prozess wird Kodierung genannt.[780] Darauf aufbauend können abhängig vom Messniveau der Kategorien verschiedene Methoden zur Auswertung und Interpretation der gewonnenen Daten herangezogen werden.[781] Das Ziel ist es, anhand von Textmerkmalen Schlussfolgerungen über die Texte, ihre Verfasser, die Empfänger oder die soziale Realität außerhalb der Texte zu ziehen.[782] Mit der Inhaltsanalyse von Ratingbegründungen wird angestrebt, empirische Erkenntnisse über die für die Ratingurteile relevanten Kriterien zu gewinnen. Die zentrale und kritische Annahme dabei ist, dass sich Angaben dazu, zumindest teilweise, in diesen Dokumenten wiederfinden.[783] Das ist ein wichtiger Aspekt, den es im Rahmen der Würdigung dieser Forschungsrichtung in Kapitel 4.4.3. zu hinterfragen gilt.

Die einzige dem Verfasser bekannte Studie dieser Art ist die von *Kamp* (1998), sie wird im nächsten Kapitel ausführlich aufgearbeitet. Die Inhaltsanalyse ist jedoch eine in der Rechnungslegungsforschung, v.a. zur Untersuchung verbaler Abschlussinformationen, mittlerweile stark verbreitete Methode.[784] Sie findet zudem Anwendung für die Untersuchung wesentlicher Bestimmungsfaktoren der Anlageempfehlungen von Finanzanalysten anhand der von ihnen verfassten Analyseberichte.[785] Das ist eine Fragestellung, die große Ähnlichkeit zu der in dieser Arbeit untersuchten aufweist.[786]

4.4.2. Die Studie von *Kamp* (1998)

Die von *Kamp* (1998) untersuchte Stichprobe umfasst 173 *Credit Opinions* von *Moody's* aus dem Jahr 1995 für Unternehmen aus verschiedenen Branchen und insgesamt 18 Ländern, v.a. den USA, Japan und Großbritannien.[787] Das Kategorienschema wird explorativ aus einer zufällig gezogenen Teilstichprobe entwickelt und umfasst 29 Kategorien.[788] Diese werden jeweils verschiedenen Hauptkategoriensystemen zugeordnet, die sich an früheren Ergebnissen, z.B. von *Sherwood* (1976), und den von *S&P* genannten wesentlichen Analysebereichen der Ratinganalyse orientieren. *Kamp* kodiert

---

780 Vgl. Atteslander (2003), S. 225f.; Kromrey (2006), S. 322.

781 „Content analysis provides a method for converting the narrative disclosure into a quantitative measure (...) that can be statistically related to underlying economic circumstances." Tennyson/Ingram/Dugan (1990), S. 395. Hier wird auf die quantitative Inhaltsanalyse abgestellt. Vgl. zur Abgrenzung von quantitativer und qualitativer Inhaltsanalyse z.B. Früh (2001), S. 47-74; Atteslander (2003), S. 215-223; Lamnek (2005), S. 479-492; Kromrey (2006), S. 319-323. Vgl. zur qualitativen Inhaltsanalyse z.B. Mayring (1993) oder Lamnek (2005), S. 505-546.

782 Vgl. Weber (1990), S. 49; Diekmann (2005), S. 484; Kromrey (2006), S. 319.

783 Merten (1995), S. 147, spricht von der sog. Reflektionshypothese, die zugrunde gelegt wird und die kritisch zu prüfen ist. Vgl. zu der Annahme auch Schipper (1991), S. 117; Rogers/Grant (1997), S. 23f.; Breton/Taffler (2001), S. 92, und sehr anschaulich Kamp (1998), S. 103-107.

784 Vgl. Jones/Shoemaker (1994) und Beattie/McInnes/Fearnley (2004), S. 208-213, jeweils m.w.N.

785 Vgl. Hax (1998), S. 11f. Vgl. z.B. die Studien von Govindarajan (1980); Previts u.a. (1994); Rogers/Grant (1997); Breton/Taffler (2001); Bradshaw (2002); Demirakos/Strong/Walker (2004); Nielsen (2004); García-Meca/Martinez (2007).

786 Vgl. auch Kamp (1998), S. 3 und 99f.

787 Vgl. Kamp (1998), S. 101f. Darunter sind sieben Unternehmen aus Deutschland.

788 Vgl. Kamp (1998), S. 107-110.

für die einzelnen Ratingbegründungen zu jeder Kategorie nur, ob sie darin genannt ist oder nicht. Mehrfachnennungen in einem Dokument bezüglich einer Kategorie werden nicht berücksichtigt.[789] Er bemerkt, dass die von ihm ausgewerteten Ratingbegründungen zu kurz und zu verdichtet seien, um für die verschiedenen Kategorien aussagefähige relative Nennungshäufigkeiten berechnen zu können.[790] Seine Ergebnisse beziehen sich folglich ausschließlich auf die Stichprobe als Ganzes. Insgesamt erfasst er ca. 1.300 Kodiereinheiten. Im Durchschnitt finden sich folglich in jeder Ratingbegründung Nennungen zu 7,5 Kategorien.[791]

Für die von *S&P* differenzierten Analysebereiche als Hauptkategorien ermittelt *Kamp* die aus Abbildung 10 ersichtlichen Anteile an der Gesamtzahl der über alle ausgewerteten Dokumente identifizierten Kodiereinheiten.[792] Die höchsten Anteile weisen die Bereiche *Profitabilität*,[793] *Branchenrisiko*, *Marketing*, *Kapitalstruktur* und *Cash Flow-Adäquanz* auf.[794] Auf aggregierter Ebene zeigt sich ein etwas höheres Gewicht des Geschäftsrisikos (42,4 %) gegenüber dem Finanzrisiko (37,3 %).[795] In der Auffangkategorie *Sonstiges* finden sich v.a. Kodierungen zu Fremdwährungs- und Rechtsrisiken.[796] Ausführungen zu Pensionsverpflichtungen sind in den Dokumenten keine zu finden.[797] *Kamp* weist nur beispielhaft auf einzelne Unterschiede nach Ratingklassen hin, etwa, dass Kodiereinheiten mit Bezug zu Kostensenkungsprogrammen nur bei Unternehmen mit einem Rating besser als A zu finden waren.[798] Eine nach Branchen differenzierte Betrachtung unterbleibt.

---

789 Vgl. Kamp (1998), S. 110-116. Eine Übersicht findet sich im Anhang 4. Vgl. zu Sherwood (1976) auch Kapitel 4.3.2. sowie Anhang 3. Im Untersuchungszeitraum von *Kamp* führte *S&P* die Risiko- bzw. Analysebereiche Branchenrisiko, Marketing, Technologie, operative Effizienz, Managementqualität, Rechnngslegungsqualität, Kapitalstruktur, Profitabilität, Cash Flow-Adäquanz und finanzielle Flexibilität an. Vgl. z.B. Steiner (1992), S. 512. Vgl. für die heute differenzierten Analysebereiche Kapitel 3.3.

790 Vgl. Kamp (1998), S. 109.

791 Vgl. Kamp (1998), S. 123-134, zur Überprüfung von Validität und Reliabilität seiner Studie.

792 Vgl. Kamp (1998), S. 116 und 111-117, für die Anteile bzgl. weiterer Hauptkategorienschemata gemäß Sherwood (1976), Hawkins/Brown/Campell (1983) und Previts u.a. (1994).

793 Die Bezeichnungen von inhaltsanalytischen Kategorien werden im Weiteren zur besseren Erkennung *kursiv* geschrieben. Das gilt auch für die eigene Inhaltsanalyse in Kapitel 5.

794 Nach der heutigen Unterteilung, wie sie in Kapitel 3.3. erläutert wurde, sind die Analysebereiche *Marketing*, *Technologie* und *Effizienz* unter dem Bereich Wettbewerbsposition zusammengefasst und würden mit 23,5 % den größten Anteil ausmachen.

795 Die Aggregation orientiert sich an dem in Kapitel 3.3. erwähnten Vorgehen der Ratingagenturen.

796 Viele Aspekte, die *Kamp* unter *Sonstiges* erfasst, wären den Kriterienveröffentlichungen von *S&P* zufolge eigentlich dem Bereich finanzielle Flexibilität zuzuordnen (17,4 % von 20,4 %), den er vernachlässigt. Vgl. dazu Kapitel 3.2.4.3. Damit würde sich der Anteil des Finanzrisikos auf 54,7 % erhöhen und über dem des Geschäftsrisikos liegen.

797 Vgl. Kamp (1998), S. 115-118.

798 Vgl. Kamp (1998), S. 118-121.

	Hauptkategorie	Anteil
Geschäftsrisiko	Branchenrisiko	13,6 %
	Marketing	12,8 %
	Technologie	2,1 %
	operative Effizienz	8,6 %
	Managementqualität	5,3 %
Finanzrisiko	Rechnungslegungsqualität	0,0 %
	Finanzpolitik	2,2 %
	Profitabilität	13,3 %
	Kapitalstruktur	11,7 %
	Cash Flow-Adäquanz	10,1 %
	Sonstiges	20,4 %
	Summe	**100 %**

Abb. 10: Anteile der *S&P*-Analysebereiche gemäß inhaltsanalytischen Ergebnissen von *Kamp* (1998)[799]

Für eine Teilstichprobe von 30 der 173 Unternehmen werden anschließend jeweils Ratingbegründungen aus den Jahren 1992 bis 1995, insgesamt 120 Dokumente, unter Anwendung des ursprünglichen Kategorienschemas ausgewertet und die Ergebnisse der einzelnen Jahre gegenübergestellt.[800] Ziel ist es, Veränderungen in der Bedeutung der einzelnen Kategorien im Zeitablauf aufzudecken. Fast alle Kategorien erweisen sich im betrachteten Zeitraum als weitgehend stabil, mit Ausnahme des merklichen Bedeutungsverlustes der Kategorien *Zinsdeckung*, *Anleihebedingungen* und *Neue Produkte*. Eine Erklärung dazu wird nicht gegeben. Außerdem erlaubt die geringe Datenbasis keine tiefergehenden oder gar statistisch gesicherten Aussagen.[801]

Ergänzend führt *Kamp* für die ursprüngliche Stichprobe von 173 Ratingbegründungen aus dem Jahr 1995 eine weitere Inhaltsanalyse durch, bei der das Kategoriensystem ausschließlich theoriegeleitet entwickelt wird. Ausgangspunkt ist die Annahme, dass dem Verschuldungsgrad als einer wichtigen Bonitätsrisikodeterminante hohe Bedeutung für das Rating zukomme und sich das in den Ratingbegründungen widerspiegeln sollte. Es wird untersucht, inwieweit zentrale Erklärungsfaktoren verschiedener Kapitalstrukturtheorien in den Dokumente zu finden sind.[802] Aufgrund der spezifischen Fragestellung und methodischer Probleme ergeben sich aber nur vereinzelte Bezüge auf solche Faktoren, und die Aussagefähigkeit der gefundenen Ergebnisse ist gering.[803]

799 In Anlehnung an Kamp (1998), S. 116.
800 Vgl. Kamp (1998), S. 121.
801 Vgl. Kamp (1998), S. 121-123.
802 Vgl. Kamp (1998), S. 134-138.
803 Vgl. Kamp (1998), S. 143-146.

An den Ergebnissen seiner Inhaltsanalyse anknüpfend unternimmt *Kamp* schießlich eine Ratingreplikationsstudie mittels eines Künstlichen Neuronalen Netzes auf Basis einer Stichprobe von 250 neuemittierten Industrieanleihen aus verschiedenen Ländern mit Ratings von *S&P*.[804] Die Auswahl der Erklärungsvariablen soll sich an den Ergebnissen der Inhaltsanalyse orientieren.[805] Hierdurch soll ein wichtiger Kritikpunkt an vielen bisherigen Ratingreplikationsstudien gemildert werden, nämlich die meist schwache Fundierung der berücksichtigten Erklärungsvariablen.[806] Zwar ermöglicht die Inhaltsanalyse gewisse Einblicke in die Bedeutung auch qualitativer Ratingkriterien. Es besteht aber weiter die große Schwierigkeit, diese adäquat zu operationalisieren, um sie in einem quantitativen Modell berücksichtigen zu können.[807] *Kamp* muss daher feststellen: „Thus, although the search for explanatory variables was structured on the basis of a study of the bond rating process, due to measurement and data collection problems, many of the final selected variables are comparable to those of earlier models, which were based on the intuitive appeal of variables."[808]

Ein interessanter und im Vergleich zu anderen Ratingreplikationsstudien neuartiger Aspekt ist, dass *Kamp* einen Teil der Erklärungsvariablen und ihrer Ausprägungen aus Ratingbegründungen von *S&P* entnimmt, so dass eventuelle analytische Anpassungen und Bereinigungen der Agentur darin berücksichtigt sind.[809] Sie sind sämtlich in der

804 Vgl. Kamp (1998), S. 194. Des Weiteren untersucht *Kamp*, inwieweit und wo Informationen aus den Ratingbegründungen in den Geschäftsberichten der gerateten Unternehmen zu finden sind, um daraus einen *disclosure score* zu entwickeln, der den Informationsgehalt der Rechnungslegung in Bezug auf die relevanten Ratingkriterien messen soll. Vgl. Kamp (1998), S. 150. Diese Untersuchung wird hier nicht näher betrachtet. Vgl. für einen Überblick über Studien zu Qualitätsmaßstäben der Berichterstattung von Unternehmen allgemein z.B. Lang/Lundholm (1993); Botosan (1997); Healy/Palepu (2001), S. 426f.; Core (2001), S. 452f.; Fields/Lys/Vincent (2001), S. 277f.; Beattie/McInnes/Fearnley (2004), S. 208-211 m.w.N.

805 Vgl. Kamp (1998), S. 197-252.

806 Vgl. Kapitel 4.2.3., insb. Fn. 731-734.

807 Vgl. Kamp (1998), S. 199f.; Amato/Furfine (2004), S. 2647f.

808 Kamp (1998), S. 248.

809 Folgende Erklärungsvariablen werden von ihm berücksichtigt: 5-Jahres-Durchschnitte von Umsatz, Eigenkapitalrentabilität, Volatilität der Eigenkapitalrentabilität, Cash Flow/Schulden, Volatilität des Current Ratio, Umsatzrentabilität, Eigenkapitalquote, Volatilität der Eigenkapitalquote, Zinsdeckung und Cash Flow, entnommen aus Abschlüssen der Unternehmen; außerdem den Rangplatz bezogen auf Marktkapitalisierung und Rangplatz bezogen auf Bilanzsumme; weiterhin die aus dem *S&P Bond Guide* zu den Emittenten der Anleihen entnehmbaren, von *S&P* unter Berücksichtigung analytischer Anpassungen berechneten Werte des 3-Jahres-Durchschnitts der Zinsdeckung, der Volatilität der Zinsdeckung und der Fremdkapitalquote; und schließlich eine mögliche Nachrangigkeit der Anleihe. Vgl. Kamp (1998), S. 203. Er stellt drei Modellvarianten auf, nämlich (i) fünf Erklärungsvariablen nur aus den Abschlüssen der Unternehmen, (ii) sechs Erklärungsvariablen aus den Abschlüssen der Unternehmen und deren Rangplätzen nach Marktkapitalisierung und Bilanzsumme, und (iii) acht Erklärungsvariablen aus allen genannten. Die Auswahl der besten Erklärungsvariablen erfolgt jeweils anhand von Auswahlalgorithmen auf Basis von Regressionsanalysen. Vgl. Kamp (1998), S. 204.

Modellvariante mit der höchsten Klassifikationsleistung enthalten.[810] Eine anschließende Berücksichtigung möglicher Einflüsse der Branchenzugehörigkeit über eine Indikator-Variable oder über die Normierung der Kennzahlen mit deren Branchendurchschnitten führen zu keiner besseren Klassifikationsleistung.[811]

4.4.3. Würdigung

„Prinzipiell sind quantitative Inhaltsanalysen immer dann indiziert, wenn es darum geht, ausgewählte Einzelaspekte von Texten oder eng umrissene Fragestellungen systematisch und u.U. auch hypothesengeleitet zu untersuchen."[812] Ratingbegründungen sind einer inhaltsanalytischen Auswertung daher gut zugänglich. Die Analyse des Inhalts solcher Dokumente erscheint zur Erforschung von Ratingdeterminanten v.a. deshalb fruchtbar, weil damit direkt an den Ergebnissen der realen Analyse- und Entscheidungsprozesse von Ratinganalysten angeknüpft wird.[813] Des Weiteren werden empirische Erkenntnisse möglich, welche Informationen die Ratingagenturen (subskriptionspflichtigen) Investoren und ggf. den Emittenten zum Zustandekommen eines Ratings gewähren. Nach *Frost* (2007) fehlt es daran bislang weitgehend.[814] Neben quantifizierbaren kann auch qualitativen Aspekten und deren Relevanz nachgegangen werden.[815] Zudem werden die Dokumente unabhängig und unbeeinflusst vom Prozess ihrer Erforschung erstellt, was das Problem der Reaktivität vermeidet.[816] Der Ansatz ist auch für kleine Stichprobenumfänge anwendbar, obwohl die Repräsentativität der Ergebnisse einen gewissen Datenumfang erfordert.[817]

Eine zentrale Annahme ist allerdings, dass sich die für die Ratingurteile entscheidenden Kriterien in gewissem Umfang in den zugehörigen Ratingbegründungen wiederfinden.[818] Das gilt es kritisch zu hinterfragen. Die Dokumente könnten z.B. durch Anreizprobleme oder Geheimhaltungsinteressen der Agenturen sehr allgemein formuliert sein oder sogar Aspekte anführen, die für die Ratingurteile kaum oder gar nicht relevant sind.[819] Jedoch werden sie erstellt, um Ratingentscheidungen gegenüber subskriptionspflichtigen, v.a. professionellen, Ratingnutzern und u.U. den gerateten Unterneh-

---

[810] Vgl. Kamp (1998), S. 218. Das Modell entspricht Variante (iii) (vgl. Fn. 809) und berücksichtigt folgende Erklärungsvariablen: 5-Jahres-Durchschnitt von Cash Flow/Schulden und Cash Flow, die von *S&P* berechneten 3-Jahres-Durchschnittswerte der Zinsdeckung, der Volatilität der Zinsdeckung und der Fremdkapitalquote und schließlich Indikator-Variablen für eine mögliche Nachrangigkeit. Dieses errreicht eine maximale Klassifikationsleistung von ca. 67 %.

[811] Vgl. Kamp (1998), S. 237-241

[812] Bortz/Döring (2006), S. 151.

[813] Vgl. Schipper (1991), S. 116; Rogers/Grant (1997), S. 19; Kamp (1998), S. 95; Breton/Taffler (2001), S. 91f.

[814] Vgl. Frost (2007), S. 476. Vgl. auch Kapitel 2.4.3, insb. Fn. 372.

[815] Vgl. Harwood/Garry (2003), S. 493.

[816] Vgl. Schipper (1991), S. 116; Rogers/Grant (1997), S. 19; Breton/Taffler (2001), S. 91f. Vgl. allgemein Berg (2004), S. 287; Kromrey (2006), S. 397.

[817] Vgl. Lamnek (2005), S. 180-187; Kromrey (2006), S. 276-279 und 403.

[818] Vgl. Kapitel 4.3.1.

[819] Vgl. Kamp (1998), S. 103f.

men besser nachvollziehbar zu machen.[820] Aus Glaubwürdigkeits- und Reputationsgründen sollten darin, trotz der in Kapitel 2.4.2.4. aufgezeigten potentiellen Einschränkungen, zumindest zu einem gewissen Grad relevante Ratingkriterien zu finden sein.[821] Das gilt umso mehr, seit die Ratingagenturen nach den Vorgaben des IOSCO-Code zu solchen Erläuterungen, v.a. gegenüber den Emittenten, angehalten sind.[822] Daher erscheint die Vermutung berechtigt, dass Aspekte, die in Ratingbegründungen erwähnt sind, in den Informationsbeschaffungs-, Analyse- und Entscheidungsprozessen der Ratinganalysten berücksichtigt wurden.[823] Die Agenturen betonen allerdings, dass derartige Begründungen aufgrund der Verschwiegenheitspflicht gegenüber dem gerateten Unternehmen nur öffentlich verfügbare Informationen enthalten.[824] Würden also Insiderinformationen in das Rating einfließen, wären diese aus dem Dokument nicht ersichtlich. Da diese Informationen von keiner der aufgezeigten alternativen Methoden aufgedeckt werden können,[825] ist das keine spezifische Einschränkung der Inhaltsanalyse.

Die Gewinnung neuer Erkenntnisse zu Ratingkriterien durch eine Auswertung von Ratingbegründungen könnte auch in Frage gestellt sein, falls diese Dokumente bereits öffentlich weitläufig bekannt wären. Das ist jedoch weder für Emittenten noch für Investoren gegeben. Die Dokumente sind grundsätzlich nur über kostenpflichtige Abonnements von den Agenturen erhältlich, über die nur eine begrenzte Anzahl von Investoren, insbesondere große institutionelle Investoren, verfügen.[826] Emittenten erhalten i.d.R. die Begründungen zu ihrem eigenen Rating. Für einen Zugang zu Ratingbegründungen anderer Emittenten sind sie ebenfalls auf ein Abonnement angewiesen. Nach Befragungsergebnissen von *Cantwell* (1999) verfügen aber nur ca. 10 % der Emittenten über ein umfassendes Abonnement und ca. 45 % beziehen ausgewählte Publikationen von Ratingagenturen. Bezüglich der Ratingbegründungen zu ihrem eigenen Rating haben Emittenten die Möglichkeit, diese Außenstehenden frei zugänglich zu machen. Davon machen nach Erhebungen des Verfassers in Deutschland aber nur sehr wenige Unternehmen Gebrauch.[827] Selbst wenn diese Ratingbegründungen weitgehend öffentlich bekannt wären, lässt nur eine systematische wissenschaftliche Auswertung einer

---

820 Vgl. Wieben (2004), S. 96 m.w.N.

821 Vgl. Kamp (1998), S. 95; Rogers/Grant (1997), S. 26; Breton/Taffler (2001), S. 92 und 96.

822 Vgl. IOSCO (2004), S. 9, Code Fundamental 3.7. Vgl. zu Details Kapitel 2.4.3., insb. Fn. 350f.

823 Vgl. Kamp (1998), S. 149, und ähnlich Rogers/Grant (1997), S. 18. Schipper (1991), S. 117, bemerkt: „A necessary condition for inclusion in the report is inclusion in the decision process, so the report sets a lower bound on the information items analyzed."

824 Vgl. S&P (2006a), S. 16; Berblinger (1996), S. 59.

825 Es gibt zwar Studien, die einem eigenen Informationswert von Ratings, der auf Insiderinformationen zurückgehen könnte, im Kapitalmarktzusammenhang nachgehen. Vgl. dazu Kapitel 2.4.1. Details zu solchen Insiderinformationen können aber auch sie nicht aufdecken. Der Charakter solcher Aspekte macht sie für eine empirische Erforschung kaum zugänglich.

826 Vgl. Sinclair (2003), S. 151.

827 Von den 108 zum Stichtag 31.10.2006 von *S&P* oder *Moody's* gerateten Unternehmen außerhalb des Finanzsektors aus Deutschland, Österreich und der Schweiz, machten nur 18 die Ratingberichte der Agenturen zu ihrem Unternehmen über ihre Internetseite öffentlich zugänglich.

umfangreichen Stichprobe tiefergehende und verallgemeinerbare Erkenntnisse daraus erwarten.

Die Studie von *Kamp* stellt, wie erwähnt, die bislang einzige Inhaltsanalyse von Ratingbegründungen dar. Ihr Verdienst ist es, die Methodik in die empirische Ratingforschung eingeführt und erste Ergebnisse auf dieser Basis erzielt zu haben. Eine rechenbare Ratingprognose lässt sich aus solchen Ergebnissen nicht abzuleiten, sie ermöglichen aber quantitative Aussagen über die Wichtigkeit der verschiedenen Kategorien in den untersuchten Ratingbegründungen und damit tendenziell auch für das Ratingurteil. Diese Daten können auch als Grundlage statistischer Hypothesentests oder weiterer Auswertungsverfahren dienen. Die Erkenntnisse können darüber hinaus in weitere Untersuchungen einfließen. Mit der Nutzung in einer Ratingreplikationsstudie kann *Kamp* bspw. einige der in Kapitel 4.2.3. herausgearbeiteten wichtigen Kritikpunkte an diesen Studien abmildern. Sie erlauben eine Fundierung der Auswahl von Erklärungsvariablen. Das hilft jedoch nur sehr eingeschränkt bezüglich qualitativer Faktoren, da die große Schwierigkeit, diese adäquat zu operationalisieren, bestehen bleibt.[828] Zudem können Ausprägungen von Finanzkennzahlen z.T. aus den Ratingbegründungen für die Erklärungsvariablen entnommen werden, in denen die analytischen Anpassungen der Agenturen berücksichtigt sind.

Allerdings weist die Studie einige kritische Aspekte und methodische Schwächen auf, die im Folgenden näher beleuchtet werden sollen. Bspw. ist die Entwicklung der Kategoriensysteme schwach fundiert und schlecht nachvollziehbar. Es finden sich keine Kategoriendefinitionen. Die Kategoriensysteme sind zudem nur wenig differenziert und ermöglichen daher nur grobe Einblicke in die in den Ratingbegründungen angesprochenen Kriterien. Die zugrunde gelegte Datenbasis umfasst nur Dokumente von *Moody's*. Eine vergleichende Gegenüberstellung mit denen von *S&P* unterbleibt. Zudem verwundert es, dass ein Kategoriensystem an den Analysebereichen von *S&P* orientiert entwickelt wird und ohne Prüfungen oder zumindest weitere Erläuterungen für die Analyse von Ratingbegründungen von *Moody's* verwendet wird. Bei diesen Dokumenten handelt es sich um *Moody's Credit Opinions*, die mit ca. zwei Seiten sehr kurze Ratingbegründungen darstellen. *Kamp* kodiert daher für die einzelnen Texte zu jeder Kategorie nur, ob sie genannt ist oder nicht. Mehrfachnennungen in einem Dokument werden nicht berücksichtigt und es unterbleibt eine Ermittlung von relativen Nennungshäufigkeiten der Kategorien in den Dokumenten.[829] Ausführliche Ratingbegründungen in Form von *Moody's Analysis* bzw. *S&P Research* enthalten deutlich umfangreichere und differenziertere Ausführungen. Sie hätten tiefgehendere Erkenntnisse ermöglicht. Interessant wäre zudem eine ergänzende Untersuchung von Ratingänderungsbegründungen gewesen.

Die erhobenen Daten werden von *Kamp* weiterhin nur sehr eingeschränkt ausgewertet. Seine Analyse ist weitgehend deskriptiv, und er testet nur wenige, sehr allgemeine

---

828 Vgl. Kamp (1998), S. 199f. Vgl. auch Amato/Furfine (2004), S. 2647f.
829 Vgl. Kamp (1998), S. 108.

Hypothesen. Außerdem führt er nur eine eng umrissene und statistisch nicht untermauerte Sensitivitätsanalyse durch, in der er zum einen kurz verbal auf einzelne Unterschiede nach Ratingklassen hinweist. Zum anderen stellt er für eine kleine Teilstichprobe Kodierungen von Ratingbegründungen aus verschiedenen Jahren gegenüber. *Kamp* bezweifelt selbst die Repräsentativität dieser Ergebnisse.[830] Die Elemente der Stichprobe stammen zudem aus vielen verschiedenen Herkunftsländern und Branchen. Möglichen Einflüssen dieser Faktoren auf die Ergebnisse wurde nicht nachgegangen, obwohl Aussagen der Ratingagenturen und Erkenntnisse anderer empirischer Studien auf eine gewisse Relevanz hindeuten.[831] Vor diesem Hintergrund lassen sich zahlreiche Möglichkeiten zur Verbesserung und Erweiterung der Studie erkennen, um das Potential der Inhaltsanalyse zur Untersuchung des Zustandekommens von Ratings besser zu nutzen.

4.5. Fazit

Die Aufarbeitung der empirischen Evidenz hat mehrere wesentliche Forschungslücken erkennen lassen, an denen die eigene empirische Untersuchung anknüpfen kann und zu deren Schließung sie einen Beitrag leisten soll. So finden sich Erkenntnisse zu möglichen Ratingdeterminanten fast ausschließlich für quantitative Faktoren, vorrangig Finanzkennzahlen. Qualitative Kriterien der Ratinganalyse und deren Wichtigkeit für das Ratingurteil wurden bisher nur sehr rudimentär erforscht. Weiterhin ist dem Befund von *Frost* (2007) zuzustimmen, dass es, mit Ausnahme der Anhaltspunkte aus der oben aufgearbeiteten Studie von *Kamp* (1998), bislang, trotz massiver Klagen über einen Mangel an Transparenz und der gegenwärtigen Regulierungsdiskussion, keine Untersuchungen darüber gibt, welche Informationen und Erläuterungen Ratingagenturen den Emittenten und Investoren zum Zustandekommen ihrer Ratingurteile genau gewähren. Bis heute ist zudem nur wenig über Einstellungen und Erfahrungen von Ratingnutzern, insbesondere von gerateten Emittenten, zu Ratingagenturen und deren Ratingprozess bekannt. Schließlich gibt es zu den hier interessierenden Aspekten externer Ratings, bis auf die wenigen und rudimentären, oben aufgearbeiteten Befragungsergebnisse, keine empirischen Erkenntnisse für Deutschland[832] bzw. den gesamten deutschsprachigen Raum.

Für diese Erkenntnisinteressen erscheint ein eigenes Ratingreplikationsmodell aus mehreren Gründen ungeeignet. Erstens ist eine tiefergehende Untersuchung qualitativer Ratingdeterminanten auf Basis dieser Methode nicht möglich. Zweitens wären daraus keine Befunde über die von den Ratingagenturen gewährten Erläuterungen ihrer Ratings ableitbar. Und schließlich wäre drittens mit Blick auf die noch sehr einge-

830 Vgl. Kamp (1998), S. 121.

831 Vgl. Kapitel 3.2.2., 3.2.3. und 4.2.2.

832 Für Deutschland gibt es aber mittlerweile vereinzelte empirische Studien zu anderen Aspekten extener Ratings, z.B. die *yield spread*-Studie von Rottmann/Seitz (2004) oder die Ereignisstudien zu Aktienmarktreaktionen auf Ratingänderungen von Behr/Güttler (2005) und Užík/Nelles (2007). Vgl. dazu auch Kapitel 2.4.1.

schränkte Datengrundlage zu Ratings in Deutschland die erforderliche Stichprobengröße für umfangreiche Untersuchungen und statistische Tests kaum zu erreichen.

Auch die ausschließliche Durchführung einer Befragung ist als nicht zielführend zu betrachten. Eine Befragung von Ratingagenturen lässt angesichts ihrer restriktiven Informationspolitik kaum Erkenntnisgewinne erwarten. Investoren und Emittenten haben aufgrund dessen keine detaillierten Kenntnisse zum Zustandekommen der Ratings. Insbesondere von ihrer Seite werden der Transparenzmangel beklagt und bessere Einblicke gefordert. Als weitere Problemfelder sind die erforderliche Einfachheit der Fragestellungen, die potentielle Reaktivität der Methode und die Gefahr eines geringen oder durch Selektionseffekte verzerrten Rücklaufs zu sehen. Allerdings erlaubt eine Befragung von Emittenten Erkenntnisse darüber, welche Erläuterungen sie von den Agenturen zu ihren Ratings erhalten, und sie stellt die einzige Möglichkeit dar, ihre Erfahrungen und Ansichten zum Ratingprozess zu erheben. Dass eine solche Befragung dazu interessante Einblicke verspricht, bringt folgendes Zitat treffend zum Ausdruck: „Treasury and finance professionals rely on the NRSROs when their company issues debt and when they make investment decisions. Their relationship with the NRSROs provides them with an opportunity to form opinions on both the strengths and weaknesses of the agencies′ practices.“[833]

Demgegenüber erlaubt eine Inhaltsanalyse von Ratingbegründungen eine sehr viel umfangreichere und vor allem qualitative Faktoren einbeziehende Betrachtung möglicher Ratingdeterminanten. Da diese Dokumente das primäre Kommunikationsinstrument der Agenturen zur Erläuterung ihrer Ratings darstellen, erweist sich ihre inhaltsanalytische Auswertung zudem als sinnvolle Herangehensweise, um diesbezügliche empirische Erkenntnisse zu erzielen. *Frost* stellt im Einklang damit fest: „Some CRAs provide extensive commentary along with letter ratings. Further analysis of the role of commentary in the credit ratings process is warranted.“[834] Ebenso sprechen ihre Nichtreaktivität und Anwendbarkeit auf kleinere Stichprobenumfänge für diese Methode. Zwar sind die Annahmen einer solchen Analyse zu bedenken und bei der Interpretation ihrer Ergebnisse zu berücksichtigen. Vor allem wird unterstellt, dass sich für ein Rating entscheidende Kriterien in den ausgewerteten Ratingbegründungen wieder finden. Aus den oben angeführten Gründen und mit Blick auf Einschätzungen in der Literatur werden diese Punkte hier aber als tragfähig und erfüllt betrachtet.[835] Eine Inhaltsanalyse von Ratingbegründungen ist daher als geeignete und fruchtbare Herangehensweise zur Untersuchung von Ratingdeterminanten einzuschätzen, die neue und wertvolle Erkenntnisse ermöglicht.

[833] AFP (2002), S. 1. Vgl. zum NRSRO-Status von Ratingagenturen auch Kapitel 2.3. und 2.4.5.

[834] Frost (2007), S. 486. Vgl. ähnlich bereits Perry/Cronan/Henderson (1984), S. 34.

[835] Vgl. Schipper (1991), S. 117; Previts u.a. (1994), S. 59; Rogers/Grant (1997), S. 20; Breton/Taffler (2001), S. 100; Nielsen (2004), S. 5.

Für die eigene Untersuchung wird vor diesem Hintergrund eine zweigliedrige Vorgehensweise gewählt. Erstens wird eine Inhaltsanalyse durchgeführt. Dabei wird die Studie von *Kamp* an wichtigen Stellen verbessert und erweitert:

(i) Es werden Ratingbegründungen von *S&P* und *Moody's* herangezogen, so dass auch Vergleiche zwischen beiden Agenturen angestellt werden können.
(ii) Es werden die ausführlichen Ratingbegründungen *S&P Research* und *Moody's Analysis* ausgewertet.
(iii) Es werden ergänzend auch Ratingänderungsbegründungen analysiert.
(iv) Das Kategoriensystem wird deutlich differenzierter und zudem ausführlich dokumentiert sein sowie Mehrfachnennungen von Kategorien berücksichtigen.
(v) Auf Basis der erhobenen Daten werden konkrete Hypothesen mittels statistischer Testverfahren untersucht.
(vi) Schließlich werden Sensitivitätsanalysen durchgeführt, um für mögliche Einflüsse nicht berücksichtigter Faktoren auf die Ergebnisse zu kontrollieren.

Zusätzlich wird zweitens eine Befragung von gerateten Unternehmen durchgeführt, wobei den herausgearbeiteten methodenspezifischen Schwachpunkten bestmöglich Rechnung getragen werden soll. Diese weitere Untersuchung erfolgt im Wesentlichen aus zwei Gründen. Zum einen ist nur auf diese Weise die hier ebenfalls angestrebte Erhebung der Ansichten und Erfahrungen gerateter Unternehmen zum Ratingprozess möglich. Einige der Fragen werden sich an denen bisheriger Studien, v.a. von *Kniese* (1996), *Ellis* (1998), *Cantwell* (1999) und *Baker/Mansi* (2002), orientieren, um auch einen Ergebnisvergleich vornehmen zu können. Zum anderen bietet ihre Befragung zu wichtigen Ratingdeterminanten eine interessante Ergänzung der inhaltsanalytischen Untersuchung und die Möglichkeit zu einer Triangulation.[836] Durch die Kombination der Methoden werden beide direkt am Ratingprozess beteiligten Parteien in die Untersuchung einbezogen. Das in den Ratingbegründungen zum Ausdruck gebrachte Eigenbild der Agenturen von ihrer Ratingmethodologie wird konfrontiert mit dem Fremdbild, das die gerateten Unternehmen davon geben.[837] Die Gegenüberstellung der Ergebnisse der Inhaltsanalyse und der Befragung, also von Eigen- und Fremdbild, kann Gemeinsamkeiten und Inkonsistenzen aufdecken und ermöglicht zusätzliche Erkenntnisse über die Ratingdeterminanten. Im Vergleich zu den bisherigen Befragungen wird in der eigenen Untersuchung neben der deskriptiven Analyse auch Antwortunterschieden der Befragten in Abhängigkeit bestimmter Unternehmensmerkmale sowie für die verschiedenen Ratingagenturen auf Basis statistischer Tests nachgegangen.

---

836 „(D)urch die Wahl eines Mehrmethodenansatzes eröffnen sich Möglichkeiten zur Kontrolle instrumentenspezifischer Verzerrungen. Zugleich sichert die Umsetzung unterschiedlicher Operationalisierungsstrategien eine verlässlichere empirische Interpretation oder Überprüfung von Theorien/Hypothesen." Kromrey (2006), S. 535f. (im Original z.T. hervorgehoben). Die Inhaltsanalyse wird als besonders gut geeignet für eine Kombination mit anderen Methoden im Rahmen eines Mehrmethodenansatzes angesehen. Harwood/Garry (2003), S. 492. Vgl. grundlegend zur Triangulation Denzin (1978), S. 292-295. Vgl. auch Lamnek (2005), S. 274-291; Müller-Böling/ Klandt (1996), S. 69; Flick (2004).

837 Vgl. ähnlich Hackethal/Gleisner (2006). Vgl. auch bereits Kapitel 1, insb. Fn. 43.

5. Inhaltsanalyse von Ratingbegründungen für Unternehmen aus Deutschland, Österreich und der Schweiz

5.1. Ziele und Aufbau der Untersuchung

5.1.1. Methode der Inhaltsanalyse

Eine kurze Charakterisierung der inhaltsanalystischen Methode wurde bereits in Kapitel 4.4.1. gegeben. Der Kern der Vorgehensweise lässt sich wie folgt zusammenfassen: „Die quantitative Inhaltsanalyse erfasst einzelne Merkmale von Texten, indem sie Textteile in Kategorien einordnet, die Operationalisierungen der interessierenden Merkmale darstellen. Die Häufigkeiten in den einzelnen Kategorien geben Auskunft über die Merkmalsausprägungen des untersuchten Textes.“[838] Im Weiteren sollen zentrale Aspekte der Methodik noch etwas genauer beleuchtet werden.

Die interessierenden Textteile bzw. Kodiereinheiten können entweder formale Elemente wie Wörter, Sätze oder Absätze, oder Themen als inhaltlich abgegrenzte Einheiten sein.[839] Die Entscheidung über ihre Abgrenzung ist sehr wichtig und mit Blick auf die Forschungsfragen zu treffen, denn sie stellen die Merkmalsträger dar, auf denen die nachfolgenden Analysen basieren.[840]

Ebenso große Bedeutung kommt der Festlegung des Kategoriensystems zu.[841] Die Kategorien müssen die für die Forschungsfrage interessierenden Variablen repräsentieren, deren verschiedene Merkmalsausprägungen durch entsprechende Unterkategorien erfasst werden.[842] Die Forschungsfragen sind daher notwendiger Ausgangspunkt für eine valide Kategorienbildung.[843] Es werden verschiedene inhaltsanalytische Ansätze in Abhängigkeit der Gestaltung der Kategorien und der erfassten Bedeutungsdimensionen der Kodiereinheiten unterschieden.[844] Die Kategorien können entweder durch vollständige Enumeration aller sprachlichen Elemente, die dazu gezählt werden (ex-

---

838 Bortz/Döring (2006), S. 149. Es wird im Weiteren ausschließlich auf die quantitative bzw. empirische Inhaltsanalyse abgestellt. Vgl. auch Kapitel 4.4.1., insb. Fn. 781.

839 Vgl. Weber (1990), S. 22f.; Kromrey (2006), S. 338f.; Srnka/Koeszegi (2006), S. 36.

840 Vgl. Srnka/Koeszegi (2006), S. 36 m.w.N.

841 Vgl. Berelson (1971), S. 147; Atteslander (2003), S. 225; Srnka/Koeszegi (2006), S. 36f.

842 Vgl. Schnell/Hill/Esser (1999), S. 409-412; Kromrey (2006), S. 333-335. Vgl. zur Kategorienbildung ausführlich auch Potter/Levine-Donnerstein (1999) und Srnka/Koeszegi (2006), S. 36f.

843 Vgl. Weber (1990), S. 18-21; Merten (1995), S. 302-313; Lamnek (2005), S. 493-500; Schnell/ Hill/Esser (1999), S. 376-379; Früh (2001), S. 84f.; Kromrey (2006), S. 326f. Bei der Kategorienbildung kann deduktiv, d.h. theoriegeleitet und mit Rückgriff auf vorhandenes empirisches Wissen, oder induktiv, d.h. mit Rückgriff auf eine Teilstichprobe der analysierten Texte vorgegangen werden. Häufig wird jedoch eine Mischform aus beidem verfolgt. Vgl. Boyatzis (1998), S. 29-127; Berg (2004), S. 272f.; Kromrey (2006), S. 335f.; Srnka/Koeszegi (2006), S. 37.

844 Bei Frequenzanalysen wird die Häufigkeit des Auftretens von Merkmalen des Textes erhoben, während Kontingenzanalysen die Häufigkeit des gemeinsamen Auftretens von Merkmalen fokussieren. Valenzanalysen betrachten neben Nennungshäufigkeiten auch die in den Kodiereinheiten zum Ausdruck kommenden Bewertungsrichtungen (z.B. positiv, neutral, negativ), während Intensitätsanalysen darüber hinaus die Intensitäten solcher Bewertungen erfassen. Vgl. Merten (1995), S. 119-278; Kromrey (2006), S. 342-345; Bortz/Döring (2006), S. 151f.

tensionale Definition), oder durch möglichst präzise Beschreibung ihrer Eigenschaften, Angabe von Indikatoren und Nennung typischer Beispiele (intensionale Definition) definiert werden.[845] Jede Kategorie darf sich nur auf eine Variable und eine ihrer Bedeutungsdimensionen beziehen.[846] Des Weiteren müssen sich die Kategorien gegenseitig ausschließen und voneinander unabhängig sein, damit sich eine Kodiereinheit eindeutig und unbeeinflusst von der Einordnung anderer Einheiten einer Kategorie zuordnen lässt. Das gesamte Kategoriensystem muss bezogen auf die Forschungsfragen vollständig sein.[847] Die Kodierung wird meist mit Hilfe spezieller Software durchgeführt, sofern die Texte in digitaler Form vorliegen.[848]

Bei quantitativen Inhaltsanalysen bestehen „(d)ie Ergebnisse (…) aus Häufigkeitsdaten, die mit entsprechenden inferenzstatistischen Verfahren (...) zu verarbeiten sind und Hypothesentests ermöglichen.“[849] Abhängig von Umfang und Messniveau der zugrunde liegenden Kategorien können dafür z.B. Häufigkeitszählungen, χ^2-Techniken, Korrelationsanalysen, Regressionsanalysen, Clusteranalysen oder weitere multivariate Verfahren verwendet werden.[850]

Wie bei allen empirischen Erhebungsmethoden sind die Validität, Reliabilität und Repräsentativität zu gewährleisten.[851] Die Validität verlangt, dass mit den Kategorien tatsächlich das gemessen wird, was zur Überprüfung der Forschungshypothesen gemessen werden soll, und hängt davon ab, ob die Kategorien präzise definiert sind und eine brauchbare und plausible Operationalisierung der Forschungsfragen darstellen.[852] Intern valide ist die Kodierung, wenn unterschiedlich formulierte Aussagen gemäß ihrer tatsächlich intendierten Bedeutung den richtigen Kategorien zugeordnet werden. Externe Validität ist dann gegeben, wenn die Kategorien richtige Schlussfolgerungen zum Text und auf die Realität außerhalb davon zulassen.[853] Die Reliabilität erfordert eine verlässliche und intersubjektiv nachvollziehbare Zuordnung zu den Kategorien. *Krippendorff* (1980) unterscheidet drei Arten von Reliabilität: (i) Stabilität, d.h. die Klassifikation durch einen Kodierer soll im Zeitablauf stabil sein (Intracoder-

---

845 Vgl. Weber (1990), S. 24f.; Früh (2001), S. 85-88; Kromrey (2006), S. 336.

846 Vgl. Früh (2001), S. 81; Kromrey (2006), S. 335.

847 Vgl. zu inhaltlichen und formalen Anforderungen an ein Kategoriensystem z.B. Schnell/Hill/Esser (2005), S. 409-412; Früh (2001), S. 82-85; Kromrey (2006), S. 333-335.

848 Es gibt Programme, die die Kodierung der dazu aufzubereitenden Texte zu extensional definierten Kategorien mittels vorgegebener Suchbegriffe und Zuordnungsregeln automatisch vornehmen (computerunterstützte Inhaltsanalyse). Bei einer alternativen Art von Programmen erfolgt die Kodierung durch den Forscher am Bildschirm (qualitative Datenanalyse). Vgl. zu Details z.B. Atteslander (2003), S. 239-248; Alexa/Züll (1999); Züll/Mohler (2001); Landmann/Züll (2004).

849 Bortz/Döring (2006), S. 149.

850 Vgl. Bortz/Döring (2006), S. 149; Beattie/McInnes/Fearnley (2004), S. 214.

851 Vgl. Kromrey (2006), S. 341f. und 400-403. Vgl. für eine ausführliche Diskussion der Gewährleistung von Validität und Reliabilität und Zusammenhängen zwischen beiden Gütekriterien bei Inhaltsanalysen Holsti (1969), S. 135-149; Folger/Hewes/Poole (1984); Boyatzis (1998), S. 144-159; Potter/Levine-Donnerstein (1999); Milne/Adler (1999), S. 239-243.

852 Vgl. Weber (1990), S. 18-21; Kromrey (2006), S. 342.

853 Vgl. Weber (1990), S. 18-21; Kromrey (2006), S. 342.

Reliabilität),[854] (ii) Wiederholbarkeit, d.h. verschiedene Kodierer sollen bei demselben Text auf eine gleiche Einordnung der Textelemente kommen (Intercoder-Reliabilität),[855] und (iii) Genauigkeit, d.h. die Kodierung soll mit einer möglicherweise vorhandenen Standardkodierung übereinstimmen.[856] *Beattie/McInnes/Fearnley* (2004) stellen dazu fest: „Since stability is a weak measure of reliability and standard codings seldom exist, the most frequently reported measure is inter-rater reliability."[857] Will man auf Basis einer Stichprobe statistisch gesicherte und verallgemeinerbare Schlussfolgerungen über eine Grundgesamtheit ableiten, muss schließlich die Repräsentativität der Datenbasis gewährleistet sein.[858]

5.1.2. Erkenntnisziele und Hypothesen

Die im Folgenden durchgeführte Inhaltsanalyse dient anknüpfend an den in Kapitel 3 aufgezeigten Transparenzdefiziten und vor dem Hintergrund der in Kapitel 4 identifizierten Forschungslücken zum einen explorativen Zwecken. Sie soll Erkenntnisse darüber ermöglichen, welche Kriterien die Agenturen zur Ableitung ihrer Ratings bzw. zu deren Änderung heranziehen und welche Bedeutung diesen tendenziell dafür zukommt. Dies gilt insbesondere auch für qualitative Faktoren, für die bislang nur rudimentäre empirische Ergebnisse zu finden sind. Die Analyse bezieht sich sowohl auf Dokumente, die Begründungen des vergebenenen Ratings enthalten (Ratingbegründungen), als auch solche für Herauf- oder Herabstufung des bisherigen Ratings (Ratingänderungsbegründungen). Zum anderen sollen mit Blick auf in den Kapiteln 3 und 4 aufgeworfene Fragen und Probleme konkrete Hypothesen abgeleitet und geprüft werden. Einerseits interessieren mögliche Zusammenhänge von Unternehmenscharakteristika mit der Ausführlichkeit der zugehörigen Ratingbegründungen. Andererseits sollen Hypothesen zu inhaltlichen Aspekten der Rating- und Ratingänderungsbegründungen aufgestellt werden. Die Ergebnisse sämtlicher dieser Untersuchungen bieten zugleich Erkenntnisse zu der bislang weitgehend offenen Frage, wie Ratingagenturen das Zustandekommen ihrer Ratings gegenüber Dritten erläutern. Im Weiteren werden die Untersuchungshypothesen erarbeitet und formuliert. Es ist zu beachten, dass Hypothesen, die nicht explizit auf Unterschiede zwischen den Agenturen abstellen oder für beide getrennt formuliert sind, für jede der beiden gelten und jeweils getrennt voneinander für sie getestet werden.

Für kleine Unternehmen ist die öffentlich verfügbare Informationsmenge durch weniger ausgeprägte Publizitätspflichten und -neigungen und schwächeres Interesse von Finanzanalysten und der Wirtschaftspresse i.d.R. geringer als für große Unterneh-

---

[854] Eine Messung erfolgt durch Ermittlung des Übereinstimmungsgrades von Kodierungen gleicher Texte durch dieselbe Person zu verschiedenen Zeitpunkten. Vgl. Atteslander (2003), S. 228f.

[855] Zur Messung werden verschiedene Koeffizienten vorgeschlagen. Vgl. Atteslander (2003), S. 228; Folger/Hewes/Poole (1984), S. 118-131; Potter/Levine-Donnerstein (1999), S. 277-282.

[856] Vgl. Krippendorff (1980), S. 130-132; Potter/Levine-Donnerstein (1999), S. 270f.

[857] Beattie/McInnes/Fearnley (2004), S. 214. Vgl. ähnlich Potter/Levine-Donnerstein (1999), S. 271.

[858] Vgl. Kromrey (2006), S. 276-279 und 403.

men.[859] Darüber hinaus ist häufig auch das interne Berichtswesen solcher Unternehmen im Vergleich schlechter ausgebaut.[860] Daher findet sich in der Literatur die Vermutung, dass mit sinkender Unternehmensgröße der Grad an Informationsasymmetrie steigt.[861] Das könnte dazu führen, dass Ratingagenturen bei kleineren Unternehmen eine geringere Informationsmenge für ihre Ratinganalyse zur Verfügung steht. Weiterhin ist denkbar, dass kleinere Unternehmen aufgrund ihrer geringeren Komplexität eine weniger ausführliche Ratinganalyse erfordern. Diese Aspekte könnten mit sinkender Unternehmensgröße zu einer weniger ausführlichen Begründung des Ratings führen.[862] In der Literatur wird auch argumentiert, dass im Fall kleinerer Unternehmen und dem damit vermuteten höheren Ausmaß an Informationsasymmetrien Ratingagenturen spezielle Informations- und Analysevorteile nutzen können und ihre Ratings und Ratingbegründungen deswegen besonders informativ sein könnten.[863] Empirische Ergebnisse dazu sind bislang allerdings widersprüchlich.[864] Hingegen zeigt sich empirisch deutlich, dass kleinere Unternehmen c.p. ein höheres Ausfallrisiko aufweisen als große.[865] Aufgrund dieser Argumente könnte man vermuten, dass in Ratingbegründungen kleinerer Unternehmen Risiken ausführlicher oder mehr Risiken diskutiert werden und der Umfang der Dokumente zunimmt. Sämtliche angeführten Argumente legen einen Zusammenhang zwischen Unternehmensgröße und Ausführlichkeit der Ratingbegründung nahe, erlauben aber keine eindeutige Vermutung zu dessen Richtung. Es ist interessant, dies anhand der erhobenen Daten wie folgt zu untersuchen:

Hypothese 1: *Es besteht ein Zusammenhang zwischen der Größe des Unternehmens und der Ausführlichkeit der zugehörigen Ratingbegründung.*

Des Weiteren könnte ein Zusammenhang mit der Ratingklasse des Unternehmens bestehen. Mit zunehmend schlechterem Rating könnte man vermuten, dass die Agenturen mehr Risiken analysieren müssen und daher ausführlichere Ratingbegründungen veröffentlichen, um sich für den Fall eines tatsächlichen Ausfalls besser abzusichern und ihre Reputation zu schützen. Das stünde im Einklang mit der These, sie sähen sich bezüglich ihres Reputationskapitals einer asymmetrischen Verlustfunktion gegenüber.[866] Auch die empirische Beobachtung von stärkeren abnormalen Kursreaktionen

---

859 Vgl. Merton (1987), S. 488-490; Wakeman (1990), S. 412f.; Gerke (1999), S. 1342; Gebhardt/Lee/Swaminathan (2001), S. 145f.; Wagenhofer/Ewert (2007), S. 399f.; Bushman/Piotroski/Smith (2004), S. 234; Purda (2005b), S. 4.

860 Vgl. Wagner (1991), S. 35f.; Nikolaev/van Lent (2005), S. 687f.; Resti (2003), S. 218.

861 Vgl. Merton (1987), S. 490; Wagner (1991), S. 18f.; Gerke (1999), S. 1342; Fama/French (1992); Gebhard/Lee/Swaminathan (2001), S. 145-147; Livingston u.a. (2003), S. 18f.

862 Das gilt nur unter der Annahme, dass die Agenturen in den Fällen die Dokumente nicht „künstlich" in die Länge ziehen. Vgl. zu einer Diskussion der Annahme Rogers/Grant (1997), S. 22.

863 Vgl. Wagner (1991), S. 75-78; Steiner/Heinke (1996), S. 611f.; Heinke (1998), S. 184f.; Livingston u.a. (2003), S. 18; Purda (2005b), S. 4.

864 Vgl. Clark/Foster/Ghani (1997), S. 94-99; Purda (2005b), S. 4.

865 Vgl. z.B. Ohlson (1980), S. 122; Blume/Lim/MacKinlay (1998), S. 1394; Szczesny (2003), S. 164f.; Elton u.a. (2003), S. 420; Back (2005), S. 855f. Vgl. auch Berk (1995), S. 278-284, der die Unternehmensgröße als geeignete Näherungsgröße für dessen gesamtes Risiko sieht.

866 Vgl. Kapitel 2.4.2.4., insb. Fn. 296.

von Finanztiteln auf Herab- im Vergleich zu Heraufstufungen könnte als Stütze dieser Sichtweise gesehen werden.[867] Mit zunehmend schlechterem Rating könnte es v.a. wegen der regelmäßig damit verbundenen Erhöhung der Fremdkapitalkosten auch gegenüber dem beurteilten Unternehmen einer umfassenderen Begründung bedürfen. Weiterhin nutzen Studien zum Einfluss der Unternehmenspublizität auf die Fremdkapitalkosten die Ratinghöhe als Näherungsgröße für den Grad an Informationsasymmetrie, wobei ein schlechteres Rating als Hinweis auf ein höheres Ausmaß gewertet wird.[868] Analog zur Argumentation bei Hypothese 1 könnten höhere Informationsasymmetrien einerseits die Informationsbasis der Agenturen schmälern und sich negativ auf den Umfang der Ratingbegründung niederschlagen, andererseits aber ihre Informations- und Analysevorteile stärker zur Geltung bringen und sich positiv darauf auswirken. Zwar erscheint auch hier ein Zusammenhang plausibel, erneut ist aber keine eindeutige Vermutung zu dessen Richtung ableitbar. Auch dieser Frage soll wie folgt genauer nachgegangen werden:

Hypothese 2: *Es besteht ein Zusammenhang zwischen der Ratingklasse des Unternehmens und der Ausführlichkeit der zugehörigen Ratingbegründung.*

Allerdings ist zu berücksichtigen, dass empirische Studien i.d.R. einen positiven Einfluss einer zunehmenden Unternehmensgröße auf die Ratingklasse finden.[869] Das steht im Einklang mit der erwähnten empirischen Feststellung, dass größere Unternehmen c.p. im Durchschnitt ein niedrigeres absolutes Ausfallrisiko aufweisen als kleinere. Die Agenturen betonen, wie in Kapitel 3.2.4.1. ausgeführt, dass es keinen direkten Einfluss der Unternehmensgröße auf das Rating gibt. Ein solcher ergibt sich vielmehr indirekt dadurch, dass bestimmte Kriterien positiv mit der Unternehmensgröße zusammenhängen, und diese mit steigendem Ausmaß das Rating positiv beeinflussen. Hierbei ist z.B. an den Marktanteil oder Diversifikationsgrad zu denken.[870] Beim Test von Hypothese 2 ist es daher erforderlich, mögliche überlagernde Einflüsse der Unternehmensgröße auf die Ratingklasse zu eliminieren.

Die weiteren Hypothesen beziehen sich v.a. auf konkrete Inhalte der Dokumente. Die Literatur geht zumeist davon aus, dass die Ratingansätze und -kriterien der internationalen Agenturen in weiten Teilen vergleichbar sind.[871] Deren Darstellung in Kapitel 3 lag diese Annahme ebenfalls zugrunde. Es gibt jedoch auch Hinweise auf Unterschiede zwischen den Agenturen. *S&P* wird zuweilen eine stärker quantitativ orientierte Analyse nachgesagt, während *Moody's* sich tendenziell mehr auf qualitative Faktoren

[867] Vgl. für einen Überblick Heinke (1998), S. 241-243 m.w.N., und auch Kapitel 2.4.1.

[868] Vgl. z.B. Nikolaev/van Lent (2005), S. 691 m.w.N. Vgl. zum Einfluss der Publizitätsqualität auf die Fremdkapitalkosten und das Rating z.B. Sengupta (1998), S. 467-470; Ewert (1999); Yu (2005), S. 73; Jorion/Shi/Zhang (2007).

[869] Vgl. Ederington/Yawitz (1987), S. 40; Resti (2003), S. 220-223; Pettit u.a. (2004), S. 9. Vgl. auch S&P (2006a), S. 22.

[870] Vgl. S&P (2006a), S. 22. Vgl. auch Everling (1991), S. 150.

[871] Vgl. z.B. Howe (1998), S. 273-290; Jewell/Livingston (1999), S. 8; Fight (2001), S. 15 und 102; Wieben (2004), S. 91 und 106f.

konzentriere.[872] Zudem wird *S&P* in der Literatur bezüglich der Cash Flow-Abgrenzung und der Ermittlung des dynamischen Verschuldungsgrades ein stärkeres Abstellen auf die Einzahlungen aus operativer Tätigkeit (*Funds from Operations*) bescheinigt, während *Moody's* davon noch Dividendenauszahlungen in Abzug bringe (*Retained Cash Flow*).[873] Die Aufarbeitung der Kriterienkataloge von *S&P* und *Moody's* hat außerdem unterschiedliche Vorgehensweisen bei der Analyse von Pensionsrückstellungen sowie hybriden Finanzinstrumenten offenbart.[874] Auch der Umstand, dass *Moody's* sämtliche Ratingentscheidungen zentral am Hauptsitz in New York trifft, während *S&P* den nationalen Niederlassungen diesbezüglich größere Eigenständigkeit belässt, könnte Unterschiede zwischen beiden Agenturen zur Folge haben.[875] Bisherige empirische Ergebnisse dazu sind widersprüchlich. Während *split ratings* vorrangig auf Unterschiede in den Ratingskalen der Agenturen sowie unsystematische Schwankungen an Ratingklassengrenzen zurückzuführen sind, finden andere Studien signifikante Unterschiede in den jeweils signifikanten Erklärungsfaktoren oder deren Koeffizienten für ihre Ratings.[876] Die Inhaltsanalyse kann hierzu weitere Erkenntnisse liefern.[877] Dazu wird in zwei getrennten Hypothesen untersucht, ob sich die Agenturen bezüglich der analysierten Kriterien (Hypothese 3a) oder deren Gewichtungen (Hypothese 3b) unterscheiden. Da eine Untersuchung von Gewichtungsunterschieden gemäß Hypothese 3b aber nur bezogen auf vergleichbare Kriterien sinnvoll ist, wird diese nur bei Annahme von Hypothese 3a geprüft.

Hypothese 3a: *S&P und Moody's stellen in ihren Ratingbegründungen auf die gleichen Kriterien ab.*

Hypothese 3b: *Die Gewichtung der Kriterien in den Ratingbegründungen von S&P und Moody's ist vergleichbar.*

Weiterhin soll geklärt werden, ob die Begründungen Kriterien enthalten, die in den von den Agenturen veröffentlichten Kriterienkatalogen keine Erwähnung finden. Solche Kriterien werden hier als nicht-kommunizierte Kriterien bezeichnet. Dadurch können Inkonsistenzen zwischen den als relevant kommunizierten und den tatsächlich herangezogenen Kriterien aufgespürt werden.[878] In Kapitel 3.5. wurden die Veröffentlichungen der Agenturen zu ihren Ratingansätzen jedoch v.a. wegen ihrer Breite bei gleichzeitiger Allgemeinheit und Unbestimmtheit kritisch gesehen. Angesichts dessen ist kaum zu erwarten, dass in den Ratingbegründungen Kriterien zu finden sind, die darüber hinausgehen. Daher wird folgende Hypothese formuliert:

Hypothese 4: *In den Ratingbegründungen finden sich keine Kriterien, die in den publizierten Kriterienkatalogen der Agenturen nicht erwähnt sind.*

---

872 Vgl. Bank/Lawrenz (2003), S. 7.
873 Vgl. Pettit u.a. (2004), S. 11. Vgl. auch Meyer-Parpart (1996), S. 132; Berblinger (1996), S. 67.
874 Vgl. Kapitel 3.2.4.4.1. und 3.2.4.4.2.
875 Vgl. Kapitel 3.1., insb. Fn. 389.
876 Vgl. Kapitel 4.2.2. Vgl. auch Baker/Mansi (2002), S. 1395.
877 Vgl. ähnlich Breton/Taffler (2001), S. 100.
878 Vgl. ähnlich Kamp (1998), S. 103.

S&P hat die in Kapitel 3.2.4.4. verdeutlichten Schlüsselkennzahlen benannt. Bislang finden sich dazu kaum empirische Befunde. Daher wird der Frage nachgegangen, ob sie der Finanzrisikoanalyse tatsächlich zugrundegelegt und für die Begründung der Ratings angeführt werden (Hypothese 5a). „Unlike S&P, Moody's has not enumerated the financial variables they consider most important when deciding on ratings. It is instructive, however, to consider the financial ratios that are listed by Moody's in their discussion of ratings contained in Moody's Bond Survey and the data they present in their Corporate Credit Reports."[879] Dieser Idee folgend wird auf Basis der erhobenen Daten für *Moody's* untersucht, ob es Finanzkennzahlen gibt, die in jeder Ratingbegründung betrachtet werden (Hypothese 5b). Das würde Rückschlüsse darauf erlauben, dass es auch bei *Moody's* einen Katalog von Schlüsselkennzahlen gibt.

Hypothese 5a: *In den Ratingbegründungen von S&P werden in der Finanzrisikoanalyse stets sämtliche Schlüsselkennzahlen berücksichtigt.*
Hypothese 5b: *In den Ratingbegründungen von Moody's gibt es in der Finanzrisikoanalyse Kennzahlen, die stets berücksichtigt werden.*

Für die Finanzrisikoanalyse stellen die Ratingagenturen des Weiteren, wie in Kapitel 3.2.4.4. gezeigt, die besondere Bedeutung von Cash Flow-basierten Kennzahlen heraus.[880] Diese Ansicht wurde von gerateten Unternehmen und Ratingnutzern in den Befragungen von *Ellis* und *Baker/Mansi* geteilt.[881] Allerdings ermitteln die meisten Ratingreplikationsstudien gewinnbasierte Rentabilitäts- und Deckungskennzahlen als signifikante Erklärungsfaktoren und deutlich weniger Cash Flow-basierte Größen.[882] Das lässt sich aus der Übersicht der Erklärungsvariablen solcher Studien in Anhang 2 ebenfalls erkennen. Auch die Ergebnisse von *Kamp* zeigen einen höheren Anteil gewinnbasierter Größen in den von ihm ausgewerteten Ratingbegründungen.[883] Es wird daher geprüft, ob die Agenturen in ihren Begründungen, trotz dieser bislang widersprüchlichen empirischen Befunde, wie öffentlich propagiert, stärker Cash-Flow- als gewinnbasierte Kennzahlen heranziehen.

Hypothese 6: *In den Ratingbegründungen wird mehr auf Cash Flow- als auf gewinnbasierte Kennzahlen abgestellt.*

In den letzten Jahren haben die Ratingagenturen das Thema Pensionsverpflichtungen verstärkt ins Blickfeld genommen. Die zunehmende Aufmerksamkeit zeigte sich bspw. in Deutschland im Jahr 2003 durch einige spektakuläre Ratingentscheidungen von *S&P*, die v.a. mit Hinweis auf Pensionsrückstellungen begründet wurden, und die

879 Ederington/Yawitz (1987), S. 33.
880 Vgl. Kapitel 3.2.4.3., insb. Fn. 463.
881 Vgl. Kapitel 4.3.2. und Anhang 3.
882 Vgl. White/Sondhi/Fried (2003), S. 663f.; Wieben (2004), S. 129f. Vgl. Kapitel 4.2.2., insb. die Ergebnisse von Gentry/Whitford/Newbold (1988).
883 Vgl. Abbildung 10 in Kapitel 4.4.2. Vgl. ähnlich zu Finanzanalysten z.B. Govindarajan (1980), S. 386; Previts u.a. (1994), S. 59f.; Rogers/Grant (1997), S. 21-23; Bradshaw (2002), S. 39f.

daran anknüpfende Kontroverse um deren richtige analytische Behandlung.[884] Ratingreplikationsstudien haben bisher gemischte Ergebnisse zum Erklärungsgehalt von Pensionsverpflichtungen für Ratings erzielt.[885] *Kamp* findet in den von ihm ausgewerteten Ratingbegründungen aus dem Jahr 1995 keine Erwähnungen dazu.[886] Trotz der bisher schwachen empirischen Hinweise wird angesichts der Bedeutung und Brisanz des Themas Pensionsverpflichtungen vermutet, dass die Agenturen es explizit in ihren Begründungen behandeln, falls die Unternehmen über Pensionspläne verfügen.

Hypothese 7: *Das Thema Pensionsverpflichtungen wird in Ratingbegründungen von Unternehmen mit Pensionsplänen explizit angesprochen.*

Ergebnisse der in Kapitel 2.4.1. behandelten Ereignisstudien haben gezeigt, dass i.d.R., wenn überhaupt, nur Herabstufungen in gewissem Umfang ein eigenständiger Informationsgehalt zukommt. Den Gründen für die Ratingänderungen wird dabei jedoch meistens keinerlei Rechnung getragen.[887] Als Auslöser für Ratingänderungen sieht *Wakeman* neben Unternehmens- und Kapitaltransaktionen ganz überwiegend geänderte Finanzdaten, die sich in veröffentlichten Rechnungslegungsinformationen der Unternehmen gezeigt haben, was den empirisch geringen eigenständigen Informationswert von Ratingaktionen der Agenturen erklären könnte.[888] Als wesentliche Argumente führt *Wakeman* an, dass die Agenturen (i) in mehr als zwei Drittel der Fälle von Ratingänderungen, die nicht auf eine Unternehmens- oder Kapitaltransaktion zurückgehen, veränderte Finanzkennzahlen als Begründung für ihre Maßnahme anführen und (ii) ein signifikant größerer Anteil ihrer Ratingänderungen kurz nach Veröffentlichungsterminen der Geschäftsberichte der Unternehmen zu verzeichnen ist.[889] Allerdings liegt seinen Argumenten keine veröffentlichte Studie zugrunde. Diese Punkte wurden nach bestem Wissen des Verfassers bislang empirisch nicht untersucht. Bestimmungsfaktoren bzw. Auslösern für Ratingänderungen wird in einigen Replikationsstudien nachgegangen. Sie beschränken sich jedoch, wie Ratingreplikationsmodelle, weitgehend auf finanzielle Erklärungsvariablen.[890] *Bhandari/Soldofsky/Boe* (1983) kommen dennoch zu dem Urteil „(...) that, although agencies′ claims of the difficulty of duplicating a rating by quantitative models may have substantial empirical basis,

---

[884] Vgl. S&P (2006a), S. 96-111; Moody′s (2004b), S. 5; Moody′s (2003c); Moody′s (2003d); Moody′s (1998b). Vgl. auch Gerke/Pellens (2003), S. 1; o.V. (2003); Hofmann (2004).

[885] Vgl. Maher (1987), S. 793; Maher (1996), S. 79; Sengupta/Bhoraj (2004), S. 16f. Vgl. auch Kapitel 4.2.2. und Anhang 2.

[886] Zu dieser Zeit hatte *S&P* aber bereits länger auf das Thema in den Veröffentlichungen zu seinem Ratingansatz hingewiesen. Vgl. Kamp (1998), S. 118, und bereits Maher (1987), S. 785.

[887] Aus Ratingänderungen können sich abhängig von ihren ökonomischen Ursachen unterschiedliche Konsequenzen für Eigen- und Fremdkapitalgeber ergeben, wie sich auf Basis der Optionspreistheorie zeigen lässt. Daher ist es bei Ereignisstudien zu Kursreaktionen von Aktien auf Ratingänderungen wichtig, den Grund der Ratingänderung zu berücksichtigen. Vgl. Goh/Ederington (1993), S. 2001f.; Dichev/Piotroski (2001), S. 174. Vgl. auch Kapitel 2.4.1., insb. Fn. 167.

[888] Vgl. Wakeman (1990), S. 411.

[889] Vgl. Wakeman (1990), S. 411f.

[890] Vgl. Kapitel 4.2.2.

their claims are not substantiated in the case of duplicating their rating-change decisions."[891] Ähnliches folgert auch *Purda* (2005).[892] Darin könnte eine Stützung der Argumentation von *Wakeman* gesehen werden. Ratingänderungen, die die Agenturen vorrangig in Reaktion auf Änderungen in Finanzdaten und kaum nach solchen in qualitativen Aspekten des Geschäftsrisikos vornehmen, sollten sich durch Ratingreplikationsmodelle auf Basis von Änderungen in Finanzkennzahlen nämlich leichter prognostizieren lassen. Vor diesem Hintergrund und v.a. anknüpfend an den Argumenten von *Wakeman* wird hier der Frage nach den Auslösern und dem Timing von Ratingänderungen auf Basis einer Analyse der von den Agenturen veröffentlichten Ratingänderungsbegründungen nachgegangen.[893] Dazu werden die beiden folgenden Hypothesen formuliert:

Hypothese 8: *Bei Ratingänderungen, die nicht auf Kapital- oder Unternehmenstransaktionen zurückzuführen sind, wird in der Mehrzahl der Begründungen ausschließlich auf Veränderungen quantitativer Aspekte des Finanzrisikos abgestellt.*

Hypothese 9: *Die Veröffentlichungstermine von Ratingänderungen, die nicht auf Kapital- oder Unternehmenstransaktionen zurückzuführen sind, liegen in der Mehrzahl zeitlich nahe nach Veröffentlichungen von Abschlussinformationen durch das betreffende Unternehmen.*

5.1.3. Selektion der Datenbasis

Die Untersuchung bezieht sich auf Mutterunternehmen außerhalb des Finanzsektors aus Deutschland, Österreich und der Schweiz, die ein langfristiges Emittentenrating oder damit vergleichbares Rating für unbesicherte Schuldtitel ersten Ranges[894] von *S&P* und *Moody's* besitzen.[895] Österreich und die Schweiz werden neben Deutschland einbezogen, um die Datenbasis zu vergrößern. Der Kreis einbezogener Länder wird jedoch nicht stärker ausgeweitet, um mögliche Verzerrungen durch unterschiedliche Länderrisiken und nationale Besonderheiten auszuschließen.[896] Bezüglich der drei genannten Länder finden sich in der Literatur jedoch zahlreiche Hinweise auf sehr ähnli-

---

891 Bhandari/Soldofsky/Boe (1983), S. 104 (im Original z.T. kursiv).

892 Vgl. Purda (2005b), S. 1.

893 Breton/Taffler (2001), S. 100, verweisen auf entsprechenden Forschungsbedarf auch bezüglich Änderungen von Finanzanalystenempfehlungen.

894 Vgl. zur Vergleichbarkeit des Emittentenratings mit dem für ungesicherte Schuldtitel ersten Ranges Kapitel 2.1., insb. Fn. 54.

895 Unternehmen des Finanzsektors werden nicht berücksichtigt, da für sie spezielle Arten von Ratings vergeben werden. Vgl. bereits Kapitel 2.1., insb. Fn. 56. Betrachtet werden zudem nur Mutterunternehmen aus Deutschland, Österreich oder der Schweiz. Geratete Tochterunternehmen von ausländischen Mutterunternehmen werden nicht einbezogen. Konzerne werden nur einmal berücksichtigt, selbst wenn mehrere Konzernunternehmen (z.B. Finanzierungsgesellschaften) ein eigenes Rating aufweisen. Vgl. bereits Kapitel 2.2., Abbildung 6 und Fn. 119.

896 Vgl. Beattie/Searle (1992b), S. 374f.; Heinke (1998), S. 223. Vgl. auch Kapitel 4.2.2. m.w.N.

che ökonomische und institutionelle Rahmenbedingungen,[897] und alle drei Länder weisen die höchste Ratingklasse beider Ratingagenturen auf, so dass ihre gemeinsame Betrachtung gerechtfertigt erscheint. Das entspricht der Sichtweise beider Agenturen, da Unternehmen der gleichen Branche aus diesen drei Ländern i.d.R. jeweils von denselben Ratinganalysten beurteilt werden.[898] Die Betrachtung von Emittenten- gegenüber Emissionsratings hat den Vorteil, dass keine spezifischen Ausgestaltungen der emittierten Schuldtitel zu berücksichtigen sind.[899] Auch bei der Untersuchung von Ratingänderungen ist dieser Fokus sinnvoll, denn diese gehen grundsätzlich von veränderten ökonomischen Gegebenheiten des Emittenten oder dessen Umwelt und nicht von veränderten Emissionsspezifika aus.[900]

Es wurden sämtliche für diese Unternehmen von *S&P* und *Moody's* verfügbaren ausführlichen Ratingbegründungen (*Research* bzw. *Analysis*) zum Stichtag 31.10.2006 in elektronischer Form beschafft. Diese Dokumente enthalten im Vergleich zu den anderen Formen die ausführlichsten Analysen und Erläuterungen zu den Ratingurteilen und lassen daher die umfassendsten Einblicke in deren Bestimmungsfaktoren erwarten.[901] Außerdem wurden alle bis zu diesem Zeitpunkt vorliegenden Ratingänderungsbegründungen (*Research Update* bzw. *Rating Action*) beider Agenturen für diese Unternehmen besorgt, die der ergänzenden Analyse der Auslöser und Determinanten von Ratingänderungen dienen. Der Datenzugang erfolgte über die subskriptionspflichtigen Internetdatenbanken *Ratings Direct* von *S&P* und *Ratings Interactive* von *Moody's*. Der Betrachtungszeitraum der Untersuchung beginnt im Jahr 2002, da die Datenbasis in den Jahren davor noch zu schmal war. Im Zeitraum von Januar 2002 bis Oktober 2006 gab es insgesamt 99 von *S&P* und 88 von *Moody's* geratete Unternehmen. Insgesamt verfügen 113 Unternehmen über ein Rating von mindestens einer der beiden Agenturen, davon wurden 74 von beiden gemeinsam geratet. Für den Betrachtungszeitraum lagen von *S&P* (*Moody's*) insgesamt 306 (160) ausführliche Ratingbegründungen vor, die sich auf 98 (71) dieser Unternehmen bezogen. *S&P* hat darüber hinaus in diesem Zeitraum 95 Ratingänderungen (26 Heraufstufungen (up), 69 Herabstufungen (down)) bekannt gegeben, von denen 53 Unternehmen betroffen waren, während *Moody's* 81 Anpassungen (24 Heraufstufungen, 57 Herabstufungen) vorgenommen hat, die sich auf 51 Unternehmen bezogen haben. Abbildung 11 verdeutlicht die Entwicklung über die Jahre des Betrachtungszeitraums, wobei die Werte im Zeitablauf durch neu vergebene oder zurückgezogene Ratings beeinflusst sind. Eine ausführliche Übersicht zur Grundgesamtheit bietet Anhang 5.

Da im Rahmen der folgenden Untersuchungen, v.a. im Hinblick auf Hypothese 3a und 3b, auch ein Vergleich zwischen *S&P* und *Moody's* vorgenommen werden soll, wird

---

[897] Vgl. z.B. Wagenhofer (2001), S. 241f.; Bertschinger (2001), S. 2457f.; d'Arcy (2001), S. 343; Haydn (2002), S. 67; Wagenhofer (2005), S. 16-24; Daske/Gebhardt (2006), S. 463.

[898] Das lässt sich aus den Autorenangaben in den Ratingbegründungen der Agenturen erkennen.

[899] Vgl. Resti (2003), S. 216-218; Amato/Furfine (2004), S. 2646f.; Hull/Predescu/White (2004), S. 2790; Purda (2005b), S. 8. Vgl. auch Kapitel 3.2.

[900] Vgl. ähnlich Bhandari/Soldfsky/Boe (1983), S. 95.

[901] Vgl. auch Kapitel 3.4.

die Betrachtung auf die 74 Unternehmen fokussiert, die ein Rating von beiden Agenturen erhalten haben. Durch diese abgeglichenen Stichproben sollen mögliche Einflussfaktoren wie Branchenzugehörigkeit oder Ratingklasse sowie weitere unternehmensspezifische Besonderheiten neutralisiert und die Vergleichbarkeit der untersuchten Unternehmen für beide Agenturen sichergestellt werden.[902] Ausführliche Ratingbegründungen sowohl von *S&P* als auch von *Moody's* waren für 62 der 74 Unternehmen verfügbar. Für jedes davon sollte nur ein solches Dokument von jeder Agentur ausgewählt werden, um potentielle Verzerrungen aus der Berücksichtigung unterschiedlich vieler Dokumente für verschiedene Unternehmen zu vermeiden.[903]

		2002				2003				2004				2005				2006 (bis. 31.10.)			
		D	AT	CH	ges.	D	AT	CH	ges.	D	AT	CH	ges.	D	AT	CH	ges.	D	AT	CH	ges.
geratete Unternehmen	von *S&P*	35	6	12	**53**	42	9	14	**65**	56	8	16	**80**	65	8	18	**91**	67	8	19	**94**
	von *Moody's*	31	3	9	**43**	41	4	10	**55**	54	6	10	**70**	63	5	12	**80**	65	4	12	**81**
	von beiden	26	2	5	**33**	34	3	7	**44**	45	4	8	**57**	55	4	10	**69**	56	4	10	**70**
ausführliche Ratingbegründungen	von *S&P*	9	4	10	**23**	36	6	13	**55**	56	8	11	**75**	59	8	16	**83**	47	7	16	**70**
	von *Moody's*	10	0	0	**10**	25	2	6	**33**	35	2	4	**41**	31	3	8	**42**	28	1	5	**34**
	von beiden	1	0	0	**1**	19	1	5	**25**	33	2	1	**36**	26	3	8	**37**	22	1	4	**27**
Rating-änderungen	von *S&P* up	1	0	1	**2**	0	0	0	**0**	3	1	2	**6**	4	1	0	**5**	7	1	5	**13**
	von *S&P* down	7	1	7	**15**	12	1	1	**14**	10	1	2	**13**	8	0	2	**10**	14	1	2	**17**
	von *Moody's* up	0	0	0	**0**	1	0	1	**2**	8	0	1	**9**	6	1	1	**8**	4	0	1	**5**
	von *Moody's* down	7	0	5	**12**	11	1	1	**13**	9	0	0	**9**	7	1	1	**9**	12	1	1	**14**

Abb. 11: Grundgesamtheit der gerateten Unternehmen aus Deutschland, Österreich und der Schweiz und deren Ratingdokumente

Es erfolgt des Weiteren eine Eingrenzung des Untersuchungszeitraums, um verzerrende Einflüsse möglicher Veränderungen der Ratingkriterien oder deren Gewichtung sowie der wirtschaftlichen Rahmenbedingungen über die Zeit zu vermeiden.[904] Ferner ist zu bedenken, dass viele der heute gerateten Unternehmen erst seit wenigen Jahren über ihr Rating verfügen. Der Zeitraum darf zur Gewährleistung einer angemessenen Stichprobengröße aber nicht zu kurz sein, v.a. da die Agenturen ihre Ratingbegründungen häufig nicht zeitgleich und zudem in einem anderen Zeitrhythmus veröffentlichen.[905] Vor dem Hintergrund dieser teils konfligierenden Anforderungen wird die Betrachtung auf den zweijährigen Zeitraum von Januar 2004 bis Dezember 2005 eingegrenzt.[906] In diesen Untersuchungszeitraum fallen mit der IFRS-Umstellungspflicht zum 01.01.2005 in der EU und den Veröffentlichungen von Verhaltenskodizes durch

902 Vgl. Bortz/Döring (2006), S. 524-528, zu Kontrollmethoden bezüglich potentieller Störvariablen.

903 Das wird in anderen Studien dieser Art nicht ausreichend berücksichtigt. Vgl. etwa bei Breton/Taffler (2001), S. 94; Demirakos/Strong/Walker (2004), S. 226.

904 Vgl. Kapitel 4.2.2., insb. die Ergebnisse von Boyd/Jackson (1988), Iskandar (1992), Ho/Rao (1993), Blume/Lim/MacKinlay (1998) und Amato/Furfine (2004), zu diesen möglichen Einflüssen. Vgl. ähnlich Butler/Rodgers (2003), S. 4; Pettit u.a. (2004), S. 16.

905 Vgl. dazu Kapitel 3.4.

906 Kamen für ein Unternehmen trotz dieser Eingrenzungen mehrere Dokumente einer Agentur in Frage, wurden die Dokumente gewählt, die zeitlich möglichst nahe beieinander lagen.

die Agenturen in Reaktion auf den IOSCO-Code Mitte 2005 allerdings zwei wichtige Ereignisse, die möglicherweise die Vergleichbarkeit zwischen davor und danach verfassten Ratingbegründungen der Stichprobe beeinflussen und dadurch Ergebnisverzerrungen verursachen könnten. Das gilt es zu prüfen. Die IFRS-Umstellung erscheint aus mehreren Gründen unproblematisch. Nur zehn der 62 Unternehmen haben in diesem Zeitraum auf IFRS umgestellt und davon wiederum nur drei in dem Geschäftsjahr, aus dem die in der Stichprobe enthaltene Ratingbegründung stammt. Zudem haben sich nach Aussage der Agenturen kaum Auswirkungen der IFRS-Umstellung auf die Ratinganalyse und Ratings ergeben.[907] Bezüglich der Verhaltenskodizes könnten v.a. die IOSCO-Vorgaben zu höherer Transparenz gegenüber Investoren und Emittenten Auswirkungen auf die seitdem verfassten Ratingbegründungen gehabt haben, insbesondere auf deren Ausführlichkeit. Auch das erscheint aber unwahrscheinlich. *S&P* und *Moody's* waren an deren Erarbeitung beteiligt und sahen sich bereits davor weitgehend im Einklang mit diesen Vorgaben. In ihren Verhaltenskodizes finden sich auf die Ratingbegründungen außerdem keinerlei direkte Bezüge, die als Hinweis auf eine geänderte Praxis zu sehen wären.[908] Wie sich die Ausführlichkeit der Dokumente im Zeitablauf entwickelt hat, wird aber im Rahmen einer Sensitivitätsanalyse bezüglich des Untersuchungszeitraums nachgegangen und kann ergänzende Hinweise hierzu erbringen. Vor dem Hintergrund dieser Argumente kann der gewählte Untersuchungszeitraum als adäquat betrachtet werden. In wenigen Ausnahmefällen, in denen keine Dokumente für diesen Zeitraum vorliegen, werden auch solche aus der Zeit wenige Monate vor- oder nachher zugelassen, um diese Unternehmen weiterhin berücksichtigen zu können.[909] Für sämtliche der 62 Unternehmen sind unter diesen Bedingungen Ratingbegründungen von beiden Agenturen verfügbar, so dass die endgültige Stichprobe 124 Dokumente umfasst. Einen Überblick zu deskriptiven Statistiken der Unternehmen bietet Abbildung 12 auf der nächsten Seite, eine detaillierte Aufstellung findet sich in Anhang 6.

Die 62 Unternehmen bilden ebenfalls die Basis zur Abgrenzung der Stichprobe von Ratingänderungsbegründungen. Zwischen Anfang 2002 und Oktober 2006 haben 39 der Unternehmen mindestens eine Ratingänderung von *S&P* oder *Moody's* erfahren. Von *S&P* liegen hierfür insgesamt 71 Veröffentlichungen zu Ratingänderungen vor, während *Moody's* 62 solcher Dokumente publizierte. Um eine bezüglich Unternehmen und Änderungsrichtung des Ratings möglichst ausgeglichene Zusammensetzung der Stichprobe zu erhalten, wird, soweit dies möglich ist, für jedes der 39 Unternehmen von jeder der beiden Agenturen eine Ratingherab- und eine Ratingheraufstufung berücksichtigt. Bei mehreren Auswahlmöglichkeiten wird erneut so vorgegangen, dass die Dokumente beider Agenturen zeitlich möglichst nahe beieinander liegen. Aller-

[907] Vgl. S&P (2005d), S. 1; S&P (2007c), S. 41f; Moody's (2004c), S. 11. Vgl. auch Kapitel 3.2.4.4.3.

[908] Vgl. S&P (2007b); Moody's (2005c). Allerdings sind seither Kurzerläuterungen für vergebene Ratings und Ratingänderungsbegründungen (*Rating Action* bei *S&P* bzw. *Research Update* bei *Moody's*) für Investoren über einen begrenzten Zeitraum kostenfrei zugänglich.

[909] Wie Abbildung 12 zeigt, umfassen diese Fälle nur ca. 10 % der Stichprobe.

dings hatten viele der Unternehmen bislang keine verschieden gerichteten Ratingänderungen zu verzeichnen, denn Herabstufungen fanden sehr viel häufiger statt als Heraufstufungen (*S&P* 56 Herab- und 15 Heraufstufungen; *Moody's* 42 Herab- und 20 Heraufstufungen).[910] Mehrfach gibt es ferner eine Ratingänderung nur von einer Agentur. In solchen Fällen werden die verfügbaren Dokumente dennoch einbezogen, um eine ausreichende Datenbasis zu gewährleisten. Die Stichprobe zu Ratingänderungen umfasst 84 Texte, 43 von *S&P* (30 Herab- und 13 Heraufstufungen von insgesamt 36 Unternehmen) und 41 von *Moody's* (26 Herab- und 15 Heraufstufungen von insgesamt 37 Unternehmen). Anhang 7 enthält eine detaillierte Aufstellung.

Ratingklasse	***S&P***	***Moody's***	**Größe**		
(*S&P/Moody's*)			≤ 1 Mrd. €		17,7 %
AAA/Aaa	4,8 %	4,8 %	> 1 Mrd. € ≤ 5 Mrd. €		29,0 %
AA/Aa	8,1 %	9,7 %	> 5 Mrd. € ≤ 15 Mrd. €		19,4 %
A/A	24,2 %	25,8 %	> 15 Mrd. €		33,9 %
BBB/Baa	25,8 %	24,2 %	**Börsennotierung**		
BB/Ba	24,2 %	17,7 %	ja		79,0 %
B/B	12,9 %	17,7 %	nein		21,0 %
≤ CCC/Caa	0,0 %	0,0 %			
Branche			**Land**		
Automobil		9,7 %	Deutschland		77,4 %
Bau		4,8 %	Österreich		6,5 %
Chemie		16,1 %	Schweiz		16,1 %
Handel		4,8 %			
Industrie		17,7 %	**Ratingbegründung aus ...**	**v. *S&P***	**v. *Moody's***
Konsumgüter		9,7 %	2003	6,5 %	8,1 %
Pharma und Gesundheitswesen		11,3 %	2004	43,5 %	41,9 %
Telekommunikation		8,1 %	2005	48,4 %	46,8 %
Transport und Logistik		8,1 %	2006	1,6 %	3,2 %
Versorger		9,7 %			

Abb. 12: Deskriptive Statistiken der Stichprobe von Ratingbegründungen[911]

Die betrachteten 62 Unternehmen entsprechen ca. 55 % der in Deutschland, Österreich und der Schweiz von *S&P* oder *Moody's* zwischen Januar 2002 und Oktober 2006 gerateten 113 Unternehmen außerhalb des Finanzsektors. Ferner ergibt ein Vergleich der Häufigkeiten der Unternehmensmerkmale Branche und Ratingklasse zwischen der Stichprobe und der Grundgesamtheit mittels χ^2-Tests keine statistisch signifikanten Unterschiede.[912] Die Stichprobe von 124 Ratingbegründungen deckt ca. 27 % der für

[910] Das ist empirisch der Regelfall. Vgl. z.B. Steiner/Heinke (2001), S. 142; Manzoni (2004), S. 280f.; Purda (2005b), S. 8f. Vgl. auch Deutsche Bundesbank (2004), S. 23f.

[911] Die Prozentangaben beziehen sich jeweils auf die 62 Unternehmen der Untersuchungsstichprobe.

[912] Die Datenbasis der Tests findet sich in Anhang 5. Branchen: χ^2-Wert (9 Freiheitsgrade, im Weiteren abgekürzt als „df" (*degrees of freedom*)) = 4,398 (p-Wert = 0,883); Ratingklassen: *S&P*: χ^2-Wert (5 df), = 3,093 (0,686); *Moody's*: χ^2-Wert (6 df) = 5,921 (0,432). Die statistischen Analysen werden mit SPSS 15.0 oder STATA 9.0 durchgeführt. Die Angaben zu p-Werten in dieser Arbeit beziehen sich grundsätzlich auf zweiseitige Fragestellungen, außer es ist etwas anderes vermerkt.

die Grundgesamtheit im Betrachtungszeitraum verfügbaren 466 Dokumente ab, während diejenige der 84 Ratingänderungsbegründungen knapp 48 % aller 176 Ratingänderungen aus dieser Zeit ausmacht. In der Stichprobe der Ratingänderungen sind für *S&P* (*Moody's*) mit 36 (37) Unternehmen 68 % (73 %) aller Unternehmen der Grundgesamtheit enthalten, die eine Ratingänderung im Untersuchungszeitraum zu verzeichnen hatten. Angesichts dessen ist ein hohes Maß an Repräsentativität der auf dieser Datenbasis im Weiteren abgeleiteten Ergebnisse gewährleistet.

5.1.4. Entwicklung des Kategoriensystems

Das Kategoriensystem wird in Anlehnung an *Weber* (1990) und *Boyatzis* (1998) entwickelt. Sie unterscheiden folgende Schritte:[913]

(i) Festlegung der Kodiereinheit,
(ii) Festlegung der Kategorientypen und ihrer Skalierung,
(iii) Festlegung und Definition der einzelnen Kategorien,
(iv) Durchführung einer Testkodierung mit dem vorläufigen Kategoriensystem,
(v) Durchführung erforderlicher Anpassungen und Kalibrierungen sowie Festlegung des endgültigen Kategoriensystems.

Ad (i): Die Kodiereinheit kann nach formalen Texteinheiten wie Wörtern, Sätzen oder Absätzen oder nach inhaltlichen Aspekten abgegrenzt werden. Ratingkriterien werden i.d.R. nicht durch einzelne Wörter zum Ausdruck gebracht. Folglich scheiden diese als Kodiereinheiten aus. Bei der ersten Sichtung der Dokumente war weiterhin zu erkennen, dass in größeren formalen Einheiten wie Sätzen oder Absätzen mehrere potentielle Kriterien angesprochen sein können. Ein Kriterium kann aber auch über mehrere Sätze oder sogar Absätze behandelt werden. Die formale Aufmachung der Texte und stilistischen Eigenheiten des Autors könnten folglich bei formal abgegrenzten Kodiereinheiten starke Verzerrungen in den Ergebnissen hervorrufen. Eine derartige Abgrenzung erscheint daher nicht angeraten.[914] Vielmehr werden hier Themen als inhaltlich abgegrenzte Kodiereinheiten bevorzugt.[915] Unter einem Thema wird jede zusammenhängende Textpassage verstanden, in der zum selben Gegenstand ein Gedanke geäußert oder eine Aussage gemacht wird. Ein Thema kann folglich einen Satzteil, einen Satz oder auch mehrere Sätze umfassen.[916] Bei dieser Abgrenzung werden Verzerrun-

[913] Vgl. Weber (1990), S. 21-24; Boyatzis (1998), S. 29-127. Vgl. ähnlich Früh (2001), S. 96; Kromrey (2006), S. 337-342; Srnka/Koeszegi (2007), S. 35-37. Vgl. mit dieser Vorgehensweise z.B. Früh (2001), S. 136-186; Beattie/McInnes/Fearnley (2004), S. 215; Nielsen (2004), S. 9f.

[914] Vgl. kritisch zu formal abgegrenzten Kodiereinheiten Früh (2001), S. 92f.; Kromrey (2006), S. 402; Beattie/Thomson (2006), S. 12f.; Srnka/Koeszegi (2007), S. 36.

[915] Vgl. Weber (1990), S. 21f.; Lamnek (2005), S. 495; Kromrey (2006), S. 401. Vgl. ebenfalls zur Wahl dieser Kodiereinheit in Inhaltsanalysen aus den Bereichen Finanzierungs- oder Rechnungslegungsforschung z.B. Rogers/Grant (1997), S. 20; Kamp (1998), S. 99; Breton/Taffler (2001), S. 93; Beattie/McInnes/Fearnley (2004), S. 216; Nielsen (2004), S. 5f. Themen sind die am häufigsten verwendete Kodiereinheit. Vgl. Merten (1995), S. 151; Jones/Shoemaker (1994), S. 160.

[916] Vgl. Früh (2001), S. 153; Krippendorff (1980), S. 62; Srnka/Koeszegi (2007), S. 36.

gen aufgrund der formalen Textgestaltung weitgehend ausgeschlossen und dem Forscher bleiben Möglichkeiten für qualitative Urteile.[917] Allerdings ist die Identifizierung von Kodiereinheiten komplexer und birgt die Gefahr einer geringeren Verlässlichkeit der Daten.[918] Bei der Studienumsetzung wird daher stets besonderes Augenmerk auf die Gewährleistung einer hohen Verlässlichkeit gelegt. Inhaltlich abzugrenzende Kodiereinheiten sind einer automatisierten Kodierung durch Inhaltsanalysesoftware kaum zugänglich.[919] Die Kodierung erfolgt vielmehr durch Menschen und wird bei elektronischen Dokumenten i.d.R. durch eine Software zur qualitativen Datenanalyse unterstützt.[920] In dieser Arbeit findet das Programm *QDA-Miner* Verwendung.

Ad (ii): Im nächsten Schritt ist zu klären, welche Dimensionen der Kodiereinheiten analysiert werden sollen und welcher Kategorientypus dafür zu verwenden ist. Das hängt v.a. von der Problemstellung und den Erkenntnisinteressen ab.[921] Gemäß der in Kapitel 5.1.2. erarbeiteten Erkenntnisziele und Hypothesen soll für die ausführlichen Ratingbegründungen ermittelt werden, welche Kriterien angesprochen sind, welchen Kategorien sie zuzuordnen sind und welche Wichtigkeit ihnen für das Rating beizumessen ist. Dazu ist die Themenfrequenzanalyse geeignet,[922] bei der angenommen wird, dass die relative Nennungshäufigkeit einer Kategorie in den analyisierten Texten ein geeignetes Indiz für die Wichtigkeit der darin eingeordneten Themen darstellt.[923] Die Kategorien sind folglich nominal skaliert und können als dichotome Variablen bezogen auf einzelne Kodiereinheiten verstanden werden, denn es wird erfasst, ob die jeweilige Kategorie darauf zutrifft oder nicht.[924] In der Auswertung der Ratingbegründungen wird folglich unterstellt, dass diese Kenngröße einer Kategorie in einem Dokument aussagefähig für die relative Wichtigkeit der darin eingeordneten Themen und der darin zum Ausdruck kommenden Kriterien für das Rating ist.[925] Das ist zwar eine relativ simple und unvollständige Näherungsgröße, da sie keine weiteren Dimensionen der Themen wie Bewertungen, Bewertungsintensitäten, weitere semantische Beziehungen zwischen ihnen oder den Zeitbezug berücksichtigt.[926] Der in der Literatur

917 Vgl. Früh (2001), S. 92f.; Jones/Shoemaker (1994), S. 160; Beattie/Thomson (2006), S. 19f.

918 Vgl. Früh (2001), S. 92f.

919 Vgl. Milne/Adler (1999), S. 243; Beattie/McInnes/Fearnley (2004), S. 233; Beattie/Thomson (2006), S. 13 und 20f. Vgl. für einen Überblick zu und einer kritischen Auseinandersetzung mit computergestützten Inhaltsanalysen Atteslander (2003), S. 239-248; Landmann/Züll (2004).

920 Dieses Vorgehen ist in empirischen Studien der Regelfall. Vgl. Harwood/Garry (2003), S. 488.

921 Vgl. Früh (2001), S. 83.

922 Vgl. Merten (1995), S. 145-156. Vgl. zu weiteren Formen Kapitel 5.1., insb. Fn. 844.

923 Vgl. Holsti (1969), S. 122; Berg (2004), S. 288; Kromrey (2006), S. 342f.; Harwood/Garry (2003), S. 492; Beattie/Thomson (2006), S. 9f.

924 Vgl. Früh (2001), S. 81f. *Unerman* plädiert alternativ für eine Messung der Bedeutung der Kategorien anhand ihres volumenmäßigen Anteils am Dokument. Vgl. Unerman (2000), S. 675f. Allerdings leidet bei Formatierungs- und Aufmachungsunterschieden in verschiedenen Texten die Vergleichbarkeit dieser Maßgröße. Vgl. Beattie/Thomson (2006), S. 13.

925 Die Position einer Kodiereinheit im Text könnte ein weiteres Indiz für die Wichtigkeit sein. Vgl. Früh (2001), S. 163; Beattie/Thomson (2006), S. 10. Da die untersuchten Ratingbegründungen einer Agentur strukturgleich aufgebaut sind, ist das kaum gegeben und wird nicht berücksichtigt.

926 Vgl. Früh (2001), S. 192.

empfohlenen Leitlinie folgend, dass „(d)as Kategoriensystem (...) gerade so anspruchsvoll und komplex sein (soll), dass es die in der Problemstellung formulierten theoretischen Konstrukte angemessen auf der Objektebene erfasst und in eine adäquate Datenstruktur übersetzt",[927] erscheinen dieser Kategorientypus und diese Skalierung aber als ausreichend. Eine derartige Operationalisierung wird ebenso von der großen Mehrheit der inhaltsanalytischen Studien gewählt und in den sehr ähnlich aufgebauten Untersuchungen von Finanzanalystenberichten mit vergleichbaren Erkenntnisinteressen als tragfähig betrachtet.[928]

Kamp vernachlässigt in seiner Studie die Ermittlung relativer Nennungshäufigkeiten und begründet das damit, dass die von ihm untersuchten ein- bis zweiseitigen *Credit Opinions* von *Moody's* dafür zu kurz gewesen seien.[929] In dieser Arbeit werden demgegenüber ausführlichere Ratingbegründungen von ca. drei bis neun Seiten Text herangezogen.[930] Die in ähnlichen Studien untersuchten Dokumente, auf deren Basis relative Nennungshäufigkeiten ermittelt wurden, weisen eine vergleichbare Länge auf.[931] Sein Argument wird daher hier für nicht relevant erachtet. Um aussagefähige relative Nennungshäufigkeiten und die Anwendbarkeit statistischer Tests zu gewährleisten, wird die Mehrfachkodierung einer einzelnen Kodiereinheit ausgeschlossen.[932]

Für Ratingänderungsbegründungen, die mit ein bis zwei Textseiten deutlich kürzer als Ratingbegründungen sind, wird das Argument von *Kamp* gegen die Ermittlung relativer Nennungshäufigkeiten jedoch als zutreffend erachtet. Hinzu kommt, dass sich nicht alle Ausführungen darin allein auf Gründe für die Änderung des Ratings beziehen, sondern sie z.T. das betroffene Unternehmen charakterisieren oder zentrale Aspekte der Ratingbegründung wiederholen, die von der Agentur als weiterhin gegeben angesehen werden. Daher werden bei diesen Dokumenten nur solche Textpassagen kodiert, die sich auf die Auslöser bzw. Begründung der Ratingänderung beziehen. Weiterhin wird aus den genannten Gründen für diese Dokumente, *Kamp* folgend, je-

---

927 Früh (2001), S. 84.

928 Vgl. Previts u.a. (1994), S. 59; Rogers/Grant (1997), S. 20; Breton/Taffler (2001), S. 100; Nielsen (2004), S. 9. Die wenigen Studien, die weitere Dimensionen der Kodiereinheiten wie z.B. ihren Zeitbezug oder eine darin zum Ausdruck kommende Bewertung berücksichtigen, weisen entweder ein sehr grobes Kategoriensytem auf, z.B verwenden Breton/Taffler (2001) nur fünf inhaltliche Kategorien mit jeweils drei Unterkategorien der Bewertungsrichtung (positiv, negativ, neutral), oder wenden ein komplexes Kategoriensytem nur auf eine sehr kleine Stichprobe an, wie z.B. Beattie/McInnes/Fearnley (2004), S. 216-218.

929 Vgl. Kamp (1998), S. 108.

930 Die Angaben beziehen sich allein auf den Text zur Erläuterung der Ratings; Graphiken, Tabellen und Zusatzangaben zur Ratinghistorie u.ä. sind nicht berücksichtigt. Vgl. auch Kapitel 5.2.1.1.1.

931 Z.B. umfassen die Finanzanalystenreports bei Breton/Taffler (2001) im Schnitt ca. vier bis fünf Seiten und bei Nielsen (2004) ca. acht Seiten. Die MD&A-Reports bei Collins/Davie/Weetman (1993), S. 127, hatten eine durchschnittliche Länge von zwei bis drei Seiten. Alle diese Studien haben in ihrer Analyse auf relative Nennungshäufigkeiten der Kategorien abgestellt.

932 Vgl. Beattie/McInnes/Fearnley (2004), S. 218; Weber (1990), S. 32-36. Themen, für die mehrere Kategorien in Frage kamen, werden allein derjenigen zugeordnet, die am besten zutrifft bzw., in Zweifelsfällen, einer passenden Auffangkategorie. Vgl. Beattie/McInnes/Fearnley (2004), S. 218.

weils zu jeder Kategorie nur kodiert, ob es mindestens eine dort zuzuordnende Kodiereinheit gibt oder nicht. Mehrfachnennungen in einem Dokument werden also vernachlässigt.[933] Am Kategorientypus ändert sich dadurch nichts.

Ad (iii): Anschließend sind die einzelnen Kategorien des Kategoriensystems zu bestimmen und zu definieren. Sie können nicht aus den Erklärungsfaktoren einer Theorie zum Bonitätsrisiko entwickelt werden, da es eine solche (bislang) nicht gibt.[934] Eine Orientierung am Kategoriensystem von *Kamp* (1998) stellt angesichts der zahlreichen in Kapitel 4.3.3. herausgearbeiteten Kritikpunkte und der in dieser Arbeit deutlich weitergehenden Erkenntnisziele und Hypothesen ebenfalls keine Option dar. Daher ist es erforderlich, ein neues Kategoriensystem zu entwickeln. Aus Gründen der Validität müssen sich die Kategorien an den für die Erkenntnisziele und Hypothesen interessierenden Variablen orientieren und sollten bereits vorhandenes theoretisches und empirisches Wissen zum Gegenstandsbereich der Untersuchung berücksichtigen.[935] Daher erscheinen die in Kapitel 3 aufgearbeiteten und in Abbildung 8 zusammengefassten Kriterien aus den Veröffentlichungen der Agenturen als sinnvoller Ausgangspunkt. Um aussagefähige relative Nennungshäufigkeiten für die Kategorien berechnen und daraus Hinweise auf die Wichtigkeit der darin erfassten Themenbereiche für das Rating ableiten zu können, muss beachtet werden, dass sich der Aufbau des Kategoriensystems an der hierarchischen Struktur der Ratinganalyse orientiert.[936] Auf höchster Ebene werden die beiden Oberkategorien *Geschäftsrisiko* und *Finanzrisiko* unterschieden. Auf der darunter liegenden Ebene werden als Hauptkategorien für die erste Oberkategorie *Länderrisiko*, *Branchenrisiko*, *Wettbewerbsposition* sowie *Managementqualität* und für die zweite *Rechnungslegungsqualität*, *Kapitalstruktur/Vermögensschutz*, *Profitabilität*, *Cash Flow-Adäquanz* sowie *finanzielle Flexibilität* gebildet.[937] Schwieriger gestaltet sich auf der nächsten Ebene die Abgrenzung der Kategorien. Diesbezüglich ist sicherzustellen, dass die gebildeten Kategorien sämtliche Teil-

933 Vgl. Kamp (1998), S. 108.

934 Vgl. Kapitel 3.1., insb. Fn. 395.

935 Vgl. Früh (2001), S. 78 und 141-152; Atteslander (2003), S. 226; Kromrey (2006), S. 326f.

936 Vgl. zur Vorteilhaftigkeit eines hierarchischen Kategoriensystems Srnka/Koeszegi (2007), S. 37.

937 In der Veröffentlichung von *S&P* aus 2006 findet sich hingegen eine etwas abgewandelte Strukturierung. Das Geschäftsrisiko wird dort nun in Länderrisiko, Branchencharakteristika, Unternehmensposition, Produktportfolio/Marketing, Technologien, Kosteneffizienz, strategische und operative Managementkompetenz und Profitabilität/Peer-Group-Vergleich unterteilt, während beim Finanzrisiko die Bereiche Rechnungslegung, Corporate Governance, Finanzpolitik, Cash Flow-Adäquanz, Kapitalstruktur/Vermögenschutz sowie Liquidität/kurzfristige Faktoren unterschieden werden. Vgl. S&P (2006a), S. 20. Dieser Variante wird hier aus folgenden Gründen nicht gefolgt: Erstens stammen die Ratingdokumente, die mittels des Kategoriensystems analysiert werden sollen, ganz überwiegend aus Jahren vor 2006, so dass eine Änderung im Jahr 2006 sich darin nicht niedergeschlagen haben konnte. Zweitens hat das Kategoriensystem sowohl die Kriterien und deren Hierarchie von *S&P* als auch von *Moody's* adäquat widerzuspiegeln. Das ist für die oben gewählte Aufteilung in höherem Maße gegeben. Drittens ist nicht ersichtlich, ob damit tatsächlich eine geänderte Kriterienhierarchie von *S&P* eingeführt oder nur eine andere Darstellungsform gewählt wurde. Interessanterweise ist nämlich die Strukturierung der Erläuterungen zur Ratinganalyse in dieser Veröffentlichung gegenüber vorherigen nicht entsprechend verändert worden.

aspekte der übergeordneten Hauptkategorie erfassen und sie entsprechende Kriterien der gleichen Hierarchieebene widerspiegeln. Hierbei erweist sich die Studie von *Srinivasan/Bolster* (1990) als hilfreich, in der eine derartige Kriterienhierarchie für *S&P* im Zuge der Modellierung des Ratingverfahrens als *Analytical Hierarchy Process*[938] aufgestellt wird.[939] Dieser Differenzierung wird hier in weiten Teilen gefolgt, sie wird aber in Anlehnung an neuere Veröffentlichungen der beiden Agenturen und die Literatur angepasst. Anhang 8 gibt einen Überblick über das vorläufige Kategoriensystem und zeigt, in welchen der zugrunde gelegten Quellen diese Kriterien ebenfalls angeführt werden.[940] Die weitgehenden Übereinstimmungen mit den verschiedenen Quellen bekräftigen die Allgemeingültigkeit des Kategoriensystems.

Weiterhin werden Auffangkategorien (*Sonstiges*) für die verschiedenen Teilrisiken und eine allgemeine Auffangkategorie (*Sonstiges-Allgemein*) gebildet, um für den Fall, dass die Kategorien nicht alle in den Dokumenten zu findenden Themen abdecken, dennoch den gesamten relevanten Inhalt kodieren zu können.[941] Damit wird es auch erst möglich, Hypothese 4 zu nicht-kommunizierten Kriterien zu prüfen. Zur Untersuchung von Hypothese 5a werden zudem die Schlüsselkennzahlen von *S&P* den entsprechenden Kategorien als Subkategorien zugeordnet.[942] Alle übrigen Kategorien werden nicht weiter unterteilt. Die Kategorien und Subkategorien werden durch möglichst griffige Umschreibungen und Indikatoren für ihr Vorliegen (intensional) definiert und voneinander abgegrenzt.[943] Da die Veröffentlichungen der Agenturen die Ratingkriterien häufig nicht deutlich genug charakterisieren, wird ergänzend auf betriebswirtschaftliche Literatur zurückgegriffen.[944]

Ad (iv): Mit diesem vorläufigen Kategoriensystem haben der Verfasser und anschließend zwei weitere Kodierer unabhängig voneinander jeweils eine Testkodierung von vier Ratingbegründungen und zwei Ratingänderungsbegründungen für jede Agentur vorgenommen, die zufällig aus den Stichproben gezogen wurden.[945] Damit wird der

938 Vgl. grundlegend Saaty (1980).

939 Vgl. Srinivasan/Bolster (1990), S. 107-114. Vgl. dazu auch Paul (1996), S. 408-415.

940 Vgl. ähnlich Nielsen (2004), S. 8.

941 Vgl. Kromrey (2006), S. 333f.; Harwood/Garry (2003), S. 492.

942 Da die Ratingbegründungen der Stichprobe mit ganz wenigen Ausnahmen vor 2006 verfasst wurden, wird hier auf die zehn Schlüsselkennzahlen von *S&P* abgestellt, die diese Agentur bis 2005 benannt hatte. Im Jahr 2006 wurde die Zahl der Schlüsselkennzahlen auf sieben aus den vorherigen zehn reduziert. Vgl. auch Kapitel 3.2.4.3., insb. Fn. 471, und Anhang 1.

943 Vgl. Boyatzis (1998), S. 31; Früh (2001), S. 87-89; Kromrey (2006), S. 335f.

944 Folgende Quellen wurden herangezogen: Baetge/Kirsch/Thiele (2004); Küting/Weber (2006); Coenenberg (2005); Porter (1999); Welge/Al-Laham (2003); Bea/Haas (2005).

945 Bei den weiteren Kodierern handelte sich um studentische Hilfskräfte am Seminar für Rechnungswesen und Prüfung. Beide waren Hauptstudiumsstudenten mit Vertiefungsfächern Rechnungswesen und Prüfung sowie Kapitalmarktforschung und Finanzierung und verfügten daher über gute Vorkenntnisse. Darüber hinaus wurden sie auf Basis von Literatur, Erläuterungen durch den Verfasser und einer entsprechenden Kodiererschulung auf die Aufgabe vorbereitet. Einer der Studenten verfügte aus der Tätigkeit als Zweitkodierer in einer dieser Arbeit vorangegangenen Studie bereits über gewisse Erfahrungen.

Empfehlung gefolgt, das zu untersuchende Material bei der Kategorienbildung zu berücksichtigen.[946] Der Einbezug weiterer Kodierer in die Testkodierung trägt dazu bei, mögliche subjektive Einflüsse des Verfassers bei der Entwicklung des Kategoriensystems zu reduzieren und die intersubjektive Nachvollziehbarkeit zu verbessern.[947] Beispiele in Anhang 9 verdeutlichen das Vorgehen der Kodierung.

Ad (v): Die Konfrontation mit dem Untersuchungsmaterial ermöglichte es, das vorläufige System operationaler und präziser zu definieren und, soweit erforderlich, zu ergänzen.[948] Es hat sich v.a. herausgestellt, dass in den Dokumenten der Testkodierung von *Moody's* bestimmte Finanzkennzahlen regelmäßig angeführt sind. Sie sind in Anhang 10 wiedergegeben. Für sie wurden weitere Subkategorien gebildet, soweit sie nicht mit denen für die Schlüsselkennzahlen von *S&P* identisch waren.

Um die Klarheit und Anschaulichkeit weiter zu erhöhen, wurden den Kategorien typische Beispiele hinzugefügt.[949] Abweichungen zwischen den Kodierern wurden analysiert und führten, wenn nötig, zu weiteren Kalibrierungen des Kategoriensystems. Die Auffangkategorien waren nur in wenigen Fällen relevant, so dass das Kategoriensystem die angesprochenen Themen in den Dokumenten gut widerspiegelt. Einen Überblick über das endgültige Kategoriensystem gibt Anhang 11.

Auf Basis der Erfahrungen der Testkodierung wurden weitere Entscheidungen bezüglich der Kodierung getroffen. Die in den Auffangkategorien erfassten Kodiereinheiten sollen, im Hinblick auf Hypothese 4 und für eine insgesamt bessere Nachvollziehbarkeit, ergänzend inhaltlich kurz charakterisiert werden. Da Kodiereinheiten mit Bezug zu Pensionsverpflichtungen nicht nur die speziell dafür gebildeten Kategorien *Pensionen* unter der Hauptkategorie *Rechnungslegungsqualität* und *Pensionsverpflichtungen* unter *Kapitalstruktur/Vermögenschutz* betreffen, sollen wegen Hypothese 7 bei Kodierungen in anderen Kategorien entsprechende Vermerke auf diese Thematik erfasst werden. Weiterhin werden bestimmte Teile der Dokumente wie Graphiken, Tabellen und Überschriften bei der Kodierung nicht berücksichtigt. Freilich können sie Anhaltspunkte zu Ratingdeterminanten enthalten. Sollte aber das Rating davon beeinflusst worden sein, wird im Einklang mit der Literatur gefordert, dass auf diese Aspekte auch im Text explizit eingegangen wird.[950] Außerdem wird festgelegt, zusammenfassende Ausführungen nicht erneut zu kodieren.[951] Schließlich ergibt sich das Problem, dass die Agenturen bei Unternehmen mit mehreren bedeutenden Geschäftsfeldern

---

946 Vgl. z.B. Früh (2001), S. 152; Kromrey (2006), S. 332f.; Srnka/Koeszegi (2007), S. 36f.

947 Vgl. Müller-Böling/Klandt (1996), S. 69; Flick (2004), S. 310; Früh (2001), S. 152; Kromrey (2006), S. 341; Srnka/Koeszegi (2007), S. 38.

948 Vgl. Weber (1990), S. 23; Boyatzis (1998), S. 41-53 und 67-98. Das trägt maßgeblich zur weiteren Steigerung der Validität bei. Vgl. Früh (2001), S. 183; Atteslander (2003), S. 228.

949 Vgl. Kromrey (2006), S. 335.

950 Vgl. ähnlich Breton/Taffler (2001), S. 93; Demirakos/Strong/Walker (2004), S. 229; Nielsen (2004), S. 11. Diese Elemente werden aber stets gelesen, da sie Hinweise für die Kategorienzuordnung relevanter Textteile enthalten können. Vgl. Früh (2001), S. 154; Schreiber (1999), S. 87.

951 Auch diese Elemente werden stets gelesen und evtl. enthaltene neue Aspekte natürlich kodiert.

ihre Ausführungen z.T. nach diesen differenzieren und bestimmte Themen entsprechend mehrfach behandeln. Allein durch die Anzahl der im betrachteten Unternehmen vorhandenen und in der Ratingbegründung separat angesprochenen Geschäftsfelder würden sich daher Einflüsse auf die Nennungshäufigkeiten solcher Themen ergeben.[952] Um solche Verzerrungen zu vermeiden, werden inhaltsgleiche Kodiereinheiten, die sich in einem Dokument jeweils für mehrere Geschäftsfelder finden, nur einmal kodiert. Das Codebuch[953], welches das Kategoriensystem inklusive der ausführlichen Kategoriendefinitionen und typischen Beispiele enthält, findet sich in Anhang 12.

5.1.5. Validität und Reliabilität der Kodierung

Die Validität der Inhaltsanalyse wird primär durch die fundierte Entwicklung des Kategoriensystems mittels Rückgriff auf die Kriterienkataloge der Ratingagenturen und Erkenntnisse der Literatur sichergestellt.[954] Weitere Hinweise auf eine hohe Validität ergeben sich aus der durchgeführten Testkodierung. Sie hat gezeigt, dass nur in wenigen Fällen die Auffangkategorien angesprochen sind und folglich die gebildeten Kategorien sehr gut zur eindeutigen Kodierung der identifizierten Kodiereinheiten geeignet sind.[955] Schließlich deutet ein hoher Grad an Übereinstimmung zwischen den Kodierungen mehrerer unabhängiger Kodierer, die nachfolgend betrachtet wird, auf ein valides Kategoriensystem hin.[956] Es besteht also für Inhaltsanalysen eine ausgeprägte Verbindung zwischen Validität und Reliabilität.[957]

Die den folgenden Analysen zugrunde liegenden Kodierungen wurden ausschließlich vom Verfasser durchgeführt. Im Rahmen der Überprüfung der Reliabilität wurde daher zuerst die Intracoder-Reliabilität geprüft. Dazu wertete der Verfasser je vier per Zufall ausgewählte Ratingbegründungen und zwei Ratingänderungsbegründungen jeder Ratingagentur mehrere Wochen nach der erstmaligen Kodierung ein weiteres Mal aus. Es ergab sich eine sehr gute Übereinstimmungsquote von 92,1 %.[958]

Zur Beurteilung der Intercoder-Reliabilität werteten die beiden bereits bei der Testkodierung beteiligten unabhängigen Kodierer jeweils drei Ratingbegründungen und zwei Ratingänderungsbegründungen für jede der beiden Agenturen, die zufällig gezogen wurden, nach dem Verfasser ein zweites Mal aus.[959] Ein einfaches Maß der Intercoder-

---

952 Das Problem wurde m.E. bislang bei Inhaltsanalysen von verbalen Teilen der Rechnungslegung, Finanzanalystenreports oder Ratingbegründungen, vernachlässigt oder nicht explizit behandelt.

953 Vgl. dazu Ryan/Bernard (2000), S. 781 m.w.N. Vgl. für ein Beispiel Früh (2001), S. 161-173.

954 Vgl. Potter/Levine-Donnerstein (1999), S. 266-268; Beattie/McInnes/Fearnley (2004), S. 220; Kromrey (2006), S. 342.

955 Vgl. Folger/Hewes/Poole (1984), S. 136-138; Potter/Levine-Donnerstein (1999), S. 266-270.

956 Vgl. Ryan/Bernard (2000), S. 785.

957 Vgl. Potter/Levine-Donnerstein (1999), S. 272f.; Früh (2001), S. 184f.

958 Vgl. zu diesem Vorgehen z.B. Krippendorff (1980), S. 130-132; Früh (2001), S. 108f. und 177. Vgl. auch Kapitel 5.1.1., insb. Fn. 854-856.

959 Das entspricht ca. 5 % der Gesamtstichprobe. Das ist nach Empfehlungen der Literatur eine ausreichende Datenbasis für die Reliabilitätsprüfung. Vgl. z.B. Früh (2001), S. 177f.

Reliabilität ist der Übereinstimmungskoeffizient (*Coefficient of Agreement* (CA)) zwischen je zwei Kodierern als Verhältnis der Anzahl der übereinstimmenden Kodierungen zur Anzahl sämtlicher von beiden vorgenommenen Kodierungen:[960]

$$CA = \frac{2 * \text{\# übereinstimmender Kodierungen}}{\text{\# Kodierungen Kodierer 1} + \text{\# Kodierungen Kodierer 2}}$$

Zwischen Kodierer 1 und dem Verfasser ergab sich ein Wert von 81,5 % und zwischen Kodierer 2 und dem Verfasser von 81,9 %. Beide Werte sind gemäß den in der Literatur genannten Maßstäben als sehr gut einzustufen.[961] Anschließend wurde auch überprüft, ob Unterschiede in der Verlässlichkeit der Kodierung zwischen den mehr auf qualitative Aussagen abstellenden Kategorien des Geschäftsrisikos und den verstärkt auf quantitative Aussagen ausgerichteten Kategorien des Finanzrisikos zu verzeichnen sind.[962] Letztere könnten vergleichsweise weniger Interpretationsspielraum beinhalten und dadurch eine höhere Übereinstimmung aufweisen. Der Übereinstimmungskoeffizient wurde dazu jeweils getrennt für die Kategorien des Geschäfts- und Finanzrisikos berechnet, wobei die Zuordnung des Verfassers als die richtige betrachtet wurde.[963] Es zeigten sich bei dieser Differenzierung keine nennenswerten Unterschiede gegenüber der Gesamtbetrachtung. Für Kodierer 1 (Kodierer 2) lag der Übereinstimmungskoeffizient für die Geschäftsrisikokategorien bei 82,1 % (82,5 %) und für die Finanzrisikokategorien bei 81,2 % (81,2 %).

Der Übereinstimmungskoeffizient vernachlässigt allerdings die Möglichkeit rein zufälliger Übereinstimmungen zwischen den Kodierern und könnte folglich die Reliabilität überschätzen. Zwar sinkt die Wahrscheinlichkeit dafür mit zunehmender Anzahl an Kategorien, so dass angesichts des hier verwendeten umfangreichen Kategoriensystems nur geringe derartige Einflüsse zu erwarten waren.[964] Um diesem Aspekt dennoch Rechnung zu tragen, wurde mit *Scott*s Pi ein zusätzliches Reliabilitätsmaß ermittelt, das eine sehr konservative Korrektur um die Wahrscheinlichkeit zufälliger Übereinstimmungen vornimmt.[965]

$$\textit{Scotts}\ \text{Pi} = 1 - \frac{100 - \text{\% tatsächlich übereinstimmender Kodierungen}}{100 - \text{\% erwarteter übereinstimmender Kodierungen}}$$

960 Vgl. Früh (2001), S. 179. Vgl. auch Kapitel 5.1.1., insb. Fn. 857.

961 Gute bis sehr gute Werte werden bei über 80 % gesehen. Vgl. z.B. Kassarjian (1977), S. 14; Ryan/Bernard (2000), S. 785; Früh (2001), S. 181; Beattie/McInnes/Fearnley (2004), S. 220.

962 Vgl. ähnlich Früh (2001), S. 181f.; Beattie/McInnes/Fearnley (2004), S. 220.

963 Vgl. zu dieser Annahme Früh (2001), S. 184.

964 Vgl. Potter/Levine-Donnerstein (1999), S. 277-279.

965 Vgl. Scott (1955). Vgl ausführlich zu *Scott*s Pi und weiteren Reliabiltätsmaßen z.B. Potter/Levine-Donnerstein (1999), S. 277-282, oder Milne/Adler (1999), S. 239f., jeweils m.w.N.

Scotts Pi belief sich mit Kodierer 1 auf 80,8 % und mit Kodierer 2 auf 81,2 %, so dass auch unter Berücksichtigung der Möglichkeit von Zufallsübereinstimmungen ein sehr gutes Niveau an Intercoder-Reliabilität zu konstatieren ist.

5.2. Ergebnisse

5.2.1. Ratingbegründungen

5.2.1.1. Ausführlichkeit der Dokumente

5.2.1.1.1. Deskriptive Analyse

Die 124 Dokumente der Stichprobe umfassen zusammen 655 Textseiten und enthalten insgesamt über 402.000 Wörter.[966] Darin wurden 9.014 Kodiereinheiten identifiziert, 4.358 in den 62 Dokumenten von *S&P* und 4.656 in denen von *Moody's*. Die Kodierungen decken dabei ca. 307.000 Wörter bzw. 76,3 % der gesamten Wörter ab, da wiederholende Ausführungen nicht erfasst wurden.[967] Die Ratinganalysen beider Agenturen weisen mit durchschnittlich ca. 5,2 Textseiten bzw. 3.150 bis 3.300 Wörtern eine sehr ähnliche Länge auf.[968] Übereinstimmend zeigt sich aber eine deutliche Schwankungsbreite um den Durchschnitt. Interessant ist, dass bei *Moody's* mit knapp 83 % ein merklich höherer Textanteil kodiert wurde als bei *S&P* mit 69 %. Das erklärt sich v.a. dadurch, dass in Ratingbegründungen von *S&P* in vergleichsweise größerem Umfang wiederholende Ausführungen zu finden sind. Zum einen enthalten diese stets eine kurze Zusammenfassung der Analyse. Zum anderen sind sie im Rahmen der Ausführungen zur Geschäftsrisikoanalyse sehr viel ausgeprägter nach Geschäftsfeldern strukturiert und thematisieren darin häufig jeweils die gleichen Aspekte für die verschiedenen Geschäftsfelder. Für beide Agenturen zeigen sich aber bezüglich der Anzahl verschiedener Kategorien, die in einer Ratingbegründung angesprochen werden, weitgehend vergleichbare Durchschnittswerte. Aber hinsichtlich der Länge der Texte liegt erneut eine merkliche Schwankungsbreite vor.

In Abbildung 13 findet sich eine Übersicht über wichtige Kenngrößen der Ratingdokumente von *S&P* und *Moody's* in der Stichprobe und deren inhaltsanalytischen Auswertung. Die im nächsten Kapitel durchgeführten statistischen Tests untersuchen, ob sich hinter diesen Durchschnittswerten, wie in Hypothese 1 und 2 vermutet, signifikante Unterschiede in Abhängigkeit bestimmter Unternehmenscharakteristika verbergen.

---

[966] Die Dokumente wurden einheitlich in der Schriftart Arial, Schriftgröße 10 pt, mit einfachem Zeilenabstand und 2,5 cm Seitenrand formatiert. Grafiken und Tabellen wurden nicht berücksichtigt.

[967] Vgl. Kapitel 5.1.4., insb. Fn. 950, zur Begründung dieser Vorgehensweise.

[968] Das übersteigt deutlich den Umfang der von Kamp (1998) untersuchten Dokumente und stützt die hier gewählte Vorgehensweise einer Erhebung relativer Nennungshäufigkeiten. Vgl. auch Kapitel 5.1.4., insb. Fn. 930. In den dort angeführten Quellen ebenso wie bei *Kamp* finden sich allerdings keine Angaben zur Formatierung der Dokumente.

	# Seiten	# Wörter gesamt	# Wörter kodiert	Anteil Wörter kodiert an gesamt	# kodierte Themen	# verschiedene Kategorien
			S&P			
Ø	5,2	3.150,1	2.190,2	69,4%	70,3	35,7
Median	5,0	2.997	2.082	71,0%	71	36
Min	3,0	1.653	1.201	51,1%	32	21
Max	8,5	5.452	3.737	87,4%	113	48
Std	1,3	830,8	653,8	8,4%	17,5	5,6
			Moody's			
Ø	5,3	3.337,9	2.762,3	82,9%	75,1	34,4
Median	5,0	3.149	2.703	83,6%	74	35
Min	3,0	1.565	955	61,0%	33	21
Max	9,0	6.498	5.037	96,1%	114	46
Std	1,5	1.037	842,7	8,0%	18,4	5,9

Abb. 13: Charakteristika der Ratingbegründungen von *S&P* und *Moody's* in der Stichprobe

5.2.1.1.2. Konfirmatorische Analyse

5.2.1.1.2.1. Zusammenhang mit der Unternehmensgröße

Gemäß Hypothese 1 wird vermutet, dass ein Zusammenhang der Unternehmensgröße mit der Ausführlichkeit des Ratingdokuments besteht. Zur Operationalisierung der Unternehmensgröße werden die Bilanzsumme und der Umsatz herangezogen.[969] Die Bilanzsumme hat den Vorteil, dass die Höhe des Fremdkapitalbestands einfließt. Allerdings stellt sie für bestimmte Branchen, v.a. solche mit hohem Kapitalumschlag wie den Handel, eine schlechte Näherung der Größe dar. Hier ist der Umsatz aussagefähiger.[970] Beide Größen sind in der Stichprobe jedoch hoch korreliert,[971] so dass kaum Ergebnisunterschiede zu erwarten sind. Die Ausführlichkeit einer Begründung wird durch die Anzahl der darin kodierten Wörter gemessen. Es wird nicht auf die Gesamtzahl der Wörter abgestellt, denn wiederholende Ausführungen und Einflüsse der Geschäftsfeldanzahl sollen ausgeblendet werden. Die Anzahl der vorgenommenen Kodierungen wird nicht gewählt, da diese von inhaltlichen Aspekten der Texte beeinflusst ist, die an der Stelle noch unberücksichtigt bleiben sollen.

Es ergibt sich für die Begründungen von *S&P* ein schwach positiver *Pearson*-Korrelationskoeffizient zwischen Umsatz (Bilanzsumme) des Unternehmens und Ausführlichkeit des Ratingdokuments von 0,288 (0,246), wobei aber nur ersterer auf dem 5 %-Niveau signifikant ist.[972] Für *Moody's* findet sich ein deutlich stärkerer und hoch signifikanter positiver Korrelationskoeffizient von 0,446 mit dem Umsatz, während

[969] Vgl. Wagenhofer/Ewert (2007), S. 399; Pettit u.a. (2004), S. 8f. Vgl. zur Operationalisierung der Unternehmensgröße mittels Bilanzsumme z.B. Altman/Haldeman/Narayanan (1977), Kaplan/Urwitz (1979), Belkaoui (1983) oder Amato/Furfine (2004), und mittels Umsatz z.B. Szczesny (2003), S. 198, oder White/Sondhi/Fried (1994), S. 1039f.

[970] Vgl. Küting/Weber (2006), S. 306f.; Resti (2003), S. 228.

[971] Der Korrelationskoeffizient zwischen Bilanzsumme und Umsatz beträgt 0,834 (p-Wert < 0,001).

[972] Hier und im Weiteren wird bei einer statistischen Signifikanz auf dem 5 %-Niveau von einem signifikanten und auf dem 1 %-Niveau von einem hoch signifikanten Testergebnis gesprochen.

auch hier derjenige mit der Bilanzsumme i.H.v. 0,234 nicht signifikant ist. Es lässt sich folglich in der Stichprobe für beide Agenturen hypothesenkonform ein Zusammenhang zwischen Unternehmensgröße und Ausführlichkeit des Dokuments feststellen. Dessen positive Richtung deutet darauf hin, dass sich eine geringere Informationsbasis und Komplexität bei kleineren Unternehmen auch in einer geringeren Ausführlichkeit der Ratingbegründungen widerspiegeln. Das gibt auch einen schwachen Hinweis darauf, dass die Agenturen die Dokumente nicht „künstlich" in die Länge ziehen.[973] Allerdings ergibt sich nur bei der Größenmessung anhand des Umsatzes für beide Agenturen ein statistisch signifikanter Wert.

5.2.1.1.2.2. Zusammenhang mit der Ratingklasse

Hypothese 2 postuliert einen Zusammenhang zwischen der Ratingklasse des Unternehmens und der Ausführlichkeit des zugehörigen Dokuments. Den Ratingklassen[974] werden dazu in aufsteigender Reihenfolge positive ganze Zahlen beginnend mit 1 für das schlechteste Rating zugeordnet.[975] Die Variable Rating ist ordinal skaliert,[976] so dass nun Rangkorrelationskoeffizienten nach *Spearman* berechnet werden. Für *S&P* findet sich keine Korrelation (r_S = –0,009 (p-Wert = 0,944)) zwischen beiden Größen, während für *Moody's* mit dem Wert 0,555 ein hoch signifikanter positiver Zusammenhang zu konstatieren ist.

In den Stichproben beider Agenturen findet sich der in Kapitel 5.1.2. angedeutete hoch signifikante positive Zusammenhang zwischen den beiden potentiellen Einflussfaktoren auf die Ausführlichkeit der Dokumente, nämlich Unternehmensgröße und Ratingklasse (Unternehmensgröße gemessen am Umsatz: *S&P*: r_S = 0,630; *Moody's*: r_S = 0,620; an der Bilanzsumme: *S&P*: r_S = 0,713; *Moody's*: r_S = 0,714). Es gilt daher zu prüfen, inwieweit die bisher gefundenen Zusammenhänge zwischen Ratingklasse und Ausführlichkeit durch den Faktor Unternehmensgröße beeinflusst sind.[977] Dazu wird auf die Berechnung von Partialkorrelationen abgestellt, bei der der Einfluss der Unternehmensgröße herausgerechnet wird.[978] Für die Messung der Unternehmensgröße anhand des Umsatzes (Bilanzsumme) ergibt sich für *S&P* nun eine schwach negative und nicht signifikante Korrelation von –0,147 (–0,139), während der Wert für *Moody's* mit 0,474 (0,539) positiv und hochsignifikant ist. Die Korrelationskoeffizienten sinken folglich geringfügig durch die Eliminierung des Faktors Unternehmensgröße, was gewisse überlagernde Einflüsse verdeutlicht.

Beide Ratingagenturen unterscheiden sich also bezüglich des Einflusses der Ratingklasse. Der Wert für *S&P* bringt eine leichte Tendenz zum Ausdruck, dass schlech-

---

973 Vgl. ähnlich Rogers/Grant (1997), S. 22.
974 Die Differenzierung der Ratingklassen berücksichtigt die Feinabstufungen.
975 Vgl. ähnlich z.B. Butler/Rodgers (2003), S. 6; Amato/Furfine (2004), S. 2647.
976 Vgl. Kapitel 2.1., insb. Fn. 71.
977 Vgl. Kapitel 5.1.2., insb. Fn. 869f.
978 Vgl. zu Partialkorrelationen z.B. Greene (2003), S. 28-30; Bortz (2005), S. 443-448.

tere Ratings ausführlicher begründet werden. Die Stärke des Zusammenhangs und die mangelnde statistische Signifikanz stützen diese Argumentation allerdings nur schwach und Hypothese 2 wird für diese Agentur daher abgelehnt. Bei *Moody's* ergibt sich hingegen ein hoch signifikanter positiver Zusammenhang. Hypothese 2 wird hier angenommen.

Die zu Hypothese 1 und 2 gefundenen Ergebnisse sind aber vorsichtig zu interpretieren. Sie basieren allein auf univariaten Korrelationsbeziehungen und sind auch nur z.T. statistisch signifikant. Zwar sind die hier untersuchten Einflussfaktoren Unternehmensgröße und Ratingklasse als wesentlich zu betrachten, allerdings sind weitere, z.B. die Branchenzugehörigkeit des Unternehmens, Veränderungen des regulativen Umfeldes für die Ratingagenturen, die Anreizsituation der Ratinganalysten oder deren Erfahrungen, denkbar.[979] Analysen zu Wirkungen weiterer Einflussfaktoren und ihres Zusammenspiels auf die Ausführlichkeit der Dokumente unterbleiben hier allerdings, einerseits wegen des vorrangig auf den Inhalt der Dokumente bezogenen Interessenschwerpunkts dieser Arbeit und andererseits aufgrund von Restriktionen der Datenbasis. In der Sensitivitätsanalyse nach dem Untersuchungszeitraum lassen sich aber Anhaltspunkte über die Entwicklung der Ausführlichkeit der Dokumente im Zeitablauf ableiten und ein Vergleich der Zeit vor und nach den IOSCO-Vorgaben ziehen.

5.2.1.2. Inhalt der Ratingbegründungen

5.2.1.2.1. Deskriptive Analyse

Im Weiteren werden die Daten ausgewertet, um Antworten zu den auf die Inhalte der Ratingbegründungen abstellenden Forschungsfragen zu erhalten. Vor einer Überprüfung der Hypothesen dient die folgende deskriptive Analyse dem explorativen Erkenntnisziel der Arbeit. Aus den inhaltsanalystisch erhobenen Daten werden für die Kategorien verschiedene Kenngrößen ermittelt. Abbildung 14 gibt diese getrennt für *S&P* und *Moody's* wieder.

---

979 Vgl. auch Kapitel 2.4.2.3., 2.4.2.4. und 2.4.2.5.

Kategorie	S&P							Moody's						
	abs. ges.	% von ges.	% von Hauptkategorie	Max	Coverage	Rang der Σ der Ränge[1]	% Wörter von ges.	abs. ges.	% von ges.	% von Hauptkategorie	Max	Coverage	Rang der Σ der Ränge[1]	% Wörter von ges.
Länderrisiken	9	0,2%	100%	2	12,9%	65	0,2%	11	0,2%	100%	2	14,5%	58	0,2%
Konjunkturabhängigkeit/Zyklizität	53	1,2%	8,1%	4	56,5%	29	1,1%	51	1,1%	9,1%	4	50,0%	33	0,8%
Wettbewerbssituation[2]	186	4,3%	28,4%	12	100%	4	4,9%	165	3,5%	29,4%	7	100%	5	3,4%
Markteintrittsbarrieren	33	0,8%	5,0%	4	32,3%	43	0,5%	24	0,5%	4,3%	3	24,2%	48	0,3%
Beschaffungsaspekte	12	0,3%	1,8%	4	11,3%	64	0,3%	8	0,2%	1,4%	4	8,1%	62	0,2%
Kostenstruktur	31	0,7%	4,7%	4	32,3%	44	0,4%	21	0,5%	3,7%	3	29,0%	47	0,2%
technologische Veränderungen/ Substitution	43	1,0%	6,6%	5	40,3%	40,5	1,1%	25	0,5%	4,5%	4	25,8%	45	0,6%
Absatz/Wachstumsaussichten	177	4,1%	27,1%	8	91,9%	7	5,1%	136	2,9%	24,2%	8	75,8%	14	3,0%
Regulierung/Deregulierung	99	2,3%	15,1%	9	50,0%	24,5	3,1%	93	2,0%	16,6%	17	46,8%	24,5	3,0%
Wirtschaftspolitik/staatliche Unterstützung	19	0,4%	2,9%	5	14,5%	55	0,5%	29	0,6%	5,2%	7	16,1%	49,5	0,9%
Arbeitsbeziehungen/Streikanfälligkeit	0	0,0%	0,0%	0	0,0%	82,5	0,0%	0	0,0%	0,0%	0	0,0%	82,5	0,0%
Wechselkurs/Zinsniveau	1	0,0%	0,2%	1	1,6%	76,5	0,0%	9	0,2%	1,6%	2	12,9%	61	0,1%
BR-Sonstiges	0	0,0%	0,0%	0	0,0%	82,5	0,0%	0	0,0%	0,0%	0	0,0%	82,5	0,0%
Branchenrisiko (BR)	654	15,0%	100%				17,1%	561	12,1%	100%				12,5%
Marktposition	157	3,6%	12,7%	6	100%	5	3,9%	156	3,4%	11,4%	6	100%	6	3,1%
Produktdiversifikation/Geschäftsfelder	230	5,3%	18,6%	8	100%	1	8,3%	256	5,5%	18,7%	9	100%	1	8,0%
geographische Diversifikation	113	2,6%	9,2%	4	93,5%	9	3,2%	126	2,7%	9,2%	6	88,7%	11	2,6%
Beschaffung	61	1,4%	4,9%	7	48,4%	34	1,5%	64	1,4%	4,7%	6	48,4%	29	1,4%
Kostensituation/Effizienz	124	2,9%	10,0%	6	77,4%	11	2,7%	159	3,4%	11,6%	10	88,7%	8	3,4%
Produktion/Anlagen	90	2,1%	7,3%	6	62,9%	20	2,6%	90	1,9%	6,6%	6	69,4%	16,5	2,0%
Produkttechnologien/Forschung und Entwicklung	65	1,5%	5,3%	5	45,2%	32,5	1,7%	85	1,8%	6,2%	9	45,2%	27	2,0%
Marketing/Vertrieb/Service	48	1,1%	3,9%	6	37,1%	39	1,4%	60	1,3%	4,4%	6	48,4%	30	1,4%
Absatz/Kunden	228	5,2%	18,5%	10	100%	2	6,8%	245	5,3%	17,9%	10	100%	2	6,2%
Ergebnismargen	67	1,5%	5,4%	5	64,5%	24,5	1,6%	71	1,5%	5,2%	5	69,4%	18	1,3%
Unternehmensgröße/-alter	51	1,2%	4,1%	4	56,5%	30,5	0,9%	56	1,2%	4,1%	4	66,1%	24,5	0,9%
WP-Sonstiges	0	0,0%	0,0%	0	0,0%	82,5	0,0%	1	0,0%	0,1%	1	1,6%	74,5	0,0%
Wettbewerbsposition (WP)	1.234	28,3%	100%				34,6%	1.369	29,4%	100%				32,3%
Glaubwürdigkeit/Track Record	56	1,3%	11,0%	4	53,2%	30,5	1,2%	151	3,2%	16,2%	7	82,3%	12	3,4%
Planungen/Strategien	88	2,0%	17,3%	5	62,9%	23	1,8%	270	5,8%	28,9%	10	96,8%	3,5	6,6%
Organisationsstruktur	47	1,1%	9,2%	5	50,0%	36	1,2%	65	1,4%	7,0%	6	62,9%	22	1,8%
Corporate Governance/IKS	119	2,7%	23,3%	7	67,7%	16	2,4%	208	4,5%	22,3%	12	82,3%	9,5	4,0%
Finanzpolitik	200	4,6%	39,2%	12	100%	3	4,5%	239	5,1%	25,6%	10	100%	3,5	5,6%
MQ-Sonstiges	0	0,0%	0,0%	0	0,0%	82,5	0,0%	0	0,0%	0,0%	0	0,0%	82,5	0,0%
Managementqualität (MQ)	510	11,7%	100%				11,0%	933	20,0%	100%				21,3%
GR-Sonstiges	0	0,0%		0	0,00%	82,5	0,0%	0	0,0%		0	0,0%	82,5	0,0%
Abschlussprüfung	6	0,1%	2,8%	1	9,7%	67	0,2%	6	0,1%	7,1%	2	6,5%	64	0,1%
Rechnungslegungssystem/-umstellung	69	1,6%	32,5%	8	79,0%	18,5	0,8%	22	0,5%	25,9%	5	19,4%	53	0,2%
Effekte Änderungen einzelner Rechnungslegungsstandards	18	0,4%	8,5%	4	12,9%	60	0,3%	1	0,0%	1,2%	1	1,6%	74,5	0,0%
Konsolidierung	24	0,6%	11,3%	4	21,0%	50	0,7%	25	0,5%	29,4%	4	24,2%	46	0,5%
Goodwill/immaterielle Vermögenswerte	14	0,3%	6,6%	3	9,7%	63	0,3%	5	0,1%	5,9%	2	6,5%	66	0,1%
Finanzinstrumente	3	0,1%	1,4%	1	4,8%	71	0,0%	1	0,0%	1,2%	1	1,6%	74,5	0,0%
Vorräte	2	0,1%	0,9%	1	3,2%	73,5	0,0%	1	0,0%	1,2%	1	1,6%	74,5	0,0%
sonstige bilanzierte Vermögenswerte	1	0,0%	0,5%	1	1,6%	76,5	0,0%	0	0,0%	0,0%	0	0,0%	82,5	0,0%
Pensionen	19	0,4%	9,0%	3	17,7%	54	0,4%	5	0,1%	5,9%	1	8,1%	64	0,1%
außerbilanzielle Schulden	5	0,1%	2,4%	1	8,1%	70	0,1%	2	0,0%	2,4%	1	3,2%	70	0,0%
sonstige bilanzierte Schulden	10	0,2%	4,7%	3	11,3%	66	0,2%	2	0,0%	2,4%	1	3,2%	70	0,1%
Derivate/Hedging	2	0,1%	0,9%	1	3,2%	73,5	0,0%	0	0,0%	0,0%	0	0,0%	82,5	0,0%
Aufwands-/Ertragsrealisation	20	0,5%	9,4%	3	24,2%	50	0,4%	5	0,1%	5,9%	1	8,1%	64	0,2%
Abschreibungen	6	0,1%	2,8%	2	8,1%	69	0,2%	1	0,0%	1,2%	1	1,6%	74,5	0,0%
RQ-Sonstiges	13	0,3%	6,1%	2	19,4%	56,5	0,2%	9	0,2%	10,6%	1	14,5%	60	0,2%
Rechnungslegungsqualität (RQ)	212	4,9%	100%				3,8%	85	1,8%	100%				1,5%

	S&P							*Moody's*						
Kategorie	**abs. ges.**	**% von ges.**	**% von Haupt-kate-gorie**	**Max**	**Cover-age**	**Rang der Σ der Ränge¹**	**% Wörter von ges.**	**abs. ges.**	**% von ges.**	**% von Haupt-kate-gorie**	**Max**	**Cover-age**	**Rang der Σ der Ränge¹**	**% Wörter von ges.**
Verschuldungsgrad	71	1,6%	16,7%	4	69,4%	21,5	1,2%	14	0,3%	4,0%	2	21,0%	55	0,2%
Fremdkapital	99	2,3%	23,3%	5	80,6%	14	1,8%	115	2,5%	33,0%	7	82,3%	15	2,0%
Pensionsverpflichtungen	81	1,9%	19,1%	4	93,5%	12,5	1,8%	56	1,2%	16,1%	6	62,9%	26	1,0%
off-balance-sheet-liabilities	74	1,7%	17,4%	4	71,0%	18,5	1,4%	49	1,1%	14,1%	3	58,1%	32	0,7%
hybride Finanzinstrumente	16	0,4%	3,8%	3	16,1%	56,5	0,4%	12	0,3%	3,4%	3	14,5%	57	0,2%
Eigenkapital/-quote	34	0,8%	8,0%	6	41,9%	40,5	0,5%	20	0,4%	5,7%	2	27,4%	49,5	0,2%
Anlagevermögen	13	0,3%	3,1%	3	17,7%	58,5	0,2%	34	0,7%	9,8%	4	37,1%	39	0,7%
Umlaufvermögen	18	0,4%	4,2%	3	24,2%	52,5	0,4%	25	0,5%	7,2%	3	30,6%	43	0,4%
nicht bilanzierte Vermögenswerte	0	0,0%	0,0%	0	0,0%	82,5	0,0%	1	0,0%	0,3%	1	1,6%	74,5	0,0%
Deckungsgrade/Liquiditätsgrade	19	0,4%	4,5%	3	21,0%	52,5	0,3%	22	0,5%	6,3%	3	22,6%	51,5	0,3%
KS/VS-Sonstiges	0	0,0%	0,0%	0	0,0%	82,5	0,0%	0	0,0%	0,0%	0	0,0%	82,5	0,0%
Kapitalstruktur/Vermögens-schutz (KS/VS)	**425**	**9,8%**	**100%**				**8,2%**	**348**	**7,5%**	**100%**				**5,8%**
Profitabilität/Ergebnis allgemein	61	1,4%	18,4%	4	64,5%	26	1,1%	34	0,7%	10,9%	3	37,1%	39	0,7%
Umsatz	44	1,0%	13,3%	3	50,0%	37	1,0%	75	1,6%	24,0%	4	72,6%	16,5	1,4%
Umsatzrentabilität/Ergebnismargen	97	2,2%	29,2%	6	82,3%	12,5	2,3%	83	1,8%	26,6%	5	62,9%	19	1,9%
Betriebsergebnis	47	1,1%	14,2%	4	43,5%	38	0,9%	74	1,6%	23,7%	5	62,9%	21	1,4%
einzelne Aufwendungen/Erträge	66	1,5%	19,9%	6	54,8%	28	1,1%	35	0,8%	11,2%	3	35,5%	39	0,6%
Deckungskennzahlen	3	0,1%	0,9%	2	3,2%	72	0,0%	2	0,0%	0,6%	1	3,2%	70	0,0%
Kapitalrentabilität	12	0,3%	3,6%	3	14,5%	61	0,2%	4	0,1%	1,3%	1	6,5%	67	0,1%
wertorientierte Performancemaße	2	0,1%	0,6%	2	1,6%	75	0,1%	5	0,1%	1,6%	3	3,2%	68	0,1%
PR-Sonstiges	0	0,0%	0,0%	0	0,0%	82,5	0,0%	0	0,0%	0,0%	0	0,0%	82,5	0,0%
Profitabilität (PR)	**332**	**7,6%**	**100%**				**6,8%**	**312**	**6,7%**	**100%**				**6,1%**
Cash Flows	**161**	**3,7%**	**33,2%**	**8**	**91,9%**	**8**	**3,1%**	**194**	**4,2%**	**39,5%**	**11**	**87,1%**	**7**	**3,2%**
dynamischer Verschuldungsgrad	79	1,8%	16,3%	3	75,8%	17	1,5%	55	1,2%	11,2%	3	51,6%	31	1,0%
Entschuldungsdauer	28	0,6%	5,8%	3	30,6%	45	0,6%	31	0,7%	6,3%	3	33,9%	42	0,6%
Working Capital-Veränderung	24	0,6%	4,9%	3	25,8%	48	0,5%	52	1,1%	10,6%	4	48,4%	34,5	1,0%
Cash Flow-Deckungkennzahlen	52	1,2%	10,7%	3	54,8%	32,5	0,9%	10	0,2%	2,0%	2	14,5%	59	0,1%
Kapitalbedarf/Auszahlungs-erfordernisse	**115**	**2,6%**	**23,7%**	**7**	**82,3%**	**10**	**2,2%**	124	2,7%	25,3%	6	83,9%	13	2,3%
Cash Flow-Deckung des Kapitalbedarfs	26	0,6%	5,4%	3	30,6%	46,5	0,4%	25	0,5%	5,1%	4	27,4%	44	0,4%
CF-Sonstiges	0	0,0%	0,0%	0	0,0%	82,5	0,0%	0	0,0%	0,0%	0	0,0%	82,5	0,0%
Cash Flow-Adäquanz (CF)	**485**	**11,1%**	**100%**				**9,1%**	**491**	**10,6%**	**100%**				**8,6%**
finanzielle Flexibilität allgemein	70	1,6%	15,9%	2	93,5%	15	0,6%	43	0,9%	8,7%	1	69,4%	28	0,3%
Charakteristika der Schulden	65	1,5%	14,8%	4	59,7%	27	1,0%	47	1,0%	9,5%	5	51,6%	34,5	0,9%
Finanzpläne unter Stressszenarien	7	0,2%	1,6%	2	8,1%	68	0,2%	22	0,5%	4,5%	4	22,6%	51,5	0,7%
Deckung des Kapitalbedarfs	31	0,7%	7,0%	3	41,9%	42	0,5%	38	0,8%	7,7%	3	43,5%	37	0,7%
Flexibilität des Kapitalbedarfs	11	0,3%	2,5%	2	14,5%	62	0,2%	15	0,3%	3,0%	2	19,4%	56	0,3%
liquide Mittel/leicht veräußerbare Wertpapiere	64	1,5%	14,5%	4	82,3%	21,5	0,9%	58	1,3%	11,7%	4	71,0%	20	0,8%
Möglichkeiten zur Veräußerung von Vermögenswerten	20	0,5%	4,5%	3	24,2%	50	0,4%	17	0,4%	3,4%	5	21,0%	54	0,3%
externe Liquiditätsquellen	**127**	**2,9%**	**28,9%**	**5**	**96,8%**	**6**	**2,5%**	**141**	**3,0%**	**28,5%**	**7**	**93,5%**	**9,5**	**2,6%**
Konzernstruktur	27	0,6%	6,1%	4	27,4%	46,5	0,9%	67	1,4%	13,6%	5	61,3%	23	2,0%
FF-Sonstiges	18	0,4%	4,1%	4	14,5%	58,5	0,5%	46	1,0%	9,3%	6	29,0%	41	1,5%
finanzielle Flexibilität (FF)	**440**	**10,1%**	**100%**				**7,6%**	**494**	**10,6%**	**100%**				**10,1%**
FR-Sonstiges	**57**	**1,3%**	**100%**	15	46,8%	35	1,7%	52	1,1%	100%	7	33,3%	36	1,5%
Allgemein-Sonstiges	**0**	**0,0%**		0	0,0%	82,5	**0,0%**	**0**	**0,0%**		0	0,0%	82,5	**0,0%**
Gesamt	**4.358**	**100%**					**100%**	**4.656**	**100%**					**100%**

¹ Die Rangsumme ergibt sich aus den mit absteigender Größe zunehmenden Rängen für die relative Nennungshäufigkeit und den Coverage-Wert. Der Rang dieser Rangsumme wird in aufsteigender Reihenfolge zugeteilt.

² Die gefetteten Kategorienwerte gehören zu den anhand des Ranges der Rangsumme zehn wichtigsten Kategorien für die jeweilige Ratingagentur.

Abb. 14: Deskriptive Statistiken der Kategorien für die Ratingbegründungen von *S&P* und *Moody's*

Die absoluten Nennungshäufigkeiten zeigen an, wieviele Themennennungen über alle Dokumente hinweg der jeweiligen Kategorie zugeordnet wurden. Die Werte der relativen Nennungshäufigkeiten werden daraus jeweils durch Bezug auf die Gesamtzahl aller Kodierungen ermittelt.[980] Die Maximalwerte zeigen darüber hinaus die höchste absolute Nennungshäufigkeit der jeweiligen Kategorie, die in einer einzelnen Ratingbegründung zu finden war. Große Werte deuten die Gefahr von Verzerrungseffekten bei der Betrachtung relativer Nennungshäufigkeiten an, die dadurch entstehen können, dass aus verschiedenen Dokumenten unterschiedlich viele Nennungen einer Kategorie stammen können. Um dieser potentiellen Gefahr zu begegnen, wird ergänzend die Kenngröße Coverage ermittelt. Sie entspricht dem Anteil der Begründungen, in denen die Kategorie mindestens einmal angesprochen wurde.[981] Die Maximal- und die Coverage-Werte lassen erkennen, dass keine Kategorie durch einzelne Dokumente übermäßig stark beeinflusst wurde, denn hohe Maximalwerte finden sich nur bei solchen Kategorien, die insgesamt sehr häufig genannt wurden und die darüber hinaus einen hohen Coverage-Wert aufweisen.[982] Für die weitere deskriptive Analyse werden die Kenngrößen relative Nennungshäufigkeit und Coverage als wesentlich erachtet, um Erkenntnisse hinsichtlich der Frage zu gewinnen, welche Kategorien *S&P* und *Moody's* in den Begründungen anführen und welche Wichtigkeit diesen für die Ratings zukommt. Um sie auch in Kombination berücksichtigen zu können, werden den Kategorien für diese Größen in absteigender Reihenfolge Ränge zugeordnet und die Rangsumme gebildet. Anschließend erfolgt eine Zuordnung von Rängen auf Basis der Rangsummen in aufsteigender Reihenfolge. Diese Rangsumme lässt sich als aus den beiden Kenngrößen gleichgewichteter Bedeutungsindex verstehen, bei dem mit ansteigendem Wert eine sinkende Bedeutung der Kategorie angenommen wird.[983] Abschließend wird der Anteil der Wörter der Kodierungen in einer Kategorie an den insgesamt kodierten Wörtern ermittelt. Die Gegenüberstellung dieser Kenngröße einer Kategorie

---

980 Diese Kenngröße hätte alternativ auch als Durchschnitt über die relativen Nennungshäufigkeiten der jeweiligen Kategorie in den einzelnen Ratingdokumenten berechnet werden können. Dies würde eine Gleichgewichtung der Anteile in den verschiedenen Dokumenten bedeuten und mögliche verzerrende Einflüsse einzelner Texte mit vielen Nennungen der Kategorie vermindern. Beide Berechnungsvarianten wurden für die Daten durchgeführt. Die sich jeweils ergebenden Prozentwerte für die relative Nennungshäufigkeit weichen bei allen Kategorien höchstens an der zweiten Nachkommastelle voneinander ab. Ein χ^2-Anpassungstest zum Vergleich der zwei Verteilungen für jede der beiden Agenturen zeigt zudem keine statistisch signifikanten Unterschiede. *S&P*: χ^2-Wert (78 df) = 13,714 (p-Wert > 0,999); *Moody's*: χ^2-Wert (78 df) = 12,068 (> 0,999). Vgl. Bortz/Lienert (2003), S. 91-114; Bortz (2005), S. 162-166, mit methodischen Details. Beide Varianten führen zu annähernd identischen Werten. Es sind folglich keine Verzerrungen durch einzelne Dokumente zu verzeichnen und es werden nur die Werte der ersten Variante berichtet.

981 Vgl. ähnlich Rogers/Grant (1997), S. 25; Hoffjan/Wömpener (2006), S. 247f. Ein Coverage-Wert von 100 % zeigt an, dass die entsprechende Kategorie in jedem ausgewerteten Ratingdokument der Agentur zu finden ist. Die Coverage-Werte lassen auch gewisse Aussagen über die Minimum-Werte zu. Bei einer Coverage von unter 100 % liegt der Minimum-Wert folglich bei 0. Da das bei den meisten Kategorien der Fall ist, wurden die Minimum-Werte nicht in der Tabelle aufgeführt. Bei den Kategorien mit einer Coverage von 100 % lag dieser Wert stets bei 1.

982 Vgl. zur geringen Gefahr solcher Verzerrungseffekte auch Fn. 980.

983 Vgl. ähnlich Hoffjan/Wömpener (2006), S. 247f.

mit ihrer relativen Nennungshäufigkeit gibt Hinweise darauf, ob die darin erfassten Kodiereinheiten im Vergleich zu denen anderer Kategorien unterschiedlich umfangreich ausformuliert waren oder nicht. Es zeigt sich ein hoher Gleichlauf beider Größen. Das deutet auch darauf hin, dass die Werte der relativen Nennungshäufigkeit und die daraus abgeleiteten Ergebnisse von der Operationalisierung der Kategorienwichtigkeit weitgehend unabhängig sind.[984]

Bezüglich der Hauptkategorien und der dahinter stehenden Risikobereiche der Ratinganalyse zeigt sich in weiten Teilen ein Gleichklang der relativen Nennungshäufigkeiten für beide Agenturen. Die *Wettbewerbsposition* des Unternehmens in seiner Branche stellt übereinstimmend den am stärksten thematisierten Analysebereich dar. Der größte Unterschied auf dieser Ebene besteht bei der *Managementqualität*, die *Moody's* mit 20 % aller Nennungen sehr viel häufiger anspricht als *S&P* mit 11,7 %. Demgegenüber liegt bei *S&P* im Vergleich zu *Moody's* mehr Gewicht auf Ausführungen zu den Bereichen *Branchenrisiko*, *Qualität der Rechnungslegung* und *Kapitalstruktur/Vermögensschutz*.[985] Berücksichtigt man, dass die Agenturen die *Finanzpolitik* zwar im Rahmen der Managementqualität beurteilen, diesen Analysebereich aber dem Finanzrisiko zurechnen, ergibt sich für *S&P* (*Moody's*) ein Anteil der eher qualitativ ausgerichteten Geschäftsrisikoanalyse (ohne *Finanzpolitik*) von 50,6 % (56,6 %) und der eher quantitativ geprägten Finanzrisikoanalyse (inkl. *Finanzpolitik*) von 49,4 % (43,4 %) aller Themennennungen. Derartige Hinweise, dass *Moody's* sich tendenziell mehr als *S&P* auf qualitative als auf quantitative Faktoren stützt, finden sich auch in der Literatur.[986] Nichtsdestotrotz messen beide Agenturen den Geschäftsrisikobereichen eine hohe Bedeutung in ihren Ratinganalysen bei. Das wirft ein kritisches Licht auf die bisherigen empirischen Studien, die das Rating auf Basis von Finanzkennzahlen zu erklären versuchen und Erklärungsvariablen zum Geschäftsrisiko nicht oder nur sehr rudimentär berücksichtigen.[987]

Abbildung 15 veranschaulicht die Anteile der Hauptkategorien für beide Agenturen noch einmal. Darüber hinaus sind die Gewichtungen der Hauptkategorien aus den beiden einzigen dem Autor bekannten Literaturquellen, die derartige Angaben für jeweils eine der Agenturen enthalten, diesen gegenübergestellt. Dabei handelt es sich für *S&P* um die Studie von *Srinivasan/Bolster* (1990) und für *Moody's* um die von *Kamp* (1998).[988] Es zeigen sich für beide Agenturen deutlich erkennbare und auf Basis von

984 Eine Messung anhand des Anteils der Kategorien an den kodierten Worten oder des volumenmäßigen Anteils in den Dokumenten gemäß *Unermanns* Vorschlag hätten folglich vergleichbare Werte ergeben. Vgl. Kapitel 5.1.4., insb. Fn. 924.

985 Statistische Tests auf Unterschiede in den Gewichtungen der Hauptkategorien zwischen den beiden Ratingagenturen werden erst im Rahmen der Untersuchung von Hypothese 3b in Kapitel 5.2.1.2.2.1., insb. Fn. 1013f., durchgeführt.

986 Vgl. z.B. Bank/Lawrenz (2003), S. 7.

987 Vgl. dazu ausführlich Kapitel 4.2.2. und 4.2.3. sowie Anhang 2.

988 Vgl. Srinivasan/Bolster (1990), S. 107; Kamp (1998), S. 116. Um zu einer einheitlichen Abgrenzung der Hauptkategorien zu gelangen, wurden bei *Srinivasan/Bolster* die Hauptkatgorien *Market Position* und *Operating Efficiency* sowie bei *Kamp* die Hauptkategorien *Marketing*, *Technology*

χ^2-Anpassungstests hoch signifikante Unterschiede zwischen den hier ermittelten Anteilswerten und denen aus der jeweiligen Vergleichsquelle.[989] Die Ursachen dafür lassen sich nicht genau klären. Möglicherweise gehen sie aber auf die unterschiedlichen Untersuchungszeiträume zurück.[990] Daneben sind auch methodische Unterschiede zu konstatieren. *Srinivasan/Bolster* leiten die Gewichtungen über einen *Analytic Hierarchy Process* ab.[991] *Kamp* führt zwar ebenfalls eine Inhaltsanalyse von Ratingbegründungen durch, zieht aber mit *Credit Opinions* deutlich kürzere Dokumente von *Moody's* heran. Zudem verwendet er eine abweichende Form der Kodierung.[992]

	Anteile der Hauptkategorien			
	Srinivasan/Bolster* für *S&P	**Eigene Inhaltsanalyse**		***Kamp* für *Moody's***
Hauptkategorie		***S&P***	***Moody's***	
Länderrisiko	0,0 %	**0,2 %**	**0,2 %**	0,0 %
Branchenrisiko	29,6 %	**15,0 %**	**12,1 %**	13,6 %
Wettbewerbsposition	14,9 %	**28,3 %**	**29,4 %**	23,5 %
Managementqualität	11,1 %	**11,7 %**	**20,0 %**	7,5 %
Rechnungslegungsqualität	0,4 %	**4,9 %**	**1,8 %**	0,0 %
Kapitalstruktur/Vermögensschutz	3,1 %	**9,8 %**	**7,5 %**	11,7 %
Profitabilität	3,1 %	**7,6 %**	**6,7 %**	13,3 %
Cash Flow-Adäquanz	10,2 %	**11,1 %**	**10,6 %**	10,1 %
finanzielle Flexibilität	27,6 %	**10,1 %**	**10,6 %**	17,4 %
Sonstiges	0,0 %	**1,3 %**	**1,1 %**	2,9 %
Summe	**100 %**	**100 %**	**100 %**	**100 %**

Abb. 15: Hauptkategorienanteile für *S&P* und *Moody's* und Vergleich mit Werten der Literatur

Richtet man den Blick genauer auf die einzelnen Kategorien, zeigen sich große Übereinstimmungen bei *S&P* und *Moody's*. Jeweils kommt den Kategorien *Produktdiversifikation/Geschäftsfelder*, *Absatz/Kunden* und *Finanzpolitik* die größte Bedeutung zu. Weitere zentrale Kategorien sind übereinstimmend *Wettbewerbssituation*, *Marktposi-*

und *Efficiency* jeweils zur *Wettbewerbsposition* zusammengefasst. Darüber hinaus fanden sich bei *Kamp* in der Kategorie *Not Covered* Aspekte, die hier unter *finanzielle Flexibilität* zu subsumieren sind, so dass eine entsprechende Zurechnung vorgenommen wurde. Vgl. auch Kapitel 4.4.2., insb. Fn. 796.

989 Valide Ergebnisse erzielt der χ^2-Anpassungstest nur, wenn die erwarteten Häufigkeiten aller Kategorien größer als fünf sind. Vgl. Bortz (2005), S. 164. Daher werden die Hauptkategorien mit Nennungshäufigkeit null vernachlässigt. Analog wird auch bei weiteren χ^2-Anpassungstests in dieser Arbeit verfahren. Die Tests ergeben folgende Ergebnisse: *S&P:* χ^2-Wert (7 df, ohne die Hauptkategorien *Länderrisiko* und *Sonstiges*) = 4.476,38 (p-Wert < 0,001); *Moody's*: χ^2-Wert (7 df, ohne die Hauptkategorien *Länderrisiko* und *Rechnungslegungsqualität*) = 1.480,67 (< 0,001).

990 Vgl. zu möglichen Veränderungen der Ratingkriterien oder deren Gewichtung über die Zeit Kapitel 4.2.2. und 5.1.3. Vgl. zu möglichen Einflüssen des Untersuchungszeitraums auf die inhaltsanalytischen Ergebnisse auch die Sensitivitätsanalyse in Kapitel 5.2.1.2.3.5.

991 Vgl. Srinivasan/Bolster (1990), S. 114f. Nähere Einzelheiten geben sie dazu jedoch nicht an.

992 Vgl. Kapitel 4.4.2. zu Details der Studie von Kamp (1998). Vgl. Beattie/Thomson (2006), S. 10, zur schwierigen Vergleichbarkeit inhaltsanalytischer Ergebnisse bei verschiedener Kodierweise.

tion, *Cash Flows* und *externe Liquiditätsquellen*. *S&P* fokussiert jedoch stärker auf *Absatz/Wachstumsausichten* der Branche und die *geographische Diversifikation* des Unternehmens sowie *Kapitalbedarf/Auszahlungserfordernisse*, während *Moody's* eher die *Kosten/Effizienz* und die *Planungen/Strategien* des Unternehmens und dessen *Corporate Governance/IKS* im Blick hat. Die meisten dieser Unterschiede umfassen allerdings nur wenige Rangplätze. Die zehn bedeutendsten Kategorien decken bei *S&P* 38,9 % und bei *Moody's* sogar 43,7 % aller Kodierungen ab. Sie können demzufolge als Kern der Ratinganalyse beider Agenturen angesehen werden, was durch die sehr hohen Coverage-Werte von fast durchgängig 100 % gestützt wird. Dieser besteht interessanterweise ganz überwiegend aus Kategorien der eher qualitativen Geschäftsrisikoanalyse. Nur drei der zehn Kategorien, nämlich *Finanzpolitik*, *externe Liquiditätsquellen* und *Cash Flows* sind der vorrangig quantitativen Finanzrisikoanalyse zuzuordnen, wobei jedoch die Analyse der beiden erstgenannten ebenfalls deutlich durch qualitative Urteile geprägt ist.[993]

Weitere Gemeinsamkeiten zeigen sich in der lediglich untergeordneten Bedeutung des *Länderrisikos* und der Kategorien *Wechselkurs/Zinsniveau*, *Arbeitsbeziehungen/Streikanfälligkeit* und *Wirtschaftspolitik/staatliche Unterstützung* im Rahmen der Branchenrisikoanalyse. Das liegt sehr wahrscheinlich daran, dass beide Agenturen spezielle Länderratings vergeben, in deren Begründungen diese Aspekte ausführlich behandelt werden,[994] und sie diese daher in Dokumenten für einzelne Emittenten eines Sitzlandes nicht wiederholen. Auffällig ist auch, dass die Auffangkategorien mit Ausnahme von *finanzielle Flexibilität-Sonstiges*, *Finanzrisiko-Sonstiges* sowie *Rechnungslegungsqualität-Sonstiges* keine nennenswerte Rolle spielen. Welche Themen darin kodiert wurden, wird in Kapitel 5.2.1.2.2.2. näher beleuchtet. Die Kategorien spiegeln bis auf diese wenigen Ausnahmen die in den Ratingbegründungen beider Agenturen angesprochenen Themen sehr gut wider.[995]

Ausgeprägte Differenzen finden sich bei den Kategorien *Planungen/Strategien*, *Corporate Governance/IKS* sowie *Glaubwürdigkeit/Track Record*. Diese Aspekte der Managementqualität sind bei *Moody's* deutlich stärker zu finden als bei *S&P*, was sich bereits beim Vergleich der Hauptkategorienanteile andeutete. Auffällig sind zudem die Unterschiede in der Bedeutung der Kategorien der *Rechnungslegungsqualität*, v.a. derjenigen zum *Rechnungslegungssystem bzw. dessen Umstellung*, zu *Pensionen* und zur *Aufwands- und Ertragsrealisation*, die bei *S&P* eine merklich größere Rolle spielen. Außerdem zeigt sich für diese Agentur eine ausgeprägtere Thematisierung von *Kapitalstruktur/Vermögensschutz* anhand des *Verschuldungsgrades* und der Analyse von *off-balance-sheet-liabilities* und *Pensionsverpflichtungen*.[996]

993 Vgl. S&P (2006a), S. 25 und 32f.; Moody's (1998a), S. 7-12. Vgl. auch Kapitel 3.2.4.2. und 3.2.4.3.

994 Vgl. Everling (1991), S. 140-144; Steiner (1992), S. 511; Fight (2001), S. 107-125.

995 Das ist ein weiterer deutlicher Hinweis auf die Validität. Vgl. Früh (2001), S. 183-186. Das gilt um so mehr, da mit den in Kapitel 5.1.4. erwähnten Einschränkungen jedes Thema in einem Dokument und nicht selektiv nur bestimmte Themen einer Kategorie zugeordnet werden musste.

996 Vgl. ähnlich Steiner (1992), S. 512; Pettit u.a. (2004), S. 9f.

Aus den relativen Nennungshäufigkeiten der Kategorien lassen sich auch deren relative Nennungshäufigkeiten innerhalb ihrer Hauptkategorie ermitteln. Die Analyse dieser Kennwerte ermöglicht Erkenntnisse, welche Schwerpunkte die Agenturen im Rahmen der Beurteilung der verschiedenen Risikobereiche legen. Anhang 13 gibt die entsprechenden Werte der einzelnen Kategorien für *S&P* und *Moody's* wieder.

Die Analyse des *Branchenrisikos* fokussiert bei beiden Agenturen insbesondere auf die *Wettbewerbssituation* und die *Absatz-/Wachstumsaussichten* der Branche. Daneben kommt Aspekten der *Regulierung/Deregulierung* eine verstärkte Beachtung zu. Eine ähnliche Schwerpunktsetzung prägt die Analyse der *Wettbewerbsposition* des Unternehmens innerhalb der Branche(n), was sich in den hohen Anteilen der Kategorien *Marktposition*, *Produktdiversifikation/Geschäftsfelder* und *Absatz/Kunden* widerspiegelt. Die Agenturen betonen mit dieser vorrangig absatzorientierten Sichtweise v.a. Kategorien, die die Fähigkeit betreffen, in Zukunft ausreichende und stabile operative Cash Flows zu generieren.

Innerhalb der Analyse der *Managementqualität* dominiert bei *S&P* die Evaluation der *Finanzpolitik*. Daneben werden die *Planungen/Strategien* des Managements und die institutionelle Ausgestaltung der Unternehmensführung und -kontrolle (*Corporate Governance/IKS*) ausführlicher begutachtet. *Moody's* setzt sich darüber hinaus zusätzlich umfangreich mit der Glaubwürdigkeit und den Zielerreichungen des Managements (*Glaubwürdigkeit/Track Record*) auseinander und betrachtet die Kategorien dieses Risikobereichs insgesamt merklich häufiger und gleichmäßiger.

Zur *Rechnungslegungsqualität* finden sich bei beiden Agenturen vorrangig relativ globale Aussagen, v.a. zum *Rechnungslegungssystem bzw. dessen geplanter oder bereits erfolgter Umstellung*. Details einer IFRS-Umstellung werden jedoch kaum thematisiert. *Moody's* stellt zudem auf Aspekte der *Konsolidierung* im Konzernabschluss ab. Da die Agenturen grundsätzlich auf testierte Abschlüsse zurückgreifen, gehen sie in den Ratingbegründungen auf spezielle Aspekte der Rechnungslegung ebenso wie auf die Abschlussprüfung scheinbar nur in Einzelfällen ein, in denen Besonderheiten oder Unregelmäßigkeiten zu berichten sind.

Im Rahmen der Analyse von *Kapitalstruktur/Vermögensschutz* sind beide Agenturen bestrebt, sämtliche Verpflichtungen des Unternehmens zu erfassen und zu quantifizieren. Neben der Analyse der bilanzierten Schulden (*Fremdkapital*) stellen sie v.a. auf *off-balance-sheet-liabilities* und ungedeckte *Pensionsverpflichtungen* ab. Der *Verschuldungsgrad* spielt nur bei *S&P* eine gewisse Rolle, bei *Moody's* ist er nur in Einzelfällen erwähnt. Die beiden Subkategorien der Kategorie lassen erkennen, dass beide Agenturen übereinstimmend ausschließlich auf den Verschuldungsgrad auf Basis der gesamten Schulden abstellen, nicht aber auf denjenigen auf Basis nur der langfristigen Schulden. Das wird auf die gestiegene Bedeutung kurzfristiger Schulden für die Unternehmensfinanzierung zurückgeführt und ist für *Moody's* bereits seit längerem bekannt.[997] *S&P* kommunizierte allerdings den langfristigen Verschuldungsgrad noch bis 2005 als Schlüsselkennzahl.[998]

Bei der Analyse der *Profitabilität* sind *Umsatzrentabilität und Ergebnismargen* am wichtigsten. Sie erlauben eine bessere Vergleichbarkeit zwischen verschiedenen Unternehmen und mit bestimmten Zielvorgaben.[999] Daneben werden der *Umsatz* und das *Betriebsergebnis* betrachtet. Dies geschieht bei *Moody's* jedoch in größerem Umfang als bei *S&P*. Letztgenannte Agentur beurteilt demgegenüber verstärkt die Ertragskraft, ohne dabei die genauen Analysekennzahlen zu spezifizieren (*Profitabilität/Ergebnis allgemein*) und thematisiert daneben wichtige *einzelne Aufwendungen bzw. Erträge.*[1000] Bemerkenswert ist, dass *Deckungskennzahlen* wie die EBIT-Zinsdeckung kaum Erwähnung finden. Dafür finden sich bei *S&P* häufiger Ausführungen zu *Cash Flow-basierten Deckungskennzahlen*, was für *Moody's* jedoch nicht gilt. Ebenso spielen *wertorientierte Performancemaße* keine nennenswerte Rolle. Beide Agenturen gehen darauf nur sehr selektiv ein, *S&P* nur bei *Siemens*, *Moody's* bei *Siemens* und *Metro*. Das verwundert, da mindestens 17 weitere Unternehmen der Stichprobe ebenso wertorientierte Managementsysteme installiert haben.[1001] Durch deren Fokus auf die Interessen der Aktionäre ist es aber verständlich, dass dieser Bereich für Gläubiger und folglich das Rating eher von untergeordneter Bedeutung ist.

Die *Cash Flow-Adäquanz* wird dominiert von der Analyse der absoluten Höhe der *Cash Flows*. Über diese saldierte Betrachtung hinaus gilt dem *Kapitalbedarf bzw. den Auszahlungserfordernissen* bei beiden Agenturen besonderes Augenmerk. Weiterhin zeigt sich die hohe Bedeutung der Verschuldungsanalyse auf Basis des *dynamischen Verschuldungsgrades* bzw. der *Entschuldungsdauer.*[1002] Auch hier erlaubt die Differenzierung weiterer Subkategorien tiefere Einblicke.[1003] *S&P* beurteilt den dynamischen Verschuldungsgrad fast durchgängig anhand der Kennzahl Brutto-Cash Flow zu Gesamtverschuldung (*Funds From Operations/Total Debt*), während *Moody's* vom Brut-

---

997 Vgl. Ederington/Yawitz (1987), S. 34.

998 Vgl. S&P (2005a), S. 43.

999 Vgl. Baetge/Kirsch/Thiele (2004), S. 347f.; Küting/Weber (2006), S. 299f.

1000 Dabei handelt es sich überwiegend um außerplanmäßige Abschreibungen (v.a. auf den Geschäfts- oder Firmenwert), Zinsaufwendungen und außergewöhnliche, nicht regelmäßige Erfolgskomponenten aus Restrukturierungen oder Veräußerungsgeschäften.

1001 Dazu wurden die letzten drei Geschäftsberichte vor Veröffentlichung der analysierten Ratingbegründungen und die Internetseiten der 62 Unternehmen der Sichprobe nach Ausführungen zu einem wertorientierten Managementsystem oder Angaben zu wertorientierten Kennzahlen (z.B. EVA, CFROI, u.ä.) durchsucht. Bei den 17 weiteren Unternehmen handelt es sich um *BASF*, *Bayer*, *Deutsche Lufthansa*, *Escada*, *EVN*, *HeidelbergCement*, *Henkel*, *Nestle*, *Österreichische Elektrizitätswirtschafts-AG*, *Rheinmetall*, *RWE*, *Südzucker*, *Telekom Austria*, *ThyssenKrupp*, *TUI*, *VW* und *Wienerberger*. Vgl. auch Ballwieser (2007), S. 18, der wertorientierte Angaben in Geschäftsberichten des Jahres 2005 für 15 Unternehmen im DAX 30 findet. Von diesen sind elf in der Stichprobe dieser Arbeit zu finden. Von den von Schaffer (2005), S. 166f., untersuchten 32 wertorientierten steuernden deutschen Unternehmen ist das für 13 der Fall.

1002 Vgl. ebenso Steiner (1992), S. 512f.; Pettit u.a. (2004), S. 10f.

1003 Vgl. für die genauen Werte Kapitel 5.2.1.2.2.3. und Anhang 18.

to-Cash Flow die Dividendenauszahlung abzieht und auf Retained Cash Flow zu Gesamtverschuldung (*Retained Cash Flow/Total Debt*) abstellt.[1004]

Für die Beurteilung der *Finanziellen Flexibilität* stehen die Analyse der Bestände an *liquiden Mitteln und leicht veräußerbaren Wertpapieren* und die Charakteristika bislang ungenutzter *externer Liquiditätsquellen* im Vordergrund. *S&P* thematisiert zusätzlich auch die *Charakteristika der Schulden*, die das Unternehmen bereits eingegangen ist, z.B. deren Laufzeitprofil oder Verzinsungsart und -höhe. *Moody's* setzt sich hingegen stärker mit Aspekten der *Konzernstruktur* wie der Rechtsstruktur, Unternehmensverträgen oder der Allokation von Finanzmitteln auseinander.

5.2.1.2.2. Konfirmatorische Analyse

5.2.1.2.2.1. Vergleich zwischen den Ratingagenturen

Gemäß Hypothese 3a wird erwartet, dass *S&P* und *Moody's* auf die gleichen Kriterien in ihren Dokumenten abstellen und diese gemäß Hypothese 3b darüber hinaus auch vergleichbar gewichtet sind. Wie die relativen Nennungshäufigkeiten und Coverage-Wert der Kategorien in Abbildung 14 zeigen, findet sich keine Kategorie, die von einer Agentur thematisiert wird, während sie bei der anderen Agentur unberücksichtigt bleibt. Es findet sich also ein gemeinsamer Kanon an Kriterien der Ratinganalyse bei beiden Agenturen. Hypothese 3a ist angesichts dieser Befunde nicht zu verwerfen. Feinere Unterschiede, die sich anhand der Differenzierung des Kategoriensystems nicht erfassen ließen, sind aber nicht ausgeschlossen. Zudem sind weitergehende Untersuchungen der Hypothese mittels statistischer Tests nicht möglich. Im Weiteren wird daher Hypothese 3b in den Mittelpunkt gestellt.

Zur Überprüfung von Hypothese 3b bedarf es jedoch tiefergehender Analysen und statistischer Tests. Aufgrund der Anwendungsvoraussetzungen einiger dieser Verfahren werden einzelne Kategorien mit sehr schwacher absoluter Nennungshäufigkeit vernachlässigt.[1005] Es verbleiben 69 Kategorien, die zuerst auf Unterschiede in der zentralen Tendenz der relativen Nennungshäufigkeiten zwischen *S&P* und *Moody's* getestet werden.[1006] Da gemäß *Kolmogoroff-Smirnov*-Tests bei beiden Agenturen jeweils nur für 18 der 69 Kategorien die Normalverteilungsannahme für die relativen Nennungshäufigkeiten als zentrale Anwendungsvoraussetzung des t-Tests erfüllt ist, wird statt-

---

[1004] Vgl. ebenso Pettit u.a. (2004), S. 11.

[1005] Vgl. ähnlich Collins/Davie/Weetman (1993), S. 129. Valide Ergebnisse erzielt z.B. der χ^2-Test nur, wenn mindestens 80 % aller erwarteten Häufigkeiten größer als fünf und die restlichen 20 % größer als eins sind. Vgl. Bortz/Lienert (2003), S. 97. Daher wurden die Auffangkategorien und solche Kategorien, die in der jeweiligen Teilstichprobe weniger als drei Nennungen aufweisen, in den weiteren statistischen Tests dieser Arbeit vernachlässigt. Das gilt analog für die Sensitivitätsanalysen in Kapitel 5.2.1.3.

[1006] Vgl. ähnlich Breton/Taffler (2001), S. 97; Hoffjan/Wömpener (2006), S. 245.

dessen auf den verteilungsfreien *Mann-Whitney*-U-Test abgestellt.[1007] Die relativen Nennungshäufigkeiten sind dazu als ordinal skaliert zu verstehen.[1008]

Allerdings lassen sich mittels dieser Vorgehensweise nur eingeschränkt Aussagen darüber ableiten, ob ein signifikanter Unterschied zwischen den Agenturen über alle Kategorien zusammen genommen besteht. Daher wird zum Vergleich sämtlicher Kategoriengewichtungen zwischen beiden Agenturen ein χ^2-Test durchgeführt. Dieser untersucht Häufigkeitsverteilungen eines nominal skalierten Merkmals für zwei oder mehr Gruppen auf signifikante Unterschiede. Betrachtet werden folglich die einzelnen Kodiereinheiten aus den untersuchten Dokumenten von *S&P* einerseits und *Moody's* andererseits bezüglich ihrer Zugehörigkeit zu einer Kategorie des Kategoriensystems.[1009] Der Test ermöglicht neben Aussagen zu signifikanten Unterschieden über alle Kategorien hinweg auch solche für die einzelnen Kategorien. Die χ^2-Anteile der einzelnen Kategorien für jede Agentur können nämlich isoliert auf Signifikanz untersucht werden und ermöglichen damit zusätzlich zu den U-Tests Aussagen über Unterschiede zwischen ihnen.[1010]

Eine weitere Möglichkeit, um unter Berücksichtigung sämtlicher Kategorien Unterschieden zwischen den beiden Agenturen nachzugehen, ist eine Clusteranalyse. Die Clusterbildung erfolgt hier anhand der Ähnlichkeit der relativen Nennungshäufigkeit der verschiedenen Kategorien als relevante Merkmale der einzelnen Ratingbegründungen.[1011] Mittels einer vorgegebenen Clusteranzahl von zwei soll geprüft werden, ob die den beiden Clustern zugeordneten Dokumente jeweils vorrangig von einer der beiden Agenturen stammen. Das kann als Hinweis auf statistisch signifikante Unterschiede in den Kategoriengewichtungen zwischen ihnen interpretiert werden.

Um auch die Coverage-Werte zu berücksichtigen, werden ergänzend aus relativer Nennungshäufigkeit und Coverage-Wert durchschnittliche relative standardisierte Differenzen (Δ *S&P/Moody's*) für die Kategorien berechnet. Die relative standardisierte Differenz (RSD) für die jeweilige Kenngröße einer Kategorie ergibt sich als

$$\mathrm{RSD} = \frac{a - b}{\max(a, b)},$$

mit a (b) als den Ausprägungen der Kenngröße bei *S&P* (*Moody's*). Aus den Werten für beide Kenngrößen wird dann der einfache Durchschnitt gebildet. Positive Werte

---

1007 Vgl. zu den Anwendungsvoraussetzungen des t-Tests Bortz (2005), S. 141; Hartung (2005), S. 533-538. Vgl. zum *Kolmogoroff-Smirnov*-Test auf Normalverteilung Bortz/Lienert (2003), S. 226-229; Hartung (2005), S. 183-189. Im Weiteren wird bezüglich des *Mann-Whitney*-U-Tests vereinfachend nur noch vom U-Test gesprochen.

1008 Vgl. Bortz (2005), S. 150; Bortz/Lienert (2003), S. 138.

1009 Vgl. ähnlich z.B. McConnell/Haslam/Gibson (1986), S. 68f.; Collins/Davie/Weetman (1993), S. 127-129; Bradshaw (2002), S. 31-34; Demirakos/Strong/Walker (2004), S. 229-237. Vgl zu Details der Methodik Bortz (2005), S. 172-175; Bortz/Lienert (2003), S. 96-102.

1010 Vgl. Bortz (2005), S. 173.

1011 Vgl. zu Details der Methodik Bortz (2005), S. 565-584; Backhaus u.a. (2006), S. 489-554.

zeigen an, dass der betrachteten Kategorie bei der ersten Agentur (hier stets *S&P*) eine höhere Wichtigkeit zukommt, negative Werte indizieren entsprechend eine höhere Wichtigkeit bei der zweiten Agentur (hier stets *Moody's*).[1012]

Zuerst wird an den Werten der Hauptkategorien für beide Agenturen, die in Abbildung 15 gegenübergestellt sind, angeknüpft und ein χ^2-Test durchgeführt. Dieser ergibt insgesamt eine hoch signifikante Unterschiedlichkeit zwischen beiden bereits auf dieser Ebene. Sie geht vorrangig auf die auch isoliert hoch signifikanten χ^2-Anteile der Hauptkategorien *Branchenrisiko*, *Managementqualität*, *Qualität der Rechnungslegung* und *Kapitalstruktur/Vermögensschutz* zurück.[1013] Diese Befunde werden durch ergänzende U-Tests bestätigt.[1014]

Im Weiteren soll über diese ersten Anhaltspunkte auf Basis der Hauptkategorien hinaus eine differenziertere Betrachtung auf Ebene der Kategorien durchgeführt werden. Die Ergebnisse sind in Anhang 14 angeführt. Der χ^2-Test ergibt, dass sich die Häufigkeitsverteilungen der Themennennungen über sämtliche Kategorien bei *S&P* und *Moody's* auf dem 1 %-Niveau unterscheiden.[1015] Die bereits in der deskriptiven Analyse identifizierten Unterschiede bei den Hauptkategorien *Managementqualität*, *Qualität der Rechnungslegung* sowie bei den Kategorien *Verschuldungsgrad*, *Cash Flow-Deckungskennzahlen* und der *Konzernstruktur* tragen wesentlich zu diesem Ergebnis bei und sind auch isoliert statistisch hoch signifikant. Daneben weisen einzelne Kategorien aus den Hauptkategorien *Profitabilität*, *Cash Flow-Adäquanz* und *finanzielle Flexibilität* auf dem 5 %-Niveau signifikante Differenzen auf.

Die Resultate der U-Tests für die Kategorien gehen mit diesen Erkenntnissen fast vollständig konform. Für einige wenige Kategorien, v.a. *Umsatz*, *Umsatzrentabilität/Ergebnismargen* und *Betriebsergebnis*, ergeben sich weitere signifikante Differenzen, die der χ^2-Test nicht anzeigt. Die Unterschiede der p-Werte sind bei allen divergierenden Testurteilen allerdings sehr gering. Sie sind auf die oben angedeutete unterschiedliche Interpretation der Daten durch die beiden statistischen Tests zurückzuführen. Während

---

1012 Vgl. mit ähnlicher Vorgehensweise Hoffjan/Wömpener (2005), S. 21.

1013 Gesamter χ^2-Wert (9 df) = 194,665 (p-Wert < 0,001). χ^2-Komponenten der Hauptkategorien für die beiden Ratingagenturen mit jeweils einem df: *Länderrisiko*: χ^2-Anteil *S&P* = 0,046 (p-Wert = 0,830), χ^2-Anteil *Moody's* = 0,043 (p-Wert = 0,835); *Branchenrisiko*: 7,547 (0,006), 7,064 (0,008); *Wettbewerbsposition*: 0,476 (0,490), 0,445 (0,504); *Managementqualität*: 50,472 (< 0,001), 47,242 (< 0,001); *Qualität der Rechnungslegung*: 32,592 (< 0,001), 30,506 (< 0,001); *Kapitalstruktur/Vermögensschutz*: 7,036 (0,008), 6,585 (0,010); *Profitabilität*: 1,369 (0,242), 1,281 (0,258); *Cash Flow-Adäquanz*: 0,366 (0,545), 0,342 (0,559); *finanzielle Flexibilität*: 0,296 (0,586), 0,277 (0,599); *Sonstiges*: 0,351 (0,553), 0,329 (0,566).

1014 *Mann-Whitney*-U-Tests auf Unterschiede in der zentralen Tendenz bei den Hauptkategorien zwischen beiden Ratingagenturen: *Länderrisiko*: Z-Wert = –0,263 (p-Wert = 0,792); *Branchenrisiko*: –2,276 (0,023); *Wettbewerbsposition*: –0,962 (0,336); *Managementqualität*: –7,631 (< 0,001); *Qualität der Rechnungslegung*: –4,919 (< 0,001); *Kapitalstruktur/Vermögensschutz*: -3,816 (< 0,001); *Profitabilität*: –1,467 (0,142); *Cash Flow-Adäquanz*: –1,192 (0,233); *finanzielle Flexibilität*: –0,655 (0,513); *Sonstiges*: –0,923 (0,356).

1015 χ^2-Wert (70 df) = 455,411 (p-Wert < 0,001). Vgl. ausführlich Anhang 14.

der χ^2-Test auf die Häufigkeitsverteilung sämtlicher Kodiereinheiten bezüglich des nominal skalierten Merkmals Kategorienzugehörigkeit und damit alle Kategorien abstellt, bezieht sich der U-Test auf die ordinal skalierten relativen Nennungshäufigkeiten einer Kategorie in den verschiedenen Dokumenten.

Auch die durchschnittlichen RSD der Kategorien gehen mit den Einschätzungen der beiden statistischen Tests weitgehend konform. Kategorien mit signifikanten Differenzen weisen durchgängig hohe zweistellige Prozentwerte dieser Kenngröße auf. Aus deren Vorzeichen lässt sich darüber hinaus etwas darüber ablesen, welche Agentur die jeweilige Kategorie in ihren Ratingbegründungen stärker gewichtet.

Für den größten Teil der Kategorien finden sich aber weder gemäß U-Test noch χ^2-Test signifikante Abweichungen zwischen beiden Agenturen und zudem Werte der durchschnittlichen RSD im ein- bis niedrigen zweistelligen Prozentbereich. Das gilt v.a. für die in der deskriptiven Analyse in Kapitel 5.2.1.2.1. als gemeinsamen Kern der Ratinganalyse beider Agenturen identifizierten Kategorien, was diese Einschätzung untermauert. Eine Zusammenfassung der Gemeinsamkeiten und Unterschiede in den Kategoriengewichtungen zwischen *S&P* und *Moody's* bietet Anhang 15.

Die Ergebnisse der Clusteranalyse[1016] enthält Anhang 16. Bei der Vorgabe von zwei Clustern finden sich im ersten Cluster 47 Ratingbegründungen von *S&P* und 49 von *Moody's* und im zweiten Cluster die verbleibenden 15 Dokumente von *S&P* und 13 von *Moody's*. Eine Clusterung nach Zugehörigkeit zu einer Ratingagentur wird folglich nicht erreicht. Vielmehr findet sich im zweiten Cluster übereinstimmend für beide Agenturen der überwiegende Teil der Unternehmen aus den Branchen Versorger, Telekommunikation, Transport und Logistik sowie eines aus der Branche Pharma- und Gesundheitswesen. Bei näherer Betrachtung erklärt sich dieses Ergebnis v.a. dadurch, dass die Dokumente dieser Unternehmen bei beiden Agenturen vergleichsweise eine deutlich höhere Bedeutung der Kategorie *Regulierung/Deregulierung* aufweisen. Dieser branchenspezifische Aspekt scheint potentielle Unterschiede zwischen den beiden Agenturen bei einer Unterteilung in nur zwei Cluster zu überlagern.[1017] Bei einer Clusteranalyse mit drei Clustern sind dem ersten Cluster diesmal 35 Dokumente von *S&P* und nur 14 von *Moody's* zugeordnet, während das zweite Cluster 35 Dokumente von *Moody's* und nur 12 von *S&P* enthält. Das dritte Cluster ist identisch mit dem zweiten Cluster der vorherigen Clusteranalyse. Der Einfluss des Branchenspezifikums bleibt folglich erhalten. Die Zusammensetzungen der Cluster eins und zwei für die

---

[1016] Die Clusteranalyse wurde mit hierarchischem Vorgehen nach der als sehr robust eingeschätzten *Ward*-Methode durchgeführt. Vgl. Bortz (2005), S. 575-578; Backhaus (2006), S. 514-529. Dies setzt kardinal skalierte, nicht aber normalverteilte Merkmale voraus. Vgl. Bortz (2005), S. 575f.; Backhaus (2006), S. 528. Die relativen Nennungshäufigkeiten der Kategorien erfüllen die Voraussetzung der Kardinalskalierung, auch wenn sie bei den U-Tests als ordinal skaliert betrachtet werden, während die mittels *Kolmogoroff-Smirnov*-Tests festgestellten teilweisen Abweichungen von der Normalverteilung kein Problem darstellen (vgl. auch Fn. 1007).

[1017] Möglichen Brancheneinflüssen auf die inhaltsanalytischen Ergebnisse wird im Rahmen einer Sensitivitätsanalyse weiter nachgegangen.Vgl. Kapitel 5.2.1.3.2.

restlichen Ratingbegründungen stellen nun aber ein weiteres deutliches Anzeichen für Unterschiede zwischen den Agenturen bei den relativen Nennungshäufigkeiten über sämtliche Kategorien hinweg dar.

Zwar zeigen sich nur bei einigen Kategorien statistisch signifikante Abweichungen zwischen *S&P* und *Moody's* sowie hohe Werte der durchschnittlichen RSD. Diese Abweichungen haben aber ein so großes Ausmaß, dass sich sowohl auf Basis des χ^2-Tests als auch der Clusteranalyse die Vermutung einer insgesamt vergleichbaren Gewichtung der in den Ratingbegründungen angesprochenen Kategorien bei beiden Agenturen nicht erhärten lässt. Hypothese 3b ist angesichts dessen zu verwerfen.

5.2.1.2.2.2. Nicht kommunizierte Kriterien

Gemäß Hypothese 4 ist der Frage nachzugehen, ob sich Kriterien in den Ratingdokumenten finden, die in den veröffentlichten Kriterienkatalogen der Agenturen nicht als potentiell relevant für das Rating kommuniziert wurden. Da das Kategoriensystem in weiten Teilen unter Rückgriff auf diese Publikationen und bisherige wissenschaftliche Erkenntnisse zu wichtigen Ratingkriterien entwickelt wurde, ist hierfür v.a. interessant, welche Themen den Auffangkategorien zugeordnet wurden.[1018]

Wie in Abbildung 14 zu erkennen ist, waren bis auf eine Ausnahme anderweitig nicht zuordenbare Themennennungen ausschließlich in den Auffangkategorien *Rechnungslegungsqualität-Sonstiges*, *finanzielle Flexibilität-Sonstiges* und *Finanzrisiko-Sonstiges* zu kodieren. In *Rechnungslegungsqualität-Sonstiges* wurden insbesondere Themennennungen zu Problemen der zeitlichen oder zwischenbetrieblichen Vergleichbarkeit der Rechungslegungsdaten und zur Beurteilung der Bilanzierungsweisen des Unternehmens im Vergleich zur branchenüblichen Praxis erfasst. Der Auffangkategorie *finanzielle Flexibilität-Sonstiges* wurden Ausführungen zu Rechtsrisiken sowie zum Versicherungsschutz zugeordnet. *Finanzrisiko-Sonstiges* enthält schließlich v.a. Themennennungen zu Fremdwährungsrisiken und zur Analyse von Finanzierungssparten. Anhang 17 bietet einen Überblick über die Kodierungen in den Auffangkategorien für beide Agenturen und zeigt die Fundstellen dieser Kriterien in deren publizierten Kriterienkatalogen.

Sämtliche dieser Aspekte sind dort als potentielle Kriterien erwähnt, aufgrund ihrer nachrangigen Bedeutung und möglichen Relevanz nur in Einzelfällen wurden im Kategoriensystem aber keine eigenen Kategorien dafür vorgesehen. Wie vermutet, sind die Kriterienkataloge der Agenturen derart ausführlich, aber dabei allgemein gehalten, dass jede der insgesamt 9.014 identifizierten Kodiereinheiten inhaltlich darunter subsumiert werden konnte. Es sind also keine nicht-kommunizierten Kriterien bzw. Inkonsistenzen zu verzeichnen und Hypothese 4 ist nicht zu verwerfen.[1019]

[1018] Zur Erinnerung: Darin waren solche Themennennungen zu erfassen und kurz zu charakterisieren, die nicht unter eine der inhaltlich klar definierten Kategorien subsumiert werden konnten.

[1019] Vgl. ebenso Kamp (1998), S. 115.

5.2.1.2.2.3. Schlüsselkennzahlen

Das Finanzrisiko wird von den Ratingagenturen vorrangig auf Basis einer Analyse von Finanzkennzahlen beurteilt. Bislang hat nur *S&P* dazu einen Katalog von Schlüsselkennzahlen kommuniziert. Es wurde aber vermutet, dass die Inhaltsanalyse der Ratingbegründungen von *Moody's* Anhaltspunkte auf regelmäßig herangezogene Kennzahlen offenbart, die ebenfalls als Schlüsselkennzahlen interpretiert werden können. Daher wurde Hypothese 5 für beide Ratingagenturen differenziert formuliert. Allerdings haben sich bereits in der Testkodierung für *Moody's* entsprechende Kennzahlen gefunden und wurden neben den Schlüsselkennzahlen von *S&P* als Subkategorien berücksichtigt. Der Grund für separate Hypothesen ist damit hinfällig geworden und es wird für jede Agentur gemäß Hypothese 5a untersucht, ob in der Finanzrisikoanalyse stets sämtliche ihrer Schlüsselkennzahlen Erwähnung finden.[1020]

Die bisherigen Auswertungen haben sich auf die eine Aggregationsstufe darüber liegenden Kategorien bezogen. In Anhang 18 sind die Kodierungen nun auf die Subkategorienebene heruntergebrochen. Eine Betrachtung der Coverage-Werte dieser Subkategorien gibt weiteren Aufschluss zu der Hypothese. Bereits in den obigen Ergebnissen für die zugehörigen übergeordneten Kategorien war ersichtlich, dass keine einen Coverage-Wert von (wenigstens annähernd) 100 % aufweist. Das gilt folglich auch für die Subkategorien. Hypothese 5 ist daher zu verwerfen.

Betrachtet man die Ergebnisse dennoch näher, lässt sich zumindest feststellen, dass bei beiden Agenturen innerhalb der entsprechenden Kategorien die Subkategorien für ihre jeweiligen Schlüsselkennzahlen deutlich überwiegen. Andere Subkategorien werden fast ausschließlich in solchen Fällen angesprochen, in denen entweder keine genaue Spezifizierung der Kennzahl erfolgt, also bspw. allgemein auf Ergebnismargen oder Cash Flows abgestellt wird, oder die alternativen Kennzahlen den Schlüsselkennzahlen sehr ähnlich sind. Das ist z.B. bei *EBITDA-Zinsdeckung* und *Funds from Operations-Zinsdeckung* der Fall, da von den Agenturen EBITDA häufig als Näherungsgröße für *Funds from Operations* verwendet wird.[1021]

S&P stellt am stärksten auf den *gesamten Verschuldungsgrad*, die *EBITDA-Marge* und den dynamischen Verschuldungsgrad gemessen als *Funds from Operations/Geamtverschuldung* ab. Deutlich weniger häufig wird auf die Entschuldungsdauer *Gesamtverschuldung/EBITDA* und die *EBITDA-Zinsdeckung* abgestellt. Für *Moody's* finden sich insgesamt weniger Nennungen von Schlüsselkennzahlen. Es zeigt sich aber eine

1020 Es sei an dieser Stelle nochmal darauf hingewiesen, dass beide Agenturen in ihre Ratingbegründungen i.d.R. graphische oder tabellarische Übersichten zu den Werten wichtiger Finanzkennzahlen, darunter auch der meisten oder aller Schlüsselkennzahlen, für die vorangegangenen zwei bis vier Jahre integrieren. Für die inhaltsanalytische Auswertung ist eine Kodierung dieser Elemente mit dem Argument unterblieben, dass für das Rating relevante Kriterien in den verbalen Ausführungen der Dokumente erwähnt sein sollten. Diese rein quantitativen Angaben werden jedoch in Kapitel 5.2.1.3. näher auf ihre Zusammenhänge mit dem Rating untersucht.

1021 Vgl. z.B. S&P (2002c), S. 6; S&P (2006a), S. 30f.; Meyer-Parpart (1996), S. 132.

z.T. ähnliche Schwerpunktsetzung wie bei *S&P*, nämlich auf die *EBIT(A)-Marge*, den dynamischen Verschuldungsgrad gemessen als *Retained Cash Flow/Gesamtverschuldung* und die Entschuldungsdauer *Gesamtverschuldung/EBITDA*. Der *gesamte Verschuldungsgrad* und *Cash Flow-Zinsdeckungskennzahlen* werden jedoch kaum erwähnt. Darüber hinaus fällt auf, dass einige Schlüsselkennzahlen von den Agenturen kaum oder gar nicht erwähnt werden. Das gilt bei *S&P* für den *langfristigen Verschuldungsgrad*, *Free Operating Cash Flow/Gesamtverschuldung* sowie *Discretionary Cash Flow/Gesamtverschuldung* und bei *Moody's* für *(EBITDA – Investitionen in Anlagevermögen)-Zinsdeckung*. Für die zugehörigen Analysebereiche haben die Agenturen jeweils mehrere Schlüsselkennzahlen definiert, fokussieren aber i.d.R. auf nur eine davon. Interessanterweise wird bei *S&P* der *langfristige Verschuldungsgrad* und *Discretionary Cash Flow/Gesamtverschuldung* seit 2006 nicht mehr zu den Schlüsselkennzahlen gerechnet.[1022]

5.2.1.2.2.4. Cash Flow- vs. gewinnbasierte Kennzahlen

Hypothese 6 betrifft die Behauptung beider Agenturen, sie würden in ihrer Analyse signifikant stärker auf Cash Flow- als auf gewinnbasierte Kennzahlen abstellen. In der deskriptiven Analyse hat sich bei *S&P* und *Moody's* eine deutlich höhere relative Nennungshäufigkeit für die Kategorien der Cash Flow-Adäquanz gegenüber denen der Profitabilität (*S&P*: 11,1 % vs. 7,6 %; *Moody's*: 10,6 % vs. 6,7 %) gezeigt. Auch die Coverage-Werte der Cash Flow-bezogenen Kategorien sind höher. Zum statistischen Test der Hypothese wird für beide Agenturen getrennt ein einseitiger χ^2-Anpassungstest durchgeführt, der untersucht, ob sich die gefundenen Nennungshäufigkeiten beider Bereiche zugunsten der Cash Flow-Adäquanz signifikant von einer Gleichverteilung unterscheiden. Für *S&P* ergibt sich ein χ^2-Wert von 28,28 (p-Wert < 0,001), für *Moody's* sogar von 39,46 (< 0,001).[1023] Der Test zeigt folglich in beiden Fällen eine hoch signifikante Abweichung von einer Gleichverteilung an. Hypothese 6 wird für beide Agenturen durch diese Ergebnisse gestützt.

5.2.1.2.2.5. Pensionsverpflichtungen

Gemäß Hypothese 7 wird vermutet, dass das Thema Pensionsverpflichtungen aufgrund seiner Brisanz in der jüngeren Vergangenheit explizit in den Begründungen sämtlicher Unternehmen behandelt wird, die Pensionspläne aufgelegt haben. Nach Erhebungen des Verfassers gab es laut letztem Geschäftsbericht vor Veröffentlichung des jeweils ausgewerteten Ratingdokuments solche Pläne bei 54 der 62 betrachteten Unternehmen.[1024] Die Kategorie *Pensionsverpflichtungen* aus dem Risikobereich *Kapitalstruk-*

[1022] Vgl. S&P (2006a), S. 43.

[1023] Ein χ^2-Anpassungstest mit Kontinuitätskorrektur bei einem df und einseitiger Fragestellung hat auf dem 1 %-Niveau einen kritischen χ^2-Wert von 5,024.

[1024] Über keine Pensionspläne verfügten oder keine Angaben darüber im Geschäftsbericht machten *ATU*, *Brenntag*, *Heckler & Koch*, *Hornbach*, *Kabel Baden-Württemberg*, *Mauser Beteiligung*, *Peri* und *TeleColumbus*.

tur/Vermögensschutz gehört mit 1,9 % aller Nennungen bei *S&P* und 1,2 % bei *Moody's* nicht zu den häufig genannten. Der Wert für erstgenannte Agentur hat sich bereits bei den Tests von Hypothese 3b als statistisch signifikant höher erwiesen. Für sie lässt sich zudem mit 93,5 % (58 Unternehmen) im Vergleich zu 62,9 % (39) für *Moody's* ein deutlich höherer Coverage-Wert feststellen.

Es ist jedoch zu berücksichtigen, dass auch in anderen Kategorien Ausführungen zu Pensionplänen kodiert worden sein können. Ein solcher Bezug wurde bei diesen Kodierungen jeweils vermerkt. Sie finden sich v.a. in den Kategorien *Pensionen* im Rahmen der *Rechnungslegungsqualität* (bei *S&P* 19 und bei *Moody's* 5 Nennungen) und *Kapitalbedarf/Auszahlungserfordernisse* im Rahmen der *Cash Flow-Adäquanz* (bei *S&P* 17 und bei *Moody's* 10 Nennungen). Darüber hinaus finden sich ganz vereinzelte Bezüge in anderen Kategorien.[1025] Diese Kodierungen sind neben der Kategorie *Pensionsverpflichtungen* zur Beurteilung der gesamten Coverage in den Ratingbegründungen zu berücksichtigen. Bei *S&P* entfallen diese Kodierungen jedoch alle auf Dokumente, in denen auch die Kategorie *Pensionsverpflichtungen* angesprochen ist, so dass der Coverage-Wert unverändert bleibt, während bei *Moody's* ein Fall zu verzeichnen ist, in denen die Thematik nur außerhalb der Kategorie *Pensionsverpflichtungen* zu finden ist, so dass der Coverage-Wert leicht auf 64,5 % steigt.

Von den vier Unternehmen bei *S&P* ohne Nennungen zu Pensionsverpflichtungen fallen zwei unter diejenigen, in deren Geschäftsbericht dazu ebenfalls keine Angaben zu finden waren, und für die anderen beiden stellen die Pensionsrückstellungen höchstens 5 % der Bilanzsumme dar. Auch bei *Moody's* stammen fünf der 23 Unternehmen, für die nicht auf diesen Aspekt eingangen wird, aus der Gruppe derjenigen, in deren Geschäftsberichten keine Angaben enthalten sind. Für die übrigen 18 Unternehmen weisen die Pensionsrückstellungen mit durchschnittlich 4 % der Bilanzsumme eine merklich geringere Bedeutung auf als mit ca. 8,8 % bei denjenigen, in deren Ratingdokumenten sie analysiert werden.

Die Befunde gehen für *S&P* weitgehend konform mit Hypothese 6, während das für *Moody's* nur in deutlich abgeschwächter Form konstatiert werden kann. Das steht im Gegensatz zu den empirischen Ergebnissen der meisten anderen Studien und spiegelt die mittlerweile merklich gestiegene Bedeutung der Thematik wider. Die höhere Gewichtung bei *S&P* könnte auf die Kontroverse um den von dieser Agentur im Jahr 2003 geänderten Analyseansatz für Pensionsrückstellungen zurückzuführen sein.[1026]

[1025] Dabei handelt es sich um folgende Kategorien: *Rechnungslegungssystem; -umstellung* (Nennungen *S&P*: 1; Nennungen *Moody's*: 2), *Effekte Änderungen einzelner Rechnungslegungsstandards* (3; 0), *Betriebsergebnis* (1; 0), *einzelne Aufwendungen/Erträge* (2; 2), *Cash Flow-Deckung Kapitalbedarf* (1; 0) und *Flexibilität des Kapitalbedarfs* (1; 0).

[1026] Vgl. Kapitel 3.2.4.4.2.

5.2.1.3. Sensitivitätsanalyse
5.2.1.3.1. Überblick

Ein Fokus der bisherigen Untersuchungen der Ratinganalyse von *S&P* oder *Moody's* lag auf der Frage, inwieweit Unterschiede zwischen beiden Agenturen bestehen. In der Aufarbeitung der theoretischen und empirischen Literatur wurden potentielle Einflussfaktoren identifiziert, die zu Unterschieden sowohl zwischen den Agenturen als auch bei der Beurteilung verschiedener Unternehmen durch dieselbe Agentur führen könnten. Zu nennen sind v.a. die Ratingklasse des Unternehmens, seine Branchenzugehörigkeit und geographische Herkunft sowie der Betrachtungszeitpunkt.[1027] In der bisherigen Analyse wurde versucht, mögliche verzerrende Einflüsse dieser Aspekte auf die Ergebnisse durch die Stichprobenabgrenzung so weit wie möglich auszuschalten. Dem Vergleich der Agenturen wurden daher dieselben, von beiden gerateten Unternehmen zugrunde gelegt. Diese Datenbasis beinhaltete zwar eine heterogene, aber weitgehend ausgewogene Zusammensetzung bezüglich Ratingklasse und Branchenzugehörigkeit. Zudem stammen die Unternehmen aus nur drei Ländern mit sehr ähnlichen institutionellen Rahmenbedingungen und der Kern des Untersuchungszeitraums war mit den zwei Jahren 2004 und 2005 eng begrenzt.[1028]

Möglichen Auswirkungen der Faktoren Ratingklasse, Branchenzugehörigkeit, Untersuchungszeitraum sowie geographische Herkunft auf die bisherigen Ergebnisse soll durch eine Sensitivitätsanalyse nachgegangen werden.[1029] Für ihre gleichzeitige Berücksichtigung erweist sich die verfügbare Datenbasis jedoch als zu gering. Daher können sie nur in separaten Analysen untersucht werden, bei denen die übrigen Faktoren jeweils durch die Auswahl der Untersuchungseinheiten konstant gehalten bzw. ihre potentiellen Einflüsse soweit wie möglich neutralisiert werden.[1030] Es soll der Wirkung des jeweiligen Faktors sowohl auf die relative Wichtigkeit der verschiedenen Kategorien bei der jeweiligen Agentur als auch auf die festgestellten Gemeinsamkeiten und Unterschieden in der Ratinganalyse zwischen beiden nachgegangen werden. Die für die Faktoren im Weiteren gebildeten Vergleichsgruppen bzw. Teilstichproben werden dazu anhand der Nennungshäufigkeiten und Coverage-Werte bezüglich der für sie wichtigsten Kategorien verglichen. Des Weiteren werden sie analog zum obigen Vor-

[1027] Vgl. für Nachweise zu diesen potentiellen Einflussfaktoren die jeweiligen Kapitel der Sensitivitätsanalyse. *Moody's* stellt entsprechend dazu fest, es gibt „(...) beachtliche Schwankungen, inwiefern bestimmte Faktoren zu einer bestimmten Zeit für eine bestimmte Branche relevant sind. Diese Unterschiede ergeben sich aus den politischen, wirtschaftlichen und kulturellen Entwicklungen des jeweiligen Landes, in dem das Unternehmen operiert." Moody's (1998a), S. 3.

[1028] Die hier getroffenen Maßnahmen setzen sich aus der Konstanthaltung potentieller Störvariablen, der Parallelisierung der Vergleichsgruppen und der Bildung von einer miteinander abgeglichenen Stichprobe zusammen. Vgl. zu Details Bortz/Döring (2006), S. 524-528.

[1029] Vgl. ähnlich Demirakos/Strong/Walker (2004), S. 235f., und in Ansätzen Kamp (1998), S. 118-123.

[1030] Vgl. ähnlich Demirakos/Strong/Walker (2004), S. 235-237.

gehen[1031] mittels U-Tests und χ^2-Tests auf signifikante Unterschiede in den Nennungshäufigkeiten sämtlicher Kategorien untersucht.[1032]

Ergänzend werden aus Gründen der Vollständigkeit derartige Sensitivitätsanalysen auch auf Ebene der Hauptkategorien durchgeführt.[1033] Die Ergebnisse sind in Anhang 19 zusammengefasst. Auf ihre zusätzliche Diskussion wird im Weiteren aber aus mehreren Gründen verzichtet und die Sensitivitätsanalysen auf Ebene der Kategorien fokussiert. Erstens sind dadurch tiefergehende Erkenntnisse möglich, da sich bei der aggregierten Betrachtung auf Hauptkategorienebene gegenläufige Abweichungen einzelner ihrer Kategorien neutralisieren können und damit nicht erkennbar sind. Zweitens ist eine bessere Vergleichbarkeit mit den bisherigen Ergebnissen gegeben, die vorrangig auf die Kategorienebene abgestellt haben. Drittens lassen die weiteren Ausführungen zu signifikanten Unterschieden bei den Kategorien auch gewisse Rückschlüsse auf Unterschiede bei den zugehörigen Hauptkategorien zu. Den Ergebnissen kommt aber Bedeutung für die Gegenüberstellung der in Kapitel 6 erzielten Befragungsergebnisse zur Wichtigkeit potentieller Ratingdeterminanten mit denen der Inhaltsanalyse zu, denn in der Befragung wird auf die Ebene der Hauptkategorien bzw. Risikobereiche der Ratinganalyse abgestellt.[1034]

Die Sensitivitätsanalyse bezüglich des Untersuchungszeitraums bietet zudem die Möglichkeit, einer Veränderung der Ausführlichkeit von Ratingbegründungen im Zeitablauf nachzugehen. Hier könnte sich v.a. der IOSCO-Code im Hinblick auf eine bessere Erläuterung des Ratingzustandekommens ausgewirkt und im Vergleich zu früheren Jahren zu ausführlicheren Ratingbegründungen geführt haben.

5.2.1.3.2. Branchenzugehörigkeit

Die Agenturen betonen Einflüsse der Branchenzugehörigkeit auf die Ratingkriterien[1035] In der Literatur gibt es ebenfalls Hinweise darauf. *Perry/Cronan/Henderson* (1985) finden leicht verbesserte Klassifikationsleistungen von branchenspezifischen Ratingreplikationsmodellen. Indikator-Variablen für verschiedene Branchen weisen z.B. in den Studien von *Jackson/Boyd* (1984) oder *Jorion/Shi/Zhang* (2007) signifikante Koeffizienten auf.[1036] *Everling* vertritt die Einschätzung: „Die Ratingagenturen differenzieren angelegte Ratingkriterien in Abhängigkeit von der Branche, der das Unternehmen zuzuordnen ist. Einzelnen Kriterien kann daher je nach Branchenzuordnung des Unternehmens sehr unterschiedliches Gewicht zukommen."[1037]

[1031] Vgl. Kapitel 5.2.1.2.2.1.

[1032] Auf eine Berechnung der relativen standardisierten Differenzen wird hier jedoch verzichtet.

[1033] Vgl. zu den Hauptkategorien der Inhaltsanalyse, die sich an den Risikobereichen der Ratinganalyse orientieren, Kapitel 3.4., insb. Abbildung 8, Kapitel 5.1.4. sowie Anhänge 11 und 12.

[1034] Vgl. Kapitel 6.1.1. und 6.2.3.

[1035] Vgl. S&P (2005a), S. 20; Moody´s (1998a), S. 1 und 4.

[1036] Vgl. Kapitel 4.2.2. und Anhang 2. Vgl. z.B. auch Altman u.a. (1981), S. 216; Croughy/Galai/Mark (2001), S. 51; Resti (2003), S. 228; Brandon/Crabtree/Maher (2004), S. 98.

[1037] Everling (1991), S. 148. Vgl. ähnlich Serfling/Badack/Jeiter (196), S. 650.

Zur Untersuchung dieses Aspekts werden in Anlehnung an *Resti* (2003) zwei Branchengruppen in der Stichprobe unterschieden, zum einen Unternehmen des verarbeitenden Gewerbes (Industrie) (*S&P/Moody's*: je 43 Unternehmen) und zum anderen diejenigen aus den Bereichen Handel, Dienstleistungen und Versorger (Nicht-Industrie) (*S&P/Moody's*: je 19 Unternehmen).[1038] Eine stärkere Branchendifferenzierung würde die Übersichtlichkeit und Aussagefähigkeit der vergleichenden Analyse schmälern und darüber hinaus die Nennungshäufigkeiten vieler Kategorien für die einzelnen Branchen so weit reduzieren, dass die Validität der statistischen Tests nicht gesichert wäre.[1039] Die den folgenden Ausführungen zugrunde liegenden Daten und Ergebnisse finden sich in Anhang 20.

Der Vergleich der Nennungshäufigkeiten und Coverage-Werte für beide Branchengruppen lässt bei *S&P* und auch *Moody's* erkennen, dass die gleichen Kategorien wie in der Gesamtstichprobe besonders häufig angesprochen wurden. Für beide Agenturen handelt es sich dabei übereinstimmend um *Wettbewerbssituation*, *Marktposition*, *Produktdiversifikation/Geschäftsfelder*, *geographische Diversifikation*, *Absatz/Kunden*, *Kosten/Effizienz*, *Finanzpolitik*, *Cash Flows*, *Kapitalbedarf/Auszahlungserfordernisse* und *externe Liquiditätsquellen* sowie speziell bei *Moody's* zusätzlich um *Glaubwürdigkeit/Track Record*, *Planungen/Strategien* und *Corporate Governance/IKS*. Die obige Einschätzung, dass sie den Kern der Ratinganalyse darstellen, gilt damit auch über verschiedene Branchengruppen hinweg.

Die Gegenüberstellung der Branchengruppen führt zu sehr ähnlichen Ergebnissen für *S&P* und *Moody's*. Es finden sich nur für wenige, aber für beide Agenturen weitgehend deckungsgleiche, Kategorien signifikante Unterschiede. Die Analyse der Industrieunternehmen bezieht sich v.a. signifikant stärker auf die Aspekte *Produkttechnologie/Forschung und Entwicklung*, *Umsatzrentabilität/Ergebnismargen* sowie *finanzielle Flexibilität-Sonstiges* und *Finanzrisiko-Sonstiges*. Bei den Nicht-Industrie-Unternehmen stehen hingegen die *Wettbewerbssituation* und v.a. die *Regulierung/Deregulierung* umfassender auf dem Prüfstand. Diese Befunde sind mit Blick auf die unterschiedliche Geschäftstätigkeit beider Branchengruppen erklärlich. So sind *Forschung und Entwicklung* im Regelfall deutlich wichtiger für produzierende Unternehmen als für Dienstleistungs- und Versorgungsunternehmen. Die höhere Bedeutung von *finanzielle Flexibilität-Sonstiges* lässt sich auf die darin zu findende Kodierung von Ausführungen zu Rechtsrisiken bspw. aus Patentstreitigkeiten und Produkthaftung erklären, die deutlich häufiger produzierende Unternehmen, allen voran die Pharma- und Gesundheitsbranche, betreffen. Die Kategorie *Finanzrisiko-Sonstiges* enthält neben Kodierungen zu Fremdwährungsrisiken solche zur Analyse von konzerneigenen Finanzierungsgesellschaften, wie sie charakteristisch für große Industrieunternehmen aus

[1038] Unter Industrie werden die Branchen Automobil, Bau, Chemie, Industrie, Konsumgüter sowie Pharma und Gesundheitswesen subsumiert, während unter Nicht-Industrie die Branchen Handel, Telekommunikation, Transport und Logistik sowie Versorgungsunternehmen gefasst werden. Vgl. Anhang 6 zur Branchenzugehörigkeit der Unternehmen der Stichprobe.

[1039] Vgl. dazu Kapitel 5.2.1.2.2.1., insb. Fn. 1005.

dem Bereich Maschinen- oder Automobilbau sind. Demgegenüber sind v.a. Versorger, aber auch Telekommunikationsunternehmen und ehemalige Staatsunternehmen der Transport- und Logistikbranche verstärkt Gegenstand von Maßnahmen der *Regulierung bzw. Deregulierung*. Diesen wichtigen branchenspezifischen Unterschied hatte bereits die Clusteranalyse offenbart. Trotz der wenigen signifikanten Unterschiede in der Bedeutung der Kategorien zwischen den Branchengruppen ergeben die χ^2-Tests für beide Agenturen, dass die Verteilungen der Nennungshäufigkeiten über alle Kategorien signifikant unterschiedlich sind.[1040] Vor dem Hintergrund der von signifikanten Unterschieden betroffenen Kategorien wird aber deutlich, dass die Branchendifferenzierung zu keiner Veränderung für die wichtigsten Kategorien der jeweiligen Agentur führt.

Werden *S&P* und *Moody's* nach Branchen getrennt gegenübergestellt, zeigen sich für beide Gruppen überwiegend die gleichen Unterschiede zwischen den Agenturen, wie sie auf Basis der undifferenzierten Stichprobe bereits festzustellen waren. Vor allem das signifikant häufigere Abstellen von *S&P* auf die Kategorien *Rechnungslegungssystem/-umstellung*, *Profitabilität/Ergebnis allgemein* und *Cash Flow-Deckungskennzahlen* zeigt sich für Industrie- und Nicht-Industrieunternehmen ebenso wie der stärkere Fokus von *Moody's* auf *Glaubwürdigkeit/Track Record*, *Planungen/Strategien* und *Konzernstruktur*. Von den übrigen oben gefundenen signifikanten Unterschieden betreffen die Höhergewichtungen der Kategorien *Verschuldungsgrad*, *Pensionsverpflichtungen*, *off-balance-sheet-liabilities*, *Umsatzrentabilität/Ergebnismargen* und *finanzielle Flexibilität allgemein* durch *S&P* sowie diejenigen der Kategorien *Corporate Governance/IKS* und *Betriebsergebnis* durch *Moody's* allerdings vorrangig Industrieunternehmen. Einzig der Unterschied bezüglich der Kategorie *einzelne Aufwendungen/Erträge* ist auf Nicht-Industrieunternehmen beschränkt. Neben einigen charakteristischen Unterschieden über Branchengrenzen hinweg scheinen sich die Agenturen folglich stärker in der Analyse von Industrieunternehmen zu unterscheiden. Das spiegelt sich auch in den χ^2-Gesamtwerten über sämtliche Kategorien hinweg wider. Diese zeigen für beide Branchengruppen hoch signifikante Unterschiede zwischen den Agenturen, der Wert für die Industrieunternehmen ist allerdings merklich höher.[1041] Insgesamt sind also in begrenztem Umfang Brancheneinflüsse auf die bisherigen Befunde zu konstatieren.

5.2.1.3.3. Ratingklasse

Hinweise der Ratingagenturen legen nahe, dass die Kriterien und deren Gewichtung abhängig von der (voraussichtlich) vergebenen Ratingklasse unterschiedlich sein kön-

---

1040 *S&P*: χ^2-Wert (73 df) = 277,79 (p-Wert: < 0,001); *Moody's*: χ^2-Wert (65 df) = 259,64 (< 0,001). Vgl. ausführlich Anhang 20.

1041 Industrie: χ^2-Wert (74 df) = 335,55 (p-Wert: < 0,001); Nicht-Industrie: χ^2-Wert (64 df) = 195,91 (< 0,001). Vgl. ausführlich Anhang 20.

nen.[1042] Auch Ergebnisse empirischer Studien deuten in diese Richtung.[1043] *S&P* verweist z.B. darauf, das Geschäfts- und Finanzrisiko im *investment grade*-Bereich annähernd gleich hoch, hingegen das Finanzrisiko im *speculative grade*-Bereich deutlich höher zu gewichten.[1044] Bei der Finanzrisikoanalyse kommt weiterhin der Cash Flow-Analyse für Unternehmen in niedrigen Ratingklassen größere Bedeutung zu, denn sie verfügen i.d.R. nur über eingeschränkte Liquiditätsreserven und externe Finanzierungsalternativen und sind daher verstärkt auf die interne Cash Flow-Generierung angewiesen.[1045] Bei schwächeren Unternehmen wird zudem eher auf Kennzahlen der Schuldendienstdeckung und Entschuldungsdauer sowie solche auf Basis des freien Cash Flows abgestellt, während bei denen mit höherem Rating eher Kennzahlen auf Basis von Brutto-Cash Flows und Gewinngrößen fokussiert werden.[1046]

Um zu klären, inwieweit die bisherigen Ergebnisse durch die gemeinsame Betrachtung verschiedener Ratingklassen beeinflusst worden sind, werden die 62 Unternehmen der Stichprobe für beide Agenturen in die zwei Gruppen *investment grade*-Ratings (IG) (*S&P*: 39 Unternehmen; *Moody's*: 40) und *speculative grade*-Ratings (SG) (*S&P*: 23; *Moody's*: 22) unterteilt.[1047] Diese grobe Differenzierung orientiert sich an den angeführten Hinweisen der Literatur. Zudem hätte die Unterscheidung weiterer Klassen bei der gegebenen Datenbasis zu kleine Gruppen zur Folge.

Die Analyseergebnisse sind in Anhang 21 zusammengestellt. Der Blick auf die Kenngrößen der verschiedenen Kategorien für die beiden Ratingklassen lässt sowohl für *S&P* als auch *Moody's* erkennen, dass auch bei dieser Differenzierung jeweils die gleichen Kategorien wie in der Gesamtstichprobe besonders häufig angesprochen wurden. Diese Kategorien stellen folglich auch über verschiedene Ratingklassen hinweg den Kern der Ratinganalyse dar.

Anhand dieser Daten wird anschließend die obige Behauptung der Agenturen zur unterschiedlichen Gewichtung des Geschäfts- und Finanzrisikos im *investment grade*- und *speculative grade*-Bereich geprüft.[1048] Im *investment grade*-Bereich zeigt sich für *S&P* ein Anteil des Geschäfts- und Finanzrisikos von jeweils ca. 50 %, während für *Moody's* mit 43,4 % ein merklich niedrigerer Anteil des Finanzrisikos im Vergleich zum Geschäftsrisiko mit 56,6 % zu verzeichnen ist. Auf Basis von χ^2-Anpassungstests ist der Wert für *S&P* nicht signifikant, der Wert für *Moody's* hingegen hoch signifikant

---

[1042] Vgl. S&P (2005a), S. 19f.; Moody's (1998a), S. 3. Vgl. auch Ganguin/Bilardello (2005), S. 272-284, mit zahlreichen Beispielen für *S&P*.

[1043] Vgl. Kamp (1998), S. 118-121; Pettit u.a. (2004), S. 16.

[1044] Vgl. o.V. (2004); Ganguin/Bilardello (2005), S. 101 und 276f.; S&P (2006a), S. 30.

[1045] Vgl. S&P (2005a), S. 29; Ganguin/Bilardello (2005), S. 101; Moody's (1998a), S. 11.

[1046] Vgl. Meyer-Parpart (1996), S. 144; Pettit u.a. (2004), S. 9-11 und 16.

[1047] Die unterschiedliche Aufteilung geht auf *Helios Kliniken* zurück, das bei *Moody's* ein Rating im unteren *investment grade*-Bereich und bei *S&P* im oberen *speculative grade*-Bereich aufweist. Anhang 6 gibt Aufschluss über die Zusammensetzungen der Gruppen.

[1048] Vgl. Kapitel 3.2.4.3., insb. Fn. 468. Vgl. ähnlich Kamp (1998), S. 103.

von 50 % verschieden.[1049] Die Annahme einer Gleichgewichtung beider Risikobereiche bei *investment grade*-Ratings ist daher für *Moody's* zu verwerfen. Für *speculative grade*-Ratings ist spiegelbildlich zum *investment grade*-Bereich für *S&P* eine annähernde Gleichgewichtung und für *Moody's* mit 43,5 % eine deutlich niedrigere Gewichtung des Finanzrisikos festzustellen. Entsprechend ergeben die χ^2-Anpassungstests erneut, dass der Anteil des Finanzrisikos bei *S&P* nicht signifikant von 50 % verschieden ist, während er für *Moody's* hoch signifikant unter 50 % liegt.[1050] Entgegen der Behauptung der Agenturen, sie würden das Finanzrisiko im *speculative grade*-Bereich deutlich übergewichten, findet sich für *S&P* eine annähernde Gleichgewichtung beider Risikobereiche unabhängig von der Ratingklasse, während *Moody's* Aspekte des Geschäftsrisikos durchgängig ausgiebiger fokussiert.

Weiterhin offenbaren die statistischen Tests bei *S&P* nur für vereinzelte Kategorien signifikante Unterschiede zwischen den *investment grade*- und *speculative grade*-Ratings. Zum einen setzt sich die Agentur für *speculative grade*-Ratings stärker mit den längerfristig für die Wettbewerbsposition eines Unternehmens besonders kritischen Bereichen *Markteintrittsbarrieren* und *technologische Veränderungen/Substitution* auseinander. Das geht einher mit einem ausgeprägteren Fokus auf *Eigenkapital/-quote* und einer intensiveren Analyse der *Entschuldungsdauer* für diese schwächeren Unternehmen. Zum anderen liegt im *investment grade*-Bereich mehr Gewicht auf *Effekten aus der Änderung einzelner Rechnungslegungsstandards* und auf *Deckungs-/ Liquiditätsgraden*. Letzteres erklärt sich daraus, dass vorrangig Unternehmen mit *investment grade*-Rating über Netto-Finanzvermögen verfügen und Ausführungen dazu in dieser Kategorie erfasst wurden. Über alle Kategorien zusammen genommen ergibt der χ^2-Test wie für die Branchengruppen auch für beide Ratingklassen eine hoch signifikante Unterschiedlichkeit der Häufigkeitsverteilungen.[1051]

Für *Moody's* ergeben sich ebenfalls nur wenige signifikante Differenzen. Sie betreffen allerdings andere Kategorien als bei *S&P*. Im *investment grade*-Bereich findet sich eine höhere Gewichtung für die Kategorien *Regulierung/Deregulierung*, *Wirtschaftspolitik/staatliche Unterstützung* sowie *Konsolidierung* und im *speculative grade*-Bereich für *Absatz/Kunden*. Zudem finden sich analog zu *S&P* häufiger Verweise auf *Deckungs-/Liquiditätsgrade* für *investment grade*- und auf *Entschuldungsdauer* bei *speculative grade*-Unternehmen. Der χ^2-Wert deutet gegenüber dem für *S&P* auf noch ausgeprägtere Divergenzen der Häufigkeitsverteilungen der Vergleichsgruppen hin.[1052] Speziell die hier für *Moody's* festgestellten Unterschiede bezüglich *Regulierung/Deregulierung* und *Wirtschaftspolitik/staatliche Unterstützung* fanden sich für beide Agenturen bereits bei der Untersuchung des Brancheneinflusses im vorherigen Kapitel. Die Einflussfaktoren Branche und Ratingklasse scheinen also in gewissem

1049 *S&P*: χ^2-Wert (1 df) = 0,1611 (p-Wert = 0,6881); *Moody's*: χ^2-Wert (1 df) = 56,5698 (< 0,001).

1050 *S&P*: χ^2-Wert (1 df) = 0,7557 (einseitiger p-Wert = 0,3847); *Moody's*: χ^2-Wert (1 df) = 24,4088 (< 0,001).

1051 χ^2-Wert (72 df) = 158,97 (p-Wert: < 0,001). Vgl. ausführlich Anhang 21.

1052 χ^2-Wert (67 df) = 174,57 (p-Wert: < 0,001). Vgl. ausführlich Anhang 21.

Grad Zusammenhänge aufzuweisen, denen aber mittels der univariaten Sensitivitätsanalyse nicht weiter nachgegangen werden kann.

Ebenso wie die Differenzierung der Branche hat auch diejenige nach der Ratingklasse zu keiner Veränderung bezüglich der als Kern der Ratinganalyse identifizierten Kategorien in den Ratingbegründungen der jeweiligen Agentur geführt. Sämtliche signifikanten Differenzen zwischen den Ratingklassen betreffen andere, weniger wichtige Kategorien. Zudem werden auch in dem nach Ratingklassen differenzierten Vergleich zwischen *S&P* und *Moody's* die in der ursprünglichen Stichprobe festgestellten unterschiedlichen Schwerpunktsetzungen der Agenturen weitgehend bestätigt und erweisen sich auch als robust gegenüber diesem potentiellen Einflussfaktor. Einzig die darin gefundene höhere Gewichtung von *Profitabilität/Ergebnis allgemein* durch *S&P* und *Konzernstruktur* durch *Moody's* finden sich vorrangig im *investment grade*-Bereich. Die χ^2-Gesamtwerte signalisieren dennoch, wie bereits bei den Branchengruppen, eine hoch signifikante Unterschiedlichkeit zwischen den Agenturen für beide Ratingklassen, wobei sie im *investment grade*-Bereich ausgeprägter ist.[1053]

5.2.1.3.4. Untersuchungszeitraum

Es stellt sich ebenfalls die Frage, inwieweit die gewonnenen Erkenntnisse als zeitstabil betrachtet werden können. Das betrifft zum einen die Ausführlichkeit der Ratingbegründungen. Hierzu gibt es bislang keinerlei empirische Befunde. Zum anderen können sich die Ratingkriterien oder deren Gewichtungen im Zeitablauf verändern.[1054] *Boyd/Jackson* (1988) konnten für *Moody's* im Zeitraum 1980 bis 1984 Veränderungen in der Ratingskala und der Gewichtung wichtiger Bonitätsmerkmale feststellen.[1055] Die Ergebnisse von *Ho/Rao* (1993), *Blume/Lim/MacKinlay* (1998), *Amato/Furfine* (2004) deuten ebenfalls auf Veränderungen in den Kriteriengewichtungen über die Zeit.[1056] Als wichtiges aktuelles Beispiel können Pensionsverpflichtungen angeführt werden, die erst seit etwa 2003 verstärktes Augenmerk der Agenturen erhalten haben.[1057] Die Ratinganalyse wurde in den vergangenen Jahren zudem um einige Aspekte erweitert, um aktuellen Entwicklungen Rechnung zu tragen. Hier können z.B. die Analyse der Auswirkungen einer IFRS-Umstellung, eine Analysemethodik für hybride Finanzinstrumente oder die umfassendere Auseinandersetzung mit der Corporate Governance genannt werden. *Kamp* findet in seiner Studie allerdings über den Zeitraum Oktober 1992 bis Juli 1995 eine weitgehende Konstanz der Nennungshäufigkeiten seiner Kategorien.[1058]

[1053] *Investment grade*-Ratings: χ^2-Wert (70 df) = 345,66 (p-Wert < 0,001); *speculative grade*-Ratings: χ^2-Wert (67 df) = 171,41 (< 0,001). Vgl. ausführlich im Anhang 21.

[1054] Vgl. S&P (2005a), S. 19; Moody's (1998a), S. 3.

[1055] Vgl. Boyd/Jackson (1988), S. 56.

[1056] Vgl. Kapitel 4.2.2. und Anhang 2.

[1057] Vgl. Kapitel 3.2.4.4.2.

[1058] Vgl. Kamp (1998), S. 122f.

Zur näheren Untersuchung dieser Aspekte wird sowohl für *S&P* als auch für *Moody's* ein Vergleich zwischen den bislang betrachteten Ratingbegründungen aus den Jahren 2004 und 2005 mit solchen derselben Unternehmen aus einem weiter in der Vergangenheit liegenden Zeitraum vorgenommen. Durch die Gegenüberstellung von Dokumenten aus verschiedenen Zeiträumen für diesselben Unternehmen werden potentielle Einflüsse von Unternehmensspezifika ebenso wie diejenigen verschiedener Ratingklassen,[1059] Branchen und geographischer Herkünfte weitgehend ausgeschaltet. Allerdings gestaltet sich die Datenlage angesichts erst kurzer Ratinghistorien vieler Unternehmen schwierig. Von den 62 Unternehmen verfügen nur 26 über Ratingbegründungen beider Agenturen aus Jahren vor 2004 (2002: 1 Unternehmen; 2003: 25).[1060] Daraus werden 20 Unternehmen derart ausgewählt, dass die Zusammensetzung bezüglich Ratingklassen und Branchen der ursprünglichen Stichprobe möglichst vergleichbar ist. Eine Übersicht über die zugrunde gelegten Unternehmen und Ratingbegründungen findet sich in Anhang 22. Dort finden sich auch Angaben zur Ausführlichkeit der Ratingbegründungen, die, wie in Kapitel 5.2.1.1.1., anhand der Anzahl kodierter Wörter gemessen wird. Der zeitliche Abstand zwischen den Veröffentlichungsterminen der Dokumente aus den Vergleichszeiträumen beträgt für *S&P* im Durchschnitt 23 Monate und für *Moody's* 21 Monate.[1061] Die Ratings der Unternehmen aus den beiden Zeiträumen weisen für *S&P* (*Moody's*) eine hoch signifikante Korrelation von 0,892 (0,991)[1062] auf und haben sich folglich kaum verändert. Um eine Vergleichbarkeit der Kodierungen zu gewährleisten, sollten die Ratingbegründungen der Jahre 2002 und 2003 ebenfalls mit dem bisherigen Kategoriensystem ausgewertet werden. Auch im Falle gewisser Veränderungen der Ratingkriterien im Zeitablauf sollte sich deren Inhalt damit valide erfassen lassen, da das Kategoriensystem sehr umfangreich ist und bei seiner Entwicklung neben aktuellen auch ältere Quellen zur Fundierung berücksichtigt wurden.[1063]

Der Vergleich der Ausführlichkeit der Ratingbegründungen aus beiden Zeiträumen mittels U-Test ergibt für *Moody's* eine signifikant höhere zentrale Tendenz bei den jüngeren Dokumenten aus den Jahren 2004 und 2005. Für *S&P* lassen sich hingegen keine statistisch signifikanten Unterschiede feststellen, obwohl in den aktuelleren Ratingbegründungen, wie Anhang 22 zeigt, ebenfalls eine tendenziell höhere Anzahl kodierter Wörter zu finden ist.[1064] Bei *Moody's* lassen sich also Hinweise auf ausführli-

---

1059 Das Rating der Unternehmen könnte sich im Zeitablauf verändert haben. Diesem Aspekt wird bei der Auswahl der Unternehmen und der weiteren Analyse Rechnung getragen.

1060 Vgl. zu den Werten Abbildung 11 in Kapitel 5.1.3.

1061 *Kamp* berücksichtigt in seiner mehrperiodigen Analyse einen mit zweieinhalb Jahren ähnlich langen Zeitraum. Vgl. Kamp (1998), S. 121.

1062 Die *Spearman*-Korrelationskoeffizienten sind signifikant auf dem 1 %-Niveau. U-Tests zeigen, dass sich die Verteilungen der Ratings beider Gruppen in der zentralen Tendenz nicht unterscheiden (*S&P*: Z-Wert = –0,041 (p-Wert = 0,558); *Moody's*: Z-Wert = –0,603 (0,973).

1063 Vgl. ähnlich Kamp (1998), S. 121.

1064 U-Tests: *S&P*: Z-Wert = –0,352 (p-Wert = 0,738); *Moody's*: Z-Wert = –3,003 (0,002). Ein t-Test auf Mittelwertunterschiede zwischen den Stichproben beider Zeiträume, der die Ausführlichkeit

chere Erläuterungen ihrer Ratings in den Ratingbegründungen seit Verabschiedung des IOSCO-Code finden. Ob diese Entwicklungen in einem ursächlichen Zusammenhang stehen, lässt sich daraus freilich nicht folgern.

Weder für *S&P* noch für *Moody's* lassen sich beim Vergleich der Kodierungen für die verschiedenen Zeiträumen mittels U-Tests und χ^2-Tests, wie aus der Ergebnisübersicht im Anhang 23 zu erkennen, signifikante Unterschiede in der Gewichtung der verschiedenen Kategorien feststellen. Die χ^2-Gesamtwerte weisen ebenso keine signifikanten Ausprägungen auf. Das gilt v.a. für *Moody's*, während für *S&P* die Signifikanzgrenze nur knapp überschritten ist. Das verdeutlicht die durchgängig hohe intertemporale Stabilität der Befunde für die jeweilige Agentur zwischen den Vergleichszeiträumen, insbesondere auch bezüglich der Kernkategorien der Ratinganalyse.[1065] Die einzige Ausnahme bildet bei *S&P* die Kategorie *Rechnungslegungssystem/-umstellung*, die in den neueren Dokumenten viel häufiger zu finden ist. Das erklärt sich v.a. durch die zunehmende Zahl von IFRS-Umstellungen im Zuge der IAS-Verordnung der EU.[1066] Gegenüber *S&P* stellt *Moody's* auch in den aktuelleren Ratingbegründungen merklich weniger auf diesen Aspekt ab,[1067] so dass sich für diese Agentur im Zeitvergleich kein signifikanter Unterschied hierfür zeigt.

Bei der anschließenden Gegenüberstellung von *S&P* und *Moody's* in Bezug auf die Ratingbegründungen aus den Jahren 2002 und 2003 ergibt sich ein hoch signifikanter χ^2-Gesamtwert.[1068] Es finden sich viele der bereits in den Dokumenten der Jahre 2004 und 2005 gefundenen signifikanten Unterschiede zwischen beiden bestätigt. Das gilt insbesondere für die deutlich höhere Gewichtung der Aspekte *Glaubwürdigkeit/Track Record* und *Planungen/Strategien* durch *Moody's* sowie *Absatz/Wachstumsaussichten* und *Cash Flow-Deckungskennzahlen* durch *S&P*. Einige weniger ausgeprägte Differenzen, die auf Basis der neueren Ratingbegründungen festgestellt wurden, finden sich in den älteren Dokumenten allerdings noch nicht, während sich dort ganz vereinzelte, in den neuen Dokumenten nicht bestehende Differenzen, z.B. bei den Kategorien *Konjunkturabhängigkeit/Zyklizität*, *Markteintrittsbarrieren* und *Cash Flows*, ergeben. Es zeigen sich aber keine grundlegend veränderten Ergebnisse zum Vergleich der Ratinganalysen beider Agenturen. Auch diese Befunde verdeutlichen die Zeitstabilität der bisherigen Ergebnisse.

---

der Dokumente gemessen anhand der Anzahl kodierter Wörter als kardinale Größe interpretiert, führt zum gleichen Ergebnis (*S&P*: t = 0,606 (p-Wert = 0,548); *Moody's*: t = 3,231 (0,003).

1065 *S&P*: χ^2-Wert (66 df) = 79,60 (p-Wert = 0,121); *Moody's*: χ^2-Wert (66 df) = 46,68 (0,966). Vgl. ausführlich im Anhang 23.

1066 Vgl. dazu Kapitel 3.2.4.4.3.

1067 Vgl. die Werte dieser Kategorie in Abbildung 14 in Kapitel 5.2.1.2.1.

1068 χ^2-Wert (64 df) = 170,29 (p-Wert < 0,001).

5.2.1.3.5. Geographische Herkunft

Abschließend soll untersucht werden, inwieweit die gewonnenen Erkenntnisse auf andere Länder übertragbar sind. In der Literatur finden sich anekdotenhafte Hinweise auf Unterschiede in der Ratinganalyse für Unternehmen aus verschiedenen Ländern.[1069] Außerdem wird häufig der Mangel an adäquater Berücksichtigung nationaler Besonderheiten bei internationalen Ratingagenturen kritisiert.[1070] Empirische Ergebnisse dazu gibt es, wie Kapitel 4.2.2. gezeigt hat, bislang nur sehr wenige. *Poon* findet in einer internationalen Studie zu Unterschieden zwischen Ratings mit und ohne Auftrag eine allgemein hohe Bedeutung des Länderrisikos und überdies Unterschiede in den relevanten Kriterien von *S&P* für japanische gegenüber nicht-japanischen Unternehmen.[1071] *Shin/Moore* (2003) entdecken in den Ratings von *S&P* und *Moody's* für japanische Unternehmen Hinweise auf die Berücksichtigung einer *Keiretsu*-Einbindung, also einer landesspezifischen institutionellen Besonderheit.[1072] Schließlich untersucht *Purda* (2005) erstmals schwerpunktmäßig Unterschiede in Ratingdeterminanten für Unternehmen aus verschiedenen Ländern und findet, dass Kriterien v.a. aufgrund von Unterschieden in rechtlichen und institutionellen Rahmenbedingungen der Länder z.T. unterschiedlich stark gewichtet werden.[1073]

Der bisherigen Analyse lagen Ratingbegründungen von Unternehmen aus deutschsprachigen Ländern zugrunde. Nun werden zu Vergleichszwecken Ratingbegründungen von US-amerikanischen Unternehmen herangezogen.[1074] Der Vergleich mit den USA erscheint v.a. angesichts des dortigen Ursprungs der Agenturen, der Unterschiede in institutionellen und rechtlichen Rahmenbedingungen sowie der umfangreichen Datenbasis sinnvoll. Es wird eine nach Branchen geschichtete Zufallsstichprobe von 20 Unternehmen aus der bisherigen Stichprobe von 62 Unternehmen gezogen.[1075] Für jedes davon wird anschließend ein US-Unternehmen gesucht, das ebenfalls von *S&P* und *Moody's* geratet wird, bezüglich Branche, Ratingklasse und Unternehmensgröße[1076] möglichst gut vergleichbar ist und für das mindestens eine Ratingbegründung von jeder Agentur aus einem sehr ähnlichen Zeitraum beschaffbar ist.[1077] Einen Über-

---

1069 Vgl. z.B. Bank/Lawrenz (2003), S. 6-9.

1070 Vgl. Kapitel 2.4.2.3., insb. Fn. 258, und Kapitel 3.1., insb. Fn. 389.

1071 Vgl. Poon (2003), S. 608-612.

1072 Vgl. Shin/Moore (2003), S. 339-342.

1073 Vgl. Purda (2005a), S. 24f.

1074 Vgl. ähnlich Collins/Davie/Weetman (1993), S. 126f., bei der inhaltsanalytischen Untersuchung von Unterschieden in MD&A-Angaben zwischen US- und UK-Unternehmen.

1075 Dies sollte sicherstellen, dass die Teilstichprobe eine vergleichbare branchenmäßige Zusammensetzung aufweist wie die umfassende Stichprobe. Aus den Branchen Chemie und Industrie wurden je drei, aus den Branchen Automobile, Konsumgüter, Pharma und Gesundheitswesen, Telekommunikation, Transport und Logistik sowie Versorgungsunternehmen je zwei und aus den Branchen Bau und Handel je ein Unternehmen zufällig ausgewählt.

1076 Es wurde auf den Umsatz abgestellt. Die Umrechnung in € erfolgte mittels Durchschnittskurs des betreffenden Geschäftsjahres.

1077 Dabei wurden soweit wie möglich die von den Ratingagenturen abgegrenzten Vergleichsgruppen in ihren Branchenanalysen berücksichtigt. Hier waren z.T. Abwägungen zwischen den verschie-

blick über die abgeglichene Stichprobe gibt Anhang 24. Es sind hoch signifikante Korrelationen für die Ausprägungen der Auswahlkriterien Unternehmensgröße[1078] und Ratingklasse[1079] zwischen beiden Gruppen zu verzeichnen und die zeitliche Differenz zwischen den herangezogenen Ratingbegründungen liegt für beide Agenturen im Durchschnitt bei nur 6 Monaten.[1080] Die Vergleichbarkeit der Stichproben ist daher in adäquater Weise sichergestellt.

Eine ausführliche Übersicht über die im Weiteren diskutierten Ergebnisse gibt Anhang 25. Die Betrachtung der Nennungshäufigkeiten und Coverage-Werte der Kategorien lässt erkennen, dass die Befunde zu den wichtigsten Kriterien der Ratinganalyse auch für die US-amerikanischen Unternehmen Bestand haben. Auch bezüglich der weiteren Kategorien zeigen sich für beide Agenturen nur ganz vereinzelte signifikante Unterschiede. Sowohl *S&P* als auch *Moody's* thematisieren für die deutschen, österreichischen und schweizer Unternehmen deutlich häufiger die Aspekte *Rechnungslegungssystem/-umstellung* und *Corporate Governance/IKS*. Ersteres lässt sich auf die alleinige und unveränderte Relevanz der US-GAAP für US-amerikanische kapitalmarktorientierte Unternehmen zurückführen, während in Europa erst seit einigen Jahren eine Umstellung von nationalen Rechnungslegungsstandards auf die IFRS erfolgt ist. Zweiteres könnte auf die deutlich unterschiedliche Ausgestaltung der Corporate Governance in den USA und Kontinentaleuropa zurückgehen. Darüber hinaus ist von *S&P* die Kategorie *finanzielle Flexibilität-Sonstiges* häufiger für US-Unternehmen angesprochen worden. Darin wurden v.a. Ausführungen zu Rechtsrisiken erfasst, die angesichts des US-amerikanischen Prozess- und Schadenersatzrechts für dort beheimatete Unternehmen von höherer Relevanz sein könnten. Bei *Moody's* fällt neben einem stärkeren Fokus auf *dynamische Verschuldungsgrade* bei der Analyse von US-Unternehmen v.a. die höhere Bedeutung der geographischen Diversifikation für die kontinentaleuropäischen Vergleichsunternehmen auf. Das könnte daran liegen, dass deren jeweiliger Heimatmarkt viel kleiner ist als derjenige der US-Vergleichsunternehmen und der internationalen Geschäftstätigkeit daher viel größere Bedeutung für ihre Wettbewerbsposition und finanzielle Performance zukommt. Auch hier deuten die χ^2-Tests für beide Agenturen trotz der jeweils nur wenigen signifikanten Differenzen für einzelne Kategorien insgesamt auf signifikante Unterschiede der Häufigkeitsverteilungen zwischen den Ländern.[1081]

---

denen Kriterien vorzunehmen, da eine gleichzeitige Optimierung bezüglich aller Kriterien nicht immer möglich war.

1078 *Pearson*-Korrelationskoeffizient r_p= 0,880 (p-Wert < 0,001). Auch ein U-Test zeigt, dass sich die Verteilungen der Umsätze beider Gruppen in ihrer zentralen Tendenz nicht unterscheiden (Z-Wert = –0,433 (p-Wert = 0,678)).

1079 *Spearman*-Rangkorrelationskoeffizient *S&P* r_s= 0,518 (p-Wert = 0,019); *Moody's* r_s= 0,495 (0,026). U-Tests zeigen, dass sich die Verteilungen der Ratings beider Gruppen in ihrer zentralen Tendenz nicht unterscheiden (*S&P*: Z-Wert = –0,303 (p-Wert = 0,779); *Moody's*: Z-Wert = –0,218 (0,841)).

1080 Vgl. Anhang 24.

1081 *S&P*: χ^2-Wert (71 df) = 177,15 (p-Wert < 0,001); *Moody's*: χ^2-Wert (62 df) = 186,78 (< 0,001). Vgl. ausführlich Anhang 25.

Bei der Gegenüberstellung von *S&P* und *Moody's* in Bezug auf die US-Unternehmen zeigt der χ^2-Test zwar insgesamt einen signifikanten Unterschied in den Nennungshäufigkeiten über alle Kategorien zwischen beiden Agenturen.[1082] Allerdings finden sich bei isolierter Betrachtung der einzelnen Kategorien mit Ausnahme der Kategorie *dynamischer Verschuldungsgrad* keine signifikanten χ^2-Anteile. Auch die U-Tests ergeben nur ganz vereinzelte signifikante Differenzen. Bemerkenswert ist v.a., dass sich die in der Ratinganalyse für deutsche, österreichische und schweizer Unternehmen unabhängig von Ratingklasse, Branche und Betrachtungszeitraum festgestellten signifikanten Unterschiede zwischen *S&P* und *Moody's* für die US-Unternehmen nicht finden. Die einzige Ausnahme bildet die Kategorie *Glaubwürdigkeit/Track Record.* Die seit vielen Jahrzehnten nebeneinander betriebene Geschäftstätigkeit und die sehr viel häufigere parallele Ratingvergabe durch beide Agenturen in den USA sowie die meist deutlich längere Ratinghistorie der US-Unternehmen könnten dort eine stärkere Konvergenz der Ratinganalyse begünstigt haben.[1083]

5.2.1.4. Quantitative Angaben zu Schlüsselkennzahlen

5.2.1.4.1. Überblick

In den Ratingbegründungen finden sich regelmäßig tabellarische Übersichten zu wichtigen Finanzkennzahlen, unter ihnen i.d.R. die Schlüsselkennzahlen, für die vorangegangen drei bis vier Jahre. Diese Elemente wurden in der Inhaltsanalyse aus den oben angeführten Gründen nicht berücksichtigt.[1084] Die darin zu findenden zusätzlichen quantitativen Angaben ermöglichen aber über die inhaltsanalytischen Auswertungen hinausgehende statistische Analysen. Diese erscheinen v.a. deswegen interessant, da in den Dokumenten die Werte der Schlüsselkennzahlen inkl. aller analytischen Anpassungen durch die Agenturen zu finden sind. Wie in Kapitel 4.2.3. zu konstatieren war, liegen dazu bislang kaum empirische Ergebnisse vor.

Anders als für die Inhaltsanalyse werden alle für die gerateten deutschen, österreichischen und schweizer Unternehmen außerhalb des Finanzsektors verfügbaren Ratingbegründungen von *S&P* und *Moody's* aus der Zeit von Anfang 2002 bis Oktober 2006 berücksichtigt und soweit wie möglich die Werte der Schlüsselkennzahlen dieser Unternehmen für die Jahre 2001 bis 2005 daraus erhoben.[1085] Von den zehn *S&P*-Schlüsselkennzahlen werden allerdings nur acht regelmäßig ausgewiesen, es fehlen der *langfristige Verschuldungsgrad* und *Discretionary Cash Flow/Gesamtverschuldung.* Diese beiden Kennzahlen werden daher im Weiteren vernachlässigt.[1086] Zudem ist bei *S&P* die Kennzahl *Free Operating Cash Flow/Gesamtverschuldung* und bei *Moody's* die Kennzahl *(EBITDA – Investitionsausgaben)-Zinsdeckung* häufig nicht angeführt. Darüber hinaus fehlen Angaben aber nur in wenigen Ausnahmefällen.

[1082] χ^2-Wert (63 df) = 148,13 (p-Wert = 0,002). Vgl. ausführlich Anhang 25.

[1083] Vgl. zu einem Konvergenzanreiz zwischen Ratingagenturen Kapitel 2.4.2.4., insb. Fn. 296-299.

[1084] Vgl. Kapitel 5.2.1.2.2.3.

[1085] Vgl. für eine Übersicht Abbildung 11 in Kapitel 5.1.3. und Anhang 5.

[1086] Vgl. auch Kapitel 3.2.4.3., insb. Fn. 471.

Auf Basis dieser Daten werden erstens Mediane der Schlüsselkennzahlen in den verschiedenen Ratingklassen berechnet. Zweitens werden diese Kenngrößen mittels Korrelationsanalysen univariat auf ihren Zusammenhang mit den Ratings der Unternehmen untersucht. Beide Aspekte sind für Unternehmen häufig von großem Interesse, da sie ihnen als Anhaltspunkte zum Erreichen einer angestrebten Ratingklasse dienen.[1087] Derartige deskriptive Angaben wurden von den Agenturen bisher ausschließlich für US-amerikanische Unternehmen veröffentlicht.[1088] Im Rahmen der Korrelationsanalysen wird des Weiteren untersucht, ob die Schlüsselkennzahlen inkl. der Bereinigungen durch die Agenturen einen stärkeren Zusammenhang mit dem Rating aufweisen als ihre Ausprägungen ohne diese Anpassungsschritte. Die dazu benötigten Daten der Jahre 2001 bis 2005 für die obigen Datensätze wurden soweit wie möglich aus der Finanzdatenbank *Worldscope* über *Datastream* abgerufen.[1089] Für nicht börsennotierte Unternehmen, deren Daten darin nicht verfügbar sind, wurden die Größen unter Beachtung der *Worldscope*-Definitionen aus Daten ihrer Abschlüsse ermittelt, sofern diese über die Internetseiten der Unternehmen zugänglich waren.

Als drittes werden schließlich für beide Agenturen Ratingreplikationsmodelle mit den Schlüsselkennzahlen als Erklärungsvariablen aufgestellt, um deren Einfluss auf das Rating im multivariaten Kontext zu analysieren. Wie die Aufarbeitung der bisherigen empirischen Evidenz in Kapitel 4.2.2. gezeigt hat, gibt es bis dato keine Replikationsuntersuchung für Ratings von *S&P* oder *Moody's* für Unternehmen aus Deutschland, Österreich oder der Schweiz. Ziel der Analyse ist es aber nicht, auf Basis eines umfangreichen Katalogs an potentiellen Erklärungsvariablen ein möglichst gutes Ratingreplikationsmodell aufzustellen. Vielmehr orientieren sich die berücksichtigten Erklärungsvariablen von vorneherein an den jeweiligen Schlüsselkennzahlen der Agentu-

---

1087 „Viele Unternehmen beziehen die durch die Agenturen gesetzten Parameter wie z.B. Kennzahlenschwellenwerte in ihre Unternehmensentscheidungen ein, um gewünschte Ratingkonstellationen zu ermöglichen (...).“ Ackermann/Jäckle (2006), S. 883f. Vgl. ähnlich Pettit u.a. (2004), S. 8: „Furthermore, from a policy perspective, ratios rather than ratings represent more manageable targets to manage toward.“

1088 Vgl. S&P (2005a), S. 42. Vgl. zu univariaten Korrelationsanalysen Pettit u.a. (2004), S. 8.

1089 Die Schlüsselkennzahlen wurden wie folgt aus den *Worldscope-Items* mit den folgenden Kennziffern (WC#####) berechnet: Gesamtverschuldung/EBITDA = *Net Debt* (WC18199)/*EBITDA* (WC18198); Verschuldungsgrad = *Total Debt/Capital* (WC08221); FFO/Gesamtverschuldung = *Net Cash Flow from Operations* (WC04860)/*Net Debt* (WC18199); RCF/Gesamtverschuldung = (*Net Cash Flow from Operations* (WC04860) – *Dividends Paid* (WC04551))/*Net Debt* (WC18199); EBIT-Zinsdeckung = *EBIT* (WC18191)/*Interest Expense on Debt* (WC 01251); EBITDA-Zinsdeckung = *EBITDA* (WC 18198)/*Interest Expense on Debt* (WC 01251); FFO-Zinsdeckung = *Net Cash Flow from Operations* (WC04860)/*Interest Expense on Debt* (WC 01251); RCF/(Netto-Investitionsausgaben) = (*Net Cash Flow from Operations* (WC04860) – *Dividends Paid* (WC04551))/*Net Cash Flow from Investing* (WC04870); RoA = *EBIT* (WC 18191)/*Total Assets* (WC02999); Operative-Marge = *EBITDA* (WC 18198)/*Net Sales* (WC 01001); EBIT-Marge = *EBIT* (WC18191)/*Net Sales* (WC01001). Da die Kennzahl RoCE für *S&P* aus Worldscope-Daten nur schwer ermittelbar war, wurde stattdessen ebenfalls auf RoA abgestellt. Die Kennzahlen Free Operating Cash Flow/Total Debt für *S&P* und (EBITDA-Investitionsausgaben)-Zinsdeckung für *Moody's* wurden wegen zu seltener Angabe in den Ratingdokumenten nicht ermittelt.

ren. Die mittels dieser Modelle jeweils erzielte Erklärungskraft und Klassifikationsleistung gibt Anhaltspunkte über die Wichtigkeit dieser quantitativen gegenüber qualitativen Ratingkriterien und kann mit den inhaltsanalytischen Erkenntnissen verglichen werden. Daraus lassen sich des Weiteren Hinweise ableiten, inwieweit eine Orientierung von Unternehmen an diesen quantitativen Kenngrößen zur Erreichung eines bestimmten Zielratings sinnvoll erscheint.[1090] Zwar ist es in Ratingreplikationsstudien der jüngeren Vergangenheit üblich, Erklärungsvariablen auch an Schlüsselkennzahlen der Agenturen zu orientieren.[1091] Jedoch wurden Ausprägungen dieser Kennzahlen, mit Ausnahme der Studie von *Kamp*, stets auf Basis publizierter Finanzdaten der Unternehmen, wie sie aus Finanzdatenbanken beschaffbar sind, berechnet.[1092] Den speziellen analytischen Anpassungen der Agenturen wurde folglich nicht oder nur sehr rudimentär Rechnung getragen, worin einige Autoren einen wichtigen Grund für die begrenzten Klassifikationsleistungen der Modelle sehen.[1093] Hingegen ermöglicht es die hier vorgenommene Erhebung der Daten direkt aus den Ratingbegründungen erstmals, die Werte der Schlüsselkennzahlen inkl. sämtlicher spezieller Anpassungen zu verwenden und diesen wichtigen Kritikpunkt zu entkräften. Die Wirkungen dieser Anpassungsschritte werden auch im multivariaten Kontext näher untersucht. Dazu werden jeweils zwei identische Replikationsmodelle gegenübergestellt. In das erste fließen die Werte der Schlüsselkennzahlen inkl. aller Anpassungen aus den Ratingdokumenten ein, während dem zweiten die Werte ohne diese Anpassungen, wie sie aus publizierten Unternehmensdaten berechnet werden können, zugrunde liegen. Einen Überblick über die Datenbasis bietet Abbildung 16.

Jahr	**Anzahl Datensätze *S&P***				**Anzahl Datensätze *Moody's***			
	Ratingbegründungen ...			**Worldscope-Daten**	**Ratingbegründungen ...**			**Worldscope-Daten**
	mit Angaben zu Schlüsselkennzahlen	**mit Angaben zu allen Schlüsselkennzahlen**	**mit Angaben zu allen Schlüsselkennzahlen außer FOCF/Schulden**		**mit Angaben zu Schlüsselkennzahlen**	**mit Angaben zu allen Schlüsselkennzahlen**	**mit Angaben zu allen Schlüsselkennzahlen außer (EBITDA-Investitionsausgaben)-Zinsdeckung**	
2001	74	9	69	66	50	38	47	60
2002	83	9	79	69	61	43	57	63
2003	91	42	87	74	65	52	62	65
2004	92	59	90	76	55	45	50	65
2005	68	35	66	79	31	18	29	67

Abb. 16: Anzahl der Datensätze aus den Jahren 2001 bis 2005 mit Angaben zu Schlüsselkennzahlen für *S&P* und *Moody's*

1090 Vgl. White/Sondhi/Fried (2003), S. 662; Pettit u.a. (2004), S. 13.

1091 Vgl. z.B. Blume/Lim/MacKinlay (1998), S. 1394; Shin/Moore (2003), S. 336; Resti (2003), S. 214 und 219f.; Purda (2005a), S. 11. Allerdings werden i.d.R. zum einen nicht alle Schlüsselkennzahlen und zum anderen weitere potentielle Erklärungsvariablen berücksichtigt.

1092 Vgl. z.B. Blume/Lim/MacKinlay (1998), S. 1394f. (*COMPUSTAT*); Resti (2003), S. 218 (*Amadeus*); Shin/Moore (2003), S. 336f. (*DataStream*).

1093 Vgl. Belkaoui (1983), S. 89; Ederington/Yawitz (1987), S. 47.

5.2.1.4.2. Deskriptive und univariate Analyse

Abbildung 17 zeigt die errechneten 3-Jahres-Mediane der Schlüsselkennzahlen von *S&P* und *Moody's* für die gerateten Unternehmen aus Deutschland, Österreich und der Schweiz über den Zeitraum 2003 bis 2005 für die verschiedenen Ratingklassen.

3-Jahres-Mediane (2003-2005) für *S&P*- Schlüsselkennzahlen					
Kennzahl	**Ratingklasse**				
	AAA/AA	**A**	**BBB**	**BB**	**≤ B**
EBIT-Zinsdeckung (x)	9,3	4,7	3,9	1,8	0,7
EBITDA-Zinsdeckung (x)	13,1	7,8	7,8	3,3	2,3
FFO/Gesamtverschuldung (%)	62,2	37,6	32,9	18,9	8,8
FOCF/Gesamtverschuldung (%)	11,1	14,7	16,5	4,4	2,5
Gesamtverschuldung/EBITDA (x)	0,9	2,2	2,2	3,6	6,0
RoCE (%)	16,7	10,7	11,2	8,0	4,5
Verschuldungsgrad (%)	22,7	37,3	47,4	59,6	81,6
Operative Marge (%)	18,4	14,3	15,4	13,7	17,6

3-Jahres-Mediane (2003-2005) für *Moody's*- Schlüsselkennzahlen					
Kennzahl	**Ratingklasse**				
	Aaa/Aa	**A**	**Baa**	**Ba**	**≤ B**
(EBITDA-Investitionsausgaben)-Zinsdeckung (x)	7,1	5,5	4,5	2,8	2,1
FFO(EBITDA)-Zinsdeckung (x)	9,4	7,0	7,0	3,5	1,8
RCF/Gesamtverschuldung (%)	51,7	29,4	24,9	16,5	7,2
RCF/(Netto-Investitionsausgaben) (%)	202,3	136,1	152,5	129,5	79,2
Gesamtverschuldung/EBITDA (x)	2,1	2,4	2,4	4,2	5,1
RoA (%)	9,5	5,8	7,4	6,9	5,6
EBIT-Marge (%)	11,9	8,2	7,1	8,8	6,6

Abb. 17: 3-Jahres-Mediane (2005-2003) der Schlüsselkennzahlen von *S&P* und *Moody's* nach Ratingklasse

Bis auf wenige Ausnahmen findet sich bei beiden Agenturen erwartungsgemäß, und aus den Erhebungen für US-amerikanische Unternehmen ebenso ersichtlich,[1094] mit zunehmend schlechterem Rating eine Verschlechterung der Mediane der Kennzahlenwerte. Übereinstimmend sind aber die Unterschiede v.a. zwischen den mittleren Ratingklassen (A und BBB bzw. Baa) vergleichsweise gering. Das deutet darauf hin, dass in diesem Bereich des Ratingspektrums die Differenzierung stärker anhand qualitativer Aspekte des Geschäftsrisikos erfolgt. Demgegenüber sind für ein Rating der höchsten Klasse neben der sehr guten Geschäftsrisikosituation auch erstklassige Finanzkennzahlen erforderlich, während am unteren Ende der Ratingskala das Augenmerk vorrangig auf dem Finanzrisiko liegt. Ein Vergleich mit den Zahlen von *S&P* für US-amerika-

[1094] Vgl. S&P (2006a), S. 43.

nische Unternehmen zeigt, dass die Kennzahlenwerte deutscher, österreichischer und schweizer Unternehmen der gleichen Ratingklasse tendenziell schlechter ausfallen. Dieser Befund deckt sich mit Erkenntnissen empirischer Studien zur internationalen Vergleichbarkeit der Ratings von *S&P* bzw. *Moody's*.[1095]

Anhang 26 und Anhang 27 zeigen für *S&P* und *Moody's* die Rangkorrelationen der Schlüsselkennzahlen sowie verschiedener Maße der Unternehmensgröße mit der Ratinghöhe in den Jahren 2003 bis 2005. Für *S&P* sind zudem die US-Daten zu Vergleichszwecken angeführt. Alle Korrelationen weisen die erwarteten Vorzeichen auf und sind für die meisten Kenngrößen statistisch hoch signifikant. Der Vergleich der einzelnen Jahre zeigt in den meisten Fällen einen im Zeitablauf leicht zunehmenden Zusammenhang, was auf eine tendenziell steigende Bedeutung der Finanzrisikoanalyse für das Rating in den letzten Jahren deuten könnte.[1096] Wie in den meisten vorherigen Studien findet sich der ausgeprägteste Zusammenhang der Ratinghöhe mit Maßen der Unternehmensgröße.[1097] Das stützt die Sichtweise, dass diese eine gute Näherung für eine Vielzahl qualitativer Faktoren der Ratinganalyse darstellen.[1098] Anschließend folgen die Verschuldungs- und Zinsdeckungskennzahlen. Als Ausnahme ist nur FOCF/Gesamtverschuldung bei *S&P* zu nennen, was aber durch die geringere Datenbasis zu dieser Kennzahl bedingt sein könnte. Bei den Verschuldungskennzahlen ist keine deutlich höhere Korrelation für die dynamischen Verschuldungsgrade oder denjenigen auf Basis des Marktwertes des Eigenkapitals gegenüber dem Verschuldungsgrad auf Buchwertbasis zu verzeichnen, wie es Erkenntnisse der Literatur und der Inhaltsanalyse nahegelegt hätten.[1099] Die inhaltsanalytischen Befunde zur nachgeordneten Wichtigkeit gewinnbasierter Kennzahlen werden durch die schwachen und z.T. nicht signifikanten Korrelationen hingegen gestützt.

Entsprechend der Vorgehensweise der Ratingagenturen wird anschließend auf die Durchschnittswerte der Schlüsselkennzahlen über die letzten drei, bzw. bei Datenverfügbarkeitsproblemen in Ausnahmefällen zwei, Jahre vor dem betrachteten Rating abgestellt.[1100] Folglich werden die Durchschnittswerte der Kennzahlen über die Jahre 2001 bis 2003 mit den Ratings aus dem Jahr 2004, die Durchschnittswerte über die Jahre 2002 bis 2004 mit den Ratings aus dem Jahr 2005 und die Durchschnittswerte über die Jahre 2003 bis 2005 mit den Ratings aus dem Jahr 2006 in Beziehung gesetzt.[1101] Aus den Angaben der Ratingbegründungen ergibt sich für *S&P* eine Datenba-

---

1095 Vgl. z.B. Shin/Moore (2003), S. 342; Purda (2005a), S.14f., 24f. und 33.
1096 Vgl. ebenso Pettit u.a. (2004), S. 8.
1097 Vgl. Kapitel 5.1.2., insb. Fn. 865.
1098 Vgl. Kapitel 3.2.4.1., insb. Fn. 423.
1099 Vgl. z.B. Bhojarj/Sengupta (2003), S. 462; Shin/Moore (2003), S. 336; Pettit u.a. (2004), S. 8.
1100 Vgl. S&P (2005a), S. 16; Meyer-Parpart (1996), S. 121; Moody's (1998a), S. 9.
1101 Vgl. ähnlich z.B. Blume/Lim/MacKinlay (1998), S. 1394; Resti (2003), S. 218; Poon (2003), S. 598; Amato/Furfine (2004), S. 2650. Die Jahre 2004 bis 2006 werden analog zur Inhaltsanalyse als ausreichend vergleichbar betrachtet, um die Daten der einzelnen Jahre gemeinsam verwenden zu können. Vgl. auch Kapitel 5.1.3.

sis von 241 Firmenjahren und für *Moody's* von 180 Firmenjahren.[1102] Zu Vergleichszwecken herangezogene Drei-Jahres-Durchschnitte der Schlüsselkennzahlen ohne Anpassungen der Agenturen ließen sich aus den publizierten Finanzdaten der gerateten Unternehmen für 199 der 241 Datensätze von *S&P* und 156 der 180 Datensätze von *Moody's* berechnen. Die fehlenden Datensätze betreffen ausschließlich nicht börsennotierte, kleinere Unternehmen, i.d.R. GmbHs, die zwar ein Rating, meist aus dem *speculative grade*-Bereich, aufweisen, aber in dem betreffenden Zeitraum über keine am Markt ausstehenden Anleihen mehr verfügten. Sie waren daher grundsätzlich nicht nach gesetzlichen Vorschriften über die Zulassung oder den Handel von Wertpapieren (v.a. WpPG, BörsenZulV, WpHG) sowie Börsenstatuten, sondern nur nach handelsrechtlichen Vorschriften publizitätspflichtig.[1103] Sofern keine Abschlussinformationen auf den Internetseiten dieser Unternehmen verfügbar waren, wurde an dieser Stelle auf eine kosten- und zeitintensive Beschaffung verzichtet. Um möglicherweise verzerrende Einflüsse aus unterschiedlichen Datengrundlagen zu vermeiden, werden die Korrelationen für die Schlüsselkennzahlen aus den Ratingbegründungen ebenso für diese kleinere Datenbasis berechnet und ausgewiesen. Die Ergebnisse für *S&P* und *Moody's* finden sich in Anhang 28 und Anhang 29.

Da die Korrelationskoeffizienten der verschiedenen Kennzahlen aus den Ratingbegründungen über die einzelnen Jahre weitgehend stabil sind, ergeben sich für ihre Drei-Jahres-Durchschnitte vergleichbare Werte. Folglich kann in dieser Hinsicht auf die obigen Ausführungen verwiesen werden. Interessant ist hier vielmehr die Gegenüberstellung dieser Werte mit den Korrelationskoeffizienten für die auf Basis publizierter Finanzdaten berechneten Kennzahlen. Es sind für beide Agenturen unabhängig vom Zugrundelegen der vollständigen oder verringerten Datenbasis deutlich höhere Korrelationen für Verschuldungs- und Deckungskennzahlen inkl. der Bereinigungen zu verzeichnen als für die nicht angepassten Varianten. Darin spiegelt sich wider, dass diese Anpassungen vorrangig die vollständige Erfassung und ökonomisch angemessene Bewertung der künftigen Zahlungsverpflichtungen der zu beurteilenden Unternehmen zum Ziel haben. Wie bei der obigen Aufarbeitung der Finanzrisikoanalyse aufgezeigt, umfasst dies v.a. die Themen hybride Finanzinstrumente sowie außerbilanzielle Schulden wie Operating Leasing-Verhältnisse und Pensionsverpflichtungen.[1104] Demgegenüber zeigen sich für Kapitalrentabilitäten kaum Unterschiede, während die von den Unternehmen publizierten Ergebnismargen im Vergleich zu denen der Agenturen sogar ausgeprägtere Zusammenhänge mit dem Rating aufweisen. Derartige Kennzahlen sind zum einen sehr viel weniger Gegenstand von Bereinigungen. Zum anderen deutet dies erneut auf eine vergleichsweise geringere Wichtigkeit von gewinnbasierten Kennzahlen für die Ratinganalyse. Die merkliche Steigerung der Korrelationen der Ergebnismargen aus den Ratingdokumenten beim Übergang von der vollständigen auf die geringere Datenbasis verdeutlicht einen weiteren interessanten Aspekt. Da in der

---

1102 Vgl. Blume/Lim/MacKinlay (1998), S. 1395f., Adams/Burton/Hardwick (2003), S. 553f., oder Purda (2005a), S. 10, die ebenso auf Firmenjahre abstellen.

1103 Vgl. insb. §§ 325-329 HGB. Vgl. für einen Überblick Wagenhofer/Ewert (2007), S. 326-328.

1104 Vgl. Kapitel 3.2.4.1. sowie insb. Kapitel 3.2.4.4.1. und 3.2.4.4.2.

verringerten Datenbasis ausschließlich nicht-börsennotierte kleinere und niedrig eingestufte Unternehmen fehlen, zeigt das eine deutlich gesteigerte Relevanz von Ergebnismargen für die Beurteilung großer Unternehmen mit Ratings im *investment grade*-Bereich.[1105]

Die bisherige univariate Betrachtung kann allerdings nur erste Tendenzen zum Einfluss der Schlüsselkennzahlen auf das Rating aufzeigen. Tiefergehende Einblicke unter Berücksichtigung von Wechselwirkungen zwischen den Kenngrößen verspricht die folgende multivariate Analyse.

5.2.1.4.3. Multivariate Ratingreplikationmodelle

5.2.1.4.3.1. Modellspezifikationen und Datenbasis

Für die im Weiteren entwickelten Ratingreplikationsmodelle wird auf die in der Literatur dazu favorisierte ordinale Regression abgestellt.[1106] Die hier gewählte Variante des ordinalen Logit-Modells geht von einer logistischen Verteilung der Störterme (ε_i) aus.[1107] Im Unterschied zur linearen Regression wird nicht die Ausprägung der abhängigen Variable selbst geschätzt, sondern kumulierte Eintrittswahrscheinlichkeiten für deren mögliche Ausprägungen. Dazu wird jeweils die Wahrscheinlichkeit, dass die betrachtete oder eine rangniedrigere Ausprägung der abhängigen Variablen gewählt wird, mit der Wahrscheinlichkeit, dass alle ranghöheren Ausprägungen gewählt werden, verglichen.[1108] Die kumulative Eintrittswahrscheinlichkeit für die i-te und die niedrigeren Kategorien der abhängigen Variablen wird hier mit $p\ (R \leq i)$ bezeichnet. Da der Wert für die höchste Ausprägung per definitionem 1 ist, brauchen nur $n - 1$ Gleichungen ermittelt werden.[1109] Die kumulativen Eintrittswahrscheinlichkeiten p sollen durch m unabhängige Variablen x_j (mit $j = 1, \ldots, m$) erklärt werden, für die die Koeffizienten β_j geschätzt werden. Diese Erklärungsvariablen können beliebig skaliert sein, wobei nominal und ordinal skalierte Variablen über Indikator-Variablen abzubilden sind.[1110] Es wird angenommen, dass die Koeffizienten β_j über alle Schätzgleichungen konstant bleiben. Der einzige gleichungsspezifische Schätzparameter ist daher eine Konstante α_i.[1111]

Die Modellzusammenhänge lassen sich wie folgt darstellen. R_i ist die Ausprägung i (mit $i = 1, \ldots n$, mit 1 als rangniedrigster Ausprägung) der interessierenden abhängigen Variablen Rating. L_i ist eine nicht beobachtbare, latente Verknüpfungsvariable. An-

---

1105 Vgl. ebenso Pettit u.a. (2004), S. 11.

1106 Vgl. Kapitel 4.2.2., insb. Fn. 635f.

1107 Ein ordinales Probit-Modell unterstellt standard-normalverteilte Störterme. Vgl. Altman u.a. (1981), S. 62f.; Long (1997), S. 119f.; Kaiser/Szczesny (2001), S. 162; Greene (2003), S. 666f.

1108 Vgl. Rohrlack (2006), S. 219.

1109 Vgl. Greene (2003), S. 737; Rohrlack (2006), S. 219.

1110 Vgl. Rohrlack (2006), S. 207.

1111 Ob diese Annahme für eine gegebene Datenbasis gerechtfertigt ist, kann mit dem sog. *test of parallel lines* geprüft werden. Vgl. Resti (2003), S. 230. Sie hat sich für die hier zugrunde liegenden Daten durchgängig als tragfähig erwiesen.

nahmegemäß wirken die Erklärungsvariablen x_j jeweils in linearer Form auf die latente Variable L_i und zusätzlich wird ein logistisch verteilter Störmterm ε_i berücksichtigt. Formal lässt sich das in folgenden Gleichungen zum Ausdruck bringen.

$$L_i = \alpha_i + \sum_{j=1}^{m} \beta_j x_j + \varepsilon_i \quad \text{mit } i = 1, ..., n$$

Über folgende Partionierung ist die Ausprägung der latenten Variable Z_i mit der abhängigen Variable R_i verbunden.[1112]

$$R_i = \begin{cases} 1 & \text{, wenn } L_i \in (-\infty, \alpha_1] \\ 2 & \text{, wenn } L_i \in (\alpha_1, \alpha_2] \\ \ldots & \\ n & \text{, wenn } L_i \in (\alpha_{n-1}, \infty) \end{cases}$$

Um kumulative Eintrittswahrscheinlichkeiten zwischen 0 und 1 erzeugen zu können, wird die kumulative logistische Funktion als Verknüpfungsfunktion verwendet.

$$p\,(R_i \leq i) = \frac{1}{1 + e^{-\alpha_i - \beta_1 x_1 - \ldots - \beta_m x_m}} \quad \text{mit } i = 1, \ldots, n-1.$$

Mittels Maximum-Likelihood-Methode werden die Koeffizienten β_j der Erklärungsvariablen und die gleichungsspezifischen Konstanten α_i geschätzt, wobei letztere auch die Schwellenwerte für die einzelnen Intervalle der Zuordnung von L_i zur abhängigen Variable R_i darstellen.[1113] Aus den Differenzen der kumulierten Eintrittswahrscheinlichkeiten $p\,(R \leq i)$ kann man schließlich die Eintrittswahrscheinlichkeiten für die einzelnen Ausprägungen der abhängigen Variable $p\,(R = i)$ bestimmen.[1114]

Für *S&P* und *Moody's* werden jeweils eigene Ratingreplikationsmodelle aufgestellt.[1115] Bei der abhängigen Variablen Rating werden die Feinabstufungen vernachlässigt und einige Ratingklassen zusammengefasst. Es werden die vier Ausprägungen 1, 2, 3 und 4 unterschieden, wobei 1 die schlechteste und 4 die beste Ratingklasse repräsentiert. Der *S&P*-(*Moody's*-)Ratingklasse AAA (Aaa) sowie AA (Aa) wird die 4, A

[1112] Vgl. Altman u.a. (1981), S. 63; Long (1997), S. 116f.; Kaiser/Sczcesny (2001), S. 167f.

[1113] Vgl. Altman u.a. (1981), S. 63; Long (1997), S. 123f.; Rohrlack (2006), S. 220.

[1114] Vgl. Altman u.a. (1981), S. 63; Long (1997), S. 120f.; Greene (2003), S. 737; Rohrlack (2006), S. 221.

[1115] Das gilt auch für die im Weiteren differenzierten Modellvarianten.

(A) die 3, BBB (Baa) die 2 sowie BB (Ba) und schlechter die 1 zugeordnet.[1116] Als Erklärungsvariablen dienen die folgenden Schlüsselkennzahlen der Agenturen, wobei die zugehörigen Variablennamen in Klammern angegeben sind: *S&P*: Gesamtverschuldung/EBITDA (*DebttoEBITDA*), FFO/Gesamtverschuldung (*FFOtoDebt*), Verschuldungsgrad (*VG*), EBIT-Zinsdeckung (*EBIT-Cover*), EBITDA-Zinsdeckung (*EBITDA-Cover*), Return on Capital Employed (*RoCE*) und Operative Marge (*Operative-Marge*); *Moody's*: Gesamtverschuldung/EBITDA (*Debt toEBITDA*), RCF/Gesamtverschuldung (*RCFtoDebt*), FFO-Zinsdeckung (*FFO-Cover*), RCF/Netto-Investitionsausgaben (*RCFtoNetInvest*), Return on Assets (*RoA*) und EBIT-Marge (*EBIT-Marge*). Zusätzlich wird die Unternehmensgröße berücksichtigt und über den natürlichen Logarithmus der Bilanzsumme (*LnBilSum*) gemessen.[1117]

Entsprechend der Vorgehensweise der Agenturen wird auf Durchschnittswerte der Kennzahlen über die letzten drei bzw. in Ausnahmefällen zwei Jahre vor dem betrachteten Rating abgestellt.[1118] Daher wird auf die in den Korrelationsanalysen im vorherigen Kapitel bereits untersuchte Datenbasis von 241 Firmenjahren für *S&P* und 180 Firmenjahren für *Moody's* zurückgegriffen. Als Mindestanforderung an den Datenumfang wird in der Literatur für jede Ausprägung der abhängigen Variablen eine Untergrenze von 25 Fällen genannt.[1119] Bei den hier unterschiedenen vier Ratingklassen bedarf es also mindestens 100 Fälle, so dass diese Anforderung erfüllt ist. Wichtige deskriptive Statistiken der Datenbasis sind in Anhang 30 zusammengefasst.

Dieser Datenumfang erlaubt jedoch keine Ableitung branchenspezifischer Replikationsmodelle zur tiefergehenden Untersuchung möglicher Brancheneinflüsse.[1120] Um diesen im Rahmen des hier Möglichen dennoch nachzugehen, wird in Anlehnung an *Resti* (2003) folgendes Vorgehen gewählt. Die Unternehmen werden danach unterschieden, ob sie entweder der verarbeitenden Industrie (bei *S&P*: 163 Firmenjahre; bei *Moody's*: 124) oder dem Bereich Versorger, Handel und Dienstleistungen (bei *S&P*: 78 Firmenjahre; bei *Moody's*: 56) zuzuordnen sind.[1121] Damit wird gleichzeitig den Erkenntnissen der Clusteranalyse und der Sensitivitätsanalyse nach Branche in der Inhaltsanalyse Rechnung getragen.[1122] Aufbauend auf dieser Gruppenbildung werden zwei Modifikationen der ursprünglichen Modelle für jede Ratingagentur (Modell 1) betrachtet:

(i) Es wird zusätzlich eine Indikator-Variable für die Gruppenzugehörigkeit (Industrie nein = 0, ja = 1) eingefügt (Modell 2).

1116 Vgl. ähnlich Blume/Lim/MacKinlay (1998), S. 1392; Adams/Burton/Hardwick (2003), S. 551; Resti (2003), S. 218; Purda (2006), S. 8. Vgl. auch Anhang 2.

1117 Vgl. ähnlich Blume/Lim/MacKinlay (1998), S. 1395; Adams/Burton/Hardwick (2003), S. 552.

1118 Vgl. Kapitel 5.2.1.4.2., insb. Fn. 1100.

1119 Vgl. z.B. Backhaus u.a. (2006), S. 480.

1120 Vgl. Kapitel 4.2.2., insb. Perry/Henderson/Cronan (1984). Pettit u.a. (2004), S. 13: „In practice, we tailor industry specific models (...)."

1121 Vgl. Resti (2003), S. 228.

1122 Vgl. Kapitel 5.2.1.2.2.1. und Kapitel 5.2.1.3.2.

(ii) Es werden die Modellparameter getrennt für die beiden Gruppen geschätzt (Modelle 3 und 4).[1123]

Für das Modell auf Basis der Schlüsselkennzahlen ohne analytische Anpassungen (Modell 5) werden die ebenfalls bereits in der Korrelationsanalyse betrachteten 199 Firmenjahre für *S&P* und 156 Firmenjahre für *Moody's* herangezogen. Um einen adäquaten Vergleich mit den ursprünglichen Modellen auf Basis der Kennzahlenwerte der Agenturen (Modell 1) zu gewährleisten, werden auch hier abgeglichene Stichproben zugrunde gelegt, so dass das Ursprungsmodell für jede Agentur dazu mit der reduzierten Anzahl an Datensätzen neu berechnet wird (Modell 6).

Die Datenbasis lässt es nicht zu, neben der Schätzstichprobe eine Teststichprobe zurückzuhalten. Die Klassifikationsleistung der ermittelten Modelle kann daher nur anhand der Schätzstichprobe (*in sample*) beurteilt werden.[1124]

5.2.1.4.3.2. Ergebnisse

Die Ergebnisse der ordinalen Logit-Ratingreplikationsmodelle für *S&P* und *Moody's* auf Basis der aus den Ratingbegründungen erhobenen Schlüsselkennzahlen (Modell 1) sind ausführlich in Anhang 31 wiedergegeben. Positive (negative) Schätzwerte der Koeffizienten bedeuten, dass eine zunehmende Ausprägung der betreffenden Erklärungsvariablen tendenziell zu einer höheren (niedrigeren) Kategorie der abhängigen Variablen, hier also einem besseren (schlechteren) Rating, führt bzw. deren Eintrittswahrscheinlichkeit erhöht (senkt).[1125] Anders als in der linearen Regression entsprechen die Koeffizientenwerte nicht den Marginaleffekten, also den Auswirkungen der Veränderung der jeweiligen Erklärungsvariablen um eine Einheit auf die Eintrittswahrscheinlichkeiten der verschiedenen Ratingklassen.[1126] Die Marginaleffekte sind vielmehr für jede Erklärungsvariable als partielle Ableitungen der prognostizierten Eintrittswahrscheinlichkeiten der Ratingklassen nach dieser Erklärungsvariablen, unter der Annahme, dass die übrigen Erklärungsvariablen konstant bleiben, zu berechnen.[1127] Diese Ergebnisse sind aber nur dann aussagefähig, wenn die Veränderungen der Wahrscheinlichkeiten (annähernd) linear verlaufen.[1128]

Für *S&P* sind sechs von acht Erklärungsvariablen signifikant, nur für *EBIT-Cover* und *RoCE* ist dies nicht der Fall. Für *EBIT-Cover* lässt sich das mit Blick auf die Korrelati-

---

1123 Vgl. ähnlich Resti (2003), S. 228.

1124 Vgl. Backhaus u.a. (2006), S. 453f.

1125 Vgl. Kaiser/Szczesny (2001), S. 168f.; Rohrlack (2006), S. 220.

1126 Vgl. Kaiser/Szczesny (2001), S. 164; Greene (2003), S. 737f.; Manzoni (2004), S. 287; Adams/Burton/Hardwick (2004), S. 561.

1127 Vgl. Long (1997), S. 133-135; Kaiser/Sczcesny (2001), S. 168; Greene (2003), S. 737f.; Gujarati (2003), S. 555 und 569; Manzoni (2004), S. 287f. Meist werden die anderen Variablen, wie hier, bei ihrem Mittelwert konstant gehalten. Es kann aber auch der Median, der Wert Null oder ein beliebiger Wert unterstellt werden. Vgl. Long (1997), S. 134f.

1128 Vgl. Long (1997), S. 135.

onsmatrix in Anhang 30 durch die fast perfekte Korrelation (0,979) mit *EBITDA-Cover* erklären, so dass diese Kennzahl eine weitgehend redundante Information darstellt. Das Ergebnis für *RoCE* deutet auf die bereits in der Inhaltsanalyse und univariaten Korrelationsanalyse festgestellte, untergeordnete Bedeutung von Gewinngrößen für die Ratinganalyse von *S&P*.[1129] Bei *Moody's* sind hingegen mit der Unternehmensgröße (*LnBilSum*), *DebttoEBITDA* und der *EBIT-Marge* nur drei der sieben Erklärungsvariablen signifikant. Bemerkenswert ist, dass sich darunter keine Cash Flow-basierte Schlüsselkennzahl findet. Die fehlende Signifikanz von *RoA* könnte hier ähnlich wie *EBIT-Cover* bei *S&P* durch eine hohe Korrelation mit einer anderen Erklärungsvariablen, hier der *EBIT-Marge* (0,536), bedingt sein. Sämtliche signifikanten Koeffizienten weisen die erwarteten Vorzeichen auf. Übereinstimmend findet sich für beide Agenturen v.a. eine hohe Signifikanz der Unternehmensgröße (*LnBilSum*).

Der Vergleich der Marginaleffekte für die verschiedenen Erklärungsvariablen zeigt deutlich den besonders starken positiven Einfluss der Unternehmensgröße, und dies am ausgeprägtesten auf die Eintrittswahrscheinlichkeiten der Ratingklassen 1 und 3. So bedeutet z.B. der Wert für Ratingklasse 1 bei *S&P* von –0,159 (*Moody's*: –0,208), dass mit einer Steigerung der Unternehmensgröße um eine Einheit (hier in Mrd. €) die Wahrscheinlichkeit für die Zugehörigkeit zu dieser niedrigsten Klasse um diesen Wert sinkt, während der Wert für Ratingklasse 3 von 0,142 (*Moody's*: 0,143) hingegen eine entsprechende Steigerung der Wahrscheinlichkeit der Zugehörigkeit zu dieser Klasse bei einer um eine Einheit zunehmenden Unternehmensgröße anzeigt. Die zu erwartenden Vorzeichen der Marginaleffekte hängen mit den erwarteten Vorzeichen der Erklärungsvariablen zusammen. Da im Gegensatz zur Unternehmensgröße bspw. ein höherer Wert von *DebttoEBITDA* mit einem höheren Risiko assoziiert wird, sollten sich positive Vorzeichen der Marginaleffekte dieser Erklärungsvariable für niedrige Ratingklassen und negative Vorzeichen für hohe Ratingklassen ergeben. Für sämtliche signifikanten Erklärungsvariablen zeigen sich die erwarteten Vorzeichen der Marginaleffekte, wobei die Vorzeichenwechsel durchgängig die Ratingklasse 1 gegenüber den Ratingklassen 2, 3 und 4 abgrenzen. Unternehmen der Ratingklasse 2 sind denen der besseren Ratingklassen 3 und 4 bezüglich des Einflusses der Schlüsselkennzahlen also ähnlicher als denen der schlechteren Ratingklasse 1. Die Ergebnisse lassen damit einen deutlichen Übergang zwischen *speculative grade-* (Ratingklasse 1) und *investment grade*-Ratings (Ratingklassen 2 bis 4) erkennen.

Die Modelle für beide Agenturen weisen eine gute bis sehr gute Modellgüte auf.[1130] Der *Log-Likelihood-Test* (-2 Log-Likelihood Wert) zeigt an, dass die Modelle jeweils hoch signifikant größere Erklärungskraft besitzen als die sog. Nullmodelle, die nur die Konstante α enthalten. Darüber hinaus erreichen die verschiedenen gängigen Pseudo-

---

[1129] Bei einer Vernachlässigung dieser beiden Erklärungsvariablen ergeben sich keine merklich anderen Modellergebnisse, so dass hier diejenigen des Modells mit sämtlichen Erklärungsvariablen berichtet werden.

[1130] Vgl. zu nachfolgenden Gütemaßen ordinaler Probit- und Logitmodelle z.B. Kaiser/Szczesny (2001), S. 175-178; Rohrlack (2006), S. 208-210; Backhaus u.a. (2006), S. 445-450.

R^2-Maße jeweils Werte (*Cox und Snell-*R^2: *S&P* 0,630 (*Moody's* 0,623); *Nagelkerke-*R^2: 0,679 (0,670); *McFadden-*R^2: 0,379 (0,368)) nahe bei bzw. über den Grenzwerten für gute bzw. sehr gute Modelle (die für *Cox und Snell-*R^2 bei 0,4, *Nagelkerke-*R^2 bei 0,4 (sehr gut ab 0,5) und *McFadden-*R^2 bei 0,4 liegen).[1131] Die Modelle erzielen zudem mit 69,3 % richtiger Klassifikationen für *S&P* und 67,2 % für *Moody's* eine vergleichbare und vor dem Hintergrund der in Kapitel 4.2.2. aufgearbeiteten Studien als gut einzustufende Klassifikationsleistung.[1132] Das gilt v.a. angesichts der relativ kleinen und z.B. bezüglich Branchenzugehörigkeit heterogen zusammengesetzten Datenbasis. Auch die hohen positiven und auf dem 1 %-Niveau signifikanten Rangkorrelationskoeffizienten zwischen tatsächlichen und durch die Modelle prognostizierten Ratings deuten in diese Richtung.

Die Analyse der Klassifikationsmatrizen in Anhang 31 offenbart einen besonders hohen Anteil richtiger Klassifikationen für die Ratingklasse 1. Auch das zeigt, dass die Schlüsselkennzahlen eine gute Trennung zwischen *speculative grade-* und *investment grade-*Ratings ermöglichen, während eine feinere Differenzierung innerhalb des *investment grade-*Bereichs allein auf dieser Basis in geringerem Maße gelingt. Trotz der Verwendung der speziell angepassten Kennzahlenwerte konnten zudem keine merklich besseren Klassifikationsleistungen als bei bisherigen Studien erzielt werden, die unangepasste Finanzdaten verwenden. Daraus kann aber nicht die Irrelevanz der Berücksichtigung solcher Anpassungen gefolgert werden, denn die Studienergebnisse sind v.a. aufgrund unterschiedlicher Erklärungsvariablen, Stichproben, Betrachtungszeiträume oder Modellspezifikationen nur eingeschränkt vergleichbar. Dieser Aspekt wird daher weiter unten durch die Gegenüberstellung der Modelle 5 und 6 untersucht, bei der diese Einflussfaktoren konstant gehalten werden.

Hier bleibt festzuhalten, dass erwartungsgemäß auch die von den Agenturen berechneten Schlüsselkennzahlen nur einen gewissen Teil des Ratings erklären können. Durch die hier gewählte Datengrundlage lässt sich der unerklärte Teil klarer auf qualitative Faktoren und subjektive Einschätzungen sowie den möglichen Einfluss von Insiderinformationen zurückführen, die in solchen Modellen kaum oder gar nicht berücksichtigt werden können. Zur Wichtigkeit qualitativer Faktoren für das Rating hat die Inhaltsanalyse jedoch einige interessante neue Einsichten liefern können.

Insbesondere für *S&P* bieten die Schlüsselkennzahlen allerdings einen soliden Ausgangspunkt für die Erklärung und Prognose des Ratings. Bei *Moody's* lässt sich eine vergleichbare Erklärungskraft und Klassifikationsleistung hingegen mit nur drei Variablen, allen voran der Unternehmensgröße, erreichen. Diese Ergebnisse stützen die bereits aus der Inhaltsanalyse gewonnene Einschätzung, dass *Moody's* stärkeres Gewicht

---

[1131] Vgl. Backhaus u.a. (2006), S. 456.

[1132] Vgl. Kapitel 4.2.2. und Anhang 2. Vgl. zur Klassifikationsleistung als Gütemaß eines solchen Modells z.B. Kaiser/Szczesny (2001), S. 175f. (vgl. dort auch zu kritischen Aspekten), oder Backhaus u.a. (2006), S. 450-455, und speziell eines Ratingreplikationsmodells z.B. Ederington/Yawitz (1987), S. 47, und Kapitel 4.2.2., insb. Fn. 629.

auf qualitative Aspekte zu legen scheint als *S&P*. Sie gehen ebenfalls konform mit Ergebnissen der Literatur zum Vergleich der Kriterien beider Agenturen.[1133] So folgern bspw. *Pottier/Sommer* für Versicherungsratings von *S&P* und *Moody's* ähnlich: „Surprisingly, the variables representing size and investment in junk bonds are the only two variables that are significant in the Moody's equation, whereas (...) S&P equations have nine (...) significant variables (...). Thus, Moody's appears to use a much smaller number of publicly available quantitative factors in its rating process, and perhaps relies more on private or qualitative information."[1134]

Die Ergebnisse der im Weiteren behandelten Modellvarianten sind für *S&P* in Anhang 32 und *Moody's* in Anhang 33 zusammengestellt. Zur Untersuchung möglicher Branchenunterschiede wurde den Grundmodellen in einer ersten Abwandlung eine Indikator-Variable für die Zugehörigkeit zur Gruppe der Industrieunternehmen (nein = 0; ja = 1) hinzugefügt (Modell 2). Für die Nicht-Industrieunternehmen (Ausprägung = 0) weist die Variable bei beiden Agenturen einen hoch signifikanten Koeffizienten mit positivem Vorzeichen auf. Die Zugehörigkeit zu dieser Gruppe ist assoziiert mit einer höheren Wahrscheinlichkeit für eine bessere Ratingklasse, während die Zugehörigkeit zur Gruppe der Industrieunternehmen tendenziell eine schlechtere Ratingklasse impliziert. Bezüglich der Vorzeichen, Höhe und Signifikanz der Koeffizienten der anderen Erklärungsvariablen ergeben sich aber keine merklichen Veränderungen, außer bei *S&P* für die *Operative-Marge*, die nun keinen signifikanten Koeffizienten mehr aufweist. Die Marginaleffekte der Branchen-Indikator-Variablen sind bei *S&P* absolut gesehen sogar höher als diejenigen der Unternehmensgröße und wechseln ihr Vorzeichen von positiv in negativ beim Übergang von Ratingklasse 2 zur Ratingklasse 3. Bei *Moody's* hingegen sind die Marginaleffekte von der absoluten Höhe mit denen der Unternehmensgröße vergleichbar und zeigen wie bisher den Vorzeichenwechsel zwischen Ratingklasse 1 und 2. Die Modellgüte verbessert sich durch die ergänzende Variable. Der Anteil richtiger Klassifikationen ist um ca. 1 % gesunken und damit nahezu unverändert, während der Rangkorrelationskoeffizient etwas gestiegen ist. Die Branchenvariable führt also dazu, dass in Fällen fehlerhafter Klassifizierungen häufiger als beim Grundmodell direkt angrenzende Kategorien prognostiziert werden. Folglich deuten bereits die Ergebnisse dieser einfachen Modellierung auf das Vorhandensein gewisser Brancheneinflüsse.

In der zweiten Abwandlung wurden für die Gruppen Industrie und Nicht-Industrie separate Replikationsmodelle (Modell 3 und 4) in der ursprünglichen Formulierung ohne Indikator-Variable geschätzt. Hier lassen sich Brancheneinflüsse noch deutlicher feststellen. Bei beiden Agenturen sind für die Gruppe der Industrieunternehmen zwar keine wesentlichen Veränderungen bei den Koeffizienten und den Marginaleffekten gegenüber dem Grundmodell auf Basis der gesamten Datenbasis zu verzeichnen. Sowohl die Güte als auch die Klassifikationsleistung des Modells verbessern sich aber merklich. In den Modellen für die Nicht-Industrieunternehmen finden sich nun auch bei

[1133] Vgl. Bank/Lawrenz (2003), S. 7; Pottier/Sommer (1999), S. 637.
[1134] Pottier/Sommer (1999), S. 637.

S&P, wie bereits bei *Moody's*, nur noch drei signifikante Koeffizienten, darunter weiterhin v.a. derjenige der Unternehmensgröße. Übereinstimmend werden die Koeffizienten für die dynamischen Verschuldungskennzahlen (v.a. *DebttoEBITDA*) nun insignifikant. Das könnte dadurch bedingt sein, dass diese Gruppe v.a. Unternehmen der Branchen Versorger, Telekommunikation sowie Transport und Logistik enthält, die durch stabile Cash Flows und Erträge und eine hohe Vermögensbasis gekennzeichnet sind, so dass hier der Verschuldungsanalyse für das Rating eine vergleichsweise geringere Bedeutung zukommt.[1135] Allerdings fallen die unterschiedlichen Resultate der Modellgüte und Klassifikationsleistung für beide Agenturen ins Auge. Für *S&P* ergeben sich hier ähnlich hohe Werte der Modellgüte wie beim Modell inklusive Indikator-Variable und mit 73,1 % sogar der höchste Anteil richtiger Klassifikationen. Bei *Moody's* ergibt sich hingegen eine deutlich schlechtere Modellgüte und Klassifikationsleistung. Im Vergleich zu den Industrieunternehmen scheinen hier qualitative Faktoren eine noch größere Rolle zu spielen, v.a. solche, die durch die Unternehmensgröße nur sehr schlecht widergespiegelt werden. Dabei könnte es sich bspw. um Regulierungsaspekte handeln, die bereits in der obigen Clusteranalyse als wichtiger Einflussfaktor für diese Unternehmen identifiziert wurden. Da diesen Modellen für Nicht-Industrie-Unternehmen jedoch für beide Agenturen nicht die geforderte Mindestanzahl an Datensätzen zugrunde liegt, könnte das die Ergebnisse verzerrt haben, so dass sie mit Vorsicht interpretiert werden sollten.

In den Modellen mit Schlüsselkennzahlen auf Basis publizierter Finanzdaten (Modell 5) sind die gleichen Koeffizienten signifikant und weisen fast durchgängig die gleichen Vorzeichen auf wie im Grundmodell für die abgeglichene Datenbasis (Modell 6). Einzige Ausnahme ist die Variable *DebttoEBITDA*, für die sich in Modell 5 für *S&P* entgegen der theoretischen Erwartung ein hoch signifikanter positiver Koeffizient einstellt, was bei den Marginaleffekten ebenfalls zu kontraintuitiven Vorzeichen führt. Allerdings ergeben sich bei Modell 5 im Vergleich zu Modell 6 eine merklich schlechtere Modellgüte und eine deutlich verminderte Klassifikationsleistung. Die von den Agenturen unter Berücksichtigung spezieller analytischen Anpassungen berechneten Schlüsselkennzahlenwerte weisen demnach eine höhere Erklärungskraft für das Rating auf. Die Kritik der Literatur an der Vernachlässigung derartiger Anpassungen bei der verwendeten Datenbasis in bisherigen Ratingreplikationsmodellen findet hier eine gewisse Bestätigung.[1136] Die Berücksichtigung von Anpassungsmaßnahmen bei der Berechnung der Erklärungsvariablen stellt daher einen wichtigen Anknüpfungspunkt zur Verbesserung solcher Modelle dar.

5.2.2. Ratingänderungsbegründungen

5.2.2.1. Deskriptive Analyse

Nun soll der Fokus auf die Inhaltsanalyse der Ratingänderungsbegründungen gelegt werden. Vorweg sei nochmal darauf hingewiesen, dass für diese Dokumente ange-

[1135] Vgl. ähnlich Pettit u.a. (2004), S. 14.

[1136] Vgl. Kapitel 4.2.3., insb. Fn 757.

sichts ihrer Kürze keine Mehrfachnennungen von Kategorien kodiert wurden. Des Weiteren wurden in die Kodierungen nur solche Ausführungen einbezogen, die auf die Ratingänderung bezogen waren.[1137] Die relativen Nennungshäufigkeiten und Coverage-Werte dieser Erhebung sind in Abbildung 18 zusammengefasst. Neben den aggregierten Werten sind auch die nach Herauf- (up) und Herabstufungen (down) differenzierten Werte für jede Agentur angegeben. Es zeigt sich, dass viele der bereits in den Ratingbegründungen identifizierten Kernkriterien, v.a. *Wettbewerbssituation*, *Absatz/Wachstumsaussichten*, *Produktdiversifikation/Geschäftsfelder*, *Absatz/Kunden*, *Finanzpolitik*, *Cash Flows* auch vorrangig bei der Erläuterung der Änderungsgründe angeführt werden. Allerdings spielen die in den Ratingbegründungen von *Moody's* wichtigen Kategorien der *Managementqualität* in ihren Ratingänderungsbegründungen keine nennenswerte Rolle.

[1137] Vgl. Kapitel 5.1.4.

Kategorie[1]	S&P						Moody's					
	ges.[2]	Cov.[3]	up[4]	Cov.	down[5]	Cov.	ges.	Cov.	up	Cov.	down	Cov.
Länderrisiken (LR)	**2**	4,7%	**0**	0,0%	**2**	6,7%	**1**	2,4%	**0**	0,0%	**1**	3,8%
Konjunkturabhängigkeit/Zyklizität	2	4,7%	0	0,0%	2	6,7%	5	12,2%	1	6,7%	4	15,4%
Wettbewerbssituation	9	20,9%	0	0,0%	9	30,0%	6	14,6%	0	0,0%	6	23,1%
Markteintrittsbarrieren	1	2,3%	1	7,7%	0	0,0%	0	0,0%	0	0,0%	0	0,0%
Beschaffungsaspekte	2	4,7%	0	0,0%	2	6,7%	1	2,4%	0	0,0%	1	3,8%
Kostenstruktur	1	2,3%	0	0,0%	1	3,3%	0	0,0%	0	0,0%	0	0,0%
Absatz/Wachstumsaussichten	9	20,9%	5	38,5%	4	13,3%	8	19,5%	5	33,3%	3	11,5%
Regulierung/Deregulierung	3	7,0%	0	0,0%	3	10,0%	2	4,9%	1	6,7%	1	3,8%
Wirtschaftspolitik/staatliche Unterstützung	1	2,3%	0	0,0%	1	3,3%	0	0,0%	0	0,0%	0	0,0%
Branchenrisiko (BR) **Nennungen ges.**	**28**		**6**		**22**		**22**		**7**		**15**	
Anzahl Dokumente[6]	**18**	41,9%	**5**	38,5%	**13**	43,3%	**16**	39,0%	**7**	46,7%	**9**	34,6%
Marktposition	7	16,3%	5	38,5%	2	6,7%	6	14,6%	5	33,3%	1	3,8%
Produktdiversifikation/Geschäftsfelder	15	34,9%	4	30,8%	11	36,7%	20	48,8%	5	33,3%	15	57,7%
geographische Diversifikation	5	11,6%	1	7,7%	4	13,3%	3	7,3%	1	6,7%	2	7,7%
Beschaffung	0	0,0%	0	0,0%	0	0,0%	1	2,4%	1	6,7%	0	0,0%
Kostensituation/Effizienz	9	20,9%	3	23,1%	6	20,0%	11	26,8%	4	26,7%	7	26,9%
Produktion/Anlagen	0	0,0%	0	0,0%	0	0,0%	1	2,4%	0	0,0%	1	3,8%
Produkttechnologien/F&E	2	4,7%	2	15,4%	0	0,0%	1	2,4%	1	6,7%	0	0,0%
Marketing/Vertrieb/Service	0	0,0%	0	0,0%	0	0,0%	1	2,4%	1	6,7%	0	0,0%
Absatz/Kunden	13	30,2%	4	30,8%	9	30,0%	10	24,4%	3	20,0%	7	26,9%
Ergebnismargen	1	2,3%	1	7,7%	0	0,0%	1	2,4%	0	0,0%	1	3,8%
Unternehmensgröße/-alter	1	2,3%	0	0,0%	1	3,3%	0	0,0%	0	0,0%	0	0,0%
Wettbewerbsposition **Nennungen ges.**	**53**		**20**		**33**		**55**		**21**		**34**	
(WP) **Anzahl Dokumente**	**29**	67,4%	**10**	76,9%	**19**	63,3%	**32**	78,0%	**12**	80,0%	**20**	76,9%
Glaubwürdigkeit/Track Record	2	4,7%	0	0,0%	2	6,7%	2	4,9%	1	6,7%	1	3,8%
Planungen/Strategien	2	4,7%	1	7,7%	1	3,3%	5	12,2%	2	13,3%	3	11,5%
Organisationsstruktur	0	0,0%	0	0,0%	0	0,0%	2	4,9%	1	6,7%	1	3,8%
Corporate Governance/IKS	6	14,0%	1	7,7%	5	16,7%	5	12,2%	2	13,3%	3	11,5%
Finanzpolitik	22	51,2%	8	61,5%	14	46,7%	20	48,8%	8	53,3%	12	46,2%
Managementqualität **Nennungen ges.**	**32**		**10**		**22**		**34**		**14**		**20**	
(MQ) **Anzahl Dokumente**	**25**	58,1%	**9**	69,2%	**16**	53,3%	**24**	58,5%	**10**	66,7%	**14**	53,8%
Abschlussprüfung	2	4,7%	1	7,7%	1	3,3%	1	2,4%	1	6,7%	0	0,0%
RQ-Sonstiges	1	2,3%	0	0,0%	1	3,3%	0	0,0%	0	0,0%	0	0,0%
Rechnungslegungs- **Nennungen ges.**	**3**		**1**		**2**		**1**		**1**		**0**	
qualität (RQ) **Anzahl Dokumente**	**2**	4,7%	**1**	7,7%	**1**	3,3%	**1**	2,4%	**1**	6,7%	**0**	0,0%
Verschuldungsgrad	12	27,9%	4	30,8%	8	26,7%	3	7,3%	1	6,7%	2	7,7%
Fremdkapital	24	55,8%	9	69,2%	15	50,0%	24	58,5%	10	66,7%	14	53,8%
Pensionsverpflichtungen	8	18,6%	3	23,1%	5	16,7%	4	9,8%	1	6,7%	3	11,5%
off-balance-sheet-liabilities	3	7,0%	2	15,4%	1	3,3%	1	2,4%	0	0,0%	1	3,8%
Eigenkapital/-quote	4	9,3%	4	30,8%	0	0,0%	2	4,9%	2	13,3%	0	0,0%
Deckungsgrade/Liquiditätsgrade	1	2,3%	1	7,7%	0	0,0%	0	0,0%	0	0,0%	0	0,0%
Kapitalstruktur/ Ver- **Nennungen ges.**	**52**		**23**		**29**		**34**		**14**		**20**	
mögensschutz (KS/VS) **Anzahl Dokumente**	**33**	76,7%	**12**	92,3%	**21**	70,0%	**26**	63,4%	**10**	66,7%	**16**	61,5%
Profitabilität/Ergebnis allgemein	6	14,0%	3	23,1%	3	10,0%	10	24,4%	4	26,7%	6	23,1%
Umsatz	4	9,3%	3	23,1%	1	3,3%	3	7,3%	2	13,3%	1	3,8%
Umsatzrentabilität/Ergebnismargen	7	16,3%	5	38,5%	2	6,7%	11	26,8%	4	26,7%	7	26,9%
Betriebsergebnis	7	16,3%	4	30,8%	3	10,0%	7	17,1%	4	26,7%	3	11,5%
einzelne Aufwendungen/Erträge	1	2,3%	1	7,7%	0	0,0%	2	4,9%	1	6,7%	1	3,8%
Kapitalrentabilität	1	2,3%	1	7,7%	0	0,0%	2	4,9%	1	6,7%	1	3,8%
Profitabilität (PR) **Nennungen ges.**	**26**		**17**		**9**		**35**		**16**		**19**	
Anzahl Dokumente	**16**	37,2%	**9**	69,2%	**7**	23,3%	**22**	53,7%	**9**	60,0%	**13**	50,0%
Cash Flows	19	44,2%	8	61,5%	11	36,7%	22	53,7%	10	66,7%	12	46,2%
dynamischer Verschuldungsgrad	23	53,5%	10	76,9%	13	43,3%	15	36,6%	9	60,0%	6	23,1%
Entschuldungsdauer	13	30,2%	5	38,5%	8	26,7%	6	14,6%	3	20,0%	3	11,5%
Cash Flow-Deckungkennzahlen	5	11,6%	1	7,7%	4	13,3%	5	12,2%	2	13,3%	3	11,5%
Kapitalbedarf/Auszahlungserfordernisse	10	23,3%	3	23,1%	7	23,3%	15	36,6%	2	13,3%	13	50,0%
Cash Flow-Deckung des Kapitalbedarfs	1	2,3%	1	7,7%	0	0,0%	2	4,9%	0	0,0%	2	7,7%
Cash Flow-Adäquanz **Nennungen ges.**	**71**		**28**		**43**		**65**		**26**		**39**	
(CF) **Anzahl Dokumente**	**35**	81,4%	**11**	84,6%	**24**	80,0%	**33**	80,5%	**12**	80,0%	**21**	80,8%

Kategorie	*S&P*						*Moody's*					
	ges.	Cov.	up	Cov.	down	Cov.	ges.	Cov.	up	Cov.	down	Cov.
finanzielle Flexibilität allgemein	8	18,6%	4	30,8%	4	13,3%	9	22,0%	5	33,3%	4	15,4%
Charakteristika der Schulden	3	7,0%	1	7,7%	2	6,7%	3	7,3%	2	13,3%	1	3,8%
Finanzpläne unter Stressszenarien	2	4,7%	0	0,0%	2	6,7%	3	7,3%	0	0,0%	3	11,5%
Deckung des Kapitalbedarfs	6	14,0%	2	15,4%	4	13,3%	4	9,8%	1	6,7%	3	11,5%
liquide Mittel/veräußerb. Wertpapiere	6	14,0%	4	30,8%	2	6,7%	6	14,6%	4	26,7%	2	7,7%
Mögl. zur Veräußerung v. Vermögen	3	7,0%	0	0,0%	3	10,0%	2	4,9%	1	6,7%	1	3,8%
externe Liquiditätsquellen	3	7,0%	2	15,4%	1	3,3%	9	22,0%	5	33,3%	4	15,4%
Konzernstruktur	2	4,7%	0	0,0%	2	6,7%	4	9,8%	0	0,0%	4	15,4%
FF-Sonstiges	2	4,7%	2	15,4%	0	0,0%	3	7,3%	2	13,3%	1	3,8%
finanzielle Flexibilität Nennungen ges.	**35**		**15**		**20**		**43**		**20**		**23**	
(FF) Anzahl Dokumente	**20**	46,5%	**6**	46,2%	**14**	46,7%	**23**	56,1%	**10**	66,7%	**13**	50,0%
Credit Metrics allgemein	15	34,9%	7	53,8%	8	26,7%	17	41,5%	7	46,7%	10	38,5%
FR-Sonstiges	1	2,3%	0	0,0%	1	3,3%	1	2,4%	0	0,0%	1	3,8%
Sonstiges Nennungen ges.	**16**		**7**		**9**		**18**		**7**		**11**	
Anzahl Dokumente	**16**	37,2%	**7**	53,8%	**9**	30,0%	**18**	43,9%	**7**	46,7%	**11**	42,3%

1 Kategorien, die in keiner der Ratingänderungsbegründungen erwähnt wurden, sind hier vernachlässigt.
2 Anzahl Ratingänderungsbegründungen (*S&P* : n = 43; *Moody's*: n = 41), in der die Kategorie mindestens einmal angesprochen wurde. Mehrfachkodierungen in einem Dokument wurden nicht erfasst.
3 Coverage: Anteil der Ratingänderungsbegründungen, in der die Kategorie mindestens einmal angesprochen wurde.
4 Anzahl an Ratingheraufstufungsbegründungen (*upgrades*) (*S&P* : n = 13; *Moody's* : n = 15), in der die Kategorie mindestens einmal angesprochen wurde.
5 Anzahl an Ratingherabstufungsbegründungen (*downgrades*) (*S&P* : n = 30; *Moody's* : n = 26), in der die Kategorie mindestens einmal angesprochen wurde.
6 Anzahl an Ratingänderungsbegründungen, in der irgendeine Kategorie aus dieser Hauptkategorie mindestens einmal angesprochen wurde.

Abb. 18: Deskriptive Statistiken der Kategorien für die Ratingänderungsbegründungen von *S&P* und *Moody's*

Eine deskriptive Analyse der nach Herauf- und Herabstufungen differenzierten Daten ist schwierig, da diesen Werten der absoluten Nennungshäufigkeiten in den beiden Gruppen jeweils eine unterschiedliche Anzahl von Ratingänderungsbegründungen zugrunde liegt. Während eine statistische Analyse der Kategoriengewichtungen mittels U-Tests aufgrund der Vernachlässigung von Mehrfachnennungen von vorne herein ausscheidet, stehen χ^2-Tests auf dieser Ebene die teilweise zu geringen Nennungshäufigkeiten entgegen. Daher werden Unterschiede zwischen Herauf- und Herabstufungen durch χ^2-Tests auf Ebene der Hauptkategorien untersucht. Bei der Zusammenfassung der absoluten Nennungshäufigkeiten und Coverage-Werte der Kategorien zu denen der Hauptkategorien ist zu beachten, dass auch in Bezug auf letztere Mehrfachnennungen in einem Dokument zu vernachlässigen sind. Die Werte der Hauptkategorien in Abbildung 18 beziehen sich also auf die Anzahl (absolute Nennungshäufigkeit) bzw. den Anteil (Coverage) der Ratingänderungsbegründungen („Anzahl Dokumente"), in denen diese Hauptkategorie mindestens einmal zu finden ist.Die Ergebnisse finden sich in Abbildung 19. Sie zeigen, dass sich für die Hauptkategorien keine statistisch signifikanten Unterschiede zwischen den jeweils gegenübergestellten Häufigkeitsverteilungen der Kodierungen in den Ratingänderungsbegründungen feststellen lassen. Auf dieser Ebene hatten sich in den Ratingbegründungen, allerdings unter Berücksichtigung von Mehrfachnennungen, signifikante Unterschiede zwischen *S&P* und *Moody's* gezeigt.[1138] In Bezug auf wichtige Determinanten von Ratingänderungen scheinen die Agenturen also näher beieinander zu liegen als bei denen des ursprünglich vergebenen Ratings.

[1138] Vgl. Kapitel 5.2.1.2.2.1., insb. Fn. 1013f.

Hauptkategorie[1]	*S&P* up vs. down[2]		*Moody's* up vs. down		up *S&P* vs. *Moody's*		down *S&P* vs. *Moody's*	
	χ^2-Anteil up[3]	χ^2-Anteil down	χ^2-Anteil up	χ^2-Anteil down	χ^2-Anteil *S&P*	χ^2-Anteil *Moody's*	χ^2-Anteil *S&P*	χ^2-Anteil *Moody's*
Branchenrisiko	0,333	0,187	0,066	0,044	0,079	0,071	0,264	0,277
Wettbewerbsposition	0,017	0,010	0,039	0,025	0,015	0,014	0,049	0,051
Managementqualität	0,000	0,000	0,024	0,016	0,000	0,000	0,025	0,027
Kapitalstruktur/Vermögensschutz	0,002	0,001	0,010	0,007	0,247	0,221	0,219	0,230
Profitabilität	1,837	1,030	0,008	0,005	0,029	0,026	1,030	1,083
Cash Flow-Adäquanz	0,198	0,111	0,092	0,061	0,002	0,001	0,038	0,040
finanzielle Flexibilität	0,196	0,110	0,083	0,055	0,323	0,289	0,002	0,002
Sonstiges	0,272	0,152	0,003	0,002	0,022	0,020	0,152	0,160
χ^2-Wert gesamt	**4,457**		**0,539**		**1,359**		**3,651**	
df	**7**		**7**		**7**		**7**	
p-Wert	**0,726**		**0,999**		**0,987**		**0,819**	

[1] Länderrisiko und Rechnungslegungsqualität wurden vernachlässigt, da sie erwartete Häufigkeiten kleiner 1 aufweisen.
[2] up = Heraufstufungen (*upgrades*); down = Herabstufungen (*downgrades*).
[3] Kritischer χ^2-Wert für die einzelnen χ^2-Anteile bei 1 df auf dem 1 %-Signifikanzniveau: 6,63; auf dem 5 %-Signifikanzniveau: 3,84.

Abb. 19: χ^2-Tests zum Vergleich der Häufigkeitsverteilungen der Hauptkategorien in den Ratingänderungesbegründungen von *S&P* und *Moody's* nach Ratingagentur und Änderungsrichtung

Um weitere Einblicke in die Ratingänderungsgründe zu erhalten und daran anknüpfend die Hypothesen 8 und 9 zu testen, werden die Ratingaktionen nun danach unterschieden, ob ihr Auslöser hauptsächlich in einer

(i) Unternehmenstransaktion (z.B. Unternehmenskauf/-zusammenschluss/-verkauf),
(ii) Kapitaltransaktion (z.B. Neuemission von Finanztiteln),
(iii) Veränderung von Geschäftsrisikoaspekten (außer durch (i) oder (ii)),
(iv) Veränderung von Geschäfts- und Finanzrisikoaspekten (außer durch (i) oder (ii)),
(v) Veränderung von Finanzrisikoaspekten (außer durch (i) oder (ii))[1139] oder
(vi) Veränderung in der Ratingmethodik liegt, wie die Herabstufung von *Thyssen-Krupp* durch die veränderte Einbeziehung von Pensionsrückstellungen durch *S&P* im Jahr 2003 gezeigt hat.[1140]

Die Ratingänderungen werden diesen Gruppen anhand der von den Agenturen in den Dokumenten angeführten Hauptgründe zugeordnet. Die Gruppen (iii) und (v) sind dann einschlägig, wenn ausschließlich Gründe genannt werden, die Kategorien dieser Oberkategorie zuzuordnen sind, die Gruppe (iv) hingegen, wenn auch mindestens ein Grund in eine Kategorie der anderen Oberkategorie fällt. Für die Zuordnung ist es unschädlich, dass im Zuge der anschließenden Erläuterungen dieser Gründe auch einzelne Themen genannt sein können, die Kategorien der anderen Oberkategorie zuzurechnen sind. In Anhang 34 wird das Vorgehen anhand von Beispielen verdeutlicht. Es ergeben sich für *S&P* und *Moody's* folgende Häufigkeiten für die verschiedenen Auslöser der Ratingänderungen in der Stichprobe (Abbildung 20).

[1139] Vgl. Wakeman (1990), S. 411.
[1140] Vgl. Kapitel 3.2.4.4.2., insb. Fn. 516.

	S&P			*Moody's*		
	Gesamt	Herauf-stufung	Herab-stufung	Gesamt	Herauf-stufung	Herab-stufung
Unternehmenstransaktion	10	1	9	10	1	9
Kapitaltransaktion	5	1	4	2	0	2
Veränderung im Geschäftsrisiko	2	0	2	0	0	0
Veränderung im Geschäfts- und Finanzrisiko	7	3	4	13	8	5
Veränderung im Finanzrisiko	17	8	9	15	5	10
Veränderung in der Ratingmethodik	2	0	2	1	1	0
Summe	**43**	**13**	**30**	**41**	**15**	**26**

Abb. 20: Häufigkeiten der Auslöser für Ratingänderungen

Sowohl Unternehmens- als auch Kapitaltransaktionen führen i.d.R. zu einer Herabstufung des Ratings. Weiterhin fällt auf, dass Veränderungen im Geschäftsrisiko allein keine nennenswerte Rolle als Auslöser von Ratingänderungen darstellen. Vielmehr werden im Regelfall die damit verbundenen Auswirkungen im Finanzrisiko ebenfalls angeführt. Dies gilt stärker für *Moody's* als für *S&P*. Am häufigsten stellen beide Agenturen jedoch allein auf Entwicklungen im Finanzrisiko der betroffenen Unternehmen ab, um ihre Ratingmaßnahme zu begründen. Statistisch getestet wird dies im Rahmen der Prüfung von Hypothese 8 in Kapitel 5.2.2.2.1.

Mittels *Fisher-Yates*-Tests[1141] kann anknüpfend an diese Daten untersucht werden, inwieweit statistisch signifikante Unterschiede in den Häufigkeiten der Änderungsgründe zwischen den Agenturen und darüber hinaus zwischen Herauf- und Herabstufungen bestehen. Die Gegenüberstellung von *S&P* und *Moody's* ohne Differenzierung der Änderungsrichtung ergibt keinen signifikanten Unterschied (Wert nach *Fisher-Yates* = 5,131; p-Wert = 0,404). Die beiden Gründe Unternehmens- und Kapitaltransaktion sind klar definierte Ereignisse, auf die die Agenturen mit einer Rating-änderung reagieren. Hier sind weniger Abweichungen zwischen beiden Agenturen zu erwarten. Die größere Häufigkeit von Kapitaltranskationen bei *S&P* erklärt sich dadurch, dass in einigen dieser Fälle von *Moody's* keine Ratingänderungen erfolgten. Unterschiede zwischen beiden Agenturen liegen daher verstärkt bei Veränderungen des Geschäfts- oder Finanzrisikos, die aber nicht zu einem insgesamt signifikanten Testergebnis führen. Auch die weitere Differenzierung zwischen Herauf- und Herabstufung zeigt keine signifikanten Unterschiede zwischen *S&P* und *Moody's*.[1142] Wird hingegen auf Unterschiede in der Verteilung der Gründe zwischen Herauf- und Herabstufungen jeweils separat für beide Agenturen getestet, ergibt sich für *Moody's* ein signifikantes Ergebnis, nicht aber für *S&P*.[1143]

[1141] Es wird der exakte *Fisher-Yates*-Test gerechnet, da die Voraussetzung des χ^2-Tests, dass max. 20 % der absoluten Häufigkeiten unter 5 liegen, nicht erfüllt ist. Vgl. dazu Kapitel 5.2.1.2.2.1., insb. Fn. 1005. Vgl. auch Bortz/Lienert (2003), S. 82-86; Hartung (2005), S. 414-416.

[1142] Ergebnis des *Fisher-Yates*-Test für: Heraufstufungen: 4,849 (p-Wert = 0,238); Herabstufungen: 3,909 (0,619).

[1143] Ergebnis des *Fisher-Yates*-Test für: *S&P*: 5,789 (p-Wert = 0,289); *Moody's*: 8,744 (0,037).

5.2.2.2. Konfirmatorische Analyse

5.2.2.2.1. Veränderungen im Finanzrisiko als Auslöser

Die These von *Wakeman*, dass mehr als zwei Drittel der Ratingänderungen, die nicht auf eine Unternehmens- oder Kapitaltransaktion zurückgehen, mit Veränderungen finanzieller Risikoaspekte von den Agenturen begründet werden (Hypothese 8), soll auf Basis der vorliegenden Daten für deutsche, österreichische und schweizer Unternehmen statistisch geprüft werden. Dazu wird auf die in Kapitel 5.2.2.1. eingeführte Differenzierung der Hauptgründe der Ratingänderungen zurückgegriffen und speziell auf die Fälle von Änderungen im Geschäfts- oder Finanzrisiko oder der Ratingmethodik abgestellt (*S&P*: 28 Fälle; *Moody's*: 29 Fälle). Die Herauf- oder Herabstufungen wegen Unternehmens- oder Kapitaltransaktionen sind also ausgeklammert.

Aus Abbildung 20 ist ersichtlich, dass bei Ratingänderungen von *S&P* mit 61 % der Fälle (17 von 28) deutlich häufiger allein auf Finanzrisikoaspekte abgestellt wird als bei *Moody's* mit 52 % (15 von 29). *Moody's* betrachtet deutlich stärker als *S&P* neben Finanz- auch Geschäftsrisikoaspekte als Auslöser von Ratingänderungen (44,8 % bzw. 13 von 29 Fällen vs. 25 % bzw. 7 von 28 Fällen). Veränderungen des Geschäftsrisikos allein spielen bei beiden Agenturen hingegen keine nennenswerte Rolle. Hypothese 8 wird auf Basis dieser Daten anhand eines χ^2-Anpassungstests geprüft. Er ergibt, dass auf dem 5 %-Niveau für *S&P* und *Moody's*, trotz des dort deutlichen niedrigeren Anteils, die Hypothese nicht abzulehnen ist, dass der Anteil der Ratingänderungen wegen Finanzrisikoaspekten mindestens zwei Drittel beträgt.[1144] Für die hier betrachtete Stichprobe von Ratingänderungen finden sich damit Ergebnisse, die mit denen *Wakemans* für US-amerikanische Daten im Einklang stehen.

5.2.2.2.2. Zeitpunkte der Bekanntgabe

Weiterhin soll bezüglich der Ratingänderungen gemäß Hypothese 9 untersucht werden, wie ihre Bekanntgabezeitpunkte im Vergleich zu den Veröffentlichungsterminen von Abschlussinformationen der betreffenden Unternehmen liegen. Hierzu wird ebenfalls ausschließlich auf Ratingänderungen abgestellt, die auf Veränderungen des Geschäfts- oder Finanzrisikos oder der Ratingmethodik zurückgehen. Folgende Konkretisierungen und Anpassungen an aktuelle Verhältnisse werden gegenüber *Wakeman* vorgenommen. Erstens ist zu berücksichtigen, dass die Agenturen Überwachungslisten eingeführt haben, die es zur Zeit der Veröffentlichung von *Wakeman* noch nicht gab. Marktteilnehmer werden dadurch schon vor der endgültigen Ratingänderung über die Aufnahme eines Überprüfungsprozesses des bisherigen Ratings und u.U. die potentielle Änderungsrichtung informiert. Nicht jeder Ratingänderung geht eine Überwachungslistenaufnahme voraus.[1145] Falls dies für Ratingänderungen in der Stichprobe aber der Fall war, wird auch dieser Zeitpunkt berücksichtigt. Zweitens werden neben

[1144] χ^2-Anpassungstest für Alternativdaten mit Kontinuitätskorrektur bei einem df und einseitiger Fragestellung: *S&P*: χ^2-Wert = 0,218 (p-Wert = 0,320); *Moody's*: χ^2-Wert = 2,280 (0,066).

[1145] Vgl. z.B. Steiner/Heinke (2001), S. 146.

den Geschäftsberichten, auf die sich *Wakeman* ausschließlich bezog, auch Quartalsabschlüsse berücksichtigt. Diese stellen eine wichtige Informationsgrundlage der laufenden Ratingüberwachung dar.[1146] Da die exakten Veröffentlichungszeitpunkte der Abschlussinformationen durch die einzelnen Unternehmen nicht beschaffbar waren, wird drittens auf durchschnittliche Veröffentlichungsfristen von Unternehmen in Deutschland, Österreich und der Schweiz abgestellt. Angesichts empirischer Ergebnisse der jüngeren Vergangenheit wird eine durchschnittliche Veröffentlichungsfrist von 60 Tagen für den Jahresabschluss bzw. Geschäftsbericht[1147] und 45 Tagen für Quartalsabschlüsse[1148] nach dem entsprechenden Stichtag unterstellt. Die wichtigsten deskriptiven Statistiken der Auswertung enthält Abbildung 21, Details finden sich in Anhang 35.

	Datum der Ratingänderung (RÄ)				**Berücksichtigung des Datums einer evtl. vorherigen Überwachungslistenaufnahme (ÜLA)***			
	Δ Datum RÄ zu GJ-Ende + 60 Tage		**Min (Δ Datum RÄ zu GJ-Ende + 60 Tage, Q1-Ende + 45 Tage, Q2-Ende + 45 Tage oder Q3-Ende + 45 Tage) > 0**		**Δ Datum ÜLA zu GJ-Ende + 60 Tage**		**Min (Δ Datum ÜLA zu GJ-Ende + 60 Tage, Q1-Ende + 45 Tage, Q2-Ende + 45 Tage oder Q3-Ende + 45 Tage) > 0**	
	S&P	***Moody's***	***S&P***	***Moody's***	***S&P***	***Moody's***	***S&P***	***Moody's***
Ø (Tage):	114,8	125,2	44,5	37,0	150,2	140,1	48,2	37,1
Min (Tage):	3	3	3	0	3	2	3	0
Max (Tage):	318	318	85	89	363	362	103	102
Std (Tage):	91,2	99,3	24,4	23,7	121,5	113,2	29,2	30,9
* In Fällen, in denen keine vorherige Überwachungslistenaufnahme erfolgte, wurde das Datum der Ratingänderung herangezogen.								

Abb. 21: Deskriptive Statistik des Vergleichs der Veröffentlichungsdaten von Ratingänderungen und Abschlussinformationen

Die Ergebnisse zeigen, dass Ratingänderungen im Durchschnitt von *S&P* 115 Tage und von *Moody's* sogar 125 Tage nach dem angenommenen Veröffentlichungstermin des Geschäftsberichts bekanntgegeben wurden. Das erscheint ein sehr langer Zeitraum für eine Ratingüberprüfung anhand von Informationen des Geschäftsberichts. Unter zusätzlicher Berücksichtigung von Quartalsberichten und der Auswahl der jeweils minimalen Zeitspanne nach der Veröffentlichung des Geschäftsberichts oder eines der drei Quartalsberichte sinkt der Durchschnittswert bei *S&P* auf 44 Tage und bei *Moody's* auf 37 Tage. Allerdings weisen die durchgängig sehr großen Spannbreiten und insbesondere sehr hohen Werte der Standardabweichungen darauf hin, dass keine Ballung von Ratingänderungen, die nicht aufgrund von Unternehmens- oder Kapitaltrans-

1146 Vgl. z.B. Heinke (1998), S. 34.

1147 *KPMG* findet in einer Studie für das Jahr 2001 für Deutschland eine durchschnittliche Veröffentlichungsfrist des Geschäftsberichts von 74 Tagen nach Geschäftsjahresende, für die Schweiz dagegen von 55 Tagen. Vgl. KPMG (2002), S. 9. *Küting/Weber/Boecker* ermitteln für das Jahr 2002, dass knapp 70 % der DAX 30-Unternehmen innerhalb von 60 Tagen nach Geschäftsjahresende den Geschäftsbericht veröffentlichen. Vgl. Küting/Weber/Boecker (2004), S. 9f.

1148 *Rothfuss* ermittelt in einer empirischen Erhebung für das Jahr 2001, dass zwei Drittel der von ihm betrachteten deutschen Unternehmen ihre Quartalsberichte innerhalb von 45 Tagen nach Quartalsende veröffentlicht haben. Vgl. Rothfuss (2005), S. 198f.

aktionen erfolgt sind, kurz nach Veröffentlichungsterminen von Abschlussinformationen der betroffenen Unternehmen zu verzeichnen ist. Werden des Weiteren die Zeitpunkte von u.U. vorangegangenen Überwachungslistenaufnahmen berücksichtigt, ändert sich an diesem Befund grundsätzlich nichts. Vielmehr vergrößern sich wider Erwarten die Durchschnittswerte, die Spannbreiten und auch die Standardabweichungen merklich und zwar für beide Agenturen gleichermaßen. Diese Resultate stehen im Widerspruch zu denen von *Wakeman*.

Die hier gefundenen Ergebnisse könnten jedoch durch die Annahmen bezüglich der Veröffentlichungsfristen beeinflusst worden sein. So zeigen sich in der detaillierten Aufstellung in Anhang 35 einige Fälle, in denen die Ratingänderung nur wenige Tage vor einem unterstellten Veröffentlichungstermin bekannt gegeben wurde. Werden daher in Fällen von bis zu 14 Tagen Vorlauf der Ratingänderung vereinfacht unterstellt, die Abschlussinformationen wären zu diesem Datum veröffentlicht worden bzw. den Ratingagenturen bereits bekannt, dann sinken die Durchschnittswerte bezogen auf das Datum der Ratingänderung bei *S&P* (*Moody's*) auf 26 (31) Tage bzw. unter Berücksichtigung von Aufnahmen in die Überwachungsliste auf 27 (27) Tage. Die Spannbreiten und Standardabweichungen bleiben aber mit Werten zwischen 64 und 97 bzw. 21,67 und 25,15 recht hoch. Auch weiterhin zeigt sich nicht die von *Wakeman* angeführte Ballung von Ratingänderungen kurz nach Veröffentlichungsterminen von Finanzdaten. Hypothese 9 wird daher verworfen.

Das könnte darauf zurückgehen, dass *Wakeman* in seiner Untersuchung US-Daten zugrunde gelegt hat, hier jedoch andere Länder betrachtet wurden. Wahrscheinlicher ist jedoch eine geänderte Vorgehensweise der Agenturen im Vergleich zu der Zeit der Untersuchung von *Wakeman*. Sie scheinen mit ihren Ratingänderungen nicht mehr überwiegend auf bereits veröffentlichte Finanzinformationen der Unternehmen zu reagieren, obwohl sie in ihren Ratingänderungsbegründungen häufig über veränderte Finanzkennzahlen argumentieren. Das deutet auf einen eigenständigen Informationsgehalt von Ratingänderungen, der sich empirisch v.a. für Herabstufungen in Ereignisstudien gezeigt hat.[1149] Diese Ergebnisse können allerdings nur schwache Hinweise zum Informationswert von Ratingänderungen geben und sollten in diesem Punkt nicht überbewertet werden. So könnten die festgestellten zeitlichen Unterschiede darauf zurückgehen, dass die Agenturen nach Erhalt von Informationen für die Ratingüberprüfung bei verschiedenen Unternehmen unterschiedlich lange brauchen. Zudem kann aus einer zeitlichen Nähe zwischen der Veröffentlichung von Abschlussinformationen und Bekanntgabe einer Ratingänderung genauso wenig darauf geschlossen werden, dass die Agenturen dafür vorrangig auf diese Informationen abgestellt haben, wie durch eine zeitliche Ferne nicht ausgeschlossen werden kann, dass sie zu einem großen Teil auf solche Informationen abstellen.

[1149] Vgl. dazu Kapitel 2.4.1., insb. Fn. 172 m.w.N.

5.3. Grenzen der Untersuchung

Bereits in den Ausführungen zu Aufbau und Ergebnissen der Untersuchung wurden mehrere kritische Punkte aufgezeigt und verdeutlicht, welche Maßnahmen ergriffen wurden, um deren Einflüsse so gering wie möglich zu halten. In diesem Kapitel sollen diese und weitere Grenzen der Untersuchung, vor deren Hintergrund die gefundenen Ergebnisse zu interpretieren sind, gebündelt dargestellt werden.

Die grundlegende Annahme der inhaltsanalytischen Untersuchung ist, dass sich die für ein Rating entscheidenden Kriterien in gewissem Umfang in den ausgewerteten Ratingbegründungen wiederfinden. Die Anführung nicht relevanter Punkte in den Dokumenten bzw. deren künstliche Aufblähung wurde ausgeschlossen, ihr Inhalt folglich als Untergrenze der für das Rating relevanten Aspekte betrachtet. Diese Annahme wurde bei der Erläuterung der Methodenwahl und des Untersuchungsaufbaus bereits umfassend diskutiert und als tragfähig erachtet.[1150]

Es wurden nur solche Unternehmen einbezogen, die von beiden Agenturen geratet waren und für die von beiden jeweils mindestens eine Ratingbegründung verfügbar war. Sämtliche 62 Unternehmen, für die das zutraf, waren in der Untersuchung enthalten, so dass in dieser Hinsicht eine Vollerhebung durchgeführt wurde. Es ist aber fraglich, inwieweit diese Datenbasis repräsentativ für die Grundgesamtheit der 113 von einer der Agenturen gerateten Unternehmen aus Deutschland, Österreich und der Schweiz ist. Die Repräsentativität erscheint im Wesentlichen aus zwei Gründen gewährleistet zu sein. Zum einen umfasst die Stichprobe über 55 % der Unternehmen dieser Grundgesamtheit. Zum anderen haben statistische Tests gezeigt, dass die Zusammensetzung der Stichproben die der Grundgesamtheit z.B. im Hinblick auf die Ratingklassen und Branchenzugehörigkeiten in hohem Maße widerspiegelt.

Die heterogene Zusammensetzung der Datenbasis bezüglich dieser beiden Merkmale könnte allerdings die Ergebnisse beeinflusst haben. Potentielle Auswirkungen auf den Vergleich zwischen beiden Agenturen wurden dadurch entschärft, dass abgeglichene Stichproben verwendet wurden. Weiteren Einflüssen beider Faktoren wurde im Rahmen separater Sensitivitätsanalysen nachgegangen. Es zeigten sich vereinzelte signifikante Unterschiede zwischen den Gruppen. Die Befunde haben sich aber sowohl über Ratingklassen als auch über Branchen hinweg als robust erwiesen. Allerdings war für jeden Faktor nur eine Differenzierung in zwei Gruppen möglich, um bei der verfügbaren Datenbasis ausreichende Gruppengrößen für die statistischen Tests zu gewährleisten. Weiterhin haben sich vereinzelte Interdependenzen zwischen den beiden potentiellen Einflussfaktoren angedeutet. Diesen konnte mit den univariaten Sensitivitätsanalysen jedoch nicht weiter nachgegangen werden.

Ferner ist die Gefahr verzerrender Einflüsse durch verschiedene Veröffentlichungszeitpunkte der Dokumente über den zweijährigen Betrachtungszeitraum zu erwähnen.

[1150] Vgl. Kapitel 4.4.1. und 4.5.

Einer zeitlich stärkeren Eingrenzung standen Datenverfügbarkeitsgründe entgegen. Dieser Umstand erscheint aber als eher unproblematisch, denn es wurden potentiell verzerrende Entwicklungen bei der Wahl des Zeitraums beachtet.[1151] Außerdem hat eine Sensitivitätsanalyse bezüglich des zugrunde gelegten Zeitraums die hohe Zeitstabilität der Befunde verdeutlicht. Die zeitliche Differenz der verglichenen Untersuchungszeiträume war angesichts der meist noch kurzen Ratinghistorie der Unternehmen mit ca. zwei Jahren relativ klein. Dieser Analyse lag daher eine verringerte Datenbasis zugrunde. Das gilt ebenso für die Sensitivitätsanalyse zur geographischen Herkunft, die für eine Teilstichprobe eine Gegenüberstellung mit US-amerikanischen Vergleichsunternehmen angestellt hat. Beide Teilstichproben gehen auf eine bewusste Auswahl zurück. Es wurden jedoch im Hinblick auf Ratingklassen und Branchen abgeglichene Stichproben gebildet und auf ausgewogene Zusammensetzungen geachtet, um für beide potentiellen Einflussfaktoren zu kontrollieren.

Um die Gefahr subjektiver Einflüsse auf die Kategorienentwicklung und die Kodierung zu vermeiden, wurde der Validität und Reliabilität große Aufmerksamkeit gewidmet. Die Überprüfungen haben gezeigt, dass sie in hohem Maße gesichert sind.[1152] Trotzdem sind vereinzelte Fälle möglich, in denen Kategorien nicht ausreichend trennscharf waren oder die Zuordnung nicht völlig intersubjektiv nachvollziehbar war.

Die ausgewerteten Ratingbegründungen sind außerdem in englischer Sprache verfasst, das Kategoriensystem hingegen in Deutsch. Der Verfasser und die Zweitkodierer verfügen zwar über sehr gute und auch fachspezifische Englischkenntnisse, sprechen aber alle Deutsch als Muttersprache. Um verzerrende Einflüsse durch Sprachbarrieren so weit wie möglich zu vermeiden, wurde auch auf diesen Aspekt große Sorgfalt bei der Kodierung der Dokumente gelegt. Darüber hinaus wurden z.B. für die Beispiele im Codebuch Textpassagen in Englisch herangezogen.

Es ist auch zu bedenken, dass mit einer Inhaltsanalyse eine Reduktion der Texte und ein gewisser Informationsverlust verbunden sind. Die Erhebung berücksichtigt nur das, was durch das Kategoriensystem erfasst werden kann, und nur darauf beziehen sich die Ergebnisse.[1153] Das Kategoriensystem in dieser Arbeit fokussiert den inhaltlichen Aspekt als relevante Bedeutungsdimension der Kodiereinheiten. Weitere Dimensionen wie eine Bewertungsrichtung oder sogar -intensität wurden ebenso wie ein unterschiedlicher Zeitbezug vernachlässigt. Es ist aber denkbar, dass z.B. mit einer bestimmten Wertung oder einem Zukunftsbezug in der Ausführung eine höhere Wichtigkeit des angesprochenen Kriteriums für das Rating einhergeht. Weitere Dimensionen lassen aber die Komplexität des Kategoriensystems stark steigen und machen eine statistische Auswertung sehr viel schwieriger. Da in dieser Arbeit der inhaltliche Aspekt der Ratingkriterien zentral war und ein sehr differenziertes Kategoriensystem verwendet wurde, unterblieb die Erfassung weiterer Dimensionen.

[1151] Vgl. Kapitel 5.1.3.

[1152] Vgl. Kapitel 5.1.4. und 5.1.5.

[1153] Vgl. Früh (2001), S. 128.

Zudem wurde die Wichtigkeit der in den Dokumenten identifizierten Kriterien für das Zustandekommen des Ratings über die relativen Nennungshäufigkeiten und Coverage-Werte der Kategorien gemessen, denen sie zugeordnet wurden.[1154] Auch diese zentrale Annahme wurde in Kapitel 5.1. bereits beleuchtet und als tragfähig eingestuft. Für vereinzelte Aspekte sind relative Nennungshäufigkeiten allerdings kein guter Anhaltspunkt für ihre Wichtigkeit, da ihre Erwähnung nur dann zu erwarten ist, wenn sie für das betreffende Unternehmen überhaupt relevant sind.[1155] Das gilt z.B. für Rechtsrisiken oder die Analyse konzerneigener Finanzierungssparten. Gerade vor diesem Hintergrund wurden für solche Kriterien keine eigenen Kategorien gebildet, so dass sie nur in den Auffangkategorien erfasst wurden.

Auf die einzelnen Dokumente können des Weiteren unterschiedlich viele Nennungen einer Kategorie zurückgehen, was zu gewissen Verzerrungseffekten in den Ergebnissen geführt haben könnte. Wie erwähnt, sollten die zusätzliche Berücksichtigung der Werte der Kenngrößen Coverage und relativer standardisierter Differenz (RSD) sowie die Durchführung von χ^2-Tests und U-Tests solche Effekte aufdecken. Der tendenzielle Gleichklang der Ergebnisse der unterschiedlichen Analyseansätze lässt vermuten, dass keine wesentlichen Verzerrungseffekte zu verzeichnen sind. Sie sind dennoch nicht völlig ausgeschlossen.

Bei der Inhaltsanalyse von Ratingänderungsbegründungen kommen spezielle Grenzen hinzu. Zum einen besteht die Datenbasis aus deutlich mehr Ratingherabstufungen als -heraufstufungen. Das ist allerdings auch in der Grundgesamtheit der Ratingänderungen gegeben und ebenso in anderen empirischen Studien zu beobachten.[1156] Die Repräsentativität der Datenbasis ist in dieser Hinsicht also gewährleistet. Sie zeigt sich auch darin, dass ca. 70 % der Unternehmen der Grundgesamtheit, die im Untersuchungszeitraum eine Ratingänderung zu verzeichnen hatten, darin enthalten sind. Da angesichts der Kürze der Dokumente Mehrfachnennungen einer Kategorie und damit relative Nennungshäufigkeiten in den einzelnen Dokumenten vernachlässigt wurden, ließen sich nur begrenzte Analysen durchführen. Beim Vergleich der Termine der Ratingänderungen mit den Veröffentlichungszeitpunkten von Rechnungslegungsinformationen wurden für letztgenannte Typisierungen mittels der durchschnittlichen Zeitdauer vom Abschlussstichtag bis zur Veröffentlichung vorgenommen. Das könnte zu pauschal und damit verzerrend gewesen sein.

Bezüglich der Grenzen der Ratingreplikationsmodelle kann auf Kapitel 4.2.3. verwiesen werden. Durch den Rückgriff auf die Schlüsselkennzahlen der Agenturen konnten allerdings zwei wichtige dort angeführte Kritikpunkte an bisherigen Modellen dieser Art gemildert werden. Zum einen erfolgte dadurch eine fundierte Auswahl der Erklärungsvariablen und zum anderen wurden die Ausprägungen der Kennzahlen inklusive aller analytischen Anpassungen der Agenturen verwendet. Es sind aber folgende spe-

[1154] Vgl. ausführlich Kapitel 4.4.
[1155] Vgl. ähnlich Kamp (1998), S. 110.
[1156] Vgl. Kapitel 5.1.3., insb. Fn. 911 m.w.N.

ziellen Grenzen der hier aufgestellten Modelle zu nennen. Je nach Datenverfügbarkeit und Länge der Ratinghistorie können zwischen ein und drei Firmenjahre der Unternehmen in die Datenbasis eingeflossen sein, so dass ihnen unterschiedliche Anteile daran zukommen können. Mögliche Verzerrungen der Ergebnisse wurden nicht weiter geprüft. Die Ausprägungen der Schlüsselkennzahlen aus den Ratingbegründungen können zudem für verschiedene Unternehmen in Nuancen anders definiert oder anders angepasst worden sein. Bei der Bestimmung der nicht angepassten Ausprägungen dieser Kennzahlen aus publizierten Finanzdaten wurden die Werte für Unternehmen, die nicht in der Datenbank *Datastream* verfügbar waren, vom Verfasser in Anlehnung an die dortigen Kennzahlendefinition aus deren Abschlüssen errechnet. Es verbleibt eine gewisse Unsicherheit, ob auf diese Weise völlig vergleichbare Werte ermittelt werden konnten. Schließlich wurden die Klassifikationsleistungen der Modelle nur anhand der Schätzstichprobe geprüft, da die schmale Datenbasis keine Zurückhaltung einer Validierungsstichprobe erlaubt hat.

5.4. Fazit

In diesem Kapitel wurden Ergebnisse zu wichtigen Determinanten von Ratingurteilen und deren Änderungen präsentiert, die auf Basis einer inhaltsanalytischen Auswertung in Form einer Themenfrequenzanalyse der von *S&P* und *Moody's* verfassten Rating- und Ratingänderungsbegründungen gewonnen und einer umfangreichen Sensitivitätsanalyse unterzogen wurden. Die Untersuchung diente neben explorativen Erkenntniszielen auch dem Hypothesentest. Ihr lagen 124 Ratingbegründungen und 84 Ratingänderungsbegründungen für eine repräsentative und abgeglichene Stichprobe von 62 Unternehmen aus Deutschland, Österreich und der Schweiz zugrunde, die über ein Rating von *S&P* und von *Moody's* verfügen. Das mehrstufige Kategoriensystem orientierte sich an der Kriterienhierarchie der Ratinganalyse und wurde auf Basis von Quellen der Agenturen und der Literatur fundiert.

Es hat sich gezeigt, dass die Ausführlichkeit der Ratingbegründungen bei beiden Agenturen positiv mit der Größe (Hypothese 1) und bei *Moody's* auch mit der Ratingklasse (Hypothese 2) der Unternehmen zusammenhängt. Eine Sensitivitätsanalyse im Hinblick auf den Untersuchungszeitraum hat zudem offenbart, dass Ratingbegründungen der Jahre 2004 und 2005 bei dieser Agentur merklich ausführlicher sind als solche der Jahre 2002 und 2003. Die Entwicklung fällt zusammen mit den IOSCO-Vorgaben für eine bessere Erläuterung von Ratingentscheidungen gegenüber Emittenten. Ein kausaler Zusammenhang kann daraus aber nicht abgeleitet werden.

Zwischen *S&P* und *Moody's* besteht eine hohe Vergleichbarkeit der insgesamt in den Dokumenten angesprochenen Themen. Es ließen sich keine Kategorien feststellen, die von einer Agentur starke Beachtung finden, während sie von der anderen (fast) völlig vernachlässigt werden (Hypothese 3a). Durch die Analyse der relativen Nennungshäufigkeiten und Coverage-Werte der Kategorien konnte ein gemeinsamer Kern an Ratingkriterien für beide Agenturen identifiziert werden. Dabei handelt es sich um die sieben Kategorien *Wettbewerbssituation*, *Marktposition*, *Produktdiversifikation/Ge-*

schäftsfelder, *Absatz/Kunden*, *Finanzpolitik*, *Cash Flows* und *externe Liquiditätsquellen*, die sich jeweils unter den zehn wichtigsten Kategorien für beide Agenturen finden. Bei *S&P* zählen dazu weiterhin *Absatz/Wachstumsaussichten*, *geographische Diversifikation* sowie *Kapitalbedarf/Auszahlungserfordernisse*, bei *Moody's* demgegenüber *Kostensituation/Effizienz*, *Planungen/Strategien* sowie *Corporate Governance/IKS*. Auf die zehn wichtigsten Kategorien entfallen bei *S&P* 39 % und bei *Moody's* 44 % aller Kodierungen. Insgesamt zeigen die Ergebnisse für beide Agenturen, noch ausgeprägter aber für *Moody's*, die hohe Bedeutung auch vielfältiger qualitativer Aspekte für die Ratinganalyse.

Für mehrere Kategorien haben sich in χ^2- und U-Tests auch signifikante Unterschiede zwischen den Agenturen gezeigt. Das gilt v.a. für solche in den Hauptkategorien *Branchenrisiko, Qualität der Rechnungslegung*, *Kapitalstruktur/Vermögensschutz* und *Managementqualität*, von denen *S&P* fast durchgängig diejenigen der ersten drei Hauptkategorien stärker gewichtet, während das bei *Moody's* für diejenigen der letztgenannten gilt. Auch insgesamt unterscheiden sich die Gewichtungen dieser Hauptkategorien signifikant. Die Ergebnisse des χ^2-Tests und einer ergänzenden Clusteranalyse legen nahe, dass sich die Verteilungen der relativen Nennungshäufigkeiten auch über sämtliche Kategorien zusammen betrachtet für beide Agenturen signifikant unterscheiden (Hypothese 3b).

Zu sämtlichen Themennennungen in den Ratingbegründungen sind auch Bezüge in den Kriterienkatalogen der Agenturen zu finden, so dass erwartungsgemäß keine nicht-kommunizierten Kriterien festzustellen waren (Hypothese 4). Die Ratingbegründungen von *Moody's* ließen einen Katalog regelmäßig analysierter Kennzahlen erkennen, die als Schlüsselkennzahlen interpretiert werden können, sich aber mehrheitlich von denen von *S&P* unterscheiden. Die jeweiligen Schlüsselkennzahlen stellen bei beiden Agenturen die bevorzugt herangezogenen Kennzahlen der Finanzrisikoanalyse dar. In den Ratingbegründungen finden sich zumeist tabellarische Übersichten mit der mehrjährigen Historie der Ausprägungen von (Schlüssel-)Kenn-zahlen. Allerdings werden in den verbalen Erläuterungen nicht sämtliche, sondern nur ausgewählte davon adressiert (Hypothese 5a und 5b). Weiterhin finden sich entgegen verbreiteter empirischer Ergebnisse deutlich mehr Ausführungen zu Cash Flow-basierten als gewinnbasierten Kennzahlen in den Dokumenten (Hypothese 6). Auch das Thema Pensionsverpflichtungen spielt darin, entgegen bisher z.T. negativer empirischer Befunde, eine Rolle, v.a. bei *S&P* (Hypothese 7).

Durch Sensitivitätsanalysen wurden sowohl die Ergebnisse zu den Gewichten der Kategorien für jede der beiden Agenturen als auch zu den Gemeinsamkeiten und Unterschiede zwischen ihnen auf Robustheit über verschiedene Branchengruppen, Ratingklassen und geographische Herkünfte der Unternehmen sowie Untersuchungszeiträume hinweg geprüft. Aus Gründen der Datenverfügbarkeit konnten nur univariate Sensitivitätsanalysen und grobe Differenzierungen in jeweils zwei Vergleichsgruppen durchgeführt werden. Es waren zwar Einflüsse der Branchenzugehörigkeit, Ratingklasse und geographischen Herkunft auf die Gewichte einiger weniger Kategorien und auch die Verteilungen der relativen Nennungshäufigkeiten über alle Kategorien festzustellen, die wesentlichen Befunde blieben aber durchweg erhalten. Des Weiteren hat sich bei der Gegenüberstellung verschiedener Untersuchungszeiträume ihre Zeitstabilität gezeigt. Allerdings konnten die für deutsche, österreichische und schweizer Unternehmen gefundenen signifikanten Unterschiede zwischen beiden Agenturen für eine Vergleichsgruppe US-amerikanischer Unternehmen in der Sensitivitätsanalyse nach der geographischen Herkunft nicht bestätigt werden.

Die in den tabellarischen Übersichten der Ratingbegründungen angeführten quantitativen Angaben zu den Schlüsselkennzahlen bildeten die Grundlage für univariate Korrelationsanalysen und multivariate Replikationsmodelle der Ratings beider Agenturen. Durch die derart fundierte Wahl der Erklärungsvariablen und die Nutzung der Ausprägungen dieser Kennzahlen inkl. sämtlicher analytischer Anpassungen der Agenturen bot sich die Möglichkeit, zwei wichtige Kritikpunkte an solchen Ratingreplikationsstudien zu mildern. Trotz des Abstellens auf die Schlüsselkennzahlen der Agenturen erzielten die Modelle mit Klassifikationsleistungen von 65-70 % im Vergleich zu denen der Literatur aber keine besseren Ergebnisse, was die Relevanz qualitativer Faktoren für das Rating nochmals herausstreicht. Sowohl durch Berücksichtigung einer Indikator-Variablen als auch durch separate Modelle für die in der Sensitivitätsanalyse der Inhaltsanalyse unterschiedenen Branchengruppen ließen sich Brancheneinflüsse feststellen. Eine weitere Modellvariante, bei der die Werte der Erklärungsvariablen aus publizierten Finanzdaten berechnet wurden, zeigte eine merklich gesunkene Modellgüte und Klassifikationsleistung gegenüber einem identischen Modell, in das die Werte inkl. der analytischen Anpassungen der Agenturen einflossen, was die Relevanz dieser Anpassungen verdeutlicht.

Die Inhaltsanalyse von Ratingänderungsbegründungen hat gezeigt, dass auch in diesen Dokumenten vorrangig die obigen Kernkriterien angeführt werden. Durch die notwendige Vernachlässigung von Mehrfachnennungen bei der Kodierung waren die Analysemöglichkeiten begrenzt. Auf Hauptkategorienebene fanden sich anders als bei Ratingbegründungen keine signifikanten Unterschiede zwischen den Agenturen. Ratingänderungen, die nicht auf Unternehmens- oder Kapitaltransaktionen zurückgehen, werden mehrheitlich mit Veränderungen im Finanz-, nicht im Geschäftsrisiko begründet (Hypothese 8). Eine vermutete zeitliche Nähe der Bekanntgabe der Ratingaktionen zu Veröffentlichungszeitpunkten von Finanzdaten war nicht zu finden (Hypothese 9). Abbildung 22 fasst die Ergebnisse der Hypothesentests zusammen.

Schließlich wurden die Grenzen der durchgeführten Untersuchungen, die bei der Ergebnisinterpretation zu bedenken sind, diskutiert. Zwei wesentliche Annahmen des inhaltsanalytischen Ansatzes sollen nochmals hervorgehoben werden. Zum einen wurde unterstellt, dass in den Ratingbegründungen Kriterien angeführt werden, die für das Ratingurteil tatsächlich relevant sind. Zum anderen wurde durch die Verwendung der Themenfrequenzanalyse die Wichtigkeit der in den Dokumenten identifizierten Kriterien für das Rating vereinfachend über die (relativen) Nennungshäufigkeiten und Coverage-Werte der Kategorien approximiert, denen sie zugeordnet wurden. Die Inhaltsanalyse von Ratingbegründungen hat sich zur Untersuchung von Ratingdeterminanten trotz der angeführten Grenzen als fruchtbar erwiesen und die bisherige empirische Ratingforschung um interessante Erkenntnisse ergänzt bzw. erweitert. Anknüpfungspunkte für weitere Forschungsbemühungen könnten z.B. differenziertere Sensitivitätsanalysen oder die Berücksichtigung weiterer Dimensionen der Kodiereinheiten wie die Bewertung oder der Zeitbezug des angesprochenen Ratingkriteriums sein.

Nr.	Hypothese	Kapitel	Ergebnis
1	*Es besteht ein Zusammenhang zwischen der Größe des Unternehmens und der Ausführlichkeit der zugehörigen Ratingbegründung.*	5.2.1.1.2.1.	*S&P* und *Moody's*: Nicht zu verwerfen
2	*Es besteht ein Zusammenhang zwischen der Ratingklasse des Unternehmens und der Ausführlichkeit der zugehörigen Ratingbegründung.*	5.2.1.1.2.2.	*S&P*: Ablehnung *Moody's*: Nicht zu verwerfen
3a	*S&P und Moody's stellen in ihren Ratingbegründungen auf die gleichen Kriterien ab.*	5.2.1.2.2.1.	Nicht zu verwerfen
3b	*Die Gewichtung der Kriterien in den Ratingbegründungen von S&P und Moody's ist vergleichbar.*	5.2.1.2.2.1.	Ablehnung
4	*In den Ratingbegründungen finden sich keine Kriterien, die in den publizierten Kriterienkatalogen der Agenturen nicht erwähnt sind.*	5.2.1.2.2.2.	*S&P* und *Moody's*: Nicht zu verwerfen
5	*In den Ratingbegründungen werden in der Finanzrisikoanalyse stets sämtliche Schlüsselkennzahlen berücksichtigt.*	5.2.1.2.2.3.	*S&P* und *Moody's*: Ablehnung
6	*In den Ratingbegründungen wird mehr auf Cash Flow- als auf gewinnbasierte Kennzahlen abgestellt.*	5.2.1.2.2.4.	*S&P und Moodys*: Nicht zu verwerfen
7	*Das Thema Pensionsverpflichtungen wird in Ratingbegründungen von Unternehmen mit Pensionsplänen explizit angesprochen.*	5.2.1.2.2.5.	*S&P*: Nicht zu verwerfen *Moody's*: Ablehnung
8	*Bei Ratingänderungen, die nicht auf Kapital- oder Unternehmenstransaktionen zurückzuführen sind, wird in der Mehrzahl der Begründungen ausschließlich auf Veränderungen quantitativer Aspekte des Finanzrisikos abgestellt.*	5.2.2.2.1.	*S&P und Moody's*: Nicht zu verwerfen
9	*Die Veröffentlichungstermine von Ratingänderungen, die nicht auf Kapital- oder Unternehmenstransaktionen zurückzuführen sind, liegen in der Mehrzahl zeitlich nahe nach Veröffentlichungen von Abschlussinformationen durch das betreffende Unternehmen.*	5.2.2.2.2.	*S&P* und *Moody's*: Ablehnung

Abb. 22: Übersicht über die erzielten Ergebnisse zu den Untersuchungshypothesen

6. Befragung von gerateten Unternehmen aus Deutschland, Österreich und der Schweiz

6.1. Ziele und Aufbau der Untersuchung

6.1.1. Erkenntnisziele

Die folgende Befragung dient zwei Erkenntniszielen. (i) Erstens soll sie Ansichten und Erfahrungen gerateter Unternehmen zum Ratingprozess von *S&P* und *Moody's* aufzeigen. Die in Kapitel 5. durchgeführte Inhaltsanalyse konnte dazu keine Einsichten liefern. Die empirische Untersuchung soll insoweit ergänzt werden. (ii) Zweitens sollen die Einschätzungen der gerateten Unternehmen erhoben werden, wie wichtig verschiedene Analysekriterien bzw. -bereiche für die Ratings der beiden Agenturen sind. Dieses Fremdbild der Ratinganalyse soll dem in den Ratingdokumenten zum Ausdruck gebrachten und durch die Inhaltsanalyse untersuchten Eigenbild der Agenturen vergleichend gegenübergestellt werden.

Ad (i) Für das erste Ziel interessieren folgende Aspekte.[1157] Angesichts der stetig steigenden Zahl gerateter Unternehmen in Deutschland, Österreich und der Schweiz wird untersucht, welche Gründe für die Ratingbeantragung relevant sind.[1158] Als mögliche Motive sind v.a. die in Kapitel 2.3. aufgezeigten Funktionen eines Ratings für Emittenten zu sehen. In diesem Zusammenhang soll auch analysiert werden, ob sich Unterschiede in der Bedeutung der verschiedenen Motive bspw. in Abhängigkeit der Unternehmensgröße oder einer Börsennotierung zeigen. Zum Beispiel sind kleinere oder nicht börsennotierte Unternehmen i.d.R. stärker von Bankkrediten abhängig.[1159] Für sie könnte es daher bedeutsamer sein, durch ein externes Rating eine Verbesserung ihrer Verhandlungsposition gegenüber Banken anzustreben.[1160] Weiterhin könnte ein Rating für solche Unternehmen eine ausgeprägtere Imagewirkung gegenüber Geschäftspartnern entfalten.[1161] Diesbezügliche Ergebnisse von *Kniese* für Deutschland aus dem Jahr 1994 sollen dadurch aktualisiert und erweitert werden. Ergänzend wird erhoben, wieviel Honorar die Unternehmen an die jeweilige Ratingagentur zahlen.[1162] Die Honorarhöhe ist nach Angaben der Agenturen primär von der Emissionshöhe abhängig.[1163] Da viele der befragten Unternehmen mehrere geratete Emissionen begeben haben, wird das Gesamthonorar pro Jahr erfragt. Diese Daten ermöglichen Einblicke in Entwicklungstendenzen des Ratingmarktes im deutschsprachigen Raum.

Weiterhin interessiert der Informationsaustausch zwischen den am Ratingverfahren beteiligten Parteien. Die Informationsgewährung der Unternehmen an die Agenturen ist

[1157] Diese orientieren sich, wie in Kapitel 4.5. angedeutet, z.T. an Fragen von Vorgängerstudien, v.a. Kniese (1996), Ellis (1998), Cantwell (1999), AFP (2002) und Baker/Mansi (2002). In den weiteren Ausführungen werden Verweise auf die jeweils relevanten Studien in den Fußnoten angeben.

[1158] Vgl. mit ähnlicher Fragestellung Kniese (1996), S. 121; Gromer (2000), S. 104.

[1159] Vgl. Deutsche Bundesbank (2000), S. 37 und 40; Rudolph (2006), S. 401f.

[1160] Vgl. Kley (2003), S. 300.

[1161] Vgl. Steiner/Heinke (2000b), S. 142.

[1162] Vgl. mit ähnlicher Fragestellung Cantwell (1999), S. 13.

[1163] Vgl. Kapitel 2.2., insb. Fn. 84 m.w.N.

vor dem Hintergrund der Frage nach deren möglichen Zugang zu Insiderinformationen und dem Informationswert von Ratings interessant.[1164] Größere Aufmerksamkeit wird hier aber dem umgekehrten Informationsfluss von den Agenturen an die Emittenten beigemessen. Die theoretische Aufarbeitung des Ratinggeschäfts anhand der Agency- und Finanzintermediationstheorie in Kapitel 2.4.2. hat Probleme offenbart, die mit dem Transparenzmangel in Bezug auf das Rating einhergehen. Dieser Problemkreis spielt auch in der gegenwärtigen Regulierungsdiskussion eine wichtige Rolle.[1165] Daher wird die Einschätzung der Emittenten zur Transparenz der Ratingverfahren von *S&P* und *Moody's* erhoben.[1166] Gemäß den IOSCO-Vorgaben sollen Ratingagenturen den Unternehmen die wesentlichen Bestimmungsfaktoren des Ratings erläutern.[1167] Deswegen wird ebenfalls erfragt, welche Informationen sie von den Agenturen hierzu erhalten. Daran anknüpfend lässt sich zudem die Frage klären, ob sie von den in Kapitel 5. ausgewerteten Ratingbegründungen zu ihrem Rating in Kenntnis gesetzt werden. Falls dies gegeben ist, interessiert des Weiteren, inwiefern die Unternehmen ein Mitspracherecht bezüglich des Inhalts dieser Dokumente erhalten und wie sie deren Qualität einschätzen.[1168] Plausibilitätsüberlegungen legen Zusammenhänge im Antwortverhalten zu diesen Aspekten nahe, denen bei der Auswertung nachgegangen wird. So sollte intuitiv die Beurteilung der Transparenz des Ratingverfahrens umso positiver ausfallen, je mehr Informationen das Unternehmen zum Zustandekommen des Ratings erhält. Weiterhin könnte die Beurteilung der Qualität der Ratingbegründungen davon beeinflusst sein, inwieweit daran ein Mitspracherecht besteht. Die Antworten der Unternehmen zu diesen Fragekomplexen ermöglichen Erkenntnisse, die zur Schließung der von *Frost* (2007) diagnostizierten Forschungslücken beitragen können.[1169]

Außerdem werden die Adressaten um eine Einschätzung der Qualität des von *S&P* und *Moody's* erteilten Ratings gebeten. Eine hohe Qualität und Glaubwürdigkeit ist wesentliche Voraussetzung der Erfüllung der Informations- und Zertifizierungsfunktion für Investoren und Unternehmen. Wesentliche Determinanten der Ratingqualität, auf die in der Befragung abgestellt wird, sind die bonitätsrisikoadäquate Höhe und die Aktualität des Ratings.[1170] Diese beiden Aspekte sind ebenfalls wichtige Anknüpfungspunkte der empirischen Ratingforschung durch Ausfall- und Kapitalmarktstudien.[1171] In Kapitel 2.4.2. wurden verschiedene potentielle Gefahren für die Qualität und Glaubwürdigkeit von Ratings verdeutlicht. Vor diesem Hintergrund ist deren Sicherstellung sowie eine verbesserte Transparenz des Ratingverfahrens auch das erklärte Ziel der in Kapi-

1164 Vgl. Kapitel 2.4.1. m.w.N. Vgl. mit ähnlicher Fragestellung Cantwell (1999), S. 17.

1165 Vgl. Kapitel 2.4.3. m.w.N.

1166 Vgl. mit ähnlicher Fragestellung Cantwell (1999), S. 19.

1167 Vgl. Kapitel 2.4.3., insb. Fn. 350f.

1168 Vgl. mit ähnlichen Fragestellungen Cantwell (1999), S. 12 und 14.

1169 Vgl. Kapitel 2.4.3., insb. Fn. 372, und Kapitel 4.5.

1170 Vgl. Randow (1996b), S. 556-558; Heinke (1998), S. 71. Vgl. auch Kapitel 2.3. und Kapitel 2.4.2.3. Vgl. mit ähnlichen Fragestellungen Ellis (1998), S. 41f., Cantwell (1999), S. 11, Baker/Mansi (2002), S. 1384-1393, und AFP (2002), S. 7-11.

1171 Vgl. dazu ausführlich Kapitel 2.1. und Kapitel 2.4.1.

tel 2.4.3. erläuterten Regulierungsbestrebungen der letzten Jahre.[1172] In diesem Zusammenhang ist interessant, welchen Umfang an Regulierung von Ratingagenturen die Unternehmen für erforderlich halten. Die Antwortvorgaben können sich am Spektrum von Regulierungsvarianten orientieren, das oben diskutiert wurde.[1173] Es erscheint plausibel, dass mit schlechterer Einschätzung der Transparenz und Qualität des Ratings eine striktere Regulierungsvariante bevorzugt wird. Ob sich dies im Antwortverhalten zeigt, soll untersucht werden. Es ist allerdings zu vermuten und auch aus Ergebnissen anderer Befragungen ersichtlich, dass Emittenten zu diesem Fragenkomplex teilweise andere Sichtweisen vertreten als andere Interessengruppen, v.a. die Investoren. So ist bspw. zu erwarten, dass sie die Höhe ihres Ratings durchgängig entweder als adäquat oder zu niedrig einstufen. Kaum ein Unternehmen würde preisgeben, wenn es sich von einer Ratingagentur als zu gut beurteilt ansieht.[1174] Weiterhin liegt es meist in seinem Interesse, dass positive Neuigkeiten rasch im Rating berücksichtigt werden, es bei negativen Entwicklungen hingegen gewisse Stabilität aufweist.[1175] Investoren dürften dagegen unabhängig von der Entwicklungsrichtung an einer schnellen Informationsverarbeitung im Rating interessiert sein.[1176] Daher wird die Ratingaktualität von ihnen im Vergleich zu Investoren i.d.R. besser beurteilt.[1177] Folglich ist zu bedenken, dass das zu diesen Punkten hier von Emittentenseite erhobene Meinungsbild nicht ohne weiteres auf andere Interessengruppen übertragen werden kann.

Die Befragung stellt nur auf die Ansichten der Unternehmen zur gegenwärtigen Situation ab, die Verhältnisse vor den Regulierungsmaßnahmen der letzten Jahre[1178] werden nicht separat thematisiert. Zum einen dient das dazu, die Komplexität zu begrenzen. Zum anderen erscheint dies angesichts der unterschiedlich langen Ratinghistorien der zu befragenden Unternehmen geboten. Die erhobenen Daten erlauben daher für sich betrachtet keine Erkenntnisse, ob die Regulierungsmaßnahmen aus Sicht der Unternehmen Veränderungen bewirkt haben. Gewisse Anhaltspunkte lassen sich allenfalls aus dem Vergleich mit früheren Befragungsergebnissen ableiten, der bei der Darstellung der Ergebnisse vorgenommen wird.

Ad (ii) Für das zweite Untersuchungsziel sollen folgende Aspekte Eingang in die Befragung finden. Die Adressaten sollen angeben, wie wichtig aus ihrer Erfahrung verschiedene Analysebereiche für *S&P* und *Moody's* bei der Ermittlung des Ratings zu ihrem Unternehmen sind. Um sowohl die Vergleichbarkeit mit den Ergebnissen der Inhaltsanalyse zu gewährleisten als auch den Fragenblock knapp und übersichtlich zu halten, soll auf die Risikobereiche der Ratinganalyse abgestellt werden, die den Hauptkategorien der Inhaltsanalyse entsprechen. Dabei handelt es sich um (a) Länderrisiko,

1172 Vgl. Randow (1996b), S. 549; IOSCO (2004), S. 4-6. Vgl. ausführlich Kapitel 2.4.3. m.w.N.
1173 Vgl. dazu Kapitel 2.4.3. und für einen ausführlichen Überblick Päßler (2007), S. 314-362.
1174 Vgl. Ellis (1998), S. 41f.; Baker/Mansi (2002), S. 1371f. und 1387-1392.
1175 Vgl. ähnlich Steiner/Heinke (1996), S. 622.
1176 Vgl. Steiner/Heinke (1996), S. 620f.; Ellis (1998), S. 43; Baker/Mansi (2002), S. 1371f. Vgl. auch Kapitel 2.4.2.3., insb. Fn. 257.
1177 Vgl. Ellis (1998), S. 41f.; Baker/Mansi (2002), S. 1389-1391.
1178 Vgl. dazu Kapitel 2.4.3.

(b) Branchenrisiko, (c) Wettbewerbsposition, (d) Managementqualität und Finanzpolitik, (e) Rechnungslegungsqualität, (f) Profitabilität, (g) Kapitalstruktur und Vermögensschutz, (h) Cash Flow-Adäquanz und (i) finanzielle Flexibilität.[1179] Analog zu Hypothese 3b der Inhaltsanalyse wird ebenfalls untersucht, ob aus Sicht der Unternehmen Unterschiede in der Wichtigkeit dieser Risikobereiche für das Rating zwischen beiden Agenturen bestehen.[1180] Zudem wird geprüft, ob es signifikante Antwortunterschiede in Abhängigkeit der Branche oder Ratingklasse gibt.[1181] Es wird des Weiteren erfragt, für wie wichtig die Unternehmen die in der Inhaltsanalyse von Ratingänderungsbegründungen differenzierten Entwicklungen, nämlich (a) Unternehmenstransaktion/-kauf, (b) Kapitaltransaktion/Neuemission, (c) Veränderungen in Branchen- und Geschäftsrisiken, (d) Veränderungen in Finanzrisiken und (e) Veränderungen der Ratingmethodik, als Auslöser einer Ratingänderung erachten.[1182]

Abschließend wird die Behandlung einer IFRS-Umstellung in der Ratinganalyse thematisiert.[1183] In den Ratingbegründungen waren nur wenige diesbezügliche Ausführungen zu finden, so dass die Inhaltsanalyse hier kaum Erkenntnisse ermöglicht hat.[1184] Auch sonst finden sich in der Literatur bislang keine empirischen Befunde dazu.[1185] Daher werden die Unternehmen zu diesem Themenbereich befragt, die nach der Beantragung des Ratings einen Wechsel auf die IFRS vollzogen haben und daher über entsprechende Erfahrungen verfügen. Sie sollen angeben, welche der von den Agenturen gewünschten Zusatzinformationen zu Umstellungseffekten[1186] sie tatsächlich zur Verfügung gestellt haben. Weiterhin werden sie befragt, inwieweit die von den Agenturen als kritisch kommunizierten Rechnungslegungsbereiche bei der IFRS-Umstellung von diesen tatsächlich intensiver analysiert wurden.[1187]

6.1.2. Selektion der Adressaten der Befragung

Die Grundgesamtheit der Befragung stellen erneut sämtliche Mutterunternehmen außerhalb des Finanzsektors aus Deutschland, Österreich und der Schweiz mit einem Rating von *S&P* oder *Moody's* dar.[1188] Es werden aber nur die Unternehmen einbezogen, die nach dem 01.01.2005 über ein Rating von mindestens einer der Agenturen verfügten. So soll sichergestellt werden, dass die befragten Unternehmen, auch wenn sie gegenwärtig kein Rating aufweisen, zeitnahe Erfahrungen mit dem Ratingprozess haben. Allerdings bleiben mit *Schering*, *Serono* und *New Isey* drei Unternehmen unberück-

1179 Vgl. dazu Kapitel 5.1.4. und Anhang 11.
1180 Vgl. dazu Kapitel 5.1.2. und 5.2.1.2.2.1., jeweils m.w.N.
1181 Vgl. dazu Kapitel 5.2.1.2.3.2. und 5.2.1.2.3.3., jeweils m.w.N.
1182 Vgl. Kapitel 5.2.2.1., insb. Fn. 1139f., und Anhang 34.
1183 Vgl. Kapitel 3.2.4.4.3. für die von den Agenturen dazu veröffentlichten Informationen.
1184 Vgl. Kapitel 5.2.1.2.1.
1185 Der Einfluss einer IFRS-Umstellung auf die Fremdkapitalkosten wurde bislang ebenfalls kaum empirisch untersucht. Vgl. Kapitel 3.2.4.4.3., insb. Fn. 568 m.w.N.
1186 Vgl. Kapitel 3.2.4.4.3., insb. Fn. 555f.
1187 Vgl. Kapitel 3.2.4.4.3., insb. Fn. 558 und Abbildung 7.
1188 Vgl. zu den Gründen für diese Eingrenzung die Ausführungen in Kapitel 5.1.3.

sichtigt, die nach diesem Stichtag geratet wurden. Sie wurden in der Zwischenzeit von anderen Unternehmen übernommen und stehen nicht mehr für eine Befragung zur Verfügung. Der Adressatenkreis besteht aus 106 Unternehmen, die alle in der 113 Unternehmen umfassenden Grundgesamtheit der Inhaltsanalyse enthalten waren (Anhang 5). Davon hat *S&P* 95 Unternehmen und *Moody's* 83 geratet, über ein Rating beider Agenturen verfügen 72 Unternehmen. Es haben 41 der von *S&P* bzw. 29 der von *Moody's* gerateten Unternehmen nach erstmaliger Ratingbeantragung einen Wechsel auf die IFRS vollzogen und können diesbezügliche Fragen beantworten.

Zielpersonen der Befragung sind primär die Finanzvorstände bzw. Geschäftsführer oder Leiter der für das Rating zuständigen Abteilung wie Finanzwesen, Rechnungswesen/Controlling oder Investor Relations. Ergebnisse von *Cantwell* (1999) zeigen, dass dieser Personenkreis zwar i.d.R. bei den Treffen mit den Agenturen zugegen ist, der regelmäßige Kontakt jedoch in vielen Fällen Mitarbeitern der entsprechenden Abteilungen obliegt.[1189] Der Kreis der Zielpersonen wird daher auf diejenigen Mitarbeiter der Unternehmen ausgeweitet, die schwerpunktmäßig für den Kontakt mit Ratingagenturen verantwortlich sind.

6.1.3. Entwicklung des Erhebungsinstruments

Für die Erhebung wird die Methode der schriftlichen Befragung mittels postalisch versendetem Fragebogen gewählt. Zwar lassen sich bei dieser Form eventuelle Unklarheiten bezüglich der Fragestellungen nicht ausräumen, die Umfeldbedingungen bei der Beantwortung bleiben verborgen und es besteht die Gefahr einer geringen Rücklaufquote. Angesichts der Anzahl zu befragender Unternehmen, der Tatsache, dass sie räumlich weit verstreut beheimatet sind, und der zu erwartenden terminlichen Restriktionen der Zielpersonen erscheint dieses Vorgehen aus Zeit- und Kostengründen aber geraten.[1190] Den potentiellen Schwächen einer schriftlichen Befragung wird durch sehr sorgfältige Gestaltung und Pretests des Fragebogens sowie Strukturierung des Studienablaufs bestmöglich entgegen zu wirken versucht.[1191]

Die Fragen spiegeln die in Kapitel 6.1.1. erarbeiteten Erkenntnisinteressen wider.[1192] Fragen mit Bezug zu *S&P* und *Moody's* werden unter Vorgabe gleicher Antwortmöglichkeiten für beide separat gestellt. Der Befragte soll eine Antwort für die Agentur geben, von der sein Unternehmen geratet (worden) ist. Dadurch wird es möglich zu untersuchen, inwieweit aus Sicht der Unternehmen Unterschiede zwischen beiden Agenturen bestehen. Ergänzend werden Angaben zur Ratinghöhe, Dauer der Rating-

[1189] Vgl. Cantwell (1999), S. 15f.

[1190] Für eine Diskussion der Vor- und Nachteile einer schriftlichen im Vergleich zu einer mündlichen Befragung vgl. z.B. Atteslander (2003), S. 174-176, oder Bortz/Döring (2006), S. 236f.

[1191] Vgl. zu Gestaltungshinweisen z.B. Attelsander (2003), S. 174-176; Bortz/Döring (2006), S. 252-258; Schnell/Hill/Esser (2005), S. 358-363; Kromrey (2006), S. 369-387. Vgl. Van der Stede/Young/Chen (2005) zu Kriterien für die Beurteilung der Qualität von Befragungsstudien.

[1192] Bei Fragen, die sich an Vorgängerstudien orientieren, wurde zur Gewährleistung der Vergleichbarkeit, soweit möglich, auf damit kompatible Antwortvorgaben geachtet.

beziehung, Branche, Börsennotierung und Unternehmensgröße erhoben. Diese Merkmale dienen zum einen der Überprüfung der Repräsentativität des Rücklaufs und zum anderen stellen sie denkbare Erklärungsvariablen für Antwortunterschiede zwischen Unternehmen dar.[1193] Zudem wird die Position des Antwortenden im Unternehmen erfragt, um das Erreichen des avisierten Adressatenkreises zu kontrollieren. Zum Teil weisen Variablen des Erhebungsinstruments Nominal- oder Ordinalskalenniveau auf. Die Variablen zur Einschätzung der Wichtigkeit oder des Zustimmungsgrades sowie zur Beurteilung eines Sachverhaltes werden aber jeweils auf einer fünfstufigen Intervallskala gemessen, wobei der Wert „1" den Grad niedrigster Wichtigkeit oder Zustimmung bzw. schlechtester Beurteilung und der Wert „5" den Grad höchster Wichtigkeit oder Zustimmung bzw. bester Beurteilung darstellt. Mit den Werten dazwischen („2", „3", „4") können die Antworten abgestuft werden.[1194]

Die Fragen des Fragebogens sind nach zusammenhängenden und aufeinander aufbauenden Themenkomplexen in sechs Blöcken angeordnet, wobei berücksichtigt ist, dass wichtigere Fragen wegen eines mit der Befragungsdauer häufig abnehmenden Interesses im vorderen Teil angesiedelt sind.[1195] Der Fragebogen umfasst vier Seiten, für die Beantwortung sind ca. 15 Minuten erforderlich. Er wurde vorab mit Experten[1196] besprochen und einem Pretest unterzogen, an dem Praktiker aus Wirtschaftsprüfung und Corporate Finance[1197] sowie weitere Sachkundige[1198] teilnahmen. Die daraus erzielten Erkenntnisse führten zu kleineren Umstellungen und sprachlichen Verbesserungen. Anhang 37 enthält die endgültige Fassung des Fragebogens.

Die Versendung erfolgte am 14.03.2007 an die Finanzvorstände bzw. Geschäftsführer der Unternehmen. Das Anschreiben (Anhang 36) erläuterte dem Adressaten Hintergründe und Ziele der Untersuchung und den Ablauf. Angesichts des mehrseitigen Umfangs des Fragebogens wurde eine erste Antwortfrist von vier Wochen vorgesehen. Um die Rücklaufquote zu erhöhen, wurde kurz vor Fristende ein Erinnerungsschreiben (Anhang 38) verschickt und die Antwortfrist um zwei Wochen verlängert. Die Unternehmen wurden gebeten, entweder per Post in einem beigelegten Rückumschlag oder per Fax zu antworten. Als Anreiz zur Mitarbeit konnten sie auf einem separaten Bogen im Gegenzug für ihre Teilnahme eine Ergebnisübersicht anfordern. Um angesichts der potentiellen Sensibilität einiger Fragen die Antwortbereitschaft nicht zu gefährden, wurde durch eine Antwort per Post eine anonyme Rücksendung ermöglicht. Allerdings konterkarierte das eine eindeutige Rücklaufkontrolle.[1199]

1193 Vgl. ähnlich Graham/Harvey/Rajgopal (2005), S. 11.

1194 Vgl. ähnlich z.B. Weißenberger/Stahl/Vorstius (2004), S. 9; Völckner/Pirchegger (2006), S. 228; Hommel/Schneider (2006), S. 523.

1195 Vgl. zum Fragebogenaufbau z.B. Bortz/Döring (2006), S. 256; Kromrey (2006), S. 383-387.

1196 Es handelte sich um Gesprächspartner Nr. 2, 4 und 7 des Gesprächspartnerverzeichnisses.

1197 Es handelte sich um Gesprächspartner Nr. 1 und 6 des Gesprächspartnerverzeichnisses.

1198 Es handelte sich um mehrere wissenschaftliche Mitarbeiter und Doktoranden am Seminar für Rechnungswesen und Prüfung der Ludwig-Maximilians-Universität München.

1199 Vgl. zu diesen Vorgehensweisen bei postalischen Befragungen z.B. Bortz/Döring (2006), S. 256-258; Van der Stede/Young/Chen (2005), S. 671f.

6.1.4. Charakteristika der Datenbasis

Insgesamt haben 46 der angeschriebenen 106 Unternehmen geantwortet, was einer Rücklaufquote von 43,4 % entspricht. Darin zeigt sich das hohe Interesse der Unternehmen an der Thematik. Von der Option einer anonymen Rückantwort machten vier Unternehmen Gebrauch. Zu beachten ist, dass sieben Unternehmen zwar geantwortet haben, aber meist mit Verweis auf die Sensibilität der abgefragten Themen nicht willens waren, den Fragebogen auszufüllen. Auch das zeigt die hohe Bedeutung und Brisanz der Ratingthematik für die Unternehmen. Einen Ergebnisbericht haben 87,2 % der antwortenden Unternehmen angefordert und bekamen diesen am 06.07.2007 zugesandt. Abbildung 23 zeigt wesentliche Merkmale der Datenbasis.[1200]

Geratet von ...	
S&P	97,5 % (38)
Moody's	76,9 % (30)
Fitch	20,5 % (8)
andere	5,1 % (2)

Geratet seit ...	**v. *S&P***	**v. *Moody's***
	(n = 34)	**(n = 27)**
≤ 2001	50,0 %	37,0 %
2002-2003	5,9 %	7,4 %
2004-2005	38,2 %	48,2 %
≥ 2006	5,9 %	7,4 %

Ratingklasse	***S&P***	***Moody's***
(*S&P*/*Moody's*)	**(n = 38)**	**(n = 30)**
AAA/Aaa	2,7 %	3,4 %
AA/Aa	13,1 %	13,3 %
A/A	34,2 %	30,0 %
BBB/Baa	18,4 %	23,3 %
BB/Ba	21,1 %	16,7 %
B/B	10,5 %	13,3 %
≤ CCC/Caa	0,0 %	0,0 %

Größe	
≤ 1Mrd. €	10,3 %
> 1 Mrd. € ≤ 5 Mrd. €	30,8 %
> 5 Mrd. € ≤ 15 Mrd. €	25,6 %
> 15 Mrd. €	33,3 %
Börsennotierung	
ja	66,7 %
nein	33,3 %

Branche	
Automobil	15,4 %
Bau	2,6 %
Chemie	17,9 %
Handel	7,7 %
Industrie	15,4 %
Konsumgüter	7,7 %
Pharma und Gesundheitswesen	5,1 %
Telekommunikation	2,6 %
Transport und Logistik	5,1 %
Versorger	17,9 %
sonstige	2,6 %

Position des Antwortenden	
Finanzvorstand	12,8 %
Leiter Finanzwesen	25,6 %
Leiter Rechnungswesen/Controlling	2,6 %
Leiter Investor Relations	5,1 %
Ratingverantwortlicher	12,8 %
Assistenz der Konzernleitung	2,6 %
Manager Finanzwesen	25,6 %
Manager Rechnungswesen/Controlling	2,6 %
Manager Investor Relations	2,6 %
nicht bekannt	7,7 %

Abb. 23: Deskriptive Statistiken der Datenbasis der Befragung[1201]

[1200] In ganz wenigen Ausnahmefällen wurden einzelne Fragen nicht beantwortet. Auf eine dadurch verringerte Datenbasis einzelner Analysen wird an entsprechenden Stelle hingewiesen.

[1201] Soweit keine abweichenden Angaben gemacht werden, beziehen sich die Prozentwerte auf die 39 ausgefüllten Fragebögen.

Der Fragebogen wurde überwiegend von Finanzvorständen oder Leitern des Finanzwesens, des Rechnungswesens/Controllings, der Investor Relations oder einer eigens mit dem Thema Rating befassten Abteilung und somit von Personen der oberen Leitungsebene beantwortet. Dies ist ein weiteres Indiz für die hohe Relevanz des Ratings für die Unternehmen und zeugt ferner von hohem Interesse an der Studie. Die avisierte Zielgruppe umfasste die Personen im Unternehmen, die regelmäßig und intensiv in Kontakt mit den Agenturen stehen. Neben der oberen Leitungsebene werden häufig auch Mitarbeiter innerhalb der eben genannten Abteilungen über das entsprechende Spezialwissen verfügen.[1202] Angesichts dessen ist eine sehr gute Abdeckung der avisierten Zielgruppe zu konstatieren, was für die Qualität der erhaltenen Antworten spricht.

Etwa 95 % der antwortenden Unternehmen verfügen über Erfahrungen aus einer mehrjährigen Zusammenarbeit mit Ratingagenturen. Die Datenbasis weist zudem ein breites, aber weitgehend ausgeglichenes Spektrum bezüglich der Merkmale Ratingklasse und Branche auf. Eine Überprüfung mittels χ^2-Tests ergibt keine signifikanten Abweichungen der Anteilswerte dieser Merkmale im Vergleich zur Grundgesamtheit.[1203] Es lassen sich diesbezüglich folglich keine Verzerrungen in der Antwortbereitschaft feststellen und die Repräsentativität der Ergebnisse ist gewährleistet.

Von den 39 antwortenden Unternehmen besitzen 29 ein Rating von *S&P* und *Moody's*, während neun ausschließlich von *S&P* und eins ausschließlich von *Moody's* geratet wurden. Die Auswertung bezieht alle 39 ausgefüllten Fragebögen ein, um auf eine möglichst große Datenbasis zurückzugreifen. Da für *S&P* (38) und *Moody's* (30) allerdings unterschiedlich viele Datensätze vorliegen, werden dem direkten Vergleich der Ergebnisse für beide Agenturen primär die Antworten der 29 gemeinsam gerateten Unternehmen zugrunde gelegt und daher jeweils zusätzlich ausgewiesen. Durch die identische Datenbasis wird eine höhere Aussagefähigkeit des Vergleichs erreicht. Um über die jeweilige Häufigkeitsverteilung der Antworten hinaus auch deren Gleichklang für beide Agenturen bei den einzelnen Unternehmen nachzugehen, wird, mindestens ordinales Skalenniveau der Antworten vorausgesetzt, der (Rang-) Korrelationskoeffizient betrachtet.

Für eine aussagekräftige Gegenüberstellung der Befragungsergebnisse zu Ratingdeterminanten und Auslösern von Ratingänderungen mit den Befunden der Inhaltsanalyse ist zu prüfen, inwieweit die Datengrundlagen beider Untersuchungen vergleichbar sind. Von den 35 nicht in anonymisierter Form antwortenden Unternehmen finden sich 25 bzw. 64 % ebenso in der Stichprobe der Inhaltsanalyse. Unter Berücksichtigung der vier anonymen Antwortenden wäre ein maximaler Wert von 74 % möglich. Zudem er-

---

1202 Vgl. Cantwell (1999), S. 16.

1203 Die zugrunde liegende Datenbasis findet sich in Anhang 5. Die χ^2-Tests für die Merkmale Ratingklasse und Branchen ergeben: Branchen: χ^2-Wert (9 df) = 10,081 (p-Wert = 0,344). Ratingklassen: *S&P* (5 df): χ^2-Wert = 5,692 (0,223); *Moody's*: χ^2-Wert (6 df) = 4,600 (0,596). Vgl. ähnlich z.B. Graham/Harvey/Rajgopal (2005), S. 13; Völckner/Pirchegger (2006), S. 226.

geben χ^2-Tests der Zusammensetzungen der jeweiligen Datenbasis bezüglich der Merkmale Größe, Ratingklasse und Branche keine signifikanten Unterschiede.[1204] Ihre Vergleichbarkeit ist also in angemessenem Umfang gegeben.

6.2. Ergebnisse

6.2.1. Motive für die Ratingbeantragung

Die Befragungsergebnisse (Abbildung 24) zeigen, dass die Unternehmen die Erschließung internationaler Kapitalmärkte (4,74) als wichtigsten Beweggrund für eine Ratingbeantragung einstufen. Danach folgen mit deutlichem Abstand, aber jeweils annähernd gleich hohen Werten, zum einen die Motive Ansprache spezieller Investorenkreise (3,69), allgemeine Nutzung für das Finanzmarketing (3,59) und Verbesserung der Verhandlungsposition gegenüber Banken (3,41), denen ebenfalls eine mittelbare Wirkung auf die Finanzierungskosten zukommt. Ähnliche Einstufungen ergeben sich zum anderen für die Motive Fremdkapitalkostensenkung (3,72), Erhöhung der Marktgängigkeit zu emittierender Schuldtitel (3,44) und Hilfe bei der Emissionspreisfindung (3,33), die auf eine direkte Beeinflussung der Bepreisung der Schuldtitel und der Fremdkapitalkosten des Unternehmens abstellen. Merklich weniger Bedeutung wird dem Rating allerdings als Instrument zur Milderung von Informationsasymmetrien und Senkung von Agency-Kosten (2,54) beigemessen, obwohl dies den theoretischen Hintergrund der primär beabsichtigten Wirkungen des Ratings darstellt. Ebenfalls geringere Wichtigkeit kommt einem Rating im Hinblick auf die Imagewirkung gegenüber Geschäftspartnern (2,82) und als Instrument zur Stärken-Schwächen-Analyse (2,62) oder zum Benchmarking (2,62) zu, also Funktionen, die sich v.a. auf operative Aspekte des Unternehmens beziehen. Auch wird es nur in geringem Ausmaß als schützender Filter für eine Kommunikation vertraulicher Informationen gegenüber dem Kapitalmarkt verstanden (2,05). Kaum eine Bedeutung wird der Erfüllung gesetzlicher (1,44) oder vertraglicher (1,77) Auflagen durch ein Rating beigemessen. Ersteres erklärt sich durch das Fehlen gesetzlicher oder aufsichtsrechtlicher Verpflichtungen zu einer Ratingbeantragung in Deutschland.[1205] In Österreich und der Schweiz gibt es allerdings derartige Vorschriften.[1206] Auch nehmen vertragliche Vereinbarungen, v.a. Kreditverträge mit Banken, in diesen Ländern noch selten Bezug auf externe Ratings. Hier stehen bisher individuell ausgehandelte Regelungen, z.B. zu Schwellenwerten für bestimmte Finanzkennzahlen, im Vordergrund.[1207] Die Befunde legen nahe, dass aus Emittentensicht als wesentliche Funktionen eines Ratings und Motive für dessen Beantragung „die Einsparung von Finanzierungskosten und der Zutritt zu denjenigen Fi-

1204 Die zugrunde liegende Datenbasis findet sich in den Abbildungen 12 in Kapitel 5.1.3. und Abbildung 23 in diesem Kapitel. Die χ^2-Tests für die Merkmale Ratingklasse, Unternehmensgröße und Branchenzugehörigkeit ergeben folgende Ergebnisse: Ratingklasse: *S&P* χ^2-Wert (5 df) = 2,513 (p-Wert = 0,775); *Moody's* χ^2-Wert (5 df) 0,746 (0,980); Unternehmensgröße: χ^2-Wert (3 df) = 1,364 (0,714); Branche: χ^2-Wert (9 df) = 5,356 (0,802).

1205 Vgl. Estrella u.a. (2000), S. 41f.; Asmussen (2005), S. 248f. Vgl. auch Kapitel 2.3.

1206 Vgl. Everling (1999), S. 1550f.; Estrella u.a. (2000), S.41f.

1207 Vgl. Thießen (1996), S. 19f.; Fischer (2001), S. 260f.; Watrin (2001) S. 205-208. Vgl. auch Leuz (1996), S. 1; Franke/Hax (2004), S. 453-457; Wagenhofer/Ewert (2007), S. 203, jeweils m.w.N.

nanzmärkten, an denen in der Regel die niedrigsten Schuldzinsen verlangt werden"[1208], zu sehen sind. Sie stehen im Einklang mit Ergebnissen von *Kniese* (1996) und *Gromer* (2001), was die hohe Konstanz des Meinungsbildes in dieser Frage unterstreicht.[1209]

	Allgemein			Einfluss Größe[3]				Einfluss Börsennotierung[4]			
Motive einer Ratingbeantragung	**Rang**	**MW[1]**	**Std.[2]**	**MW große U.**	**MW kleine U.**	**Z[5]**	**p-Wert[6]**	**MW börsen-not. U.**	**MW nicht börsen-not. U.**	**Z**	**p-Wert**
Erschließung internationaler Kapitalmärkte	1	4,74	0,850	4,91	4,50	-1,464	0,208	4,69	4,85	-0,396	0,795
Senkung der Fremdkapitalkosten	2	3,72	1,255	3,91	3,44	-1,117	0,271	3,62	3,92	-0,948	0,350
Ansprache spezieller Investorenkreise	3	3,69	1,280	3,70	3,69	-0,089	0,939	3,69	3,69	-0,263	0,813
Kommunikationsinstrument für das Finanzmarketing	4	3,59	1,229	3,57	3,63	-0,147	0,908	3,65	3,46	-0,246	0,827
Verbesserung der Liquidität der eigenen Schuldtitel	5	3,44	1,447	3,48	3,38	-0,147	0,908	3,27	3,77	-0,858	0,410
Stärkung der Verhandlungsposition gegenüber Banken	6	3,41	1,186	3,35	3,50	-0,299	0,781	3,42	3,38	-0,249	0,810
Hilfe bei der Emissionspreisfindung	7	3,33	1,439	3,17	3,56	-0,872	0,394	3,42	3,15	-0,355	0,728
Imagewirkung gegenüber Geschäftspartnern	8	2,82	1,233	2,52	3,25	-1,882	0,062	2,88	2,69	-0,276	0,792
Homogenisierung der Investorenerwartungen	9	2,74	1,141	2,61	2,94	-0,757	0,465	2,65	2,92	-0,588	0,564
Stärken- und Schwächenanalyse für das eigene Unternehmen	10	2,62	1,227	2,39	2,94	-1,325	0,190	2,50	2,85	-0,737	0,491
Möglichkeit zum Benchmarking mit anderen Unternehmen	11	2,62	1,161	2,74	2,44	-0,669	0,520	2,65	2,54	-0,202	0,857
Einsatz als Signal- und Zertifizierungsinstrument	12	2,54	1,232	2,48	2,63	-0,487	0,637	2,38	2,85	-1,262	0,209
Kommunikation vertraulicher Informationen an den Kapitalmarkt	13	2,05	1,213	1,87	2,31	-1,285	0,203	1,96	2,23	-0,820	0,418
Erfüllung von vertraglichen Auflagen/ Verpflichtungen	14	1,77	1,224	1,70	1,88	-0,131	0,901	1,62	2,08	-0,906	0,370
Erfüllung von aufsichtsrechtlichen/ gesetzlichen Auflagen	15	1,44	0,821	1,48	1,38	-0,186	0,842	1,46	1,38	-0,253	0,875

[1] MW = Mittelwert (Beurteilungsskala: 1 = trifft gar nicht zu, …, 5 = trifft voll zu).
[2] Std = Standardabweichung als Maß für die Streuung der Meinungsäußerung zwischen den antwortenden Unternehmen.
[3] Als kleine Unternehmen gelten diejenigen mit einem Umsatz von unter (n = 16) und als groß (n = 23) diejenigen über 5 Mrd. € pro Jahr. Die Ergebnisse bleiben bei einer Grenze von 1 Mrd. € Umsatz pro Jahr erhalten, allerdings sind die Gruppengrößen dann deutlich divergenter, was die Verlässlichkeit des statistischen Tests schmälert.
[4] Börsennotiert sind n = 26, nicht börsennotiert n = 13 Unternehmen.
[5] Z = *Mann-Whitney* -U-Test Prüfgröße auf Unterschiedlichkeit zweier unabhängiger Stichprobe in ihrer zentralen Tendenz.
[6] Signifikanzniveau des Z-Wertes bei zweiseitiger Fragestellung und den jeweiligen Stichprobenumfängen.

Abb. 24: Befragungsergebnisse zur Wichtigkeit verschiedener Motive einer Ratingbeantragung[1210]

[1208] Schnabel (1996), S. 318.

[1209] Vgl. Kniese (1996), S. 121; Gromer (2000), S. 104. Vgl. auch Kapitel 4.3.2. und Anhang 3.

[1210] Zugrunde liegende Frage: „Inwieweit haben die nachfolgenden möglichen Gründe zu der Entscheidung ihres Unternehmens geführt, ein Rating von einer großen, internationalen Ratingagentur zu beantragen?" (Beurteilungsskale: 1 = trifft gar nicht zu, …; 5 = trifft voll zu). Vgl. auch Anhang 37. Es gab noch drei, hier nicht aufgeführte Nennungen unter „Sonstiges", nämlich „Gesellschafterstruktur", „Unabhängigkeit von Banken" und „Beantragung eines Drittratings bei Vorliegen eines Split Ratings von den beiden ersten Agenturen".

Die Einschätzungen werden auch im Hinblick auf die Merkmale Unternehmensgröße und Börsennotierung differenziert und jeweils mittels U-Tests auf Unterschiedlichkeit zwischen den Gruppen untersucht.[1211] Die vier Klassen der Unternehmensgröße werden dazu auf zwei verdichtet (≤ 5 Mrd. € und > 5 Mrd. € Jahresumsatz).[1212] Die Befunde finden sich ebenfalls in Abbildung 24. Die Unterscheidung nach der Größe lässt für die meisten Motive etwas ausgeprägtere Unterschiede in der Wichtigkeit erkennen als diejenige nach der Börsennotierung. Zwar zeigt sich für kleinere im Vergleich zu größeren Unternehmen die vermutete höhere Bedeutung der Imagewirkung (3,25 vs. 2,52) und auch eher ein Nutzen des Ratingsverfahrens als Stärken-Schwächen-Analyse (2,94 vs. 2,39). Es finden sich aber für beide Merkmale keine statistisch signifikanten Ergebnisse.[1213] Insbesondere zeigt sich keine signifikant unterschiedliche Einschätzung zum Nutzen eines externen Ratings in Bankverhandlungen (3,50 vs. 3,35). Das könnte daran liegen, dass die befragten Unternehmen alle eine kritische Größenschwelle überschreiten und zudem wegen Anleiheemissionen zumindest kapitalmarktorientiert sind.

Daneben wurden die Unternehmen zur Höhe ihrer jährlichen Honorarzahlung an die jeweilige Agentur befragt (Abbildung 25). Da nur eine Einordnung in grobe Klassen erbeten wurde, können nur Tendenzaussagen gemacht werden. Auf Basis der Klassenmitten sowie konservativer Annahmen von 200 T€ für die oberste und 20 T€ für die unterste Klasse ergibt sich ein Durchschnittshonorar für *S&P* von ca. 90 T€ und bei *Moody's* von ca. 100 T€.[1214] Die Werte liegen damit etwas höher als die bereits einige Jahre alten Angaben der Literatur von durchschnittlich ca. 80 T$ jährlich pro Ratingkunde.[1215] Aus Abbildung 25 lässt sich zudem die leichte Tendenz ablesen, dass

---

1211 Gemäß *Kolmogoroff-Smirnov*-Tests ist nicht für alle auf der Intervallskala erhobenen Daten die Normalverteilungsannahme erfüllt. Damit ist in einigen Fällen eine zentrale Voraussetzung des t-Tests verletzt. Vgl. Bortz/Lienert (2003), S. 226-229. Aus Gründen der Einheitlichkeit wird daher zur Untersuchung von Unterschieden in der zentralen Tendenz durchgängig bei zwei unabhängigen Gruppen auf den verteilungsfreien U-Test bzw. bei mehr als zwei unabhängigen Gruppen den *Kruskal-Wallis*-Test abgestellt. Vgl. Bortz/Lienert (2003), S. 134-162. Entsprechend des damit unterstellten Ordinalskalenniveaus der Daten werden Korrelationen auf Basis des *Spearman*-Rangkorrelationskoeffizienten (r_s) berechnet.

1212 Werden stattdessen die beiden Gruppen „< 1 Mrd. €" und „> 1 Mrd. €" Jahresumsatz gegenübergestellt, resultieren vergleichbare Ergebnisse. Auf Basis der ursprünglichen vier Größenklassen ergeben sich gemäß *Kruskal-Wallis*-Tests ebenfalls keinerlei signifikante Unterschiede. Auf den ausführlichen Ausweis dieser Ergebnisse wird hier verzichtet.

1213 Daneben wurden noch mögliche Unterschiede nach Branchen untersucht. Auch diesbezüglich lassen sich keine signifikanten Unterschiede in den Einschätzungen feststellen. Auf den Ausweis dieser Ergebnisse auf Basis von *Kruskal-Wallis*-Tests wird hier verzichtet.

1214 Hier wurde aus den oben genannten Gründen das jährliche Gesamthonorar erhoben, während sich die Honorarbemessung der Agenturen i.d.R. an den Volumina einzelner Emissionen orientiert. Das gesamte Anleiheemissionsvolumen wird aber regelmäßig stark positiv mit der Unternehmensgröße zusammenhängen. Vgl. Deutsche Bundesbank (2000), S. 37; Fischer (2001), S. 261f.; Steiner/Starbatty (2004), S. 23f. Entsprechend lässt sich ein signifikanter, positiver Zusammenhang der Honorarhöhe mit der Unternehmensgröße feststellen (S&P: $r_s = 0{,}489$ (p-Wert: 0,002); für Moody's: $r_s = 0{,}638$ (p-Wert < 0,001)).

1215 Vgl. Cantwell (1999), S. 13; Kley (2003), S. 202f.

S&P im Vergleich zu *Moody's* ein etwas höheres Mindesthonorar verlangt, während danach eine etwas geringere Steigerung erfolgt. Allerdings zeigt der Rangkorrelationskoeffizient von 0,945 (p-Wert < 0,001) für die 29 von beiden Agenturen gerateten Unternehmen einen sehr hohen Gleichklang der Honorarforderungen an.

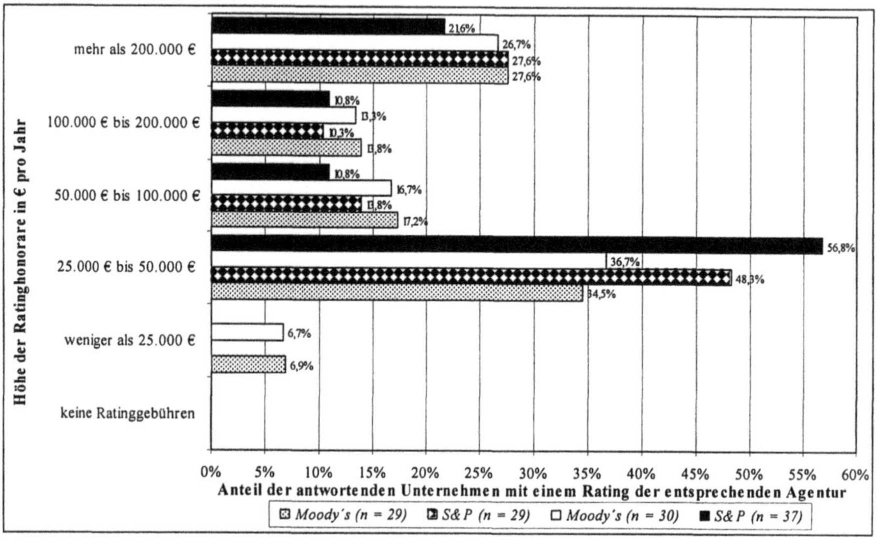

Abb. 25: Höhe der jährlich an *S&P* und *Moody's* gezahlten Ratinghonorare

6.2.2. Informationsaustausch mit Ratingagenturen

Fast alle Unternehmen (95 %) bekunden, dass sie den Agenturen auch vertrauliche bzw. interne Informationen zur Verfügung stellen, nur 5 % verneinen dies. Die große Mehrzahl (64 %) gibt allerdings nur ausgewählte vertrauliche Informationen preis. Jedoch werden sich die Informationswünsche der Agenturen von vorne herein auf ganz bestimmte interne Informationen beziehen. Auf jeden Fall findet sich der von den Agenturen angeführte Zugang zu derartigen Informationen von Unternehmensseite weitgehend bestätigt. Die erhobenen Werte decken sich mit denen von *Cantwell* (1999).[1216] Um welche vertraulichen Informationen es sich handelt, lässt sich auf Basis der vorliegenden Studie nicht sagen. Ebensowenig ist erkennbar, inwieweit damit eine informationelle Besserstellung der Agenturen gegenüber anderen Interessengruppen, bspw. Finanzanalysten oder institutionelle Investoren, gegeben ist.[1217]

Zur Transparenz des Ratingverfahrens zeigt sich für beide Agenturen ein breites Meinungsspektrum (Abbildung 26). Bei *Moody's* wird sie von 70 % als gut (50 %) bis

1216 Vgl. Cantwell (1999), S. 17. Vgl. auch Anhang 3.
1217 Vgl. auch Kapitel 2.4.1., insb. Fn. 176-178, und Kapitel 2.4.2.3., insb. Fn. 253f.

sehr gut (20 %) beurteilt, während *S&P* nur in ca. 45 % der Fälle (31,6 %; 13,2 %) entsprechend eingestuft wird. Für letztgenannte Agentur wird das Urteil „befriedigend" mit 42,1 % am häufigsten gefällt, während das bei *Moody's* nur 20 % der Antworten ausmacht. Schlechtere Einschätzungen als diese gibt es für beide Agenturen nur in Ausnahmefällen. Die durchschnittlich bessere Beurteilung von *Moody's* findet sich durch die 29 von beiden gerateten Unternehmen bestätigt. Dass diese Unternehmen häufig eine differenzierte Ansicht zu den beiden Agenturen geäußert haben, verdeutlicht der niedrige Wert des Rangkorrelationskoeffizienten von 0,374 (p-Wert = 0,05) zwischen ihren Antworten.[1218] Insgesamt legen die Ergebnisse nahe, dass nach Ansicht der Befragten noch Verbesserungspotential bezüglich Transparenz des Ratingzustandekommens besteht, dies gilt in größerem Maße für *S&P*. Eine massive Unzufriedenheit ist aber nicht erkennbar. Bei der Ergebnisinterpretation ist auch zu bedenken, dass die von Unternehmen evtl. als Ideal betrachtete Situation der vollständigen Transparenz des Ratingverfahrens nicht realistisch ist, denn sie würde Manipulationsmöglichkeiten eröffnen und stünde im Konflikt mit berechtigten Geheimhaltungsinteressen der Agenturen.[1219]

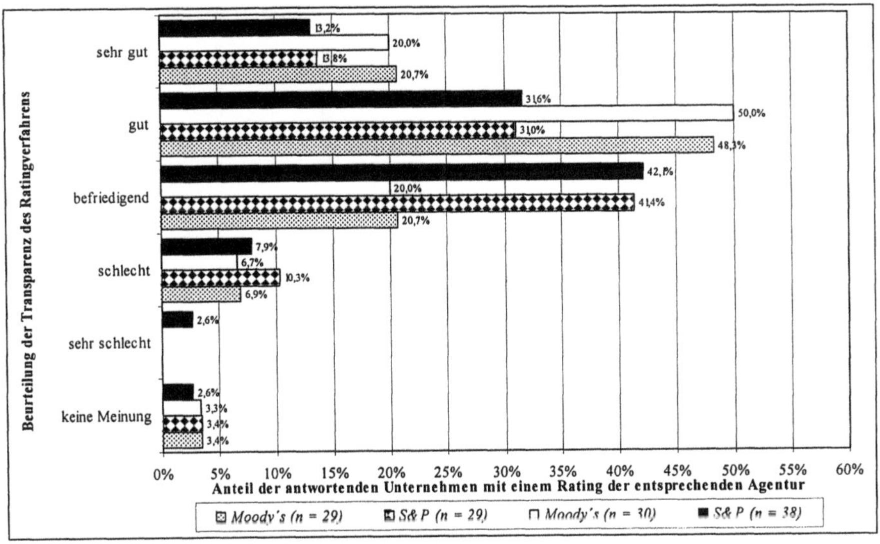

Abb. 26: Beurteilung der Transparenz des Ratingverfahrens

Im Vergleich zu den Ergebnissen von *Cantwell* (1999), die aus einer Zeit vor den jüngsten Regulierungsmaßnahmen stammen,[1220] fällt das hier gefundene Meinungsbild

1218 Bei der Berechnung wird hier und im Weiteren die Antwortkategorie „keine Meinung" vernachlässigt, da sie sich nicht in die ordinale Reihenfolge der sonstigen Antwortkategorien einfügt.

1219 Vgl. Kapitel 2.4.2.3., insb. Fn. 284.

1220 Vgl. Kapitel 2.4.3.

jedoch etwas schlechter aus. Weiterhin erhielt dort *S&P* und nicht *Moody's* etwas bessere Einstufungen.[1221] Zu Auswirkungen dieser Maßnahmen geben Vergleiche mit früheren Studien, wie sie auch in den weiteren Ausführungen erfolgen, allerdings nur schwache Anhaltspunkte.

Ein ähnlich breites Antwortspektrum zeigt sich auf die Frage, welche Informationen die Emittenten zum Ratingzustandekommen von den Agenturen erhalten (Abbildung 27). Das sind die ersten empirischen Befunde dieser Art, die v.a. für die gegenwärtige Regulierungsdiskussion von Interesse sind.

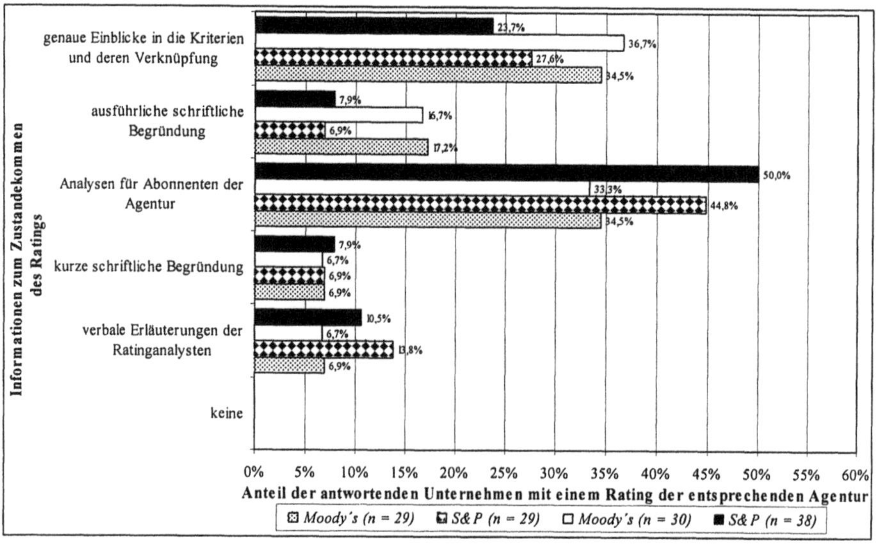

Abb. 27: Gewährte Informationen zum Zustandekommen des Ratings

Für *Moody's* geben z.B. knapp 37 % der Unternehmen an, genaue Einblicke in die Kriterien und deren Verknüpfung zu erhalten, während ca. 17 % eine ausführliche schriftliche Erläuterung zur Verfügung gestellt bekommen. Mit den gleichen Informationen, die auch Abonnenten der Agenturen in den Ratingbegründungen zugänglich sind, müssen sich 33 % der Befragten begnügen. Bei *S&P* stellen diese Dokumente die Informationsbasis für die Hälfte der antwortenden Unternehmen dar. Sie scheinen merklich seltener als bei *Moody's* darüber hinausgehende Informationen zu erhalten (ausführliche schriftliche Begründung 7,9 %; genaue Einblicke in die Kriterien und deren Verknüpfung 23,7 %). Ein niedrigeres Informationsniveau als die Ratingbegründungen für Abonnenten der Agenturen wird aber nur in wenigen Fällen konstatiert. Die Unterschiede zwischen *S&P* und *Moody's* bestätigen sich auch bei Fokussierung auf die Antworten der 29 von beiden gerateten Unternehmen. Allerdings ist hier ein

[1221] Vgl. Cantwell (1999), S. 19. Vgl. auch Anhang 3.

deutlich höherer Gleichklang im Antwortverhalten der einzelnen Unternehmen zu erkennen (r_s = 0,669 (p-Wert < 0,001)) als bei der Frage zur Transparenz des Ratingverfahrens.

Plausibel ist ein positiver Zusammenhang der Einschätzung der Transparenz des Ratingverfahrens mit dem von der jeweiligen Agentur gewährten Einblicksniveau in das Ratingzustandekommen. Ein solcher ist jedoch nicht festzustellen. Die Antworten auf beide Fragen weisen für *S&P* fast keinen Zusammenhang auf, während sich für *Moody's* kontraintuitiv eine leicht negative Rangkorrelation zeigt, die allerdings nicht signifikant ist (*S&P* r_s = 0,011 (p-Wert = 0,947); *Moody's* r_s = –0,284 (0,136)).

An den Befragungsergebnissen zu den gewährten Einblicken in das Zustandekommen des Ratings verwundert das breite Antwortspektrum, da es eine differenzierte Informationspolitik der Agenturen gegenüber verschiedenen Emittenten nahe legt. Das erscheint aus Reputationserwägungen aber als eher unwahrscheinlich.[1222] Um den Punkt genauer zu prüfen, wird untersucht, ob die Höhe des konstatierten Einblicksniveaus positiv mit der Unternehmensgröße, der Höhe des gezahlten Ratinghonorars oder der Dauer der Ratingbeziehung zusammenhängt.[1223] Dahinter steht die Vermutung, dass Agenturen in solchen Fällen mehr Einblicke gewähren könnten, in denen ein höheres Interesse am Erhalt der Geschäftsbeziehung zu erwarten ist.[1224] Bei beiden Agenturen lassen sich für sämtliche dieser Merkmale keine signifikanten Zusammenhänge mit der Antwort zum erhaltenen Informationsumfang feststellen.[1225] Angesichts dessen ist als Ursache eher zu vermuten, dass die Antwortvorgaben von den Befragten unterschiedlich verstanden wurden.

Wie in Kapitel 3.4. ausgeführt, gewähren die Agenturen den Unternehmen nach eigener Aussage ein Prüfungs- und Mitspracherecht bei Veröffentlichungen zu ihrem Rating. Bezüglich analytischer Aussagen bzw. den Entscheidungsgründen für das Rating wird ein solches von den Agenturen aber verneint.[1226] Es besteht allerdings ein Einspruchsrecht gegen ein vorläufiges Rating vor dessen endgültiger Verabschiedung und Publikation.[1227] Abbildung 28 zeigt, dass mit einer Ausnahme alle Befragten ein Mitspracherecht bei den veröffentlichten Ratingbegründungen bestätigen. Über ein Drittel der von *S&P* und ca. ein Viertel der von *Moody's* gerateten Unternehmen sehen Mitsprachemöglichkeiten auch bei analytischen Aussagen, während der Rest dies nur be-

---

1222 Vgl. Steiner/Heinke (1996), S. 618f.; Covitz/Harrison (2003), S. 23. Vgl. auch Kapitel 2.4.2.3., insb. Fn. 246.

1223 Vgl. zu diesen möglichen Einflussfaktoren ähnlich z.B. Steiner/Heinke (1996), S. 618f., oder Covitz/Harrison (2003), S. 6-9.

1224 Vgl. z.B. Päßler (2007), S. 112f. Vgl. auch Kapitel 2.4.2.3.

1225 Rangkorrelationskoeffizient des Informationsumfang mit der (i) Unternehmensgröße: *S&P* r_s = 0,122 (p-Wert = 0,464); *Moody's* r_s = 0,269 (0,151); (ii) Höhe des jährlichen Ratinghonorars: S&P r_s = 0,068 (0,0690); Moody's r_s = 0,234 (0,214); (iii) Dauer der Ratingbeziehung: S&P r_s = –0,046 (0,792); Moody's r_s = 0,230 (0,230).

1226 Vgl. Meyer-Parpart (1996), S. 117f.; Moody's (2001), S. 6-8. Vgl. auch SEC (2003b), S. 27.

1227 Vgl. zu Details Kapitel 3.4., insb. Fn. 588f.

züglich Faktenangaben konstatiert. Da eine Mitsprache aber die Kenntnis der Dokumente impliziert, ist dieses Ergebnis ein weiteres Indiz dafür, dass die Ursache des breiten Antwortspektrums auf die vorherige Frage vorrangig in einem unterschiedlichen Verständnis der Antwortvorgaben zu sehen ist. Bei den 29 von beiden Agenturen gerateten Unternehmen ergeben sich deckungsleiche Ergebnisse. Der Rangkorrelationskoeffizient in Höhe von eins verdeutlicht zudem, dass jedes dieser Unternehmen beide Agenturen identisch eingestuft hat. Der etwas höhere Anteil, der bei *S&P* ein Mitspracherecht sowohl bei Faktenangaben als auch analytischen Aussagen konstatiert (36,8 % vs. 23,3 % bei *Moody's*), geht folglich auf die Unternehmen zurück, die nur von dieser Agentur geratet werden und über keine direkte Vergleichsmöglichkeit verfügen. Bei *Cantwell* (1999) findet sich ebenfalls ein differenziertes Ergebnis. Dort bekundet aber ein merklich größerer Anteil (ca. 55 %) für beide Agenturen ein Mitspracherecht bei analytischen Informationen.[1228]

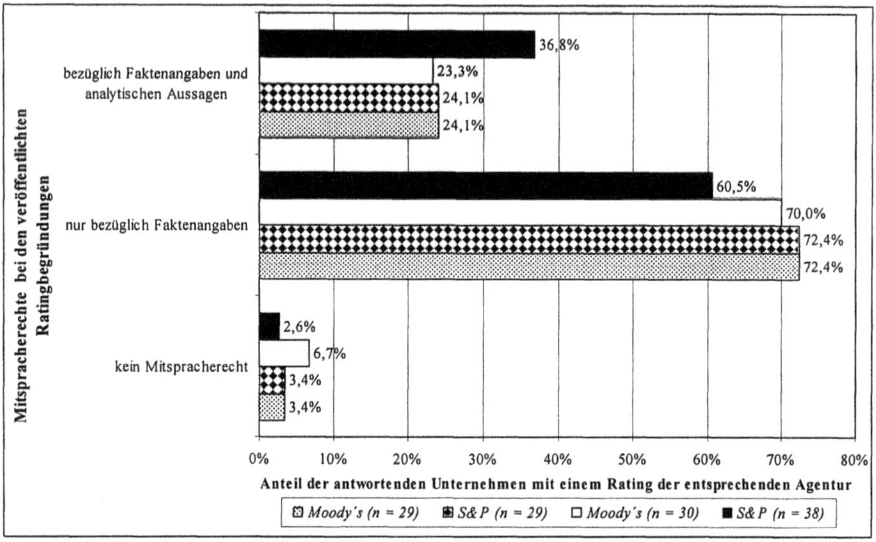

Abb. 28: Mitspracherechte bei veröffentlichten Ratingbegründungen

Die differenzierten Antworten zum Ausmaß der Mitsprache verwundern allerdings. Sie könnten ebenfalls auf eine fallweise unterschiedliche Handhabung durch die Agenturen hindeuten. Auch hier werden daher die Zusammenhänge der Antworten mit der Unternehmensgröße, der Höhe des Ratinghonorars und der Dauer der Ratingbeziehung untersucht.[1229] Wiederum zeigen sich keine signifikanten Ergebnisse.[1230]

[1228] Vgl. Cantwell (1999), S. 14.

[1229] Vgl. ähnlich oben in diesem Kapitel, insb. Fn. 1223 m.w.N.

[1230] Rangkorrelationskoeffizient des Mitspracheumfangs mit der (i) Unternehmensgröße: *S&P* r_s = 0,026 (p-Wert = 0,879) und *Moody's* r_s = 0,023 (0,904); (ii) Höhe des jährlichen Ratinghonorars:

Gegen eine systematisch unterschiedliche Behandlung von Unternehmen durch die Agenturen spricht zudem, dass weder für *S&P* noch für *Moody's* ein ausgeprägter positiver Zusammenhang zwischen den Antworten zum erhaltenen Informationsumfang über das Ratingzustandekommen und zu den Mitsprachemöglichkeiten bei den Ratingbegründungen zu verzeichnen ist (*S&P* $r_s = 0{,}277$ (p-Wert = 0,093); *Moody's* $r_s =$ 0,200 (0,289)). Eine mögliche Erklärung für die differenzierte Sichtweise der Befragten könnte sein, dass v.a. solche Unternehmen angegeben haben, auch bei analytischen Aussagen mitsprechen zu können, die schon mal von ihrem Einspruchsrecht gegen ein vorläufiges Rating Gebrauch gemacht haben.[1231]

Die Qualität der Ratingbegründungen beider Agenturen wird von den Unternehmen mehrheitlich als gut (*S&P* 57,9 %; *Moody's* 63,3 %) und z.T. sogar sehr gut (*S&P* 21,1 %; *Moody's* 23,3 %) eingestuft (Abbildung 29). Es zeigt sich erneut eine leicht positivere Einschätzung für *Moody's*. Mit Blick auf die 29 für beide Agenturen antwortenden Unternehmen bestätigen sich die Befunde. Wie die Rangkorrelation ($r_s =$ 0,758 (p-Wert < 0,001)) erkennen lässt, beurteilen sie jeweils die Agenturen sehr ähnlich, obwohl auch differenzierte Antworten zu verzeichnen sind. Die Ergebnisse legen nahe, dass die Dokumente von den Befragten überwiegend als verständliche und treffende Erläuterung der wesentlichen Hintergründe und Bestimmungsfaktoren ihres Ratings gesehen werden. Dadurch erfährt die wichtige Annahme der Inhaltsanalyse, dass die für ein Rating entscheidenden Kriterien zu einem gewissen Grad in dem zugehörigen Begründungsdokument zu finden sind,[1232] weitere Stützung. Erneut sind die Einstufungen im Durchschnitt etwas schlechter als bei *Cantwell* (1999) und die Rangfolge der beiden Agenturen umgekehrt.[1233] Das weckt gewisse Zweifel, ob sich nach den IOSCO-Vorgaben merkliche Verbesserungen eingestellt haben.

Es könnte vermutet werden, dass die Einschätzung der Qualität der Ratingbegründungen umso positiver ausfällt, je höher das Ausmaß der Mitsprachemöglichkeiten ist. Für beide Agenturen können allerdings keine derartigen Zusammenhänge im Antwortverhalten der Unternehmen gefunden werden, die Rangkorrelationen sind jeweils nahe null (*S&P* $r_s = 0{,}089$ (p-Wert = 0,927); *Moody's* $r_s = 0{,}046$ (0,814)). Weiterhin erweist sich die Qualitätseinschätzung als unabhängig vom Ergebnis des Ratingverfahrens. Es besteht kein signifikanter Zusammenhang mit der Ratingklasse (*S&P* $r_s = 0{,}015$ (p-Wert = 0,927); *Moody's* $r_s = -0{,}224$ (0,243)).

S&P $r_s = -0{,}228$ (0,174) und *Moody's* $r_s = 0{,}007$ (0,972); (iii) Dauer der Ratingbeziehung: *S&P* $r_s = 0{,}240$ (0,159) und *Moody's* $r_s = 0{,}295$ (0,120).

1231 Die (nicht signifikante, aber merklich) positive Korrelation (vgl. Fn. 1230) der Antwort zum Mitspracherecht mit der Länge der Ratingbeziehung könnte als gewisse Stütze dieser Argumente gesehen werden, da das Auftreten von Auseinandersetzungen mit zunehmder Länge der Beziehung eher zu erwarten ist.

1232 Vgl. dazu Kapitel 4.4.3. und Kapitel 5.3.

1233 Vgl. Cantwell (1999), S. 12.

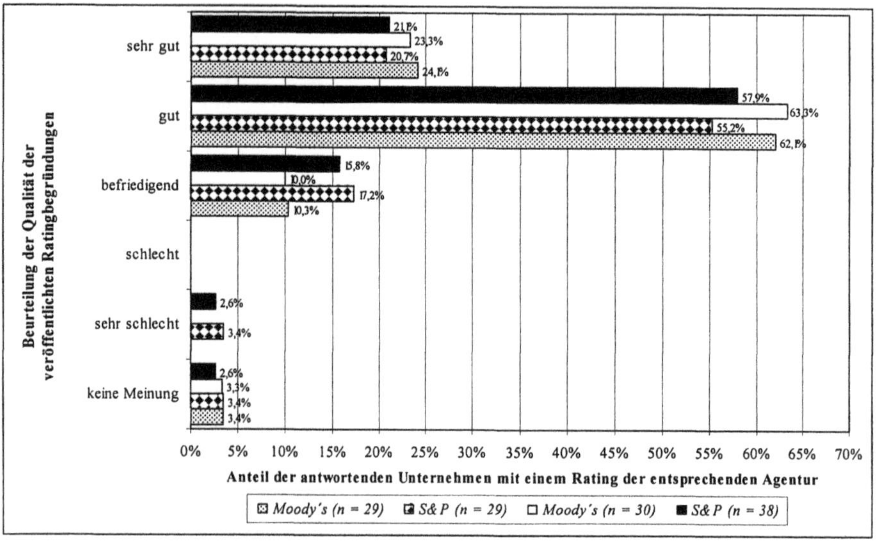

Abb. 29: Beurteilung der Qualität der veröffentlichten Ratingbegründungen

6.2.3. Bestimmungsfaktoren des Ratings und seiner Änderung

Wie aus Abbildung 30 ersichtlich wird, sprechen die Befragten sowohl für *S&P* als auch für *Moody's* der Cash Flow-Analyse die größte Wichtigkeit für das Rating zu (4,81 bzw. 4,83). Die im Vergleich zu den anderen Bereichen niedrige Standardabweichung deutet zudem auf die Einhelligkeit der Einschätzung hin. Die von den Agenturen betonte hohe Bedeutung der Cash Flow-Analyse wird von Unternehmensseite bestätigt. Das deckt sich zudem mit Befragungsergebnissen von *Ellis* (1998) und *Baker/Mansi* (2002).[1234] Mit der Wettbewerbsposition wird ein vorrangig qualitativ geprägter Analysebereich des Geschäftsrisikos als der zweitwichtigste (4,57 bzw. 4,57) eingestuft. Insgesamt fällt auf, dass die Befragten den meisten Analysebereichen für beide Agenturen hohe Wichtigkeit beimessen, die Mittelwerte liegen i.d.R. über 4,0.[1235] Einzig den Bereichen Länderrisiko und Rechnungslegungsqualität wird mit Durchschnitten von ca. 2,7 bzw. 3,2 für beide Agenturen durchschnittlich eine merklich geringere Bedeutung attestiert.[1236] Interessant ist, dass die qualitativ geprägten Ge-

1234 Vgl. Ellis (1998), S. 43f.; Baker/Mansi (2002), S. 1392f. Vgl. auch Kapitel 4.3.2. und Anhang 3.

1235 Die Finanzpolitik zählt in der Ratinganalyse zum Risikobereich Managementqualität und wurde auch in der Inhaltsanalyse als Kategorie unter der Hauptkategorie Managementqualität berücksichtigt. Vgl. Kapitel 3.2.4.2., insb. Abbildung 8, sowie Kapitel 5.1.4. Aus Gründen der größeren Klarheit wurden die Managementqualität und die Finanzpolitik hier aber getrennt abgefragt.

1236 Unter der Auffangkategorie „Sonstiges“ wurde nur drei weitere Aspekte genannt, nämlich „Status als Bundesunternehmen“, „structural subordination“ sowie „shareholder support“. Diese Aspekte bleiben im Weiteren unberücksichtigt.

schäftsrisikobereiche ähnlich hoch eingestuft wurden wie die quantitativ geprägten des Finanzrisikos. Die Unternehmen scheinen die Wichtigkeit auch der qualitativen Faktoren für das Rating zu erkennen. Das zeigt sich hier viel deutlicher als in anderen Befragungsstudien, denn diese haben i.d.R. nur den wichtigsten Analysebereich aus einer vergleichbaren Liste erfragt.[1237] U-Tests ergeben keinerlei signifikante Differenzen in Bezug auf die Wichtigkeit der Risikobereiche für das Rating zwischen *S&P* und *Moody's*. Allerdings zeigen die Rangkorrelationen der Antworten der Unternehmen, die von beiden Agenturen geratet werden, keinen völligen Gleichlauf. Vielmehr lassen sie z.T. differenzierte Ansichten für *S&P* und *Moody's* erkennen, und zwar ausgeprägter für die Bereiche des Finanzrisikos. Die Befunde basieren zudem auf der relativ groben Differenzierung von Analysebereichen, so dass evtl. im Detail von den Unternehmen erkannte Unterschiede nicht offenbart werden konnten.

Risikobereich der Ratinganalyse	*S&P* (n = 37)		*Moody's* (n = 30)		U-Test		Rangkorrelation bei Rating v. *S&P* und *Moody's* (n = 29)
	MW[1]	Std.[2]	MW	Std.	Z[3]	p-Wert	
Länderrisiken	2,70	1,102	2,73	1,202	-0,046	0,965	0,976**
Branchenrisiken	4,35	0,753	4,43	0,679	-0,378	0,715	0,932**
Wettbewerbsposition; Geschäftsrisiken	4,57	0,647	4,57	0,626	-0,075	0,987	0,930**
Managementqualität	3,95	0,970	3,97	0,999	-0,160	0,885	1,000**
Finanzpolitik	4,46	0,605	4,47	0,629	-0,100	0,997	0,827**
Rechnungslegungsqualität	3,22	0,917	3,23	0,935	-0,056	0,962	0,973**
Profitabilität; Ertragskraft	4,41	0,798	4,53	0,629	-0,474	0,641	0,684**
Kapitalstruktur; Vermögensschutz	4,32	0,669	4,23	0,728	-0,498	0,663	0,782**
Cash Flows; Cash Flow-Kennzahlen	4,81	0,462	4,83	0,379	>-0,001	>0,999	0,490**
finanzielle Flexibilität	4,27	0,769	4,37	0,809	-0,761	0,482	0,796**

[1] MW = Mittelwert (Beurteilungsskala: 1 = überhaupt nicht wichtig, ..., 5 = sehr wichtig).
[2] Std = Standardabweichung als Maß für die Streuung der Meinungsäußerung zwischen den antwortenden Unternehmen.
[3] Z = *Mann-Whitney* -U-Test -Prüfgröße auf Unterschiedlichkeit zweier unabhängiger Stichproben bezüglich ihrer zentralen Tendenz.
** Signifikanz auf dem 1 %-Niveau.
* Signifikanz auf dem 5 %-Niveau.

Abb. 30: Beurteilung der Wichtigkeit der Ratinganalysebereiche[1238]

Die Inhaltsanalyse ergab ebenfalls eine hohe Bedeutung der Cash Flow-Analyse für das Rating. Innerhalb des Finanzrisikos war sie die wichtigste Hauptkategorie. Über alle Hauptkategorien gesehen war sie aber nur die viertwichtigste. Die Wettbewerbsposition, die bei der Befragung als zweitwichtigster Risikobereich eingestuft wurde, war dort mit deutlichem Abstand die wichtigste Hauptkategorie. Zur Beurteilung des Managements ist aus Sicht der Unternehmen für beide Agenturen die Finanzpolitik merklich wichtiger (Mittelwert ca. 4,5) als die sonstige Managementqualität (Mittelwert ca. 4). Die Inhaltsanalyse hatte ebenfalls die hohe Bedeutung der Finanzpolitik bei der Analyse der Managementqualität gezeigt, es fand sich aber, insbesondere bei *Moody's*, keine Dominanz dieser Kategorie innerhalb der Hauptkategorie Manage-

[1237] Vgl. Ellis (1998), S. 43f.; Baker/Mansi (2002), S. 1392f.

[1238] Zugrunde liegende Fragen: „Aus ihrer Erfahrung: Wie wichtig sind Ihrer Ansicht nach die unten angeführten Analysebereiche für das Emittenten-Rating Ihres Unternehmens durch nachfolgende Ratingagenturen?" (jeweilige Beurteilungsskala: 1 = überhaupt nicht wichtig, ..., 5 = sehr wichtig). Vgl. auch Anhang 37.

mentqualität. Die Einschätzungen der Befragten bestätigen den in der Inhaltsanalyse gewonnenen Eindruck einer nur untergeordneten Bedeutung von Länderrisiken für das Rating von Unternehmen aus dem kontinentaleuropäischen Raum. Ebenfalls finden beide Untersuchungen übereinstimmend eine nachrangige Wichtigkeit der Rechnungslegungsqualität. Das wird dadurch verständlich, dass die Agenturen für Finanzdaten der Vergangenheit i.d.R. auf testierte Abschlüsse zurückgreifen und Aspekte der Rechnungslegung und Abschlussprüfung nur Auswirkungen auf das Rating haben, wenn wichtige Besonderheiten oder Unregelmäßigkeiten zu verzeichnen sind. Mit den inhaltsanalytischen Befunden deckt sich auch die ähnlich hohe Bedeutung, die den qualitativ geprägten Analysebereichen des Geschäftsrisikos im Vergleich zu den quantitativ geprägten des Finanzrisikos von den Befragten zugesprochen wurde.[1239] Konträr zu obigen Ergebnissen sehen die Unternehmen aber keine signifikanten Unterschiede zwischen den Ratingagenturen. Dort hatte sich v.a. eine signifikante Höhergewichtung der Rechnungslegungsqualität durch *S&P* und der Managementqualität durch *Moody's* ergeben.[1240]

Analog zur Sensitivitätsanalyse der Inhaltsanalyse stellt sich die Frage, ob sich hinter den aggregierten Werten merkliche Antwortunterschiede zwischen Unternehmen verschiedener Branchen oder Ratingklassen verbergen. Auch hier wird in univariaten Analysen Einflüssen dieser Faktoren auf die Ergebnisse für die jeweilige Agentur und auf den Vergleich zwischen ihnen nachgegangen.[1241] Angesichts des begrenzten Datenumfangs und v.a. aus Konsistenzgründen werden ebenfalls die Differenzierungen in die beiden Gruppen Industrie und Nicht-Industrie für die Branchen sowie *investment grade* und *speculative grade* für die Ratingklassen vorgenommen.[1242] Die Ergebnisse sind in Anhang 39 zusammengestellt. Es finden sich, bis auf eine Ausnahme,[1243] keine signifikanten Unterschiede im Antwortverhalten zwischen den Gruppen, wenn die Antworten für jede Agentur separat betrachtet werden. Auch die bisherigen Befunde zum Vergleich der Agenturen durch die von beiden gerateten Unternehmen sowie der sehr hohe Gleichklang ihrer Einschätzungen bleiben über die Gruppendifferenzierungen hinweg erhalten.[1244]

Die Sensitivitätsanalyse der Inhaltsanalyse auf Hauptkategorienebene (Anhang 19) hatte im Einklang dazu keine Auswirkungen der Branche und Ratingklasse auf die Ergebnisse des Vergleichs von *S&P* und *Moody's* ergeben. Ebenso fanden sich bei den Agenturen, wie hier, keine signifikanten Unterschiede zwischen der Analyse von Unternehmen des *investment grade*- und *speculative grade*-Bereichs. Anders als hier hat-

1239 Vgl. Kapitel 5.2.1.2.1. zu den entsprechenden Befunden der Inhaltsanalyse.

1240 Vgl. Kapitel 5.2.1.2.2.1.

1241 Vgl. Kapitel 5.2.1.3.1. zum Vorgehen der Sensitivitätsanalyse der Inhaltsanalyse.

1242 Vgl. Kapitel 5.2.1.3.2. und 5.2.1.3.3.

1243 Bei der Ausnahme handelt es sich um die unterschiedliche Einschätzung der Wichtigkeit der Managementqualität für *S&P* durch Industrie- und Nicht-Industrieunternehmen.

1244 Nur die Cash-Flow-Analyse wird von Industrie- sowie *investment grade*-Unternehmen jeweils für beide Agenturen differenziert eingeschätzt, wie die beiden einzigen statistisch nicht signifikanten Rangkorrelationskoeffizienten in Höhe von jeweils 0,332 nahe legen.

ten sich dort aber für beide Agenturen jeweils signifikante Unterschiede für einige der Hauptkategorien bei der Analyse der verschiedenen Branchen gezeigt.[1245]

Wichtigste Auslöser von Ratingänderungen durch beide Agenturen sind nach Meinung der Befragten (Abbildung 31) Unternehmenstransaktionen (ca. 4,6). Danach folgen mit etwas Abstand, aber jeweils annähernd gleich hoch eingestuft, Veränderungen im Geschäftsrisiko und im Finanzrisiko (jeweils ca. 4,2). Kapitaltransaktionen werden hingegen als weniger wichtig erachtet (ca. 3,7). Ähnlich wie bei den Risikobereichen der Ratinganalyse wird auch sämtlichen potentiellen Auslösern von Ratingänderungen mit Durchschnittswerten zwischen 3,2 und 4,6 durchgängig hohe Wichtigkeit eingeräumt. Zwar erhalten Veränderungen der Ratingmethodik die geringste Einstufung. Da sie aber eher selten zu verzeichnen sind und dann meist nur in wenigen Fällen auch zu Ratingänderungen führen, verwundert der hohe Wert. Das könnte u.U. auf die hohe Öffentlichkeitswirkung der von *S&P* veränderten Analysemethodik für Pensionsrückstellungen zurückgehen. Zwischen den Agenturen sind gemäß U-Tests keine signifikanten Unterschiede zu vermerken. Das wird durch die hochkorrelierten Antworten der gemeinsam gerateten Unternehmen gestützt.

Auslöser der Ratingänderung	***S&P* (n = 38)**		***Moody's* (n = 30)**		**U-Test**		**Rangkorrelation bei Rating v. *S&P* und *Moody's* (n = 29)**
	MW	**Std.**	**MW**	**Std.**	**Z**	**p-Wert**	
Unternehmenskauf/-zusammenschluss	4,61	0,718	4,59	0,733	-0,114	0,943	1,000**
Kapitaltransaktion/Neuemission	3,76	1,173	3,67	1,184	-0,352	0,731	0,994**
Veränderung in Branchen- und Geschäftsrisiken (ohne (a) oder (b))	4,24	0,751	4,17	0,791	-0,345	0,757	0,981**
Veränderung in Finanzrisiken (ohne (a) oder (b))	4,24	0,714	4,23	0,774	-0,053	0,999	0,917**
Veränderung der Ratingmethodik	3,32	1,068	3,20	1,064	-0,317	0,761	0,860**

Vgl. zur Erläuterung der Variablen und Symbole die Legende von Abbildung 30.

Abb. 31: Beurteilung der Wichtigkeit möglicher Auslöser von Ratingänderungen[1246]

Die Inhaltsanalyse von Ratingänderungsbegründungen kam zu ähnlichen Befunden. Auch sie ergab die nachrangige Bedeutung von Kapitaltransaktionen und Veränderungen der Ratingmethodik als Auslöser von Ratingaktionen. Die meisten Fälle waren dort aber auf Veränderungen allein im Finanzrisiko zurückzuführen. Unternehmenstransaktionen hatten sich hingegen als zweithäufigster Auslöser erwiesen. Die in der Befragung gefundene annähernd gleich hohe Einstufung von Veränderungen in Finanz- und Geschäftsrisiken fand sich in dieser Form nicht in den Ergebnissen der Inhaltsanalyse. Die Befunde sind aber insoweit konsistent zueinander, dass bei Ratingänderungen aufgrund von veränderten Geschäftsrisiken in den Ratingänderungsbegründungen i.d.R. auch die damit verbundenen Konsequenzen im Finanzrisiko the-

[1245] Vgl. Kapitel 5.2.1.2.2.1., insb. Fn. 1013f., sowie Anhang 19.

[1246] Zugrunde liegende Fragen: „Aus Ihrer Erfahrung: Wie wichtig sind ihrer Ansicht nach die unten angeführten Entwicklungen als mögliche Auslöser für eine Ratingänderung durch nachfolgende Agenturen?" (jeweilige Beurteilungsskala: 1 = überhaupt nicht wichtig, ..., 5 = sehr wichtig). Vgl. auch Anhang 37.

matisiert wurden. Ebenso wie bei der Befragung fanden sich bei der Inhaltsanalyse keine signifikanten Unterschiede zwischen *S&P* und *Moody's*.[1247]

6.2.4. Rating und die Umstellung der Rechnungslegung auf IFRS

Von den 39 antwortenden Unternehmen haben 17 (ca. 44 %) nach Beantragung eines Ratings von *S&P* oder *Moody's* ihre Rechnungslegung auf die IFRS umgestellt und konnten die entsprechenden Fragen des Fragebogens beantworten. Die Umstellungen stellten i.d.R. einen Wechsel vom HGB dar und erfolgten überwiegend ab 2005.[1248] Mit einer Ausnahme haben alle Unternehmen den Ratingagenturen über die nach SIC 8 bzw. IFRS 1 verpflichtenden Angaben hinaus weitere Informationen zu Auswirkungen ihrer IFRS-Umstellung zur Verfügung gestellt (Abbildung 32).[1249]

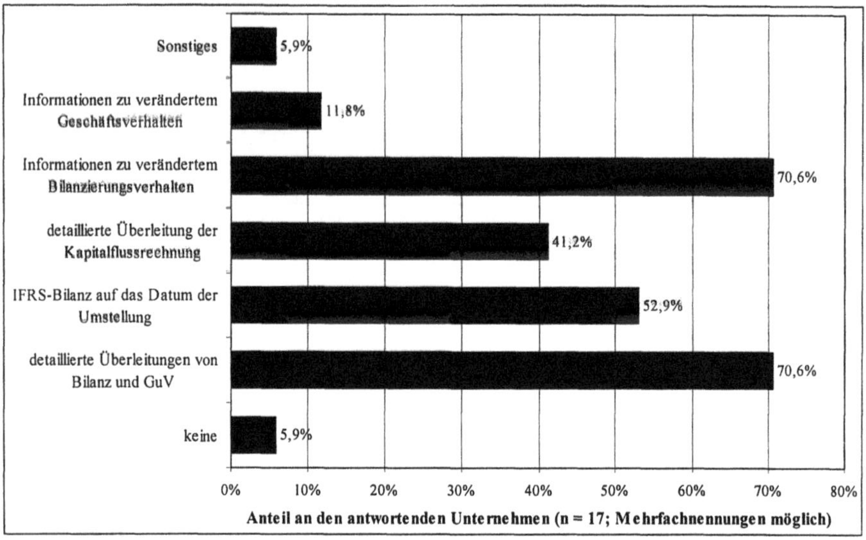

Abb. 32: Informationsgewährung an die Ratingagenturen zur IFRS-Umstellung[1250]

[1247] Vgl. Kapitel 5.2.2.1. zu den entsprechenden Befunden der Inhaltsanalyse. Die dortige Differenzierung zwischen Herauf- und Herabstufungen wurde in der Befragung nicht vorgenommen.

[1248] Von den 17 Unternehmen wechselten 14 vom HGB, eins vom öHGB und zwei von den US-GAAP auf die IFRS. Die Umstellung erfolgte bei zwei Unternehmen in 2006, acht in 2005, zwei in 2003, einem in 2001 und den restlichen vier bereits vor 2000.

[1249] Bei der erstmaligen Anwendung der IFRS bzw. einer Umstellung auf die IFRS waren vor dem 01.01.2004 die Regelungen und Angabepflichten von SIC 8 zu beachten, seit diesem Stichstag gilt diesbezüglich hingegen IFRS 1. Vgl. dazu auch Pellens/Fülbier/Gassen (2006), S. 761-779.

[1250] Unter der Auffangkategorie „Sonstiges“ fand sich nur eine Nennung, nämlich „Kaum Infowünsche, da keine Kapitalmarkt-Emission im Umstellungsjahr“.

Es ist aber eine heterogene Informationspolitik der Unternehmen zu konstatieren. Die meisten haben detaillierte Überleitungen der Bilanz und GuV von ihren vorher verwendeten Standards auf die IFRS und zudem weitere Erläuterungen über geänderte Bilanzierungspraktiken präsentiert (jeweils 70,6 %). Von ungefähr der Hälfte der Unternehmen wurde auch eine vollständige IFRS-Bilanz auf das Umstellungsdatum erstellt. Eine Überleitung der Kapitalflussrechnung nahmen nur ca. 40 % vor. Dies ist nicht verwunderlich, da für dieses Rechenwerk die geringsten Umstellungswirkungen zu erwarten waren.[1251] Einblicke in geplante umstellungsbedingte Änderungen des Geschäftsverhaltens gewährten die Unternehmen nur in wenigen Fällen (11,8 %). Keiner der verschiedenen Informationswünsche der Ratingagenturen wurde folglich in allen Fällen erfüllt. Auch hat keines der antwortenden Unternehmen alle angeführten Informationselemente zur Verfügung gestellt. Diese Befunde decken sich weitgehend mit den in Kapitel 3.2.4.4.3. berichteten Erfahrungen, die die Agenturen mit der Informationspolitik der Unternehmen zur IFRS-Umstellung auf europäischer Ebene insgesamt gemacht haben.[1252]

In Kapitel 3.2.4.4.3. wurden ebenfalls verschiedene Rechnungslegungsbereiche erläutert, die die Agenturen bei einer IFRS-Umstellung als besonders wichtig betrachten. Diesen wird von den Unternehmen aber im Durchschnitt nur ein geringes bis mittleres Interesse der Agenturen bei der Analyse ihrer IFRS-Umstellung attestiert. Wie aus Abbildung 33 ersichtlich ist, liegen die Mittelwerte der Einschätzungen für beide Agenturen zwischen 1,5 und 3,5. Die mit Abstand höchste Relevanz hatte demnach die Bilanzierung von Rückstellungen (*S&P* 3,0; *Moody's* 2,6), Pensionsverpflichtungen (3,5; 3,3) und Operating Leasing-Verhältnissen (3,0; 2,6). Hybriden Finanzinstrumten und einer aktienbasierten Vergütung wurde demgegenüber die geringste Aufmerksamkeit gewidmet. Das könnte dadurch bedingt sein, dass diese Sachverhalte nicht bei allen Unternehmen vorzufinden sind.

Die durchgängig relativ hohen Standardabweichungen deuten auf ein differenziertes Meinungsbild hinter den Durchschnittswerten. Dennoch legen die Ansichten der Unternehmen nahe, dass im Vergleich zur standardmäßigen Analyse der Rechnungslegungsdaten und -qualität keine außergewöhnlich intensiven Analysen aus Anlass der IFRS-Umstellung stattgefunden haben. Das könnte darauf zurückgehen, dass diese aus Sicht der Agenturen, wie in Kapitel 3.2.4.4. angedeutet, wegen der davor bereits durchgeführten analytischen Anpassungen und der starken Orientierung an Cash Flow-basierten Kennzahlen nicht erforderlich waren. Vor diesem Hintergrund erscheint zwar die von den Unternehmen bekundete Schwerpunktsetzung auf Aspekte der Verschuldungsanalyse verwunderlich, denn die bisherigen Anpassungen der Finanzdaten erfolgten vorrangig in diesem Bereich.[1253] Eine Erklärung dafür könnte aber sein, dass

1251 Vgl. Kapitel 3.2.4.4.3.

1252 Vgl. Kapitel 3.2.4.4.3., insb. Fn. 557.

1253 Vgl. Kapitel 3.2.4.3. sowie die Kapitel 3.2.4.4.1. und 3.2.4.4.2.

die Agenturen v.a. eine Verprobung dieser Anpassungen mit den Werten und umfangreicheren Anhangangaben nach IFRS vorgenommen haben.[1254]

Rechnungslegungsbereich	*S&P* (n = 15)		*Moody's* (n = 10)		U-Test		Rangkorrelation bei Rating v. *S&P* und *Moody's* (n = 10)
	MW	Std.	MW	Std.	Z	p-Wert	
Kaufpreisallokation; Goodwill-Bilanzierung	2,33	1,291	2,10	1,287	-0,470	0,699	1,000**
Zweckgesellschaften	2,13	1,187	2,30	1,252	-0,355	0,752	1,000**
immaterielles Vermögen; F&E-Ausgaben	2,13	1,125	1,80	1,229	-0,830	0,403	1,000**
Vorratsbewertung	2,33	1,345	1,70	1,059	-1,185	0,242	1,000**
hybride Finanzinstrumente	1,93	1,280	2,00	1,491	-0,092	0,959	1,000**
Rückstellungen	3,00	1,464	2,60	1,578	-0,604	0,573	1,000**
Pensionsverpflichtungen	3,53	1,552	3,30	1,829	-0,116	0,936	1,000**
Leasing	3,00	1,512	2,60	1,430	-0,681	0,529	0,974**
Derivate; Hedge Accounting	2,40	1,121	1,90	0,876	-1,097	0,313	0,990**
latente Steuern	2,57	1,222	2,00	1,054	-1,151	0,285	1,000**
Umsatz-/Ertragsrealisation	2,36	1,151	1,89	1,054	-0,985	0,379	1,000**
Wertminderungstest	2,20	1,207	1,70	0,949	-1,027	0,343	1,000**
aktienbasierte Vergütung	1,53	1,125	1,80	1,317	-0,672	0,572	1,000**
Kapitalflussrechnung	2,87	1,457	2,40	1,506	-0,770	0,468	1,000**

Vgl. zur Erläuterung der Variablen und Symbole die Legende von Abbildung 30.

Abb. 33: Beurteilung der Analyse verschiedener Rechnungslegungsbereiche durch die Ratingagenturen bei der IFRS-Umstellung[1255]

Die vollen Datensätze für beide Agenturen vermitteln den Eindruck, als hätte *S&P* fast allen Rechnungslegungsbereichen höhere Aufmerksamkeit gewidmet. Die Inhaltsanalyse hatte diesen Befund ebenfalls ergeben.[1256] U-Tests zeigen aber keine signifikanten Unterschiede zwischen den Agenturen. Wird darüber hinaus auf ihren direkten Vergleich durch die gemeinsam gerateten Unternehmen abgestellt, offenbaren die Rangkorrelationen einen nahezu durchgängigen Gleichklang der Antworten. Die größeren Durchschnittswerte für *S&P* gehen also allein auf die höheren Einschätzungen der nur von dieser Agentur gerateten Unternehmen zurück.

6.2.5. Qualität des Ratings und Regulierung von Ratingagenturen

Etwas mehr als die Hälfte der Unternehmen ist der Ansicht, dass ihr Rating von *Moody's* die richtige Höhe aufweist, für *S&P* sehen das nur knapp 30 % als gegeben an

[1254] „For example, before IFRS, the disclosure of operating lease commitments in local GAAP financial statements in Europe were severley limited, so we often approximated operating lease obligations by applying a multiple to rent expense. Mandatory disclosure of operating lease commitments under IFRS now lets us universally apply our operating lease adjustments based on their net present value. Furthermore, improved disclosure under IFRS in many other areas, such as pensions and postretirement benefit obligations and asset retirement obligations, allow us to apply our adjustment criteria more rigorously." S&P (2007c), S. 40f.

[1255] Zugrunde liegende Frage: „Aus Ihrer Erfahrung: Inwieweit waren die unten angeführten Rechnungslegungsbereiche aufgrund der Umstellung Ihres Unternehmens auf die IFRS von besonderem Interesse für nachfolgende Ratingagenturen?" (Beurteilungsskala: 1 = trifft gar nicht zu, …, 5 = trifft voll zu). Vgl. auch Anhang 37.

[1256] Vgl. Kapitel 5.2.1.2.1., insb. Abbildung 14, sowie Kapitel 5.2.1.2.2.1., insb. Fn. 1013f.

(Abbildung 34). Die jeweils verbleibenden Unternehmen fühlen sich erwartungsgemäß zu schlecht beurteilt, nur in einem Fall wird das von *S&P* vergebene Rating als zu gut betrachtet. Beim direkten Vergleich der Agenturen durch die von beiden gerateten Unternehmen bleiben diese unterschiedlichen Einschätzungen erhalten. Der mit 0,493 (p-Wert = 0,009) relativ geringe Rangkorrelationskoeffizient deutet auf zahlreiche differenzierte Antworten der einzelnen Unternehmen. Daher müssen *split ratings* vorliegen. Aus den Befragungsergebnissen sind drei Fälle, in denen *Moody's* ein besseres Rating als *S&P* vergeben hat, und ein umgekehrter Fall erkennbar. Da bei den Antwortvorgaben die Feinabstufungen der Ratingklassen vernachlässigt wurden, lassen sich nur Unterschiede zwischen ganzen Ratingklassen aufdecken. Die Resultate legen aber weitere Fälle von *split ratings* innerhalb einer Ratingklasse nahe, bei denen mehrheitlich *S&P* das schlechtere Rating vergeben hat.

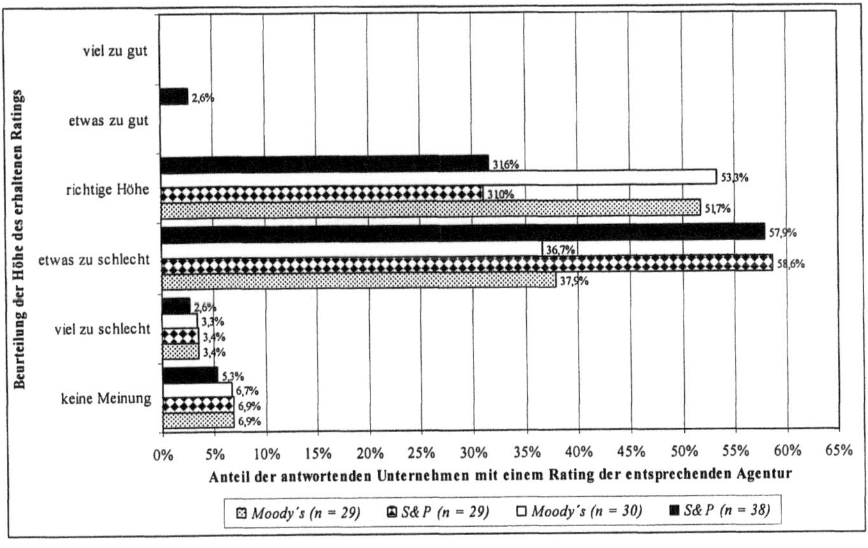

Abb. 34: Beurteilung der Höhe des erhaltenen Ratings

Insgesamt ist aber keine massive Unzufriedenheit erkennbar, wenn man bedenkt, dass Unternehmen grundsätzlich ein möglichst gutes Rating anstreben.[1257] Einige der negativen Einschätzungen ergeben sich zudem in Fällen von *split ratings*, bei denen jeweils das niedrigere als zu schlecht und das höhere als richtige Höhe gesehen wird. Diese Ergebnisse stehen tendenziell im Einklang mit denen anderer Befragungen. Dort zeigt sich aber regelmäßig ein größerer Anteil der Befragten mit der Ratinghöhe einverstan-

[1257] Das gilt v.a. für Erstratings. Bezüglich der Vermeidung späterer Ratingherabstufungen oder Erzielung von Ratingheraufstufungen ist hingegen davon auszugehen, dass die Unternehmen einen Kosten-Nutzen-Kalkül anstellen. Vgl. z.B. Koziol/Thabe (2005), S. 920.

den. Zudem wird beim Vergleich beider Agenturen, anders als hier, häufiger das Rating von *S&P* als das genauere betrachtet.[1258]

Mit der Aktualität ihres Ratings zeigt sich hingegen der überwiegende Teil der Unternehmen zufrieden (Abbildung 35). Jeweils über 70% sind der Ansicht, dass die Aktualität immer oder die meiste Zeit gegeben ist. Nur ca. 20% sehen sie in einigen Situationen nicht ausreichend gewährleistet, während knapp 7% finden, dass dies sogar häufiger der Fall ist. Die Beurteilungen der Aktualität durch die 29 gemeinsam gerateten Unternehmen zeigen insgesamt identische Häufigkeitsverteilungen für beide Agenturen und der Rangkorrelationskoeffizient in Höhe von 0,953 (p-Wert < 0,001) verdeutlicht den fast völligen Gleichlauf der Einschätzungen bei jedem dieser Unternehmen. Die im Vergleich zur Ratinghöhe sehr homogene Einschätzung der Ratingaktualität für beide Agenturen könnte darauf zurückgehen, dass sich Unterschiede hinsichtlich dieser Qualitätsdimension schwerer beurteilen lassen, als das auf Basis von *split ratings* bei der Ratinghöhe möglich ist. Vor dem Hintergrund eher kritischer Ergebnisse von Kapitalmarktstudien und Befragungen von Investoren zur Ratingaktualität[1259] zeugt dieses Meinungsbild von einem vergleichsweise ausgeprägteren Interesse der Unternehmenseite an stabilen Ratings.[1260]

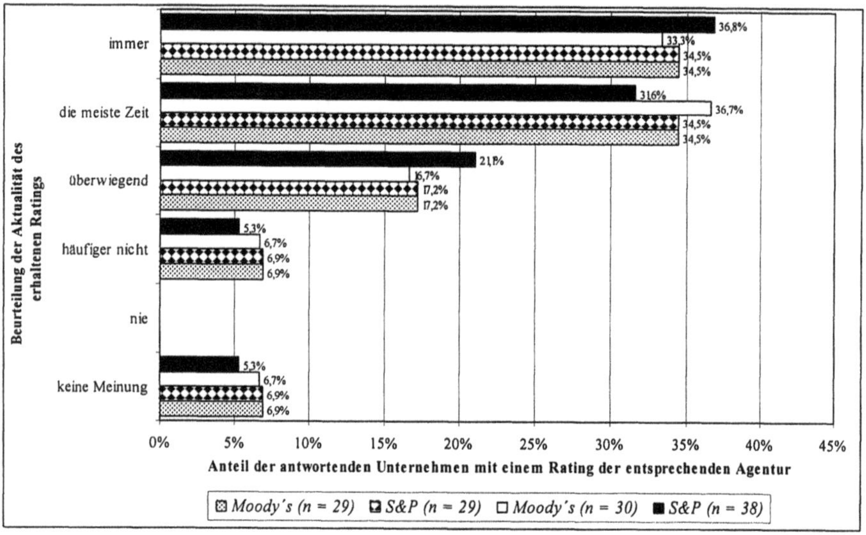

Abb. 35: Beurteilung der Aktualität des erhaltenen Ratings

[1258] Vgl. Ellis (1998), S. 41-44; Cantwell (1999), S. 11; Baker/Mansi (2002), S. 1385 und 1391f. Vgl. auch Anhang 3.

[1259] Vgl. zu den kritischen Ergebnissen von Kapitalmarktstudien zur Ratingaktualität Kapitel 2.4.1., insb. Fn. 172f. Vgl. zu Ergebnissen von Investorenbefragungen Ellis (1998), S. 41f., Baker/Mansi (2002), S. 1389-1391, und Anhang 3. Vgl. auch Kapitel 6.1.1., insb. Fn. 1170f.

[1260] Vgl. Ellis (1998), S. 43f.; AFP (2002), S. 7; Baker/Mansi (2002), S. 1389f. Vgl. auch Anhang 3.

Regulierungsinitiativen zum Ratinggeschäft zielen v.a. darauf, die Transparenz und Qualität von Ratings sicherzustellen. Vor dem Hintergrund der aufgezeigten Einschätzungen dieser Aspekte durch die gerateten Unternehmen ist es interessant, welche Regulierungsform sie für erforderlich halten (Abbildung 36). Auf die Wirksamkeit von Marktmechanismen und bestehenden Rechtsregeln vertrauen 23,1 % der Befragten, während 38,5 % eine zusätzliche Selbstverpflichtung der Agenturen über einen Verhaltenskodex begrüßen, wie sie gegenwärtig durch die IOSCO-Vorgaben gefordert wird. Damit betrachten über 60 % den gegenwärtigen Regulierungumfang als angemessen. Knapp ein Drittel der Unternehmen sieht jedoch darüber hinausgehenden Regulierungsbedarf für mehr Transparenz. Eine strikteres gesetzliches Haftungsrecht oder sogar eine staatliche Aufsicht für Ratingagenturen scheint in den Augen der Befragten allerdings kein bevorzugtes Mittel dafür zu sein. Sie könnten daher u.U. einen schärferen als den bisherigen Ordnungsrahmen für Ratingagenturen durch Aufsichtsbehörden oder internationale Institutionen für geboten halten. Aufgrund der obigen Argumentation wird erwartet, dass eine umso striktere Form der Regulierung befürwortet wird, je schlechter die Transparenz des Ratingverfahrens sowie die Höhe und Aktualität des Ratings des eigenen Unternehmens eingestuft wurden. Dieser negative Zusammenhang im Antwortverhalten findet sich mit allen drei Aspekten, besonders ausgeprägt besteht er mit der Einschätzung der Ratingaktualität.[1261]

Bevorzugte Regulierungsform	**Anteil der Antwortenden (n = 39)**
Marktmechanismen und bestehende Rechtsregeln	23,1 %
Selbstverpflichtung der Agenturen (z.B. Verhaltenskodex)	38,4 %
Einführung strikterer gesetzlicher Haftungsregeln	0,0 %
Einführung einer staatlichen Aufsicht	2,6 %
Verpflichtung der Agenturen zu umfassender Transparenz	30,8 %
Keine Meinung	5,1 %
	100 %

Abb. 36: Bevorzugte Regulierungsform für Ratingagenturen

6.3. Grenzen der Untersuchung

Die präsentierten Ergebnisse sind vor dem Hintergrund verschiedener Grenzen der Untersuchung zu sehen. In Kapitel 4.3.3. wurden allgemeine Grenzen einer Datenerhebung mittels Befragung angeführt, die es auch hier zu bedenken gilt. Die Methodik kann nur Meinungsäußerungen erheben, die nicht mit den tatsächlichen Verhaltensweisen oder Ansichten der Befragten übereinstimmen müssen. Vielmehr könnte es sich um unreflektierte Wiedergaben verbreiteter Ansichten zum Thema Rating handeln, oder die Antworten könnten von der Absicht geprägt sein, eine vermeintliche

1261 Rangkorrelationen mit den Einstufungen der: Transparenz des Ratingverfahrens *S&P*: –0,146 (p-Wert = 0,396); *Moody's*: –0,093 (0,639); Ratinghöhe: *S&P*: –0,203 (0,241); *Moody's*: –0,188 (0,347); Ratingaktualität: *S&P*: –0,375 (0,026); *Moody's*: –0,357 (0,067).

Erwartung des Forschers zu erfüllen.[1262] Auch die Erhebung selbst könnte das Antwortverhalten beeinflusst haben.[1263] Schießlich könnten Selektionseffekte den Rücklauf und die daraus abgeleiteten Ergebnisse verzerrt haben.[1264] Derartige Probleme sollten durch sorgfältiges Studiendesign möglichst gering gehalten werden. Zudem wurde eine Rücklaufkontrolle bezüglich der Unternehmensmerkmale Größe, Ratingklasse und Branche durchgeführt und ließ keine Selektionseffekte erkennen. Diese möglichen Schwachpunkte können dennoch nicht völlig ausgeschlossen werden.

Weiterhin ist auf spezifische Grenzen dieser Studie hinzuweisen. Da bereits die interessierende Grundgesamtheit aufgrund der vergleichsweise noch geringen Verbreitung externer Ratings im deutschsprachigen Raum einen kleinen Umfang aufwies, war trotz eines sehr guten Rücklaufs und dessen repräsentativer Zusammensetzung nur eine relativ kleine Datenbasis erreichbar. Die statistischen Auswertungsmöglichkeiten blieben daher begrenzt. Um Einschätzungen der Befragten zu *S&P* und *Moody's* vergleichen zu können, wurden zudem Fragen mit identischen Antwortvorgaben für beide gestellt. Das könnte eine gewisse Tendenz zu gleichlaufenden Antworten für die Agenturen gefördert haben. Es ist weiterhin denkbar, dass Fragen von einigen Befragten nicht richtig verstanden wurden.[1265] Darin könnte die Ursache für kontraintuitive Zusammenhänge zwischen Antworten auf einzelne Fragen liegen, die sich im Rahmen von Plausibilitätsprüfungen gezeigt haben. Die erhobenen Ansichten und Erfahrungen der Unternehmen beziehen sich auf die Zeit nach den IOSCO-Vorgaben und weiterer regulativer Initiativen, die Verhältnisse davor wurden nicht separat abgefragt. Die hier erzielten Ergebnisse erlauben folglich für sich allein betrachtet keine Rückschlüsse darauf, ob diese Regulierungsmaßnahmen Veränderungen bewirkt haben. Eine Gegenüberstellung mit früheren Befragungsergebnissen, wie sie hier stellenweise vorgenommen wurde, bietet zwar gewisse Anhaltspunkte. Es finden sich aber nur wenige solcher Studien und ein Vergleich ist aufgrund unterschiedlicher Erhebungsinstrumente und Datengrundlagen nur eingeschränkt möglich.

Das erhobene Fremdbild der Ratinganalyse kann aufgrund der begrenzten Einblicksmöglichkeiten der gerateten Unternehmen selbst bei wahrheitsgemäßen Antworten nur zeigen, welche Informationen die Agenturen von ihnen erbeten und ihnen gegenüber als für das Rating relevant kommuniziert haben bzw. welche die Unternehmen aufgrund ihrer Erfahrungen als relevant erachten. Die tatsächlichen und genauen Ratingdeterminanten können davon abweichen. Die Befragung zur Wichtigkeit verschiedener potentieller Ratingkriterien und die Gegenüberstellung mit den Ergebnissen der Inhaltsanalyse erfolgten durch den Bezug auf die Risikobereiche bzw. Hauptkategorien zudem nur auf hohem Aggregationsniveau. Allerdings sollte dem Vergleich der Ergebnisse beider Untersuchungen eine identische Abgrenzung zugrunde gelegt werden.

1262 Vgl. ähnlich Graham/Harvey/Rajgopal (2005), S. 9. Vgl. auch Atteslander (2003), S. 191-193; Kromrey (2006), S. 405-409.

1263 Vgl. auch Kapitel 4.3.3., insb. Fn. 765f. m.w.N.

1264 Vgl. auch Kapitel 4.3.3., insb. Fn. 769.

1265 Vgl. ähnlich Graham/Harvey/Rajgopal (2005), S. 9.

Außerdem wäre eine an den Kategorien der Inhaltsanalyse orientierte Differenzierung für die gewählte Form der Befragung zu umfangreich und komplex gewesen. Schließlich konnten aus der Gegenüberstellung der Ergebnisse nur Tendenzaussagen abgeleitet werden, denn es ist keine vollständige Vergleichbarkeit gegeben. Zum einen sind die Zeiträume und Stichproben beider Untersuchungen nicht deckungsgleich. Hierfür wurde aber im Rahmen des Möglichen kontrolliert, so dass diese Punkte wenig einschlägig sein dürften. Wichtiger ist jedoch zum anderen, dass die Bedeutung der Risikobereiche für das Rating jeweils unterschiedlich operationalisiert und gemessen wurde. Die Inhaltsanalyse stellte auf relative Nennungshäufigkeiten und Coverage-Werte der entsprechenden Hauptkategorien ab,[1266] während im Rahmen der Befragung eine Messung auf der Intervallskala von 1 („überhaupt nicht unwichtig") bis 5 („sehr wichtig") erfolgte.[1267]

6.4. Fazit

Die vorgestellte Befragung hat erstmals Erkenntnisse zu Erfahrungen und Ansichten von gerateten Unternehmen aus deutschsprachigen Ländern zu Ratingagenturen und deren Ratingprozessen geliefert. Ihr lag ein repräsentativer Rücklauf der Fragebögen von 39 der 106 angeschriebenen Unternehmen zugrunde, von denen 29 über ein Rating von *S&P* und *Moody's* verfügen und zu beiden Auskunft geben konnten.

Als Motive einer Ratingbeantragung stehen der verbesserte Zugang zu internationalen Kapitalmärkten und eine mögliche Senkung der Fremdkapitalkosten klar im Vordergrund. Angesichts der aufgeworfenen Transparenzproblematik interessierte v.a. die Informationsgewährung der Agenturen an die Unternehmen. Die Transparenz des Ratingverfahrens wird im Durchschnitt als gut bis befriedigend eingestuft. Die Unternehmen sehen also Verbesserungspotential, bei *S&P* etwas stärker als bei *Moody's*. Im Regelfall erhalten die Befragten zumindest Kenntnis von den zu ihren Ratings verfassten Begründungen, einige bekunden aber, dass ihnen darüber hinausgehende Einblicke gewährt werden. Bei diesen Dokumenten haben sie i.d.R. Mitspracherechte bezüglich der Faktenangaben, einige Befragten geben an, auch bei analytischen Angaben mitsprechen zu können. Insgesamt verwunderte das relativ breite Antwortspektrum zu beiden erfragten Aspekten, da es auf ein differenziertes Vorgehen der Agenturen hindeuten könnte, z.B. aus Interesse an der Erhaltung bestimmter Geschäftsbeziehung. Die Ergebnisse einer Prüfung von Zusammenhängen der Antworten mit der Höhe der gezahlten Ratinghonorare, der Länge der Ratinghistorie sowie der Unternehmensgröße sprechen gegen solche Anreize. Die Qualität der Ratingbegründungen wurde unabhängig vom Ausmaß der Mitsprachemöglichkeiten überwiegend als gut bis sehr gut eingestuft. Das bekräftigt den Nutzen der inhaltsanalytischen Auswertung dieser Dokumente. Vergleiche mit Befragungsergebnissen aus der Zeit vor den jüngsten Regulierungsinitiativen haben allerdings keine Verbesserungen im Meinungsbild erkennen lassen.

[1266] Vgl. Kapitel 5.2.1.2.1.

[1267] Vgl. Kapitel 6.1.3. und Anhang 37.

Die Risikobereiche der Ratinganalyse wurden von den Unternehmen fast durchgängig als sehr wichtig eingestuft, v.a. erkennen sie die auch hohe Bedeutung der qualitativen Geschäftsrisikoaspekte. Etwas geringere Relevanz wird nur dem Länderrisiko und der Rechnungslegungsqualität beigemessen. Als wichtigster Auslöser von Ratingänderungen werden Unternehmenstransaktionen gesehen. Diese Einschätzungen sind unabhängig von der Branche und Ratingklasse der Befragten. Insgesamt zeigt sich in weiten Teilen eine Kompatibilität mit Befunden der Inhaltsanalyse. Der auffälligste Unterschied ist, dass die Befragten keine Unterschiede zwischen den Agenturen sehen. Das könnte jedoch durch das hohe Aggregationsniveau der Betrachtung bedingt sein. Bei IFRS-Umstellungen zeigte sich eine differenzierte Informationspolitik der Unternehmen gegenüber den Agenturen. Eine besonders intensive Analyse von Umstellungseffekten sahen die Unternehmen nicht gegeben, vorrangig scheinen die Agenturen ihre bisherigen Anpassungen in der Verschuldungsanalyse mit den neuen Daten verprobt zu haben.

Erwartungsgemäß empfinden die Unternehmen die Ratinghöhe häufig als etwas zu schlecht. Das Ergebnis relativiert sich aber, da viele der negativen Antworten Fälle von *split ratings* und folglich nur das Rating einer Agentur betreffen. Die Aktualität der Ratings war für die Unternehmen hingegen fast durchgängig zufrieden stellend. Da Studien für die Investorenseite regelmäßig zu kritischen Befunden führen, zeigt dies ein höheres Interesse der Unternehmen an einer gewissen Ratingstabilität. Das finden auch vorangegangene Befragungen. Vor dem Hintergrund dieser positiven Ansichten zur Ratingqualität empfanden fast zwei Drittel den gegenwärtigen Stand der Regulierung als angemessen, während das verbleibende Drittel eine weitergehende Transparenz von den Agenturen fordert, ohne dafür aber schärfere Gesetze oder eine staatliche Aufsicht für nötig zu erachten.

Zwar waren von den Befragten einige kritische Stimmen zu verzeichnen und es wurde stellenweise Verbesserungsbedarf offenbar. In der Gesamtschau ergab sich aber ein relativ positives Meinungsbild zum Ratingprozess. Merklich bessere Einschätzungen im Vergleich zu Befragungsergebnissen vor den Regulierungsmaßnahmen der letzten Jahre waren aber nicht zu verzeichnen. Diese Ergebnisse sind jedoch vor dem Hintergrund gewisser Grenzen der Untersuchung zu sehen. Insbesondere wurden die Verhältnisse vor den Regulierungsmaßnahmen oder Ansichten zu deren Auswirkungen nicht separat erfragt. Der Vergleich mit Vorgängerstudien ist hierzu nur sehr begrenzt aussagefähig. Eine lohnenswerte Erweiterung dieser Studie könnte daher z.B. eine explizite Erhebung der Ansichten gerateter Unternehmen zu den bisher getroffenen Regulierungsmaßnahmen und ihren Auswirkungen auf die Transparenz und Qualität von Ratings darstellen.

7. Thesenförmige Zusammenfassung

1. Ratings internationaler Ratingagenturen spielen für Investoren und Emittenten an den Anleihemärkten eine wichtige Rolle. Der globale Ratingmarkt wird von *S&P*, *Moody's* und *Fitch* dominiert. Angesichts der damit verbundenen Macht der Agenturen und einiger spektakulärer Fehlurteile wird vielfach die Qualität ihrer Ratings hinterfragt und ein Transparenzmangel bezüglich der relevanten Kriterien und Methodik beklagt. Dieser Problemkreis steht im Mittelpunkt dieser Arbeit. Sie arbeitet die theoretischen Hintergründe des Ratinggeschäfts und der Transparenzproblematik auf und führt nach einer kritischen Bestandsaufnahme der bisherigen empirischen Forschung erstmalig eine Untersuchung auf Basis einer Inhaltsanalyse von Ratingbegründungen und einer Befragung gerateter Unternehmen für den deutschsprachigen Raum durch. Ziel ist es, Einblicke in das Zustandekommen von Ratings zu erzielen, die die wissenschaftliche Diskussion befruchten und den Ratingnutzern Orientierungshilfen bieten können.

2. Ratings stellen komprimierte Urteile über das Bonitätsrisiko von Fremdkapitalnehmern oder Schuldtiteln dar. Wichtige Triebkräfte ihrer weltweit, v.a. in Kontinentaleuropa, steigenden Bedeutung sind die Globalisierung und Deregulierung der Kapitalmärkte sowie die Disintermediation und Verbriefung der Fremdfinanzierung von Unternehmen. Auch ihre zunehmende aufsichtsrechtliche Verwendung sorgt für Bedeutungszuwachs.

3. Ratings können Transaktions- und Agency-Kosten in Fremdfinanzierungsbeziehungen mindern. Die Einschaltung einer Ratingagentur kann jedoch neue Kosten dieser Art verursachen. Ihre Reputation ist der wichtigste Mechanismus zur Gewährleistung von Glaubwürdigkeit und Ratingqualität. Anreize zur Konvergenz der Ratingurteile, die gegenwärtige wettbewerbshemmende Marktstruktur sowie zusätzliche regulative Marktzutrittsbarrieren sind wesentliche Gefahren für die Wirksamkeit dieses Mechanismus und haben zu Forderungen nach einer stärkeren Regulierung von Ratingagenturen geführt. Ein wichtiges Anliegen ist die bessere Nachvollziehbarkeit des Ratingverfahrens. Geratete Unternehmen könnten sich dadurch von der Fairness der Analyse überzeugen und besser darauf einstellen, während Investoren den Nutzen von Ratings für ihre Anlageentscheidungen besser einschätzen könnten.

4. Von den jüngsten Regulierungsbemühungen ist v.a. der IOSCO *Code of Conduct Fundamentals* als internationales Regelwerk hervorzuheben. Die Agenturen sollen danach Emittenten u.a. wesentliche Aspekte des Zustandekommens des Ratings erläutern und Änderungen ihrer Methoden rechtzeitig bekannt geben. Die Regeln belassen einige Ermessensspielräume. Als rechtlich unverbindliche Leitlinien für eigene Verhaltenskodizes der Agenturen stellen sie eine weiche Form der Regulierung dar.

5. Die Veröffentlichungen der Agenturen belegen die Transparenzproblematik. In ihnen werden die entscheidenden Fragen für das Verständnis von Ratings, nämlich welche der zahlreichen angeführten Kriterien mit welchem Gewicht darin eingehen, offen gelassen werden. Außenstehende dürften auf Basis dieser Beschreibungen kaum in der Lage sein, zentrale Aspekte des Zustandekommens von Ratings nachzuvollziehen und deren Qualität zu überwachen.

6. In einer Vielzahl empirischer Untersuchungen wurde versucht, Erkenntnisse über Ratingdeterminanten zu gewinnen. Dabei handelt es sich überwiegend um Replikationsstudien, die Ratings mittels statistischer Modelle, in die öffentliche Fundamental- und Finanzdaten einfließen, erklären wollen. Sie weisen aber methodische Schwächen auf, und es verbleiben stets deutliche Abweichungen der prognostizierten zu den tatsächlichen Ratings. Befragungen sind v.a. geeignet, Ansichten und Erfahrungen von Marktteilnehmern zu dem Ratingprozess zu erheben. Studien dieser Art gibt es bisher erst wenige und sie haben diesen Themenbereich nur sehr eingeschränkt abgefragt. Die bislang einzige Inhaltsanalyse von Ratingbegründungen ist die Studie von *Kamp* (1998). Dieses Vorgehen ist interessant, da es direkt am Ergebnis der Ratinganalysten anknüpft und das gesamte Spektrum an Ratingkriterien untersucht werden kann. Zentrale Annahme ist allerdings, dass diese Dokumente Angaben zu relevanten Ratingkriterien enthalten. Die Studie von *Kamp* lässt verschiedene Anknüpfungspunkte für Verbesserungen und Erweiterungen erkennen.

7. Die Aufarbeitung der empirischen Evidenz hat mehrere Forschungslücken offenbart. Qualitative Kriterien und deren Wichtigkeit für das Rating wurden bisher nur rudimentär erforscht. Es finden sich nur wenige systematische Vergleiche zwischen Ratingagenturen. Weiterhin gibt es noch keine Untersuchung darüber, welche Erläuterungen die Agenturen Emittenten und Investoren zum Zustandekommen ihrer Urteile genau gewähren. Bis heute ist zudem nur wenig über Einstellungen und Erfahrungen von Ratingnutzern, v.a. gerateter Emittenten, zur Zusammenarbeit mit den Agenturen und deren Prozessen bekannt. Schließlich fehlen empirische Erkenntnisse für den deutschsprachigen Raum.

8. In dieser Arbeit wurde versucht, einen Beitrag zur Schließung dieser Lücken zu leisten. Erstens wurde eine Inhaltsanalyse von Ratingbegründungen durchgeführt. Die Vorgängerstudie von *Kamp* wurde an wichtigen Stellen verbessert und erweitert. Zweitens wurden geratete Unternehmen zu ihren Erfahrungen mit dem Ratingprozess befragt. Durch eine mit der Inhaltsanalyse abgestimmte Fragegestaltung konnte das dort erhobene Eigenbild der Agenturen vom Zustandekommen ihrer Ratings dem Fremdbild, das die Unternehmen davon geben, gegenübergestellt werden.

9. Der Inhaltsanalyse lagen 124 Rating- und 84 Ratingänderungsbegründungen aus den Jahren 2004 und 2005 für eine repräsentative und abgeglichene Stichprobe von 62 Unternehmen aus Deutschland, Österreich und der Schweiz zugrunde, die

über ein Rating von *S&P* und *Moody's* verfügen. Das mehrstufige Kategoriensystem wurde auf Basis vielfältiger Literaturquellen entwickelt und orientiert sich an der hierarchischen Struktur der Ratinganalyse. Neben der Annahme, dass sich in den Dokumenten relevante Ratingkriterien finden, unterstellt der gewählte Ansatz, dass sich deren Bedeutung für das Rating über relative Nennungshäufigkeiten und Coverage-Werte der zugehörigen Kategorien approximieren läßt. Beide Annahmen wurden kritisch geprüft und als tragfähig eingestuft. Die erhobenen Daten dienten einerseits einem explorativen Erkenntnisziel, andererseits der Überprüfung selbst gebildeter Hypothesen.

10. Es hat sich gezeigt, dass die Ausführlichkeit der Ratingbegründungen bei beiden Agenturen positiv mit der Größe und bei *Moody's* auch mit der Ratingklasse des Unternehmens zusammenhängt. Eine Sensitivitätsanalyse für den Untersuchungszeitraum hat offenbart, dass Dokumente der Jahre 2004 und 2005 merklich ausführlicher sind als solche der Jahre 2002 und 2003. Diese Entwicklung fällt mit den IOSCO-Vorgaben für eine bessere Erläuterung von Ratings zusammen. Ein kausaler Zusammenhang kann daraus aber nicht abgeleitet werden.

11. Die inhaltsanalytische Auswertung zeigte deutliche Übereinstimmung der in den Dokumenten behandelten Themen bei *S&P* und *Moody's*. Es konnte mit den Kategorien *Wettbewerbssituation*, *Marktposition*, *Produktdiversifikation/Geschäftsfelder*, *Absatz/Kunden*, *Finanzpolitik*, *Cash Flows* und *externe Liquiditätsquellen* ein übereinstimmender Kern an Ratingkriterien für beide Agenturen identifiziert werden. Sie finden sich unter den zehn wichtigsten Kategorien beider Agenturen, auf die bei *S&P* 39 % und bei *Moody's* 44 % aller Kodierungen entfallen. Es zeigte sich auch eine hohe Bedeutung qualitativer Aspekte, die in Ratingreplikationsstudien stark vernachlässigt wurden. Für mehrere Kategorien ergaben χ^2- und U-Tests signifikante Unterschiede zwischen den Agenturen. Das gilt v.a. für solche in den Hauptkategorien *Branchenrisiko*, *Qualität der Rechnungslegung*, *Kapitalstruktur/Vermögensschutz* und *Managementqualität*, von denen *S&P* fast durchgängig diejenigen der ersten drei Hauptkategorien stärker gewichtet, während das bei *Moody's* für diejenigen der letztgenannten gilt. χ^2-Tests und eine ergänzende Clusteranalyse legen zudem nahe, dass sich die Verteilungen der relativen Nennungshäufigkeiten auch über alle Kategorien gemeinsam betrachtet für beide Agenturen signifikant unterscheiden.

12. Zu sämtlichen Ausführungen in den Ratingbegründungen sind Bezüge in den Kriterienveröffentlichungen der Agenturen zu finden. Die Dokumente von *Moody's* ließen einen Katalog regelmäßig analysierter Kennzahlen erkennen, die als Schlüsselkennzahlen interpretiert werden können, sich aber mehrheitlich von den von *S&P* kommunizierten unterscheiden. Allerdings werden bei beiden Agenturen in den Erläuterungen zur Finanzrisikoanalyse nur ausgewählte davon adressiert. Weiterhin finden sich entgegen verbreiteter empirischer Ergebnisse deutlich mehr Ausführungen zu Cash Flow-basierten als gewinnbasierten Kennzahlen. Auch das

Thema Pensionsverpflichtungen spielt darin, entgegen bisher überwiegend negativer empirischer Ergebnisse, eine Rolle, v.a. bei *S&P*.

13. Durch Sensitivitätsanalysen wurden die Ergebnisse für jede der beiden Agenturen und auch zu Gemeinsamkeiten und Unterschieden zwischen ihnen auf Robustheit über verschiedene Branchengruppen, Ratingklassen, geographische Herkünfte und Untersuchungszeiträume hinweg geprüft. Aus Gründen der Datenverfügbarkeit konnten nur univariate Analysen für jeweils zwei Vergleichsgruppen durchgeführt werden. Es waren zwar gewisse Einflüsse der Branche, Ratingklasse und geographischen Herkunft festzustellen, die wesentlichen Befunde blieben aber durchweg erhalten. Des Weiteren hat sich beim Vergleich verschiedener Zeiträume deren Zeitstabilität gezeigt. Die gefundenen signifikanten Unterschiede zwischen beiden Agenturen zeigten sich für eine Vergleichsgruppe US-amerikanischer Unternehmen jedoch nicht.

14. Die in den Ratingbegründungen enthaltenen Ausprägungen der Schlüsselkennzahlen inkl. analytischer Anpassungen bildeten die Grundlage von Ratingreplikationsmodellen für beide Agenturen. Durch die derart fundierte Wahl der Erklärungsvariablen und die Nutzung von Kennzahlenwerten inkl. Anpassungen bot sich die Möglichkeit, zwei wichtigen Kritikpunkten an solchen Studien zu begegnen. Trotz des Abstellens auf die Schlüsselkennzahlen erzielten die Modelle mit Klassifikationsleistungen von 65 %-70 % im Vergleich zu denen der Literatur keine besseren Ergebnisse, was die Wichtigkeit qualitativer Ratingfaktoren nochmals herausstreicht. Zudem ließen sich auch hier Brancheneinflüsse feststellen. Die merklich niedrigere Modellgüte und Klassifikationsleistung einer Modellvariante, bei der die Werte der Erklärungsvariablen aus publizierten Finanzdaten berechnet wurden, verdeutlicht die Relevanz der Anpassungen.

15. Die Inhaltsanalyse von Ratingänderungsbegründungen hat gezeigt, dass auch in diesen Dokumenten vorrangig obige Kernkriterien angeführt werden. Aufgrund ihrer Kürze im Vergleich zu Ratingbegründungen waren die Analysemöglichkeiten geringer. Es fanden sich keine merklichen Unterschiede zwischen den Agenturen. Ratingänderungen, die nicht auf Unternehmens- oder Kapitaltransaktionen zurückgehen, werden, wie von *Wakeman* vermutet, mehrheitlich mit Veränderungen im Finanz-, nicht im Geschäftsrisiko begründet. Eine von ihm ebenfalls vermutete Zeitnähe der Bekanntgabe der Ratingaktionen zu Veröffentlichungszeitpunkten von Rechnungslegungsdaten war aber nicht zu finden.

16. Mit der Befragung konnten erstmals Erkenntnisse zu Erfahrungen gerateter Unternehmen aus Deutschland, Österreich und der Schweiz mit Ratingagenturen und deren Prozessen erzielt werden. Der Studie lag ein repräsentativer Rücklauf der Fragebögen von 39 der 106 angeschriebenen Unternehmen zugrunde, von denen 29 über ein Rating von *S&P* und *Moody's* verfügen und Auskunft zu beiden geben konnten. Die Fragen des Erhebungsinstruments orientierten sich z.T. an früheren Befragungen und z.T. an der Inhaltsanalyse, um die Ergebnisse gegenüberstellen

zu können. Zur Komplexitätsreduktion wurden Einschätzungen zu Auswirkungen jüngster Regulierungsmaßnahmen nicht thematisiert. Der Vergleich mit Vorgängerstudien ließ jedoch Tendenzaussagen zu. Die Gegenüberstellung mit den Ergebnissen der Inhaltsanalyse war nur auf dem hohen Aggregationsnivau der Risikobereiche bzw. Hauptkategorien möglich. Beiden Untersuchungen lag zudem eine unterschiedliche Operationalierung der Wichtigkeit von Ratingkriterien zugrunde lagen.

17. Als Motive einer Ratingbeantragung stehen der Zugang zu internationalen Kapitalmärkten und eine Senkung der Fremdkapitalkosten im Vordergrund. Bei der Transparenz des Ratingverfahrens sehen viele Unternehmen noch Verbesserungspotential. Im Regelfall erhalten sie zumindest Kenntnis von den zu ihren Ratings verfassten Ratingbegründungen, einige bekunden aber, dass ihnen darüber hinausgehende Einblicke gewährt werden. Bei diesen Dokumenten haben die Befragten i.d.R. Mitspracherechte bei Faktenangaben, einige geben jedoch an, auch bei analytischen Angaben mitsprechen zu können. Das breite Antwortspektrum zu beiden Aspekten ist nach Ergebnissen von Plausibilitätsprüfungen nicht auf ein differenziertes Vorgehen der Agenturen zurückzuführen. Die Qualität der Ratingbegründungen wurde unabhängig vom Umfang der Mitsprachemöglichkeiten überwiegend sehr positiv eingestuft. Das bekräftigt den Nutzen der Inhaltsanalyse dieser Dokumente. Vergleiche mit Befragungsergebnissen aus der Zeit vor den jüngsten Regulierungsinitiativen haben allerdings keine Verbesserungen im Meinungsbild erkennen lassen.

18. Wichtigste Bereiche der Ratinganalyse sind aus Sicht der Unternehmen die Cash Flow-Analyse und die Wettbewerbsposition. Allerdings wurden bis auf Länderrisiken und die Rechnungslegungsqualität alle Bereiche als sehr wichtig eingestuft. Diese Einschätzungen sind unabhängig von Branchenzugehörigkeit und Ratingklasse der Befragten. Insgesamt zeigt sich in weiten Teilen eine Kompatibilität mit den Befunden der Inhaltsanalyse. Der auffälligste Unterschied ist, dass die Befragten keine Divergenzen zwischen den Agenturen sehen. Bei IFRS-Umstellungen scheinen die Agenturen v.a. ihre bisherigen Anpassungen in der Verschuldungsanalyse mit den neuen Daten verprobt zu haben.

19. Erwartungsgemäß empfinden die Unternehmen die Ratinghöhe häufig als zu schlecht. Das Ergebnis relativiert sich aber, da viele der negativen Antworten *split ratings* betreffen. Die Aktualität der Ratings war für die Unternehmen hingegen fast durchgängig zufriedenstellend. Vorgängerstudien kamen zu vergleichbaren Ergebnissen, eine Verbesserung des Meinungsbildes war also auch diesbezüglich nicht zu verzeichnen. Vor dem Hintergrund der relativ positiven Einschätzung der Ratingqualität empfanden fast zwei Drittel den gegenwärtigen Stand der Regulierung als angemessen.

20. Die vorliegende Arbeit hat vielfältige Erkenntnisse zum Zustandekommen von Ratings und den Ansichten gerateter Unternehmen zum Thema Rating erzielt, die

für die wissenschaftliche Diskussion wie für den praktischen Umgang mit Ratingagenturen von Interesse sein können. Sie sind jedoch unter Beachtung der aufgezeigten Annahmen und Grenzen zu interpretieren. Die weiter steigende Zahl gerateter Unternehmen auch im deutschsprachigen Raum wird hier künftig weitere empirische Analysemöglichkeiten eröffnen.

Anhang

Anhang 1: *S&P*-Schlüsselkennzahlen der Finanzrisikoanalyse[1268]

	***S&P*-Schlüsselkennzahlen**	
	Kapitalstruktur; Vermögensschutz	
1.	**(gesamter) Verschuldungsgrad**	(langfristige Schulden[1] + kurzfristige Schulden)/((langfristige Schulden[1] + kurzfristige Schulden) + Eigenkapital (inkl. Vorzugsaktien und Minderheitsanteile))
2.	**langfristiger Verschuldungsgrad[2]**	langfristige Schulden[1]/(langfristige Schulden[1] + Eigenkapital (inkl. Vorzugsaktien und Minderheitsanteile))
	Profitabilität	
3.	**Return on Capital Employed**	Bereinigte Earnings form continuing operations[3] vor Zinsen und Steuern/Durchschnitt des Geschäftsjahresanfangs- und -endbestands an Kapital bestehend aus kurzfristigen Schulden, langfristigen Schulden[1], langfristigen passiven latenten Steuern, Eigenkapital (inkl. Vorzugsaktien und Minderheitsanteile)
4.	**Operative Marge[2]**	(Umsatzerlöse – (Herstellkosten der hergestellten Güter (vor Abschreibungen), Vertriebsaufwendungen, Verwaltungsaufwendungen sowie Forschungs- und Entwicklungsaufwendungen))/Umsatzerlöse
5.	**EBIT-Zinsdeckung**	Bereinigte Earnings form continuing operations[3] vor Zinsen und Steuern/Bruttozinsaufwand vor Abzug von aktivierten Zinsen und Zinserträgen
	Cash Flow-Adäquanz	
6.	**EBITDA-Zinsdeckung**	Bereinigte Earnings from continuing operations[4] vor Zinsen, Steuern und Abschreibungen/Bruttozinsaufwand vor Abzug von aktivierten Zinsen und Zinserträgen
7.	**Funds from operations (FFO)/ Gesamtverschuldung**	Net income from continuing operations, Abschreibungen, latente Steuern, sonstige nicht auszahlungswirksame Posten/(langfristige Schulden[1] + kurzfristige Schulden)
8.	**Free Operating Cash Flow (FOCF)/Gesamtverschuldung**	(FFO – Investitionen in Anlagevermögen – (+) Erhöhungen (Senkungen) im Working Capital (ausgenommen Kasse, Wertpapiere des Umlaufvermögens und kurzfristige Schulden))/(langfristige Schulden[1] + kurzfristige Schulden)
9.	**Discretionary Cash Flow/ Gesamtverschuldung[2]**	(FFO – Investitionen in Anlagevermögen – (+) Erhöhungen (Senkungen) im Working Capital (ausgenommen Kasse, Wertpapiere des Umlaufvermögens und kurzfristige Schulden) – Dividenden)/(langfristige Schulden[1] + kurzfristige Schulden)
10.	**Gesamtverschuldung/EBITDA**	(langfristige Schulden[1] + kurzfristige Schulden)/Bereinigte Earnings from continuing operations[4] vor Zinsen, Steuern und Abschreibungen

[1] Inklusive außerbilanzieller Schulden aus Operating Leasing-Verhältnissen sowie aus Verbriefungsprogrammen.
[2] Diese Schlüsselkennzahlen sind in der aktuellsten Version aus dem Jahr 2006 nicht mehr aufgeführt.
[3] Inklusive Zinserträge und erhaltene Dividenden, aber exklusive nicht wiederkehrender Posten.
[4] Exklusive Zinserträge, erhaltene Dividenden und nicht wiederkehrender Posten; außerdem exklusive Mietaufwendungen, die über die Zinskomponente für Operating Leasing-Verhältnisse hinausgehen.

[1268] In Anlehnung an S&P (2005a), S. 43.

Anhang 2: Übersicht über ausgewählte Ratingreplikationsstudien

<table>
<tr><th>Studie</th><th>Datensatz</th><th>Fragestellung und Vorgehensweise</th><th>Erklärungsfaktoren</th><th>Wichtige Ergebnisse</th></tr>
<tr><td>Kaplan/ Urwitz (1979)

USA</td><td>120 ausstehende und 140 neuemittierte US-Anleihen sowie 67 in Kontrollstichprobe aus den Jahren 1971 und 1972 mit Ratings von Moody's (mind. B)</td><td>Ratingdeterminanten, Ratingreplikation

Ordinale Probitanalyse (Ratings ohne modifier (damals noch nicht vergeben))</td><td>- Fremdkapitalquote
- Verschuldungsgrad
- Cash Flow-Zinsdeckung
- Cash Flow/Schulden
- Gesamtkapitalrentabilität
- Accounting-Beta
- Gewinnvariabilität
- Bilanzsumme
- Emissionsvolumen
- Nachrangigkeit (0, 1-Indikator)
- Markt-Beta
- Variationskoeff. Bilanzsumme

5-Jahres-Durchschnittswerte; Bereinigung mittels Branchendurchschnitten.</td><td>Klassifikationsleistung[1]: ca. 69 %

Signifikante Erklärungsfaktoren: Fremdkapitalquote, Verschuldungsgrad, Bilanzsumme, Nachrangigkeit, Markt-Beta

Bereinigung der Kennzahlen mittels Branchendurchschnittswerten hat keine merklichen Auswirkung

Lineare Regression führt für Stichprobe ebenso zu robusten Ergebnissen</td></tr>
<tr><td>Peavy/ Edgar (1982)

USA</td><td>62 US-Industrieanleihen, die in den Jahre 1966 bis 1968 neu emittiert wurden und keine Ratingänderung von Moody's (mind. Baa) bis 1976 erfahren haben.</td><td>1. Entwicklung der Klassifikationsleistung eines Replikationsmodells bzw. des durch Rating gemessenen relativen Ausfallrisikos über die Zeit

2. Veränderungen der Höhe des absoluten Ausfallrisikos bei gleichem Rating über die Zeit unter Beachtung von Konjunktureinflüssen (wegen through-the-cycle-Ansatz)

Gegenüberstellung der Modelle für 1968 mit 1976

Diskriminanzanalyse (Ratings ohne modifier (damals noch nicht vergeben))</td><td>Ursprünglich 27 Kennzahlen, die mit Faktoranalyse auf 6 Gruppen verdichtet und jeweils mit einer Kennzahl repräsentiert sind:

- Bilanzsumme
- Umschlaghäufigkeit
- Gesamtkapitalrentabilität
- Langfristiger Verschuldungsgrad
- Gewinnnvariabilität
- Zinsdeckung</td><td>Ad. 1: Klassifikationsleistung[1]: für 1968 und 1976 bei ca. 66 %

Ad 2: V.a. die Durchschnitte des langfristigen Verschuldungsgrades, der Zinsdeckung und der Gesamtkapitalrentabilität für 1968 sind im Vergleich zu 1976 signifikant schlechter, obwohl die Ratings der Unternehmen unverändert geblieben sind, was aber z.T. auf Inflation zurückzuführen ist.</td></tr>
<tr><td>Belkaoui (1983)

USA</td><td>381 US-Industrieanleihen aus 1981 und 388 in Kontrollstichprobe aus 1980 mit Ratings von S&P (mind. B)</td><td>Ratingdeterminanten, Ratingreplikation

Lineare Diskriminanzanalyse</td><td>- Liquiditätsgrad
- Langfristiger Verschuldungsgrad
- Kurzfristiger Verschuldungsgrad
- Zinsdeckung
- 5-Jahres-Trend des Cash Flows/(Investitionen ins Anlagevermögen und Vorräte + Dividende)
- Bilanzsumme
- Gesamtes Fremdkapital
- Nachrangigkeit (0, 1-Indikator)
- Markt- zu Buchwert-Verhältnis</td><td>Klassifikationsleistung[1]: ca. 68%

Ökonomische Begründung und Fundierung der Auswahl der Erklärungsfaktoren</td></tr>
<tr><td>Bhandari/Soldof-</td><td>75 Ratingänderungen von US-</td><td>Determinanten/Erklärung von Ratingänderungen</td><td>- Zinsdeckung und deren 5-Jahres-Trend</td><td>Klassifikationsleistung[1]: Je nach Diskriminanzanaly-</td></tr>
</table>

Fortsetzung Anhang 2

Studie	Datensatz	Fragestellung und Vorgehensweise	Erklärungsfaktoren	Wichtige Ergebnisse
sky/Boe (1983) USA	Industrieunternehmen durch *Moody's* und als Kontrollgruppe 24 US-Industrieunternehmen ohne Ratingänderung der Jahre 1973-1976	Diskriminanzanalyse mit den 2 Gruppen „Heraufstufung“ und „Herabstufung“	- langfristiger Verschuldungsgrad und dessen 5-Jahres-Trend - Gesamtkapitalrentabilität und deren 5-Jahres-Trend - Standardfehler aus linearer Regression des 5-Jahres-Trends der Gesamtkapitalrentabilität	seansatz von ca. 75 %-85 % und für Heraufstufungen durchgängig höher als für Herabstufungen
Perry/ Henderson/Cronan (1984) USA	149 Anleihen von US-Unternehmen aus 6 Branchen (Chemie (30), Maschinenbau (29), Nahrungsmittel (26), Öl (23), Transport (18), Versorger (23)) mit Ratings von *Moody's* (mind. B) aus den Jahren 1977-1979	Einfluss der Branchenzugehörigkeit der Unternehmen auf die potentiellen Ratingdeterminanten und die Klassifikationsleistung von Ratingreplikationsmodellen Lineare Diskriminanzanalysen (Ratings ohne *modifier* (damals noch nicht vergeben))	Verschiedene Kennzahlen, sowie deren 5-Jahres-Durchschnitte und Variationskoeffizienten, aus den Bereichen: - Liquidität - Umschlagskennzahlen - Verschuldung - Ertragskraft - Unternehmensgröße Die Kennzahlen wurden jeweils über statistische Selektionsalgorithmen bestimmt und können sich zwischen den branchenspezifischen Modellen unterscheiden	Klassifikationsleistung[1] des undifferenzierten Modells: ca. 60 % Klassifikationsleistungen[1] der Branchenmodelle sind signifikant höher: - Nahrungsmittel: 73 % - Chemie: 70 % - Öl: 87 % - Maschinenbau: 88 % - Versorger: 74 % - Transport: 83 %
Ederington (1985) USA	246 neuemittierte US-Industrieanleihen und 100 in Kontrollgruppe mit Ratings von *Moody's* (mind. B) aus den Jahren 1975-1979	Vergleich der Klassifikationsleistungen verschiedener statistischer Ratingreplikationsverfahren (lineare Regressions-, lineare Diskriminanz-, ordinale Probit- und ordinale Logitanalyse) für gleiche Erklärungsvariablen und Datensätze (Ratings ohne *modifier* (damals noch nicht vergeben))	- Langfristiger Verschuldungsgrad - Prognostizierte Zinsdeckung - Gesamtkapitalrentabilität - über 5 Jahre prognostizierte durchschnittliche Bilanzsumme - Nachrangigkeit (0, 1-Indikator)	Klassifikationsleistungen[1]: - Lineare Regression: 65 % - Lineare Diskriminanzanalyse: 69 % - Ordinale Probitanalyse: 78 % - Ordinale Logitanalyse: 73 %
Ederington (1986) USA	493 US-Industrieanleihen aus den Jahren 1975-1980 mit Ratings von *S&P* und *Moody's* (mind. B), 63 davon mit unterschiedlichen Ratings von den beiden Agenturen (*split ratings*)	Auf welche der folgenden möglichen Ursachen sind *split ratings* zurückzuführen: - Unterschiede in Ratingdeterminanten und/oder deren Gewichtungen - Unterschiede in Informationsbasis - Unterschiede in Ratingstandards/-skalen - Zufällige/unsystematische Unterschiede Untersuchung über den Vergleich der Replikati-	- Nachrangigkeit (0, 1-Indikator) - ln Bilanzsumme - Verschuldungsgrad - 5-Jahres-Trend der Zinsdeckung und der Prognosefehler aus Trendberechnung - 5-Jahres-Trend der Gesamtkapitalrentabilität und Prognosefehler aus der Trendberechnung - 5-Jahres-Trend der dynamischer Verschuldungsgrad (Cash Flow/ Gesamtverschuldung) und Prognosefehler aus der Trendberechnung	Klassifikationsleistung[1]: Für beide Ratingagenturen über 70 % Es können keine Hinweise auf Unterschiede in der Gewichtung der betrachteten Erklärungsfaktoren bzw. potentiellen Ratingdeterminanten oder den Ratingstandards zwischen beiden Agenturen gefunden werden. Die *split ratings* gehen v.a. auf zufällige/unsystematische Schwankungen an den Grenzen

Fortsetzung Anhang 2

Studie	Datensatz	Fragestellung und Vorgehensweise	Erklärungsfaktoren	Wichtige Ergebnisse
		onsmodelle für *S&P* und *Moody's* Ordinale Probitanalysen (Ratings ohne *modifier* (damals noch nicht vergeben))		der Ratingklassen zurück.
Maher (1987) USA	182, 212 und 200 US-Industrie-anleihen aus 1980, 1981 und 1982 mit Ratings von *S&P* (mind. CCC)	Einfluss von Pensionsverpflichtungen auf das Rating. Haben Kennzahlen zu Pensionsverpflichtungen signifikante Koeffizienten und läßt sich die Klassifikationsleistung des *Kaplan/Urwitz*-Modells durch ihre Einbeziehung verbessern? Ordinale Probitanalyse (Ratings ohne *modifier* (damals noch nicht vergeben), 6 Ratingklassen)	Ergänzung eines Modells mit den signifikanten Erklärungsvariablen von *Kaplan/Urwitz* (1979) (5-Jahres-Durchschnitte) jeweils um: - ausgewiesene Pensionsverpflichtung (erdienter Teil und gesamt) - standardisiert mit Durchschnittszins bzw. Realzins neu berechnete Pensionsverpflichtung (jeweils erdienter Teil und gesamt) Die Größen wurden jeweils mit der Bilanzsumme des Unternehmens normiert	Nur standardisiert neu berechnete Kennzahlen zu Pensionsverpflichtungen zeigen in 2 von 3 Jahren einen signifikant negativen Zusammenhang mit dem Rating. Aber keine Verbesserungen der Klassifikationsleistungen gegenüber *Kaplan/Urwitz*-Modell ohne Ergänzung.
Gentry/ Whitford/ Newbold (1988) USA	206 neuemittierte US-Industrieanleihen und solche mit Ratingänderungen aus den Jahren 1983 (64 und 37) und 1984 (61 und 44) mit Ratings von *Moody's* (von Aa bis B)	Ratingdeterminanten, Ratingreplikation Vergleich von Bilanz- und GuV-basierten mit Cash Flow-basierten Erklärungsvariablen Ordinale Probitanalysen (Ratings ohne *modifier*) (1) Modell nur auf Basis der Bilanz- und GuV-basierten Faktoren, (2) Modell nur auf Basis der Cash Flow-basierten Faktoren und (3) Modell mit allen Faktoren.	Bilanz- und GuV-basierte Faktoren: - Nachrangigkeit (0, 1-Indikator) - Emissionsvolumen - Verschuldungsgrad - Anzahl Jahre kontinuierlicher Dividendenzahlungen - Gesamtkapitalrentabilität - Zinsdeckung Cash Flow-basierte Faktoren: - Operativer Cash Flow - Forderungen (Verbindlichkeiten) aus Lieferungen und Leistungen - Vorräte - Sonstiges Umlaufvermögen (sonstige kurzfristige Verbindlichkeiten) - Cash Flow aus Finanzierung - Deckung fixer Zahlungsverpflichtungen - Investitionsauszahlungen - Dividenden - Änderungen in liquiden Mitteln	Klassifikationsleistungen[1] der Ratingreplikation für 1983: (1) ca. 66 %; (2) ca. 55 %; (3) ca. 69 %. Bei der Nutzung der Modelle aus 1983 zur Prognose der Ratings für 1984 sinkt die Klassifikationsleistung[1] deutlich: (1) ca. 57 %; (2) ca. 41 %; (3) ca. 48 %. Die Kombination der Erklärungsfaktoren führt nicht mehr zur besten Klassifikationsleistung. Insgesamt ergeben sich auf Basis Cash Flow-orientierter Erklärungsvariablen keine signifikant besseren Ergebnisse.
Boyd/ Jackson (1988) USA	630 in den Jahren 1980-1984 neuemittierte US-Industrie-anleihen mit Ratings von *Moody's* (mind. B)	1. Mögliche Veränderungen in den Ratingskalen der Ratingagenturen und/oder 2. Veränderungen der Gewichtungen von Ratingdeterminanten im	- Nachrangigkeit (0, 1-Indikator) - ln Bilanzsumme - Langfristiger Verschuldungsgrad - auf Basis des 5-Jahres-Trends prognostizierte Zinsdeckung und Standardfehler dieser Regression	Ad 1: Anhaltspunkte für Veränderungen in den Ratingskalen im Untersuchungszeitraum Ad 2.: Zunehmende Gewichtung von Verschuldungsgrad und Zinsdeckung während des

Fortsetzung Anhang 2

Studie	Datensatz	Fragestellung und Vorgehensweise	Erklärungsfaktoren	Wichtige Ergebnisse
		Zeitablauf Ordinale Probitanalyse (Ratings ohne Modifier) Untersuchung von 1. anhand der Entwicklung der Cut off-Werte zwischen den Ratingklassen über die Jahre Untersuchung von 2. anhand der Entwicklung der Koeffizienten der Erklärungsvariablen über die Jahre	- auf Basis des 5-Jahres-Trends prognostizierter Cash Flow/Vermögenswerten und Standardfehler dieser Regression	Untersuchungszeitraums. Insgesamt zeigen sich Veränderungen im Zeitablauf, so dass Ratingreplikationsmodellen nur sehr begrenzte Gültigkeitsdauer zukommt.
Iskandar (1992) USA	416 neuemittierte US-Industrieanleihen mit Ratings von *Moody's* (mind. B) und 398 mit Ratings von *S&P* (mind. B) aus der Zeit von Januar 1979-Juni 1983	Mögliche Veränderungen in Ratingdeterminanten und/oder deren Gewichtung im Zeitablauf Untersuchung der Stabilität der Variablenkoeffizienten und der Klassifikationsleistungen eines Ratingreplikationsmodells im Zeitablauf Lineare Regressionsanalyse (Ratings ohne *modifier*)	- ln Bilanzsumme - Langfristiger Verschuldungsgrad - Gesamtkapitalrentabilität - Nachrangigkeit (0, 1-Indikator) - Sale-and-leaseback-Anleihebedingung (0, 1-Indikator) - Vorzeitige Kündigungsoption (0, 1-Indikator)	Koeffizienten der Erklärungsvariablen ebenso wie Klassifikationsleistung des Modells verändern sich signifikant im Untersuchungszeitraum bei beiden Ratingagenturen. Striktere Ratingstandards gegenüber *speculative grade*-Anleihen in Phasen schwacher Konjunktur gemessen über den Vergleich der Variablenkoeffizienten.
Ho/Rao (1993) USA	88 US-Industrieanleihen mit Ratings von *Moody's* (mind. B) aus den Jahren 1967 und 1968 und 146 aus den Jahren 1980 und 1981	Mögliche Veränderungen in Ratingdeterminanten und/oder deren Gewichtung im Zeitablauf Untersuchung der Stabilität der Variablenkoeffizienten und der Klassifikationsleistungen eines Ratingreplikationsmodells im Zeitvergleich Welchen Einfluss hat dabei der Konjunkturzyklus? Ordinale Logitanalyse (Ratings ohne *modifier*)	- Bilanzsumme - Langfristiger Verschuldungsgrad - Zinsdeckung - Gesamtkapitalrentabilität - Gewinnvariabilität gemessen als Variationskoeffizient der Gesamtkapitalrentabilität über 5-Jahreszeitraum vor Anleiheemission - Nachrangigkeit (0, 1-Indikator)	Klassifikationsleistung[1]: für 1967-1968 ca. 59 % und für 1980-1981 ca. 62 % Koeffizienten der Erklärungsvariablen verändern sich signifikant zwischen den beiden Untersuchungszeiträumen, was v.a. auf Konjunkturveränderungen zurückzuführen ist. In konjunkturschwachen Jahren 1980 und 1981 steigt die Bedeutung von Zinsdeckung und Gewinnvariabilität.
Maher (1996) USA	132 und 140 US-Industrieanleihen aus 1987 und 1988 mit Ratings von *S&P* (mind. CCC)	Einfluss von anderen Altersversorgeverpflichtungen als Pensionen auf das Rating. Haben Kennzahlen zu Al-	Ergänzung eines Modells mit den signifikanten Erklärungsvariablen von *Kaplan/Urwitz* (1979) (5-Jahres-Durch-schnitte) jeweils um: - aus Unternehmensangaben er-	Signifikant negativer Zusammenhang aller Kennzahlen zu anderen Altersversorgeverpflichtungen mit dem Rating. Verbesserung der Modellgüte

Fortsetzung Anhang 2

Studie	Datensatz	Fragestellung und Vorgehensweise	Erklärungsfaktoren	Wichtige Ergebnisse
		tersvorsorgeverpflichtungen signifikante Koeffizienten und läßt sich die Klassifikationsleistung des *Kaplan/Urwitz*-Modells durch ihre Einbeziehung verbessern? Ordinale Probitanalyse (Ratings ohne *modifier*; 6 Ratingklassen)	rechnete andere Altersversorgeverpflichtungen - standardisiert mit Durchschnittszins und mittels Multiplikatorverfahren neuberechnete andere Altersversorgeverpflichtungen	gemessen als Pseudo-R^2 durch Einbeziehung dieser Kennzahlen von ca. 0,58 auf bis zu 0,78. Aber keine Verbesserungen der Klassifikationsleistungen gegenüber *Kaplan/Urwitz*-Modell ohne Ergänzungen.
Chattopadhyay/ Arcelus/ Srinivasan (1997) Kanada	79 Industrieanleihen aus Kanada aus 1973-1990, mit Ratings von *Canadian Bond Rating Service* (von A++ bis C)	Ist Steuerabgrenzung über latente Steuern (*deferral method*) gegenüber Abstellen auf tatsächliche Steuerschuld ohne Steuerabgrenzung (*flow through method*) aus Sicht von Ratingagenturen informativer? Diskriminanzanalysen (2 Ratinggruppen: 1. A++ bis A; 2. B++ bis C)	Verschiedene Kennzahlen aus den Bereichen: - Rentabilität - Kapitalstruktur - Cash Flow und dynamischer Verschuldungsgrad - Deckungsgrade - Umschlagskennzahlen - Liquidität Die Kennzahlen wurden für beide Varianten der Steuerabgrenzung berechnet und fließen jeweils in ansonsten vergleichbare Replikationsmodelle ein, die dann bzgl. ihrer Klassifikationsleistung verglichen werden.	Beide Modelle haben vergleichbare Klassifikationsleistungen[1]. Steuerabgrenzung mittels latenter Steuern scheinen aus Sicht der Ratingagentur keine Informationsvorteile zu bieten.
Cantor/Packer (1997) USA	1.137 US-Unternehmen mit Ratings von *S&P* und *Moody's* aus dem Jahr 1993. Davon sind 29,6 % auch von *Duff & Phelps Credit Ratings* (*DCR*) und 13,6 % von *Fitch Ratings* (*Fitch*) geratet. Betrachtung von Emittentenratings.	Gehen Abweichungen zwischen Ratings von *S&P* und *Moody's* einerseits und regelmäßig höheren Drittratings von *DCR* oder *Fitch* auf Verzerrungen durch Selbstselektion (also Beantragung von Drittrating i.d.R. nur, wenn Hoffnung auf besseres Rating als das von *S&P* und *Moody's*) oder unterschiedliche Ratingskalen zurück? Die Ratingdifferenzen zwischen *S&P* und *DCR* bzw. *Fitch* sowie *Moody's* und *DCR* bzw. *Fitch* stellen jeweils die erklärten Variablen separater Modelle dar. Lineare Regressionsanalysen (Daneben Modelle zur	- Branchen (0, 1-Indikatoren) - Verschuldungsgrad - Zinsdeckung - Gesamtkapitalrentabilität - ln Bilanzsumme - Inverser Mills Ratio (weiteres Maß für Verzerrung durch Selbstselektion)	Die durchschnittlich beobachtbaren Ratingunterschiede zwischen *S&P* bzw. *Moody's* einerseits und *DCR* oder *Fitch* andererseits gehen auf Unterschiede in den Ratingskalen der Agenturen zurück. Es gibt keine signifikanten Anhaltspunkte für Verzerrungen durch Selbstselektion.

Fortsetzung Anhang 2

Studie	Datensatz	Fragestellung und Vorgehensweise	Erklärungsfaktoren	Wichtige Ergebnisse
		Erklärung, welche Art von Unternehmen ein Drittrating von *DCR* bzw. *Fitch* beantragen)		
Blume/ Lim/ MacKinlay (1998) USA	Betrachtung der Jahre 1978-1995. Anzahl der US-Emittenten schwankt zwischen 367 in 1978 und 457 in 1995, insgesamt 7.324 Firmenjahre; Ratings von *S&P* (mind. BBB, also nur *investment grade*-Ratings) Betrachtung von Emittentenratings	Liegt die Ursache für durchschnittliche Verschlechterung des Ratingniveaus von US-Anleihen in letzten Jahrzehnten in strikter gewordenen Ratingstandards, würde also ein Unternehmen mit im Zeitablauf nicht veränderten Finanzkennzahlen und Eigenkapitalrisikomaßen heute ein schlechteres Rating erhalten als in früheren Jahren? Ordinale Probitanalyse (Ratings ohne *modifier*) Analyse der Regressionskonstante der geschätzten Ratingreplikationsmodelle im Zeitablauf	- Zinsdeckung (4 Wertebereiche) - Umsatzrentabilität - Langfristige Fremdkapitalquote - Fremdkapitalquote - ln des inflationsbereinigten Eigenkapital-Marktwertes - Beta aus Marktmodell - Standardfehler aus Marktmodell	Aus den Veränderungen der Regressionskonstante im Zeitablauf ergeben sich Anhaltspunkte für eine Verschärfung der Ratingstandards im Zeitablauf.
Pottier/ Sommer (1999) USA	1.678 geratete US-Versicherungsunternehmen mit Ratings von *A. M. Best* (1.510), *S&P* (296) und/oder *Moody's* (170) vom Juli 1996 Betrachtung von Emittentenratings	Unterschiede in Ratingdeterminanten der *Financial Strength*-Ratings der drei Agenturen? Modell zur Erklärung von paarweisen *split ratings* zwischen Agenturen auf Basis der gleichen Erklärungsvariablen wie im Ratingreplikationsmodell. (Daneben noch Erklärungsmodell zur Entscheidung über die Beantragung eines oder mehrerer Ratings) Ordinale Probitanalyse (Ratings ohne *modifier*; 4 Ratingklassen)	- Verschuldungsgrad - Gesamtkapitalrentabilität - Veränderung Nettoprämienaufkommen - Geographische Diversifikation (Anzahl abgedeckter US-Bundesstaaten) - Herfindahl-Index der Geschäftsfelder anhand Nettoprämienaufkommen - Anteil Anlagen in *speculative grade*-Anleihen an Gesamtanlagen - Anteil Anlagen in Aktien an Gesamtanlagen - Liquide Mittel und kurzfristige Anlagen an Gesamtanlagen - Rückversicherung - Anteil des langfristigen Nettoprämienaufkommens - Anteil des Nettoprämienaufkommen in Personenversicherungsbereich - Börsennotierung (0, 1-Indikator) - ln des direkten Prämienaufkommens - ln Bilanzsumme	Für *A. M. Best* 9 und *S&P* 6 signifikante Erklärungsvariablen, davon 5 übereinstimmende. Für *Moody's* hingegen nur 2 signifikante Erklärungsvariablen, 1 davon bei allen signifikant (nämlich Anteil *speculative grade*-Anlagen). Replikationsmodelle für *S&P* und *Moody's* sind signifikant verschieden voneinander. Einige Erklärungsvariablen sind signifikant für Erklärung der *split ratings* zwischen den Agenturen, was auf systematische Unterschiede in deren relativer Bedeutung für die Ratinganalysen der verschiedenen Agenturen deutet.
Kamstra/	89 neuemittierte	Lässt sich die Klassifika-	- Zinsdeckung	Verbesserung der Klassifikati-

Fortsetzung Anhang 2

Studie	Datensatz	Fragestellung und Vorgehensweise	Erklärungsfaktoren	Wichtige Ergebnisse
Kennedy/ Suan (2001) USA	Anleihen von US-Transportunternehmen und 265 neuemittierte US-Industrieanleihen mit Ratings von *Moody's* (mind. B) aus den Jahren 1989-1992	tionsleistung durch Kombination mehrerer Ratingreplikationsmodelle auf Basis verschiedener statistischer Methoden erhöhen? Regressions-, Diskriminanz-, ordinale Probit- und ordinale Logitanalyse (Ratings ohne *modifier*).	- Verschuldungsgrad - Gesamtkapitalrentabilität - Bilanzsumme - Nachrangigkeit (0, 1-Indikator)	onsleistung[1] durch eine Kombination verschiedener Schätzungen möglich. Eine spezielle Logit-Kombinationsmethode bringt bessere Ergebnisse als eine einfache Durchschnittsbildung über verschiedene Schätzungen.
Adams/ Burton/ Hardwick (2003) UK	40 Versicherungen mit Ratings nur von *A.M. Best*, 25 mit Ratings nur von *S&P* und 28 ohne Rating aus Großbritannien, aus den Jahren 1993-1997 Betrachtung von Emittentenratings	Vergleich der Determinanten von *Financial Strength*-Ratings von *A. M. Best* und *S&P* für britische Versicherungen (Daneben noch Erklärungsmodell der Ratingbeantragung und Wahl der Ratingagentur) Ordinale Probitanalyse (Ratings ohne *modifier*; 4 Ratingklassen)	- Verschuldungsgrad - Kapitalrentabilität - Liquiditätsgrad - Gewinnwachstum - Bilanzsumme - Rechtsform (0, 1-Indikator) - Rückversicherungsquote	Es gibt einige signifikante Unterschiede in Gewichtungen von potentiellen Ratingdeterminanten zwischen den Agenturen. Signifikante Erklärungsfaktoren für *A. M. Best*-Ratings: - Kapitalrentabilität - Liquidität - Rechtsform Signifikante Erklärungsfaktoren für *S&P*-Ratings: - Verschuldungsgrad - Kapitalrentabilität - Liquidität
Poon (2003) Japan und 14 weitere Länder (v.a. aus Asien; nicht USA; nicht Deutschland)	272 (79 aus Japan) Firmenjahre von Emittenten mit beantragten Ratings und 323 (216 aus Japan) Firmenjahre von solchen mit unbeantragten Ratings von *S&P* aus den Jahren 1998-2000 (insgesamt 265 Emittenten) nur Länder mit beantragten und unbeantragten Ratings. Betrachtung von Emittentenratings	Sind unbeauftragte Ratings systematisch schlechter als beantragte Ratings? Univariate t-Tests für zahlreiche Finanzkennzahlen auf Unterschiede zwischen den beiden Gruppen Ordinale Probitanalysen (Ratings ohne *modifier*; 6 Ratingklassen)	- Zinsdeckung - Gesamtkapitalrentabilität - Verschuldungsgrad - Kurzfristiger Verschuldungsgrad - Ratingbeantragung (0, 1-Indikator) - Japanisches Unternehmen (0, 1-Indikator) - Länderrating (0, 1-Indikatoren)	t-Tests zeigen für die meisten von 18 Finanzkennzahlen aus den Bereichen Liquidität, Ertragskraft, Kapitalstruktur und finanzielle Flexibilität signifikante Unterschiede zwischen Gruppe der beauftragten und der unbeauftragten Ratings. Unbeauftragte Ratings sind c.p. tendenziell niedriger als beauftragte. Gründe aber nicht eindeutig klärbar. Emittenten aus Japan weisen c.p. tendenziell höhere Ratings auf als die aus den anderen Ländern; darüber hinaus bei ihnen höhere Gewichtung der Ertragskraft und niedrigere Gewichtung des kurzfristigen Verschuldungsgrades.
Resti (2003) Europa	184 Industrieanleihen europäischer Emittenten aus 16 verschiedenen Ländern (v.a. 93 aus Groß-	Ratingdeterminanten, Ratingreplikation Anschließend Untersuchung von Brancheneinflüssen durch Branchen-	Verschiedene Kennzahlen aus den Bereichen: - Ertragskraft - Kapitalstruktur - Liquidität - Unternehmensgröße	Klassifikationsleistung:[1] *in sample* ca. 82 %; beste Erklärungsfaktoren: - Gewinnmarge - Umschlagshäufigkeit - Umsatz

Fortsetzung Anhang 2

Studie	Datensatz	Fragestellung und Vorgehensweise	Erklärungsfaktoren	Wichtige Ergebnisse
	britannien; 10 aus Deutschland), mit Ratings von *S&P* (mind. B). Betrachtung von Emittentenratings	differenzierung in 1. verarbeitende Industrie und 2. Handel, Versorger, Transport. Für diese Gruppen (a) getrennte Modellschätzung und (b) 0, 1-Indikator ins Ausgangsmodell. Ordinale Logitanalysen (Ratings ohne *modifier*)	- Ergebnisvolatilität - Staatseinfluss (0, 1-Indikator) - 0, 1-Indikator für Sitz in Großbritannien (wegen unausgewogener Stichprobenzusammensetzung)	- Fremdkapitalquote - Ergebnisvolatilität - Staatseinfluss Eine Branchendifferenzierung führt zu keinen signifikanten Unterschieden der Variablenkoeffizienten und auch eine alternative Indikator-Variable ist nicht signifikant.
Livingston u.a. (2003) USA	772 neuemittierte US-Industrieanleihen aus dem Zeitraum April 1995 bis Anfang 2000 mit einem Rating von *S&P* und *Moody's*	Enthalten Ratings Insiderinformationen und wenn ja, in welchem Ausmaß? Berücksichtigung von Näherunggrößen für das Ausmaß von Insiderinformationen. Untersuchung auf Basis eines Ratingreplikationsmodells mit latenter Variablen-Technik (Ratings ohne *modifier*)	- Zinsdeckung - Verschuldungsgrad - Bilanzsumme - Gesamtkapitalrentabilität Als Näherungsgrößen für die latente Variable asymmetrische Informationen bzw. Insiderinformationen: - Unternehmensgröße - Prognosefehler in Analystenprognosen - Adverse Selection-Komponente in Geld-Brief-Spanne	Unternehmen mit mehr Informationsasymmetrien erhalten tendenziell niedrigere Ratings, was auf höhere Insiderinformationen der Rating-agenturen deutet. Damit sind allerdings weniger als 10 % der Unterschiede in den Ratings erklärbar, während öffentlich verfügbare (Finanz-)Daten ca. 60 % erklären können. Bei *split ratings* ist Erklärungsanteil der Insiderinformation signifikant höher bzw. höhere Informationsasymmetrien erhöhen signifikant die Wahrscheinlichkeit eines *split ratings*.
Butler/ Rodgers (2003) USA	360 neuemittierte Anleihen des Jahres 1997 von 153 US-Unternehmen außerhalb des Finanzsektors, i.d.R. mit Mehrfachratings, von denen mindestens eins beantragt wurde. Fokus auf die Ratings von *S&P* und *Moody's*.	Beruhen beauftragte Ratings weniger auf öffentlich verfügbaren, v.a. quantitativen, und dafür mehr qualitativen Ratingdeterminanten als unbeauftragte Ratings? Da unbeauftragte Ratings zu der Zeit nicht gekennzeichnet waren, werden die gezahlten Ratinggebühren betrachtet und die Gruppen hoch, mittel, gering unterschieden. Mit höheren Ratinggebühren wird von mehr beauftragten Ratings ausgegangen. Lineare Regression (ordinale Logitanalyse zu Kontrollzwecken führt zu nahezu identischen Ergebnissen, so dass sie nicht berichtet werden) (Ratings mit *modifier*)	- Zinsdeckung - Umsatzrentabilität - Markt- zu Buchwert-Verhältnis - Verschuldungsgrad - Nachrangigkeit (0, 1-Indikator) - Restlaufzeit - Emissionsvolumen und ln Emissionsvolumen - Bilanzsumme und ln Bilanzsumme Für jede fundamentale Erklärungsvariable wurde zusätzlich eine neue Erklärungsvariablen in Form eines Interaktionsterms aus der Multiplikation mit einer Indikator-Variable mit Wert 1 für hohe Ratinggebühren und 0 sonst gebildet. Die Koeffizienten der Interaktionsterme werden als Marginaleffekt der Ratingbeantragung auf das Zustandekommen des Ratingurteils auf Basis der fundamentalen Erklärungsvariablen interpretiert.	Der Marginaleffekt der Ratingbeantragung vermindert annährend durchgängig den Einfluss der fundamentalen Erklärungsvariablen auf das Rating. Agenturen legen also weniger Gewicht auf öffentlich verfügbare, v.a. quantitative Informationen und mehr Gewicht auf qualitative und ggf. nicht öffentlich verfügbare Informationen in beantragten als in unbeantragten Ratings.

Fortsetzung Anhang 2

Studie	Datensatz	Fragestellung und Vorgehensweise	Erklärungsfaktoren	Wichtige Ergebnisse
Bhojarj/ Sengupta (2003) USA	1.005 neuemittierte US-Industrieanleihen aus den Jahren 1991-1996 mit Ratings von *Moody's*	Weisen Unternehmen mit qualitativ hochwertigerer Corporate Governance aufgrund sinkender Agency-Kosten und Informationsrisiken ein höheres Rating und niedrigere Fremdkapitalkosten (Endfälligkeitsrendite der Anleihe) auf? Ordinale Probitanalysen (Ratings ohne *modifier*; 6 Ratingklassen)	Emittentenmerkmale: - Verschuldungsgrad auf Basis des Eigenkapitalmarktwertes - Gesamtkapitalrentabilität - Bilanzsumme - Markt-zu Buchwert-Verhältnis - Kumulative tägl.Aktienkursrendite - Markt-Beta Emissionsmerkmale: - ln Emissionsvolumen - Restlaufzeit in Jahren - Zeitdauer bis zum ersten möglichen Kündigungstermin bezogen auf Restlaufzeit - Nachrangigkeit (0, 1-Indikator) - Vorzeitige Rückkaufoption (0, 1-Indikator) Corporate Governance-Kenngrößen: - Anteil institutioneller Investoren - Anteil externer Board-Mitglieder In Modellvarianten noch Gesamtanteil der 5 größten institutionellen Investoren oder Gesamtanteil aller Eigner mit mehr als 5 % als Maße für den Einfluss von Großaktionären.	Signifikant positiver (negativer) Zusammenhang zwischen Corporate Governance-Kenngrößen und der Höhe des Ratings (der Fremdkapitalkosten). Der Zusammenhang ist stärker für schlechter geratete Anleihen. Das Vorhandensein von Großaktionären hat hingegen signifikant negativen Einfluss auf das Rating und die Fremdkapitalkosten.
Shin/ Moore (2003) Japan	92 japanische Emittenten mit Ratings von *S&P*, *Moody's*, *Japan Credit Rating Agency* (*JCR*) und *Rating and Investment Information* (*R&I*); 56 davon mit und 36 ohne *Keiretsu*-Einbindung Betrachtung von Emittentenratings oder vergleichbaren *senior unsecured*-Emissionsratings	Werden japanische Emittenten von US-amerikanischen systematisch niedriger geratetet als von japanischen Agenturen? Liegt das an der mangelnden Berücksichtigung nationaler Besonderheiten wie einer *Keiretsu*-Einbindung durch US-Ratingagenturen? Deskriptive Statistiken und *Kolmogoroff-Smirnov* (KS)-Tests zum paarweisen Vergleich der Ratingverteilungen der Agenturen Ordinale Probitanalyse (Ratings ohne *modifier*; 7 Ratingklassen)	5-Jahres-Durchschnittswerte von: - Dynamischer Verschuldungsgrad (operativer Cash Flow/gesamte Schulden) - Verschuldungsgrad auf Basis des Eigenkapitalmarktwertes - Gesamtkapitalrentabilität - Zinsdeckung zusätzlich: - Markt-Beta - ln Bilanzsumme Diese Erklärungsvariablen werden für alle Ratingagenturen gleichermaßen verwendet. Kenngrößen der *Keiretsu*-Einbindung: - Keiretsu-Einbindung (0, 1-Indikator) - Anteilsquote von *Keiretsu*-Unternehmen am Eigenkapital - Anteilsquote von *Keiretsu*-	KS-Test zeigt signifikante Unterschiede in Ratingverteilungen beim Vergleich beider US- mit beiden japanischen Agenturen, nicht aber beim Vergleich der beiden US- sowie japanischen Agenturen untereinander. Für Emittenten außerhalb des Finanzsektors hat eine *Keiretsu*-Einbindung bei keiner Ratingagentur einen signifikanten positiven Einfluss auf das Rating, die Ein-beziehung erhöht aber leicht die Modellgüte. Für Emittenten des Finanzsektors hat die *Keiretsu*-Einbindung widererwartend nur bei den US-Ratingagenturen einen signifikanten positiven Einfluss.

Fortsetzung Anhang 2

Studie	Datensatz	Fragestellung und Vorgehensweise	Erklärungsfaktoren	Wichtige Ergebnisse
			Unternehmen an Finanzverbindlichkeiten	
Amato/ Furfine (2004) USA	US-Emittenten mit Ratings von *S&P* (mind. CC) aus den Jahren 1984 bis 2001. Insgesamt 10.002 Firmenjahre. Betrachtung von Emittentenratings	Werden die Ratings und Ratingänderungen über die Erklärungsfaktoren für Geschäfts- und Finanzrisiko hinaus durch konjunkturelle Aspekte beeinflusst? 2 Operationalisierungen: - Einbeziehung von Näherungsgrößen für Konjunkturphase als Erklärungsvariablen in Ratingreplikationsmodell - zusätzliche Einbeziehung auch der jährlichen Durchschnittswerte aller Finanzvariablen, zur gemeinsamen Erfassung von Trends und Konjunktureinflüssen Ordinale Probitanalyse (Ratings ohne *modifier*)	3-Jahres-Durchschnitte von: - Realer Eigenkapitalmarktwert - Reale Bilanzsumme - Markt-Beta - Idiosynkratisches/residuales Risiko aus Marktmodell - Zinsdeckungsgrade (4 Wertebereiche) - Umsatzrentabilität - Langfristiger Verschuldungsgrad - Gesamter Verschuldungsgrad Näherungsgrößen für Konjunkturphase: - *NBER Recession Incidator* (0, -1-Indikator) - Wachstumslücke des Bruttosozialprodukts (BSP) (Differenz von realem und potentiellen Wachstum) - Diskreter Wachstumsindikator (0, -1-Indikator) Jede dieser Näherungsgrößen wird isoliert in ein Modell mitaufgenommen.	Zyklische Veränderungen von Ratings gehen v.a. auf zyklische Veränderungen in Geschäfts- und Finanzrisiken zurück, nicht aber auf konjunkturbedingte Änderungen der Ratingstandards. Es lässt sich sogar im *investment grade*-Bereich sowie Neuemissionen oder Ratingänderungen eine gewissen Prozyklizität feststellen, was auf eine Überreaktion der Ratingagenturen auf Konjunkturveränderungen hindeutet. Ursache für durchschnittliche Verschlechterung des Ratingniveaus von US-Anleihen in letzten Jahrzehnten können durch Berücksichtigung weiterer Maße für Änderungen systematischer Risiken im Zeitablauf, undnicht, wie nach *Blume/ Lim/MacKinlay* (1998), auf verschärfte Ratingstandards zurückgeführt werden.
Ashbaugh-Skaife/ Collins/ LaFond (2004) USA	894 US-Emittenten mit Ratings von *S&P* aus dem Jahr 2002 Betrachtung von Emittentenratings	Weisen Unternehmen mit qualitativ hochwertigerer Corporate Governance aufgrund sinkender Agency-Kosten und Informationsrisiken ein höheres Rating auf? Operationalisierung der Güte der Coporate Governance im Vergleich zu *Bhojarj/Sengupta* (2003) sehr viel differenzierter anhand eines 2002 von *S&P* entwickelten Analyseschemas für den Bereich Corporate Governance im Rahmen der Ratinganalyse. Ordinale Logitanalyse (Rating ohne *modifier*; 7 Ratingklassen)	- Verschuldungsgrad - Gesamtkapitalrentabilität - Verlust (0, 1-Indikator) - Zinsdeckung - ln Bilanzsumme - Nachrangige Verbindlichkeiten (0, 1-Indikator) - Kapitalintensität - Finanzsektor bzw. Versorger (0, 1-Indikator) Verschiedene Erklärungsvariablen für die folgenden 4 Dimensionen der Corporate Governance-Analyse von *S&P*: - Eigentümerstruktur und -einfluss - (Finanz-)Stakeholder-Rechte - Finanzielle Transparenz - Board-Strukturen und -prozesse	Zahlreichen Corporate Governance-bezogenen kommen über die fundamentalen Erklärungsvariablen Erklärungskraft für Ratings zu. Es lassen sich v.a. ein - negativer Zusammenhang mit der Anzahl von Großaktionären, - positiver Zusammenhang mit schwächeren Übernahmeschutzmechanismen, - positiver Zusammenhang mit der Board-Unabhängigkeit, mit einem Aktienhalten von Boardmitgliedern und der Board-Expertise feststellen. Mit hochwertiger Corporate Governance verdoppelt sich die Wahrscheinlichkeit für ein *investment grade*-Rating.
Brandon/	333 neuemittierte	Einfluss der Unabhängig-	Ergänzung eines Modells mit den	Klassifikationsleistung[1] des

Fortsetzung Anhang 2

Studie	Datensatz	Fragestellung und Vorgehensweise	Erklärungsfaktoren	Wichtige Ergebnisse

Crab-tree/ Maher (2004)
 	
USA
	US-Industrie-anleihen mit Ratings von *Moody's* aus der Zeit von Februar 2001 bis Dezember 2002	keit des Abschlussprüfers auf das Rating
		
		Haben Kennzahlen zur Prüferunabhängigkeit signifikante Koeffizienten und läßt sich die Klassifikationsleistung des *Kaplan/Urwitz*-Modells durch ihre Einbeziehung verbessern?
			signifikanten Erklärungsvariablen (5-Jahres-Durchschnitte) von *Kaplan/Urwitz* (1979) jeweils um:
			- Branchen-Indikator-Variablen
			- Drei Näherungsgrößen für Unabhängigkeit des Abschlussprüfers:
			  - Anteil nicht prüfungsbezogenen an gesamten an Abschlussprüfer gezahlten Gebühren
			  - Log der gesamten an Abschlussprüfer gezahlten Gebühren
			  - Log der prüfungsbezogenen und der nicht prüfungsbezogenen an Abschlussprüfer gezahlten Gebühren
				Kaplan/Urwitz (1979)-Ausgangsmodells: ca. 61 %.
				
				Signifikant negativer Zusammenhang zwischen der über die Näherungsgrößen gemessenen Unabhängigkeit des Abschlussprüfers und der Höhe des Ratings.
				
				Allerdings keine Verbesserung der Klassifikationsleistung des *Kaplan/Urwitz* (1979)-Modells durch Einbzug von Näherungsgrößen für Unabhängigkeit des Abschlussprüfers.

Manzoni (2004) international, Pfund-Euro-markt	105 Pfund-Sterling-Industrieanleihen mit Ratings von *S&P* (mind. BBB), teilweise mit Herabstufung, sonst ohne Ratingänderung, aus den Jahren 1992-1999	Schätzung der Herabstufungswahrscheinlichkeit mit einjährigem Prognosehorizont auf Basis von Fundamental - und Anleihedaten 2-stufige Vorgehen, um direkten Einfluss von Fundamentalvariablen auf Herabstufungswahrscheinlichkeit und indirekt über Rating zu berücksichtigen: 1. Ratingreplikation mittels ordinaler Probitanalyse 2. Wahrscheinlichkeitsschätzung mit binärer Probitanalyse, in die unter der Ratingschätzung aus Stufe 1 bedingtes erwartetes Ausfallrisiko einfließt (Ratings ohne *modifier*)	Verschiedene Kennzahlen aus den Bereichen: - Unternehmensgröße - Rentabilität - Kapitalstruktur - Liquidität - Wachstum - Volatilität - Besicherung - Industrie oder Finanzsektor (0, 1-Indikator)	Klassifikationsleistung[1]: *in-sample*: ca. 89 %; *out-of-sample*: ca. 85 %. Die Leistung des Modells ist besser im Vergleich zu einem naiven Modell und einem Künstlichen Neuronalen Netz als Benchmark. Das Prognosemodell stellt eine Alternative zur bisherigen Praxis der Ableitung von Schätzungen der Herabstufungswahrscheinlichkeiten aus historischen Übergangsmatrizen dar.
Sengupta/Wang (2004) USA	1.714 US-Emittenten mit Ratings von *S&P* (mind. BB) aus den Jahren 1999-2001 Betrachtung von Emittentenratings	Einfluss von außerbilanziellen Schulden in Form von Operating Leasing-Verhältnissen und Deckungslücken extern finanzierter Pensionsverpflichtungen auf das Emittentenrating und Fremdkapitalkosten (Endfälligkeitsrendite) Ordinale Probitanalyse	- ln Bilanzsumme (inkl. berücksichtigter außerbilanzieller Schulden) - Langfristiger Verschuldungsgrad - Kurzfristiger Verschuldungsgrad - Markt- zu Buchwert-Verhältnis - Umsatzrentabilität - Zinsdeckung - Standardabweichung der täglichen Aktienrendite über das Geschäftsjahr	Die Erklärungsfaktoren für außerbilanzielle Schulden haben alle signifikante negative Koeffizienten und deuten auf eine negativen (positiven) Zusammenhang mit der Ratinghöhe (den Fremdkapitalkosten). Die Gesamtsumme außerbilanzieller Schulden hat einen vergleichbaren Koeffizienten wie langfristiger bilanzieller Verschuldungsgrad, während der

Fortsetzung Anhang 2

Studie	Datensatz	Fragestellung und Vorgehensweise	Erklärungsfaktoren	Wichtige Ergebnisse
		(Ratings ohne *modifier*)	Außerbilanzielle Schulden: - Barwert der Minimum-Leasingzahlungsverpflichtungen, Diskontierung mit durchschnittlicher Anleiherendite der Ratingklasse des Unternehmens - Projected Benefit Obligation abzgl. Fair Value der Plan Assets und ggf. minus (plus) weitere Schuld (Vermögenswert) in Verbindung mit Pensionsplan in der Bilanz - Summe aus beiden Für die Analyse der Wirkungen auf die Fremdkapitalkosten wurden zusätzlich weitere Erklärungsfaktoren für Emissionsspezifika berücksichtigt.	für die ungedeckten Pensionsverpflichtungen deutlich kleiner ist. Der Koeffizient der Gesamtsumme außerbilanzieller Schulden bleibt bei einer jährlichen Betrachtung zeitstabil, was auf eine bereits längerfristige und gleichartige Berücksichtigung in der Ratinganalyse deutet. Veränderung der Gesamtsumme der außerbilanziellen Schulden hat signifikanten Einfluss in einem Erklärungsmodell für Ratingänderungen.
Purda (2005) USA	US-Emittenten mit Ratings von *Moody's* aus den Jahren 1991-2002; 31.089 Firmenquartale, davon 2.548 (ca. 8 %) mit Ratingänderungen Betrachtung von Emittentenratings und deren Änderungen	Determinanten/Erklärung von Ratingänderungen (zusätzlich aber auch ein Ratingreplikationsmodell) Lassen sich Ratingänderungen von kleineren Unternehmen mit annahmegemäß höherer Informationsasymmetrie schlechter mit öffentlich beobachtbaren Faktoren erklären/ prognostizieren? Ergibt sich mit sinkendem Grad der Erklärbarkeit/ Prognostizierbarkeit einer Ratingänderung eine höhere abnormale Aktienkursreaktion darauf? Ordinale Probitanalysen (Ratings ohne *modifier*; Ratingänderungen Heraufstufung, Herabstufung, keine Veränderung)	Quartalswerte von: - Verschuldungsgrad - Gesamtkapitalrentabilität - Zinsdeckung - Markt-Beta - ln Marktkapitalisierung - *Moody's KMV* Expected Default Frequency - Indikatorvariablen für Überwachungslistenaufnahme mit Herauf- bzw. Herabstufungsaussicht Für Ratingreplikationsmodell wurden Absolutwerte der Erklärungsvariablen herangezogen. Für Ratingänderungsmodell werden die Veränderungen/Trends der Erklärungsvariablen herangezogen. Trends für Verschuldungsgrad, Gesamtkapitalrentabilität und Zinsdeckung wurden als Steigung der Regressionsgrade über 8 Quartale vor Quartal der Ratingbeobachtung berechnet.	Herabstufungen sind besser zu prognostizieren als Heraufstufungen. Maximale Klassifikationsleistung für die gesamte Stichprobe für Herabstufungen bei ca. 16 % und Heraufstufungen bei ca. 9 %. Ratingänderungen um mehrere Stufen (*notches*) sind besser prognostizierbar. Wenn Unternehmen von *Moody's* und *S&P* geratet sind, erhöht sich die Prognoseleistung merklich durch Berücksichtigung des *S&P*-Ratings (Heraufstufung max. bei ca. 30 %, Herabstufungen max. bei ca. 16 %) Abnormale Aktienkursreaktion sind (wie in den meisten Ereignisstudien) nur auf Herab- nicht aber auf Heraufstufungen festzustellen. Ratingänderungen von kleineren Unternehmen sind nicht schlechter (oder besser) prognostizierbar. Höhere abnormale Aktienkursreaktionen bei diesen Unternehmen auf Ratingänderungen gehen nicht auf eine Verringerung von Informationsasymmetrien zurück.

Fortsetzung Anhang 2

Studie	Datensatz	Fragestellung und Vorgehensweise	Erklärungsfaktoren	Wichtige Ergebnisse
				Schlechter prognostizierbare Ratingänderungen führen nicht zu höheren abnormalen Kursreaktionen. Häufig führen gut prognostizierbare Änderungen sogar zu höheren Reaktionen. Das könnte auf regulative Nutzung von Ratings zurückgehen.
Purda (2005) USA	Anleihen nichtstaatlicher Emittenten aus Deutschland, Frankreich, Großbritannien, Japan, Kanada, Neuseeland, Niederlande und USA aus den Jahren 1993-2001 mit Ratings von *Moody's* (mind. B); insgesamt ca. 4.300 Firmenjahre, 2/3 davon aus den USA, für alle anderen Länder aber jeweils mindestens 100 Firmenjahre. Betrachtung von Emittentenratings	Werden die Finanzdaten von den Ratingagenturen über Ländergrenzen hinweg vergleichbar beurteilt? Gibt es systematische Unterschiede in den Ratingurteilen für Unternehmen verschiedener Herkunftsländer? Haben unterschiedliche rechtliche Rahmenbedingungen der verschiedenen Länder Einfluss auf das Ratingurteil? Ordinale Probitmodelle (Ratings ohne *modifier*)	Ausgangsmodell: - Betafaktor - Langfristiger Verschuldungsgrad - Verschuldungsgrad - Gesamtkapitalrentabilität - ln Marktkapitalisierung - Verschiedene Zinsdeckungsgrade - Jahres-Dummy-Variablen Modellerweiterung um: - Länder-Dummy-Variablen - Zugehörigkeit zum Finanzsektor (0, 1-Indikator) - Bruttosozialprodukt pro Kopf als Konjunkturindikator - Verschiedene Indices zu Aspekten der rechtlichen Rahmenbedingungen der Länder	Klassifikationsleistung[1] des Ausgangsmodells: Gesamt ca. 53 %, US-Teilstichprobe ca. 55 %, Nicht-US-Teilstichprobe ca. 50 %. Bedeutung der Finanzdaten für das Rating von *Moody's* ist unterschiedlich für verschiedene Länder; Unternehmen aus Deutschland und Japan erhalten bei vergleichbaren Finanzdaten signifikant bessere Ratings als die aus anderen Ländern. Rechtliche Rahmenbedingungen, v.a. bezüglich Kreditverträgen und Gläubigerschutz, haben signifikanten Erklärungsgehalt für Ratings von *Moody's* und Unterschiede zwischen Ländern.
Odders-White/ Ready (2005) USA	730 US-Unternehmen verschiedener Branchen mit Listing an NYSE und ausstehenden Anleihen mit Rating von mind. einer NRSRO-Ratingagentur (Fokus auf *S&P*, *Moody's*, *Fitch*); quartalsweise Betrachtung des Zeitraums 1995 bis 2000.	Einfluss von Aktienmarkt-Adverse Selection-Problemen auf die Ratinghöhe. Annahme, dass Unternehmen mit hoher Wahrscheinlichkeit für große Schwankungen des Unternehmensgesamtwertes höhere Kosten aus Adverse Selection-Problemen beim Handel ihrer Eigenkapitaltitel und schlechtere Ratings aufweisen. Kommt Veränderungen dieser Aspekte auch eine Erklärungskraft für Ratingänderungen zu? Erklärte Variable ist jeweils das Durchschnittsrating des Unternehmens berechnet als mit dem	- ln Fremdkapitalquote - Markt-Beta - Unternehmensbezogene Nachrichten - Betrachtetes Jahr (0, 1-Indikatoren) - Branchen (0 ,1-Indikatoren) Aktienmarkt-Adverse-Selection-Maße, jeweils ln von: - Geld-Brief-Spanne - Effektive Geld-Brief-Spanne - *Glosten/Harris*-Adverse-Selection-Komponente - *Hasbrouck*-Preiseinfluss - EKOP Wahrscheinlichkeit für besser informiert handelnde Investoren Kontrollvariablen für Ratingdeterminanten: - ln Vermögenswert-Unsicherheit nach *Moody's KMV* - ln Marktkapitalisierung	Signifikant negativer Zusammenhang zwischen Ausmaß von Adverse Selection-Problemen am Aktienmarkt und Ratinghöhe, auch unter Berücksichtigung von Kontrollvariablen für übliche potentielle Ratingdeterminanten.

Fortsetzung Anhang 2

Studie	Datensatz	Fragestellung und Vorgehensweise	Erklärungsfaktoren	Wichtige Ergebnisse
		ausstehenden Volumen der gerateten Anleihe gewichteten Durchschnitt der über numerische Stellvertreter repräsentierten Ratings. (Ratings einmal mit und einmal ohne *modifier*; hat keinen Einfluss auf Ergebnisse)	- Gesamtkapitalrentabilität - Umsatzrentabilität - ln Free Cash Flow/Schulden - Zinsdeckung - Markt- zu Buchwert-Verhältnis - Dividendenrendite - Aktienkursrendite - ln Aktienkurs	
Crabtree/ Maher (2005) USA	1.768 neuemittierte US-Industrieanleihen mit Ratings von *Moody's* aus den Jahren 1990-2000	Einfluss des Ausmaßes der Gewinnprognostizierbarkeit auf das Rating. Haben Kennzahlen zum Ausmaß der Gewinnprognostizierbarkeit signifikante Koeffizienten und läßt sich die Klassifikationsleistung des *Kaplan/Urwitz*-Modells durch ihre Einbeziehung verbessern? (Daneben Untersuchung der Wirkungen des Ausmaßes der Gewinnprognostizierbarkeit auf die Bonitätsrisikoprämie) Ordinale Logitanalysen (Ratings ohne *modifier*)	Ergänzung eines Modells mit den signifikanten Erklärungsvariablen (5-Jahres-Durchschnitte) von *Kaplan/Urwitz* (1979) jeweils um: - ein Maß für Pensionsverpflichtungen - Branchen-Indikatorvariablen für 7 verschiedene Branchen Maße für die Gewinnprognostizierbarkeit: - absoluter Prognosefehler in IBES-Konsens-Gewinnschätzung - Standardabweichung der IBES-Gewinnschätzungen	Klassifikationsgenauigkeit[1] des Ausgangsmodells: 68 % Die Maßgrößen weisen bei isolierter und auch gemeinsamer Berücksichtigung im Modell signifikante negative Koeffizienten auf. Mit abnehmender Gewinnprognostizierbarkeit gehen tendenziell schlechtere Ratings einher. Durch die Berücksichtigung der Maße für die Gewinnprognostizierbarkeit steigt sie auf ca. 70 %.
Jorion/ Shi/ Zhang (2007) USA	1.268 *investment grade*- und 1.521 *speculative grade*- Emittenten (aus den Branchen Transport, Versorger, Finanzen und Industrie) aus den USA mit Ratings von *S&P* über die Jahre 1985-2002. Insgesamt 16.091 Firmenjahre. Betrachtung von Emittentenratings	Liegt die Ursache für durchschnittliche Verschlechterung des Ratingniveaus von US-Anleihen in letzten Jahrzehnten tatsächlich wie von *Blume/ Lim/MacKinlay* (1998) gefunden in strikter gewordenen Ratingstandards oder alternativ in einer Verschlechterung der Rechnungslegungsqualität von gerateten Unternehmen verstanden als Wertrelevanz der Rechnungslegungsdaten und Ausmaß an Gewinnsteuerung? Ordinale Probitanalyse (Ratings ohne *modifier*)	- Zinsdeckung (4 Wertebereiche) - Umsatzrentabilität - Langfristiger Verschuldungsgrad - Gesamter Verschuldungsgrad - Eigenkapitalmarktwert - Marktmodell-Beta - Idiosynkratisches/residuales Risiko aus Marktmodell - Jahr des Betrachtungszeitraums (0, 1-Indikatoren) - Branchen (0, 1-Indikatoren) 3-Jahres-Durchschnitte der Kennzahlen Maße für Rechnungslegungsqualität: - Diskretionäre Periodenabgrenzungen als Näherungsgröße für Gewinnsteuerung geschätzt nach dem modifizierten *Jones*-Modell - Bestimmtheitsmaß des Erklä-	Keine durchschnittliche Ratingverschlechterung im *speculative grade*-, sondern nur im *investment grade*-Bereich. Striktere Ratingstandards lassen sich nicht als Ursache feststellen. Vielmehr lässt sich die durchschnittliche Verschlechterung des Ratingniveaus im *investment grade*-Bereich v.a. auf die dort festzustellende Verschlechterungen der Rechnungslegungsqualität über den Betrachtungszeitraum zurückführen.

Fortsetzung Anhang 2

Studie	Datensatz	Fragestellung und Vorgehensweise	Erklärungsfaktoren	Wichtige Ergebnisse
			rungsmodells alleine auf Basis von Rechnungslegungsdaten als Erklärungsfaktoren für die einzelnen Jahre als Maß für die Veränderung der Wertrelevanz.	
Güttler/ Wahrenburg (2007) international, aber v.a. USA	407 Emittenten mit Ratings von *S&P* und *Moody's* aus den Jahren 1997-2004 mit einem Ausfallereignis, für 172 davon waren Finanzdaten in *Datastream* verfügbar und wurden berücksichtigt. Betrachtung von Emittentenratings	Betrachtung der Ratings und Ratingänderungen von Emittenten im Vorfeld von Ausfallereignissen 1. Gibt es Unterschiede zwischen den Ratingagenturen bzw. sogar Verzerrungen in den Ratings solcher Emittenten, z.B. durch eine Bevorzugung von US-Emittenten im Vergleich zu solchen aus anderen Ländern durch die US-Ratingagenturen? Ratingreplikationsmodelle für 8 Zeitabschnitte vor dem Ausfallereignis. Ordinale Probitanalysen (Ratings ohne *modifier*, 7 Ratingklassen) 2. Ändert eine der Ratingagenturen die Ratings systematisch früher als die andere? Gegenüberstellung der Ratingentwicklung beider Agenturen bis zum Ausfallereignis und *Wilcoxon*-Rangsummen-Tests; Ordinale Probitanalyse	- 0, 1-Indikator für Sitz in USA - ausstehender Fremdkapitalbestand - Höhe des Erstratings - Ratingveränderung zur vorherigen Betrachtungsperiode - Zinsdeckung - Umsatzrentabilität - Langfristige Fremdkapitalquote - Gesamte Fremdkapitalquote - Veränderung des Bruttoinlandprodukts - Arbeitslosenquote	Ad 1. Keine Bevorzugung von US-Emittenten, sondern z.T. sogar schlechtere Ratings. Dies könnte auf z.B. auf andere Gläubigerschutzregeln oder eine *Keiretsu*-Einbindung von Nicht-US-Emittenten zurückzuführen sein. Darüber hinaus sind die Ratings besser für größere Unternehmen. Von den Finanzdaten ist nur die Zinsdeckung für beide Agenturen durchgängig eine signifikante Erklärungsvariable, während für *Moody's* zudem noch die gesamte Fremdkapitalquote wichtig ist. Ad 2. *Moody's* passt Ratings zeitnäher an. Nach einer Herabstufung (Heraufstufung) der einen Agentur fällt eine anschließende Herabstufung (Heraufstufung) der anderen stärker aus. Weiterhin ist eine gleichgerichtete Ratingänderung der zweiten Agentur für eine vorangegangene Herabstufung sehr viel wahrscheinlicher als für eine Heraufstufung. Zudem finden sich Hinweise auf serielle Korrelationen zwischen Ratingänderungen.

[1] Klassifikationsgenauigkeit in Prozent (%) der richtig klassifizierten Ratings an der Gesamtzahl der Ratings.

Anhang 3: Übersicht über ausgewählte Befragungsstudien zu Ratings

Autor (Jahr)	**Befragungsform und Datensatz**	**Fragestellung(en)[1]**	**Ergebnisse zu Ratingdeterminanten**
Sherwood (1976) USA	Interviews mit Ratinganalysten von *S&P*	Einblicke in den Ratingprozess und die Ratingdeterminanten	Fünf zentrale Analysebereiche: 1. Anleihebedingungen 2. Kapitalstruktur und Vermögensschutz 3. Liquiditätsquellen 4. Profitabilität 5. Management
Hawkins/ Brown/ Campell (1983) USA	Interviews mit Ratinganalysten von *S&P* und *Moody's*	Einblicke in den Ratingprozess und die Ratingdeterminanten	Sie finden ebenfalls die von *Sherwood* (1976) identifizierten fünf zentralen Analysebereiche
Kniese (1996) Deutschland	Versand von Fragebogen an: die 100 größten Unternehmen in Deutschland Rücklauf(quote): 66, davon 51 ausgefüllte Fragebogen (66 %) Nur 8 der 51 Unternehmen besitzen zum Zeitpunkt der Befragung ein Rating einer Ratingagentur.	- Art der Fremdfinanzierung - Motive für eine bereits erfolgte oder künftige Ratingbeantragung - Beratung vor einer Ratingbeantragung und wenn ja, durch wen - Wahl der Ratingagentur und Voraussetzung für die Beauftragung einer deutschen bzw. europäischen Agentur	Motive einer (möglichen) Ratingbeantragung und Anteile der Antwortenden, für den diese relevant sind (Mehrfachnennungen möglich): - Verbesserung des Emissionspreises: 69 % - Breitere internationale Akzeptanz: 65 % - Imageverbesserung: 45 % - Verbesserung der Handelbarkeit am Sekundärmarkt: 37 % - Erfüllung von Markteintrittsbedingungen: 37 % - Positive Auswirkungen auf den Aktienkurs: 18 % - Feedback über die eigene Situation durch unabhängige Dritte: 8 % - Keines, Rating nicht notwendig: 4 %
Ellis (1998) USA	Versand von Fragebogen an Emittenten und Investoren Emittenten: 200 Finanzvorstände von gerateten nichtstaatlichen US-amerikanischen Versorgern Rücklauf(quote): 102 (51 %) Investoren: 400 US-amerikanische institutionelle Anleiheinvestoren Rücklauf(quote): 205 (51 %)	- Erforderliche Anzahl von Ratings - Unbeauftragte Ratings - Qualität und Zeitnähe von Ratings von *S&P*, *Moody's* und 4 weiteren Agenturen im Vergleich - wichtigster Analysebereich des Ratings	Zur bonitätsrisikoadäquaten Höhe des Ratings: Investoren: meistens bis immer richtige Höhe 87 %, oft bis regelmäßig zu schlecht 3 %, oft bis regelmäßig zu gut 10 %. Emittenten: meistens bis immer richtige Höhe 80 %, oft bis regelmäßig zu schlecht 20 %, oft bis regelmäßig zu gut 0 %. Zur Aktualität des Ratings: Investoren: immer 2 %, die meiste Zeit 10 %, öfters verzögert 70 %, regelmäßig verzögert 18 %. Emittenten: immer 33 %, die meiste Zeit 56 %, öfters verzögert 9 %, regelmäßig verzögert 2 %. Wichtigster Analysebereich des Ratings (aus 8 Alternativen in Anlehnung an Kriterienkatalog von *S&P*; Angabe in % der jeweils Befragten): Emittenten: 1. Cash Flow-basierte Kennzahlen (29 %) 2. finanzielle Flexibilität (27 %) 3. Kapitalstruktur (13 %) Investoren: 1. Cash Flow-basierte Kennzahlen (36 %)

Fortsetzung Anhang 3

Autor (Jahr)	Befragungsform und Datensatz	Fragestellung(en)[1]	Ergebnisse zu Ratingdeterminanten
			2. Kapitalstruktur (25 %) 3. Managementqualität (14 %)
Cant-well (1999) Inter-national	Versand von Fragebogen an: 3.000 nicht-staatliche Emittenten weltweit aus verschiedenen Branchen mit Rating von *S&P*, *Moody's*, *Fitch* und/oder *Thomson Financial* Rücklauf(quote): 212 (7 %)	- Informationsgewährung an Ratingagenturen - Ratingprozess und Kontakt mit den Ratingagenturen - Informationen zum Zustandekommen des Ratingurteils und deren Qualität - Qualität und Zeitnähe von Ratings	- 56 % der antwortenden Emittenten bekunden, Ratingagenturen ausgewählte, 37% sogar substantielle interne Finanzdaten zur Verfügung zu stellen, während 7 % nur öffentlich verfügbare Informationen liefern - Beurteilung der Transparenz des Ratingprozesses: sehr gut *S&P* 48 % (*Moody's* 32 %), gut 28 % (36 %), befriedigend 16 % (24 %), schlecht 8 % (8 %) - Beurteilung der Qualität der Ratingbegrründungen zum eigenen Unternehmen: sehr gut *S&P* 40 % (*Moody's* 36 %), gut 43 % (45 %), befriedigend 13 % (14 %), schlecht 4 % (5 %) - Möglichkeit zur Prüfung des Inhalts der Ratingbegründungen: auf Fakten *S&P* 32 % (*Moody's* 36 %), vollständig 59 % (51 %), gar nicht 9 % (13 %) - Bonitätsadäquate Höhe des Ratings: richtige Höhe *S&P* 60 %, (*Moody's* 55 %), zu schlecht 35 % (38 %), viel zu schlecht 4 % (6 %), zu gut 1 % (1 %), viel zu gut 0 % (0 %) - Beurteilung der Angemessenheit des erhaltenen Ratings (Mehrfachantworten möglich): ca. 58 % anhand der veröffentlichten Kriterienkataloge der Agenturen, anhand des Ratings einer weiteren Agentur und 75 % durch Vergleich mit der Konkurrenz - Abonnement der Agenturpublikationen: Vielzahl von Publikationen ca. 10 %, ausgewählte Publikationen ca. 45 %, keine ca. 45 %
Gromer (2000) Deutsch-land	Versand von Fragebogen an: 1.060 mittelständische Unternehmen aus verschiedenen Branchen, darunter auch die Unternehmen des Neuen Marktes Rücklauf(quote): 80 (davon 43 von Unternehmen des neuen Marktes; 7,5 %)	- Informationsstand zu Basel II und Ratings - Internes vs. externes Rating - Motive einer Ratingbeantragung - Anforderungen an Ratingagenturen - Beurteilung verschiedener Ratingagenturen - Wichtige Analysebereiche des Ratings	Motive einer (möglichen) Ratingbeantragung und Anteile der Antwortenden, für den diese relevant sind (Mehrfachnennungen möglich): - Verbesserung der Kapitalbeschaffung: 68 % - Erweiterung des Kapitalgeberkreises: 59,7 % - Erleichterung internationale Geschäftsbeziehungen: 56,9 % - Öffentlichkeitsarbeit: 43 % - unternehmensinterne Zwecke: 38,9 % - bessere Konditionen auf Absatz- und Beschaffungsmärkten: 29,2 % Wichtigste Analysebereiche eines Ratings (nach häufigster Nennung bei Möglichkeit zur Mehrfachnennung): 1. Marktcharakteristika und Marktposition (94,5 %) 2. Finanzkennzahlen (82,2 %) 3. Unternehmensplanung, -strategie (75,3 %)

Fortsetzung Anhang 3

Autor (Jahr)	Befragungsform und Datensatz	Fragestellung(en)[1]	Ergebnisse zu Ratingdeterminanten
			4. Konkurrenzvergleich (72,6 %) 5. Beurteilung der Zukunftsperspektiven (65,8 %) 6. Analyse des Länderrisikos (41,1%)
AFP (2002) USA	Versand von Fragebogen an: Finanzexperten, die Mitglied in AFP sind (keine genaueren Angabe zur Stichprobengröße) Rücklauf: 715	- Verwendung der Ratings von *S&P*, *Moody's* und *Fitch* - weitere Informationsquellen für Anlageentscheidungen - Qualität und Zeitnähe von Ratings - Bedeutung von Finanzrisiko vs. Branchenrisiko für Rating - Regulierung von Ratingagenturen	Zur bonitätsrisikoadäquaten Höhe des Ratings: Investoren: volle Zustimmung 7 %, teilweise Zustimmung 58 %, Unentschieden 21 %, teileweise Ablehnung 12 %, volle Ablehnung 2 %. Emittenten: volle Zustimmung 21 %, teilweise Zustimmung 44 %, Unentschieden 6%, teileweise Ablehnung 21 %, volle Ablehnung 8 %. Zur Aktualität des Ratings: Investoren: volle Zustimmung 4 %, teilweise Zustimmung 33 %, Unentschieden 25 %, teileweise Ablehnung 28 %, volle Ablehnung 10 %. Emittenten: volle Zustimmung 11 %, teilweise Zustimmung 29 %, Unentschieden 22 %, teileweise Ablehnung 28 %, volle Ablehnung 10 %. Gewichtung von Geschäfts- und Finanzrisiko im Ratingurteil (Angabe in % der Antwortenden): - gleichgewichtet: 43 % - Geschäftsrisiko höher gewichtet: 33% - Finanzrisiko höher gewichtet: 17 % - Keine Einschätzung: 7 % Regulative Maßnahmen der SEC (Mehrfachnennungen möglich): - Regelmäßige Überprüfung von Ratingagenturen: ca. 73 % - Klarstellung der NRSRO-Anerkennungskriterien: ca. 65 % - Sofortige NRSRO-Anerkennung weiterer Agenturen: ca. 23 %
Baker/ Mansi (2002) USA	Versand von Fragebogen an Emittenten und Investoren: Emittenten: 474 geratete US-amerikanische Industrieunternehmen Rücklauf(quote): 114 (24 %) Investoren: 387 US-amerikanische Fonds, die v.a. in heimische Unternehmensanleihen investieren	- Anzahl von Ratings - unbeauftragte Ratings - Qualität und Zeitnähe der Ratings von *S&P*, *Moody's*, *Fitch* und *Duff&Phelps* im Vergleich - wichtigstes Analysebereich des Ratings - Strenge der Ratingstandards	Zur bonitätsrisikoadäquaten Höhe des Ratings: Investoren: richtige Höhe 64 %, oft bis regelmäßig zu schlecht 19 %, oft bis regelmäßig zu gut 17 %. Emittenten: richtige Höhe 70 %, oft bis regelmäßig zu schlecht 28 %, oft bis regelmäßig zu gut 2 %. Zur Aktualität des Ratings: Investoren: immer 8 %, die meiste Zeit 21 %, öfters verzögert 42 %, regelmäßig verzögert 29 %. Emittenten: immer 33 %, die meiste Zeit

Fortsetzung Anhang 3

Autor (Jahr)	Befragungsform und Datensatz	Fragestellung(en)[1]	Ergebnisse zu Ratingdeterminanten
	Rücklauf(quote): 100 (26 %)		40 %, öfters verzögert 18 %, regelmäßig verzögert 9 %. Wichtigster Analysebereich des Ratings (gleiche Antwortalternativen wie bei *Ellis* (1998); Angabe in % der jeweils Antwortenden): Emittenten: 1. Cash Flow-Kennzahlen (32,4 %) 2. finanzielle Flexibilität (24,3 %) 3. Kapitalstruktur (19,8 %) Investoren: 1. Cash Flow-Kennzahlen (37,8 %) 2. finanzielle Flexibilität (24,5 %) 3. Kapitalstruktur (17,3 %) Striktere Ratingstandards der Agenturen als vor 10 Jahren (ja, nein, keine Meinung): Ja: Emittenten ca. 28 %, Investoren ca. 34 %
Brandt/ Offer-haus (2002) Deutsch-land	Versand von Fragebogen an: Bayerische mittelständische Unternehmen aus verschiedenen Branchen (keine genaueren Angabe zur Stichprobengröße) Rücklauf: 150	- Informationsstand zu Basel II und Ratings - Internes vs. externes Rating - Erfahrungen mit Ratings und Ratingagenturen - Wichtige Ratingkriterien - Vorbereitung auf Ratingverfahren und Auswirkungen von Rating	Zu wichtigen Ratingkriterien: - Quantitative Kriterien im Durchschnitt häufiger als qualitative als wichtigste genannt - Wichtigstes quantitatives Kriterium: 1. aktuelle Ertragslage, 2. Prognosen/Planzahlen, 3. aktuelle Finanzlage - Wichtigstes qualitatives Kriterium: 1. Managementqualifikation, 2. Informations- und Kontrollsystem, 3. Ziel- und Planungsqualität

[1] Bei den genannten Punkten handelt es sich z.T. um Themenblöcke, zu denen u.U. mehrere Fragen gestellt wurden.

Anhang 4: Übersicht über das Kategorienschema von *Kamp* (1998)[1269]

	Kategorie	Zuordnung zu den Hauptkategorien von ...	
		S&P **(1995)**	**Sherwood (1976)**
1	Wettbewerb (*Competition*)	Branchenrisiko	Sonstiges
2	Wirtschaftliche Entwicklung (*Economy*)	Branchenrisiko	Ertragskraft
3	Regulierung (*Government Regulation*)	Branchenrisiko	Ertragskraft
4	Zyklizität (*Market Cyclicality*)	Branchenrisiko	Ertragskraft
5	Markennamen (*Brands*)	Marketing	Sonstiges
6	Diversifikation (*Diversification*)	Marketing	Ertragskraft
7	Fokus auf das Kerngeschäft (*Focus on Core Business*)	Marketing	Ertragskraft
8	Marktposition (*Market Position*)	Marketing	Ertragskraft
9	Neue Märkte (*New Markets*)	Marketing	Sonstiges
10	Neue Produkte (*New Products*)	Marketing	Ertragskraft
11	Technologie (*Technology*)	Technologie	Sonstiges
12	Kosten (*Costs*)	Operative Effizienz	Ertragskraft
13	Strategie (*Strategy*)	Managementqualität	Managementqualität
14	Finanzpolitik (*Financial Policy*)	Finanzpolitik	Ertragskraft
15	Zinsdeckung (*Coverage*)	Profitabilität	Ertragskraft
16	Ertragskraft (*Profit*)	Profitabilität	Ertragskraft
17	Verschuldungsgrad (*Leverage*)	Kapitalstruktur	Kapitalstruktur
18	Cash Flow (*Cash Flow*)	Cash Flow-Adäquanz	Liquiditätsquellen
19	Liquide Mittel (*Liquidity*)	Cash Flow-Adäquanz	Liquiditätsquellen
20	Allianzen/Joint Ventures (*Alliances/Joint Ventures*)	Sonstiges	Sonstiges
21	Desinvestitionen (*Asset Sales*)	Sonstiges	Sonstiges
22	Fremdwährungsrisiken (*Currency Risk*)	Sonstiges	Sonstiges
23	Dividenden (*Dividend Payout*)	Sonstiges	Liquiditätsquellen
24	Anleihebedingungen (*Indenture*)	Sonstiges	Anleihebedingungen
25	Investitionen (*Investments*)	Sonstiges	Sonstiges
26	Rechts-/Prozessrisiken (*Litigation*)	Sonstiges	Sonstiges
27	Managementqualität (*Management Attitude*)	Sonstiges	Sonstiges
28	Grundstücke und Gebäude (*Real Estate*)	Sonstiges	Kapitalstruktur
29	Länderrisiko (*Sovereign Ceiling*)	Sonstiges	Sonstiges

[1269] Vgl. Kamp (1998), S. 118-121 und 283f. In Klammern sind die Kategorienbezeichnungen von *Kamp* angegeben.

Anhang 5: Übersicht über die Grundgesamtheit gerateter Unternehmen aus Deutschland, Österreich und der Schweiz für 01/2002 bis 10/2006

	Unternehmensname	Land[1]	Branche[2]	Rating *S&P*[3]	Rating *Moody's*[3]	RB *S&P* 02-06[4]	RB *Moody's* 02-06[4]	Stichprobe der Inhaltsanalyse	Grundgesamtheit der Befragung
1	ABB Ltd.	CH	Industrie	BBB+	Baa3	X	X	X	X
2	Adecco S.A.	CH	Industrie	BBB-	Baa3	X	X	X	X
3	ATU Auto-Teile-Unger	D	Automobil	B+	B1	X	X	X	X
4	Barry Callebaut AG	CH	Konsumgüter	BB+	Ba2	X	X	X	X
5	BASF AG	D	Chemie	AA-	Aa3	X	X	X	X
6	Bauer AG	D	Bau	BB	-	X			X
7	Bayer AG	D	Chemie	BBB+	A3	X	X	X	X
8	Behr AG	D	Automobil	-	Baa2				X
9	Bertelsmann AG	D	Konsumgüter	BBB+	Baa1	X	X	X	X
10	BMW AG	D	Automobil	A+	A1	X	X	X	X
11	Bosch GmbH	D	Industrie	AA-	-	X			X
12	Brenntag Holding GmbH & Co. KG	D	Handel	B	B2	X	X	X	X
13	BSH Bosch und Siemens Hausgeräte GmbH	D	Industrie	A-	-	X			X
14	Cablecom Holdings AG	CH	Telekommunikation	B	RW (Caa2; 25.02.03)	X			X
15	Centerpulse Ltd	CH	Pharma & Gesundheitswesen	-	RW (Ba2; 07.11.03)				
16	Ciba Specialty Chemicals Holding Inc.	CH	Chemie	BBB	Baa2	X	X	X	X
17	Clariant AG	CH	Chemie	BBB	Baa2	X	X	X	X
18	Cognis GmbH	D	Chemie	B	B1	X	X	X	X
19	Continental AG	D	Automobil	BBB+	Baa1	X	X	X	X
20	DaimlerChrysler AG	D	Automobil	BBB	Baa1	X	X	X	X
21	Degussa AG	D	Chemie	BB	Baa3	X	X	X	X
22	Deutsche Bahn AG	D	Transport & Logistik	AA	Aa1	X	X	X	X
23	Deutsche Lufthansa AG	D	Transport & Logistik	BBB	Baa3	X	X	X	X
24	Deutsche Post AG	D	Transport & Logistik	A	A2	X	X	X	X
25	Deutsche Telekom AG	D	Telekommunikation	A-	A3	X	X	X	X
26	DFS GmbH	D	Transport & Logistik	AAA	Aaa	X	X	X	X
27	Dürr AG	D	Industrie	B	B2	X	X	X	X
28	Dyckerhoff AG	D	Bau	BB+	Ba1	X			X
29	E.ON AG	D	Versorgungsunternehmen	AA-	Aa3	X	X	X	X
30	Energie AG Oberösterreich	AT	Versorgungsunternehmen	A+	-	X			X
31	Energie Baden Württemberg AG	D	Versorgungsunternehmen	A-	A2	X	X	X	X
32	Epcos AG	D	Industrie	BB+		X			X
33	Escada AG	D	Konsumgüter	BB-	B1	X	X	X	X
34	Estag Energie Steiermark AG	AT	Versorgungsunternehmen	A	-	X			X
35	EVN AG	AT	Versorgungsunternehmen	A	A1	X	X	X	X
36	EWE AG	D	Versorgungsunternehmen	A	A2	X	X	X	X
37	Flender Holding GmbH	D	Industrie	RW (B+; 23.08.05)	RW (Ba3; 05.09.05)	X			X
38	Franz Haniel & Cie GmbH	D	Industrie	A-	-	X			X
39	Fresenius Medical Care AG	D	Pharma & Gesundheitswesen	BB+	Ba2	X	X	X	X
40	Freudenberg & Co. KG	D	Industrie	-	A3				X

Fortsetzung Anhang 5

	Unternehmensname	Land[1]	Branche[2]	Rating *S&P*[3]	Rating *Moody's*[3]	RB *S&P* 02-06[4]	RB *Moody's* 02-06[4]	Stichprobe der Inhaltsanalyse	Grundgesamtheit der Befragung
41	Gate Gourmet Holdings S.C.A.	CH	Transport & Logistik	B-	-	X			X
42	GEA Group AG	D	Chemie	-	Baa3		X		X
43	Geberit AG	CH	Bau	BBB+	-	X			X
44	Gelsenwasser AG	D	Versorgungsunternehmen	BBB+	-	X			X
45	Gerresheimer Holdings GmbH	D	Industrie	B+	B2	X			X
46	Gildemeister AG	D	Industrie	B+	Ba3	X	X	X	X
47	Grohe Holding GmbH	D	Bau	B	B2	X	X		X
48	Glencore International AG	CH	Industrie	-	Baa3				X
49	Head AG	AT	Konsumgüter	-	RW (B1; 16.01.04)				
50	Heckler & Koch GmbH	D	Industrie	B	B1	X	X	X	X
51	Heidelberg-Cement AG	D	Bau	BBB	Ba1	X	X	X	X
52	Helios Kliniken GmbH	D	Pharma & Gesundheitswesen	RW (BB+; 03.01.06)	RW (Baa3; 10.01.06)	X	X	X	X
53	Hella KGaA Hueck & Co.	D	Industrie	-	Baa3				X
54	Henkel KGaA	D	Konsumgüter	A-	A2	X	X	X	X
55	Heraeus Holding GmbH	D	Industrie	BBB	-	X			X
56	Holcim Ltd.	CH	Bau	BBB+	-	X			X
57	Hornbach Holding AG	D	Handel	BB	Ba3	X	X	X	X
58	Jenoptik AG	D	Bau	B+	B1	X	X	X	X
59	Kabel Baden-Württemberg GmbH & Co. KG	D	Telekommunikation	RW (B; 18.07.06)	RW (B2; 24.07.06)	X	X	X	X
60	Kabel Deutschland GmbH	D	Telekommunikation	B+	Ba3	X	X	X	X
61	Kamps AG	D	Konsumgüter	RW (BB+; 24.09.02)	RW (Caa1; 20.09.06)		X		X
62	KELAG AG	AT	Versorungsunternehmen	A+	-	X			X
63	Klöckner & Co. AG	D	Handel	BB	Ba3	X			X
64	Knorr-Bremse AG	D	Industrie	BBB+	Baa1	X			X
65	Kolbenschmidt-Pierburg AG	D	Industrie	RW (BBB; 07.10.03)	Baa2	X			X
66	Lanxess AG	D	Chemie	BBB-	Baa3	X	X	X	X
67	Leica Geosystems Holdings AG	CH	Industrie	RW (BB+; 27.10.05)	RW (Ba1; 27.10.05)	X			X
68	Linde AG	D	Chemie	BBB-	Baa2	X	X	X	X
69	Marseille-Kliniken AG	D	Pharma & Gesundheitswesen	BB-	-	X			X
70	Mauser Beteiligungs GmbH	D	Industrie	B+	B2	X	X	X	X
71	Merck KGaA	D	Pharma & Gesundheitswesen	BBB+	Baa1	X	X	X	X
72	Metro AG	D	Handel	BBB	Baa2	X	X	X	X
73	Migros-Genossenschafts-Bund	CH	Handel	A	-	X			X
74	MTU Aero Engines GmbH	D	Industrie	BB+	Ba2	X	X	X	X
75	Nestle S.A.	CH	Konsumgüter	AAA	Aaa	X	X	X	X
76	New iesy GmbH	D	Telekommunikation	B	-	X			
77	Novartis AG	CH	Pharma & Gesundheitswesen	AAA	Aaa	X	X	X	X
78	Peri GmbH	D	Bau	BB+	Ba2	X	X	X	X
79	Plaut AG	AT	Industrie	RW (B; 21.02.03)	-	X			
80	ProSiebenSat.1 Media AG	D	Telekommunikation	-	Ba1		X		X

Fortsetzung Anhang 5

	Unternehmensname	Land[1]	Branche[2]	Rating *S&P*[3]	Rating *Moody's*[3]	RB *S&P* 02-06[4]	RB *Moody's* 02-06[4]	Stichprobe der Inhaltsanalyse	Grundgesamtheit der Befragung
81	Rheinmetall AG	D	Industrie	BBB	Baa2	X	X	X	X
82	Rhoen-Klinikum AG	D	Pharma & Gesundheitswesen	-	Baa3		X		X
83	Roche Holding AG	CH	Pharma & Gesundheitswesen	AA+	Aa1	X	X	X	X
84	RWE AG	D	Versorungsunternehmen	A+	A1	X	X	X	X
85	Sappi Papier Holding GmbH	AT	Industrie	-	RW (Caa2; 13.12.05)				X
86	Schefenacker plc	D	Automobil	CCC-	Caa2	X	X	X	X
87	Schering AG	D	Pharma & Gesundheitswesen	BBB+	A3	X	X	X	
88	Seehafen Rostock Umschlagsgesellschaft mbH	D	Transport & Logistik	-	RW (Caa2; 31.07.06)		X		X
89	SGL Carbon AG	D	Chemie	BB-	Ba3	X	X	X	X
90	Serono S.A.	CH	Pharma & Gesundheitswesen	A-	A3	X	X	X	
91	SICPA Holding S.A.	CH	Industrie	B+	-	X			X
92	Siemens AG	D	Industrie	AA-	Aa3	X	X	X	X
93	Sika AG	CH	Chemie	A-	-	X			X
94	Stadtwerke Düsseldorf AG	D	Versorungsunternehmen	A-	-	X			X
95	STMicroelectronics N.V.	CH	Industrie	-	A3		X		X
96	Strabag SE	AT	Bau	BB+	-	X			X
97	Südzucker AG	D	Konsumgüter	A-	A3	X	X	X	X
98	Swissair Group	CH	Transport & Logistik	-	RW (Ca; 01.11.02)				
99	Syngenta AG	CH	Chemie	A-	A3	X	X	X	X
100	Tele Columbus AG & Co. KG	D	Telekommunikation	B	B1	X	X	X	X
101	Telekom Austria AG	AT	Telekommunikation	BBB+	A3	X	X	X	X
102	ThyssenKrupp AG	D	Industrie	BBB-	Baa2	X	X	X	X
103	Treofan Germany GmbH & Co. KG	D	Konsumgüter	B-	B3	X	X		X
104	TUI AG	D	Konsumgüter	BB+	Ba2	X	X	X	X
105	Unity Media GmbH	D	Telekommunikation	B	B3	X	X		X
106	Unique Flughafen Zurich AG	CH	Transport & Logistik	BBB+	-	X			X
107	Vacuumschmelze GmbH & Co. KG	D	Industrie	B	-	X			X
108	Verbundgesellschaft (Österreichische Elektrizitätswirtschafts-AG)	AT	Versorgungsunternehmen	A	A1	X	X	X	X
109	Voith AG	D	Industrie	-	Baa1				X
110	Volkswagen AG	D	Automobil	A-	A3	X	X	X	X
111	Wienerberger AG	AT	Bau	BBB	Baa2	X	X	X	X
112	Wuerth GmbH & Co. KG	D	Industrie	A	-	X			X
113	Xstrata plc	CH	Industrie	BBB+	-	X			X
			Anzahl:	**101**	**90**	**98**	**71**	**62**	**106**

[1] AT = Österreich; CH = Schweiz; D = Deutschland.

[2] Branchenklassifikation der Deutschen Börse. Vgl. dazu Deutsche Börse (2005). Unternehmen aus der Schweiz und aus Österreich wurden unter Beachtung der Branchenzuordnung an ihrer Heimatbörse und der durch die beiden Ratingagenturen eingeordnet.

[3] Langfristiges Emittentenrating zum Stichtag 31.10.2006. Bei keiner Angabe ("-") wird das entsprechende Unternehmen von dieser Rating agentur nicht geratet. Die Angabe "RW (Rating; Datum)" bezeichnet ein Rating, das am angegebenen Datum mit der angegebenen Höhe vor dem 31.10.2006 zurückgezogen/beendet wurde (rating withdrawn).

[4] RB = ausführliche Ratingbegründung. Dabei handelt es sich bei *S&P* um sog. „Research" und bei *Moody's* um sog. „Analysis". Die Spalte er fasst, ob im Zeitraum 1/2002 bis 10/2006 für das entsprechende Unternehmen von der betreffenden Ratingagentur mindestens eine solche ausführliche Ratingbegründung veröffentlicht wurde.

Anhang 6: Stichprobe der Ratingbegründungen

Branche[1]		Unternehmensname	Land[2]	Umsatz in Mrd. €[3]	Bilanzsumme in Mrd. €[3]	Rating *S&P*[4]	Rating *Moody's*[4]	RB *S&P*[5]	RB *Moody's*[5]
Automobil	1	ATU Auto-Teile-Unger[6]	D	1,14	1,48	B+	B1	10/2004	12/2004
	2	BMW AG	D	44,33	32,85	A+	A1	08/2005	04/2005
	3	Continental AG	D	11,53	9,25	BBB+	Baa1	08/2004	08/2004
	4	DaimlerChrysler AG	D	136,44	178,27	BBB	A3	08/2005	01/2005
	5	Schefenacker AG[6]	D	0,98	0,81	B+	B2	02/2004	03/2004
	6	Volkswagen AG	D	84,80	67,10	A-	A3	08/2004	01/2005
Bau	7	HeidelbergCement AG	D	6,93	10,85	BB+	Ba1	10/2005	06/2005
	8	Peri-Werk Artur Schwörer GmbH & Co. KG[6]	D	0,61	0,72	BB+	Ba2	12/2004	12/2004
	9	Wienerberger AG	AT	1,76	2,87	BBB	Baa2	04/2005	04/2005
Chemie	10	BASF AG	D	37,54	35,45	AA-	Aa3	05/2005	09/2005
	11	Bayer AG	D	28,57	37,81	A	A3	01/2005	12/2005
	12	Ciba Specialty Chemicals Holding Inc.	CH	4,53	7,17	A	A3	02/2005	05/2005
	13	Clariant AG	CH	5,54	5,06	BBB	Baa2	11/2005	12/2005
	14	Cognis GmbH[6]	D	2,95	2,62	BB-	B1	04/2004	05/2004
	15	Degussa AG	D	11,24	13,82	BBB+	Baa2	07/2005	04/2006
	16	Lanxess AG	D	6,77	4,78	BBB-	Baa3	12/2005	06/2005
	17	Linde AG	D	9,42	11,99	BBB+	A3	08/2005	09/2005
	18	SGL Carbon AG	D	1,04	1,32	B	B2	03/2004	04/2004
	19	Syngenta AG	CH	5,26	8,81	A-	A3	01/2005	04/2004
Handel	20	Brenntag Holding GmbH & Co. KG[6]	D	5,19	1,30	BB-	B2	03/2004	04/2004
	21	Hornbach-Baumarkt-AG	D	1,63	1,74	BB	Ba2	11/2004	11/2004
	22	Metro AG	D	53,60	30,60	BBB	Baa1	06/2004	05/2004
Industrie	23	ABB Ltd.	CH	16,58	18,01	BB+	Ba2	04/2005	06/2005
	24	Adecco S.A.	CH	17,24	4,67	BBB-	Baa3	07/2005	09/2005
	25	Dürr AG	D	2,26	1,67	BB-	Ba3	06/2004	06/2004
	26	Gildemeister AG	D	0,98	0,87	B+	Ba3	07/2004	08/2004
	27	Heckler & Koch GmbH[6]	D	0,15	0,29	B	B1	07/2004	08/2004
	28	Jenoptik AG	D	1,58	1,26	BB-	Ba3	10/2003	10/2003
	29	Mauser Beteiligungs-GmbH[6]	D	0,38	0,54	B+	B2	02/2005	03/2005
	30	MTU Aero Engines GmbH	D	1,94	0,79	BB	Ba3	03/2004	04/2004
	31	Rheinmetall AG	D	3,41	45,02	BBB	Baa2	04/2005	04/2005
	32	Siemens AG	D	75,17	81,92	AA-	Aa3	10/2004	03/2005
	33	ThyssenKrupp AG	D	37,30	31,14	BBB-	Baa2	03/2005	01/2005
Konsumgüter (inkl. Nahrungsmittel)	34	Barry Callebaut AG	CH	1,78	1,45	BB+	Ba2	03/2003	03/2003
	35	Bertelsmann AG[6]	D	16,80	21,33	BBB+	Baa1	09/2005	12/2004
	36	Escada AG	D	0,63	0,45	BB-	B2	04/2005	03/2005
	37	Henkel KGaA	D	10,59	13,23	A-	A2	06/2005	04/2005
	38	Nestle S.A.	CH	54,64	58,35	AAA	Aaa	09/2005	05/2005
	39	Südzucker AG	D	4,38	5,83	A-	A3	01/2004	04/2004
Pharma & Gesundheitswesen	40	KGaA	D	4,89	5,94	BB+	Ba1	06/2004	06/2004
	41	Helios Kliniken GmbH[6]	D	0,91	0,77	BB+	Baa3	10/2004	08/2004
	42	Merck KGaA	D	7,47	7,51	BBB	Baa2	11/2003	10/2003
	43	Novartis AG	CH	20,75	38,54	AAA	Aaa	10/2005	01/2005
	44	Roche Holding AG	CH	22,73	44,75	AA+	Aa1	03/2006	02/2006
	45	Schering AG	D	5,02	5,39	A	A2	01/2004	04/2003
	46	Serono S.A.	CH	1,81	3,22	A-	A3	07/2005	07/2005

Fortsetzung Anhang 6

Branche[1]	Nr.	Unternehmensname	Land[2]	Umsatz in Mrd. €[3]	Bilanzsumme in Mrd. €[3]	Rating *S&P*[4]	Rating *Moody's*[4]	RB *S&P*[5]	RB *Moody's*[5]
Telekommunikation	47	Deutsche Telekom AG	D	55,84	116,08	BBB+	Baa2	09/2004	06/2004
	48	Kabel Baden-Württemberg Holdings GmbH[6]	D	0,26	1,22	B	B2	11/2005	05/2005
	49	Kabel Deutschland GmbH[6]	D	0,96	2,09	BB-	B1	06/2004	06/2004
	50	Tele Columbus AG & Co. KG[6]	D	0,24	0,63	B+	B1	06/2004	04/2004
	51	Telekom Austria AG	AT	3,12	8,53	BBB	Baa2	06/2003	07/2003
Transport & Logistik	52	Deutsche Bahn AG[6]	D	23,96	47,62	AA	Aa1	09/2005	02/2005
	53	Deutsche Lufthansa AG	D	15,96	19,36	BBB	Baa3	12/2004	09/2005
	54	Deutsche Post AG	D	33,90	154,93	A	A1	06/2005	10/2004
	55	DFS Deutsche Flugsicherung GmbH[6]	D	0,92	1,51	AAA	Aaa	11/2005	08/2005
	56	TUI AG	D	18,05	15,50	BB+	Ba2	12/2005	11/2005
Versorgungsunternehmen	57	E.ON AG	D	42,54	111,85	AA-	Aa3	12/2004	06/2004
	58	Energie Baden-Württemberg AG	D	10,61	25,22	A-	A3	05/2004	10/2004
	59	EVN AG	AT	1,21	3,73	A+	Aa3	02/2005	02/2005
	60	EWE AG[6]	D	3,16	3,02	A	A2	09/2004	09/2004
	61	RWE AG	D	43,88	99,14	A+	A1	12/2004	07/2004
	62	Verbund- Österreichische Elektrizitätswirtschafts-AG	AT	3,14	6,75	A	A1	10/2005	05/2005

[1] Branchenklassifikation der Deutschen Börse. Vgl. dazu Deutsche Börse (2005). Unternehmen aus der Schweiz und aus Österreich wurden unter Beachtung der Branchenzuordnung an ihrer Heimatbörse und der durch die beiden Ratingagenturen eingeordnet.

[2] AT = Österreich; CH = Schweiz; D = Deutschland.

[3] Werte aus dem letzten Geschäftsjahr vor Veröffentlichung des früheren der beiden ausgewählten Dokumente.

[4] Ratingklasse zum Zeitpunkt der Veröffentlichung des ausgewählten Dokuments der entsprechenden Ratingagentur.

[5] RB = ausführliche Ratingbegründung. Für *S&P* handelt es sich um sog. *„Research"* und für *Moodys* um sog. *„Analysis"*.

[6] Eigene Zuordnung in diese Branchenklassifikation unter Berücksichtigung der Branchenklassifikationen durch beide Ratingagenturen.

Anhang 7: Stichprobe der Ratingänderungsbegründungen

Unternehmensname	Rating-agentur	Datum	Änderungs-Richtung	Rating alt	Rating neu	Änderung in Notches
ABB Ltd.	Moody's	12.04.2006	Upgrade	Ba2	Baa3	2
ABB Ltd.	S&P	03.04.2006	Upgrade	BB+	BBB-	1
ABB Ltd.	Moody's	25.03.2002	Downgrade	A3	Baa2	-2
ABB Ltd.	S&P	26.03.2002	Downgrade	A+	A	-1
Adecco S.A.	S&P	12.01.2004	Downgrade	BBB+	BBB-	-2
Adecco S.A.	Moody's	03.03.2005	Upgrade	Ba1	Baa3	1
Adecco S.A.	S&P	08.07.2004	Upgrade	BB+	BBB-	1
Bayer AG	Moody's	13.06.2003	Downgrade	A2	A3	-1
Bayer AG	S&P	19.07.2004	Downgrade	A+	A	-1
Brenntag Holding GmbH & Co. KG	Moody's	01.12.2005	Downgrade	B1	B2	-1
Brenntag Holding GmbH & Co. KG	S&P	30.11.2005	Downgrade	BB-	B+	-1
Ciba Specialty Chemicals Holding Inc.	S&P	04.05.2006	Downgrade	A-	BBB	-2
Ciba Specialty Chemicals Holding Inc.	Moody's	15.05.2006	Downgrade	A3	Baa2	-2
Cognis GmbH	Moody's	21.04.2004	Downgrade	Ba2	B1	-2
Cognis GmbH	S&P	05.01.2005	Downgrade	BB-	B+	-1
Continental AG	Moody's	01.04.2005	Upgrade	Baa2	Baa1	1
Continental AG	S&P	06.08.2004	Upgrade	BBB	BBB+	1
DaimlerChrysler AG	Moody's	09.10.2006	Downgrade	A3	Baa1	-1
DaimlerChrysler AG	S&P	21.10.2003	Downgrade	BBB+	BBB	-1
Degussa AG	Moody's	30.03.2006	Downgrade	Baa1	Baa2	-1
Degussa AG	S&P	27.01.2006	Downgrade	BBB+	BBB	-1
Deutsche Lufthansa AG	Moody's	17.05.2005	Downgrade	Baa2	Baa3	-1
Deutsche Lufthansa AG	S&P	08.03.2004	Downgrade	BBB+	BBB	-1
Deutsche Post	Moody's	20.06.2003	Downgrade	Aa3	A1	-1
Deutsche Post	S&P	12.05.2003	Downgrade	A+	A	-1
Deutsche Telekom AG	Moody's	28.03.2002	Downgrade	A3	Baa1	-1
Deutsche Telekom AG	S&P	08.04.2002	Downgrade	A-	BBB+	-1
Deutsche Telekom AG	Moody's	15.10.2004	Upgrade	Baa2	Baa1	1
Deutsche Telekom AG	S&P	03.03.2005	Upgrade	BBB+	A-	1
Dürr AG	Moody's	11.04.2005	Downgrade	Ba3	B1	-1
Dürr AG	S&P	18.03.2005	Downgrade	BB-	B+	-1
Energie Baden-Württemberg AG	Moody's	12.11.2003	Downgrade	A2	A3	-1
Energie Baden-Württemberg AG	S&P	19.04.2004	Downgrade	A	A-	-1
Energie Baden-Württemberg AG	Moody's	17.10.2005	Upgrade	A3	A2	1
E.ON AG	Moody's	10.01.2003	Downgrade	Aa2	A1	-2
E.ON AG	S&P	18.04.2002	Downgrade	AA	AA-	-1
E.ON AG	Moody's	30.04.2004	Upgrade	A1	Aa3	1
Escada AG	Moody's	20.03.2006	Upgrade	B2	B1	1
EVN AG	Moody's	06.07.2006	Downgrade	Aa3	A1	-1
EVN AG	S&P	20.03.2006	Downgrade	A+	A	-1
Fresenius Medical Care AG & KGaA	Moody's	30.06.2005	Downgrade	Ba1	Ba2	-1
Fresenius Medical Care AG & KGaA	S&P	31.03.2006	Downgrade	BB+	BB	-1
Fresenius Medical Care AG & KGaA	Moody's	03.03.2003	Upgrade	Ba3	Ba1	2
Fresenius Medical Care AG & KGaA	S&P	20.12.2002	Upgrade	BB	BB+	1
Heckler & Koch GmbH	S&P	28.02.2006	Downgrade	B	B-	-1
HeidelbergCement AG	Moody's	16.04.2003	Downgrade	Baa2	Ba1	-2
HeidelbergCement AG	S&P	23.05.2003	Downgrade	BBB-	BB+	-1
HeidelbergCement AG	S&P	04.08.2006	Upgrade	BB+	BBB-	1
Henkel KGaA	Moody's	31.03.2004	Downgrade	A1	A2	-1
Henkel KGaA	S&P	08.04.2004	Downgrade	A+	A	-1

Fortsetzung Anhang 7

Unternehmensname	Rating-agentur	Datum	Änderungs-Richtung	Rating alt	Rating neu	Änderung in Notches
Jenoptik AG	Moody's	11.06.2004	Downgrade	Ba3	B1	-1
Jenoptik AG	S&P	21.04.2004	Downgrade	BB-	B+	-1
Jenoptik AG	S&P	26.07.2006	Upgrade	B	B+	1
Kabel Deutschland GmbH	S&P	02.12.2004	Downgrade	BB-	B+	-1
Kabel Deutschland GmbH	Moody's	29.09.2004	Upgrade	B1	Ba3	1
Linde AG	Moody's	06.09.2006	Downgrade	A3	Baa2	-2
Linde AG	S&P	06.09.2006	Downgrade	BBB+	BBB-	-2
Merck KGaA	Moody's	04.06.2004	Upgrade	Baa2	Baa1	1
Merck KGaA	S&P	07.07.2004	Upgrade	BBB	BBB+	1
Metro AG	Moody's	22.11.2005	Downgrade	Baa1	Baa2	-1
Metro AG	S&P	19.12.2002	Downgrade	BBB+	BBB	-1
MTU Aero Engines Holding AG	S&P	20.06.2006	Upgrade	BB	BB+	1
MTU Aero Engines Holding AG	Moody's	18.07.2005	Upgrade	Ba3	Ba2	1
RWE AG	Moody's	22.03.2002	Downgrade	Aa3	A1	-1
RWE AG	S&P	13.06.2002	Downgrade	AA-	A+	-1
Schefenacker AG	Moody's	30.08.2006	Downgrade	B2	Caa1	-2
Schefenacker AG	S&P	30.08.2006	Downgrade	B-	CCC+	-1
Schering AG	Moody's	17.07.2006	Downgrade	A2	A3	-1
Schering AG	S&P	11.07.2006	Downgrade	A	BBB+	-1
SGL Carbon AG	Moody's	20.03.2006	Upgrade	B1	Ba3	1
SGL Carbon AG	S&P	04.05.2006	Upgrade	B+	BB-	1
Südzucker AG	Moody's	11.03.2004	Downgrade	A2	A3	-1
Syngenta AG	Moody's	18.09.2003	Upgrade	Baa1	A3	1
Tele Columbus GmbH & Co. KG	S&P	28.03.2006	Downgrade	B+	B	-1
Telekom Austria AG	Moody's	23.06.2005	Upgrade	Baa2	A3	2
Telekom Austria AG	S&P	29.06.2005	Upgrade	BBB	BBB+	1
ThyssenKrupp AG	Moody's	31.07.2003	Downgrade	Baa1	Baa3	-2
ThyssenKrupp AG	S&P	21.02.2003	Downgrade	BBB	BB+	-2
ThyssenKrupp AG	Moody's	21.12.2004	Upgrade	Baa3	Baa2	1
ThyssenKrupp AG	S&P	10.02.2005	Upgrade	BB+	BBB-	1
Verbundgesellschaft	S&P	08.11.2002	Downgrade	A+	A	-1
Volkswagen AG	Moody's	02.07.2004	Downgrade	A2	A3	-1
Volkswagen AG	S&P	15.06.2004	Downgrade	A	A-	-1
Wienerberger AG	S&P	03.06.2004	Upgrade	BBB-	BBB	1

Anhang 8: Fundierung der Kategorien des Kategoriensystems[1270]

Haupt-kategorien	Kategorien	S&P[1]	Moody´s[2]	E/Y (1987)[3]	S/B (1990)[4]	Baum (1987)	Everling (1991)	Steiner (1992)	Howe (1998)	Fight (2001)	Wieben (2004)
Länderrisiko	Länderrisiken	x	x	–	–	x	x	x	x	x	x
Branchen-risiko	Konjunkturabhängigkeit/Zyklizität	x	x	–	x	x	x	x	x	x	x
	Wettbewerbssituation	x	x	–	x	x	x	x	x	x	x
	Markteintrittsbarrieren	x	x	–	x	x	x	x	x	x	x
	Beschaffungsaspekte	x	x	x	x	x	x	–	x	x	x
	Kostenstruktur	x	x	x	x	x	x	–	x	x	x
	technologische Veränderungen/ Substitution	x	x	–	–	x	x	x	x	x	x
	Absatz; Wachstumsaussichten	x	x	x	x	x	x	x	x	x	x
	Wirtschaftspolitik/staatliche Unter-stützung	x	x	–	x	x	x	x	x	x	x
	Regulierung/Deregulierung	x	x	–	x	x	x	x	x	x	x
	Arbeitsbeziehungen/Streikan-fälligkeit	x	x	x	–	–	x	–	x	–	x
	Wechselkurs/Zinsniveau	x	x	–	x	x	x	x	x	x	–
Wettbewerbs-position	Marktposition	x	x	x	x	x	x	x	x	x	x
	Produktdiversifikation/Geschäfts-felder	x	x	x	x	x	x	x	x	x	x
	geographische Diversifikation	x	x	x	–	x	x	x	x	x	x
	Beschaffung	x	x	x	x	x	x	–	x	x	x
	Kostensituation/Effizienz	x	x	x	x	x	x	x	x	x	x
	Produktion/Anlagen	x	x	x	x	x	x	–	x	x	x
	Produktechnologien/Forschung und Entwicklung	x	x	–	x	x	x	x	x	x	x
	Marketing/Vertrieb/Service	x	x	–	x	x	x	x	x	x	x
	Absatz/Kunden	x	x	x	x	x	x	–	x	x	x
	Ergebnismargen	x	x	x	x	x	–	–	x	–	x
	Unternehmensgröße/-alter	x	–	–	–	–	x	–	x	x	x
Management-qualität inkl. Finanzpolitik	Glaubwürdigkeit/Track Record	x	x	x	x	x	x	x	x	x	x
	Planungen/Strategien	x	x	x	x	x	x	x	–	x	x
	Organisationsstruktur	x	x	x	–	x	x	x	–	–	x
	Corporate Governance/Informa-tions-, Anreiz-und Kontrollsysteme	x	x	–	x	x	x	x	x	–	x
	Finanzpolitik	x	x	x	x	x	x	x	–	x	x
Rechnungs-legungs-qualität	Abschlussprüfung	x	x	x	x	x	x	–	–	x	–
	Rechnungslegungssystem (inkl. Um-stellungseffekte)	x	x	–	–	x	x	x	x	x	x
	Effekte Änderungen einzelner Rechnungslegungsstandards	x	x	–	–	–	–	–	–	–	–
	Konsolidierung	x	x	–	x	x	–	x	–	x	x
	Goodwill/immaterielle	x	x	–	x	x	x	x	–	x	–
	Finanzinstrumente	x	x	–	–	x	x	x	–	x	–
	Vorräte	x	x	–	x	x	x	x	–	x	–
	sonstige bilanzierte	x	x	–	x	x	x	x	–	x	–
	Pensionsverpflichtungen	x	x	–	x	x	–	x	–	x	–
	außerbilanzielle Schulden	x	x	–	–	x	–	x	–	x	–
	sonstige bilanzierte Schulden	x	x	–	–	x	x	–	–	x	–
	Derivate/Hedging	x	x	–	–	–	–	–	–	–	–
	Aufwands- und Ertragsrealisation	x	x	–	x	–	–	x	–	x	–
	Abschreibungen	x	x	–	x	x	x	x	–	x	–
	Rechnungslegungsqualität gesamt	x	x	x	–	x	x	x	x	x	x

1270 Quelle: Eigene Darstellung auf Basis der angeführten Literaturquellen.

Fortsetzung Anhang 8

Haupt-kategorien	Kategorien	S&P[1]	Moody's[2]	E/Y (1987)[3]	S/B (1990)[4]	Baum (1987)	Everling (1991)	Steiner (1992)	Howe (1998)	Fight (2001)	Wieben (2004)
Kapital-struktur; Vermögens-schutz	Verschuldungsgrad	x	x	x	x	x	x	x	x	x	x
	bilanzielle Schulden	x	x	x	–	x	x	x	x	x	x
	Pensionsverpflichtungen	x	x	x	–	x	–	x	x	–	x
	außerbilanzielle Schulden	x	x	x	x	x	–	x	x	x	x
	hybride Finanzinstrumente	x	x	–	–	–	–	–	–	–	x
	Eigenkapital/-quote	x	x	x	x	x	x	x	x	x	x
	Anlagevermögen	x	x	–	x	x	x	–	x	x	x
	Umlaufvermögen	x	x	–	x	x	x	–	x	x	x
	nicht bilanzierte Vermögenswerte	x	x	–	x	x	–	–	x	x	x
	Deckungsgrade/Liquiditätsgrade	x	x	–	–	x	x	–	x	–	x
Profitabilität	Profitabilität/Ergebnis allgemein	x	x	x	x	x	x	x	x	x	x
	Umsatz	x	x	x	x	x	x	x	x	x	x
	Umsatzrentabilität/Ergebnismargen	x	x	x	x	x	x	x	x	x	x
	Betriebsergebnis	x	x	x	x	x	x	x	x	x	x
	einzelne Aufwendungen und	x	x	–	x	x	x	–	x	x	–
	Deckungsgrade	x	x	x	x	x	x	–	x	x	–
	Gesamtkapitalrentabilität	x	x	x	x	x	x	x	x	–	x
	wertorientierte Performancemaße	–	–	–	–	–	–	–	–	–	–
Cash Flow-Adäquanz	Cash Flows	x	x	x	x	x	x	x	x	x	x
	dynamischer Verschuldungsgrad/ Entschuldungsdauer	x	x	x	x	x	–	x	x	x	x
	Working Capital-Veränderungen	x	x	–	–	–	–	–	x	–	–
	Cash Flow-Zins-bzw. Fixed Charge-Coverage	x	x	–	–	x	x	x	–	–	x
	Kapitalbedarf/Auszahlungserfor-dernisse	x	x	–	x	x	x	x	x	x	x
	Cash Flow-Deckung Kapitalbedarfs	x	x	–	x	x	x	x	x	–	x
finanzielle Flexibilität	finanzielle Flexibilität allgemein	x	x	x	–	x	x	x	–	x	x
	Charakteristika der Schulden	x	x	–	x	x	x	–	x	x	x
	Finanzpläne unter Stressszenarien	x	x	x	x	x	–	–	–	x	x
	Deckung des Kapitalbedarfs	x	x	–	x	x	–	–	x	–	x
	Flexibilität des Kapitalbedarfs	x	x	–	x	x	–	–	x	x	x
	liquide Mittel/leicht veräußerbare Wertpapiere	x	x	–	–	x	–	–	x	x	x
	Möglichkeiten zur Veräußerung von Vermögensteilen	x	x	–	x	x	–	–	x	x	x
	externe Liquiditätsquellen	x	x	–	x	x	–	–	x	x	x
	Konzernstruktur	x	x	–	x	–	x	–	x	x	x

Die Übersicht zeigt, welche Kriterien bzw. Kategorien in den entsprechenden Publikationen explizit zur Sprache kommen. Die Nichtberücksichtigung einiger der hier aufgeführten Kategorien erklärt sich i.d.R. dadurch, dass in den Publikationen überwiegend überblicksartige oder beispielhafte Angaben gemacht werden, die keinen Anspruch auf Vollständigkeit haben.

1 S&P (2006a); S&P (2005a); S&P (2005d); S&P (2004a); S&P (2004b); S&P (2002); Ganguin/Bilardello (2005); S&P (2004c); Meyer-Parpart (1996).

2 Moody's (2006a); Moody's (2006b); Moody's (2005a); Moody's (2004a); Moody's (2004b); Moody's (2004c); Moody's (2003b); Moody's (1998a); Moody's (1998b); Berblinger (1996).

3 E/Y (1987) = Ederington/Yawitz (1987).

4 S/B (1990) = Srinivasan/Bolster (1990).

Anhang 9: Beispiele für die Vorgehensweise der Kodierung

Textauszüge aus Ratingbegründungen	**Kodierung des Textauszugs**
„We expect that margin pressure will accelerate in the medium term, following expected renegotiations of supplier contracts. We also note that Volkswagen continues to face external inflationary pressures such as energy and transportation costs and question the extent to which it (and its peers) will be able to push through these price increases to their customers.“ Aus VW *Moody's* Analysis 01/2005.	[We expect that margin pressure will accelerate in the medium term, following expected renegotiations of supplier contracts. ⇨ ***Beschaffung***] [We also note that Volkswagen continues to face external inflationary pressures such as energy and transportation costs ⇨ ***Kosten/Effizienz***] [and question the extent to which it (and its peers) will be able to push through these price increases to their customers. ⇨***Absatz/Kunden***]
„To sustain the rating, Standard & Poor's expects Sued-zucker to maintain EBITDA net interest of between 7x and 8x, and FFO to net debt of 35%-40%.Suedzucker's net debt stood at €1.4 billion at the end of fiscal 2003. This includes €409 million in pensions, which Standard & Poor's considers as debt-like.“ Aus Südzucker *S&P* Research 01/2004.	[To sustain the rating, Standard & Poor's expects Suedzucker to maintain EBITDA net interest of between 7x and 8x, ⇨ ***Cash Flow-Deckung fester Auszahlungsverpflichtungen***] [and FFO to net debt of 35%-40%. ⇨ ***Dynamischer Verschuldungsgrad – Funds from Operations/ Gesamtverschuldung***] [Suedzucker's net debt stood at €1.4 billion at the end of fiscal 2003. ⇨ ***Fremdkapital***] [This includes €409 million in pensions, which Standard & Poor's considers as debt-like. ⇨ ***Pensionsverpflichtungen***]

Anhang 10: Wichtige Kennzahlen der Finanzrisikoanalyse von *Moody's*[1271]

Wichtige Kennzahlen von *Moody's*		
Profitabilität		
1.	**Return on Assets**	Bereinigte Earnings from continuing operations[1] vor Zinsen, Steuern (und Geschäftswertabschreibung)/Durchschnitt der Bilanzsumme des Geschäftsjahresanfangs- und -endbestands
2.	**EBIT(A)-Marge**	Bereinigte Earnings from continuing operations[1] vor Zinsen und Steuern (und Geschäftswertabschreibung)/Umsatzerlöse
Cash Flow-Adäquanz		
3.	**Funds from Operations (FFO)-Zinsdeckung**	Operativer Cash Flow nach Working Capital-Änderungen und vor Zinszahlungen/ Bruttozinsaufwand vor Abzug von aktivierten Zinsen und Zinserträgen
4.	**(EBITDA-Investitionen ins Anlagevermögen)-Zinsdeckung**	(Bereinigte Earnings from continuing operations[1] vor Zinsen, Steuern und Abschreibungen – Investitionen ins Anlagevermögen)/Bruttozinsaufwand vor Abzug von aktivierten Zinsen und Zinserträgen
5.	**Retained Cash Flow/Netto-Investitionsausgaben**	Operativer Cash Flow nach Working Capital-Änderungen und Dividendenzahlungen und vor Zinszahlungen/(Netto-Investitionen ins Anlagevermögen + Unternehmenskäufe – Unternehmensverkäufe bzw. Desinvestitionen)
6.	**Retained Cash Flow (RCF)/ (Netto-)Gesamtverschuldung**	Operativer Cash Flow nach Working Capital-Änderungen und Dividendenzahlungen und vor Zinszahlungen/(gesamte bilanzielle Schulden + Anpassung für Operating Leasing-Verhältnisse + Anpassung für hybride Finanzinstrumente + Anpassungen für weitere außerbilanzielle Schulden z.B. aus Forderungsverbriefungen (bei Nettobetrachtung: – liquide Mittel und marktgängige Wertpapiere))
7.	**Gesamtverschuldung/EBITDA**	(Gesamte bilanzielle Schulden + Anpassung für Operating Leasing-Verhältnisse + Anpassung für hybride Finanzinstrumente + Anpassungen für weitere außerbilanzielle Schulden z.B. aus Forderungsverbriefungen (bei Nettobetrachtung: – liquide Mittel und marktgängige Wertpapiere))/Bereinigte Earnings from continuing operations[1] vor Zinsen, Steuern und Abschreibungen
[1] Bereinigung um nicht wiederkehrende und außergewöhnliche Posten.		

[1271] Eigene Darstellung auf Basis von Angaben in Ratingbegründungen von *Moody's*, die im Rahmen der Testkodierung ausgewertet wurden.

Anhang 11: Hierarchischer Aufbau des Kategoriensystems

Oberkategorien	Hauptkategorien	Kategorien	Subkategorien
Geschäftsrisiko (GR)	Länderrisiko (LR)	Länderrisiken	
	Branchenrisiko (BR)	Konjunkturabhängigkeit/Zyklizität	
		Wettbewerbssituation	
		Markteintrittsbarrieren	
		Beschaffungsaspekte	
		Kostenstruktur	
		technologische Veränderungen/Substitution	
		Absatz; Wachstumsaussichten	
		Regulierung; Deregulierung	
		Wirtschaftspolitik/staatliche Unterstützung	
		Arbeitsbeziehungen/Streikanfälligkeit	
		Wechselkurs/Zinsniveau	
		BR-Sonstiges	
	Wettbewerbsposition (WP)	Marktposition	
		Produktdiversifikation/Geschäftsfelder	
		geographische Diversifikation	
		Beschaffung	
		Kostensituation/Effizienz	
		Produktion; Anlagen	
		Produkttechnologien/Forschung und Entwicklung	
		Marketing/Vertrieb/Service	
		Absatz/Kunden	
		Ergebnismargen	
		Unternehmensgröße/-alter	
		WP-Sonstiges	
	Managementqualität (MQ)	Glaubwürdigkeit/Track Record	
		Planungen/Strategien	
		Organisationsstruktur	
		Corporate Governance/Informations-, Anreiz- und Kontrollsysteme	
		MQ-Sonstiges	
	GR-Sonstiges		
Finanzrisiko (FR)		Finanzpolitik	
	Qualität der Rechnungslegung (RQ)	Abschlussprüfung	
		Rechnungslegungssystem (inkl. Umstellungseffekte)	
		Effekte Änderungen einzelner Rechnungslegungsstandards	
		Konsolidierung	
		Goodwill/immaterielle Vermögenswerte	
		Finanzinstrumente	
		Vorräte	
		sonstige bilanzierte Vermögenswerte	
		Pensionsverpflichtungen	
		außerbilanzielle Schulden	
		sonstige bilanzierte Schulden	
		Derivate/Hedging	
		Aufwands- und Ertragsrealisation	
		Abschreibungen	
		RQ-Sonstiges	
	Kapitalstruktur/ Vermögensschutz (KS/VS)	Verschuldungsgrad	langfristiger Verschuldungsgrad*
			gesamter Verschuldungsgrad*
		Fremdkapital	
		Pensionsverpflichtungen	
		außerbilanzielle Schulden	
		hybride Finanzinstrumente	
		Eigenkapital/-quote	
		Anlagevermögen	
		Umlaufvermögen	
		nicht bilanzierte Vermögenswerte	
		Deckungsgrade/Liquiditätsgrade	
		KS/VS-Sonstiges	
	Profitabilität (PR)	Profitabilität/Ergebnis allgemein	
		Umsatz	
		Umsatzrentabilität/Ergebnismargen	EBIT(A)-Marge#
			EBITDA-/Operative-Marge*
			Ergebnismarge sonst
		Betriebsergebnis	
		einzelne Aufwendungen und Erträge	
		Deckungsgrade	EBIT-Zinsdeckung*
			Deckungsgrade sonst
		Kapitalrentabilität	Return on Capital Employed*
			Return on Assets#
			Kapitalrentabilität sonst
		wertorientierte Performancemaße	
		PR-Sonstiges	

Fortsetzung Anhang 11

Oberkategorien	Hauptkategorien	Kategorien	Subkategorien
Finanzrisiko (FR)	Cash Flow-Adäquanz (CF)	Cash Flows	
		Dynamischer Verschuldungsgrad	Funds from Operations/Gesamtverschuldung* Retained Cash Flow/Gesamtverschuldung# Free Operating Cash Flow/Gesamtverschuldung* Discretionary Cash Flow/Gesamtverschuldung* dynamischer Verschuldungsgrad sonst
		Entschuldungsdauer	Gesamtverschuldung/EBITDA* # Entschuldungsdauer sonst
		Working Capital-Veränderungen	
		Cash Flow-Deckung fester Auszahlungsverpflichtungen	EBITDA-Zinsdeckung* Funds from Operations-Zinsdeckung# (EBITDA-Investitionen in AV)-Zinsdeckung# Cash Flow-Deckung fester Auszahlungsverpflichtungen
		Kapitalbedarf/Auszahlungserfordernisse	
		Cash Flow-Deckung des Kapitalbedarfs	Retained Cash Flow/Netto-Investitionsausgaben# Cash Flow-Deckung des Kapitalbedarfs sonst
		CF-Sonstiges	
	finanzielle Flexibilität (FF)	finanzielle Flexibilität allgemein Charakteristika der Schulden Finanzpläne unter Stressszenarien Deckung des Kapitalbedarf Flexibilität des Kapitalbedarfs Liquide Mittel/leicht veräußerbare Wertpapiere Möglichkeiten zur Veräußerung von Vermögensteilen externe Liquiditätsquellen und deren Charakteristika Konzernstruktur FF-Sonstiges	
	FR-Sonstiges		
	Sonstiges - Allgemein		

* *S&P* - Schlüsselkennzahl: Vgl. S&P (2005a), S. 43.
\# *Moody's* - Schlüsselkennzahl: Wie aus Ratingbegründungen ersichtlich. Vgl. ähnlich Ederington/Yawitz (1987), S. 28f.; Berblinger (1996), S. 109.

Anhang 12: Codebuch der Inhaltsanalyse

Kategorie	Definition	Beispiel(e)
Geschäftsrisiko		
Länderrisiko		
Quellen der Ratingagenturen:	S&P (2006a), S. 37-41; S&P (2005a), S. 36-40; Ganguin/Bilardello (2005), S. 3-19; Moody's (1998a), S. 3f.	
Sonstige Quellen:	Baum (1987), S. 22; Everling (1991), S. 140-144; Steiner (1992), S. 511; Howe (1998), S. 274f.; Fight (2001), S. 107-125; Wieben (2004), S. 107f.	
Länderrisiken	Aussagen, die Gefahren für die Emittenten des Sitzlandes durch politische oder wirtschaftliche Rahmenbedingungen ansprechen. Alle hier zu berücksichtigenden Themen betreffen nicht nur eine Branche oder ein einzelnes Unternehmen, sondern sämtliche Emittenten eines Landes. Darunter fallen Aspekte wie politische Instabilitäten, gesamtwirtschaftliche Entwicklung, Staatsverschuldung, Gewährleistung von Rechtssicherheit, Devisentransfer-Beschränkungen, Inflationsgefahren, Ausgestaltung des Banken- und Kapitalmarktsystems, internationale Wirtschaftsbeziehungen und Zahlungsbilanzaspekte, Wechselkursentwicklung, Infrastrukturaspekte, Steuersystem, Leitzinsen der Zentralbank u.ä. Bezüglich Verbindlichkeiten in Landeswährung werden die Auswirkungen der identifizierten Risiken des Sitzlandes auf das zu beurteilende Unternehmen untersucht, während bei der Beurteilung bezüglich Fremdwährungsverbindlichkeiten zusätzlich der Frage nachgegangen wird, wie wahrscheinlich angesichts dieser Risiken der Zahlungsausfall eines dort ansässigen Emittenten durch staatlich verhängte Moratorien ist (Transferrisiko).	*„In the coming quarters, the uncertain economic environment in Western Europe (...) (is) likely to remain a significant risk for Continental." Continental Moody's Analysis 08/2004.* *„(T)he political risk in the main producing countries is not negligible. Political uprising in Ivory Coast is now destabilizing the world cocoa market and might deteriorate the medium term prospects for cocoa supply. In a worst case situation of persistent anarchy in Ivory Coast in the next two years impeding cocoa supply (...)." Barry Callebaut Moodys Analysis 03/2003.*
Branchenrisiko (BR)		
Quellen der Ratingagenturen:	S&P (2006a), S. 20-22 und 33f.; S&P (2005a), S. 20-22 und 33f. und 38; Ganguin/Bilardello (2005), S. 20-46; Meyer-Parpart (1996), S. 122-124; Moody's (1998a), S. 4-9; Berblinger (1996), S. 65f.	
Sonstige Quellen:	Baum (1987), S. 23-26; Ederington/Yawitz (1987), S. 30f.; Everling (1991), S. 144-146; Srinivasan/Bolster (1990), S. 108-110; Steiner (1992), S. 511; Howe (1998), S. 274-280; Fight (2001), S. 138f. und 143f.; Wieben (2004), S. 108f.	
Konjunkturabhängigkeit/ Zyklizität	Hier sind Ausführungen zur Stabilität bzw. Zyklizität des Geschäftsverlaufs der Branche zu erfassen, also solche zu vergangenen und/oder künftigen Auswirkungen des gesamtwirtschaftlichen Konjunkturzyklus und/oder branchenspezifischer zyklischer Entwicklungen auf die Unternehmen der betrachteten Branche.	*„Furthermore, these areas of activity are subject to similar economic cycles (...)." ThyssenKrupp S&P Research 03/2005.* *„Although recent economic data confirmed that the German economy was recovering as the capital expenditure cycle, industrial production and manufacturing orders responded to improved global economic conditions, the outlook for 2005 is for economic activity to accelerate only marginally to 1.6 % from an estimated 1.4 % in 2004." Hornbach Moody's Analysis 11/2004.*
Wettbewerbssituation	Hierher gehören Äußerungen, die sich auf die Marktbedingungen und die Form sowie Situation des Wettbewerbs in der betrachteten Branche beziehen. Darunter fallen z.B. die Markt-	*„The highly competitive situation in the US automotive industry remains a particular concern (...)." Continental Moody's Ana-*

Fortsetzung Anhang 12

Kategorie	Definition	Beispiel(e)
	struktur (Anzahl, Größenverhältnisse, Marktanteile der Unternehmen in der Branche u.ä.) und deren Veränderungen, die geographische Ausdehnung des relevanten Marktes, die Frage, ob der Wettbewerb hauptsächlich über den Preis, die Qualität, Produktdifferenzierung, den Service oder über Mischformen geführt wird.	*lysis 08/2004.* *„Dialysis is a highly competitive and actively consolidating industry." Fresenius Medical Care S&P Research 06/2004.*
Markteintritts-barrieren	Hier werden Ausführungen zum Vorhandensein und der Höhe von Marktzutrittsbarrieren gegenüber neuen Konkurrenten z.B. durch eine sehr hohe Kapitalintensität, durch Regulierungen oder staatliche Unterstützungen, hohe Einstiegsinvestitionen wie z.B. in Strom-, Telekom-, Gasnetzwerke, Bedeutung von Patenten auf wichtige Technologien, komplexe und Know-How-intensive Fertigungsprozesse, Zugriffsbeschränkungen auf spezielle Ressourcen u.ä., kodiert.	*„There are significant barriers to establishing a comprehensive domestic or European network." Deutsche Post S&P Research 06/2005.*
Beschaffungs-aspekte	Sämtliche Äußerungen zur Beschaffungssituation der Branche sind hier einzuordnen. Darunter fallen etwa die Versorgungssicherheit mit wichtigen Rohstoffen oder Personalressourcen, wichtige Zulieferbeziehungen und Lieferverflechtungen mit anderen Branchen u.ä.	*„Moody's expects rising raw materials costs to continue to pressure operating results going forward, as growing consumption of emerging markets continues to outpace increases in supply." Continental Moody's Analysis 08/2004.* *„We expect the trend experienced in 2004 to continue during 2005, given market shortages in raw materials where supply is controlled by a limited number of players." ThyssenKrupp Moody's Analysis 01/2005.*
Kostenstruktur	Ausführungen zu den für die Branche wichtigsten Inputfaktoren bzw. Kostenarten, deren Beziehungen zueinander, deren Kostenentwicklung und deren Produktivitäten, z.B. Preisentwicklung von wichtigen Rohstoffen, hohe Material- oder Fertigungskosten, kapitalintensive oder personalintensive Produktion, hohe Investitionserfordernisse in Produktionsanlagen oder Inputfaktoren, aufwendige Produktionsprozesse u.ä. Kostenvorteile oder eine hohe Kapitalintensität, die als Markteintrittsbarriere wirken, werden **nicht hier, sondern** in der Kategorie *Markteintrittsbarrieren* erfasst.	*„In addition to raw materials, the tyre industry continues to be faced with external inflationary pressures such as energy and transportation cost." Continental Moody's Analysis 08/2004.* *„This is because labour costs account for less than 20% of the cost of goods sold, whereas raw materials and energy accounts for 42%-45%." SGL Carbon S&P Research 03/2004.*
technologische Veränderun-gen/Substitu-tion	Ausführungen zu Risiken und Chancen der Branche durch technologische Neuerungen, technologische Überholung bzw. kurze Technologiezyklen von Produkten und auch Produktionstechnologien, außerdem Hinweise auf die Bedeutung von Forschungs- und Entwicklungsaktivitäten sowie Patenten u.ä. Daneben werden Aussagen über Gefahren von Substitutionsprodukten aus anderen Branchen hier erfasst.	*„Further e-business/Internet substitution poses an ongoing threat to future mail volume and revenue." Deutsche Post Moody's Analysis 10/2004.* *„The continued decrease in switched-voice traffic (essentially due to fixed to mobile substitution) is set to accelerate on the back of the expected increasing use of Voice over IP (VoIP) technology for the provision of fixed-line voice services." Deutsche Telekom S&P Research 09/2004.*
Absatz/ Wachstums-	Hierher gehören alle Nennungen zur Absatzsituation der Branche, zur künftig erwarteten Absatzentwicklung bzw. dem Marktpotential der Branche bzw. ihrer Marktlebenszyklusphase.	*„Furthermore, we are concerned that rising oil prices are influencing consumer confidence, particularly in North America, and*

Fortsetzung Anhang 12

Kategorie	Definition	Beispiel(e)
aussichten	Weiterhin sind hier Charakteristika wichtiger Kunden der Branche zu erfassen.	*increasing the importance of fuel efficiency in automobile-buying decisions." DaimlerChrysler Analysis Moodys 01/2005.* *„Taking the two factors together, the net effect is growth of graphite electrode consumption of 0.5%-1.0% per year." SGL Carbon S&P Research 03/2004.*
Regulierung/ Deregulierung	Hier sind Äußerungen zu Einflüssen regulativer Eingriffe des Staates in die Geschäftstätigkeit der Unternehmen der Branche zuzuordnen. So sind z.B. Auswirkungen der Deregulierung des Telekommunikations-, Gas-, oder Strommarktes hier zu erfassen. Auch der entgegengesetzte Fall verstärkter staatlicher Eingriffe wird hier erfasst, z.B. durch Entsorgungsverpflichtungen (z.B. bei Kernkraftwerken), Preisregulierung (z.B. bei Gas, Arzneimittel), Zulassungsvoraussetzungen für Produkte (z.B. Sicherheitsstandards, Arzneimittel), Regulierung der Nutzung von Netzkapazitäten (z.B. bei Bahn- oder Telekommunikations-Netzen).	*„Regulatory changes in the US may postpone or limit the growth potential in that region. If the favourable legislation comes into effect in terms of mandatory usage of ESP systems for SUVs, Continental may benefit greatly from this (...)." Continental Moody's Analysis 04/2004.* *„Given that T-Com's price reductions must be reviewed and approved by the German regulator, this could lead to a situation where the company is unable to offer competitive prices." Deutsche Telekom S&P Research 09/2004.*
Wirtschaftspolitik/staatliche Unterstützung	In diese Kategorie gehören Aussagen zu anderen, nicht in die Kategorie *Regulierung/Deregulierung* fallenden, staatlichen Maßnahmen mit Auswirkungen auf die Branche. Zu denken ist hier z.B. an Subventionen (z.B. für den Steinkohlebergbau), staatlich garantierte Preisuntergrenzen, Zölle oder Quotensysteme als Schutz vor ausländischer Konkurrenz (z.B. bei landwirtschaftlichen Produkten), oder speziellen rechtlichen oder steuerlichen Erleichterungen. **Nicht hier, sondern** in der Kategorie *Länderrisiko* sind solche staatlichen Maßnahmen zu erfassen, die alle Branchen gleichzeitig betreffen, wie z.B. Veränderungen bei Kündigungsschutzgesetzen, Veränderungen bei den Sozialversicherungsbeiträgen o.ä.	*„Although Germany's defence budget as a whole was relatively unchanged in 2004 at around EUR 24 billion, the government increased its percentage spend on procurement to EUR 6 billion from EUR 5 billion in 2003, representing 24.6% of the budget." Rheinmetall Moody's Analysis 04/2005.* *„Germany has voted tax incentives that should help the development of the local market." Südzucker Moody's Analysis 04/2004.*
Arbeitsbeziehungen/Streikanfälligkeit	Hierher gehören Ausführungen zur gewerkschaftlichen Organisation, zur Laufzeit und zu Regelungen von Tarifverträgen oder der Gefahren durch Streiks, wie z.B. Produktionsausfälle, in der betreffenden Branche. Aussagen zum Lohnniveau und zur Verfügbarkeit wichtiger Personalressourcen für die gesamte Branche werden **nicht hier, sondern** im Rahmen der Kategorie *Kostenstruktur* erfasst. Weiterhin sind **hier keine** Ausführungen zu erfassen, die sich auf das Lohnniveau im analysierten Unternehmen beziehen, denn dafür ist die Kategorie *Kostensituation/Effizienz* relevant, **und auch nicht** Aspekte der Verfügbarkeit wichtiger Personalressourcen für das analysierte Unternehmen, die in der Kategorie *Beschaffung* erfasst werden.	*Keine verfügbar.*
Wechselkurs/	Zu erfassen sind hier Ausführungen zu den Auswirkungen von Wechselkursentwicklungen auf	*„However, competition is expected to remain intense – particu-*

Fortsetzung Anhang 12

Kategorie	Definition	Beispiel(e)
Zinsniveau	die analysierte Branche, bspw. aufgrund ihrer starken Export- oder Importabhängigkeit. Zudem sind hier Äußerungen zum Einfluss der Entwicklung des Zinsniveaus auf die Branche relevant, wie sie z.B. bei der Bau- oder Investitionsgüterbranche ausgeprägt gegeben sein können. Aussagen zu Auswirkungen der Wechselkurs- bzw. Zinsniveauentwicklung auf das betrachtete Unternehmen werden **nicht hier, sondern** in der Kategorie erfasst, in der der betroffene Bereich des Unternehmens einzuordnen ist.	*larly if the euro remains strong." Gildemeister Moody's Analysis 08/2004.* *„As with many of the global companies in Moody's rated universe, Siemens is adversely affected by the weakness of the US dollar against its base currency, the euro." Siemens Moody's Analysis 03/2005.*
BR-Sonstiges	Auffangkategorie für alle sonstigen Aspekte mit einem klaren Bezug zum Branchenrisiko, die keiner der anderen Kategorien zuzuordnen sind.	*Keine verfügbar.*
Wettbewerbsposition (WP)		
Quellen der Ratingagenturen:	S&P (2006a), S. 20-22; S&P (2005a), S. 19-22; Ganguin/Bilardello (2005), S. 47-63; Meyer-Parpart (1996), S. 123-127; Moody's (1998a), S. 5-9; Berblinger (1996), S. 66f.	
Sonstige Quellen:	Baum (1987), S. 23-26; Ederington/Yawitz (1987), S. 30f.; Srinivasan/Bolster (1990), S. 108-110; Everling (1991), S. 149f.; Steiner (1992), S. 511f.; Howe (1998), S. 274-280; Fight (2001), S. 139 und 144; Wieben (2004), S. 109-111.	
Marktposition	Hierher gehören Ausführungen zur gegenwärtigen und angestrebten Position des analysierten Unternehmens innerhalb der Branche(n) bzw. der branchenspezifischen Wettbewerbssituation. Dazu zählen z.B. der Marktanteil des Unternehmens auf seinen relevanten Märkten oder die Aufstellung des Unternehmens bezüglich branchenspezifischer relevanter Wettbewerbsaspekte (z.B. Preis, Qualität, Produktdifferenzierung, Service). Die hier einzuordnenden Sachverhalte sind weitgehend vergleichbar mit denen der Kategorie *Wettbewerbssituation*, beziehen sich aber hier anders als dort nur auf das betrachtete Unternehmen. Spezielle Äußerungen zur Absatzsituation des Unternehmens gehören **nicht hierher, sondern** in die Kategorie *Absatz/Kunden*. Aussagen zur Technologieposition des Unternehmens sind **nicht hier, sondern** in die Kategorie *Produkttechnologien/Forschung und Entwicklung* einzuordnen.	*„Through its acquisition of Saint Louis Sucre, Südzucker has reinforced its market position in the European sugar market (21% in the EU before enlargement), ahead of Nordzucker (9%)." Südzucker Moody's Analysis 04/2004.* *„In the flat carbon steel sector, ThyssenKrupp is Europe's number two steel maker behind Arcelor S.A. (BBB/Stable/A-2), and is the sixth largest in the world." ThyssenKrupp S&P Research 03/2005.*
Produktdiversifikation/Geschäftsfelder	In dieser Kategorie werden Ausführungen zum gegenwärtigen und zukünftig angestrebten Produkt- bzw. Geschäftsportfolio des Unternehmens bzw. seinem Diversifikationsgrad erfasst. Hier sind Aspekte wie Anzahl und Bedeutung der verschiedenen Geschäftsbereiche und Produkte, die Wachstums- bzw. Portfoliostrategie inkl. Zukäufen oder Verkäufen von Geschäftsbereichen, Risikodiversifikations- und/oder Synergieeffekte zwischen Geschäftsbereichen des Unternehmens, Integrationsrisiken, Restrukturierungsbemühungen oder -notwendigkeiten bei Geschäftsbereichen u.ä. relevant.	*„Südzucker utilises its free cash-flow to invest, where appropriate, in growth segments outside the European sugar market. With bioethanol, an environmentally friendly fuel additive, the company is setting up a new business area." Südzucker Moody's Analysis 04/2004.* *„In addition, the solutions unit can generate businesses for the express unit, thereby providing significant cross-selling oppor-*

Fortsetzung Anhang 12

Kategorie	Definition	Beispiel(e)
		tunities." Deutsche Post Moody's Analysis10/2004.
geographische Diversifikation	Hierher gehören sämtliche Aussagen zu den Märkten, die das Unternehmen bedient bzw. dessen Marktmix und den davon ausgehenden Einflüssen auf die Geschäftsentwicklung des Unternehmens. Das kann z.B. Aussagen dazu betreffen, ob das Unternehmen von einzelnen Märkten/Regionen besonders abhängig ist, ob es auf den global wichtigsten Märkten der Branche präsent ist, welche Marktanteile es in den einzelnen regionalen Märkten aufweist oder wie die Entwicklungen dieser Märkte/Regionen zusammenhängen.	*„Degussa's geographical diversity is key factor in stabilizing its earnings in the construction-chemicals division." Degussa S&P Research 07/2005.* *„The company holds a market share of ca. 27% in North America, 10% in Latin America, 6% in Europe and less than 1% in Asia." Fresenius Medical Care Moody's Analysis 06/2004.*
Beschaffung	Hierunter fallen Äußerungen zur Beschaffungssituation des Unternehmens für seine wichtigsten Inputfaktoren. Das sind z.B. Aspekte wie Anzahl und Marktmacht von Lieferanten, Marktmacht des Unternehmens gegenüber seinen Lieferanten, Herkunft/Standorte der Lieferanten, Bestehen langfristiger Lieferbeziehungen, Beschaffungspolitik des Unternehmens wie z.B. Vorhalten hoher Lagerbestände oder just-in-time-Belieferung, Verfügbarkeit und Qualität der Ressourcen (z.B. Qualitätsprobleme beim Lieferanten in der Automobilindustrie) oder auch der vertikale Integrationsgrad des Unternehmens. Unter diese Ressourcen sind auch die Personalressourcen des Unternehmens zu subsumieren, so dass auch Äußerungen zu Aspekten der Personalbeschaffung hier zu erfassen sind. **Hierher gehören keine** Aussagen zu Preisen bzw. Kosten für die Inputfaktoren, denn diese werden in der Kategorie *Kostensituation/Effizienz* erfasst.	*„FMC can, therefore use its size in negotiations with suppliers (...)." Fresenius Medical Care S&P Research 06/2004.* *„Both SGL and GrafTech have long-term contracts with its suppliers of needle coke. Prices are determined annually." SGL Carbon S&P Research 03/2004.*
Kostensituation/Effizienz	Es werden Aspekte wie Preise bzw. Kosten für die wichtigsten Inputfaktoren und Produktionsanlagen, die Kostenstruktur, Elastizitäten der wichtigsten Kostenarten, Kapital- oder Personalintensität erfasst. Kostenvorteile durch Produktionsstandorte im Ausland oder auch die Durchführung von Kostensenkungsprogrammen gehören ebenfalls hierher. Weiterhin werden auch Äußerungen zum Lohnniveau im betrachteten Unternehmen und dem Know-How der Mitarbeiter erfasst. Aussage zu Produktivität und Effizienz der Anlagen, des Personals bzw. operationale Effizienz, die Effizienz der Prozesse werden ebenfalls hier kodiert.	*„Furthermore, headcount reductions and outsourcing of logistc functions will contribute to the accomplishment of cost reduction targets." Continental Moody's Analysis 08/2004.* *„VW's cost position suffers from a high fixed cost base, resulting from heavy capital investments as well as high levels of white-collar labour." Volkswagen S&P Research 08/2004.*
Produktion/ Anlagen	Aussagen zu Produktionsstandorten, zur Produktionssituation, zu Produktionsverfahren, zu wichtigen Anlagen und deren Charakteristika, zur Kapazitätsauslastung des Unternehmens, zur Integration der Produktion o.ä. sind hier zu erfassen. Hierher gehören auch Aussagen zum technologischen Stand der Produktionsanlagen und -prozesse.	*„Deutsche Post has highly efficient operations, sorting approximately 85% of mail automatically and delivering 95% by the next day." Deutsche Post Moody's Analysis 10/2004.* *„Efforts are being made, however, to reach a level of standardization of about 60% to 70% of the components in trucks within the next model generation, and to tailor the remaining parts to the specific market's needs." DaimlerChrysler S&P Research 08/2005.*
Produkttechnologien/For-	Hier sind Aussagen zu wichtigen Technologien und zur technologischen Position der Produkte des Unternehmens, also z.B. zur Technologielebenszyklusphase bzw. zum technologischen	*„However, continuous investment and R&D expenditures will be necessary in order to maintain high technological standards*

Fortsetzung Anhang 12

Kategorie	Definition	Beispiel(e)
schung und Entwicklung	Stand von Produkten oder zur technologischen Zusammensetzung des Produktportfolios, einzuordnen. Des Weiteren gehören hierher sämtliche Ausführungen zu den Forschungs- und Entwicklungsaktivitäten des Unternehmens, z.B. zur Notwendigkeit von Forschung und Entwicklung zum Erhalt oder der Verbesserung der Wettbewerbsposition, zum Stand wichtiger Forschungs- und Entwicklungsprojekte, zu wichtigen Neuentwicklungen u.ä. **Nicht hierher, sondern** in die Kategorie *Produktion/Anlagen* gehören Aussagen zum technologischen Stand der Produktionsanlagen und -prozesse.	*and to enhance the company's product pipeline." Continental Moody's Analysis 08/2004.* *„During 2003, in North America, FME undertook a strategic switch from re-usable dialysers to single use dialysers under a programme called its UltraCare Concept." Fresenius Medical Care Analysis Moodys 06/2004.*
Marketing/ Vertrieb/ Service	Hierher gehören Äußerungen zum Marketing des Unternehmens und den Marketingaufwendungen, Produktneuheiten oder Preisnachlässen zur Absatzförderung bzw. zur Aufrecherhaltung oder Ausweitung der Marktposition, zur Bekanntheit/Reputation des Unternehmens oder der Produkte (Markennamen), zu den Vertriebskanälen bzw. zur Vertriebsorganisation, zum Serviceangebot und zur Servicequalität, zur Kundenzufriedenheit, zu Problemen durch Qualitätsmängel oder Rückrufaktionen u.ä.	*„Moody's believes that DHL will need to establish a complete range of products, including business-to-consumer delivery capability, whilst raising its service quality to match that of its competitors." Deutsche Post Moody's Analysis 10/2004.* *„In a price-driven market, Volkswagen has had to stimulate market demand with costly incentives, i.e. by granting free air conditioning to support sales of the new Golf V and to ensure this model's position as Volkswagen's key revenue contributor." VW Analysis Moodys 01/2005.*
Absatz/ Kunden	Hier zuzuordnen sind Äußerungen zur Absatzsituation des Unternehmens wie z.B. zur Menge abgesetzter Produkte oder zu den Umsatzerlösen, auch bezogen auf bestimmte Produkte oder Produktgruppen oder bestimmten Kunden(gruppen), zur Entwicklung der Absatzpreise, zur Entwicklung der Auftragslage, und Aussagen zur Anzahl bzw. Konzentration der Kunden, zur Marktmacht wichtiger Kunden und zu weiteren Charakteristika der Kunden.	*„The end customer market is favorable, with a fairly high residential share compared with the manufacturing-intense rest of Germany, and a favorable geographical spread from north to south." E.ON S&P Research 12/2004.* *„HK's ratings are also constrained by its high customer concentration (ca. 35% of 2003 sales were generated by two contracts) ". Heckler & Koch Analysis Moodys 08/2004.*
Ergebnis-margen	Dieser Kategorie sind Aussagen zu Gewinnspannen oder Umsatzrentabilität (operative Marge) zuzuordnen, sofern diese Aspekte in der Analyse des Geschäftsrisikos und der Wettbewerbsposition des Unternehmens dienen. Diese Größen geben Anhaltspunkte über die Wettbewerbsfähigkeit und die Stellung in der Branche sowie die längerfristige Sicherung der Erträge. Wenn diese Aspekte in der Finanzrisikoanalyse angesprochen werden, sind sie **nicht hier, sondern** der Kategorie *Umsatzrentabilität/Gewinnspanne* im Rahmen der *Profitabilität* zuzuordnen.	*„Conversely, when new-car production declines, overcapacity puts pressure on the tire makers' profit margins." Continental S&P Research 08/2005.* *„MMA and Plexiglas operating margins are affected by price changes for acetone and methanol. In addition, Plexiglas is a lower-margin product." Degussa S&P Research 07/2005.*
Unterneh-mensgröße/-alter	Hier sind Ausführungen einzuordnen, die die Größe des Unternehmens oder dessen Alter betreffen, also z.B., wie groß es im Verhältnis zu wichtigen Konkurrenten ist, oder ob es sich um ein alteingesessenes Unternehmen oder ein noch junges Unternehmen handelt, und welche Risiken oder Chancen davon für die Wettbewerbsposition des Unternehmens ausgehen.	*„The group's size also allows for efficient portfolio management, which represents an important source of strategic flexibility to better allocate investments in line with long-term business prospects." Siemens S&P Research 10/2004.*

Fortsetzung Anhang 12

Kategorie	Definition	Beispiel(e)
	Wenn allerdings Größenvorteile in ganz bestimmten Bereichen angesprochen werden, z.B. in der Produktion oder beim Absatz, dann werden diese Ausführungen **nicht hier, sondern** in der entsprechenden speziellen Kategorie eingeordnet.	*„Degussa is the world's largest specialty-chemicals company in terms of sales." Degussa S&P Research 07/2005.*
WP-Sonstiges	Auffangkategorie für alle sonstigen Aspekte mit klarem Bezug zum Geschäftsrisiko, die keiner der anderen Kategorien zuzuordnen sind.	*Keine verfügbar.*
Managementqualität (MQ)		
Quellen der Ratingagenturen:	S&P (2006a), S. 22f., 25f. und 115-117; S&P (2005a), S. 22, 24f. und 111-113; Ganguin/Bilardello (2005), S. 64-79; Meyer-Parpart (1996), S. 127f. und 136f.; Moody's (1998a), S. 7f.; Berblinger (1996), S. 69f.	
Sonstige Quellen:	Baum (1987), S. 40-42; Ederington/Yawitz (1987), S. 30f.; Srinivasan/Bolster (1990), S. 110f.; Everling (1991), S. 148f.; Steiner (1992), S. 512; Howe (1998), S. 289f.; Fight (2001), S. 139f. und 144f.; Wieben (2004), S. 111f.	
Glaubwürdigkeit/Track Record	Ausführungen zur Umsetzung und zum Erfüllungsgrad der Planungen und Strategien **vergangener Perioden** sowie zur Reputation, Kompetenz und Erfahrung des Managements sind hier zu erfassen. In Abgrenzung zu anderen Kategorien werden in den hier einzuordnenden Textstellen die Aspekte speziell im Hinblick auf die Beurteilung der Managementqualität diskutiert. Die Abgrenzung zur Kategorie *Planungen/Strategien* erfolgt darüber, dass bei Ausführungen zu Maßnahmen des Managements **hier die ex-post-Perspektive** vorherrscht, es wird also ausgeführt, inwieweit die früher kommunizierten Planungen/Strategien tatsächlich umgesetzt und verwirklicht wurden.	*„ContiTech's management furthermore benefits from a good track record of efficiency improvements and successful cost reductions (...)." Continental Moody's Analysis 08/2004.* *„(...) which management expects to offset, to a large extent, with price increases in aftermarket products. Moody's questions the extent to which Continental and its peers might be able to push through price increases to their customers." Continental Moody's Analysis 08/2004.*
Planungen/ Strategien	Hierher gehören alle Ausführungen zu den Planungen und Strategien des Managements **für die Zukunft** sowie zur Einschätzung und Beurteilung von deren Qualität und Realismus. **Hier** muss immer ein **Bezug zu zukünftigen Maßnahmen** des Managements gegeben sein, während in der Kategorie *Glaubwürdigkeit* auf vergangene Maßnahmen oder Planungen des Managements abgestellt wird und wie diese aus heutiger ex-post-Sicht umgesetzt wurden.	*„Despite the strategic rationale of increasing Asian market coverage via the acquisition of MFTBC, we caution that the operational restructuring and integration of Fuso into DaimlerChrysler's global Truck division, together with improving Fuso's quality image, will be a challenging and costly task in the medium term." DaimlerChrysler Moody's Analysis 01/2005.* *„Following a strategic review of E.ON's priorities and taking into account the large-scale acquisitions completed in recent years, he modified the company's mid-term strategic direction by announcing that E.ON would over the medium term now be focusing on integration and operational improvement." E.ON Moody's Analysis 06/2004.*
Organisationsstruktur	Aussagen zur Zweckmäßigkeit der Organisationsstruktur für die Geschäftstätigkeit und Strategie des Unternehmens, Reorganisationsmaßnahmen oder Problemen durch häufige organisatorische Veränderungen, zur Rechtsform des Unternehmens u.ä. gehören in diese Kategorie.	*„In the meantime, the company is expected to continue to suffer from fragmented factory structures (...)." Südzucker Moody's Analysis 04/2004.*

Fortsetzung Anhang 12

Kategorie	Definition	Beispiel(e)
		„E.ON AG is the group's management holding company. It performs a range of centralized corporate functions, including group strategy, financing policies, and funding and treasury functions." E.ON S&P Research 12/2004.
Corporate Governance/Informations-, Anreiz- und Kontrollsysteme	Relevant sind hier z.B. Aussagen zu den eingesetzten Management- bzw. Führungsinstrumenten, zu Verfahren der internen Revision, zur Anwendung und zu den Auswirkungen von Wertsteigerungskonzepten und Anreizsystemen oder zum Risikomanagementsystem. Es sind auch Äußerungen zur Vergütung der Unternehmensleitung, zur Aufsicht des Aufsichtsrates oder Boards über die Unternehmensleitung, zur Aktionärsstruktur und zur Einflussnahme von Großaktionären, zu Auswirkungen und zur Befolgung des Deutschen Corporate Governance Kodex oder des *Sarbanes-Oxley*-Act hier zu erfassen. Ausführungen zur Verfügbarkeit von adäquatem Führungskräftenachwuchs, zu Problemen durch starke Fluktuationen im Management, zum Bestehen von Nachfolgeregelungen für wichtige Positionen im Unternehmen oder dazu, inwieweit die Unternehmensleitung stark von einer oder wenigen sehr mächtigen Personen dominiert wird, fallen ebenfalls in diese Kategorie.	*„Management has defined ist margin targets and developed the necessary tools (MIS and EVA) to monitor implementation of the margin improvement programme as well as control operations in general." Siemens Moody's Analysis 02/2004.* *„Owing to E.ON's long–standing exposure to securities and commodities markets, it has well-established centralized risk management policies. The risk-management system for trading was recently upgraded and appears to be of a high standard. There is a clear division between trading, settlement, and control, and the risk-reporting system is independent of trading." E.ON S&P Research 12/2004.*
Finanzpolitik	Hier sind Äußerungen zur Finanzierungspolitik des Managements und dessen Einstellung zu finanziellen Risiken zu erfassen. Hierunter fallen Aspekte wie volle Ausschöpfung von Kreditlinien, Art der Akquisitions- oder Wachstumsfinanzierung, Aktienrückkäufe, Kapitalrestrukturierungsmaßnahmen, Dividendenpolitik und Versprechungen gegenüber den Anteilseignern, Ansätze zum Treffen von Investitionsentscheidungen und zur Kapitalallokation u.ä. Eine Zuordnung erfolgt hier nur insoweit, wie primär die Managementqualität mit diesen Themen verbunden wird, ansonsten sind die entsprechenden speziellen Kategorien des Finanzrisikos relevant.	*„We assume that over the course of H2 2004 management will continue its debt reduction efforts." Continental Moody's Analysis 08/2004.* *„Additionally, Moody's assumes that, whilst there may well be future acquisitions, they will not be of a magnitude to materially reduce the level of the current credit metrics in the near to medium term." Deutsche Post Analysis Moodys 10/2004.*
MQ-Sonstiges	Auffangkategorie für alle sonstigen Aspekte mit klarem Bezug zur Managementqualität, die keiner der anderen Kategorien zuzuordnen sind.	*Keine verfügbar.*
Finanzrisiko (FR)		
Qualität der Rechnungslegung (RQ)		
Quellen der Ratingagenturen:	S&P (2006a), S. 23-25; S&P (2005), S. 23f.; S&P (2005d); S&P (2004a); S&P (2004b); S&P (2004c); S&P (2002); Ganguin/Bilardello (2005), S. 80-88; Meyer-Parpart (1996), S. 128-136; Moody's (2006a); Moody's (2006b); Moody's (2004a); Moody's (2004c); Berblinger (1996), S. 70.	
Sonstige Quellen:	Baum (1987), S. 26f.; Ederington/Yawitz (1987), S. 31; Srinivasan/Bolster (1990), S. 111f.; Everling (1991), S. 150f.; Steiner (1992), S. 512; Howe (1998), S. 279f.; Fight (2001), S. 140f. und 145; Wieben (2004), S. 113f.	
Abschlussprüfung	Hier sind sämtliche Ausführungen zur Prüfung der Abschlüsse des Unternehmens zu erfassen, z.B. zum Abschlussprüfer und dessen Charakteristika, zu wichtigen Erkenntnissen der Abschlussprüfung oder aufgedeckten Unregelmäßigkeiten, zum Prüfungsbericht und Bestäti-	*„There were no material accounting changes in the company's fiscal 2003/2004 accounts, which were testified by KPMG without qualification." Hornbach Baumarkt S&P 11/2004.*

Fortsetzung Anhang 12

Kategorie	Definition	Beispiel(e)
	gungsvermerk u.ä.	
Rechnungslegungssystem (inkl. Umstellungseffekte)	Hierher gehören Aussagen zu den vom Unternehmen verwendeten Rechnungslegungsstandards, zur geplanten oder bereits vollzogenen Umstellung der Rechnungslegung auf ein anderes Rechnungslegungssystem und zur Analyse der Auswirkungen und Effekte einer solchen Umstellung.	*„Commencing fiscal 2005/2006, the ThyssenKrupp group will change to International Financial Reporting Standards (IFRS).“ ThyssenKrupp S&P Research 03/2005.*
Effekte aus Änderungen einzelner Rechnungslegungsstandards	Sämtliche Ausführungen zu Veränderungen einzelner Standards bzw. Regelungen innerhalb des verwendeten Rechnungslegungssystems sowie zu den entsprechenden Auswirkungen auf die Rechenwerke des Unternehmens und die für die Finanzrisikoanalyse interessierenden Abschlussposten gehören hierher.	*„Compared with 2003, Henkel adopted IFRS 3 (Business Combinations), International Accounting Standards (IAS) 36 (Impairment of Assets) and IAS 38 (Intangible Assets). Yet, the application of neither of these rules had a material effect on reported comparable figures in 2004.“ Henkel S&P Research 06/2005.* *„SFAS 143 was implemented in 2003. This led to an additional €1.2 billion nuclear provision through the income statement.“ E.ON S&P Research 12/2004.*
Konsolidierung	Hier sind Äußerungen zum Konzernabschluss, zum Konsolidierungskreis, zu nichtkonsolidierten konzernzugehörigen Unternehmen (z.B. Zweckgesellschaften (SPE)), zu den verwendeten Konsolidierungsmethoden u.ä. zuzuordnen.	*„The new structure was reflected in E.ON's financial reporting from the first quarter of 2004.“ E.ON S&P Research 12/2004.*
Goodwill/immaterielle Vermögenswerte	Ausführungen zur Bilanzierung immaterieller Vermögenswerte, also z.B. zur Möglichkeit und zur Vornahme von Aktivierungen selbsterstellter immaterieller Vermögenswerte des Anlagevermögens, werden hier erfasst. Ebenfalls hierher gehören Ausführungen zum Ansatz und zur Folgebehandlung von Goodwill.	*„At Dec. 31, 2003, the group reported €1.5 billion of goodwill and other intangible assets. This compares with equity of €2.1 billion.“ Continental S&P Research 08/2004.*
Finanzinstrumente	Hier sind Aussagen zur Bilanzierung von Finanzinstrumenten der Aktiv- und Passivseite, z.B. zu der Zuordnung zu verschiedenen Klassen und der davon abhängigen Folgebewertung, auch zu hybriden Finanzinstrumenten der Passivseite und deren Zurechnung zum Eigen- oder Fremdkapital, relevant.	*„The shares covering the exchangeable bond will be reported as marketable securities from 2004.“ RWE S&P Research 12/2004.*
Vorräte	Alle Ausführungen zur Bilanzierung, insbesondere Bewertung (z.B. FIFO, LIFO o.ä.), von Vorratsvermögen gehören in diese Kategorie.	*„Moody's notes that TK has changed the valuation method of its inventory from last in first out (LIFO) to the average cost method (...).“ ThyssenKrupp Moody's Analysis 01/2005.*
Sonstige bilanzierte Vermögenswerte	Äußerungen zur Bilanzierung aller übrigen Vermögenswerte, die nicht unter die anderen Kategorien fallen, werden hier erfasst, z.B. in welchem Ausmaß eine Pauschalwertberichtigung von Forderungen erfolgt.	*Keine verfügbar.*
Pensionen	Alle Ausführungen im Zusammenhang mit der Bilanzierung von Pensionsverpflichtungen, z.B. zum verwendeten Kalkulationszins, zu den Annahmen der künftigen Gehaltsentwicklung, zur Inanspruchnahme von Glättungsmechanismen für versicherungsmathematische Gewinne bzw. Verluste u.ä. gehören hierher.	*„The company expects that a 0.1% change in the discount rate from the current level of 5% will have a €71 million effect on the obligation.“ Degussa S&P Research 07/2005.*

Fortsetzung Anhang 12

Kategorie	Definition	Beispiel(e)
außerbilanzielle Schulden	Ausführungen zu außerbilanziellen Schulden des Unternehmens, z.B. aus Operating Leasing-Verhältnissen, Garantien, ABS-/Verbriefungstransaktionen ohne vollständigen Risikotransfer, und den Hintergründen für deren Nichtbilanzierung, z.B. die Ausübung der Ansatzkriterien für Operating Leasing-Verhältnisse, fallen in diese Kategorie.	*„The net present value of the reported operating leases was about €126 million.“ Rheinmetall S&P Research 04/2005.*
sonstige bilanzierte Schulden	Äußerungen zur Bilanzierung aller übrigen Schulden, die nicht unter die anderen Kategorien fallen, z.B. weitere Arten von Rückstellungen, sind hier zuzuordnen.	*„Siemens reported billings in excess of project costs and estimated earnings of about €4.8 billion in current liabilities.“ Siemens S&P Research 10/2004.* *„The underlying cost assumptions for calculating the provisions, however, are still considered conservative. Nuclear, mining, and other provisions are widely considered to be conservative.“ E.ON S&P Research 12/2004.*
Derivate/ Hedging	Sämtliche Ausführungen zur Bilanzierung von Derivaten und zum Hedge-Accounting gehören hierher.	*„Gains and losses on hedging transactions are carried through the profit and loss statement (...).“ Escada S&P Research 04/2005.*
Aufwands- und Ertragsrealisation	Hier zuzuordnen sind Ausführungen zur Umsatz- bzw. Ertragsrealisation, z.B. die Anwendung der Percentage of Completion-Methode bei Langfristfertigung, zur Abgrenzung von Anschaffungs- und v.a. Herstellungskosten, zur Verbuchung von weiteren Aufwendungen und Erträgen, z.B. die Behandlung eines Disagios, die Behandlung einer aktienbasierten Vergütung u.ä.	*„Siemens has decided to apply SFAS 123 from the current fiscal year and then recognize stock-based compensation.“ Siemens Moody's Analysis 02/2004.*
Abschreibungen	Ausführungen zu den verwendeten Abschreibungsverfahren, zu den erwarteten Nutzungsdauern, zur Abschreibungspolitik des Unternehmens und deren Angemessenheit usw., fallen in diese Kategorie.	*„Siemens' property, plant and equipment (excluding advances to suppliers) is depreciated to 64%, an indication for a rather conservative evaluation policy.“ Siemens Moody's Analysis 02/2004.*
RQ-Sonstiges	Auffangkategorie für alle sonstigen Aspekte mit klarem Bezug zur Rechnungslegungsqualität, die keiner der anderen Kategorien zuzuordnen sind. Hier sind auch allgemeine Ausführungen zu Bilanzierungspraktiken und der Bilanzpolitik des Unternehmens zu erfassen.	*„Its accounting policies conform to industry standards.“ DaimlerChrysler S&P Research 08/2005.*
Kapitalstruktur/Vermögensschutz (KS/VS)		
Quellen der Ratingagenturen:	S&P (2006a), S. 27-30, 74-84, 92-114, 118-122; S&P (2005a), S. 26-29, 75-86 und 95-110; S&P (2005g); Moody's (1998a), S. 10-12; Ganguin/Bilardello (2005), S. 87- 91; Meyer-Parpart (1996), S. 138-142; Moody's (2005a); Moody's (2004a); Moody's (2004b); Moody's (2003b); Moody's (1998a), S.10; Moody's (1998b); Berblinger (1996), S. 67f.	
Sonstige Quellen:	Baum (1987), S. 32-34; Ederington/Yawitz (1987), S. 30-34; Srinivasan/Bolster (1990), S. 112-114; Everling (1991), S. 147f.; Steiner (1992), S. 512f.; Howe (1998), S. 282f. und 284-287; Fight (2001), S. 142 und 146; Wieben (2004), S. 114f.	
Verschuldungsgrad	Hier zu erfassen sind Ausführungen zum Verhältnis des gesamten oder nur des langfristigen Fremdkapitals zum Eigen- oder Gesamtkapital auf Basis bilanzieller Größen oder unter Berücksichtigung sämtlicher Anpassungen bezüglich Pensionsverpflichtungen, außerbilanziellen	*„The debt leverage of the company's financial service operations has increased slightly, with a debt-to-equity ratio of 11 to 1 at year-end 2003.“ Volkswagen S&P Research 08/2004.*

Fortsetzung Anhang 12

Kategorie	Definition	Beispiel(e)
	Schulden und hybriden Finanzinstrumenten. **Subkategorien:** • langfristiger Verschuldungsgrad (d.h. nur alle langfristigen bilanziellen und außerbilanziellen Schulden) (*S&P* Schlüsselkennzahl bis 2006) • (gesamter) Verschuldungsgrad (alle bilanziellen und außerbilanziellen Schulden) (*S&P* Schlüsselkennzahl)	*„In the medium term, debt to capital (including debt-like obligations) is expected to be less than 60%." Deutsche Post S&P Research 06/2005.*
Fremdkapital	Ausführungen zur Höhe und Zusammensetzung des Fremdkapitals bzw. der Schulden des Unternehmens, sowohl aus Verbindlichkeiten als auch aus Rückstellungen, ggf. auch nach Abzug nicht zweckgebundenen, überschüssigen liquiden Mittel (Netto-Schulden), gehören hierher. Ausführungen zu Pensionsverpflichtungen und hybriden Finanzinstrumenten mit Fremdkapitalcharakter werden **nicht hier, sondern** in den speziellen Kategorien im Rahmen dieser Hauptkategorie erfasst.	*„The company expects net debt to increase slightly to between €7 billion - €8 billion at year-end 2004." E.ON S&P Research 12/2004.*
Pensionsverpflichtungen	Ausführungen zu Pensionsverpflichtungen und den notwendigen Anpassungen an den bilanziellen Werten und Finanzkennzahlen sind hier zu erfassen.	*„Nevertheless, ThyssenKrupp`s unfunded pension (...) obligations (on balance sheet) were about EUR 7.2 billion at the end of fiscal 2004." ThyssenKrupp S&P Research 03/2005.*
off-balance-sheet-liabilities	Hier sind Ausführungen zu außerbilanziellen Schulden, z.B. aus Operating Leasing-Verhältnissen, Garantien, ABS-/Verbriefungstransaktionen ohne vollständigen Risikotransfer, und den dazu notwendigen Anpassungen der bilanziellen Schulden und Finanzkennzahlen zuzuordnen.	*„Our ratings also take into account the slight increase in the level of various off-balance sheet commitments to which the group is subject, including future operating lease expenses with an estimated present value of €1.2 billion at FYE 2003, and securitisation of receivables amounting to some €672 million." Continental Moody's Analysis 08/2004.*
hybride Finanzinstrumente	Äußerungen zu hybriden Finanzinstrumente und deren Eigenschaften sowie zur Gewährung eines equity credits und den damit verbundenen Anpassungen an den Finanzkennzahlen gehören hierher.	*„The subtraction from the debt figure of a €2.3 billion mandatory convertible bond, to which Standard & Poor's attributes high equity content given its small residual life and the low probability of the company repurchasing common shares to prevent dilution." Deutsche Telekom S&P Research 09/2004.*
Eigenkapital/-quote	Aussagen zur Höhe und Entwicklung des Eigenkapitals und dessen Zusammensetzung (Stammaktien, Vorzugsaktien, Höhe des Grundkapitals, Höhe der Gewinnrücklagen, Höhe sonstiger Rücklagen) sowie zur Eigenkapitalquote fallen in diese Kategorie.	*„In June 2004, the company completed a €59.9 million rights issue (...)." Gildemeister Analysis Moody's 08/2004.*
Anlagevermögen	In diese Kategorie fallen Aussagen zum Bestand und zur Struktur des Anlagevermögen wie Sachanlagen, immaterielle Vermögenswerte und Beteiligungen sowie deren Charakteristika, v.a. zu ihren Marktwerten, zum Vorhandensein stiller Reserven, zur Veräußerbarkeit/Marktgängigkeit und zu ihrem Schuldendeckungspotential u.ä. Ebenso entfallen in diese Kategorie Aussagen zur (Sach-)Anlagenintensität, zum Anlagenabnutzungsgrad, zur Abschreibungsquote u.ä.	*„In addition, the ratings also reflect VWFS` sound asset quality (...)." Volkswagen S&P Research 08/2004.*

Fortsetzung Anhang 12

Kategorie	Definition	Beispiel(e)
Umlaufvermögen	Hierher gehören Aussagen zum Bestand und zur Struktur des Umlaufvermögens wie Vorräte, Forderungen aus Lieferungen und Leistungen u.ä. sowie deren Charakteristika, v.a. zu ihren Marktwerten, zum Vorhandensein stiller Reserven und zu ihrem Schuldendeckungspotential. Ebenso entfallen in diese Kategorie Aussagen zur Umschlaghäufigkeit oder Kehrwert der Umschlagdauer der Vorräte, zum Anteil der Vorräte am Kapitalbestand (Vorratsintensität), zum Bedarf an Working Capital u.ä.	*„The company's ratings also reflect the fact that high inventories levels to a large extent comprise A and B quota sugar and that they have a value secured by the EU intervention price system." Südzucker Moody's Analysis 04/2004."*
nicht bilanzierte Vermögenswerte	Hierher gehören Ausführungen zu stillen Reserven aufgrund nicht bilanzierter Vermögenswerte, v.a. nicht aktivierungsfähiger immaterieller Vermögenswerte, und deren Charakteristika, z.B. ihre Art und Struktur, ihre Marktgängigkeit und ihr potentieller Marktwert sowie letztlich ihr Schuldendeckungspotential.	*Keine verfügbar.*
Deckungs-/Liquiditätsgrade	Ausführungen zu horizontalen Bilanzkennzahlen, zur Fristenkongruenz von Aktiv- und Passivseite, zu Liquiditätsgraden u.ä. gehören in diese Kategorie. Darunter fallen auch Aussagen zu einem Netto-Bestand an liquiden Mitteln nach Abzug der Finanzverbindlichkeiten (Net Cash).	*„The €16.8 billion of reliable liquidity compares to €1.4 billion short-term debt and near-term maturities." Siemens Analysis Moodys 03/2005.*
KS/VS-Sonstiges	Auffangkategorie für alle sonstigen Aspekte mit klarem Bezug zur Kapitalstruktur bzw. zum Vermögensschutz, die keiner der anderen Kategorien zuzuordnen sind.	*Keine verfügbar.*
Profitabilität (PR)		
Quellen der Ratingagenturen:	S&P (2006a), S. 26f.; S&P (2005a), S. 25f.; S&P (2002); Ganguin/Bilardello (2005), S. 91-94; Meyer-Parpart (1996), S. 137f.; Moody's (1998a), S. 10; Berblinger (1996), S. 67f.	
Sonstige Quellen:	Baum (1987), S. 27-32; Ederington/Yawitz (1987), S. 30-34; Srinivasan/Bolster (1990), S. 112; Everling (1991), S. 151f.; Steiner (1992), S. 512; Howe (1998), S. 281 und 287-289; Fight (2001), S. 141f. und 145; Wieben (2004), S. 114f. und 117.	
Profitabilität/Ergebnis allgemein	Hier zu erfassen sind Ausführungen zur Höhe, Zusammensetzung, Volatilität/Stabilität vergangener und/oder künftig erwarteter Ergebnis-/Gewinngrößen des Unternehmens, z.B. Net Income, Profit, Earnings, EPS. Zudem gehören hierher allgemeine Aussagen zur Fähigkeit des Unternehmens, nachhaltig Erfolge zu erzielen.	*„FMC's profitability is therefore likely to be boosted in the medium term (...)." Fresenius Medical Care S&P Research 06/2004.*
Umsatz	Ausführungen zur Höhe, Zusammensetzung, Volatilität/Stabilität vergangener und/oder künftige erwarteter Umsätze werden hier zugeordnet.	*„Still, turnover for the fiscal year 2004, at EUR 3.4 billion, was 75% of 2000 levels (...)." Rheinmetall Moody's Analysis 04/2005.*
Umsatzrentabilität/Ergebnismargen	Ausführungen zur Umsatzrentabilität bzw. Gewinnspanne/-marge, also zur Beziehung zwischen einer Ergebnisgröße wie EBIT, EBITDA o.ä. und dem Umsatz (EBIT- oder EBIT(D)A-Margin, operating margin o.ä.), gehören hierher. Damit wird versucht, die operative Effizienz und die Fähigkeit des Unternehmens, auch in wirtschaftlich schwierigeren Zeiten rentabel zu wirtschaften, zu beurteilen. Hierher gehören auch weitere umsatzbezogene Kennzahlen, z.B. Personalaufwand zu Umsatz oder produzierte Güter zu Umsatz.	*„The company's specialties division has reported continued strong growth in recent quarters and Moody's would expect further enhanced operating margin going forwards." Südzucker Moody's Analysis 04/2004.*

Fortsetzung Anhang 12

Kategorie	Definition	Beispiel(e)
	Subkategorien: • EBIT(A)-Marge (*Moody's* Schlüsselkennzahl) • EBITDA- oder operative Marge (*S&P* Schlüsselkennzahl bis 2006) • Ergebnismarge sonst	
Betriebsergebnis	Hier zu erfassen sind Ausführungen zur Höhe, Zusammensetzung, Volatilität/Stabilität vergangener und/oder künftig erwarteter operativer Ergebnisse bzw. Betriebsergebnisse (Operating Income, EBIT, EBITA o.ä.), ggf. bereinigt um außergewöhnliche und nicht wiederkehrende Posten.	*„Following a solid operational group performance in 2003, overall trends remain positive in H1 2004. Reported half-year sales increased by 9% (...). EBITA rose to €484.4 million (compared to €399 million in H1 2003) (...)." Continental Moody's Analysis 08/2004.*
einzelne Aufwendungen und Erträge	Sämtliche Ausführungen, die im Rahmen der Analyse der Profitabilität explizit bestimmte Aufwendungen oder Erträge thematisieren, z.B. Restrukturierungsaufwendungen, außerplanmäßige Goodwillabschreibung, Zinsaufwendungen, Leasing- und Mietaufwendungen, Abschreibungen u.ä., sind hier zu erfassen.	*„Degussa made large impairments over the past two years of about €600 million, mainly reflecting the significantly weaker business expectations for its fine chemicals business activities." Degussa S&P Research 07/2005.*
Deckungsgrade	Hierher gehören Ausführungen zur Fähigkeit des Unternehmens, feste Auszahlungsverpflichtungen durch die erwirtschafteten Ergebnisse zu decken. Das betrifft v.a. Zinsen (auch für angepasste und außerbilanzielle Schulden), aber auch weitere feste Auszahlungsverpflichtungen, z.B. für Leasing, Mieten, Steuern u.ä. **Subkategorien:** • EBIT-Zinsdeckung (*S&P* Schlüsselkennzahl) • Deckungsgrade sonst	*„The lease- and pension-adjusted EBIT-to-net interest charges ratio was 3x in 2004." HeidelbergCement S&P Research 10/2005.*
Kapitalrentabilität	Aussagen zu sämtlichen Kennzahlen, die eine Ergebnisgrößen in Bezug zu der Kapitalgröße setzen, die zur Erwirtschaftung des Ergebnisses erforderlich ist, sind hier einzuordnen. Dabei kann es sich um eine Gesamt-, aber auch die Eigenkapitalrentabilität handeln. **Subkategorien:** • RoCE (*S&P* Schlüsselkennzahl) • RoA (*Moody's* Schlüsselkennzahl) • Kapitalrentabilität sonst	*„ (...) and return on capital employed, to be fairly weak compared with peers." ThyssenKrupp S&P Research 03/2005.*
wertorientierte Performance	Ausführungen zu Wertsteigerungskennzahlen wie z.B. EVA, Geschäftswertbeitrag, Economic Profit, CFROI u.ä., und der wertorientierten Performance des Unternehmens gehören in diese Kategorie.	*„Two of the 13 businesses were detrimental to value (according to EVA) in each of the past four years, as were a further three businesses in three out of four years." Siemens Moody's Analysis 03/2005.*
PR-Sonstiges	Auffangkategorie für alle sonstigen Aspekte mit klarem Bezug zur Profitabilität, die keiner der anderen Kategorien zuzuordnen sind.	*Keine verfügbar.*

Fortsetzung Anhang 12

Kategorie	Definition	Beispiel(e)
Cash Flow-Adäquanz (CF)		
Quellen der Ratingagenturen:	S&P (2006a), S. 30-33; S&P (2005a), S. 29-31; Ganguin/Bilardello (2005), S. 94-100 und 108-155; Meyer-Parpart (1996),S. 142-145; Moody's (1998a), S. 10; Berblinger (1996), S. 67f. und 70.	
Sonstige Quellen:	Baum (1987), S. 34-36; Ederington/Yawitz (1987), S. 30-34; Srinivasan/Bolster (1990), S. 114; Everling (1991), S. 151; Steiner (1992), S. 512f.; Howe (1998), S. 283 und 286f.; Fight (2001), S. 141f. und 145f.; Wieben (2004), S. 115-118.	
Cash Flows	Hier zuzuordnen sind Ausführungen zur Höhe, Zusammensetzung, Volatilität/Stabilität vergangener und/oder künftig erwarteter operativer Cash Flows, also Cash Flows, die aus der eigenen Geschäftstätigkeit erwirtschaftet sind. Hier sind verschiedene Cash Flow-Abgrenzungen möglich, je nachdem, welche über die betrieblichen Ein- und Auszahlungen hinausgehenden Posten berücksichtigt sind. **Subkategorien:** • Operativer Cash Flow (Funds from Operations; Operating Cash Flow, EBITDA; Retained Cash Flow) • Freier Cash Flow (Prefinancing Cash Flow; Free Cash Flow; Free Operating Cash Flow; Discretionary Cash Flow) • Cash Flow sonst	*„Moody's expects free cash-flow to be very limited in the current financial year starting 1 March 2004, assuming more or less neutral working capital but expected sustained investments in specialties (isomalt, bioethanol) and a second payment of Atys shares." Südzucker Moody's Analysis 04/2004.*
dynamischer Verschuldungsgrad	Hier sind alle Ausführungen zuzuordnen, die Cash Flow-Größen in Bezug zu Schuldgrößen (hier i.d.R. Gesamtverschuldung als Basis, also lang- und kurzfristige Schulden unter Berücksichtigung der analytischen Anpassungen, insbesondere für außerbilanzielle Schulden) setzen und anzeigen, welcher Anteil der Schulden mit dem Cash Flow der Periode abgebaut/getilgt werden könnte. **Subkategorien:** • FFO/Gesamtverschuldung (*S&P* Schlüsselkennzahl) • RCF/Gesamtverschuldung (*Moody's* Schlüsselkennzahl) • FOCF/Gesamtverschuldung (*S&P* Schlüsselkennzahl) • Discretionary Cash Flow/Gesamtverschuldung (*S&P* Schlüsselkennzahl bis 2006) • Dynamischer Verschuldungsgrad sonst	*„As of FYE 2003, E.ON exhibited a Retained Cash Flow (pre Working Capital)/Net Adjusted Debt, including nuclear provisions, of 21% (...)." E.ON Moody's Analysis 06/2004.* *„FFO to net debt is expected to be in the 10%-15% range in fiscal 2004 and 2005, which is in line with Standard & Poor's expectation for the 'B+' rating." Gildemeister S&P Research 07/2004.*
Entschuldungsdauer	Diese Kategorien erfasst Ausführungen zur erforderlichen Dauer, bis auf Basis der betrachteten Cash Flow-Größe der Bestand an Schulden abgebaut/zurückgezahlt wäre. Dies entspricht dem Kehrwert des dynamischen Verschuldungsgrades. **Subkategorien:** • Gesamtverschuldung/EBITDA (*S&P/Moody's* Schlüsselkennzahl) • Entschuldungsdauer sonst	*„Consequently, we expect Adjusted Debt to EBITDA to fall to around 5x by the end of the year." SGL Carbon Moody's Analysis 04/2004.*

Fortsetzung Anhang 12

Kategorie	Definition	Beispiel(e)
Working Capital-Veränderungen	Hierher gehören Ausführungen zu Veränderungen im Working Capital und den damit verbundenen Cash Flow-Wirkungen. Darunter fällt auch der sog. Quick Ratio, der aussagt, welcher Cash Flow aus dem Working Capital erzielt werden kann, nachdem die kurzfristigen Verbindlichkeiten daraus gedeckt worden sind.	*„Nevertheless, the company has made material improvements in its working capital management which drove the underlying increase in operating cash flow." Fresenius Medical Care Moody's Analysis 06/2004.*
Cash Flow-Deckung fester Auszahlungsverpflichtungen	Hierher gehören alle Aussagen zur Cash Flow-Deckung fixer Auszahlungsverpflichtungen, also zu Kennzahlen, die eine Cash Flow-Größe in Bezug zu einer bestimmten oder mehreren festen Auszahlungsverpflichtung(en) setzen. **Subkategorien:** • EBITDA-Zinsdeckung (*S&P* Schlüsselkennzahl) • FFO-Zinsdeckung (*Moody's* „Schlüsselkennzahl") • (EBITDA – Investitionen ins Anlagevermögen)-Zinsdeckung (*Moody's* Schlüsselkennzahl) • Cash Flow-Deckung fester Auszahlungsverpflichtungen sonst	*„FFO net interest cover improved to almost 12.0x, or 5.8x adjusted for pensions." E.ON S&P Research 12/2004.* *„Lease interest-adjusted EBITDA coverage of fixed charges was stable at about 4.3x." Deutsche Post S&P Research 06/2005.*
Kapitalbedarf; Auszahlungserfordernisse	Aussagen zur Höhe und/oder Art des vergangenen oder künftigen Kapitalbedarfs bzw. den Auszahlungserfordernissen, z.B. für Erweiterungsinvestitionen, Erhaltungsinvestitionen, Zins- und Tilgungszahlungen der Verbindlichkeiten (debt maturities), Unternehmenskäufe, Zahlungen an Pensionsfonds oder Pensionäre, Zahlung von Schadenersatz oder Strafzahlungen, Dividendenzahlungen, Steuerzahlungen, usw. gehören hierher. Die Ausführungen können sich auch auf den Kapitalbedarf als Ganzes beziehen.	*„Capital expenditure including acquisitions declined significantly from a peak in 2002, and net investment turned slightly positive." E.ON S&P Research 12/2004.* *„Capital expenditure reached a peak in 2001 at US$ 461 million but has ranged between US$ 88 -100 million during 2002 – 2003. FME's publicly stated target is to keep capex within US$250 million in 2004." Fresenius Medical Care Moody's Analysis 06/2004.*
Cash Flow-Deckung des Kapitalbedarfs	In diese Kategorie gehören Ausführungen zur Gegenüberstellung sämtlicher operativer/interner Cash Inflows/Einzahlungen mit bestimmten Auszahlungserfordernissen oder dem Kapitalbedarf, entweder auf Basis vergangener Größen oder geplanter/erwarteter Größen. **Subkategorien:** • RCF/Netto-Investitionsausgaben (*Moody's* Schlüsselkennzahl) • Cash Flow-Deckung des Kapitalbedarfs sonst	*„FFO are expected to continue to fully cover automotive capital expenditure, which amounted to EUR 6.7 billion in 2003." Volkswagen S&P Research 08/2004.* *„Nevertheless, cash flows from industrial operations remain well in excess of cash used for investing activities in the industrial business". DaimlerChrysler S&P Research 08/2005.*
CF-Sonstiges	Auffangkategorie für alle sonstigen Aspekte mit klarem Bezug zur Cash Flow-Adäquanz, die keiner der anderen Kategorien zuzuordnen sind.	
Finanzielle Flexibilität (FF)		
Quellen der Ratingagenturen:	S&P (2006a), S. 31-33 und 85-91; S&P (2005a), S. 31f. und 88-94; Ganguin/Bilardello (2005), S. 100-105; Meyer-Parpart (1996), S. 144-156; Moody's (1998a), S. 10-17; Berblinger (1996), S. 67-69.	
Sonstige Quellen:	Baum (1987), S. 36f.; Ederington/Yawitz (1987), S. 30-34; Srinivasan/Bolster (1990), S. 114; Steiner (1992), S. 512f.; Howe (1998), S. 281-290; Fight (2001), S. 141-143 und 146; Wieben (2004), S. 115-118.	

Fortsetzung Anhang 12

Kategorie	Definition	Beispiel(e)
finanzielle Flexibilität allgemein	Hierher gehören Aussagen zu einer Gesamtbeurteilung der Analyse von Profitabilität, Cash Flow-Adäquanz und Kapitalstruktur und insgesamt zur finanziellen Gesundheit und den Finanzpläne des Unternehmens sowie wichtigen Einflussfaktoren darauf.	*„As a result of the €175 million bond issue and the extended maturity of its €141 million credit facility - under which €78.8 million are currently available - until June, 2007, Gildemeister's liquidity and financial flexibility is now adequate." Gildemeister S&P Research 07/2004.*
Charakteristika der Schulden	Hier sind Aussagen zu erfassen die sich auf Charakteristika der Schulden des Unternehmens beziehen, z.B., wie hoch die Fremdkapitalkosten sind, ob Finanzverbindlichkeiten variabel oder fest verzinslich sind, welches Laufzeitenprofil die Schulden aufweisen, wie Anleihebedingungen oder Kreditverträge (covenants) von Finanzverbindlichkeiten ausgestaltet sind, welche weiteren Belastungen aus außerbilanziellen Schulden bestehen, die die Flexibilität einschränken, u.ä.	*„The profile is favorable, with limited covenants and manageable short-term maturities." E.ON S&P Research 12/2004.* *„(...) with average interest rates of less than 2.4% at the end of September 2004." ThyssenKrupp S&P Research 03/2005.*
Finanzpläne unter Stressszenarien	Diese Kategorie erfasst Ausführungen zur Liquiditätssituation des Unternehmens unter hypothetischen, besonders negativen Entwicklungen, z.B. unter der Annahme einer Absage oder schlechten Entwicklung einer geplanten Kapitalerhöhung oder Fremdkapitalaufnahme, dem Platzen einer Kreditzusage, dem unwahrscheinlichen, sehr negativen Ausgang einer Rechtsstreitigkeit o.ä.	*„The current rating does not incorporate the payment by HK of any material monetary damages in relation to any negligent distribution cases. Any such payments would thus most likely have a negative impact on the company's ratings." Heckler & Koch Moody's Analysis 08/2004.*
Deckung des Kapitalbedarfs	Sämtliche Aussagen zur Deckung des erwarteten erforderlichen bzw. geplanten Kapitalbedarfs aus internen und externen Quellen, also neben den Cash Flows aus operativer Tätigkeit und aus Desinvestitionen auch unter Berücksichtigung des Rückgriffs auf externe Liquiditätsquellen.	*„Together, these sources should be available to cover major cash needs, which primarily arise from debt maturities and the growth in the Financial Services business, for over 15 months." DaimlerChrysler Analysis Moodys 01/2005.* *„Moody's believes that HB will not need to draw under its committed bank facilities for up to 12 months from the issue of the bond." Hornbach Moody's Analysis 11/2004.*
Flexibilität des Kapitalbedarfs	Hier erfolgt die Erfassung von Ausführungen zur Flexibilität bzw. zur Beeinflussbarkeit des Kapitalbedarfs/der Auszahlungserfordernisse, z.B. zu Verschiebungsmöglichkeiten von geplanten Investitionen ohne Gefährdung der Wettbewerbsposition oder der Geschäftstätigkeit des Unternehmens.	*„After the spin-off of capital-hungry Infineon and Epcos, the company has demonstrated flexibility in its capex budget. We believe that any future increase would be of a discretionary nature. Siemens Moody's Analysis 03/2005.*
liquide Mittel/ leicht veräußerbare Wertpapiere	Hier sind alle Aussagen zum Bestand an kurzfristig verfügbaren Liquiditätsreserven durch liquide Mittel und leicht veräußerbare, marktgängige Wertpapiere und weitere Vermögenswerte zu erfassen.	*„At the end of Q04, FMC had cash balances of US$57.5 million available on balance sheet (...)." Fresenius Medical Care Moody's Analysis 06/2004.* *„As of 31 December 2004, the company had cash & marketable securities of €1.7 billion following the completion of the Clorox deal (...)." Henkel Moody's Analysis 04/2005.*
Möglichkeiten zur Veräuße-	In diese Kategorie gehören Ausführungen zu mittelfristigen Liquiditätsquellen/-reserven aus Möglichkeiten zur Veräußerung von Vermögensteilen ohne Aufgabe oder stärkere Beeinträch-	*„A broad asset base, of which much could be sold without substantially affecting operations even in core areas (...)." E.ON*

Fortsetzung Anhang 12

Kategorie	Definition	Beispiel(e)
rung von Vermögensteilen	tigung des Geschäftsbetriebs, ebenso wie Aussagen zu Möglichkeiten zur alternativen Kapitalverwendungen bzw. Umgliederung von Vermögensteilen im Unternehmen in produktivere Verwendungsbereiche.	*S&P Research 12/2004.* *„In addition, the company holds stakes in a listed company KWS, which represent an additional source of liquidity with a market value of around €60 million." Südzucker Moody's Analysis 04/2004.*
externe Liquiditätsquellen und deren Charakteristika	Zu erfassen sind hier Äußerungen zu sämtlichen externen, noch ungenutzten Liquiditätsquellen, die dem Unternehmen zur Verfügung stehen sowie zu deren Charakteristika, also z.B. zu deren Ausmaß, zeitlicher Verfügbarkeit, Fristigkeit oder dem Verbindlichkeitsgrad der Zusage. Derartige externe Liquiditätsquellen sind z.B. bisher nicht genutzte Kreditlinien bei Banken oder die Möglichkeit zur Eigen- oder Fremdkapitalaufnahme am Kapitalmarkt.	*„About EUR 5.0 billion of committed bank lines at Sept. 30, 2004 of which about EUR 4.30 billion is unused and available." ThyssenKrupp S&P Research 03/2005.*
Konzernstruktur	Hierher gehören Ausführungen zur rechtlichen Struktur und Hierarchie von Ansprüchen und Forderungen einzelner Einheiten des Konzerns und zur Allokation finanzieller Mittel im Konzern. Darunter fallen z.B. Aussagen zu bestehenden Unternehmensverträgen, zur Bedeutung eines Tochterunternehmens für den Konzern und der Wahrscheinlichkeit entsprechender Unterstützung im Krisenfall, zu Garantien oder Patronatserklärungen des Mutterunternehmens für Tochterunternehmen, zu Auswirkungen eines schwachen Mutterunternehmens auf ein starkes Tochterunternehmen, zu Gemeinschaftsunternehmen mit konzernexternen Unternehmen u.ä.	*„Moody's recognises that the buy-back of Raffinerie Tirlemontoise minorities is a one-off transaction and will simplify the group structure." Südzucker Moody's Analysis 04/2004.*
FF-Sonstiges	Auffangkategorie für alle sonstigen Aspekte mit klarem Bezug zur Rechnungslegungsqualität, die keiner der anderen Kategorien zuzuordnen sind, z.B. Risiken aus Rechtsstreitigkeiten, fehlendem Versicherungsschutz oder auch Abwehrmaßnahmen gegen feindliche Übernahmen. Darunter fallen auch die von *Moody's* als Ereignisrisiken (event risks) bezeichneten Aspekte.	*„SGL is subject to a number of antitrust proceedings, all of which relate to activities carried out in the 1990s." SGL Carbon S&P Research 03/2004.*
FR-Sonstiges		
Quellen der Ratingagenturen: S&P (2006a), S. 38; S&P (2005a), S. 37f. und 92-94; Meyer-Parpart (1996), S. 153-156; Moody's (1998), S. 12-17.		
FR-Sonstiges	Auffangkategorie für alle sonstigen Aspekte mit klarem Bezug zum finanziellen Risiko, die keiner der anderen Kategorie zuzuordnen sind. Hier sind z.B. allgemeine Aspekte zu Risiken aus Fremdwährungsgeschäften (*Fremdwährungsrisiko*) einzuordnen. Das diesbezügliche Risikomanagement und Hedging gehören aber in die Kategorie *Corporate Governance/IKS* und damit zusammenhängende Bilanzierungsfragen in die Kategorie *Derivate/Hedging*. Daneben sind hier auch z.B. Ausführungen zur Analyse des Finanzierungsgeschäfts von Industrieunternehmen, das zur Absatzförderung dient, z.B. zu einer konzerneigenen Leasinggesellschaft eines Automobil- oder Anlagenbauers oder einer Automobilbank, hier zu erfassen (*Captive Finance-Analyse*).	*„Linde leases industrial trucks to its clients and finances this business both directly from its own balance sheet and through sale-leaseback-sublease arrangements with leasing companies. In addition, Linde guarantees the residual value for third-party leasing contracts related to only a portion of total on-balance-sheet leased assets". Linde Moody's Analysis 09/2005) (⇨* ***Captive-Finance-Analyse)*** *„The company is also exposed to currency movements, chiefly between the US dollar and the euro, given that sales in a number of its markets are made in US dollars whilst the majority of its costs are in euros." SGL Carbon Moody's Analysis 04/2004* ***(⇨ Fremdwährungsrisiko)***

Fortsetzung Anhang 12

Kategorie	Definition	Beispiel(e)
Allgemein Sonstiges:		
Allgemein Sonstiges	Allgemeine Auffangkategorie für alle in andere Kategorien nicht einordenbare Aspekte, die auch nicht eindeutig einem der verschiedenen Teilrisiken und den dafür spezifischeren Auffangkategorien zuordenbar sind.	*Keine verfügbar.*

Anhang 13: Gewichtungen (in %) der verschiedenen Kategorienebenen der Ratinganalyse von *S&P* und *Moody's*[1272]

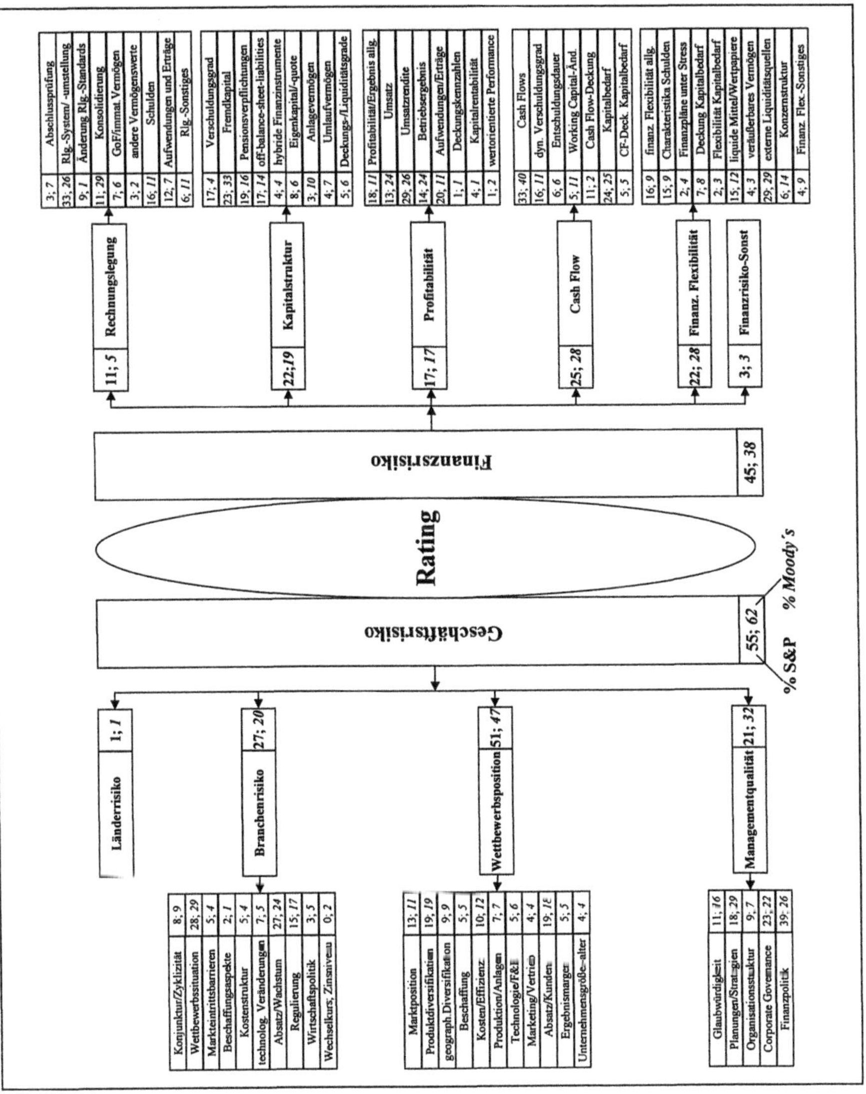

1272 Darstellung eigener Ergebnisse in Anlehnung an Müller/Wobbe (2007), S. 1493. Die Werte für *S&P* sind jeweils als erstes und normal, die für *Moody's* als zweites und *kursiv* angegeben.

Anhang 14: Ergebnisse der statistischen Tests auf Unterschiede der Nennungshäufigkeit der Kategorien zwischen *S&P* und *Moody's*

Kategorie[1]	U-Test[2]		χ^2-Test[3]				Δ *S&P* / *Moody's*[5]
	Z	p-Wert	χ^2-Anteil *S&P*	p-Wert[4]	χ^2-Anteil *Moody's*	p-Wert[4]	
Länderrisiken	-0,263	0,792	0,046	0,830	0,043	0,835	-11,81%
Konjunkturabhängigkeit/Zyklizität	-0,667	0,505	0,148	0,701	0,138	0,710	10,63%
Wettbewerbssituation	-1,362	0,173	1,571	0,210	1,470	0,225	8,55%
Markteintrittsbarrieren	-1,039	0,299	1,076	0,300	1,007	0,316	28,29%
Beschaffungsaspekte	-0,628	0,530	0,562	0,453	0,526	0,468	33,93%
Kostenstruktur	-0,750	0,453	1,367	0,242	1,280	0,258	23,31%
technologische Veränderungen/Substitution	-1,807	0,071	3,121	0,077	2,920	0,087	40,73%
Absatz/Wachstumsaussichten	-2,639	0,008 **	4,363	0,037 *	4,083	0,043 *	22,81%
Regulierung/Deregulierung	-0,291	0,771	0,412	0,521	0,386	0,535	9,17%
Wirtschaftspolitik/staatliche Unterstützung	-0,291	0,771	0,761	0,383	0,713	0,399	-19,52%
Wechselkurs/Zinsniveau	-2,400	0,016 *	3,041	0,081	2,846	0,092	-88,49%
Marktposition	-0,732	0,464	0,214	0,643	0,201	0,654	3,47%
Produktdiversifikation/Geschäftsfelder	-0,357	0,721	0,104	0,747	0,097	0,755	-2,00%
geographische Diversifikation	-0,162	0,871	0,056	0,814	0,052	0,820	0,37%
Beschaffung	-0,035	0,972	0,005	0,941	0,005	0,943	1,07%
Kostensituation/Effizienz	-1,200	0,230	1,198	0,274	1,121	0,290	-14,57%
Produktion/Anlagen	-0,324	0,746	0,103	0,749	0,096	0,757	-1,27%
Produkttechnologien/Forschung und Entwicklung	-0,186	0,852	0,778	0,378	0,728	0,394	-9,29%
Marketing/Vertrieb/Service	-1,115	0,265	0,339	0,560	0,317	0,573	-19,03%
Absatz/Kunden	-0,537	0,591	0,002	0,966	0,002	0,967	-0,29%
Ergebnismargen	-0,542	0,588	0,001	0,972	0,001	0,973	-2,84%
Unternehmensgröße/-alter	-0,232	0,817	0,010	0,920	0,009	0,922	-8,57%
Glaubwürdigkeit/Track Record	-4,687	<0,001 **	19,405	<0,001 **	18,158	<0,001 **	-47,89%
Planungen/Strategien	-6,867	<0,001 **	41,807	<0,001 **	39,121	<0,001 **	-50,09%
Organisationsstruktur	-1,618	0,106	0,942	0,332	0,881	0,348	-21,68%
Corporate Governance	-2,808	0,005 **	9,658	0,002 **	9,038	0,003 **	-28,29%
Finanzpolitik	-0,887	0,375	0,703	0,402	0,658	0,417	-5,26%
Abschlussprüfung	-0,561	0,575	0,007	0,934	0,006	0,936	20,24%
Rechnungslegungssystem/-umstellung	-6,184	<0,001 **	14,219	<0,001 **	13,306	<0,001 **	72,88%
Effekte Änderungen einzelner Rechnungslegungsstandards	-2,455	0,014 *	8,461	0,004 **	7,917	0,005 **	91,31%
Konsolidierung	-0,358	0,720	0,004	0,949	0,004	0,950	-5,76%
Goodwill/immaterielle Vermögenswerte	-0,783	0,434	2,525	0,112	2,362	0,124	49,48%
Finanzinstrumente	-1,012	0,311	0,588	0,443	0,550	0,458	69,05%
Vorräte	-0,601	0,548	0,208	0,648	0,195	0,659	55,00%
Pensionen	-1,780	0,075	4,718	0,030 *	4,415	0,036 *	64,77%
außerbilanzielle Schulden	-1,193	0,233	0,772	0,380	0,722	0,395	61,82%
sonstige bilanzierte Schulden	-1,800	0,072	3,040	0,081	2,844	0,092	77,02%
Aufwands-/Ertragsrealisation	-2,572	0,010 *	5,184	0,023 *	4,851	0,028 *	71,38%
Abschreibungen	-1,687	0,092	2,023	0,155	1,893	0,169	82,86%
RQ-Sonstiges	-0,727	0,467	0,526	0,468	0,492	0,483	30,83%
Verschuldungsgrad	-5,816	<0,001 **	21,773	<0,001 **	20,374	<0,001 **	75,68%
Fremdkapital	-0,303	0,762	0,191	0,662	0,179	0,672	-5,03%
Pensionsverpflichtungen	-3,672	0,000 **	3,296	0,069	3,084	0,079	34,12%
off-balance-sheet-liabilities	-2,419	0,016 *	3,556	0,059	3,328	0,068	28,21%
hybride Finanzinstrumente	-0,383	0,702	0,449	0,503	0,420	0,517	19,86%
Eigenkapital/-quote	-1,706	0,088	2,388	0,122	2,235	0,135	39,74%

Fortsetzung Anhang 14

Kategorie[1]	U-Test[2] Z	U-Test[2] p-Wert	χ^2-Test[3] χ^2-Anteil *S&P*	p-Wert[4]	χ^2-Anteil *Moody's*	p-Wert[4]	Δ *S&P* / *Moody's*[5]
Anlagevermögen	-2,343	0,019 *	4,158	0,041 *	3,891	0,049 *	-55,54%
Umlaufvermögen	-0,442	0,659	0,374	0,541	0,350	0,554	-22,56%
Deckungsgrade/Liquiditätsgrade	-0,156	0,876	0,034	0,854	0,032	0,859	-6,76%
Profitabilität/Ergebnis allgemein	-3,152	0,002 **	4,950	0,026 *	4,632	0,031 *	45,18%
Umsatz	-2,415	0,016 *	3,180	0,075	2,976	0,085	-34,19%
Umsatzrentabilität/Ergebnismargen	-2,325	0,020 *	1,146	0,284	1,073	0,300	21,85%
Betriebsergebnis	-2,347	0,019 *	2,258	0,133	2,113	0,146	-31,42%
einzelne Aufwendungen/Erträge	-2,529	0,011 *	6,042	0,014 *	5,654	0,017 *	42,81%
Deckungskennzahlen	-0,033	0,974	0,141	0,708	0,132	0,717	21,43%
Kapitalrentabilität	-1,607	0,108	2,352	0,125	2,201	0,138	61,71%
Cash Flows	-0,625	0,532	0,656	0,418	0,614	0,433	-3,12%
dynamischer Verschuldungsgrad	-3,129	0,002 **	3,123	0,077	2,923	0,087	33,36%
Entschuldungsdauer	-0,554	0,580	0,010	0,922	0,009	0,925	-7,00%
Working Capital-Veränderung	-2,603	0,009 **	4,417	0,036 *	4,133	0,042 *	-48,78%
Cash Flow-Deckungkennzahlen	-5,052	<0,001 **	16,191	<0,001 **	15,151	<0,001 **	77,94%
Kapitalbedarf/Auszahlungserfordernisse	-0,098	0,922	0,002	0,960	0,002	0,962	-1,34%
Cash Flow-Deckung des Kapitalbedarfs	-0,567	0,571	0,074	0,786	0,069	0,793	10,26%
finanzielle Flexibilität allgemein	-5,267	<0,001 **	4,328	0,037 *	4,050	0,044 *	34,36%
Charakteristika der Schulden	-1,734	0,083	2,178	0,140	2,038	0,153	22,86%
Finanzpläne unter Stressszenarien	-2,236	0,025 *	3,514	0,061	3,288	0,070	-65,12%
Deckung des Kapitalbedarfs	-0,105	0,916	0,166	0,683	0,156	0,693	-8,56%
Flexibilität des Kapitalbedarfs	-0,700	0,484	0,196	0,658	0,183	0,669	-23,44%
liquide Mittel/leicht veräußerbare Wertpapiere	-2,045	0,041 *	0,428	0,513	0,401	0,527	14,35%
Möglichkeiten zur Veräußerung von Vermögenswerten	-0,611	0,541	0,250	0,617	0,234	0,629	16,45%
externe Liquiditätsquellen	-0,160	0,873	0,050	0,823	0,047	0,828	-0,31%
Konzernstruktur	-3,862	<0,001 **	7,483	0,006 **	7,002	0,008 **	-56,10%
FF-Sonstiges	-2,038	0,042 *	5,411	0,020 *	5,063	0,024 *	-54,29%
FR-Sonstiges	-0,923	0,356	0,352	0,553	0,330	0,566	22,77%
			χ^2-Wert gesamt (74 df):		**464,100**		
			kritischer χ^2-Wert 1 %-Niveau		**105,202**		
			p-Wert:		**< 0,001**		

[1] Kategorien mit erwarteten Häufigkeiten von kleiner 1 wurden nicht berücksichtigt.

[2] *Mann-Whitney*-U-Tests auf Unterschiede in der zentralen Tendenz der relativen Nennungshäufigkeiten zwischen den Ratingbegründungen von *S&P* und *Moody's* für die jeweilige Kategorie. Der Z-Wert ist die zugehörige Prüfgröße.

[3] χ^2-Test auf Unterschiedlichkeit der Verteilungen der absoluten Nennungshäufigkeiten (also der Kodiereinheiten) über die Kategorien zwischen *S&P* und *Moody's*.

[4] χ^2-Anteile jeder Ratingagentur für die einzelne Kategorie kann isoliert auf Signifikanz getestet werden.

[5] Einfacher Durchschnitt der relativen standardisierte Differenzen von relativer Nennungshäufigkeit und Coverage zwischen *S&P* und *Moody's* für die Kategorie. Positive (negative) Werte zeigen eine höhere Bedeutung der Kategorie bei *S&P* (*Moody's*).

** Auf dem 1 %-Niveau signifikante Differenz.

* Auf dem 5 %-Niveau signifikante Differenz.

Anhang 15: Übersicht über Gemeinsamkeiten und Unterschiede in den Kategoriengewichtungen zwischen *S&P* und *Moody´s*

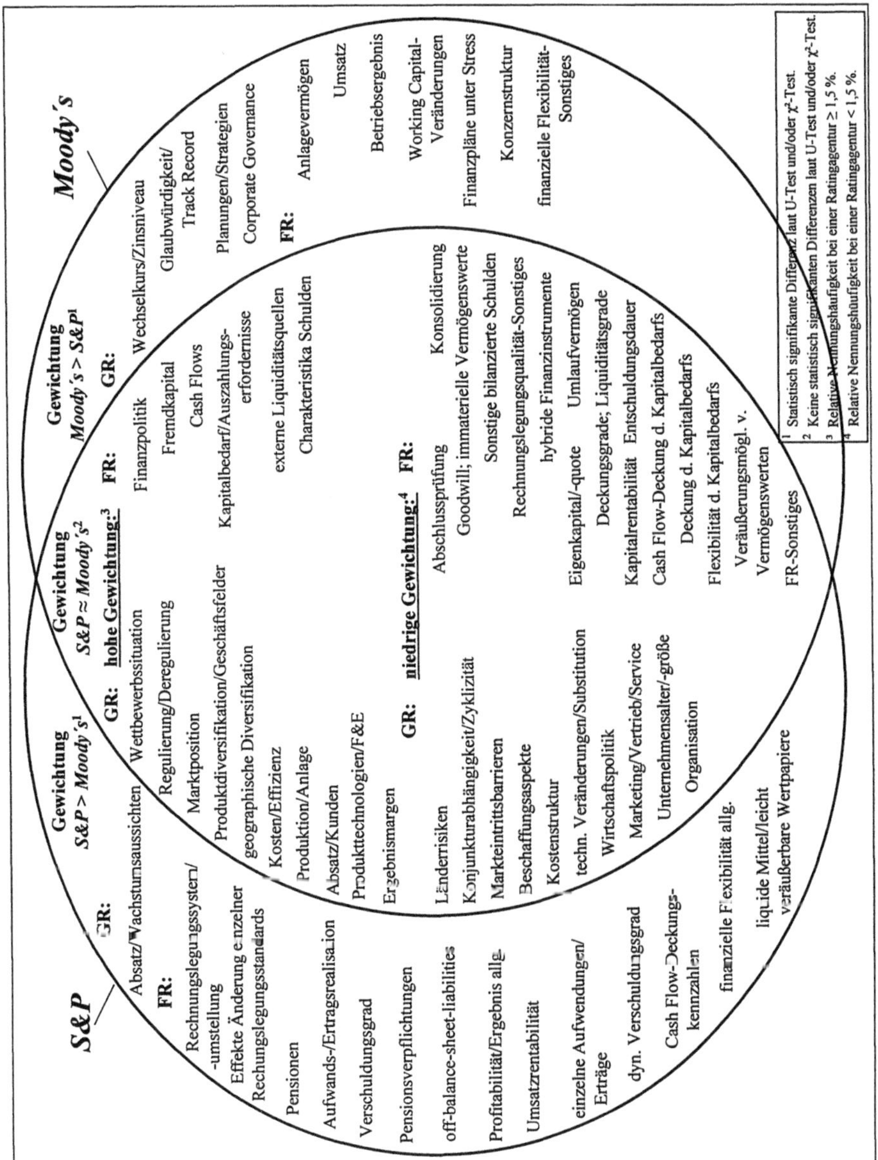

Anhang 16: Ergebnisse der Clusteranalyse für die Ratingbegründungen von *S&P* und *Moody's*

Unternehmensname	Land[1]	Branche[2]	Rating *S&P*[3]	Rating *Moody's*[3]	2 Cluster RB *S&P*[4]	2 Cluster RB *Moody's*	3 Cluster RB *S&P*	3 Cluster RB *Moody's*
ABB Ltd.	CH	Industrie	BB+	Ba2	1	1	1	2
Adecco S.A.	CH	Industrie	BBB-	Baa3	1	1	2	2
ATU Auto-Teile-Unger	D	Automobil[5]	B+	B1	1	1	1	2
Barry Callebaut AG	CH	Konsumgüter	BB+	Ba2	1	1	2	1
BASF AG	D	Chemie	AA-	Aa3	1	1	1	2
Bayer AG	D	Chemie	A	A3	1	1	1	2
Bertelsmann AG	D	Konsumgüter[5]	BBB+	Baa1	1	1	1	2
BMW AG	D	Automobil	A+	A1	1	1	2	2
Brenntag Holding GmbH & Co. KG	D	Handel[5]	BB-	B2	1	1	1	2
Ciba Specialty Chemicals Holding Inc.	CH	Chemie	A	A3	1	1	1	2
Clariant AG	CH	Chemie	BBB	Baa2	1	1	1	2
Cognis GmbH	D	Chemie[5]	BB-	B1	1	1	1	1
Continental AG	D	Automobil	BBB+	Baa1	1	1	1	2
DaimlerChrysler AG	D	Automobil	BBB	A3	1	1	2	2
Degussa AG	D	Chemie	BBB+	Baa2	1	1	1	1
Deutsche Bahn AG	D	Transport & Logistik[5]	AA	Aa1	2	2	3	3
Deutsche Lufthansa AG	D	Transport & Logistik	BBB	Baa3	2	1	3	2
Deutsche Post AG	D	Transport & Logistik	A	A1	1	2	2	3
Deutsche Telekom AG	D	Telekommunikation	BBB+	Baa2	2	2	3	3
DFS Deutsche Flugsicherung GmbH	D	Transport & Logistik[5]	AAA	Aaa	2	2	3	3
Dürr AG	D	Industrie	BB-	Ba3	1	1	1	1
E.ON AG	D	Versorger	AA-	Aa3	2	2	3	3
Energie Baden-Württemberg AG	D	Versorger	A-	A3	2	2	3	3
Escada AG	D	Konsumgüter	BB-	B2	1	1	1	2
EVN AG	AT	Versorger	A+	Aa3	2	2	3	3
EWE AG	D	Versorger[5]	A	A2	2	2	3	3
Fresenius Medical Care AG & Co. KGaA	D	Pharma & Gesundheitswesen	BB+	Ba1	1	1	1	2
Gildemeister AG	D	Industrie	B+	Ba3	1	1	1	2
Heckler & Koch GmbH	D	Industrie[5]	B	B1	1	1	1	2
HeidelbergCement AG	D	Bau	BB+	Ba1	1	1	1	2
Helios Kliniken GmbH	D	Pharma & Gesundheitswesen[5]	BB+	Baa3	2	2	3	3
Henkel KGaA	D	Konsumgüter	A-	A2	1	1	1	2
Hornbach-Baumarkt-AG	D	Handel	BB	Ba2	1	1	2	2
Jenoptik AG	D	Industrie	BB-	Ba3	1	1	1	1
Kabel Baden-Württemberg Holdings GmbH	D	Telekommunikation[5]	B	B2	2	1	3	2
Kabel Deutschland GmbH	D	Telekommunikation[5]	BB-	B1	2	1	3	2
Lanxess AG	D	Chemie	BBB-	Baa3	1	1	2	2
Linde AG	D	Chemie	BBB+	A3	1	1	1	2
Mauser Beteiligungs-GmbH	D	Industrie[5]	B+	B2	1	1	1	2
Merck KGaA	D	Pharma & Gesundheitswesen	BBB	Baa2	1	1	1	1
Metro AG	D	Handel	BBB	Baa1	1	1	2	2
MTU Aero Engines GmbH	D	Industrie	BB	Ba3	1	1	1	2

Fortsetzung Anhang 16

Unternehmensname	Land[1]	Branche[2]	Rating S&P[3]	Rating Moody's[3]	2 Cluster RB S&P[4]	2 Cluster RB Moody's	3 Cluster RB S&P	3 Cluster RB Moody's
Nestle S.A.	CH	Konsumgüter	AAA	Aaa	1	1	1	2
Novartis AG	CH	Pharma & Gesundheitswesen	AAA	Aaa	1	1	1	2
Peri-Werk Artur Schwörer GmbH & Co. KG	D	Bau[5]	BB+	Ba2	1	1	1	1
Rheinmetall AG	D	Industrie	BBB	Baa2	1	1	1	1
Roche Holding AG	CH	Pharma & Gesundheitswesen	AA+	Aa1	1	1	1	1
RWE AG	D	Versorger	A+	A1	2	2	3	3
Schefenacker AG	D	Automobil[5]	B+	B2	1	1	1	1
Schering AG	D	Pharma & Gesundheitswesen	A	A2	1	1	1	2
Serono S.A.	CH	Pharma & Gesundheitswesen	A-	A3	1	1	1	1
SGL Carbon AG	D	Chemie	B	B2	1	1	2	1
Siemens AG	D	Industrie	AA-	Aa3	1	2	1	3
Südzucker AG	D	Konsumgüter	A-	A3	1	1	2	2
Syngenta AG	CH	Chemie	A-	A3	1	1	1	1
Tele Columbus AG & Co. KG	D	Telekommunikation[5]	B+	B1	2	1	3	2
Telekom Austria AG	AT	Telekommunikation	BBB	Baa2	2	2	3	3
ThyssenKrupp AG	D	Industrie	BBB-	Baa2	1	1	2	1
TUI AG	D	Transport & Logistik	BB+	Ba2	1	1	1	2
Verbund - Österreichische Elektrizitätswirtschafts-AG	AT	Versorger	A	A1	2	2	3	3
Volkswagen AG	D	Automobil	A-	A3	1	1	2	2
Wienerberger AG	AT	Bau	BBB	Baa2	1	1	1	2
		Anzahl Dokumente in Cluster 1:			**47**	**49**	**35**	**14**
		Anzahl Dokumente in Cluster 2:			**15**	**13**	**12**	**35**
		Anzahl Dokumente in Cluster 3:					**15**	**13**

[1] AT = Österreich; CH = Schweiz; D = Deutschland.

[2] Branchenklassifikation der Deutschen Börse. Vgl. dazu Deutsche Börse (2005). Unternehmen aus der Schweiz und aus Österreich wurden unter Beachtung der Branchenzuordnung an ihrer Heimatbörse und der durch die beiden Ratingagenturen eingeordnet.

[3] Ratingklasse zum Zeitpunkt der Veröffentlichung des ausgewählten Dokuments der entsprechenden Ratingagentur.

[4] RB = ausführliche Ratingbegründung. Für *S&P* handelt es sich um die sog. *Research* und für *Moodys* um sog. die *Analysis*.

[5] Eigene Zuordnung in diese Branchenklassifikation unter Berücksichtigung der Branchenklassifikationen durch beide Ratingagenturen.

Anhang 17: Inhalte der in den Auffangkategorien kodierten Themennennungen

Rechnungslegungsqualität-Sonstiges (*RQ-Sonstiges*)		**finanzielle Flexibilität-Sonstiges (*FF-Sonstiges*)**		**Finanzrisiko-Sonstiges (*FR-Sonstiges*)**	
Inhalt Kodierung	**abs. ges.**	**Inhalt Kodierung**	**abs. ges.**	**Inhalt Kodierung**	**abs. ges.**
Probleme zeitlicher oder zwischenbetrieblicher Vergleichbarkeit der Daten Quellen: S&P (2005), S. 23; Moody's (1998), S. 9.	*S&P*: 6 *Moody's*: 7	**Prozess-, Rechtsrisiken** Quellen: S&P (2005), S. 32; Moody's (1998), S. 17.	*S&P*: 18 *Moody's*: 45	**Fremdwährungsrisiken** Quelle: S&P (2005), .S. 37; Moody's (1998), S. 4.	*S&P*: 33 *Moody's*: 31
Beurteilung der Bilanzierungspraxis insgesamt Quellen: S&P (2005), S. 23; Moody's (1998), S. 9.	*S&P*: 7 *Moody's*: 1	**Versicherungsschutz** Quellen: S&P (2005), S. 32; Moody's (1998), S. 17.	*S&P*: 0 *Moody's*: 1	**Analyse von Finanzierungssparten (*captive finance*)** Quellen: S&P (2005), S. 92; Moody's (1998), S. 12f.	*S&P*: 23 *Moody's*: 20
Untersuchung von Bilanzmanipulationen Quellen: S&P (2005), S. 4; Moody's (1998), S. 9.	*S&P*: 0 *Moody's*: 1			**Konzernsteuerquote** Quellen: Berblinger (1996), S. 67; Meyer-Parpart (1996), S. 142.	*S&P*: 1 *Moody's*: 1
Gesamt:	**22**	**Gesamt:**	**64**	**Gesamt:**	**109**

Anhang 18: Deskriptive Statistiken der Subkategorien für die Schlüsselkennzahlen von *S&P* und *Moody's*

		S&P					***Moody's***				
Kategorie	**Subkategorie**	**SK[1]**	**abs. ges.**	**% ges.**	**% von Kategorie**	**Coverage[2]**	**SK**	**abs. ges.**	**% ges.**	**% von Kategorie**	**Coverage**
Verschuldungsgrad	langfristiger Verschuldungsgrad	X	0	0,0%	0,0%	0,0%		0	0,0%	0,0%	0,0%
	gesamter Verschuldungsgrad	X	71	1,6%	100%	69,4%		14	0,3%	100%	21,0%
	Verschuldungsgrad sonst		0	0,0%	0,0%	0,0%		0	0,0%	0,0%	0,0%
			71	**1,6%**	**100%**	**69,4%**		**14**	**0,3%**	**100%**	**21,0%**
Umsatzrentabilität/Ergebnismargen	EBITDA-/Operative-Marge	X	68	1,6%	70,1%	56,5%		27	0,8%	32,5%	21,0%
	EBIT(A)-Marge		6	0,1%	6,2%	4,8%	X	34	0,5%	41,0%	27,4%
	Ergebnismarge sonst		23	0,5%	23,7%	25,8%		22	0,5%	26,5%	24,2%
			97	**2,2%**	**100%**	**82,3%**		**83**	**1,8%**	**100%**	**62,9%**
Deckungsgrade	EBIT-Zinsdeckung	X	3	0,1%	100%	3,2%		1	0,0%	50,0%	1,6%
	Deckungsgrad sonst		0	0,0%	0,0%	0,0%		1	0,0%	50,0%	1,6%
			3	**0,1%**	**100%**	**3,2%**		**2**	**0,0%**	**100%**	**3,2%**
Kapitalrentabilität	Return on Capital Employed	X	11	0,3%	91,7%	12,9%		1	0,0%	25,0%	1,6%
	Return on Assets		1	0,0%	8,3%	1,6%	X	3	0,1%	75,0%	4,8%
	Kapitalrentabilität sonst		0	0,0%	0,0%	0,0%		0	0,0%	0,0%	0,0%
			12	**0,3%**	**100%**	**14,5%**		**4**	**0,1%**	**100%**	**6,4%**
dyn. Verschuldungsgrad	FFO/Gesamtverschuldung	X	67	1,5%	87,0%	71,0%		3	0,1%	5,5%	4,8%
	RCF/Gesamtverschuldung		0	0,0%	0,0%	0,0%	X	42	0,9%	76,4%	45,2%
	FOCF/Gesamtverschuldung	X	6	0,1%	7,8%	8,1%		6	0,1%	10,9%	6,5%
	Discretionary Cash Flow/Gesamtverschuldung	X	0	0,0%	0,0%	0,0%		0	0,0%	0,0%	0,0%
	dyn. Verschuldungsgrad sonst		4	0,1%	5,2%	6,5%		4	0,1%	7,3%	6,5%
			77	**1,8%**	**100%**	**75,8%**		**55**	**1,2%**	**100%**	**51,6%**
Entschuldungsdauer	Gesamtverschuldung/EBITDA	X	28	0,6%	100%	30,6%	X	30	0,6%	96,8%	32,3%
	Entschuldungsdauer sonst		0	0,0%	0,0%	0,0%		1	0,0%	3,2%	1,6%
			28	**0,6%**	**100%**	**30,6%**		**31**	**0,7%**	**100%**	**33,9%**
Cash Flow-Deckung fester Zahlungsverpflichtungen	EBITDA-Zinsdeckung	X	25	0,6%	46,3%	27,4%		4	0,1%	40,0%	4,8%
	FFO-Zinsdeckung		16	0,4%	29,6%	12,9%	X	5	0,1%	50,0%	8,1%
	(EBITDA – Investitionen ins Anlagevermögen)-Zinsdeckung		0	0,0%	0,0%	0,0%	X	0	0,0%	0,0%	0,0%
	Cash Flow-Deckung fester Zahlungsverpflichtungen sonst		13	0,3%	24,1%	16,1%		1	0,0%	10,0%	1,6%
			54	**1,2%**	**100%**	**54,8%**		**10**	**0,2%**	**100%**	**14,5%**
Cash Flow-Deckung des Kapitalbedarfs	RCF/(Investitionen ins Anlagevermögen + Netto-Investments)		0	0,0%	0,0%	0,0%	X	11	0,2%	44,0%	14,5%
	Cash Flow-Deckung des Kapitalbedarfs sonst		26	0,6%	100%	30,6%		14	0,3%	56,0%	19,4%
			26	**0,6%**	**100%**	**30,6%**		**25**	**0,5%**	**100%**	**27,4%**

[1] Schlüsselkennzahl der jeweiligen Ratingagentur.

[2] Die Coverage-Werte einer Kategorie stimmen nicht unbedingt mit der Summe der Coverage-Werte ihrer Subkategorien überein.

Anhang 19: Ergebnisübersicht der Sensitivitätsanalysen zu Branchenzugehörigkeit, Ratingklasse, Untersuchungszeitraum und geographischer Herkunft auf Hauptkategorienebene für *S&P* und *Moody's*

Panel 1: Branchenzugehörigkeit

	S&P					*Moody's*					*S&P* vs. *Moody's* Ind.			*S&P* vs. *Moody's* Nicht-Ind.		
	Ind.[1]	Nicht-Ind.[2]	U-Test	χ^2-Test		Ind.	Nicht-Ind.	U-Test	χ^2-Test		U-Test	χ^2-Test		U-Test	χ^2-Test	
Hauptkategorie	abs.	abs.	Z[3]	χ^2-Anteil Ind.	χ^2-Anteil Nicht-Ind.	abs.	abs.	Z	χ^2-Anteil Ind.	χ^2-Anteil Nicht-Ind.	Z	χ^2-Anteil *S&P*	χ^2-Anteil *Moody's*	Z	χ^2-Anteil *S&P*	χ^2-Anteil *Moody's*
Länderrisiko	2	7	-2,78 **	2,49	4,50 *	6	5	-0,39	0,43	1,07	-1,41	0,76	0,64	-0,88	0,05	0,06
Branchenrisiko	371	283	-2,56 **	5,99 *	10,85 **	361	200	-1,92	3,74	9,27 **	-1,62	3,75	3,18	-1,78	2,18	2,53
Wettbewerbsposition	833	401	-2,65 **	1,83	3,32	1017	352	-2,03 *	1,78	4,42 *	-0,93	0,26	0,22	-0,50	0,02	0,03
Managementqualität	305	205	-1,22	1,68	3,04	631	302	-2,71 **	1,71	4,23 *	-6,23 **	35,85 **	30,34 **	-4,54 **	16,55 **	19,16 **
Qualität der Rechnungslegung	122	90	-1,50	1,55	2,81	50	35	-1,02	1,84	4,56 *	-4,05 **	23,63 **	20,00 **	-2,68 **	7,83 **	9,07 **
Kapitalstruktur/ Vermögensschutz	296	129	-1,62	1,81	3,27	245	103	-0,18	0,03	0,09	-3,90 **	9,30 **	7,87 **	-1,18	0,16	0,19
Profitabilität	221	111	-0,27	0,24	0,43	235	77	-1,66	0,73	1,81	-0,61	0,69	0,58	-1,56	1,01	1,17
Cash Flow-Adäquanz	314	171	-0,41	0,01	0,02	363	128	-0,76	0,50	1,23	-0,51	0,04	0,04	-1,42	0,69	0,80
finanzielle Flexibilität	293	147	-0,55	0,32	0,59	358	136	-1,15	0,10	0,26	-0,71	0,10	0,08	-0,10	0,16	0,18
Sonstiges	50	7	-1,91	4,81 *	8,70 **	51	1	-3,06 **	5,26 *	13,02 **	-0,04	0,30	0,25	-2,31 *	1,71	1,98
Summe	**2807**	**1551**		**χ^2-Wert ges. (9 df): 58,26 p-Wert: < 0,001**		**3317**	**1339**		**χ^2-Wert ges. (9 df): 56,07 p-Wert: < 0,001**			**χ^2-Wert ges. (9 df): 137,89 p-Wert: < 0,001**			**χ^2-Wert ges. (9 df): 65,52 p-Wert: < 0,001**	

1 Ind. = Industrieunternehmen (n = 43).

2 Nicht-Ind. = Nicht-Industrieunternehmen (n = 19).

3 Z = *Mann-Whitney*-U-Test Prüfgröße auf Unterschiedlichkeit zweier unabhängiger Stichprobe in ihrer zentralen Tendenz.

** Auf dem 1 %-Niveau signifikante Differenz; kritischer χ^2-Wert = 6,63.

* Auf dem 5%-Niveau signifikante Differenz; kritischer χ^2-Wert = 3,84.

Fortsetzung Anhang 19

Panel 2: Ratingklasse

	S&P					*Moody's*					*S&P* vs. *Moody's* IG			*S&P* vs. *Moody's* SG		
	IG[1]	SG[2]	U-Test	χ^2-Test		IG	SG	U-Test	χ^2-Test		U-Test	χ^2-Test		U-Test	χ^2-Test	
Hauptkategorie	abs.	abs.	Z[3]	χ^2-Anteil IG	χ^2-Anteil SG	abs.	abs.	Z	χ^2-Anteil IG	χ^2-Anteil SG	Z	χ^2-Anteil *S&P*	χ^2-Anteil *Moody's*	Z	χ^2-Anteil *S&P*	χ^2-Anteil *Moody's*
Länderrisiko	6	3	-0,01	0,02	0,04	7	4	-0,05	0,04	0,10	-0,21	<0,01	<0,01	-0,15	0,13	0,15
Branchenrisiko	381	273	-1,22	2,15	3,64	383	178	-0,76	0,03	0,07	-1,46	2,43	2,08	-1,75	5,08 *	5,69 *
Wettbewerbsposition	795	439	-2,00 *	0,52	0,87	936	433	-0,13	0,06	0,12	-0,08	<0,01	<0,01	-1,59	1,01	1,13
Managementqualität	335	175	-1,14	0,67	1,14	668	265	-1,91	0,98	2,18	-6,28 **	34,80 **	29,69 **	-4,16 **	14,18 **	15,87 **
Qualität der Rechnungslegung	143	69	-0,59	0,73	1,23	59	26	-1,22	0,00	0,01	-4,11 **	26,88 **	22,94 **	-3,15 **	7,06 **	7,90 **
Kapitalstruktur/ Vermögensschutz	273	152	-1,00	0,14	0,23	245	103	-1,33	0,11	0,25	-2,95 **	5,00 *	4,26 *	-2,70 **	2,23	2,49
Profitabilität	203	129	-0,09	0,15	0,25	202	110	-1,55	0,78	1,73	-1,83	1,47	1,25	>-0,01	0,06	0,07
Cash Flow-Adäquanz	289	196	-0,99	0,80	1,35	336	155	-0,10	0,02	0,03	-0,50	0,01	<0,01	-1,05	0,61	0,68
finanzielle Flexibilität	266	174	-0,96	0,39	0,65	332	162	-1,27	0,21	0,46	-0,45	0,31	0,27	-0,90	0,07	0,08
Sonstiges	46	11	-0,67	2,91	4,91 *	40	12	-0,23	0,49	1,08	-1,20	1,04	0,88	-0,18	0,11	0,12
Summe	**2737**	**1521**		**χ^2-Wert ges. (9 df): 22,78 p-Wert: 0,007**		**3208**	**1448**		**χ^2-Wert ges. (9 df): 8,76 p-Wert: 0,460**			**χ^2-Wert ges. (9 df): 133,33 p-Wert: < 0,001**			**χ^2-Wert ges. (9 df): 64,71 p-Wert: < 0,001**	

[1] IG = Unternehmen mit investment grade-Rating (IG) (S&P: n = 39; Moody's: n = 40).

[2] SG = Unternehmen mit speculative grade-Rating (SG) (S&P: n = 23 ; Moody's: n = 22).

[3] Z = *Mann-Whitney*-U-Test Prüfgröße auf Unterschiedlichkeit zweier unabhängiger Stichprobe in ihrer zentralen Tendenz.

** Auf dem 1 %-Niveau signifikante Differenz; kritischer χ^2-Wert = 6,63.

* Auf dem 5%-Niveau signifikante Differenz; kritischer χ^2-Wert = 3,84.

Fortsetzung Anhang 19

Panel 3: Untersuchungszeitraum

	S&P					*Moody's*					*S&P* vs. *Moody's* 02/03		
	04/ 05[1]	02/ 03[2]	U-Test	χ^2-Test		04/ 05	02/ 03	U-Test	χ^2-Test		U-Test	χ^2-Test	
Hauptkategorie	abs.	abs.	Z[3]	χ^2-Anteil 04/05	χ^2-Anteil 02/03	abs.	abs.	Z	χ^2-Anteil 04/05	χ^2-Anteil 02/03	Z	χ^2- Anteil *S&P*	χ^2- Anteil *Moody's*
Länderrisiko	2	4	-1,05	0,44	0,50	6	3	-0,72	0,15	0,20	-0,45	0,05	0,06
Branchenrisiko	201	224	-1,65	2,67	3,02	179	133	-0,58	0,01	0,01	-2,58 **	9,80 **	10,17 **
Wettbewerbsposition	423	423	-1,30	1,50	1,70	464	334	-0,50	0,19	0,26	-1,75	3,65	3,79
Managementqualität	174	155	-0,41	0,00	0,00	323	248	-0,34	0,02	0,02	-3,44 **	12,29 **	12,75 **
Qualität der Rechnungslegung	78	26	-3,21 **	9,42 **	10,66 **	30	19	-1,08	0,16	0,21	-0,57	0,42	0,43
Kapitalstruktur/ Vermögensschutz	139	113	-1,56	0,21	0,23	125	99	-0,33	0,05	0,07	-0,01	0,24	0,24
Profitabilität	108	86	-0,18	0,25	0,28	106	73	-0,19	0,16	0,21	-0,96	0,31	0,32
Cash Flow-Adäquanz	153	111	-1,85	1,19	1,34	198	146	-0,12	0,02	0,03	-2,37 *	3,02	3,13
finanzielle Flexibilität	132	113	-0,11	0,03	0,03	161	150	-0,74	1,48	1,96	-1,14	3,27	3,39
Sonstiges	24	13	-0,52	0,97	1,10	26	17	-0,47	0,09	0,12	-0,25	0,34	0,35
Summe	**1434**	**1268**		**χ^2-Wert ges. (9 df): 35,55 p-Wert: < 0,001**		**1618**	**1222**		**χ^2-Wert ges. (9 df): 5,40 p-Wert: 0,798**			**χ^2-Wert ges. (9 df): 68,02 p-Wert: < 0,001**	

1 Ratingbegründungen einer Stichprobe von n = 20 Unternehmen der jeweiligen Ratingagentur aus den Jahren 2004/2005.
2 Ratingbegründungen der gleichen n = 20 Unternehmen der jeweiligen Ratingagentur aus den Jahren 2002/2003.
3 Z = *Mann-Whitney*-U-Test Prüfgröße auf Unterschiedlichkeit zweier unabhängiger Stichprobe in ihrer zentralen Tendenz.
** Auf dem 1 %-Niveau signifikante Differenz; kritischer χ^2-Wert = 6,63.
* Auf dem 5%-Niveau signifikante Differenz; kritischer χ^2-Wert = 3,84.

Fortsetzung Anhang 19

Panel 4: Geographische Herkunft

Hauptkategorie	*S&P*					*Moody's*					*S&P* vs. *Moody's* US		
	D/AT/CH[1]	US[2]	U-Test	χ^2-Test		D/ AT/ CH	US	U-Test	χ^2-Test		U-Test	χ^2-Test	
	abs.	abs.	Z[3]	χ^2-Anteil D/AT/CH	χ^2-Anteil US	abs.	abs.	Z	χ^2-Anteil D/AT/CH	χ^2-Anteil US	Z	χ^2-Anteil *S&P*	χ^2-Anteil *Moody's*
Länderrisiko	4	3	-0,52	0,05	0,05	6	2	-1,66	0,68	0,78	-0,53	0,13	0,12
Branchenrisiko	216	159	-1,27	2,94	3,10	180	168	-0,45	0,25	0,29	-0,10	0,01	0,01
Wettbewerbsposition	390	427	-2,14 *	1,97	2,08	443	463	-1,85	3,88 *	4,50 *	-0,16	0,16	0,15
Managementqualität	172	151	-1,05	0,25	0,26	353	212	-3,71 **	8,12 **	9,41 **	-2,03 *	3,97 *	3,80
Qualität der Rechnungslegung	57	64	-0,20	0,41	0,43	36	15	-2,04 *	2,71	3,14	-3,33 **	16,65 **	15,94 **
Kapitalstruktur/ Vermögensschutz	131	120	-0,81	0,04	0,05	116	117	-0,38	0,66	0,77	-0,47	0,14	0,14
Profitabilität	113	98	-1,39	0,22	0,23	105	95	-0,61	0,05	0,06	> -0,01	0,14	0,13
Cash Flow-Adäquanz	138	140	-0,62	0,14	0,15	165	180	-1,89	2,21	2,57	-1,19	1,74	1,67
finanzielle Flexibilität	137	145	-1,08	0,39	0,41	166	115	-1,47	1,52	1,76	-1,88	2,50	2,40
Sonstiges	30	13	-2,24 *	2,87	3,02	29	12	-1,69	2,22	2,57	-0,02	0,05	0,05
Summe	**1388**	**1320**		**χ^2-Wert ges. (9 df): 19,07 p-Wert: 0,025**		**1599**	**1379**		**χ^2-Wert ges. (9 df): 48,16 p-Wert: < 0,001**			**χ^2-Wert ges. (9 df): 49,87 p-Wert: < 0,001**	

1 Ratingbegründungen einer Stichprobe von n = 20 Unternehmen der jeweiligen Ratingagentur aus der gesamten Untersuchungsstichprobe für Deutschland (D), Österreich (AT) und die

2 Ratingbegründungen einer nach Größe, Ratingklasse und Branche gematchten Stichprobe von n = 20 Unternehmen der jeweiligen Ratingagentur aus

3 Z = *Mann-Whitney*-U-Test Prüfgröße auf Unterschiedlichkeit zweier unabhängiger Stichprobe in ihrer zentralen Tendenz.

** Auf dem 1 %-Niveau signifikante Differenz; kritischer χ^2-Wert = 6,63.

* Auf dem 5%-Niveau signifikante Differenz; kritischer χ^2-Wert = 3,84.

Anhang 20: Ergebnisse der Sensitivitätsanalysen zur Branchenzugehörigkeit für *S&P* und *Moody's*

Kategorie[1]	*S&P*							*Moody's*							*S&P* vs. *Moody's* Ind.			*S&P* vs. *Moody's* Nicht-Ind.		
	Ind.[2]		Nicht-Ind.[3]		U-Test	χ^2-Test[4]		Ind.		Nicht-Ind.		U-Test	χ^2-Test		U-Test	χ^2-Test		U-Test	χ^2-Test	
	abs.	Cov.	abs.	Cov.	Z[5]	χ^2-Anteil Ind.	χ^2-Anteil Nicht-	abs.	Cov.	abs.	Cov.	Z	χ^2-Anteil Ind.	χ^2-Anteil Nicht-	Z	χ^2-Anteil *S&P*	χ^2-Anteil *Moody's*	Z	χ^2-Anteil *S&P*	χ^2-Anteil *Moody's*
Länderrisiken	**2**	5%	**7**	32%	-2,78**	2,48	4,48*	**6**	14%	**5**	16%	-0,39	0,43	1,06	-1,41	0,76	0,64	-0,88	0,05	0,06
Konjunkturabhängigkeit/Zyklizität	**40**	60%	**13**	47%	-1,59	1,02	1,84	**42**	58%	**9**	32%	-1,99*	0,89	2,19	-0,33	0,16	0,13	-0,84	0,12	0,14
Wettbewerbssituation	**98**	100%	**88**	100%	-2,75**	3,94*	7,11**	**105**	100%	**60**	100%	-2,04*	1,33	3,30	-0,98	0,27	0,22	-1,27	0,95	1,10
Markteintrittsbarrieren	**22**	35%	**11**	26%	-0,44	0,03	0,05	**23**	33%	**1**	5%	-2,36*	2,04	5,05*	-0,17	0,09	0,08	-1,86	3,25	3,75
Beschaffungsaspekte	**3**	5%	**9**	26%	-2,43*	2,89	5,22*	**8**	12%	**0**	0%	-1,54	0,93	2,30	-1,16	0,83	0,70	-2,36*	3,62	4,18*
Kostenstruktur	**24**	33%	**7**	32%	-0,59	0,82	1,48	**14**	30%	**7**	26%	-0,47	0,06	0,15	-0,84	2,49	2,11	-0,38	0,03	0,04
technol. Veränderungen/Substitution	**24**	35%	**19**	53%	-0,77	0,49	0,88	**18**	23%	**7**	32%	-0,83	0,00	0,01	-1,42	1,17	0,99	-1,04	1,84	2,13
Absatz/Wachstumsaussichten	**118**	91%	**59**	95%	-1,20	0,15	0,26	**106**	81%	**30**	63%	-1,31	0,86	2,13	-1,95	2,30	1,94	-1,91	2,68	3,09
Regulierung/Deregulierung	**26**	35%	**73**	84%	-4,46**	22,33**	40,32**	**29**	35%	**64**	74%	-3,77**	20,94**	51,82**	-0,05	0,03	0,02	-0,50	0,00	0,00
Wirtschaftspolitik/staatl. Unterstützung	**15**	19%	**4**	5%	-1,31	0,63	1,13	**11**	14%	**18**	21%	-0,83	4,51*	11,17**	-0,57	0,80	0,68	-1,42	5,15*	5,95*
Wechselkurs/Zinsniveau	**1**	2%	**0**	0%	-0,66			**5**	12%	**4**	16%	-0,54	0,31	0,77	-1,67	1,11	0,94	-1,78	2,14	2,48
Marktposition	**106**	100%	**51**	100%	-0,76	0,24	0,44	**106**	100%	**50**	100%	-1,06	0,24	0,58	-1,30	0,81	0,68	-0,74	0,18	0,21
Produktdiversifikation/Geschäftsfelder	**166**	100%	**64**	100%	-3,08**	2,18	3,94*	**184**	100%	**72**	100%	-0,58	0,02	0,04	-0,73	0,20	0,17	-1,47	1,08	1,25
geographische Diversifikation	**83**	95%	**30**	89%	-2,73**	1,45	2,62	**100**	95%	**26**	74%	-2,36*	1,17	2,90	-0,15	0,01	0,01	-0,28	0,00	0,00
Beschaffung	**34**	40%	**27**	68%	-1,49	0,70	1,27	**42**	49%	**22**	47%	-0,04	0,28	0,70	-0,64	0,02	0,02	-0,86	0,02	0,02
Kostensituation/Effizienz	**79**	77%	**45**	79%	-0,51	0,01	0,01	**121**	91%	**38**	84%	-0,60	0,53	1,31	-1,30	1,75	1,48	-0,26	0,01	0,01
Produktion/Anlagen	**48**	53%	**42**	84%	-2,18*	1,70	3,07	**57**	65%	**33**	79%	-1,96*	0,79	1,95	-0,63	0,00	0,00	-0,16	0,08	0,09
Produkttechnologien/F&E	**63**	60%	**2**	11%	-3,84**	10,71**	19,34**	**84**	63%	**1**	5%	-4,12**	9,09**	22,50**	-0,35	0,28	0,24	-0,53	0,10	0,11
Marketing/Vertrieb/Service	**31**	40%	**17**	32%	-0,72	0,00	0,00	**42**	47%	**18**	53%	-0,19	0,01	0,03	-0,59	0,18	0,15	-1,11	0,16	0,19
Absatz/Kunden	**148**	100%	**80**	100%	-0,23	0,01	0,02	**179**	100%	**65**	100%	-0,83	0,12	0,29	-0,87	0,02	0,02	-0,26	0,04	0,05
Ergebnismargen	**46**	67%	**21**	58%	-1,34	0,19	0,35	**56**	72%	**15**	63%	-1,40	0,58	1,44	-0,53	0,01	0,01	-0,26	0,15	0,17
Unternehmensgröße/-alter	**29**	49%	**22**	74%	-1,10	0,45	0,80	**45**	72%	**11**	53%	-1,38	0,66	1,62	-1,10	0,71	0,60	-1,50	1,05	1,22
WP-Sonstiges	**0**	0%	**0**	0%				**1**	2%	**0**	0%	-0,66			-1,00					
Glaubwürdigkeit/Track Record	**40**	49%	**16**	63%	-0,39	0,43	0,78	**94**	77%	**57**	95%	-1,49	1,71	4,23	-3,18**	7,46**	6,31*	-3,70**	13,67**	15,79**
Planungen/Strategien	**62**	60%	**26**	68%	-0,53	0,51	0,92	**202**	98%	**68**	95%	-0,74	0,49	1,21	-5,76**	28,75**	24,32**	-3,63**	11,80**	13,63**
Organisationsstruktur	**25**	44%	**22**	63%	-1,11	0,91	1,65	**40**	58%	**25**	74%	-1,33	0,86	2,12	-1,36	0,77	0,65	-0,92	0,40	0,47
Corporate Governance	**57**	56%	**62**	95%	-3,32**	5,01*	9,05**	**134**	81%	**74**	84%	-1,26	1,35	3,35	-3,01**	10,65**	9,01**	-1,23	1,63	1,88
Finanzpolitik	**121**	100%	**79**	100%	-0,17	0,46	0,84	**161**	100%	**78**	100%	-1,12	0,50	1,24	-0,35	0,52	0,44	-1,27	0,31	0,36
Abschlussprüfung	**4**	9%	**2**	11%	-0,10	0,00	0,01	**6**	9%	**0**	0%	-1,36	0,70	1,73	-0,09	0,07	0,06	-1,43		
Rechnungslegungssystem/-umstellung	**38**	74%	**31**	89%	-0,51	0,92	1,67	**14**	19%	**8**	21%	-0,29	0,18	0,44	-4,91**	8,43**	7,13**	-3,69**	4,88*	5,63*
Effekte Änderungen einzelner Rechnungslegungsstandards	**8**	9%	**10**	21%	-1,15	1,11	2,00	**1**	2%	**0**	0%	-0,66			-1,42	3,64	3,08	-2,08*		
Konsolidierung	**8**	14%	**16**	37%	-2,01*	3,59	6,48*	**9**	16%	**16**	42%	-2,39*	4,36*	10,78**	-0,20	0,01	0,00	-0,51	0,08	0,09
Goodwill/immat. Vermögenswerte	**14**	14%	**0**	0%	-1,70	2,76	4,99*	**5**	9%	**0**	0%	-1,36	0,58	1,44	-0,85	3,22	2,72			
Finanzinstrumente	**1**	2%	**2**	11%	-1,33	0,45	0,81	**1**	2%	**0**	0%	-0,66			-0,02	0,01	0,01	-1,43	0,80	0,93
Vorräte	**2**	5%	**0**	0%	-0,95	0,39	0,71	**1**	2%	**0**	0%	-0,66			-0,61	0,28	0,24			
sonstige bilanzierte Vermögenswerte	**1**	2%	**0**	0%	-0,66			**0**	0%	**0**	0%				-1,00					
Pensionen	**10**	14%	**9**	26%	-1,07	0,41	0,73	**3**	7%	**2**	11%	-0,57	0,09	0,22	-1,19	2,74	2,32	-1,27	1,63	1,89
außerbilanzielle Schulden	**4**	9%	**1**	5%	-0,49	0,19	0,34	**1**	2%	**1**	5%	-0,62	0,13	0,31	-1,39	1,27	1,08	-0,04	0,00	0,01
sonstige bilanzierte Schulden	**4**	9%	**6**	16%	-0,90	0,92	1,67	**1**	2%	**1**	5%	-0,57	0,13	0,31	-1,42	1,27	1,08	-1,12	1,35	1,56
Derivate/Hedging	**1**	2%	**1**	5%	-0,57	0,06	0,12	**0**	0%	**0**	0%				-1,00			-1,00		
Aufwands-/Ertragsrealisation	**15**	23%	**5**	26%	-0,13	0,35	0,64	**3**	7%	**2**	11%	-0,42	0,09	0,22	-2,24*	5,53*	4,67*	-1,27	0,42	0,48
Abschreibungen	**4**	9%	**2**	5%	-0,47	0,00	0,01	**1**	2%	**0**	0%	-0,66			-1,39	1,27	1,08	-1,00		
RQ-Sonstiges	**8**	16%	**5**	26%	-0,70	0,02	0,03	**4**	9%	**5**	26%	-1,74	0,91	2,24	-1,00	1,14	0,96	-0,09	0,02	0,03
Verschuldungsgrad	**55**	74%	**16**	58%	-2,36*	1,89	3,42	**9**	19%	**5**	26%	-0,55	0,09	0,23	-5,51**	22,47**	19,01**	-2,10*	2,00	2,31

Fortsetzung Anhang 20

Fremdkapital	61	77%	38	89%	-0,75	0,12	0,21	79	86%	36	74%	-0,65	0,10	0,26	-0,84	0,16	0,13	-0,69	0,07	0,08
Pensionsverpflichtungen	57	95%	24	89%	-1,83	0,45	0,82	41	65%	15	58%	-0,55	0,03	0,08	-3,35 **	3,26	2,75	-1,55	0,46	0,53
off-balance-sheet-liabilities	56	79%	18	53%	-1,86	1,47	2,66	34	56%	15	63%	-0,36	0,02	0,06	-2,97 **	5,28 *	4,47 *	-0,21	0,01	0,01
hybride Finanzinstrumente	11	16%	5	16%	-0,04	0,05	0,09	10	16%	2	11%	-0,69	0,25	0,61	-0,10	0,20	0,17	-0,57	0,42	0,48
Eigenkapital/-quote	23	40%	11	47%	-0,09	0,06	0,10	15	30%	5	21%	-0,76	0,04	0,10	-1,03	1,79	1,52	-1,57	0,69	0,79
Anlagevermögen	6	14%	7	26%	-1,32	0,67	1,21	19	33%	15	47%	-1,44	1,12	2,78	-2,00 *	2,60	2,20	-1,27	1,95	2,25
Umlaufvermögen	13	28%	5	16%	-1,13	0,17	0,31	18	33%	7	26%	-0,44	0,00	0,01	-0,12	0,10	0,09	-0,68	0,32	0,37
nicht bilanzierte Vermögenswerte	0	0%	0	0%				0	0%	1	5%	-1,50						-1,00		
Deckungsgrade/Liquiditätsgrade	14	19%	5	26%	-0,38	0,26	0,46	20	28%	2	11%	-1,63	1,20	2,96	-0,81	0,16	0,14	-1,27	0,42	0,48
Profitabilität/Ergebnis allgemein	39	60%	22	74%	-0,73	0,00	0,00	22	37%	12	37%	-0,13	0,20	0,50	-2,40 *	4,37 *	3,69	-1,97 *	0,78	0,90
Umsatz	27	44%	17	63%	-0,73	0,06	0,11	55	72%	20	74%	-0,26	0,05	0,12	-2,27 *	2,98	2,52	-1,02	0,40	0,47
Umsatzrentabilität/Ergebnismargen	82	95%	15	53%	-4,25 **	6,13 *	11,08 **	68	72%	15	42%	-2,06 *	1,33	3,30	-2,82 **	2,56	2,16	-0,25	0,07	0,08
Betriebsergebnis	21	33%	26	68%	-2,52 *	2,83	5,11 *	51	63%	23	63%	-0,49	0,06	0,14	-2,81 **	4,36 *	3,69	-0,22	0,00	0,00
einzelne Aufwendungen/Erträge	38	49%	28	68%	-1,19	0,47	0,85	31	44%	4	16%	-2,15 *	1,48	3,66	-0,84	1,29	1,09	-3,27 **	6,86 **	7,93 **
Deckungskennzahlen	2	2%	1	5%	-0,57	0,00	0,00	1	2%	1	5%	-0,62	0,13	0,31	-0,02	0,28	0,24	-0,04	0,00	0,01
Kapitalrentabilität	10	16%	2	11%	-0,70	0,67	1,21	4	9%	0	0%	-1,36	0,46	1,15	-1,15	2,00	1,69	-1,43		
wertorientierte Performance	2	2%	0	0%	-0,66			3	2%	2	5%	-0,57	0,09	0,22	-0,02	0,04	0,03	-1,00		
Cash Flows	99	88%	62	100%	-0,86	0,21	0,37	153	95%	41	68%	-2,06 *	1,59	3,94 *	-1,72	2,35	1,99	-1,57	0,84	0,97
dynamischer Verschuldungsgrad	55	77%	24	74%	-1,21	0,34	0,61	41	53%	14	47%	-0,54	0,09	0,21	-2,66 **	2,75	2,33	-1,61	0,65	0,75
Entschuldungsdauer	19	28%	9	37%	-0,34	0,05	0,10	20	33%	11	37%	-0,66	0,20	0,49	-0,39	0,07	0,06	-0,49	0,28	0,32
Working Capital-Veränderung	21	33%	3	11%	-1,89	2,00	3,61	41	58%	11	26%	-1,92	0,42	1,05	-2,25 *	1,93	1,64	-1,32	2,70	3,12
Cash Flow-Deckungkennzahlen	27	44%	25	79%	-2,20 *	1,25	2,26	5	9%	5	26%	-1,73	0,63	1,57	-3,81 **	10,38 **	8,78 **	-3,44 **	4,95 *	5,72 *
Kapitalbedarf/Auszahlungserfordernisse	78	79%	37	89%	-0,23	0,21	0,39	83	81%	41	89%	-1,18	0,32	0,79	-0,51	0,24	0,20	-1,21	0,55	0,64
Cash Flow-Deckung des Kapitalbedarfs	15	23%	11	37%	-0,61	0,18	0,32	20	30%	5	21%	-0,71	0,27	0,67	-0,03	0,07	0,06	-1,08	0,69	0,79
finanzielle Flexibilität allgemein	50	95%	20	89%	-2,57 *	0,54	0,98	30	70%	13	68%	-0,02	0,01	0,03	-5,23 **	4,85 *	4,11 *	-1,57	0,30	0,35
Charakteristika der Schulden	41	56%	24	68%	-0,54	0,02	0,03	36	60%	11	32%	-1,86	0,19	0,47	-0,58	0,93	0,78	-2,23 *	1,46	1,69
Finanzpläne unter Stressszenarien	2	5%	5	16%	-1,50	1,39	2,52	13	21%	9	26%	-0,51	0,45	1,13	-2,21 *	3,46	2,92	-0,84	0,84	0,96
Deckung des Kapitalbedarfs	22	44%	9	37%	-0,85	0,21	0,38	27	44%	11	42%	-0,08	0,00	0,00	-0,20	0,01	0,01	-0,45	0,28	0,32
Flexibilität des Kapitalbedarfs	5	12%	6	21%	-0,96	0,61	1,10	10	19%	5	21%	-0,40	0,04	0,11	-0,82	0,51	0,43	-0,12	0,00	0,00
liquide Mittel/leicht veräußerbare Wertpapiere	43	81%	21	84%	-0,59	0,08	0,14	45	79%	13	53%	-1,85	0,33	0,82	-1,33	0,18	0,15	-1,96	0,42	0,49
Möglichkeiten zur Veräußerung von Vermögenswerten	12	19%	8	37%	-1,19	0,06	0,11	16	28%	1	5%	-1,94	1,25	3,10	-0,71	0,05	0,05	-2,27 *	2,09	2,42
externe Liquiditätsquellen	86	95%	41	100%	-1,35	0,22	0,40	96	93%	45	95%	0,00	0,20	0,48	-0,51	0,08	0,07	-0,58	0,56	0,65
Konzernstruktur	15	21%	12	42%	-1,36	0,33	0,59	39	56%	28	74%	-1,72	1,59	3,95	-3,12 **	3,84 *	3,25	-2,43 *	4,16 *	4,80 *
FF-Sonstiges	17	19%	1	5%	-1,43	2,53	4,57 *	46	42%	0	0%	-3,26 **	5,35 *	13,24 **	-2,35 *	4,88 *	4,13 *	-1,00		
FR-Sonstiges	50	51%	7	37%	-1,91	4,83 *	8,73 **	51	44%	1	5%	-3,06 **	5,26 *	13,03 **	-0,04	0,30	0,25	-2,31 *	1,72	1,98
Summe	2807		1551			χ^2-Wert: df: p-Wert:	284,24 73 < 0,001	3317		1339			χ^2-Wert: df: p-Wert:	287,40 70 < 0,001		χ^2-Wert: df: p-Wert:	335,57 74 < 0,001		χ^2-Wert: df: p-Wert:	208,23 66 < 0,001

[1] Kategorien, bei denen keine Nennung zu verzeichnen ist, werden vernachlässigt.

[2] Ind. = Industrieunternehmen (n = 43).

[3] Nicht-Ind. = Nicht-Industrieunternehmen (n = 19).

[4] Kategorien, die erwartete Nennungshäufigkeiten von kleiner als 1 aufweisen, werden in den χ^2-Tests aufgrund dessen Anwendungsvoraussetzungen nicht berücksichtigt.

[5] Z = *Mann-Whitney*-U-Test Prüfgröße auf Unterschiedlichkeit zweier unabhängiger Stichprobe in ihrer zentralen Tendenz.

** Auf dem 1 %-Niveau signifikante Differenz, kritischer χ^2-Wert = 6,63.

* Auf dem 5%-Niveau signifikante Differenz; kritischer χ^2-Wert = 3,84.

Anhang 21: Ergebnisse der Sensitivitätsanalysen zu Ratingklassen für *S&P* und *Moody's*

	S&P							*Moody's*							*S&P* vs. *Moody's* IG			*S&P* vs. *Moody's* SG		
	IG[2]		SG[3]		U-Test	χ^2-Test[4]		IG		SG		U-Test	χ^2-Test		U-Test	χ^2-Test		U-Test	χ^2-Test	
Kategorie[1]	abs.	Cov.	abs.	Cov.	Z[5]	χ^2-Anteil IG	χ^2-Anteil SG	abs.	Cov.	abs.	Cov.	Z	χ^2-Anteil IG	χ^2-Anteil SG	Z	χ^2-Anteil *S&P*	χ^2-Anteil *Moody's*	Z	χ^2-Anteil *S&P*	χ^2-Anteil *Moody's*
Länderrisiken	**6**	13%	**3**	13%	-0,01	0,02	0,04	**7**	15%	**4**	14%	-0,05	0,05	0,10	-0,21	0,00	0,00	-0,15	0,13	0,15
Konjunkturabhängigkeit/Zyklizität	**34**	56%	**19**	57%	-0,19	0,02	0,03	**29**	48%	**22**	55%	-1,16	1,08	2,41	-1,13	0,86	0,73	-0,44	0,33	0,37
Wettbewerbssituation	**107**	100%	**79**	100%	-0,90	0,82	1,39	**112**	100%	**53**	100%	-0,07	0,03	0,06	-0,81	0,38	0,32	-1,20	1,22	1,37
Markteintrittsbarrieren	**12**	21%	**21**	52%	-2,42 *	3,67	6,20 *	**14**	20%	**10**	32%	-0,95	0,39	0,87	-0,08	0,00	0,00	-1,40	1,30	1,46
Beschaffungsaspekte	**10**	13%	**2**	9%	-0,57	0,81	1,36	**3**	8%	**5**	9%	-0,25	1,15	2,55	-0,86	2,69	2,30	-0,05	0,78	0,88
Kostenstruktur	**19**	33%	**12**	30%	-0,08	0,01	0,02	**11**	28%	**10**	32%	-0,74	0,84	1,86	-0,92	1,95	1,66	0,00	0,01	0,01
technol. Veränderungen/Substitution	**19**	36%	**24**	48%	-1,37	2,37	4,00 *	**18**	28%	**7**	23%	-0,16	0,03	0,07	-0,91	0,23	0,19	-1,72	3,54	3,97 *
Absatz/Wachstumsaussichten	**98**	87%	**79**	100%	-2,04 *	1,55	2,62	**87**	73%	**49**	82%	-1,28	0,49	1,09	-1,71	1,93	1,65	-1,99 *	1,90	2,13
Regulierung/Deregulierung	**71**	54%	**28**	43%	-0,88	1,26	2,12	**78**	50%	**15**	41%	-1,05	3,00	6,66 **	-0,13	0,08	0,07	-0,32	1,22	1,37
Wirtschaftspolitik/staatl. Unterstützung	**10**	10%	**9**	22%	-1,06	0,31	0,53	**27**	20%	**2**	9%	-1,26	2,45	5,45 *	-1,16	2,90	2,48	-1,21	1,75	1,96
Wechselkurs/Zinsniveau	**1**	3%	**0**	0%	-0,77			**4**	10%	**5**	18%	-1,06	0,78	1,74	-1,30	0,74	0,63	-2,12 *	2,64	2,96
Marktposition	**102**	100%	**55**	100%	-0,73	0,12	0,20	**100**	100%	**56**	100%	-1,35	0,53	1,19	-1,51	0,87	0,74	-0,81	0,23	0,26
Produktdiversifikation/Geschäftsfelder	**150**	100%	**80**	100%	-1,03	0,22	0,36	**186**	100%	**70**	100%	-1,63	0,51	1,13	-0,45	0,14	0,12	-0,22	0,01	0,01
geographische Diversifikation	**73**	95%	**40**	91%	-0,46	0,06	0,10	**84**	93%	**42**	82%	-0,39	0,10	0,21	-0,33	0,01	0,01	-0,64	0,26	0,29
Beschaffung	**31**	38%	**30**	65%	-1,84	1,39	2,35	**32**	43%	**32**	59%	-1,86	3,34	7,41 **	-0,08	0,14	0,12	-0,25	0,23	0,26
Kostensituation/Effizienz	**88**	74%	**36**	83%	-1,05	1,32	2,23	**124**	93%	**35**	82%	-2,08 *	1,88	4,17 *	-1,24	0,94	0,80	-0,25	0,06	0,07
Produktion/Anlagen	**63**	62%	**27**	65%	-0,40	0,74	1,26	**66**	75%	**24**	59%	-0,97	0,25	0,55	-0,46	0,22	0,19	-0,16	0,00	0,00
Produkttechnologien/F&E	**47**	51%	**18**	35%	-1,18	0,94	1,58	**58**	43%	**27**	50%	-0,39	0,01	0,01	-0,59	0,04	0,03	-1,09	1,41	1,58
Marketing/Vertrieb/Service	**28**	33%	**20**	43%	-0,67	0,15	0,26	**43**	53%	**17**	41%	-0,87	0,06	0,14	-1,58	0,67	0,57	-0,21	0,01	0,01
Absatz/Kunden	**134**	100%	**94**	100%	-1,02	0,59	0,99	**151**	100%	**94**	100%	-2,24 *	1,91	4,24 *	-0,22	0,06	0,05	-0,94	0,29	0,32
Ergebnismargen	**46**	69%	**21**	57%	-1,53	0,37	0,62	**52**	73%	**19**	64%	-0,52	0,19	0,42	-0,85	0,02	0,01	-0,34	0,00	0,00
Unternehmensgröße/-alter	**33**	62%	**18**	48%	-0,84	0,03	0,05	**40**	68%	**16**	64%	-0,21	0,05	0,11	-0,24	0,01	0,01	-0,71	0,00	0,00
WP-Sonstiges	**0**	0%	**0**	0%				**0**	0%	**1**	5%	-1,35						-1,02		
Glaubwürdigkeit/Track Record	**32**	51%	**24**	57%	-0,74	0,28	0,48	**110**	83%	**41**	82%	-1,03	0,33	0,73	-4,25 **	17,03 **	14,53 **	-2,02 *	3,12	3,50
Planungen/Strategien	**54**	56%	**34**	74%	-0,67	0,03	0,05	**186**	98%	**84**	95%	-0,51	0,00	0,00	-5,52 **	28,88 **	24,63 **	-3,80 **	12,90 **	14,47 **
Organisationsstruktur	**37**	56%	**10**	39%	-1,74	1,90	3,21	**51**	70%	**14**	50%	-1,58	0,85	1,89	-1,11	0,30	0,26	-1,11	0,57	0,64
Corporate Governance	**74**	62%	**45**	78%	-0,68	0,01	0,01	**144**	80%	**64**	86%	-0,44	0,00	0,00	-2,43 *	6,92 **	5,90 *	-1,43	2,76	3,10
Finanzpolitik	**138**	100%	**62**	100%	-1,52	1,23	2,07	**177**	100%	**62**	100%	-1,52	0,90	2,00	-1,14	0,34	0,29	0,00	0,19	0,21
Abschlussprüfung	**2**	5%	**4**	17%	-1,49	0,83	1,40	**2**	3%	**4**	14%	-1,64	1,10	2,45	-0,58	0,01	0,01	-0,18	0,01	0,01
Rechnungslegungssystem/-umstellung	**49**	85%	**20**	70%	-1,64	0,74	1,25	**14**	20%	**8**	18%	-0,06	0,09	0,20	-5,53 **	13,79 **	11,76 **	-2,99 **	1,83	2,05
Effekte Änderungen einzelner Rechnungslegungsstandards	**18**	21%	**0**	0%	-2,30 *	3,97 *	6,70 **	**0**	0%	**1**	5%	-1,35			-3,00 **	11,39 **	9,71 **	-1,02		
Konsolidierung	**19**	23%	**5**	17%	-0,73	1,02	1,73	**23**	33%	**2**	9%	-2,10 *	1,92	4,27 *	-0,80	0,01	0,00	-0,77	0,46	0,51
Goodwill/immat. Vermögenswerte	**7**	8%	**7**	13%	-0,70	0,36	0,62	**3**	5%	**2**	9%	-0,62	0,06	0,13	-0,56	1,25	1,06	-0,54	1,06	1,19
Finanzinstrumente	**3**	8%	**0**	0%	-1,35	0,66	1,12	**0**	0%	**1**	5%	-1,35			-1,78	1,90	1,62	-1,02		
Vorräte	**1**	3%	**1**	4%	-0,36	0,05	0,09	**1**	3%	**0**	0%	-0,74			-0,04	0,01	0,01	-0,98		
sonstige bilanzierte Vermögenswerte	**0**	0%	**1**	4%	-1,30	0,63	1,06	**0**	0%	**0**	0%							-0,98		
Pensionen	**16**	23%	**3**	9%	-1,41	1,39	2,34	**4**	10%	**1**	5%	-0,75	0,09	0,20	-1,76	5,01 *	4,28 *	-0,60	0,37	0,42
außerbilanzielle Schulden	**2**	5%	**3**	13%	-1,05	0,41	0,70	**0**	0%	**2**	9%	-1,92	1,38	3,06	-1,44			-0,44	0,05	0,05
sonstige bilanzierte Schulden	**7**	10%	**3**	13%	-0,27	0,08	0,14	**1**	3%	**1**	5%	-0,46	0,10	0,23	-1,45	2,99	2,55	-1,06	0,37	0,42
Derivate/Hedging	**1**	3%	**1**	4%	-0,40	0,05	0,09	**0**	0%	**0**	0%				-1,01			-0,98		
Aufwands-/Ertragsrealisation	**9**	18%	**11**	35%	-1,66	1,01	1,70	**3**	8%	**2**	9%	-0,31	0,06	0,13	-1,46	2,19	1,87	-2,15 *	2,48	2,78
Abschreibungen	**3**	5%	**3**	13%	-1,03	0,16	0,26	**0**	0%	**1**	5%	-1,35			-1,44			-1,01	0,37	0,42
RQ-Sonstiges	**6**	15%	**7**	26%	-1,16	0,57	0,97	**8**	20%	**1**	5%	-1,55	0,52	1,15	-0,53	0,03	0,03	-1,93	1,82	2,04
Verschuldungsgrad	**39**	64%	**32**	78%	-1,15	0,70	1,18	**8**	20%	**6**	23%	-0,56	0,28	0,63	-4,53 **	13,93 **	11,89 **	-3,59 **	7,07 **	7,92 **

Fortsetzung Anhang 21

Fremdkapital	65	74%	34	91%	-0,24	0,13	0,22	84	88%	31	73%	-0,90	0,28	0,62	-0,43	0,19	0,16	-0,19	0,00	0,00
Pensionsverpflichtungen	59	97%	22	87%	-2,52 *	1,30	2,20	43	70%	13	50%	-1,18	0,50	1,10	-3,34 **	3,09	2,64	-1,67	0,66	0,74
off-balance-sheet-liabilities	49	72%	25	70%	-0,50	0,14	0,23	27	53%	22	68%	-1,64	1,37	3,03	-2,72 **	5,61 *	4,79 *	-0,32	0,00	0,00
hybride Finanzinstrumente	8	13%	8	22%	-0,97	0,42	0,70	9	15%	3	14%	-0,14	0,06	0,14	-0,21	0,00	0,00	-0,85	0,82	0,92
Eigenkapital/-quote	11	26%	23	70%	-3,33 **	5,02 *	8,47 **	11	23%	9	36%	-1,23	0,57	1,26	-0,37	0,08	0,06	-1,93	2,19	2,46
Anlagevermögen	10	21%	3	13%	-0,95	0,41	0,70	24	45%	10	23%	-1,49	0,01	0,03	-2,04 *	2,04	1,74	-0,95	2,18	2,45
Umlaufvermögen	14	28%	4	17%	-0,91	0,64	1,09	18	33%	7	27%	-0,22	0,03	0,07	-0,01	0,04	0,03	-0,69	0,57	0,63
nicht bilanzierte Vermögenswerte	0	0%	0	0%				1	3%	0	0%	-0,74			-0,99					
Deckungsgrade/Liquiditätsgrade	18	31%	1	4%	-2,51 *	3,09	5,21 *	20	33%	2	5%	-2,40 *	1,54	3,41	-0,01	0,01	0,01	-0,06	0,22	0,24
Profitabilität/Ergebnis allgemein	43	69%	18	57%	-1,24	0,58	0,97	19	35%	15	41%	-0,81	0,84	1,87	-3,42 **	7,32 **	6,25 *	-0,67	0,02	0,02
Umsatz	24	49%	20	52%	-0,87	0,48	0,80	46	70%	29	77%	-1,45	0,63	1,41	-1,87	2,10	1,79	-1,52	1,34	1,51
Umsatzrentabilität/Ergebnismargen	58	77%	39	91%	-0,41	0,14	0,23	52	70%	31	50%	-0,19	0,48	1,07	-1,81	1,07	0,91	-1,52	0,11	0,12
Betriebsergebnis	37	49%	10	35%	-1,54	1,90	3,21	51	63%	23	64%	-0,17	0,00	0,00	-1,06	0,30	0,26	-2,46 *	3,18	3,56
einzelne Aufwendungen/Erträge	33	49%	33	65%	-1,64	1,72	2,90	23	38%	12	32%	-0,24	0,05	0,12	-1,28	2,02	1,73	-2,41 *	3,57	4,00 *
Deckungskennzahlen	0	0%	3	9%	-1,86	1,88	3,18	2	5%	0	0%	-1,06			-1,41			-1,40	1,26	1,41
Kapitalrentabilität	6	10%	6	22%	-1,12	0,31	0,53	4	10%	0	0%	-1,52	0,56	1,24	-0,19	0,42	0,36	-2,29 *	2,52	2,83
wertorientierte Performance	2	3%	0	0%	-0,77	0,44	0,74	5	5%	0	0%	-1,06	0,70	1,55	-0,53	0,46	0,40			
Cash Flows	101	92%	60	91%	-0,16	0,00	0,00	143	93%	51	77%	-1,41	0,63	1,41	-1,06	1,14	0,97	-0,52	0,03	0,03
dynamischer Verschuldungsgrad	49	74%	30	78%	-0,07	0,01	0,01	40	63%	15	32%	-1,55	0,11	0,25	-2,03 *	1,57	1,34	-2,45 *	1,62	1,82
Entschuldungsdauer	7	[illegible]	21	57%	-3,53 **	6,37 *	10,75 **	4	8%	27	82%	-6,02 **	14,13 **	31,39 **	-1,09	0,74	0,63	-1,63	0,75	0,84
Working Capital-Veränderung	14	26%	10	26%	-0,19	0,08	0,13	31	45%	21	55%	-0,97	0,66	1,46	-1,84	2,18	1,86	-1,87	2,49	2,79
Cash Flow-Deckungkennzahlen	33	[illegible]	19	57%	-0,40	0,00	0,01	6	15%	4	14%	-0,14	0,12	0,26	-3,93 **	12,61 **	10,76 **	-3,10 **	3,85 *	4,32 *
Kapitalbedarf/Auszahlungserfordernisse	69	79%	46	87%	-0,16	0,14	0,24	93	90%	31	73%	-1,33	0,66	1,46	-0,76	0,42	0,36	-0,96	0,69	0,77
Cash Flow-Deckung des Kapitalbedarfs	16	33%	10	26%	-0,46	0,01	0,01	19	30%	6	23%	-0,30	0,18	0,40	-0,62	0,00	0,00	-0,26	0,28	0,32
finanzielle Flexibilität allgemein	43	95%	27	91%	-0,50	0,02	0,04	29	73%	14	64%	-0,94	0,01	0,03	-4,81 **	2,93	2,50	-2,43 *	1,31	1,47
Charakteristika der Schulden	38	54%	27	70%	-1,36	0,19	0,33	29	50%	18	55%	-0,99	0,36	0,80	-1,11	1,66	1,42	-1,21	0,43	0,49
Finanzpläne unter Stressszenarien	3	5%	4	13%	-1,10	0,44	0,75	16	23%	6	23%	-0,07	0,05	0,10	-2,25 *	3,78	3,22	-0,78	0,31	0,35
Deckung des Kapitalbedarfs	22	49%	9	30%	-1,37	0,33	0,56	26	48%	12	36%	-0,37	0,00	0,00	-0,40	0,00	0,00	-0,57	0,40	0,45
Flexibilität des Kapitalbedarfs	7	15%	4	13%	-0,25	0,00	0,00	8	18%	7	23%	-0,74	0,53	1,18	-0,13	0,00	0,00	-0,95	0,57	0,63
liquide Mittel/leicht veräußerbare Wertpapiere	41	90%	23	70%	-1,51	0,02	0,03	45	80%	13	55%	-1,02	0,63	1,39	-1,96 *	0,05	0,04	-0,95	0,83	0,93
Möglichkeiten zur Veräußerung von Vermögenswerten	16	28%	4	17%	-1,10	0,94	1,59	15	28%	2	9%	-1,77	0,92	2,03	-0,26	0,21	0,18	-0,92	0,22	0,24
externe Liquiditätsquellen	76	95%	51	100%	-1,20	0,18	0,30	85	90%	56	100%	-2,35 *	1,54	3,42	-0,82	0,05	0,04	-0,94	0,55	0,61
Konzernstruktur	11	21%	16	39%	-1,93	2,09	3,53	48	58%	19	50%	-0,65	0,07	0,15	-4,33 **	9,62 **	8,20 **	-0,87	0,34	0,38
FF-Sonstiges	9	13%	9	17%	-0,54	0,47	0,79	31	30%	15	27%	-0,16	0,02	0,04	-1,93	4,81 *	4,11 *	-0,81	1,07	1,20
FR-Sonstiges	46	49%	11	43%	-0,67	2,91	4,91 *	40	30%	12	36%	-0,23	0,48	1,06	-1,20	1,04	0,89	-0,18	0,11	0,12
Summe	2737		1621			χ²-Wert:	176,45	3208		1448			χ²-Wert:	178,82		χ²-Wert:	349,18		χ²-Wert:	185,06
						df:	75						df:	69		df:	71		df:	70
						p-Wert:	< 0,001						p-Wert:	< 0,001		p-Wert:	< 0,001		p-Wert:	< 0,001

1 Kategorien, bei denen gar keine Nennung zu verzeichnen ist, werden vernachlässigt.
2 IG = Unternehmen mit *investment grade*-Rating (IG) (*S&P*: n = 39; *Moody's*: n = 40).
3 SG = Unternehmen mit *speculative grade*-Rating (SG) (*S&P*: n = 23 ; *Moody's*: n = 22).
4 Kategorien, die erwartete Nennungshäufigkeiten von kleiner als 1 aufweisen, werden in den χ²-Tests aufgrund dessen Anwendungsvoraussetzungen nicht berücksichtigt.
5 Z = *Mann-Whitney*-U-Test Prüfgröße auf Unterschiedlichkeit zweier unabhängiger Stichprobe in ihrer zentralen Tendenz.
** Auf dem 1 %-Niveau signifikante Differenz: kritischer χ²-Wert = 6,63.
* Auf dem 5%-Niveau signifikante Differenz: kritischer χ²-Wert = 3,84.

Anhang 22: Miteinander abgeglichene Stichprobe der Sensitivitätsanalysen zum Untersuchungszeitraum

	Unternehmensname	Branche[1]	Zeitraum	Rating *S&P*[2]	Rating *Moody's*[2]	RB *S&P*[3]	RB *Moody's*[3]
1	ABB Ltd.	Industrie	2004/2005	BB+	Ba2	04/2005	06/2005
			2002/2003	A	B1	05/2002	02/2003
2	Adecco S.A.	Industrie	2004/2005	BBB-	Baa3	07/2005	09/2005
			2002/2003	BBB+	Baa2	05/2003	04/2003
3	BASF AG	Chemie	2004/2005	AA-	Aa3	05/2005	09/2005
			2002/2003	AA-	Aa3	12/2002	07/2003
4	BMW AG	Automobil	2004/2005	A+	A1	08/2005	04/2005
			2002/2003	/	A1	08/2003	08/2003
5	Ciba Specialty Chemicals Holding Inc.	Chemie	2004/2005	A	A3	02/2005	05/2005
			2002/2003	A	A2	09/2002	05/2003
6	Continental AG	Automobil	2004/2005	BBB+	Baa1	08/2004	08/2004
			2002/2003	BBB	Baa2	07/2003	08/2003
7	DaimlerChrysler AG	Automobil	2004/2005	BBB	A3	08/2005	01/2005
			2002/2003	BBB+	A3	04/2003	09/2002
8	Deutsche Bahn AG	Transport & Logistik	2004/2005	AA	Aa1	09/2005	02/2005
			2002/2003	AA	Aa1	08/2003	07/2003
9	Deutsche Post AG	Transport & Logistik	2004/2005	A	A1	06/2005	10/2004
			2002/2003	A	A1	07/2003	07/2003
10	Deutsche Telekom AG	Telekom	2004/2005	BBB+	Baa2	09/2004	06/2004
			2002/2003	BBB+	Baa3	07/2003	06/2003
11	Energie Baden-Württemberg AG	Versorger	2004/2005	A-	A3	05/2004	10/2004
			2002/2003	A+	A2	10/2002	02/2002
12	EVN AG	Versorger	2004/2005	A+	Aa3	02/2005	02/2005
			2002/2003	AA-	Aa3	11/2002	09/2003
13	Fresenius Medical Care AG & Co. KGaA	Pharma & Gesundheitswesen	2004/2005	BB+	Ba1	06/2004	06/2004
			2002/2003	BB+	Ba1	05/2003	04/2003
14	HeidelbergCement AG	Bau	2004/2005	BB+	Ba1	10/2005	06/2005
			2002/2003	BB+	Ba1	05/2003	05/2003
15	Henkel KGaA	Konsumgüter	2004/2005	A-	A2	06/2005	04/2005
			2002/2003	A+	A1	06/2003	05/2003
16	Metro AG	Handel	2004/2005	BBB	Baa1	06/2004	05/2004
			2002/2003	BBB	Baa1	02/2003	05/2003
17	Nestle S.A.	Konsumgüter	2004/2005	AAA	Aaa	09/2005	05/2005
			2002/2003	AAA	Aaa	07/2003	07/2003
18	Novartis AG	Pharma & Gesundheitswesen	2004/2005	AAA	Aaa	10/2005	01/2005
			2002/2003	AAA	Aaa	10/2003	08/2003
19	Siemens AG	Industrie	2004/2005	AA-	Aa3	10/2004	03/2005
			2002/2003	AA-	Aa3	09/2003	03/2003
20	ThyssenKrupp AG	Industrie	2004/2005	BBB-	Baa2	03/2005	01/2005
			2002/2003	BB+	Baa3	04/2003	10/2003
				Spearman-Korrel.-Koeff.: 0,892**	*Spearman*-Korrel.-Koeff.: 0,991**	Δ in Monaten: MW: -23 Median: -24	Δ in Monaten: MW: -20,7 Median: -21
				2-seitiger p-Wert U-Test: 0,558	2-seitiger p-Wert U-Test: 0,973		

1 Branchenklassifikation der Deutschen Börse. Vgl. dazu Deutsche Börse (2005). Nicht dort enthaltene oder nicht börsennotierte deutsche Unternehmen, sowie solche aus Österreich und der Schweiz wurden unter Beachtung der Branchenzuordnung an ihrer Heimatbörse und/ oder der durch die beiden Ratingagenturen darin eingeordnet.

2 Ratingklasse zum Zeitpunkt der Veröffentlichung des ausgewählten Dokuments der entsprechenden Ratingagentur.

3 RB = ausführliche Ratingbegründung. Für *S&P* handelt es sich um sog. *Research* und für *Moodys* um sog. *Analysis*.

** Auf dem 1 % - Niveau signifikant.

* Auf dem 5 % - Niveau signifikant.

Anhang 23: Ergebnisse der Sensitivitätsanalysen zum Untersuchungszeitraum für *S&P* und *Moody's*

Kategorie[1]	*S&P* 04/05[2] abs.	Cov.	02/03[3] abs.	Cov.	U-Test Z[5]	χ²-Test[4] χ²-Anteil 04/05	χ²-Anteil 02/03	*Moody's* 04/05 abs.	Cov.	02/03 abs.	Cov.	U-Test Z	χ²-Test χ²-Anteil 04/05	χ²-Anteil 02/03	*S&P* vs. *Moody's* 02/03 U-Test Z	χ²-Test χ²-Anteil *S&P*	χ²-Anteil *Moody's*
Länderrisiken	2	10%	4	20%	-1,05	0,44	0,50	6	25%	3	15%	-0,72	0,15	0,20	-0,45	0,05	0,06
Konjunkturabhängigkeit/Zyklizität	23	70%	29	85%	-1,27	0,76	0,86	18	60%	10	45%	-0,37	0,26	0,35	-2,88 **	4,23 *	4,38 *
Wettbewerbssituation	62	100%	67	100%	-1,23	0,61	0,69	65	100%	47	100%	-0,96	0,02	0,03	-2,08 *	1,40	1,45
Markteintrittsbarrieren	12	30%	14	35%	-0,33	0,23	0,26	3	15%	1	5%	-0,96	0,23	0,30	-2,36 *	5,32 *	5,51 *
Beschaffungsaspekte	1	5%	1	5%	-0,04	0,00	0,00	3	15%	0	0%	-1,78	0,97	1,29	-1,00		
Kostenstruktur	10	35%	13	40%	-0,67	0,40	0,45	4	20%	6	25%	-0,57	0,51	0,67	-1,15	1,15	1,19
technol. Veränderungen/Substitution	7	25%	9	25%	-0,20	0,26	0,30	7	30%	4	20%	-0,55	0,09	0,11	-0,56	0,86	0,89
Absatz/Wachstumsaussichten	49	95%	55	85%	-1,27	0,69	0,78	39	70%	27	75%	-0,14	0,05	0,07	-2,46 *	4,23 *	4,38 *
Regulierung/Deregulierung	32	60%	28	50%	-0,30	0,00	0,00	28	45%	29	40%	-0,02	0,62	0,82	-0,09	0,03	0,04
Wirtschaftspolitik/staat. Unterstützung	5	10%	7	10%	0,00	0,29	0,33	8	10%	7	5%	-0,59	0,04	0,05	-0,59	0,00	0,00
Arbeitsbeziehungen/Streikanfälligkeit	0	0%	1	5%	-1,00			0	0%	2	10%	-1,43			-1,43	0,18	0,19
Wechselkurs/Zinsniveau	0	0%	0	0%				4	20%	0	0%	-2,08 *	1,30	1,72			
Marktposition	57	100%	55	100%	-0,14	0,10	0,11	51	100%	41	100%	-0,66	0,04	0,05	-1,04	0,78	0,81
Produktdiversifikation/Geschäftsfelder	70	100%	69	100%	-1,62	0,19	0,22	90	100%	67	100%	-0,31	0,00	0,00	-0,74	0,00	0,00
geographische Diversifikation	40	100%	32	95%	-0,72	0,08	0,10	45	90%	21	65%	-1,93	1,45	1,92	-1,48	0,94	0,98
Beschaffung	21	45%	29	40%	-0,05	1,15	1,30	20	40%	11	30%	-0,73	0,31	0,41	-0,83	3,68	3,81
Kostensituation/Effizienz	48	80%	38	85%	-0,41	0,12	0,14	65	90%	47	90%	-0,05	0,02	0,03	-0,89	0,63	0,66
Produktion/Anlagen	31	65%	35	70%	-1,01	0,46	0,52	30	70%	19	55%	-0,60	0,15	0,20	-1,33	2,07	2,14
Produkttechnologien/F&E	20	50%	17	45%	-0,29	0,01	0,01	16	35%	12	30%	-0,20	0,00	0,00	-0,84	0,34	0,35
Marketing/Vertrieb/Service	22	50%	28	75%	-1,21	0,77	0,87	24	50%	19	50%	-0,25	0,01	0,01	-0,88	0,70	0,73
Absatz/Kunden	71	100%	72	100%	-0,74	0,31	0,35	71	100%	51	100%	-0,10	0,03	0,04	-1,29	1,42	1,47
Ergebnismargen	27	80%	27	70%	-0,15	0,10	0,11	33	85%	27	80%	-0,30	0,04	0,06	-0,15	0,01	0,01
Unternehmensgröße/-alter	16	55%	21	70%	-0,79	0,67	0,76	18	65%	19	85%	-1,86	0,45	0,60	-0,37	0,02	0,02
WP-Sonstiges	0	0%	0	0%				1	5%	0	0%	-1,00					
Glaubwürdigkeit/Track Record	22	70%	15	60%	-0,07	0,29	0,32	57	90%	36	90%	-0,54	0,30	0,40	-2,56 *	4,62 *	4,78 *
Planungen/Strategien	32	70%	50	85%	-1,41	3,04	3,44	98	100%	80	100%	-0,14	0,12	0,16	-3,02 **	3,93 *	4,07 *
Organisationsstruktur	18	65%	15	65%	-0,12	0,01	0,02	28	80%	24	80%	-0,67	0,09	0,12	-2,15 *	1,18	1,22
Corporate Governance	29	45%	24	45%	-0,09	0,03	0,03	58	70%	37	75%	-0,23	0,27	0,36	-1,58	1,59	1,65
Finanzpolitik	73	100%	51	100%	-1,11	0,79	0,89	82	100%	71	100%	-0,32	0,31	0,41	-1,31	1,97	2,04
Abschlussprüfung	2	10%	0	0%	-1,43			2	5%	2	10%	-0,53	0,03	0,05	-1,43		
Rechnungslegungssystem/-umstellung	31	90%	4	20%	-4,44 **	8,32 **	9,40 **	11	25%	4	20%	-0,35	0,70	0,93	-0,07	0,00	0,00
Effekte Änderungen einzelner Rechnungslegungsstandards	13	25%	2	10%	-1,43	3,19	3,61	0	0%	2	10%	-1,43			-0,10	0,00	0,00
Konsolidierung	6	20%	5	25%	-0,85	0,00	0,01	7	25%	1	5%	-1,68	1,31	1,73	-1,92	1,24	1,29
Goodwill/immat. Vermögenswerte	5	10%	0	0%	-1,43	2,08	2,35	1	5%	2	10%	-0,65	0,29	0,39	-1,43	1,02	1,05
Finanzinstrumente	0	0%	0	0%				1	5%	0	0%	-1,00					
Vorräte	1	5%	1	5%	-0,04	0,00	0,00	1	5%	0	0%	-1,00			-1,00		
sonstige bilanzierte Vermögenswerte	1	5%	0	0%	-1,00			0	0%	0	0%						
Pensionen	6	15%	7	25%	-0,52	0,12	0,13	2	10%	4	15%	-0,59	0,59	0,78	-0,72	0,35	0,37
sonstige bilanzierte Schulden	2	10%	3	10%	0,00	0,16	0,18	1	5%	1	5%	-0,04	0,02	0,02	-0,65	0,46	0,47
Aufwands-/Ertragsrealisation	5	15%	2	10%	-0,42	0,45	0,50	1	5%	0	0%	-1,00			-1,78		
Abschreibungen	1	5%	2	5%	-1,43	0,22	0,25	0	0%	0	0%				-1,43		
RQ-Sonstiges	5	25%	0	0%	-1,37	2,08	2,35	3	15%	3	10%	-0,45	0,05	0,07	-0,59	1,53	1,58
Verschuldungsgrad	26	80%	17	60%	-1,59	0,44	0,50	4	15%	6	25%	-0,81	0,51	0,67	-2,04 *	2,40	2,49

Fortsetzung Anhang 23

Fremdkapital	**29**	70%	**24**	70%	-0,25	0,03	0,03	**44**	90%	**33**	95%	-0,12	0,00	0,00	-1,89	0,86	0,89
Pensionsverpflichtungen	**27**	95%	**35**	85%	-1,52	1,06	1,19	**25**	65%	**20**	65%	-0,61	0,02	0,02	-1,60	1,76	1,83
off-balance-sheet-liabilities	**29**	80%	**20**	65%	-1,30	0,35	0,39	**15**	55%	**12**	50%	-0,03	0,01	0,01	-1,06	0,85	0,88
hybride Finanzinstrumente	**3**	10%	**0**	0%	-1,43	1,25	1,41	**1**	5%	**1**	5%	-0,04	0,02	0,02	-1,00		
Eigenkapital/-quote	**6**	30%	**2**	10%	-1,43	0,73	0,82	**8**	30%	**2**	10%	-1,59	0,93	1,23	-0,05	0,00	0,00
Anlagevermögen	**3**	15%	**5**	20%	-0,41	0,36	0,41	**10**	45%	**13**	50%	-0,97	0,74	0,98	-2,16 *	1,89	1,95
Umlaufvermögen	**7**	30%	**3**	15%	-0,48	0,54	0,61	**5**	25%	**5**	25%	-0,43	0,09	0,11	-0,41	0,28	0,29
Deckungsgrade/Liquiditätsgrade	**9**	30%	**7**	30%	-0,62	0,03	0,03	**13**	40%	**7**	30%	-0,44	0,23	0,30	-0,34	0,00	0,00
Profitabilität/Ergebnis allgemein	**22**	80%	**16**	60%	-0,07	0,17	0,19	**13**	40%	**9**	30%	-0,40	0,02	0,02	-1,83	0,85	0,88
Umsatz	**12**	45%	**8**	40%	-0,21	0,18	0,21	**24**	75%	**21**	70%	-0,92	0,11	0,14	-2,13 *	3,09	3,20
Umsatzrentabilität/Ergebnismargen	**31**	80%	**27**	90%	-0,08	0,00	0,00	**26**	65%	**16**	50%	-0,58	0,18	0,24	-2,10 *	1,20	1,24
Betriebsergebnis	**20**	40%	**16**	65%	-0,40	0,04	0,05	**19**	50%	**15**	45%	-0,09	0,01	0,01	-0,24	0,00	0,00
einzelne Aufwendungen/Erträge	**13**	40%	**9**	25%	-0,13	0,15	0,17	**14**	45%	**7**	30%	-0,86	0,34	0,46	-0,23	0,09	0,09
Deckungskennzahlen	**2**	5%	**4**	15%	-1,01	0,44	0,50	**2**	10%	**1**	5%	-0,53	0,05	0,07	-1,07	0,83	0,86
Kapitalrentabilität	**6**	20%	**4**	10%	-0,11	0,09	0,10	**3**	15%	**2**	10%	-0,33	0,01	0,01	-0,56	0,29	0,30
wertorientierte Performance	**2**	5%	**2**	5%	-0,04	0,01	0,01	**5**	10%	**2**	10%	-0,10	0,26	0,34	-0,53	0,00	0,00
Cash Flows	**53**	95%	**32**	90%	-1,73	1,38	1,56	**84**	95%	**64**	100%	-0,08	0,00	0,00	-2,91 **	5,80 *	6,01 *
dynamischer Verschuldungsgrad	**26**	80%	**24**	70%	-0,10	0,01	0,01	**28**	80%	**14**	40%	-1,69	0,69	0,91	-1,62	1,13	1,17
Entschuldungsdauer	**5**	20%	**2**	10%	-0,85	0,45	0,50	**6**	20%	**2**	10%	-0,91	0,46	0,60	-0,03	0,00	0,00
Working Capital-Veränderung	**8**	20%	**6**	20%	-0,06	0,04	0,05	**23**	55%	**11**	40%	-0,86	0,68	0,90	-1,23	0,81	0,84
Cash Flow-Deckungkennzahlen	**19**	55%	**17**	55%	-0,24	0,00	0,00	**2**	10%	**2**	10%	-0,10	0,03	0,05	-2,96 **	5,57 *	5,76 *
Kapitalbedarf/Auszahlungserfordernisse	**36**	85%	**27**	60%	-1,12	0,20	0,22	**45**	85%	**42**	90%	-1,22	0,42	0,56	-2,15 *	1,87	1,93
Cash Flow-Deckung des Kapitalbedarfs	**6**	30%	**3**	15%	-0,44	0,31	0,36	**10**	30%	**11**	40%	-0,84	0,32	0,43	-1,59	2,39	2,47
finanzielle Flexibilität allgemein	**23**	95%	**18**	90%	-0,50	0,07	0,08	**15**	75%	**17**	75%	-2,28 **	0,57	0,76	-0,04	0,00	0,00
Charakteristika der Schulden	**16**	40%	**11**	35%	-0,59	0,20	0,22	**11**	45%	**11**	40%	-0,08	0,19	0,25	-0,20	0,00	0,00
Finanzpläne unter Stressszenarien	**0**	0%	**0**	0%				**2**	10%	**9**	15%	-0,59	2,91	3,85 *	-1,78	4,58 *	4,74 *
Deckung des Kapitalbedarfs	**15**	55%	**13**	40%	-0,50	0,00	0,00	**14**	60%	**12**	45%	-0,16	0,05	0,06	-0,45	0,01	0,01
Flexibilität des Kapitalbedarfs	**0**	0%	**1**	5%	-1,00			**4**	15%	**4**	15%	-0,04	0,07	0,09	-1,12	0,94	0,97
liquide Mittel/leicht veräußerbare Wertpapiere	**21**	85%	**16**	70%	-0,61	0,10	0,11	**26**	90%	**20**	65%	-0,04	0,00	0,00	-0,52	0,29	0,30
Möglichkeiten zur Veräußerung von Vermögenswerten	**7**	25%	**13**	40%	-0,96	1,23	1,39	**9**	25%	**12**	40%	-1,24	0,74	0,98	-0,09	0,01	0,01
externe Liquiditätsquellen	**36**	95%	**33**	95%	-0,12	0,01	0,01	**45**	95%	**42**	90%	-1,22	0,42	0,56	-1,41	0,70	0,72
Konzernstruktur	**8**	30%	**7**	30%	-0,17	0,00	0,00	**22**	65%	**12**	40%	-1,45	0,36	0,47	-0,64	0,73	0,76
FF-Sonstiges	**6**	15%	**1**	5%	-1,04	1,41	1,59	**13**	30%	**11**	25%	-0,10	0,03	0,04	-1,85	4,27 *	4,42 *
FR-Sonstiges	**24**	55%	**13**	45%	-0,51	0,97	1,10	**26**	30%	**17**	45%	-0,47	0,09	0,12	-0,24	0,33	0,35
Summe	**1434**		**1268**			**χ^2-Wert:**	**86,67**	**1618**		**1222**			**χ^2-Wert:**	**51,97**		**χ^2-Wert:**	**182,7355**
						df:	**68**						**df:**	**68**		**df:**	**66**
						p-Wert:	**0,063**						**p-Wert:**	**0,925**		**p-Wert:**	**< 0,001**

[1] Kategorien, bei denen gar keine Nennung zu verzeichnen ist, werden vernachlässigt.
[2] Ratingbegründungen einer Stichprobe von n = 20 Unternehmen der jeweiligen Ratingagentur aus den Jahren 2004/2005.
[3] Ratingbegründungen der gleichen n = 20 Unternehmen der jeweiligen Ratingagentur aus den Jahren 2002/2003.
[4] Kategorien, die erwartete Nennungshäufigkeiten von kleiner als 1 aufweisen, werden in den χ^2-Tests aufgrund dessen Anwendungsvoraussetzungen nicht berücksichtigt.
[5] Z = Mann-Whitney-U-Test Prüfgröße auf Unterschiedlichkeit zweier unabhängiger Stichprobe in ihrer zentralen Tendenz.
** Auf dem 1 %-Niveau signifikante Differenz; kritischer χ^2-Wert = 6,63.
* Auf dem 5%-Niveau signifikante Differenz; kritischer χ^2-Wert = 3,84.

Anhang 24: Miteinander abgeglichene Stichprobe der Sensitivitätsanalysen zur geographischen Herkunft

	Unternehmensname / US-Peer	Branche[1]	Umsatz in Mrd. €[2]	Rating *S&P*[3]	Rating *Moody's*[3]	RB *S&P*[4]	RB *Moody's*[4]
1	Adecco S.A.	Industrie	17,24	BBB-	Baa3	07/2005	09/2005
	Manpower Inc.	Industrie	10,77	BBB-	Baa3	09/2004	12/2005
2	Bayer AG	Chemie	28,57	A	A3	01/2005	12/2005
	Bristol-Myers Squibb Co.	Pharma & Gesundheitswesen	18,47	A+	A1	11/2004	08/2004
3	Bertelsmann AG	Konsumgüter	16,80	BBB+	Baa1	09/2005	12/2004
	Time Warner Inc.	Konsumgüter	33,84	BBB+	Baa1	03/2005	12/2004
4	Clariant AG	Chemie	5,54	BBB	Baa2	11/2005	12/2005
	Eastman Chemical Co.	Chemie	5,29	BBB	Baa2	01/2006	06/2005
5	DaimlerChrysler AG	Automobil	136,44	BBB	A3	08/2005	01/2005
	Ford Motor Co.	Automobil	118,28	BB+	Ba1	05/2005	09/2005
6	Deutsche Bahn AG	Transport & Logistik	23,96	AA	Aa1	09/2005	02/2005
	National Railroad Passanger Corp.	Transport & Logistik	1,86	BBB	A3	09/2004	01/2004
7	Deutsche Post AG	Transport & Logistik	33,90	A	A1	06/2005	10/2004
	United Parcel Service Inc.	Transport & Logistik	29,41	AAA	Aaa	11/2005	12/2004
8	Energie Baden-Württemberg AG	Versorger	10,61	A-	A3	05/2004	10/2004
	Consolidated Edison Inc.	Versorger	8,69	A+	A2	06/2004	12/2004
9	EVN AG	Versorger	1,21	A+	Aa3	02/2005	02/2005
	NSTAR	Versorger	2,37	A	A2	04/2005	07/2005
10	Heidelberg-Cement AG	Bau	6,93	BB+	Ba1	10/2005	06/2005
	American Standard Inc.	Konsumgüter	7,57	BBB	Baa3	05/2004	04/2005
11	Kabel Deutschland GmbH	Telekom	0,96	BB-	B1	06/2004	06/2004
	Comcast Corp.	Telekom	19,35	BBB	Baa3	10/2003	07/2003
12	Linde AG	Chemie	9,42	BBB+	A3	08/2005	09/2005
	Air Products and Chemicals Inc.	Chemie	6,55	A	A2	12/2005	12/2005
13	Merck KGaA	Pharma & Gesundheitswesen	7,47	BBB	Baa2	11/2003	10/2003
	Abbott Laboratories Inc.	Pharma & Gesundheitswesen	15,29	AA	A1	05/2005	12/2004
14	Metro AG	Handel	53,60	BBB	Baa1	06/2004	05/2004
	Safeway Inc.	Handel	31,43	BBB	Baa2	07/2004	08/2004
15	Nestle S.A.	Konsumgüter	54,64	AAA	Aaa	09/2005	05/2005
	Kraft Foods Inc.	Konsumgüter	25,86	A-	A3	10/2005	12/2005
16	Rheinmetall AG	Industrie	3,41	BBB	Baa2	04/2005	04/2005
	General Dynamics Corp.	Industrie	11,47	A	A2	01/2005	05/2005
17	Schering AG	Pharma & Gesundheitswesen	5,02	A	A2	01/2004	04/2003
	Wyeth	Pharma & Gesundheitswesen	14,01	A	A3	06/2004	05/2003
18	Siemens AG	Industrie	75,17	AA-	Aa3	10/2004	03/2005
	General Electric Co.	Industrie	62,27	AAA	Aaa	03/2004	07/2004
19	Telekom Austria AG	Telekom	3,12	BBB	Baa2	06/2003	07/2003
	Qwest Communications International Inc.	Telekom	12,63	BB-	Caa1	07/2004	12/2003
20	Volkswagen AG	Automobil	84,80	A-	A3	08/2004	01/2005
	General Motors Corp.	Automobil	136,59	BBB	Baa3	05/2004	05/2005
			Pearson-Korrel.-Koeff.: 0,880**	*Spearman*-Korrel.-Koeff.: 0,518*	*Spearman*-Korrel.-Koeff.: 0,495*	abs. Δ in Monaten: MW: 6,15 Median: 5	abs. Δ in Monaten: MW: 5,7 Median: 5
			2-seitiger p-Wert U-Test: 0,678	2-seitiger p-Wert U-Test: 0,779	2-seitiger p-Wert U-Test: 0,841		

1 Branchenklassifikation der Deutschen Börse. Vgl. dazu Deutsche Börse (2005). Nicht darin enthaltene oder nicht börsennotierte deutsche Unternehmen, sowie solche aus der Schweiz, aus Österreich und aus den USA wurden unter Beachtung der Branchenzuordnung an ihrer Heimatbörse und/oder der durch die beiden Ratingagenturen darin eingeordnet.

2 Die Umrechnung in € erfolgte zum Durchschnittskurs des aktuellesten Geschäftsjahres vor Veröffentlichung der älteren der beiden Ratingbegründungen.

3 Ratingklasse zum Zeitpunkt der Veröffentlichung des ausgewählten Dokuments der entsprechenden Ratingagentur.

4 RB = ausführliche Ratingbegründung. Für *S&P* handelt es sich um sog. *Research* und für *Moodys* um sog. *Analysis*.

** Auf dem 1 % - Niveau signifikant.

* Auf dem 5 % - Niveau signifikant.

Anhang 25: Ergebnisse der Sensitivitätsanalysen zur geographischen Herkunft für *S&P* und *Moody's*

Kategorie[1]	*S&P* D/AT/CH[2] abs.	Cov.	US[3] abs.	Cov.	U-Test Z^5	χ^2-Test[4] χ^2-Anteil D/AT/CH	χ^2-Anteil US	*Moody's* D/AT/CH abs.	Cov.	US abs.	Cov.	U-Test Z	χ^2-Test χ^2-Anteil D/AT/CH	χ^2-Anteil US	*S&P* vs. *Moody's* US U-Test Z	χ^2-Test χ^2-Anteil *S&P*	χ^2-Anteil *Moody's*
Länderrisiken	4	15%	3	10%	-0,52	0,05	0,05	6	25%	2	5%	-1,63	0,68	0,79	-0,53	0,13	0,12
Konjunkturabhängigkeit/Zyklizität	18	60%	12	30%	-1,36	0,45	0,48	18	50%	15	50%	-0,01	0,01	0,01	-0,96	0,11	0,10
Wettbewerbssituation	63	100%	49	100%	-1,34	0,56	0,58	62	100%	61	95%	-0,30	0,24	0,27	-0,68	0,42	0,40
Markteintrittsbarrieren	13	35%	2	10%	-1,85	3,68	3,87 *	3	15%	3	15%	-0,02	0,01	0,02	-0,40	0,08	0,08
Beschaffungsaspekte	3	10%	1	5%	-0,59	0,44	0,46	0	0%	1	5%	-1,00			-0,04		
Kostenstruktur	9	30%	9	30%	-0,03	0,01	0,01	4	20%	3	15%	-0,25	0,02	0,02	-1,22	1,68	1,60
technol. Veränderungen/Substitution	19	50%	8	35%	-1,17	1,94	2,03	11	30%	9	20%	-0,68	0,01	0,01	-0,81	0,01	0,01
Absatz/Wachstumsaussichten	50	90%	48	75%	-0,41	0,00	0,00	45	75%	34	70%	-0,62	0,16	0,19	-1,05	1,58	1,50
Regulierung/Deregulierung	34	60%	14	35%	-1,27	3,61	3,79	26	45%	22	35%	-0,58	0,00	0,00	-0,08	0,73	0,70
Wirtschaftspolitik/staatl. Unterstützung	6	15%	11	15%	-0,02	0,84	0,88	9	10%	15	15%	-0,52	1,16	1,34	-0,11	0,23	0,22
Arbeitsbeziehungen/Streikanfälligkeit	0	0%	5	10%	-1,43	2,56	2,69	0	0%	5	10%	-1,43	2,68	3,10 *	-0,05	0,00	0,00
Wechselkurs/Zinsniveau	1	5%	0	0%	-1,00			2	10%	0	0%	-1,43					
Marktposition	51	100%	35	100%	-2,34 *	1,10	1,16	49	100%	53	100%	-1,18	0,59	0,68	-0,17	1,48	1,42
Produktdiversifikation/Geschäftsfelder	75	100%	78	100%	-0,35	0,14	0,15	91	100%	76	100%	-0,16	0,02	0,03	-0,95	0,10	0,10
geographische Diversifikation	37	100%	23	80%	-1,92	1,28	1,35	38	85%	15	55%	-2,83 **	3,23	3,74	-1,83	1,06	1,01
Beschaffung	10	35%	23	60%	-1,87	2,82	2,95	12	35%	25	60%	-1,84	3,10	3,58	-0,14	0,01	0,01
Kostensituation/Effizienz	38	70%	43	75%	-0,64	0,29	0,31	56	85%	50	80%	-0,26	0,01	0,01	-0,52	0,13	0,12
Produktion/Anlagen	33	65%	42	75%	-1,26	0,76	0,80	23	65%	33	60%	-0,97	1,64	1,90	-0,65	0,79	0,75
Produkttechnologien/F&E	18	45%	34	65%	-1,19	2,79	2,93	25	35%	33	55%	-0,90	1,20	1,38	-0,15	0,05	0,05
Marketing/Vertrieb/Service	21	40%	34	75%	-2,07 *	1,82	1,91	22	60%	41	70%	-2,06 *	4,11 *	4,75 *	-0,41	0,19	0,18
Absatz/Kunden	66	100%	82	100%	-1,91	1,26	1,32	77	100%	95	100%	-1,75	2,51	2,91	-0,34	0,23	0,22
Ergebnismargen	21	70%	21	45%	-0,48	0,01	0,01	28	75%	24	70%	-0,38	0,00	0,00	-0,76	0,04	0,04
Unternehmensgröße/-alter	20	75%	12	50%	-1,81	0,80	0,84	22	80%	18	65%	-0,07	0,01	0,02	-1,16	0,48	0,46
Glaubwürdigkeit/Track Record	19	60%	18	50%	-0,50	0,00	0,00	56	85%	36	80%	-1,40	0,90	1,04	-2,25 *	2,66	2,54
Planungen/Strategien	29	60%	39	65%	-0,93	0,97	1,02	102	100%	62	70%	-1,98 *	2,25	2,60	-1,49	2,17	2,07
Organisationsstruktur	17	65%	10	45%	-1,51	0,73	0,77	31	70%	6	30%	-2,65 **	6,28 *	7,26 **	-0,68	0,61	0,58
Corporate Governance	41	75%	18	40%	-2,25 *	3,85 *	4,04 *	76	80%	31	40%	-2,43 *	6,05 *	6,99 **	-0,24	1,47	1,41
Finanzpolitik	66	100%	66	100%	-1,12	0,04	0,04	88	100%	77	100%	-0,04	0,00	0,00	-0,47	0,21	0,20
Abschlussprüfung	2	10%	0	0%	-1,43			2	5%	0	0%	-1,00					
Rechnungslegungssystem/-umstellung	24	75%	1	5%	-4,11 *	9,80 **	10,28 **	11	25%	0	0%	-2,35 *	4,41 *	5,10 *	-1,00		
Effekte Änderungen einzelner Rechnungslegungsstandards	2	5%	1	5%	-0,04	0,14	0,15	0	0%	0	0%				-1,00		
Konsolidierung	5	15%	4	20%	-0,45	0,03	0,03	11	35%	1	5%	-2,38 *	3,24	3,75	-1,51	0,99	0,95
Goodwill/immat. Vermögenswerte	2	5%	4	20%	-1,32	0,37	0,39	2	5%	4	10%	-0,65	0,46	0,53	-0,70	0,00	0,00
Finanzinstrumente	1	5%	4	10%	-0,59	0,95	1,00	0	0%	0	0%				-1,43	2,14	2,05
Vorräte	1	5%	3	15%	-1,07	0,54	0,56	0	0%	0	0%				-1,78	1,61	1,53
sonstige bilanzierte Vermögenswerte	0	0%	1	5%	-1,00			0	0%	0	0%				-1,00		
Pensionen	8	25%	5	25%	-0,34	0,27	0,28	3	15%	0	0%	-1,78	1,20	1,39	-2,35 *	2,68	2,56
außerbilanzielle Schulden	1	5%	3	15%	-1,01	0,54	0,56	0	0%	0	0%				-1,78	1,61	1,53
sonstige bilanzierte Schulden	1	5%	6	25%	-1,74	1,86	1,96	1	5%	0	0%	-1,00			-2,35 *	3,21	3,07
Aufwands-/Ertragsrealisation	5	15%	18	40%	-1,86	3,90 *	4,09 *	1	5%	0	0%	-1,00			-3,10 **	9,64 **	9,21 **
Abschreibungen	1	5%	3	10%	-0,62	0,54	0,56	0	0%	0	0%				-1,43	1,61	1,53
RQ-Sonstiges	4	20%	11	35%	-1,41	1,76	1,85	5	25%	10	20%	-0,04	1,15	1,33	-0,79	0,05	0,05
Verschuldungsgrad	16	50%	21	65%	-0,96	0,46	0,48	2	10%	13	30%	-1,68	4,54 *	5,25 *	-1,81	1,16	1,11

Fortsetzung Anhang 25

Fremdkapital	32	70%	27	85%	-0,90	0,11	0,11	36	85%	38	80%	-1,06	0,34	0,39	-0,71	0,71	0,68
Pensionsverpflichtungen	29	100%	29	75%	-0,26	0,02	0,02	25	65%	17	35%	-1,16	0,27	0,32	-1,65	1,90	1,81
off-balance-sheet-liabilities	22	65%	17	60%	-0,29	0,21	0,22	13	50%	23	50%	-0,72	2,06	2,38	-0,14	0,33	0,32
hybride Finanzinstrumente	4	10%	2	10%	-0,10	0,28	0,29	6	15%	3	5%	-0,96	0,29	0,33	-0,53	0,08	0,08
Eigenkapital/-quote	6	30%	10	30%	-0,58	0,59	0,62	6	20%	3	15%	-0,41	0,29	0,33	-1,15	2,10	2,00
Anlagevermögen	4	20%	7	25%	-0,46	0,47	0,50	12	45%	14	50%	-0,82	0,27	0,31	-1,62	1,03	0,99
Umlaufvermögen	10	45%	5	20%	-1,79	0,70	0,74	7	30%	2	10%	-1,59	0,98	1,13	-0,89	0,73	0,70
Deckungsgrade/Liquiditätsgrade	8	30%	2	10%	-1,51	1,62	1,70	9	25%	4	20%	-0,63	0,59	0,68	-0,70	0,30	0,28
Profitabilität/Ergebnis allgemein	23	75%	28	60%	0,00	0,37	0,39	12	35%	21	55%	-1,56	1,83	2,12	-0,15	0,69	0,66
Umsatz	13	40%	14	45%	-0,30	0,05	0,05	23	75%	17	50%	-1,01	0,11	0,13	-0,19	0,09	0,08
Umsatzrentabilität/Ergebnismargen	33	80%	25	70%	-0,56	0,37	0,39	32	75%	20	50%	-1,07	0,61	0,70	-1,45	0,41	0,40
Betriebsergebnis	18	45%	7	25%	-1,57	2,11	2,22	20	55%	15	65%	-0,04	0,08	0,09	-2,58*	1,31	1,25
einzelne Aufwendungen/Erträge	18	50%	11	35%	-1,38	0,67	0,70	9	25%	11	45%	-1,19	0,28	0,32	-0,90	0,01	0,01
Deckungskennzahlen	2	5%	2	10%	-0,53	0,00	0,00	2	10%	5	20%	-0,96	0,82	0,95	-0,91	0,59	0,56
Kapitalrentabilität	4	20%	11	45%	-1,92	1,76	1,85	2	10%	6	15%	-0,61	1,22	1,41	-2,02*	0,88	0,84
wertorientierte Performance	2	5%	0	0%	-1,00			5	10%	0	0%	-1,43	2,01	2,32			
Cash Flows	44	90%	45	85%	-0,89	0,05	0,06	71	90%	65	90%	-0,53	0,05	0,06	-1,27	1,42	1,36
dynamischer Verschuldungsgrad	22	60%	13	60%	-1,16	0,93	0,97	20	60%	39	70%	-2,02*	4,28*	4,95*	-2,28*	6,05*	5,78*
Entschuldungsdauer	8	30%	12	45%	-1,24	0,49	0,51	4	15%	11	35%	-1,51	2,03	2,35	-0,76	0,05	0,05
Working Capital-Veränderung	4	20%	8	25%	-0,54	0,75	0,79	18	45%	3	10%	-2,51*	4,03*	4,66*	-1,27	1,28	1,23
Cash Flow-Deckungkennzahlen	17	50%	6	25%	-1,51	2,32	2,43	1	5%	5	15%	-1,07	1,53	1,77	-0,68	0,07	0,07
Kapitalbedarf/Auszahlungserfordernisse	35	85%	51	95%	-2,41*	1,85	1,95	40	80%	41	85%	-0,91	0,27	0,31	-1,30	0,82	0,78
Cash Flow-Deckung des Kapitalbedarfs	8	30%	5	25%	-0,33	0,27	0,28	11	35%	16	50%	-1,43	0,84	0,97	-1,82	2,70	2,57
finanzielle Flexibilität allgemein	20	90%	21	80%	-0,63	0,05	0,05	15	75%	12	50%	-0,24	0,02	0,02	-2,12*	1,48	1,41
Charakteristika der Schulden	19	60%	7	35%	-1,95	2,43	2,55	11	40%	13	40%	-0,35	0,27	0,31	-0,65	0,79	0,75
Finanzpläne unter Stressszenarien	0	0%	1	5%	-1,00			4	20%	1	5%	-1,37	0,65	0,75	-0,04		
Deckung des Kapitalbedarfs	10	40%	20	65%	-2,35*	1,87	1,96	14	55%	9	40%	-0,44	0,23	0,26	-2,05*	2,40	2,29
Flexibilität des Kapitalbedarfs	5	20%	5	20%	-0,14	0,00	0,00	5	20%	3	10%	-0,81	0,12	0,14	-0,83	0,31	0,29
liquide Mittel/leicht veräußerbare Wertpapiere	19	90%	21	85%	-1,64	0,11	0,11	24	75%	16	60%	-0,67	0,30	0,35	-1,83	0,47	0,45
Möglichkeiten zur Veräußerung von Vermögenswerten	8	30%	6	25%	-0,31	0,10	0,10	9	25%	3	15%	-0,24	1,02	1,18	-0,52	0,58	0,56
externe Liquiditätsquellen	42	100%	38	90%	-0,20	0,03	0,03	45	95%	26	65%	-1,32	1,26	1,46	-1,69	1,45	1,39
Konzernstruktur	9	30%	5	25%	-0,40	0,47	0,49	21	75%	13	30%	-2,09*	0,42	0,49	-0,55	1,64	1,56
FF-Sonstiges	5	15%	21	45%	-2,10*	5,19*	5,45*	18	30%	19	55%	-1,28	0,17	0,20	-0,29	0,11	0,10
FR-Sonstiges	30	50%	13	15%	-2,24*	2,89	3,04	29	40%	12	15%	-1,68	2,24	2,59	-0,02	0,05	0,05
Summe	1388		1320			χ^2-Wert:	170,29	1599		1379			χ^2-Wert:	180,4		χ^2-Wert:	145,00
						df:	71						df:	65		df:	68
						p-Wert:	< 0,001						p-Wert:	< 0,001		p-Wert:	< 0,001

[1] Kategorien, bei denen gar keine Nennung zu verzeichnen ist, werden vernachlässigt.

[2] Ratingbegründungen einer Stichprobe von n = 20 Unternehmen der jeweiligen Ratingagentur aus der gesamten Stichprobe für Deutschland (D), Österreich (AT) und die Schweiz (CH).

[3] Ratingbegründungen einer nach Größe, Ratingklasse und Branche gematchten Stichprobe von n = 20 Unternehmen der jeweiligen Ratingagentur aus den USA.

[4] Kategorien, die erwartete Nennungshäufigkeiten von kleiner als 1 aufweisen, werden in den χ^2-Tests aufgrund dessen Anwendungsvoraussetzungen nicht berücksichtigt.

[5] Z = *Mann-Whitney*-U-Test Prüfgröße auf Unterschiedlichkeit zweier unabhängiger Stichprobe in ihrer zentralen Tendenz.

** Auf dem 1 %-Niveau signifikante Differenz; kritischer χ^2-Wert = 6,63.

* Auf dem 5%-Niveau signifikante Differenz; kritischer χ^2-Wert = 3,84.

Anhang 26: Rangkorrelationen zwischen Schlüsselkennzahlen aus den Ratingbegründungen und Ratingklasse für *S&P*[1273]

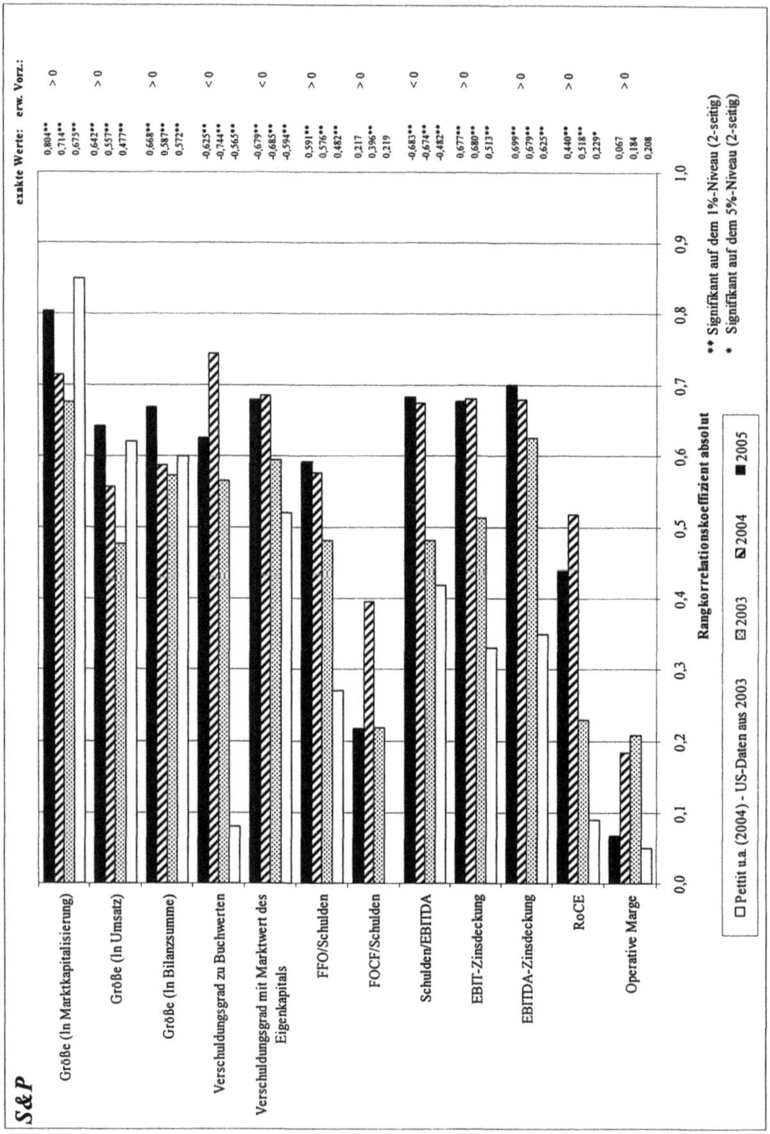

1273 Darstellung eigener Ergebnisse in Anlehnung an Pettit u.a. (2004), S. 8. Pettit u.a. (2004) geben in ihrer Grafik keine exakten Werte an und berücksichtigen die Kennzahl FOCF/Schulden nicht.

Anhang 27: Rangkorrelationen zwischen Schlüsselkennzahlen aus den Ratingbegründungen und Ratingklasse für *Moody's*[1274]

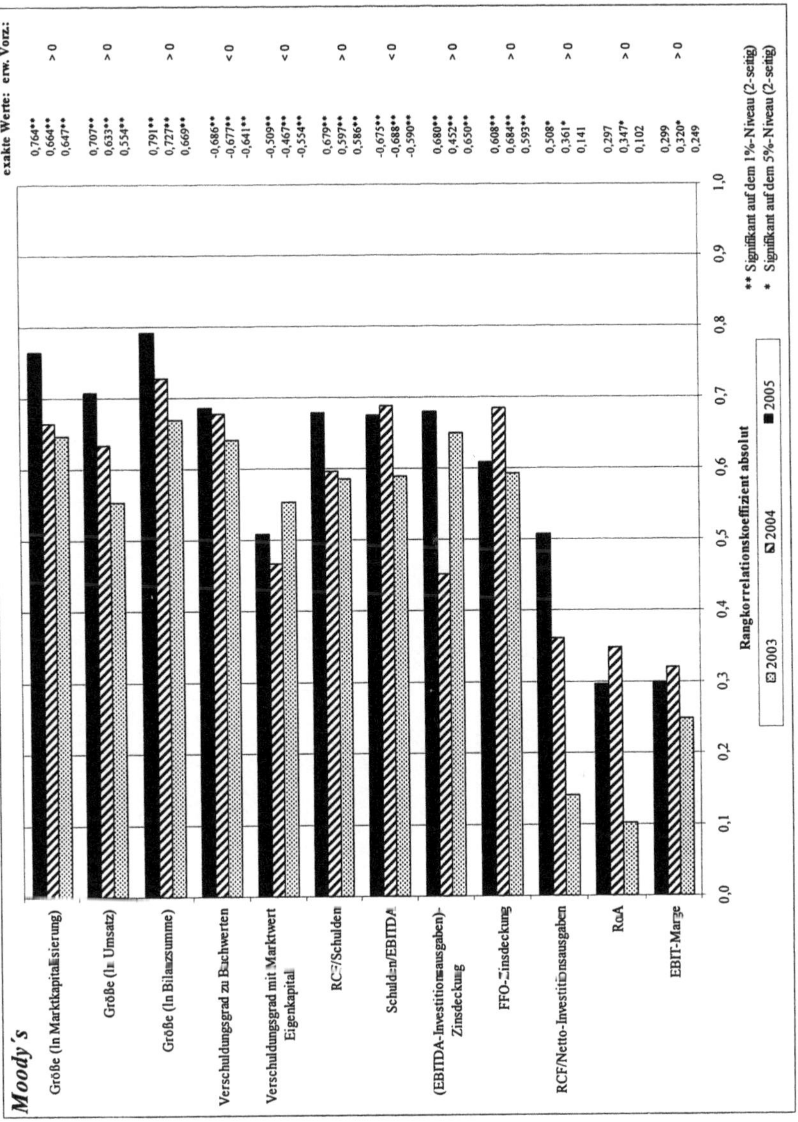

1274 Darstellung eigener Ergebnisse in Anlehnung an Pettit u.a. (2004), S. 8. Pettit u.a. (2004) beziehen sich allerdings nur auf *S&P*.

Anhang 28: Rangkorrelationen zwischen 3-Jahres-Durchschnitten der Schlüsselkennzahlen aus den Ratingbegründungen bzw. berechnet aus publizierten Finanzdaten und Ratingklasse für *S&P*

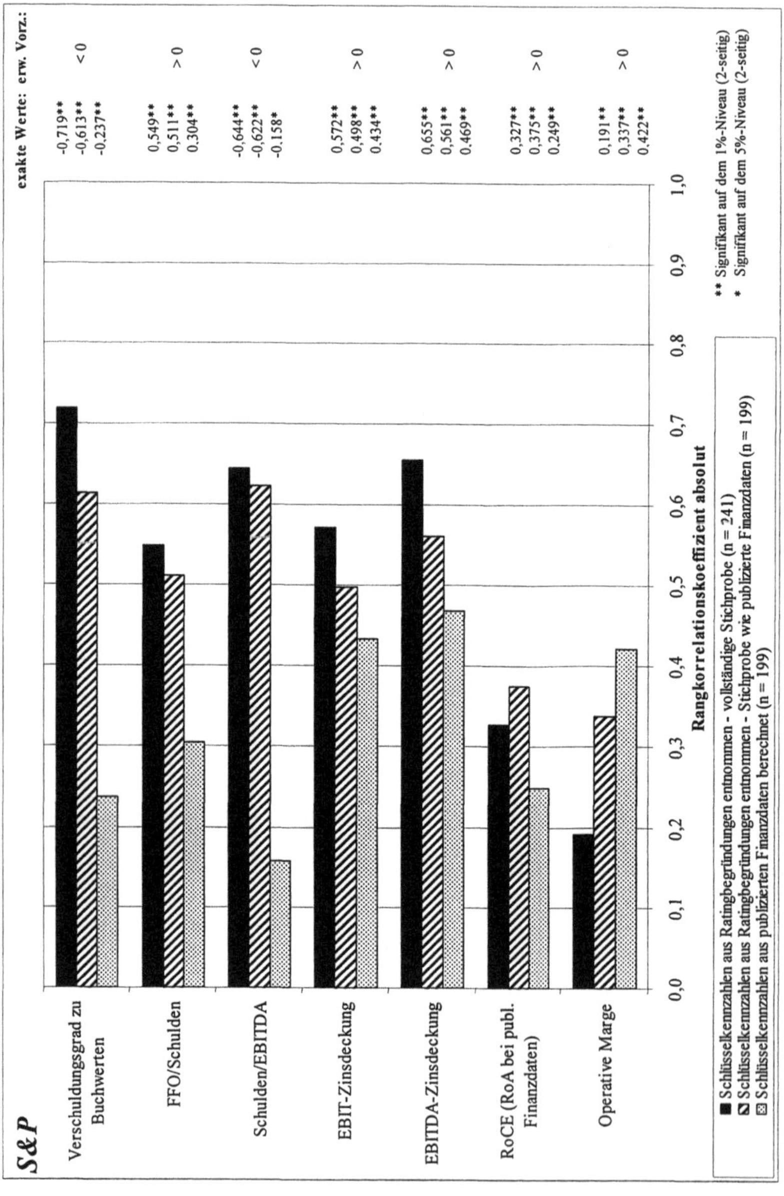

Anhang 29: Rangkorrelationen zwischen 3-Jahres-Durchschnitten der Schlüsselkennzahlen aus den Ratingbegründungen bzw. berechnet aus publizierten Finanzdaten und Ratingklasse für *Moody's*

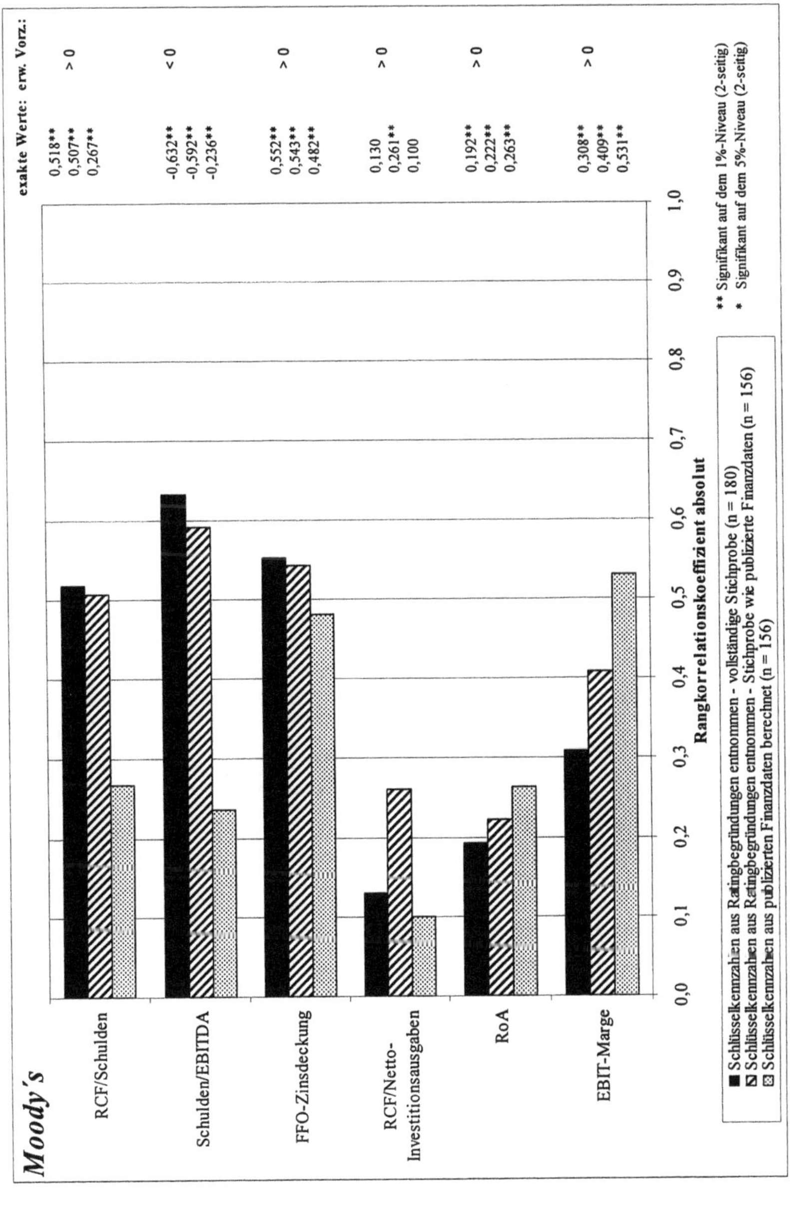

Anhang 30: Deskriptive Statistiken der Datenbasis der Ratingreplikationsmodelle für *S&P* und *Moody's*

Panel 1: Verteilung der Ratings von *S&P* und *Moody's* in der Datenbasis

S&P	Jahr			
Ratingklasse	**2003**	**2004**	**2005**	**gesamt**
AAA/AA (= 4)	9	9	9	27
A (= 3)	20	23	20	63
BBB (= 2)	19	22	19	60
≤ BB (= 1)	25	35	31	91
Total	73	89	79	241

Moody's	Jahr			
Ratingklasse	**2003**	**2004**	**2005**	**gesamt**
Aaa/Aa (= 4)	7	8	8	23
A (= 3)	15	15	16	46
Baa (= 2)	14	17	14	45
≤ Ba (= 1)	18	26	22	66
Total	54	66	60	180

Panel 2: Mittelwerte und Standardabweichungen der Erklärungsvariablen

S&P	Ratingklasse									
	AAA/AA (= 4)		**A (= 3)**		**BBB (= 2)**		**≤ BB (= 1)**		**gesamt**	
Variable	MW	Std.	MW	Std.	MW	Std.	MW	Std.	MW	Std.
LnBilSum (x)	24,17	1,32	22,76	1,43	22,64	1,38	21,12	1,11	22,28	1,62
DebttoEBITDA (x)	1,42	1,47	2,06	1,32	3,33	2,01	5,34	2,69	3,54	2,59
FFOtoDebt (%)	48,17	134,91	134,87	443,98	36,35	87,57	17,73	16,18	56,40	239,10
VG (%)	25,75	18,80	35,37	24,12	51,14	14,52	72,44	20,01	52,22	26,44
EBIT-Cover (x)	17,56	51,50	5,86	6,61	4,36	7,94	1,53	3,37	5,16	18,47
EBITDA-Cover (x)	25,41	63,62	10,33	9,97	8,22	4,53	3,41	4,16	8,88	22,77
ROCE (%)	12,08	6,28	11,49	6,73	9,34	6,75	7,67	9,25	9,58	7,89
Operative-Marge (%)	18,01	6,76	16,37	5,31	17,69	10,90	15,99	11,24	16,74	9,46

Moody's	Ratingklasse									
	Aaa/Aa (= 4)		**A (= 3)**		**Baa (= 2)**		**≤ Ba (= 1)**		**gesamt**	
Variable	MW	Std.	MW	Std.	MW	Std.	MW	Std.	MW	Std.
LnBilSum (x)	24,00	1,59	23,62	1,18	22,66	1,32	21,28	1,17	22,57	1,66
DebttoEBITDA (x)	2,36	1,41	2,58	1,85	2,78	0,98	5,38	1,87	3,63	2,10
RCFtoDebt (%)	41,01	30,40	44,23	95,75	34,73	33,97	13,73	19,31	30,26	54,84
FFO-Cover (x)	10,48	7,84	11,33	10,71	7,58	4,26	7,55	19,33	8,90	13,40
RCFtoNetInvest (%)	214,41	132,71	60,64	339,96	73,37	266,68	485,52	1691,5	239,26	1060,78
RoA (%)	7,62	3,90	6,32	4,1	7,36	4,47	5,19	4,24	6,33	4,28
EBIT-Marge (%)	11,51	5,91	7,96	3,32	6,64	4,11	5,65	10,07	7,24	7,18

Panel 3: (*Pearson* -)Korrelationsmatrizen der Erklärungsvariablen für *S&P* und *Moody's*

S&P	Ln BilSum	Debt to EBITDA	FFO to Debt	VG	EBIT-Cover	EBITDA-Cover	RoCE	Operative-Marge
LnBilSum	1	-0,412**	0,053	-0,350**	0,123	0,171**	-0,036	-0,087
DebttoEBITDA		1	-0,189**	0,656**	-0,217**	-0,251**	-0,506**	0,066
FFOtoDebt			1	-0,211**	0,065	0,067	0,122	0,031
VG				1	-0,284**	-0,297**	-0,372**	0,008
EBIT-Cover					1	0,979**	0,157*	0,091
EBITDA-Cover						1	0,120	0,068
RoCE							1	-0,071
Operative-Marge								1

Moody's	Ln BilSum	Debt to EBITDA	RCF to Debt	FFO-Cover	RCF to NetInvest	RoA	EBIT-Marge
LnBilSum	1	-0,331**	0,093	-0,151*	-0,101	-0,033	0,081
DebtEBITDA		1	-0,313**	-0,291**	-0,021	-0,563**	-0,330**
RCFtoDebt			1	0,407**	-0,026	-0,014	0,042
FFO-Cover				1	-0,036	0,182*	0,149*
RCFtoNetInvest					1	0,132	0,089
RoA						1	0,536**
EBIT-Marge							1

** Korrelationskoeffizient signifikant auf dem 1 %-Niveau (2-seitig)

* Korrelationskoeffizient signifikant auf dem 5 %-Niveau (2-seitig)

Anhang 31: Koeffizienten, Modellgüte und Klassifikationsmatrizen der ordinalen Logit-Ratingreplikationsmodelle für *S&P* und *Moody's*

S&P

Variable	erw. Vorz.	Schätzwert	Std.-Error	Wald-Statistik	Signifikanz
LnBilSum	+	0,823	0,112	54,306	<0,001
DebttoEBITDA	-	-0,202	0,104	3,791	0,050
FFOtoDebt	+	-0,002	0,001	4,757	0,029
VG	-	-0,055	0,010	29,870	<0,001
EBIT-Cover	+	-0,001	0,038	0,001	0,972
EBITDA-Cover	+	0,069	0,037	3,530	0,060
ROCE	+	0,003	0,028	0,008	0,927
Operative-Marge	+	0,039	0,017	4,978	0,026
Modellgüte					
-2 Log-Likelihood (χ^2-Wert)	239,316 (p-Wert: < 0,001; 8 df)				
Cox und Snell -R^2	0,630				
Nagelkerke -R^2	0,679				
McFadden -R^2	0,379				

Variable	Marginaleffekte für einzelne Ratingklassen			
	AAA/AA (= 4)	A (= 3)	BBB (= 2)	≤ BB (= 1)
LnBilSum	0,014	0,142	0,003	-0,159
DebttoEBITDA	-0,003	-0,035	-0,001	0,039
FFOtoDebt	<|0,001|	<|0,001|	<|0,001|	<|0,001|
VG	-0,001	-0,010	<|0,001|	0,011
EBIT-Cover	<|0,001|	<|0,001|	<|0,001|	<|0,001|
EBITDA-Cover	0,001	0,012	<|0,001|	-0,013
ROCE	<|0,001|	<|0,001|	<|0,001|	<|0,001|
Operative-Marge	0,001	0,007	<|0,001|	-0,007

tatsächliche Ratingklasse	prognostizierte Ratingklasse				gesamt
	AAA/AA (= 4)	A (= 3)	BBB (= 2)	≤ BB (= 1)	
AAA/AA (= 4)	18	5	2	2	**27**
A (= 3)	6	39	13	5	**63**
BBB (= 2)	2	14	35	9	**60**
≤ BB (= 1)	0	3	13	75	**91**
gesamt	**26**	**61**	**63**	**91**	**241**
richtige Klassifikationen: 69,3%	Rangkorrelationskoeff.: 0,757 (p-Wert: <0,001)				

Moody's

Variable	erw. Vorz.	Schätzwert	Std.-Error	Wald-Statistik	Signifikanz
LnBilSum	+	1,013	0,142	51,080	<0,001
DebttoEBITDA	-	-0,806	0,154	27,509	<0,001
RCFtoDebt	+	-0,001	0,003	0,140	0,709
FFO-Cover	+	0,007	0,014	0,219	0,640
RCFtoNetInvest	+	0,000	0,000	1,448	0,229
RoA	+	-0,094	0,059	2,570	0,109
EBIT-Marge	+	0,176	0,045	15,001	<0,001
Modellgüte					
-2 Log Likelihood (χ^2-Wert)	175,472 (p-Wert: < 0,001; 7 df)				
Cox und Snell -R^2	0,623				
Nagelkerke -R^2	0,670				
McFadden -R^2	0,368				

Variable	Marginaleffekte für einzelne Ratingklassen			
	Aaa/Aa (= 4)	A (= 3)	Baa (= 2)	≤ Ba (= 1)
LnBilSum	0,019	0,143	0,045	-0,208
DebttoEBITDA	-0,015	-0,114	-0,036	0,165
RCFtoDebt	<|0,001|	<|0,001|	<|0,001|	<|0,001|
FFO-Cover	<|0,001|	0,001	<|0,001|	-0,001
RCFtoNetInvest	<|0,001|	<|0,001|	<|0,001|	<|0,001|
RoA	-0,002	-0,013	-0,004	0,019
EBIT-Marge	0,003	0,025	0,008	-0,036

tatsächliche Ratingklasse	prognostizierte Ratingklasse				gesamt
	Aaa/Aa (= 4)	A (= 3)	Baa (= 2)	< Ba (= 1)	
Aaa/Aa (= 4)	11	6	4	2	**23**
A (= 3)	5	28	12	1	**46**
Baa (= 2)	2	11	26	6	**45**
≤ Ba (= 1)	0	0	10	56	**66**
gesamt	**18**	**45**	**52**	**65**	**180**
richtige Klassifikationen: 67,2%	Rangkorrelationskoeff.: 0,774 (p-Wert: <0,001)				

Anhang 32: Ergebnisse der Varianten der ordinalen Logit-Ratingreplikationsmodelle für *S&P*

S&P												
	Modell 1: Grundmodell		Modell 2: mit Industrie-Dummy-Variable		Modell 3: nur Industrie-Unternehmen		Modell 4: nur Nicht-Industrie-Unternehmen		Modell 5: Schlüsselkennzahlen auf Basis unangepaßter Finanzdaten		Modell 6: Grundmodell mit Datensätzen v. Modell 5	
Variable	**Schätzwert**	**Signifikanz**[1]	**Schätzwert**	**Signifikanz**	**Schätzwert**	**Signifikanz**	**Schätzwert**	**Signifikanz**	**Schätzwert**	**Signifikanz**	**Schätzwert**	**Signifikanz**
LnBilSum	0,823	<0,001	0,785	<0,001	1,152	<0,001	0,486	0,004	0,922	<0,001	0,830	<0,001
DebttoEBITDA	-0,202	0,050	-0,334	0,004	-0,408	0,049	-0,536	0,141	0,294	<0,001	-0,172	0,110
FFOtoDebt	-0,002	0,029	-0,002	0,012	-0,003	<0,001	-0,009	0,577	-0,006	0,008	-0,001	0,041
VG	-0,055	<0,001	-0,062	<0,001	-0,077	<0,001	-0,149	<0,001	-0,074	<0,001	-0,048	<0,001
EBIT-Cover	-0,001	0,972	-0,041	0,294	0,006	0,963	0,083	0,715	-0,119	0,129	-0,003	0,930
EBITDA-Cover	0,069	0,060	0,129	0,001	0,184	0,039	-0,664	0,003	0,129	0,024	0,071	0,047
ROCE (RoA in Modell 6)	0,003	0,927	0,036	0,219	0,045	0,370	0,126	0,113	0,073	0,135	0,004	0,878
Operative-Marge	0,039	0,026	0,006	0,759	-0,023	0,538	0,028	0,370	0,066	<0,001	0,047	0,014
Dummy Industrie = nein	-	-	2,463	<0,001	-	-	-	-	-	-		
Modellgüte												
-2 Log-Likelihood (8 df)	χ^2-Wert	Sign.	χ^2-Wert	Sign.	χ^2-Wert	Sign.	χ^2-Wert	Sign.	χ^2-Wert	Sign.	χ^2-Wert	Sign.
	239,316	<0,001	281,16	<0,001	236,62	<0,001	85,781	<0,001	146,027	<0,001	174,934	<0,001
Pseudo-R^2	Wert		Wert		Wert		Wert		Wert		Wert	
Cox und Snell-R^2	0,630		0,689		0,766		0,667		0,520		0,585	
Nagelkerke-R^2	0,679		0,743		0,83		0,718		0,558		0,627	
McFadden-R^2	0,379		0,445		0,568		0,417		0,272		0,326	
Klassifikationsleistung												
richtige Klassifkationen:	69,3%		68,1%		72,4%		73,1%		57,3%		64,8%	
Rangkorrelationskoeffizient:	0,757**		0,811**		0,848**		0,802**		0,678**		0,720**	

<table>
<tr><th>Marginaleffekte[2]</th><th colspan="4">Modell 1</th><th colspan="4">Modell 2</th><th colspan="4">Modell 3</th><th colspan="4">Modell 4</th><th colspan="4">Modell 5</th><th colspan="4">Modell 6</th></tr>
<tr><td></td><td>4</td><td>3</td><td>2</td><td>1</td><td>4</td><td>3</td><td>2</td><td>1</td><td>4</td><td>3</td><td>2</td><td>1</td><td>4</td><td>3</td><td>2</td><td>1</td><td>4</td><td>3</td><td>2</td><td>1</td><td>4</td><td>3</td><td>2</td><td>1</td></tr>
<tr><td>LnBilSum</td><td>0,014</td><td>0,142</td><td>0,003</td><td>-0,159</td><td>0,008</td><td>0,126</td><td><|0,001|</td><td>-0,133</td><td>0,002</td><td>0,123</td><td>0,063</td><td>-0,188</td><td>0,006</td><td>0,106</td><td>-0,051</td><td>-0,061</td><td>0,040</td><td>0,169</td><td>-0,062</td><td>-0,147</td><td>0,030</td><td>0,165</td><td>-0,084</td><td>-0,110</td></tr>
<tr><td>DebttoEBITDA</td><td>-0,003</td><td>-0,035</td><td>-0,001</td><td>0,039</td><td>-0,003</td><td>-0,053</td><td><|0,001|</td><td>0,057</td><td>-0,001</td><td>-0,044</td><td>-0,022</td><td>0,067</td><td>-0,007</td><td>-0,117</td><td>0,057</td><td>0,067</td><td>0,013</td><td>0,054</td><td>-0,020</td><td>-0,047</td><td>-0,006</td><td>-0,034</td><td>0,017</td><td>0,023</td></tr>
<tr><td>FFOtoDebt</td><td><|0,001|</td><td><|0,001|</td><td><|0,001|</td><td><|0,001|</td><td><|0,001|</td><td><|0,001|</td><td><|0,001|</td><td><|0,001|</td><td><|0,001|</td><td><|0,001|</td><td><|0,001|</td><td>0,001</td><td><|0,001|</td><td>-0,002</td><td>0,001</td><td>0,001</td><td><|0,001|</td><td>-0,001</td><td><|0,001|</td><td>0,001</td><td><|0,001|</td><td><|0,001|</td><td><|0,001|</td><td><|0,001|</td></tr>
<tr><td>VG</td><td>-0,001</td><td>-0,010</td><td><|0,001|</td><td>0,011</td><td>-0,001</td><td>-0,010</td><td><|0,001|</td><td>0,011</td><td><|0,001|</td><td>-0,008</td><td>-0,004</td><td>0,013</td><td>-0,002</td><td>-0,033</td><td>0,016</td><td>0,019</td><td>-0,003</td><td>-0,014</td><td>0,005</td><td>0,012</td><td>-0,002</td><td>-0,010</td><td>0,005</td><td>0,006</td></tr>
<tr><td>EBIT-Cover</td><td><|0,001|</td><td><|0,001|</td><td><|0,001|</td><td><|0,001|</td><td><|0,001|</td><td>-0,007</td><td><|0,001|</td><td>0,007</td><td><|0,001|</td><td>0,001</td><td><|0,001|</td><td>-0,001</td><td>0,001</td><td>0,018</td><td>-0,009</td><td>-0,010</td><td>-0,005</td><td>-0,022</td><td>0,008</td><td>0,019</td><td><|0,001|</td><td>-0,001</td><td><|0,001|</td><td><|0,001|</td></tr>
<tr><td>EBITDA-Cover</td><td>0,001</td><td>0,012</td><td><|0,001|</td><td>-0,013</td><td>0,001</td><td>0,021</td><td><|0,001|</td><td>-0,022</td><td><|0,001|</td><td>0,020</td><td>0,010</td><td>0,030</td><td>-0,008</td><td>-0,145</td><td>0,070</td><td>0,083</td><td>0,006</td><td>0,024</td><td>-0,009</td><td>-0,021</td><td>0,003</td><td>0,014</td><td>-0,007</td><td>-0,009</td></tr>
<tr><td>ROCE (RoA in Modell 6)</td><td><|0,001|</td><td><|0,001|</td><td><|0,001|</td><td><|0,001|</td><td><|0,001|</td><td>0,006</td><td><|0,001|</td><td>-0,006</td><td><|0,001|</td><td>0,005</td><td>0,002</td><td>0,007</td><td>0,002</td><td>0,028</td><td>-0,013</td><td>-0,016</td><td>0,003</td><td>0,013</td><td>-0,005</td><td>-0,012</td><td><|0,001|</td><td>0,001</td><td><|0,001|</td><td>-0,001</td></tr>
<tr><td>Operative-Marge</td><td>0,001</td><td>0,007</td><td><|0,001|</td><td>-0,007</td><td><|0,001|</td><td>0,001</td><td><|0,001|</td><td>-0,001</td><td><|0,001|</td><td>-0,002</td><td>-0,001</td><td>0,004</td><td><|0,001|</td><td>0,006</td><td>-0,003</td><td>-0,003</td><td>0,003</td><td>0,012</td><td>-0,004</td><td>-0,011</td><td>0,002</td><td>0,009</td><td>-0,005</td><td>-0,006</td></tr>
<tr><td>Dummy Industrie = nein[3]</td><td>-</td><td>-</td><td>-</td><td>-</td><td>-0,046</td><td>-0,438</td><td>0,153</td><td>0,331</td><td>-</td><td>-</td><td>-</td><td>-</td><td>-</td><td>-</td><td>-</td><td>-</td><td>-</td><td>-</td><td>-</td><td>-</td><td>-</td><td>-</td><td>-</td><td>-</td></tr>
</table>

** Auf dem 1 %-Niveau signifikant; * Auf dem 5 %-Niveau signifikant.

1 Die Signifikanzen für sämtliche Modelle beziehen sich die *Wald*-Statistik.

2 Berechnung als Ableitung der prognostizierten Wahrscheinlichkeit für den Eintritt der jeweiligen Ratingklasse (4 bis 1) nach der entsprechenden Erklärungsvariable unter der Annahme, dass die anderen Erklärungsvariablen den Mittelwert annehmen.

3 Annahme einer diskreten Veränderung von 0 (=nein) auf 1 (=ja).

Anhang 33: Ergebnisse der Varianten der ordinalen Logit-Ratingreplikations-modelle für *Moody's*

Moody's

	Modell 1: Grundmodell		Modell 2: mit Industrie-Dummy-Variable		Modell 3: nur Industrie-Unternehmen		Modell 4: nur Nicht-Industrie-Unternehmen		Modell 5: Schlüssel-kennzahlen auf Basis unangepaßter Finanzdaten		Modell 6: Grundmodell mit Datensätzen v. Modell 5	
Variable	**Schätzwert**	**Signifikanz**[1]	**Schätzwert**	**Sign.**	**Schätzwert**	**Signifikanz**	**Schätzwert**	**Signifikanz**	**Schätzwert**	**Signifikanz**	**Schätzwert**	**Signifikanz**
LnBilSum	1,013	<0,001	1,026	<0,001	1,416	<0,001	0,715	<0,001	0,953	<0,001	0,914	<0,001
DebttoEBITDA	-0,806	<0,001	-0,922	<0,001	-1,712	<0,001	-0,137	0,564	-0,116	0,076	-0,673	<0,001
RCFtoDebt	-0,001	0,709	-0,002	0,572	0,001	0,862	0,002	0,878	-0,004	0,224	-0,003	0,304
FFO-Cover	0,007	0,640	0,008	0,580	-0,046	0,296	0,197	0,004	0,064	0,019	0,053	0,024
RCFtoNetInvest	<|0,001|	0,229	<|0,001|	0,290	<|0,001|	0,321	<|0,001|	0,816	<|0,001|	0,477	<|0,001|	0,191
RoA	-0,094	0,109	-0,083	0,167	-0,057	0,553	-0,154	0,195	-0,123	0,085	-0,115	0,053
EBIT-Marge	0,176	<0,001	0,155	0,001	0,153	0,050	0,178	0,011	0,285	<0,001	0,216	<0,001
Dummy Industrie = nein	-	-	1,097	0,004	-	-	-	-	-	-	-	-
Modellgüte												
-2 Log-Likelihood (7 df)	χ^2-Wert	Sign.	χ^2-Wert	Sign.	χ^2-Wert	Sign.	χ^2-Wert	Sign.	χ^2-Wert	Sign.	χ^2-Wert	Sign.
	175,472	<0,001	183,79	<0,001	183,79	<0,001	41,142	<0,001	126,68	<0,001	141,422	<0,001
Pseudo-R²	Wert		Wert		Wert		Wert		Wert		Wert	
Cox und Snell-R²	0,623		0,640		0,773		0,520		0,556		0,596	
Nagelkerke-R²	0,670		0,688		0,837		0,556		0,596		0,639	
McFadden-R²	0,368		0,385		0,579		0,267		0,300		0,335	
Klassifikationsleistung												
richtige Klassifkationen:	67,2%		66,1%		72,6%		50,0%		54,5%		60,9%	
Rangkorrelationskoeffizient:	0,774**		0,796**		0,876**		0,658**		0,677**		0,730**	

Marginaleffekte[2]	Modell 1: 4	3	2	1	Modell 2: 4	3	2	1	Modell 3: 4	3	2	1
LnBilSum	0,019	0,143	0,045	-0,208	0,018	0,137	0,056	-0,211	0,001	0,079	0,238	-0,317
DebttoEBITDA	-0,015	-0,114	-0,036	0,165	-0,016	-0,123	-0,050	0,189	-0,001	-0,095	-0,287	0,384
RCFtoDebt	<|0,001|	<|0,001|	<|0,001|	<|0,001|	<|0,001|	<|0,001|	<|0,001|	<|0,001|	<|0,001|	<|0,001|	<|0,001|	<|0,001|
FFO-Cover	<|0,001|	0,001	<|0,001|	-0,001	<|0,001|	0,001	<|0,001|	-0,002	<|0,001|	-0,003	-0,008	0,010
RCFtoNetInvest	<|0,001|	<|0,001|	<|0,001|	<|0,001|	<|0,001|	<|0,001|	<|0,001|	<|0,001|	<|0,001|	<|0,001|	<|0,001|	<|0,001|
RoA	-0,002	-0,013	-0,004	0,019	-0,001	-0,011	0,004	0,017	<|0,001|	-0,003	-0,010	0,013
EBIT-Marge	0,003	0,025	0,008	-0,036	0,003	0,021	0,008	-0,032	<|0,001|	0,009	0,026	-0,034
Dummy Industrie = nein[3]	-	-	-	-	-0,024	-0,163	-0,016	0,203	-	-	-	-

Marginaleffekte[2]	Modell 4: 4	3	2	1	Modell 5: 4	3	2	1	Modell 6: 4	3	2	1
LnBilSum	0,047	0,109	-0,042	-0,114	0,041	0,188	-0,103	-0,126	0,032	0,168	-0,075	-0,126
DebttoEBITDA	-0,009	-0,021	0,008	0,022	-0,005	-0,023	0,013	0,015	-0,024	-0,124	0,055	0,093
RCFtoDebt	<|0,001|	<|0,001|	<|0,001|	<|0,001|	<|0,001|	-0,001	<|0,001|	0,001	<|0,001|	<|0,001|	<|0,001|	<|0,001|
FFO-Cover	0,013	0,030	-0,012	-0,031	0,003	0,013	-0,007	-0,009	0,002	0,010	-0,004	-0,007
RCFtoNetInvest	<|0,001|	<|0,001|	<|0,001|	<|0,001|	<|0,001|	<|0,001|	<|0,001|	<|0,001|	<|0,001|	<|0,001|	<|0,001|	<|0,001|
RoA	-0,010	-0,023	0,009	0,024	-0,005	-0,024	0,013	0,016	0,004	-0,021	0,009	0,016
EBIT-Marge	0,012	0,027	-0,010	-0,028	0,012	0,056	-0,031	-0,038	0,008	0,040	-0,018	-0,030
Dummy Industrie = nein[3]	-	-	-	-	-	-	-	-	-	-	-	-

** Auf dem 1 %-Niveau signifikant; * Auf dem 5 %-Niveau signifikant.

[1] Die Signifikanzen für sämtliche Modelle beziehen sich die *Wald*-Statistik.

[2] Berechnung als Ableitung der prognostizierten Wahrscheinlichkeit für den Eintritt der jeweiligen Ratingklasse (4 bis 1) nach der entsprechenden Erklärungsvariable unter der Annahme, dass die anderen Erklärungsvariablen den Mittelwert annehmen.

[3] Annahme einer diskreten Veränderung von 0 (=nein) auf 1 (=ja).

Anhang 34: Beispiele für die Zuordnung von Ratingänderungen zu den Hauptauslösern

Auslöser der Ratingände-	**Beispiele für angeführte Hauptgründe in Ratingänderungsbegründungen**
Unternehmens-transaktion	„On July 19, 2004, Standard & Poor's Ratings Services lowered its long-term corporate credit rating on Germany-based pharmaceuticals and agrochemicals conglomerate Bayer AG to 'A' from 'A+', following the announcement that it has acquired the over-the-counter (OTC; that is, prescription-free drugs) division of Swiss-based pharmaceuticals manufacturer Roche for a total consideration of € 2.38 billion ($ 2.95 billion)." Aus der *Bayer* Herabstufung durch *S&P* vom 19.07.2004
Kapitaltransaktion	„The ratings action was prompted by Brenntag's proposed changes to its capital structure and the subsequent expected increase in the level of total debt." Aus der *Brenntag* Herabstufung durch *Moody's* vom 01.12.2005
Veränderungen im Geschäfts-risiko	„On Oct. 21, 2003, Standard & Poor's Ratings Services lowered its long-term corporate credit ratings on DaimlerChrysler AG (DaimlerChrysler) and related entities to 'BBB' from 'BBB+'. This reflects concerns about the increasingly clouded prospects of the Chrysler Group amid intensifying competition in the North American auto market." (***Wettbewerbssituation*** **⇨ Geschäftsrisiko)** Aus der *DaimlerChrysler* Herabstufung durch *S&P* vom 21.10.2003
Veränderungen Geschäfts- und Finanzrisiko	„Moody's said that the rating upgrade reflects the following factors: (1) Primarily the very significant improvement in credit metrics driven essentially by the company's disposal in recent months of its VWR laboratory distribution business and its stake in BioMer for a total net cash contribution of EUR1.4 billion. (***Finanzpolitik*** **⇨ Finanzrisiko**) (2) The favourable growth trends in the liquid crystal division, driven by the growing demand for flat-screen displays. (***Absatz/Wachstumsaussichten*** **⇨ Geschäftsrisiko**) (3) The expectation that Erbitux, an innovative oncology drug, will be approved in Europe in the near term and should become a major drug in various indications over time. (***Produkttechnologien/Forschung und Entwicklung*** **⇨ Geschäftsrisiko**) (4) The strengthening of the company's liquidity thanks to debt reduction, combined with the maintenance of existing sources of alternate liquidity." (***finanzielle Flexibilität allgemein*** **und** ***externe Liquiditätsquellen*** **⇨ Finanzrisiko**) Aus der *Merck* Heraufstufung durch *Moody's* vom 04.06.2004.
Veränderungen im Finanzrisiko	„The rating action has been prompted by the following factors: 1) The company's operating performance and cash generation (...) during the first six months of 2006, which are below levels in previous years and behind the company's expectations.(...) (***Umsatzrendite/Gewinnspanne*** **und** ***Cash Flows*** **⇨ Finanzrisiko**) 2) The company's downward revision of its medium-term forecasts, in contrast to Moody's expectations of a successful and sustainable turnaround in profitability and cash generation, combined with little visibility of a performance turnaround which could give comfort to current high leverage ratios and insufficient interest coverage. (***Profitabilität/ Ergebnis allgemein***, ***Cash Flows***, ***Verschuldungsgrad***, ***Deckungsgrade*** **⇨ Finanzrisiko**) 3) Uncertainty whether financial covenants can be met. (***Finanzpläne unter Stressszenarien*** **➡ Finanzrisiko**) 4) Insufficient internal cash generation increasing the reliance on third party funding." (***Cash Flow-Deckung Capex*** **⇨ Finanzrisiko**) Aus der *Schefenacker* Herabstufung durch *Moody's* vom 30.08.2006.
Veränderung in der Rating-methodik	„The rating actions reflect Standard & Poor's treatment of unfunded pensions as debt-like in character. Including unfunded pensions in the calculation of the group's indebtedness, credit protection measures are weak, with funds from operations (FFO) to net debt (including pensions) of about 15%, and pension-adjusted debt to capital of more than 60% for the fiscal year ended Sept. 30, 2002." Aus der *ThyssenKrupp* Herabstufung durch *S&P* vom 21.02.2003.

Anhang 35: Ergebnisse der Analyse der Veröffentlichungszeitpunkte von Ratingänderungsbegründungen

Unternehmen	Agentur	Datum Rating-änderung (RÄ)	Datum Watchlist-Aufnahme (WLA)*	GJ-Ende	Werte in Tagen: Δ Datum RÄ zu GJ-Ende + 60 Tage	Δ Datum RÄ zu Q1-Ende + 45 Tage	Δ Datum RÄ zu Q2-Ende + 45 Tage	Δ Datum RÄ zu Q3-Ende + 45 Tage	Min > 0	Δ Datum WLA zu GJ-Ende + 60 Tage	Δ Datum WLA zu Q1-Ende + 45 Tage	Δ Datum WLA zu Q2-Ende + 45 Tage	Δ Datum WLA zu Q3-Ende + 45 Tage	Min > 0
ABB Ltd.	*Moody's*	12.04.06	-	31.12.	43	-33	-125	-217	43	43	-33	-125	-217	43
ABB Ltd.	*S&P*	03.04.06	07.11.05	31.12.	34	-42	-134	-226	34	252	176	84	-8	84
ABB Ltd.	*Moody's*	25.03.02	-	31.12.	25	-51	-143	-235	25	25	-51	-143	-235	25
ABB Ltd.	*S&P*	26.03.02	21.03.02	31.12.	26	-50	-142	-234	26	21	-55	-147	-239	21
Adecco S.A.	*S&P*	12.01.04	-	31.12.	318	242	150	58	58	318	242	150	58	58
Adecco S.A.	*Moody's*	03.03.05	16.12.04	31.12.	3	-73	-165	-257	3	291	215	123	31	31
Adecco S.A.	*S&P*	08.07.04	14.06.04	31.12.	130	54	-38	-130	54	106	30	-62	-154	30
Bayer AG	*Moody's*	13.06.03	14.03.03	31.12.	105	29	-63	-155	29	14	-62	-154	-246	14
Ciba Specialty Chemicals Holding Inc.	*S&P*	04.05.06	21.02.06	31.12.	65	-11	-103	-195	65	358	282	190	98	98
Ciba Specialty Chemicals Holding Inc.	*Moody's*	15.05.06	21.02.06	31.12.	76	0	-92	-184	0	358	282	190	98	98
Continental AG	*Moody's*	01.04.05	-	31.12.	32	-44	-136	-228	32	32	-44	-136	-228	32
Continental AG	*S&P*	06.08.04	-	31.12.	159	83	-9	-101	83	159	83	-9	-101	83
DaimlerChrysler AG	*Moody's*	09.10.06	15.09.06	31.12.	223	147	55	-37	55	199	123	31	-61	31
DaimlerChrysler AG	*S&P*	21.10.03	-	31.12.	235	159	67	-25	67	235	159	67	-25	67
Deutsche Lufthansa AG	*S&P*	08.03.04	-	31.12.	8	-68	-160	-252	8	8	-68	-160	-252	8
Deutsche Post AG	*S&P*	12.05.03	25.03.03	31.12.	73	-3	-95	-187	73	25	-51	-143	-235	25
Deutsche Telekom AG	*Moody's*	28.03.02	25.02.02	31.12.	28	-48	-140	-232	28	362	286	194	102	102
Deutsche Telekom AG	*S&P*	08.04.02	26.02.02	31.12.	39	-37	-129	-221	39	363	287	195	103	103
Deutsche Telekom AG	*Moody's*	15.10.04	30.07.04	31.12.	229	153	61	-31	61	152	76	-16	-108	76
Deutsche Telekom AG	*S&P*	03.03.05	-	31.12.	3	-73	-165	-257	3	3	-73	-165	-257	3
Dürr AG	*Moody's*	11.04.05	09.11.04	31.12.	42	-34	-126	-218	42	254	178	86	-6	86
Dürr AG	*S&P*	18.03.05	05.11.04	31.12.	18	-58	-150	-242	18	250	174	82	-10	82
Energie Baden-Württemberg AG	*Moody's*	12.11.03	08.07.03	31.12.	257	181	89	-3	89	130	54	-38	-130	54
Energie Baden-Württemberg AG	*S&P*	19.04.04	-	31.12.	50	-26	-118	-210	50	50	-26	-118	-210	50
Energie Baden-Württemberg AG	*Moody's*	17.10.05	23.06.05	31.12.	231	155	63	-29	63	115	39	-53	-145	39
E.ON AG	*Moody's*	10.01.03	05.07.02	31.12.	316	240	148	56	56	127	51	-41	-133	51
E.ON AG	*S&P*	18.04.02	09.01.01	31.12.	49	-27	-119	-211	49	315	239	147	55	55
E.ON AG	*Moody's*	30.04.04	02.03.04	31.12.	61	-15	-107	-199	61	2	-74	-166	-258	2
Escada AG	*Moody's*	20.03.06	-	31.10.	79	5	-87	-179	5	79	5	-87	-179	5
Fresenius Medical Care AG & KGaA	*Moody's*	03.03.03	-	31.12.	3	-73	-165	-257	3	3	-73	-165	-257	3
Fresenius Medical Care AG & KGaA	*S&P*	20.12.02	-	31.12.	295	219	127	35	35	295	219	127	35	35
HeidelbergCement AG	*Moody's*	16.04.03	20.02.03	31.12.	47	-29	-121	-213	47	357	281	189	97	97
HeidelbergCement AG	*S&P*	23.05.03	02.04.03	31.12.	84	8	-84	-176	8	33	-43	-135	-227	33
HeidelbergCement AG	*S&P*	04.08.06	-	31.12.	157	81	-11	-103	81	157	81	-11	-103	81
Jenoptik AG	*Moody's*	11.06.04	-	31.12.	103	27	-65	-157	27	103	27	-65	-157	27
Jenoptik AG	*S&P*	21.04.04	-	31.12.	52	-24	-116	-208	52	52	-24	-116	-208	52
Merck KGaA	*Moody's*	04.06.04	-	31.12.	96	20	-72	-164	20	96	20	-72	-164	20
Merck KGaA	*S&P*	07.07.04	-	31.12.	129	53	-39	-131	53	129	53	-39	-131	53
Metro AG	*Moody's*	22.11.05	-	31.12.	267	191	99	7	7	267	191	99	7	7
Metro AG	*S&P*	19.12.02	-	31.12.	294	218	126	34	34	294	218	126	34	34

Fortsetzung Anhang 35

MTU Aero Engines Holding AG	*S&P*	20.06.06	-	31.12.	**112**	36	-56	-148	**36**	**112**	36	-56	-148	**36**
MTU Aero Engines Holding AG	*Moody's*	18.07.05	31.05.05	31.12.	**140**	64	-28	-120	**64**	**92**	16	-76	-168	**16**
Schefenacker AG	*Moody's*	30.08.06	-	31.12.	**183**	107	15	-77	**15**	**183**	107	15	-77	**15**
Schefenacker AG	*S&P*	30.08.06	-	31.12.	**183**	107	15	-77	**15**	**183**	107	15	-77	**15**
SGL Carbon AG	*Moody's*	20.03.06	-	31.12.	**20**	-56	-148	-240	**20**	**20**	-56	-148	-240	**20**
SGL Carbon AG	*S&P*	04.05.06	17.03.06	31.12.	**65 .**	-11	-103	-195	**65**	**17**	-59	-151	-243	**17**
Südzucker AG	*Moody's*	11.03.04	28.01.04	28.02.	**318**	242	150	59	**59**	**275**	199	107	16	**16**
Syngenta AG	*Moody's*	18.09.03	22.07.03	31.12.	**202**	126	34	-58	**34**	**144**	68	-24	-116	**68**
Telekom Austria AG	*Moody's*	23.06.05	-	31.12.	**115**	39	-53	-145	**39**	**115**	39	-53	-145	**39**
Telekom Austria AG	*S&P*	29.06.05	-	31.12.	**121**	45	-47	-139	**45**	**121**	45	-47	-139	**45**
ThyssenKrupp AG	*Moody's*	31.07.03	15.05.03	30.09.	**243**	167	77	-14	**77**	**166**	90	0	-91	**0**
ThyssenKrupp AG	*S&P*	21.02.03	07.02.03	30.09.	**83**	7	-83	-174	**7**	**69**	-7	-97	-188	**69**
ThyssenKrupp AG	*Moody's*	21.12.04	06.12.04	30.09.	**21**	-55	-145	-236	**21**	**6**	-70	-160	-251	**6**
ThyssenKrupp AG	*S&P*	10.02.05	15.12.04	30.09.	**72**	-4	-94	-185	**72**	**15**	-61	-151	-242	**15**
Österreichische Elektrizitätswirtschafts-AG	*S&P*	08.11.02	-	31.12.	**253**	177	85	-7	**85**	**253**	177	85	-7	**85**
Volkswagen AG	*Moody's*	02.07.04	23.04.04	31.12.	**124**	48	-44	-136	**48**	**54**	-22	-114	-206	**54**
Volkswagen AG	*S&P*	15.06.04	12.03.04	31.12.	**107**	31	-61	-153	**31**	**12**	-64	-156	-248	**12**
							Gesamt					**Gesamt**		
			Ø:		**120,1**				**40,7**	**145,1**				**42,6**
			Min:		**3**				**0**	**2**				**0**
			Max:		**318**				**89**	**363**				**103**
			Std:		**94,7**				**24,1**	**116,4**				**30,3**
							S&P					***S&P***		
			Ø:		**114,8**				**44,5**	**150,2**				**48,2**
			Min:		**3**				**3**	**3**				**3**
			Max:		**318**				**85**	**363**				**103**
			Std:		**91,2**				**24,4**	**121,5**				**29,2**
							Moody's					***Moody's***		
			Ø:		**125,2**				**37,0**	**140,1**				**37,1**
			Min:		**3**				**0**	**2**				**0**
			Max:		**318**				**89**	**362**				**102**
			Std:		**99,3**				**23,7**	**113,2**				**30,9**

* In Fällen, in denen keine vorherige Watchlist-Aufnahme erfolgte, wurde weiterhin das Datum der Ratingänderung herangezogen.

Anhang 36: Anschreiben der Befragung

Anrede
Titel Vorname Nachname
Position der
Unternehmensname
Straße Hausnummer

PLZ Ort
Land

München, den 14.03.2007

Forschungsprojekt: Bonitätsanalyse durch Ratingagenturen

Anrede,

aus Ihrem Aufgabenfeld im Unternehmen wissen Sie um die **hohe Aktualität und Relevanz des Themas Bonitätsanalyse durch Ratingagenturen.** Das Seminar für Rechnungswesen und Prüfung der Ludwig-Maximilians-Universität München (LMU) führt daher ein Forschungsprojekt durch, bei dem geratete Unternehmen aus Deutschland, Österreich und der Schweiz erstmals zum Rating durch die großen internationalen Ratingagenturen Standard & Poor's und Moody's befragt werden. Wir würden uns freuen, wenn Sie uns mit **15 Minuten Ihrer Zeit** unterstützen würden, indem Sie den beiliegenden Fragebogen ausfüllen.

Die Daten werden selbstverständlich **anonym** ausgewertet und nur in aggregierter Form ausgewiesen. Rückschlüsse auf Ihr Unternehmen sind daher nicht möglich. Bitte senden Sie den ausgefüllten Fragebogen **bis zum 16. April 2007** entweder **per Fax (+49(0)89/2180-6327)** oder **per Post (ein frankierter und adressierter Rückumschlag liegt bei)** an uns zurück. Durch Rücksendung per Post haben Sie die Möglichkeit, uns den Fragebogen auch völlig anonym zukommen zu lassen.

Als kleines **Dankeschön** für Ihre Unterstützung senden wir Ihnen auf Wunsch gerne eine **Ergebnisübersicht** zu.

Für Rückfragen und weitere Informationen steht Ihnen Herr Dipl.-Kfm. Christian Wappenschmidt telefonisch unter der Nummer **+49(0)89/2180-6326** oder per Email unter **wappenschmidt@bwl.uni-muenchen.de** jederzeit gerne zur Verfügung.

Wir bedanken uns schon heute sehr für Ihre Unterstützung und verbleiben

mit freundlichen Grüßen

Prof. Dr. Dr. h.c. Wolfgang Ballwieser — Dipl.-Kfm. Christian Wappenschmidt

Anlagen: Fragebogen; Rückumschlag

Anhang 37: Fragebogen

Bonitätsanalyse durch Ratingagenturen

Eine Befragung extern gerateter Unternehmen aus Deutschland, Österreich und der Schweiz

Ein Forschungsprojekt

von

Prof. Dr. Dr. h.c. Wolfgang Ballwieser und
Dipl.-Kfm. Christian Wappenschmidt
Ludwig-Maximilians-Universität München
Seminar für Rechnungswesen und Prüfung
Ludwigstraße 28 RG
D-80539 München
Tel.: +49(0)89/2180-6326
Fax: +49(0)89/2180-6327

Für die Bearbeitung des nachfolgenden Fragebogens bitten wir Sie um ca. 15 Minuten Ihrer Zeit.

Die Daten werden **anonym** ausgewertet und nur in aggregierter Form ausgewiesen.
Rückschlüsse auf Ihr Unternehmen sind also nicht möglich.

Bei **Rückfragen** steht Ihnen **Herr Dipl.-Kfm. Christian Wappenschmidt** unter der Telefonnummer **+49(0)89/2180-6326** oder per Email unter **wappenschmidt@bwl.uni-muenchen.de** jederzeit gerne zur Verfügung

Schicken Sie Ihre Rückantwort bitte entweder per Fax (+49(0)89/2180-6327) oder per Post (adressierter und frankierter Rückumschlag liegt bei).

Vielen Dank im Voraus für Ihre Zeit und Unterstützung unseres Forschungsprojekts!

Fortsetzung Anhang 37

Hinweise zum Ausfüllen des Fragebogens

- Der Fragebogen bezieht sich auf externe Ratings durch Ratingagenturen. Der Fokus liegt dabei auf den Agenturen Standard & Poor's (S&P) und Moody's. Ratings durch Banken werden nicht betrachtet.
- Geben Sie bitte bei Fragen, die sich auf die beiden Ratingagenturen Standard & Poor's und Moody's beziehen eine Antwort für diejenige Agentur, von der Ihr Unternehmen geratet wird. Wenn Ihr Unternehmen ein Rating von beiden Agenturen besitzt, geben Sie bitte für jede der beiden eine Antwort.
- Bei Antwortmöglichkeiten auf einer Skala von 1 bis 5 stellt der Wert „1" den Grad niedrigster Zustimmung („trifft gar nicht zu") oder Wichtigkeit („überhaupt nicht wichtig") und der Wert „5" den Grad höchster Zustimmung („trifft voll zu") oder Wichtigkeit („sehr wichtig") dar. Mit den Werten dazwischen können Sie Ihre Antwort entsprechend abstufen.

A. Angaben zu Ratings und Motiven für die Ratingbeantragung

Von welchen Ratingagenturen wird bzw. wurde Ihr Unternehmen geratet? *(Mehrere Antworten möglich!)*					
❑1 S&P:	von	bis	❑3 Fitch:	von	bis
❑2 Moody's:	von	bis	❑4 Sonstige:	von	bis

Welches Rating (<u>ohne</u> *Modifier* +/- bzw. 1, 2, 3) hat Ihr Unternehmen zurzeit von nachfolgenden Rating agenturen?

	D/D	C/C	CC/Ca	CCC/Caa	B/B	BB/Ba	BBB/Baa	A/A	AA/Aa	AAA/Aaa
S&P	O	O	O	O	O	O	O	O	O	O
Moody's	O	O	O	O	O	O	O	O	O	O

Inwieweit haben die nachfolgenden möglichen Gründe zu der Entscheidung Ihres Unternehmens geführt, ein Rating von einer großen, internationalen Ratingagentur zu beantragen?

	trifft gar nicht zu 1	2	3	4	trifft voll 5
Möglichkeit zum Benchmarking mit anderen Unternehmen	O	O	O	O	O
Stärken- und Schwächenanalyse für das eigene Unternehmen	O	O	O	O	O
Hilfe bei der Emissionspreisfindung	O	O	O	O	O
Erschließung internationaler Kapitalmärkte	O	O	O	O	O
Verbesserung der Liquidität der eigenen Schuldtitel	O	O	O	O	O
Ansprache spezieller Investorenkreise	O	O	O	O	O
Kommunikationsinstrument für das Finanzmarketing	O	O	O	O	O
Stärkung der Verhandlungsposition gegenüber Banken	O	O	O	O	O
Imagewirkung gegenüber Geschäftspartnern	O	O	O	O	O
Möglichkeit, mittels Rating vertrauliche Informationen an den Kapitalmarkt zu kommunizieren, ohne diese direkt öffentlich preiszugeben	O	O	O	O	O
Homogenisierung der Investorenerwartungen	O	O	O	O	O
Senkung der Fremdkapitalkosten	O	O	O	O	O
Einsatz als Signal- und Zertifizierungsinstrument	O	O	O	O	O
Erfüllung von aufsichtsrechtlichen/gesetzlichen Auflagen	O	O	O	O	O
Erfüllung von vertraglichen Auflagen/Verpflichtungen	O	O	O	O	O
Sonstiges:	O	O	O	O	O

Wie hoch sind die gesamten Honorare, die Ihr Unternehmen pro Jahr an nachfolgende Ratingagenturen zahlt?

	keine Rating-honorare	weniger als 25.000 €	25.000 € bis 50.000 €	50.000 € bis 100.000 €	100.000 € bis 200.000 €	mehr als 200.000 €
S&P	O	O	O	O	O	O
Moody's	O	O	O	O	O	O

Fortsetzung Anhang 37

B. Informationsaustausch mit der (den) Ratingagentur(en)

Welche Informationen stellt Ihr Unternehmen der (den) Ratingagentur(en) üblicherweise zur Verfügung? ***(Bitte nur eine Antwort!)***		
nur die zur Veröffentlichtlichung bestimmten Informationen	ausgewählte vertrauliche Informationen	umfangreiche vertrauliche Informationen
❍	❍	❍

Wie schätzen Sie die Transparenz der Ratingmethodologien nachfolgender Ratingagenturen ein?	sehr schlecht	schlecht	befriedigend	gut	sehr gut	keine Meinung
S&P	❍	❍	❍	❍	❍	❍
Moody´s	❍	❍	❍	❍	❍	❍

Welche Informationen erhält Ihr Unternehmen von nachfolgenden Ratingagenturen zum Zustandekommen des Ratings?	keine	ausschließlich verbale Erläuterungen der Analysten	kurze schriftliche Begründung	Analysen für Abonnenten der Agentur (z.B. „S&P Research", „Moody´s Analysis")	darüber hinausgehende ausführliche schriftliche Begründung	genaue Einblicke in die relevanten Kriterien und deren Verknüpfung
S&P	❍	❍	❍	❍	❍	❍
Moody´s	❍	❍	❍	❍	❍	❍

Inwieweit hat Ihr Unternehmen ein Mitspracherecht bei von nachfolgenden Ratingagenturen veröffentlichten Analysen (z.B. „S&P Research", „Moody´s Analysis", „Moody´s Credit Opinion") zu Ihrem Unternehmen?	kein Mitspracherecht	nur bezüglich Faktenangaben	bezüglich Faktenangaben und analytischen Aussagen
S&P	❍	❍	❍
Moody´s	❍	❍	❍

Wie beurteilen Sie die Qualität dieser von nachfolgenden Ratingagenturen veröffentlichten Analysen zu Ihrem Unternehmen?	sehr schlecht	schlecht	befriedigend	gut	sehr gut	keine Meinung
S&P	❍	❍	❍	❍	❍	❍
Moody´s	❍	❍	❍	❍	❍	❍

C. Bestimmungsfaktoren von Ratings und deren Änderungen

<u>Aus Ihrer Erfahrung</u>: Wie wichtig sind Ihrer Ansicht nach die unten angeführten Analysebereiche für das Emittenten-Rating Ihres Unternehmens durch nachfolgende Ratingagenturen?

	S&P					**Moody´s**				
	überhaupt nicht wichtig				sehr wichtig	überhaupt nicht wichtig				sehr wichtig
	1	2	3	4	5	1	2	3	4	5
Länderrisiken	❍	❍	❍	❍	❍	❍	❍	❍	❍	❍
Branchenrisiken	❍	❍	❍	❍	❍	❍	❍	❍	❍	❍
Wettbewerbspositi-	❍	❍	❍	❍	❍	❍	❍	❍	❍	❍
Managementqualität	❍	❍	❍	❍	❍	❍	❍	❍	❍	❍
Finanzpolitik	❍	❍	❍	❍	❍	❍	❍	❍	❍	❍
Rechnungslegungsqualität	❍	❍	❍	❍	❍	❍	❍	❍	❍	❍
Profitabilität/Ertragskraft	❍	❍	❍	❍	❍	❍	❍	❍	❍	❍
Kapitalstruktur/Vermögensschutz	❍	❍	❍	❍	❍	❍	❍	❍	❍	❍
Cash Flows/Cash Flow-Kennzahlen	❍	❍	❍	❍	❍	❍	❍	❍	❍	❍
finanzielle Flexibilität	❍	❍	❍	❍	❍	❍	❍	❍	❍	❍
Sonstiges: ________	❍	❍	❍	❍	❍	❍	❍	❍	❍	❍

Fortsetzung Anhang 37

Aus Ihrer Erfahrung: Wie wichtig sind Ihrer Ansicht nach die unten angeführten Entwicklungen als mögliche Auslöser für eine Ratingänderung durch nachfolgende Ratingagenturen?

	S&P					Moody´s				
	überhaupt nicht wichtig				sehr wichtig	überhaupt nicht wichtig				sehr wichtig
	1	2	3	4	5	1	2	3	4	5
(a) Unternehmenskauf/-zusammenschluss	O	O	O	O	O	O	O	O	O	O
(b) Kapitaltransaktion/Neuemission	O	O	O	O	O	O	O	O	O	O
(c) Veränderung in Branchen- und Geschäftsrisiken (ohne (a) oder (b))	O	O	O	O	O	O	O	O	O	O
(d) Veränderung in Finanzrisiken (ohne (a) oder (b))	O	O	O	O	O	O	O	O	O	O
(e) Veränderung der Ratingmethodik	O	O	O	O	O	O	O	O	O	O

D. Ratings und eine Umstellung auf die IFRS

Hat Ihr Unternehmen nach Beantragung eines Ratings von S&P und/oder Moody´s eine Umstellung der Rechnungslegung auf die IFRS vollzogen?

ja

O Umstellung von ______________ zum Geschäftsjahr ______________

nein

O

Falls Sie diese Frage mit „nein" beantwortet haben, gehen Sie bitte direkt zu Fragenblock E!

Welche Informationen hat Ihr Unternehmen der (den) Ratingagentur(en) zu Umstellungseffekten auf die IFRS über die nach SIC 8 (bei Umstellung vor 1.1.2004) bzw. IFRS 1 (bei Umstellung zum oder nach 1.1.2004) verlangten Informationen hinaus zur Verfügung gestellt? *(Mehrere Antworten möglich!)*

- ❒1 keine
- ❒2 detaillierte Überleitungsrechnungen für Bilanz und GuV
- ❒3 vollständige IFRS-Bilanz auf das Datum der Umstellung
- ❒4 detaillierte Überleitungsrechnung für die Kapitalflussrechnung
- ❒5 Informationen zu veränderten Bilanzierungspraktiken
- ❒6 Informationen zu veränderten Geschäftspraktiken (z.B. Vergütung mit Aktienoptionen; Hedging-Politik)
- ❒7 Sonstiges: ______________

Aus Ihrer Erfahrung: Inwieweit waren die unten aufgeführten Rechnungslegungsbereiche aufgrund der Umstellung Ihres Unternehmens auf die IFRS von besonderem Interesse für nachfolgende Ratingagenturen?

	S&P					Moody´s				
	trifft gar nicht zu				trifft voll zu	trifft gar nicht zu				trifft voll zu
	1	2	3	4	5	1	2	3	4	5
Kaufpreisallokation/Goodwill	O	O	O	O	O	O	O	O	O	O
Zweckgesellschaften	O	O	O	O	O	O	O	O	O	O
Immat. Vermögen/F&E-Ausgaben	O	O	O	O	O	O	O	O	O	O
Vorratsbewertung	O	O	O	O	O	O	O	O	O	O
hybride Finanzinstrumente	O	O	O	O	O	O	O	O	O	O
Rückstellungen	O	O	O	O	O	O	O	O	O	O
Pensionsverpflichtungen	O	O	O	O	O	O	O	O	O	O
Leasing	O	O	O	O	O	O	O	O	O	O
Derivate/Hedge Accounting	O	O	O	O	O	O	O	O	O	O
latente Steuern	O	O	O	O	O	O	O	O	O	O
Umsatz-/Ertragsrealisation	O	O	O	O	O	O	O	O	O	O
Wertminderungstest	O	O	O	O	O	O	O	O	O	O
Aktienbasierte Vergütung	O	O	O	O	O	O	O	O	O	O
Kapitalflussrechnung	O	O	O	O	O	O	O	O	O	O

Fortsetzung Anhang 37

E. Qualität von Ratings

Wie ist Ihrer Ansicht nach die Höhe des Ratings Ihres Unternehmens durch nachfolgende Ratingagenturen?						
	viel zu schlecht	etwas zu schlecht	richtige Höhe	etwas zu gut	viel zu gut	keine Meinung
S&P	O	O	O	O	O	O
Moody's	O	O	O	O	O	O

Inwieweit ist die Aktualität des Ratings Ihres Unternehmens durch nachfolgende Ratingagenturen gegeben?						
	nie	häufiger nicht	überwiegend	die meiste Zeit	immer	keine Meinung
S&P	O	O	O	O	O	O
Moody's	O	O	O	O	O	O

Inwieweit sollten Ihrer Ansicht nach Ratingagenturen einer Kontrolle bzw. Regulierung unterliegen? ***(Bitte nur eine Antwort!)***

- O₁ Überlassung allein den Marktmechanismen und bestehen den Rechtsregeln
- O₂ Selbstverpflichtung der Ratingagenturen (z.B. Verhaltenskodex)
- O₃ Einführung strikterer gesetzlicher Haftungsregeln
- O₄ Einführung einer staatlichen Aufsicht
- O₅ Verpflichtung der Agenturen zu umfassender Transparenz
- O₆ keine Meinung

F. Ergänzende Angaben

Welcher Branche gehört Ihr Unternehmen schwerpunktmäßig an? ***(Bitte nur eine Antwort!)***

- O₁ Automobil
- O₂ Bau
- O₃ Chemie
- O₄ Handel
- O₅ Industrie
- O₆ Konsumgüter
- O₇ Pharma und Gesundheitswesen
- O₈ Telekommunikation
- O₉ Transport und Logistik
- O₁₀ Versorger
- O₁₁ Sonstige: ____________________

Ist Ihr Unternehmen börsennotiert?	
ja	nein
O	O

Wie hoch war der Umsatz Ihres Unternehmens im vergangenen Geschäftsjahr?

- O₁ ≤ 1 Mrd. €
- O₂ > 1 Mrd. € ≤ 5 Mrd. €
- O₃ > 5 Mrd. € ≤ 15 Mrd. €
- O₄ > 15 Mrd. €

Welche Position bekleiden Sie in Ihrem Unternehmen?

____

Vielen Dank für Ihre Mitarbeit!

Fortsetzung Anhang 37

Wenn Sie eine Ergebnisübersicht wünschen, geben Sie bitte Ihre E-Mail oder Faxnummer auf dem gelben Extrablatt an und legen es Ihrer Rückantwort bei.

Falls Sie möchten, können Sie uns hier einen Ansprechpartner für mögliche Rückfragen nennen:

Firma: ______________________________

Name: ______________________________

Telefon: ______________________________

E-Mail: ______________________________

Anhang 38: Erinnerungsschreiben der Befragung

Anrede
Titel Vorname Nachname
Position der
Unternehmensname
Straße Hausnummer

PLZ Ort
Land

München, den 10.04.2007

Forschungsprojekt: Bonitätsanalyse durch Ratingagenturen

Anrede,

vor drei Wochen haben wir Ihnen unser Forschungsprojekt vorgestellt. Sie erhielten einen Fragebogen, der Ihre Ansichten zur Bonitätsanalyse durch die Ratingagenturen Standard & Poor´s und Moody´s erhebt.

Herzlichen Dank an alle Unternehmen, die uns bereits einen ausgefüllten Fragebogen zurück gesendet haben. Schon jetzt konnten wir daraus wertvolle Informationen gewinnen. **Leider reicht die bisherige Anzahl der Rückläufe noch nicht ganz aus, um repräsentative Ergebnisse für das gesamte Forschungsprojekt ableiten zu können.**

Deshalb möchten wir heute diejenigen Unternehmen, die den Fragebogen noch nicht ausgefüllt haben, nochmals bitten, mit Ihrer Antwort zu einem aussagekräftigen Gesamtergebnis beizutragen. **Wir freuen uns auf Ihre Fragebögen, die Sie noch bis zum 30. April 2007 entweder per Fax (+49(0)89/2180-6327) oder per Post an uns zurücksenden können.**

Für Rückfragen und weitere Informationen steht Ihnen Herr Dipl.-Kfm. Christian Wappenschmidt telefonisch unter der Nummer **+49(0)89/2180-6326** oder per Email unter **wappenschmidt@bwl.uni-muenchen.de** jederzeit gerne zur Verfügung.

Wir bedanken uns sehr für Ihre Bemühungen.

Mit freundlichen Grüßen

Prof. Dr. Dr. h.c. Wolfgang Ballwieser   Dipl.-Kfm. Christian Wappenschmidt

Anhang 39: Nach Branche und Ratingklasse differenzierte Analyse der Antworten zur Wichtigkeit der Analysebereiche für das Rating[1275]

Risikobereich	Branche													
	S&P (n = 37)				*Moody's* (n = 30)				*S&P* vs. *Moody's*					
	MW[1] Ind.[2] (n = 25)	MW Nicht-Ind.[3] (n = 12)	U-Test Z[4]	p-Wert	MW Ind. (n = 20)	MW Nicht-Ind. (n = 10)	U-Test Z	p-Wert	U-Test Z Ind.	p-Wert	Rangkorrelation bei Rating v. *S&P* und *Moody's* (n = 19)	U-Test Z Nicht-Ind.	p-Wert	Rangkorrelation bei Rating v. *S&P* und *Moody's* (n = 10)
Länderrisiken	2,84	2,42	-1,002	0,344	2,55	3,10	-1,368	0,198	-0,917	0,359	0,968**	-1,482	0,159	1,000**
Branchenrisiken	4,28	4,50	-0,807	0,471	4,45	4,40	-0,098	0,948	-0,596	0,551	0,975**	-0,150	0,923	0,893**
Wettbewerbsposition; Geschäftsrisiken	4,60	4,50	-0,116	0,936	4,55	4,60	-0,389	0,746	-0,282	0,778	0,909**	-0,241	0,872	0,986**
Managementqualität	4,20	3,42	-2,277	0,030	3,90	4,10	-0,326	0,779	-0,896	0,370	1,000**	-1,500	0,159	1,000**
Finanzpolitik	4,52	4,33	-0,861	0,451	4,40	4,60	-1,043	0,373	-0,712	0,477	0,734**	-1,112	0,346	1,000**
Rechnungslegungsqualität	3,24	3,17	-0,464	0,689	3,25	3,20	-0,025	0,983	-0,110	0,912	0,956**	-0,338	0,821	1,000**
Profitabilität; Ertragskraft	4,36	4,50	-0,310	0,786	4,50	4,60	-0,204	0,880	-0,413	0,679	0,651**	-0,229	0,872	0,802**
Kapitalstruktur; Vermögensschutz	4,28	4,42	-0,608	0,597	4,25	4,20	-0,394	0,746	-0,417	0,677	0,605**	-0,290	0,821	0,978**
Cash Flows; Cash Flow-Kennzahlen	4,76	4,92	-0,912	0,575	4,80	4,90	-0,681	0,681	-0,066	0,948	0,332	-0,132	0,974	1,000**
finanzielle Flexibilität	4,40	4,00	-1,170	0,312	4,30	4,50	-0,375	0,746	-0,013	0,990	0,699**	-1,335	0,254	1,000**

Risikobereich	Ratingklasse													
	S&P (n = 37)				*Moody's* (n = 30)				*S&P* vs. *Moody's*					
	MW IG[5] (n = 24)	MW SG[6] (n = 13)	U-Test Z	p-Wert	MW IG (n = 21)	MW SG (n = 9)	U-Test Z	p-Wert	U-Test Z IG	p-Wert	Rangkorrelation bei Rating v. *S&P* und *Moody's* (n = 19)	U-Test Z SG	p-Wert	Rangkorrelation bei Rating v. *S&P* und *Moody's* (n = 10)
Länderrisiken	2,42	3,23	-2,298	0,028	2,81	2,56	-0,422	0,689	-1,072	0,284	0,967**	-1,499	0,164	1,000**
Branchenrisiken	4,42	4,23	-0,158	0,888	4,43	4,44	-0,101	0,929	-0,217	0,828	0,891**	-0,333	0,794	1,000**
Wettbewerbsposition; Geschäftsrisiken	4,46	4,77	-1,267	0,291	4,62	4,44	-0,187	0,894	-0,553	0,580	0,896**	-0,77	0,556	0,986**
Managementqualität	3,79	4,23	-1,242	0,249	4,19	3,44	-1,749	0,104	-1,397	0,162	1,000**	-1,583	0,144	1,000**
Finanzpolitik	4,38	4,62	-1,365	0,236	4,48	4,44	>-0,001	>0,999	-0,643	0,520	0,832**	-0,628	0,601	0,863**
Rechnungslegungsqualität	3,13	3,38	-1,172	0,291	3,24	3,22	-0,154	0,894	-0,54	0,589	0,972**	-0,879	0,471	1,000**
Profitabilität; Ertragskraft	4,33	4,54	-1,074	0,353	4,62	4,33	-0,733	0,533	-1,182	0,237	0,671**	-0,703	0,556	0,696*
Kapitalstruktur; Vermögensschutz	4,25	4,46	-1,589	0,169	4,10	4,56	-1,594	0,164	-0,531	0,596	0,844**	-0,116	0,948	0,600

1275 Zugrunde liegende Frage: „Aus Ihrer Erfahrung: Wie wichtig sind Ihrer Ansicht nach die unten angeführten Analysebereiche für das Emittenten-Rating Ihres Unternehmens durch nachfolgende Ratingagenturen?“ (Beurteilungsskala: 1 = überhaupt nicht wichtig, …, 5 = sehr wichtig). Vgl. Anhang 37.

Fortsetzung Anhang 39

Cash Flows; Cash Flow-Kennzahlen	4,75	4,92	-1,044	0,519	4,81	4,89	-0,526	0,756	-0,213	0,831	0,332	-0,268	0,896	1,000**
finanzielle Flexibilität	4,13	4,54	-1,620	0,159	4,57	3,89	-1,929	0,094	-2,057	0,040	0,701**	-1,635	0,164	1,000**

[1] MW = Mittelwert (Beurteilungsskala: 1 = überhaupt nicht wichtig, ..., 5 = sehr wichtig).

[2] Industrieunternehmen. Das sind die gleichen Branchen wie bei der Sensitivitätsanalyse der Inhaltsanalyse: Automobil, Bau, Chemie, Industrie, Konsumgüter sowie Pharma- und Gesundheitswesen.

[3] Nicht-Industrieunternehmen. Das sind die gleichen Branchen wie bei der Sensitivitätsanalyse der Inhaltsanalyse: Handel, Telekommunikation, Transport und Logistik sowie Versorger.

[4] Z = *Mann-Whitney*-U-Tests-Prüfgröße auf Unterschiedlichkeit zweier unabhängiger Stichproben bezüglich ihrer zentralen Tendenz.

[5] *Investment grade*-Ratings. Das entspricht auch der Differenzierung im Rahmen der Sensitivitätsanalyse nach der Ratingklasse in der Inhaltsanalyse.

[6] *Speculative grade*-Ratings. Das entspricht auch der Differenzierung im Rahmen der Sensitivitätsanalyse nach der Ratingklasse in der Inhaltsanalyse.

** Signifikanz auf dem 1 %-Niveau.

* Signifikanz auf dem 5 %-Niveau.

Literaturverzeichnis

Ackermann, Ulrich/Jäckle, Joachim (2006): Ratingverfahren aus Emittentensicht, in: BB, 61. Jg., S. 878-884.

Adams, Mike/Burton, Bruce/Hardwick, Philip (2003): The Determinants of Credit Ratings in the United Kingdom Insurance Industry, in: JBFA, Vol. 30, S. 539-572.

Afonso, Antonio (2003): Understanding the Determinants of Sovereign Debt Ratings: Evidence for the Two Leading Agencies, in: JEF, Vol. 27, S. 56-74.

AFP (2002): Rating Agencies Survey: Accuracy, Timeliness, and Regulation, Stand: 01.11.2002, abrufbar unter: http://www.afponline.org/pub/pdf/ratings_survey.pdf #search=%22%22Rating%20Agencies%20Survey%3A%20Accuracy%2C%20Timeliness%2C%20and%20Regulation%22%22, letzter Zugriff: 26.09.2006.

Agresti, Alan (1984): Analysis of Ordinal Categorial Data, New York u.a.

Aivazian, Varouj A./Booth, Laurence/Cleary, Sean (2006): Dividend Smoothing and Debt Ratings, in: JFQA, Vol. 41, S. 439-453.

Akerlof, George A. (1970): The Market for Lemons: Quality Uncertainty and the Market Mechanisms, in: QJE, Vol. 84, S. 488-500.

AKFIN (1998): Betriebliche Altersversorgung mit Pensionsrückstellungen oder Pensionsfonds - Analyse unter finanzwirtschaftlichen Gesichtspunkten, in: DB, 51. Jg., S. 321-331.

Alexa, Melina/Züll, Cornelia (1999): ZUMA-Nachrichten Spezial Band 5 - A Review of Software for Text Analysis, Stand: 1999, abrufbar unter: http://www.gesis.org/Publikationen/Zeitschriften/ZUMA_Nachrichten_spezial/documents/pdfs/znspezial5.pdf, letzter Zugriff: 04.10.2005.

Allen, Linda/Saunders, Anthony (2003): Cyclical Effects in Credit Risk Ratings and Default Risk, in: Ong, Michael K. (Hrsg.): Credit Ratings - Methodologies, Rationale and Default Risk, London, S. 46-79.

Altman, Edward I. (1998): The Importance and Subtlety of Credit Rating Migration, in: JBF, Vol. 22, S. 1231-1247.

Altman, Edward I. (1989): Measuring Corporate Bond Mortality and Performance, in: JoF, Vol. 44, S. 909-922.

Altman, Edward I. (1968): Financial Ratios, Discriminant Analysis and the Prediction of Corporate Bankruptcy, in: JoF, Vol. 23, S. 589-609.

Altman, Edward I. u.a. (1981): Application of Classification Techniques in Business, Banking and Finance, Greenwich.

Altman, Edward I./Haldeman, R./Narayanan, P. (1977): ZETA Analysis: A New Model to Identify Bankruptcy Risk of Corporations, in: JBF, Vol. 1, S. 29-54.

Altman, Edward/Kao, Duen Li (1992): The Implications of Corporate Bond Ratings Drift, in: JFI, Vol. 2, S. 64-75.

Altman, Edward I./Kishore, Vellore M. (1996): Almost Everything You Wanted to Know about Recoveries on Defaulted Bonds, in: FAJ, Vol. 52, S. 57-64.

Altman, Edward I./Narayanan, Paul (2002): Business Failure Classification Models: An International Survey, in: Altman, Edward I. (Hrsg.): Bankruptcy, Credit Risk, and High Yield Junk Bonds, Malden, Mass., S. 81-130.

Altman, Edward I./Rijken, Herbert A. (2006): A Point-in-Time Perspective on Through-the-Cycle Ratings, in: FAJ, Vol. 62, S. 54-70.

Altman, Edward I./Rijken, Herbert A. (2004): How Rating Agencies Achieve Rating Stability, in: JBF, Vol. 28, S. 2679-2714.

Altman, Edward I./Saunders, Anthony (1998): Credit Risk Measurement: Developments over the last 20 Years, in: JBF, Vol. 22, S. 1721-1742.

Amann, Martin/Bissinger, Maria (2002): Unternehmensgröße als Einflussfaktor beim Kapitalmarkt-Rating, in: RATINGaktuell, o. Jg., S. 22-24.

Amato, Jeffrey D./Furfine, Craig H. (2004): Are Credit Ratings Procyclical?, in: JBF, Vol. 28, S. 2641-2677.

Antle, Rick (1982): The Auditor as an Economic Agent, in: JAR, Vol. 20, S. 503-527.

Arnsfeld, Torsten/Growe, Sebastian (2006): Corporate Governance-Ratings in Deutschland, in: FB, 8. Jg., S. 715-720.

Arrow, Kenneth J. (1985): Agency Problems and Financial Contracting, Englewood Cliffs.

Ashbaugh-Skaife, Hollis/Collins, Daniel W./LaFond, Ryan (2005): The Effects of Corporate Governance on Firms′ Credit Ratings, Stand: 01.05.2005, abrufbar unter: http://www.biz.uiowa.edu/acct/outreach/papers/corp_gov.pdf, letzter Zugriff: 09.10.2007.

Asmussen, Jörg (2005): Rating-Agenturen und Finanzaufsicht, in: BFuP, 57. Jg., S. 246-255.

Atteslander, Peter (2003): Methoden der empirischen Sozialforschung, 10. Aufl., Berlin, New York.

Atzler, Elisabeth (2006): Dax-Konzerne erhöhen Pensionsanlagen, in: FTD, o. Jg., Nr. 81 vom 26.04.2006, S. 21.

Atzler, Elisabeth/Osman, Yasmin (2007): Hedge-Fonds verzichten auf Rating, in: FTD, o. Jg., Nr. 135 vom 16.07.2007, S. 20.

Avery, Helen (2006): Investor Protection: Why Bother Rating Hedge Funds?, in: Euromoney vom 01.10.2006.

Back, Peter (2005): Explaining Financial Difficulties Based on Previous Payment Behavior, Management Background Variables and Financial Ratios, in: EAR, Vol. 14, S. 839-868.

Backhaus, Klaus u.a. (2006): Multivariate Analysemethoden - Eine anwendungsorientierte Einführung, 11. Aufl., Berlin u.a.

Baetge, Jörg (1980): Früherkennung negativer Entwicklungen der zu prüfenden Unternehmung mit Hilfe von Kennzahlen, in: WPg, 33. Jg., S. 651-665.

Baetge, Jörg/Kirsch, Hans-Jürgen/Thiele, Stefan (2004): Bilanzanalyse, 2. Aufl., Düsseldorf.

Baker, Kent H./Mansi, Sattar A. (2002): Assessing Credit Rating Agencies by Bond Issuers and Institutional Investors, in: JBFA, Vol. 29, S. 1367-1398.

Ball, Ray/Brown, Philip (1968): An Empirical Evaluation of Accounting Income Numbers, in: JAR, Vol. 6, S. 159-177.

Ballwieser, Wolfgang (2008): § 249 HGB, in: Schmidt, Karsten (Hrsg.): Münchener Kommentar zum Handelsgesetzbuch, Band 4, München, S. 122-147.

Ballwieser, Wolfgang (2007): Einige Bemerkungen zu EVA im Rahmen des Value Reporting, in: Kirsch, Hans-Jürgen/Thiele, Stefan (Hrsg.): Rechnungslegung und Wirtschaftsprüfung, FS Baetge, Düsseldorf, S. 3-23.

Ballwieser, Wolfgang (2006): IFRS-Rechnungslegung - Konzept, Regeln und Wirkungen, München.

Ballwieser, Wolfgang (2005): Bilanzrecht zwischen Wettbewerb und Regulierung – Eine ökonomische Analyse, in: Abhandlungen der Bayerischen Akademie der Wissenschaften, München.

Ballwieser, Wolfgang (2001): Die Unabhängigkeit des Wirtschaftsprüfers – eine Analyse von Beratungsverbot und externer Rotation, in: Lutter, Marcus (Hrsg.): Der Wirtschaftsprüfer als Element der Corporate Governance, Düsseldorf, S. 97-113.

Ballwieser, Wolfgang (1982): Zur Begründbarkeit informationsorientierter Jahresabschlussverbesserungen, in: zfbf, 34. Jg., S. 772-793.

Ballwieser, Wolfgang/Dobler, Michael (2003): Bilanzdelikte: Konsequenzen, Ursachen und Maßnahmen zu ihrer Vermeidung, in: Die Unternehmung, 57. Jg., S. 449-469.

Ballwieser, Wolfgang/Paarz, Roland (2007): Appendix B: Vergleichende Darstellung US-GAAP/IFRS/HGB, in: Ballwieser, Wolfgang u.a. (Hrsg.): WILEY-Kommentar zur internationalen Rechnungslegung nach IFRS 2007, 3. Aufl., Weinheim.

Bank, Matthias/Lawrenz, Jochen (2003): Externe Ratingagenturen, in: Kredit & Rating Praxis, 1. Jg., S. 6-10.

Barnea, Amir/Haugen, Robert A./Senbet, Lemma W. (1985): Agency Problems and Financial Contracting, Englewood Cliffs, N.J.

Barth, Mary E./Beaver, William H./Landsman, Wayne R. (2001): The Relevance of the Value-Relevance Literature for Financial Accounting Standard Setting: Another View, in: JA&E, Vol. 31, S. 77-104.

Basel Committee on Banking Supervision (2006): International Convergence of Capital Measurement and Capital Standards - A revised Framework - Comprehensive Version, Stand: 06/2006, abrufbar unter: http://www.bis.org/publ/bcbs128.pdf, letzter Zugriff: 09.10.2007.

Basel Committee on Banking Supervision (2004): International Convergence of Capital Measurement and Capital Standards - A revised Framework, Stand: 06/2004, abrufbar unter: http://www.bis.org/publ/bcbs107.htm, letzter Zugriff: 07.02.2005.

Bassen, Alexander/Klein, René S./Zöllner, Christine (2006): Ratingsysteme der Corporate Governance: Eine kritische Bestandsanalyse, in: zfo, 75. Jg., S. 81-87.

Bassen, Alexander/Pupke, Dirk/Zöllner, Christine (2006): Corporate Governance Rating auf Basis der DVFA-Scorecard, in: FB, 8. Jg., S. 551-557.

Batchelor, Charles (2004): Ratings Agencies Win Rule Victory CODE OF CONDUCT, in FT, o. Jg., vom 28.12.2004, S. 16.

Baum, Barbara (1987): Rating-Systeme und ihre Methoden. Mitteilungen aus dem Institut für das Spar-, Giro- und Kreditwesen an der Universität Bonn Nr. 26, Bonn.

BdAR (2004): Berufsordnung für Ratinganalysten und Ratingadvisor, Stand: 01.09.2004, abrufbar unter: http://www.bdra-ev.de/Bilder/Berufsordnung.pdf, letzter Zugriff: 10.09.2007.

Bea, Franz Xaver/Haas, Jürgen (2005): Strategisches Management, 4. Aufl., Stuttgart.

Beattie, Vivien/McInnes, Bill/Fearnley, Stella (2004): A Methodology for Analysing and Evaluating Narratives in Annual Reports: A Comprehensive Descriptive Profile and Metrics for Disclosure Quality Attributes, in: AF, Vol. 28, S. 205-236.

Beattie, Vivien/Searle, Susan (1992a): Bond Ratings and Inter-Rater Agreement, in: JISM, Vol. 6, S. 167-172.

Beattie, Vivien/Searle, Susan (1992b): Credit Rating Agencies: The Relationship between Rater Agreement and Issuer/Rater Characteristics, in: JISM, Vol. 6, S. 371-375.

Beattie, Vivien/Thomson, Sarah Jane (2006): Lifting the Lid on the Use of Content Analysis to Investigate Intellectual Capital Disclosures, Stand: 01.09.2006, abrufbar unter: http://www.sml.hw.ac.uk/research/discussion/DP2006-AF01.pdf, letzter Zugriff: 19.07.2007.

Beaver, William H. (1968): The Information Content of Annual Earnings Announcements, JAR, Supplement, Vol. 6, S. 67-92.

Beaver, William H. (1966): Financial Ratios as Predictors of Failure, in: JAR, Supplement, Vol. 4, S. 71-111.

Beaver, William H./Shakespeare, Catherine/Soliman, Mark T. (2006): Differential Properties in the Ratings of Certified versus Non-certified Bond-Rating Agencies, in: JA&E, Vol. 42, S. 303-334.

Becker, Helmut/Grunert, Philipp (2004): Vergleichende Darstellung empirischer Untersuchungen zum Ratingmarkt in Deutschland, in: Achleitner, Ann-Kristin/Everling, Oliver (Hrsg.): Handbuch Ratingpraxis, Wiesbaden, S. 93-105.

Behr, Patrick/Güttler, André (2005): Kursreaktionen bei Rating-Änderungen. Deutschland und USA im Ländervergleich, in: RATINGaktuell, o. Jg., S. 28-31.

Behrenwaldt, Udo (1996): Funktionen des Rating für Anleger, in: Büschgen, Hans/ Everling, Oliver (Hrsg.): Handbuch Rating, Wiesbaden, S. 291-304.

Belkaoui, Ahmed (1983): Industrial Bonds and the Rating Process, Westport.

Benston, George J./Smith, Clifford W., Jr. (1976): A Transaction Cost Approach to the Theory of Financial Intermediation, in: JoF, Vol. 31, S. 215-231.

Berblinger, Jürgen (1996): Marktakzeptanz des Rating durch Qualität, in: Büschgen, Hans/Everling, Oliver (Hrsg.): Handbuch Rating, Wiesbaden, S. 21-110.

Berelson, Bernard R. (1971): Content Analysis in Communication Research, Glencoe, Ill.

Berg, Bruce L. (2004): Qualitative Research Methods for the Social Sciences, 5. Aufl., Boston u.a.

Berk, Jonathan (1995): A Critique on Size-Related Anomalies, in: RFS, Vol. 8, S. 275-286.

Bertschinger, Peter (2001): Switzerland - Individual Accounts, in: Ordelheide, Dieter/KPMG (Hrsg.): Transnational Accounting, Band 3, 2. Aufl., New York, S. 2451-2515.

Bhandari, Shyam B./Soldofsky, Robert M./Boe, Warren J. (1983): What´s in a Change in an Industrial Bond Rating?, in: JBR, Vol. 11, S. 91-106.

Bhatia, Ashok Vir (2002): Sovereign Credit Ratings Methodology: An Evaluation, Stand: 10/2002, abrufbar unter: http://www.imf.org/external/pubs/ft/wp/2002/wp 02170.pdf, letzter Zugriff: 13.01.2004.

Bhojraj, Sanjeev/Sengupta, Partha (2003): Effect of Corporate Governance on Credit Ratings and Yields: The Case of Institutional Investors and Outside Directors, in: JoB, Vol. 76, S. 455-475.

Bigus, Jochen (2007): Zur bilanziellen Abgrenzung von Eigen- und Fremdkapital, in: DBW, 67. Jg., S. 7-21.

Black, Fischer/Scholes, Myron (1973): The Pricing of Options and Corporate Liabilities, in: JPE, Vol. 81, S. 637-654.

Blume, Marshall/Lim, Felix/MacKinlay, Craig A. (1998): The Declining Credit Quality of US Corporate Debt, in: JoF, Vol. 53, S. 1389-1413.

Bortz, Jürgen (2005): Statistik - für Human- und Sozialwissenschaftler, 6. Aufl., Heidelberg.

Bortz, Jürgen/Döring, Nicola (2006): Forschungsmethoden und Evaluationen für Human- und Sozialwissenschaftler, 4. Aufl., Heidelberg.

Bortz, Jürgen/Lienert, Gustav (2003): Kurzgefaßte Statistik für die klinische Forschung - Leitfaden für die verteilungsfreie Analyse kleiner Stichproben, 2. Aufl., Berlin u.a.

Botosan, Christine A. (1997): Disclosure Level and the Cost of Equity Capital, in: AR, Vol. 72, S. 323-349.

Boyatzis, Richard E. (1998): Transforming Qualitative Information: Thematic Analysis and Code Development, Thousand Oaks.

Boyd, James W./Jackson, John D. (1988): Testing for Changes in Bond Rating Determinants Over Time, in: ABER, Vol. 19, S. 39-57.

Bradshaw, Mark T. (2002): The Use of Target Prices to Justify Sell-Side Analysts' Stock Recommendations, in: AH, Vol. 16, S. 27-41.

Brandon, Duane M./Crabtree, Aaron D./Maher, John J. (2004): Nonaudit Fees, Auditor Independence, and Bond Ratings, in: Auditing, Vol. 23, S. 91-105.

Brandt, Annika/Offerhaus, Jan (2002): Basel II - Ist der bayerische Mittelstand "fit" für Ratings?, Ergebnisse der Studie von Haarmann Hemmelrath Management Consultants GmbH in Zusammenarbeit mit der Fachhochschule Merseburg, Stand: 01.11.2002, abrufbar unter: http://www.hhmc.de/e7/e348/e866/fPDF/RatingStudie_JAO_de.pdf#search=%22Brandt%20Offerhaus%20Basel%20II%22, letzter Zugriff: 20.12.2004.

Brealey, Richard A./Myers, Stewart C./Allen, Franklin (2006): Principles of Corporate Finance, 8. Aufl., Boston u.a.

Breton, Gaétan/Taffler, Richard J. (2001): Accounting Information and Analyst Stock Recommendation Decisions: A Content Analysis Approach, in: A&BR, Vol. 31, S. 91-102.

Breuer, Wolfgang (1995): Finanzintermediation und Reputationseffekte, in: KuK, 28. Jg., S. 516-534.

Breuer, Wolfgang (1993): Finanzintermediation im Kapitalmarktgleichgewicht, Wiesbaden.

Brister, Bill M./Kennedy, Robert E./Liu Pu (1994): The Regulation Effect of Credit Ratings on Bond Interest Yield: The Case of Junk Bonds, in: Journal of Business Finance and Accounting, Vol. 21, S. 511-529.

Brown, Stephen J./Warner, Jerold B. (1985): Using Daily Stock Returns: The Case of Event Studies, in: JFE, Vol. 14, S. 3-31.

Brüggemann, Benedikt/Lühn, Michael/Siegel, Mikosch (2004a): Bilanzierung hybrider Finanzinstrumente nach HGB, IFRS und US-GAAP im Vergleich (Teil I), in: KoR, 4. Jg., S. 340-352.

Brüggemann, Benedikt/Lühn, Michael/Siegel, Mikosch (2004b): Bilanzierung hybrider Finanzinstrumente nach HGB, IFRS und US-GAAP im Vergleich (Teil II), in: KoR, 4. Jg., S. 389-402.

Brunner, Antje/Krahnen, Jan-Pieter/Weber, Martin (2000): Information Production in Credit Relationships: On the Role of Internal Ratings in Commercial Banking, Stand: 01.08.2000, abrufbar unter: http://www.ifk-cfs.de/homepages/hveroeffent lichungen.htm, letzter Zugriff: 23.06.2006.

Bujaki, Merridee L./Richardson Alan J. (1997): A Citation Trail Review of the Uses of Firm Size in Accounting Research, in: JAL, Vol. 16, S. 1-27.

Burger, Anton/Feldrappe, Tobias/Ulbrich, Philipp (2006): Auswirkungen der Umstellung von HGB auf IFRS auf zentrale Kennzahlen des Jahresabschlusses, in: PiR, 2. Jg., S. 134-141.

Burger, Anton/Fröhlich, Jürgen/Ulbrich, Philipp R. (2006): Kapitalmarktorientierung in Deutschland - Aktualisierung der Studien aus den Jahren 2003 und 2004 vor dem Hintergrund der Änderungen der Rechnungslegung von Emittenten, in: KoR, 6. Jg., S. 113-122.

Burger, Anton/Fröhlich, Jürgen/Ulbrich, Philipp (2004): Die Auswirkungen der Umstellung von HGB auf IFRS auf wesentliche Kennzahlen der externen Unternehmensrechnung, in: KoR, 4. Jg., S. 353-366.

Burger, Anton/Schellberg, Bernhard (1995): Vergleichende internationale Jahresabschlussanalyse, in: DB, 48. Jg., S. 2433-2437.

Bushman, Robert M./Piotroski, Joseph D./Smith, Abbey J. (2004): What Determines Corporate Transparency?, in: JAR, Vol. 42, S. 207-252.

Butler, Alexander W./Rodgers, Kimberly J. (2003): Relationship Rating: How Do Bond Rating Agencies Process Information, Stand: 27.06.2003, abrufbar unter: http://papers.ssrn.com/sol3/papers.cfm?abstract_id=345860, letzter Zugriff: 09.03. 2005.

Cantor, Richard (2001): Moody's Investors Service Response to the Consultative Paper Issued by the Basle Committe on Bank Supervision "A New Capital Adequacy Framework", in: JBF, Vol. 25, S. 171-185.

Cantor, Richard/Falkenstein, Eric (2001): Testing for Rating Consistency in Annual Default Rates, in: JFI, Vol. 11 (2001), S. 36-51.

Cantor, Richard/Packer, Frank (1997): Differences of Opinion and Selection Bias in the Credit Rating Industry, in: JBF, Vol. 21, S. 1395-1417.

Cantor, Richard/Packer, Frank (1996a): Multiple Ratings and Credit Standards: Differences of Opinion in the Credit Rating Industry, Stand: 01.04.1996, abrufbar unter: http://www.newyorkfed.org/research/staff_reports/sr12.html, letzter Zugriff: 16.03.2006.

Cantor, Richard/Packer, Frank (1996b): Determinants and Impact of Sovereign Credit Ratings, in: Federal Reserve Bank of New York Economic Policy Review, Vol. 2, S. 37-54.

Cantor, Richard/Packer, Frank (1995): Sovereign Credit Ratings, in: Federal Reserve Bank of New York Current Issues in Economics and Finance, Vol. 1, S. 1-6.

Cantor, Richard/Packer, Frank (1994): The Credit Rating Industry, in: Federal Reserve Bank of New York Quarterly Review, Vol. 19, S. 1-26.

Cantor, Richard/Packer, Frank/Cole, Kevin (1997): Split Ratings and the Pricing of Credit Risk, in: JFI, Vol. 7, S. 72-82.

Cantwell, Joe (1999): 1999 International Survey of Credit Ratings, Stand: 06/2000, abrufbar unter: http://www.askcantwell.com, letzter Zugriff: 20.12.2004.

Caouette, John B./Altman, Edward I./Narayanan, Paul (1998): Managing Credit Risk: The Next Great Financial Challenge, New York u.a.

Carey, Mark/Hrycay, Mark (2001): Parameterizing Credit Risk Models with Rating Data, in: JBF, Vol. 25, S. 197-270.

CEBS (2006a): European Supervisors Agree on the Outcome of the Informal Joint Assessment Process of Three External Credit Assessment Institutions, Stand: 04.08.2006, abrufbar unter: http://www.c-ebs.org/Press/04082006a.pdf, letzter Zu-griff: 10.09.2007.

CEBS (2006b): Guideline on Recognition of External Credit Assessment Institutions, Stand: 20.01.2006, abrufbar unter: http://www.c-ebs.org/pdfs/GL07.pdf, letzter Zugriff: 10.09.2007.

CESR (2006c): Report to the European Commission on the Compliance of Credit Rating Agencies with the IOSCO Code, Stand: 01.12.2006, abrufbar unter: http://ec.europa.eu/internal_market/securities/docs/agencies/report_en.pdf, letzter Zugriff: 10.09.2007.

CESR (2004): CESR´s Technical Advice to the European Commission on Possible Measures Concerning Credit Rating Agencies, Stand: 01.11.2004, abrufbar unter: http://www.cesr-eu.org/index.php?page=contenu_groups&id=43&docmore=1, letzter Zugriff: 10.09.2007.

CESR (2003): Recommendation for Additional Guidance Regarding the Implementation of International Financial Reporting Standards (IFRS), Stand: 30.12.2003, abrufbar unter: http://www.cesr.eu/index.php?page=consulta-tion_details&id =22, letzter Zugriff: 26.09.2007.

Chan, Konan/Jegadeesh, Narasimhan (2004): Market-Based Evaluation for Models to Predict Bond Ratings, in: Review of Pacific Basin Financial Markets and Politics, Vol. 7, S. 153-172.

Chattopadhyay, Sajal/Arcelus, Fransisco J./Srinivasan, Gopalan (1997): Deferred Taxes and Bond Ratings: A Canadian Case, in: JBFA, Vol. 24, S. 541-557.

Christensen, Jens H. E./Hansen, Ernst/Lando, David (2004): Confidence Sets for Continuous-Time Rating Transition Probabilities, in: JBF, Vol. 28, S. 2575-2602.

Clark, Carolyn E./Foster, Paul/Ghani, Waqar A. (1997): Differential Reaction to Bond Downgrades for Small versus Large Firms: Evidence from Analysts´ Forecast Revisions, in: JFI, Vol. 7, S. 94-99.

Coase, Ronald H. (1937): The Nature of the Firm, in: Economica, Vol. 4, S. 386-405.

Coenenberg, Adolf G. (2005): Jahresabschluss und Jahresabschlussanalyse, 20. Aufl., Stuttgart.

Collin-Dufresne, Pierre/Goldstein, Robert S./Martin, Spencer J. (2001): The Determinants of Credit Spread Changes, in: JoF, Vol. 61, S. 2177-2207.

Collins, William/Davie, Shanta E./Weetman, Pauline (1993): Management Discussion and Analysis: An Evaluation of Practice in UK and US Companies, in: A&BR, Vol. 23, S. 123-137.

Core, John E. (2001): A Review of the Empirical Disclosure Literature: Discussion, in: JA&E, Vol. 31, S. 441-456.

Cornell, Bradford/Landsman, Wayne/Shapiro, Alan C. (1989): Cross-Sectional Regularities in the Response of Stock Prices to Bond Rating Changes, in: JAAF, Vol. 4, S. 460-479.

Covitz, Daniel M./Harrison, Paul (2003): Testing Conflicts of Interest at Bond Ratings Agencies with Market Anticipation: Evidence that Reputation Incentives Dominate, Stand: 12/2003, abrufbar unter: http://www.federalreserve.gov/Pubs/feds/2003/200368/200368pap.pdf, letzter Zugriff: 10.09.2007.

Crabtree, Aaron D./Maher, John J. (2005): Earnings Predictability, Bond Ratings, and Bond Yields, in: RQFA, Vol. 25, S. 233-253.

Crouhy, Michel/Galai, Dan/Mark, Robert (2001): Prototype Risk Rating System, in: JBF, Vol. 25, S. 47-95.

Crouhy, Michel/Galai, Dan/Mark, Robert (2000): A Comparative Analysis of Current Credit Risk Models, in: JBF, Vol. 24, S. 59-117.

d'Arcy, Anne (2001): Accounting Classification and the International Harmonization Debate - An Empirical Investigation, in: AOS, Vol. 26, S. 327-349.

Daske, Holger (2006): Economic Benefits of Adopting IFRS or US-GAAP - Have the Expected Cost of Equity Capital Really Decreased?, in: JBFA, Vol. 33, S. 329-373.

Daske, Holger/Gebhardt, Günther (2006): International Financial Reporting Standards and Experts' Perceptions of Disclosure Quality, in: ABACUS, Vol. 42, S. 461-498.

DeAngelo, Linda E. (1981): Auditor Size and Audit Quality, in: JA&E, Vol. 3, S. 183-199.

Deipenbrock, Gudula (2005): Was ihr wollt oder der Widerspenstigen Zähmung? - Aktuelle Entwicklungen der Regulierung von Ratingagenturen im Wertpapierbereich, in: BB, 60. Jg., S. 2085-2090.

Deipenbrock, Gudula (2003): Externes Rating - "Heilsversprchen für internationale Finanzmärkte"?, in: BB, 58. Jg., S. 1849-1854.

Delianedis, Gordon/Geske, Robert (2001): The Components of Credit Spreads: Default, Recovery, Tax, Jumps, Liquidity, and Market Factors, Stand: 01.12.2001, abrufbar unter: http://www.agsm.ucla.edu/acad_unit/finance/wp/2001/22-01.pdf, letzter Zugriff: 19.02.2004.

Demirakos, Efthimios G./Strong, Norman C./Walker, Martin (2004): What Valuation Models Do Analysts Use?, in: AH, Vol. 18, S. 221-240.

Demski, Joel S. (1980): Information Analysis, 2. Aufl., Reading, Mass.

Denzin, Norman K. (1978): The Research Act. A Theoretical Introduction to Sociological Methods, 2. Aufl., New York u.a.

Deutsche Börse (2005): Branchenindizes, Stand: 17.11.2005, abrufbar unter: http://deutsche-boerse.com/dbag/dispatch/de/kir/gdb_navigation/information_services/3

0_Indices_Index_Licensing/30_Equity_Indices/98Branchenindizes, letzter Zugriff: 17.11.2005.

Deutsche Börse (2004): Rechnungslegungsstandards im Prime Standard, Stand: 30.06.2004, abrufbar unter: http://deutsche-boerse.com/dbag/dispatch/de/kir/gdbn avigation/listing/50_Reports_and_Statistics/80_Accounting_Standards, letzter Zugriff: 17.11.2005.

Deutsche Bundesbank (2007): Basel II - Kreditrisiko-Standardansatz: Externes Rating, Stand: 11/2007, abrufbar unter: http://www. bundesbank.de/bankenaufsicht/ bankenaufsicht_basel_kreditrisiko.php, letzter Zugriff: 10.09.2007.

Deutsche Bundesbank (2006): Transposing the New Basel Capital Rules into German Law, in: Deutsche Bundesbank Monatsbericht Dezember 2006, S. 67-88, Stand: 01.12.2006, abrufbar unter: http://www.bundesbank.de/download/volkswirtschaft/ mba/2006/200612mba_en_transposing.pdf, letzter Zugriff: 10.09.2007.

Deutsche Bundesbank (2005): Ertragslage und Finanzierungsverhältnisse deutscher Unternehmen - eine Untersuchung auf neuer Datenbasis, in: Deutsche Bundesbank Monatsbericht Oktober 2005, S. 33-71, Stand: 10/2005, abrufbar unter: http://www.bundesbank.de/download/volkswirtschaft/mba/2005/200510mba_ertra gslage.pdf, letzter Zugriff: 09.10.2007.

Deutsche Bundesbank (2004): Neuere Entwicklungen am Markt für Unternehmensanleihen, in: Deutsche Bundesbank Monatsbericht April 2004, S. 15-26, Stand: 04/2004, abrufbar unter: http://www.bundesbank.de/download/volkswirtschaft/ mba/2004/200404mba_anleihen.pdf, letzter Zugriff: 01.12.2006.

Deutsche Bundesbank (2000): Die Beziehung zwischen Bankkrediten und Anleihemarkt in Deutschland, Stand: 01/2000, abrufbar unter: http://www.bundesbank. de/download/volkswirtschaft/monatsberichte/2000/20001mb.pdf, letzter Zugriff: 22.09.2004.

Diamond, Douglas W. (1984): Financial Intermediation and Delegated Monitoring, in: RES, Vol. 51, S. 393-414.

Dichev, Ilia D./Piotroski, Joseph D. (2001): The Long-Run Stock Returns Following Bond Rating Changes, in: JoF, Vol. 56, S. 173-203.

Diekmann, Andreas (2002): Empirische Sozialforschung - Grundlagen, Methoden, Anwendungen, 9. Aufl., Reinbek.

Dittmar, Thomas/Hilbert, Andreas (1998): Bonitätsprüfung mit Hilfe Künstlicher Neuronaler Netze, in: ZBB, 10. Jg., S. 343-352.

Dobler, Michael (2004): Risikoberichterstattung. Eine ökonomische Analyse, Frankfurt a.M.

Dörscher, Martin/Hinz, Holger (2003): Mezzanine Capital - Ein flexibles Finanzierungsinstrument für KMU, in: FB, 5. Jg., S. 606-610.

Drost, Frank Matthias (2004): Fitch schwört auf den Wettbewerb, in: Handelsblatt, o. Jg., vom 02.03.2004, S. 24.

Dürr, Ulrike L. (2007): Mezzanine-Kapital in der HGB- und IFRS-Rechnungslegung, Berlin.

Dutta, Soumitra/Shektar, Shashi (1988): Bond Ratings: A Non-Conservative Application of Neural Networks, in: Proceedings of the IEEE International Conference on Neural Networks, Band 2, S. 443-450.

DVFA (2006): DVFA-Rating Standards und DVFA-Validierungsstandards, Stand: 2006, abrufbar unter: http://www.dvfa.de/files/die_dvfa/kommissionen/rating/application/pdf/rating_standards_2006.pdf, letzter Zugriff: 10.09.2007.

DVFA-Kommission Rating Standards (2001): DVFA - Rating-Standards, in: FB Beilage 4, 3. Jg., S. 2-15.

Ebenroth, Carsten Thomas/Koos, Stefan (1996): Juristische Aspekte des Rating, in: Büschgen, Hans/Everling, Oliver (Hrsg.): Handbuch Rating, Wiesbaden, S. 483-519.

Ederington, Louis H. (1992): Bond Ratings, in: Newman, Peter/Milgate, Murray/Eatwell, John (Hrsg.): The New Palgrave Dictionnary of Money and Finance, London, Vol. I, S. 220-221.

Ederington, Louis H. (1986): Why Split Ratings Occur, in: FM, Vol. 15, S. 37-47.

Ederington, Louis H. (1985): Classification Models and Bond Ratings, in: FR, Vol. 20, S. 237-262.

Ederington, Louis H./Goh, Jeremy C. (1998): Bond Rating Agencies and Stock Analysts: Who Knows What When?, in: JFQA, Vol. 33, S. 569-585.

Ederington, Louis H./Yawitz, Jess B. (1987): The Bond Rating Process, in: Altman, Edward I./McKinney, M. J. (Hrsg.): Handbook of Financial Markets and Institutions, New York, S. 23.3-23.57.

Ederington, Louis H./Yawitz, Jess B./Roberts, Brian E. (1987): The Informational Content of Bond Ratings, in: JFR, Vol. 10, S. 211-226.

Ellis, David M. (1998): Different Sides of the Same Story: Investors′ and Issuers′ Views of Rating Agencies, in: JFI, Vol. 7, S. 35-45.

Elschen, Rainer/Graalmann, Bernd (2004): Rating-Prozess: Pro und Contra der Geheimhaltung, in: RATINGaktuell, o. Jg., Heft 5, S. 32-35.

Elton, Edwin J. u.a. (2004): Factors Affecting the Valuation of Corporate Bonds, in: JBF, Vol. 28, S. 2747-2767.

Elton, Edwin J. u.a. (2003): Modern Portfolio Theory and Investment Analysis, 6. Aufl., New York.

Elton, Edwin J. u.a. (2001): Explaining the Rate Spreads on Corporate Bonds, in: JoF, Vol. 56, S. 247-277.

Estrella, Arturo u.a. (2000): Credit Ratings and Complementary Sources of Credit Quality Information, Bank for International Settlements, Basel, Basel Committee on Banking Supervision Working Papers No. 3 - August 2000, abrufbar unter: http://www.bis.org/publ/bcbs_wp3.pdf, letzter Zugriff: 22.02.2004.

Europäische Kommission (2007): Pressemitteilung der EU-Kommission: Kommission begrüßt CESR-Bericht über Ratingagenturen, Stand: 10.01.2007, abrufbar unter: http://europa.eu/rapid/pressReleasesAction.do?reference=IP/07/28&format =HTML&aged=0&language=DE&guiLanguage=en, letzter Zugriff: 10.09.2007.

Europäische Kommission (2006): Mitteilung der Kommission über Rating-Agenturen (2006/C 59/02), Stand: 11.03.2006, abrufbar unter: http://eurle x.europa.eu/Lex UriServ/site/de/oj/2006/c_059/c_05920060311de00020006.pdf, letzter Zugriff: 10.0.9.2007.

Europäische Kommission (2004): Call to CESR for Technical Advice on Possible Measures Concering Credit Rating Agencies, Stand: 05.07.2004, abrufbar unter: http://ec.europa.eu/internal_market/securities/docs/agencies/2004-07-27-advice_ en.pdf, letzter Zugriff: 10.0.9.2007.

Everling, Oliver (2001): Ratingagenturen im Urteil der Emittenten, in: Die Bank, o. Jg., S. 62-65.

Everling, Oliver (1999): Rating, in: Cramer, Jörg E. u.a. (Hrsg.): Knapps Enzyklopädisches Lexikon des Geld-, Bank- und Börsenwesens, 4. Aufl., Frankfurt a.M., S. 1528-1551.

Everling, Oliver (1996): Ratingagenturen an nationalen und internationalen Finanzmärkten, in: Büschgen, Hans/Everling, Oliver (Hrsg.): Handbuch Rating, Wiesbaden, S. 3-17.

Everling, Oliver (1991): Credit Rating durch internationale Agenturen: Eine Untersuchung zu den Komponenten und instrumentalen Funktionen des Rating, Wiesbaden.

Everling, Oliver/Heinke, Volker G. (2001): Empirische Analyse des Zusammenhangs von Bonitätsrisikoprämie und Rating, in: Schierenbeck, Henner/Rolfes, Bernd/ Schüller, Stephan (Hrsg.): Handbuch Bank-Controlling, 2. Aufl., Wiesbaden, S. 733-757.

Ewert, Ralf (1999): Rechnungslegung, Globalisierung und Kapitalkosten, in: krp - Sonderheft 3/99, 42. Jg., S 39-46.

EZB (2004): Market Dynamics Associated with Credit Ratings - A Literature Review, European Central Bank - Occasional Paper Series, No. 16, Stand: 01.06.2004, abrufbar unter: http://www.ecb.int/pub/pdf/scpops/ecbocp16.pdf, letzter Zugriff: 10.09.2007.

Fabozzi, Frank J. (1998): Valuation of Corporate Debt Instruments, in: Fabozzi, Frank J. (Hrsg.): The Handbook of Corporate Debt Instruments, New Hope, S. 357-397.

Fama, Eugene F. (1991): Efficient Capital Markets: II, in: JoF, Vol. 46, S. 1575-1617.

Fama, Eugene F. (1976): Efficient Capital Markets: Reply, in: JoF, Vol. 31, S. 143-145.

Fama, Eugene F. (1970): Efficient Capital Markets: A Review of Theory and Empirical Work, in: JoF, Vol. 25, S. 383-417.

Fama, Eugene F./French, Kenneth R. (1992): The Cross-Section of Expected Stock Returns, in: JoF, Vol. 47, S. 427-465.

Fama, Eugene F. u.a. (1969): The Adjustment of Stock Prices to New Information, in: IER, Vol. 10, S. 1-21.

FASB (Hrsg.): Orginial Pronouncements – Accounting Standards as of June 1, 2007, Vol. I-III, New York u.a.

Feidicker, Markus (1992): Kreditwürdigkeitsprüfung - Entwicklung eines Bonitätsindikators, Düsseldorf.

Feld, Klaus-Peter (2003a): Die Bilanzierung von Pensionsrückstellungen nach HGB und IAS - Überblick über die wesentlichen Regelungen und Unterschiede unter Berücksichtigung von Abweichungen zwischen IAS und US-GAAP (Teil 1), in: WPg, 56. Jg., S. 573-586.

Feld, Klaus-Peter (2003b): Die Bilanzierung von Pensionsrückstellungen nach HGB und IAS - Überblick über die wesentlichen Regelungen und Unterschiede unter Berücksichtigung von Abweichungen zwischen IAS und US-GAAP (Teil 2), in: WPg, 56. Jg., S. 638-648.

Fields, Thomas D./Lys, Thomas Z./Vincent, Linda (2001): Empirical Research on Accounting Choice, in: JA&E, Vol. 31, S. 255-307.

Fight, Andrew (2001): The Ratings Game, Chichester u.a.

Fischer, Christoph/Rudolph, Bernd (2000): Grundformen von Finanzsystemen, in: Hagen, Jürgen von/Stein, Johann Heinrich von (Hrsg.): Obst/Hintner - Geld-, Bank- und Börsenwesen, 40. Aufl., Stuttgart, S. 371-446.

Fischer, Leonhard (2001): Unternehmensanleihen - eine Alternative zur Kreditfinanzierung?, in: Breuer, Rolf-E. (Hrsg.): Handbuch Finanzierung, 3. Aufl., Wiesbaden, S. 251-279.

Fitch (2007a): Fitch Ratings Definitions, Stand: 09/2007, abrufbar unter: http://www.fitchratings.com/corporate/fitchResources.cfm?detail=1, letzter Zugriff: 26.09.2007.

Fitch (2007b): Application for Registration as a Nationally Recognized Statistical Rating Organization (NRSRO), Stand: 26.06.2007, abrufbar unter: http://www.fitchratings.com/web_content/nrsro/SEC_NRSRO_Application.pdf, letzter Zugriff: 10.09.2007.

Fitch (2005a): Fitch Ratings Code of Conduct, Stand: 01.04.2005, abrufbar unter: http://www.fitchratings.com/webcontent/credit_policy/code_of_conduct.pdf, letzter Zugriff: 26.09.2007.

Fitch (2005b): FitchRatings - Covered Bond Issuers, Stand: 15.11.2005, abrufbar unter: http://www.fitchratings.com/corporate/sectors/issuerslist_corp.cfm?sectorflag=11&marketsector=1&detail=&body_content=issr_list, letzter Zugriff: 15.11.2005.

Fitch (2002): Credit Rating Perspectives: Distressed Debt Exchanges and Corporate Bankruptcy and Restructurings, New York.

Flick, Uwe (2004): Triangulation in der qualitativen Forschung, in: Flick, Uwe/Kardorff, Ernst von/Steinke, Ines (Hrsg.): Qualitative Forschung - Ein Handbuch, 3. Aufl., Reinbek, S. 309-318.

Folger, Joseph P./Hewes, Dean E./Poole, Marshall Scott (1984): Coding Social Interaction, in: Dervin, Brenda/Voigt, Melvin J. (Hrsg.): Progress in Communication Sciences, New Jersey, S. 115-161.

Franke, Günter/Hax, Herbert (2004): Finanzwirtschaft des Unternehmens und Kapitalmarkt, 5. Aufl., Berlin u.a.

Frost, Carol Ann (2007): Credit Rating Agencies in Capital Markets: A Review of Research Evidence on Selected Criticisms of the Agencies, in: JAAF, Auditing & Finance, Vol. 22, S. 469-492.

Früh, Werner (2001): Inhaltsanalyse - Theorie und Praxis, 5. Aufl., Konstanz.

Ganguin, Blaise/Bilardello, John (2005): Fundamentals of Corporate Credit Analysis, New York.

García-Meca, Emma/Martínez, Isabel (2007): The Use of Intellectual Capital Information in Investment Decisions - An Empirical Study Using Analyst Reports, in: IJA, Vol. 42, S. 57-81.

Gassen, Joachim/Sellhorn, Thorsten (2006): Applying IFRS in Germany - Determinants and Consequences, in: BFuP, 58. Jg., S. 365-386.

Gebhardt, William R./Lee, Charles M. C./Swaminathan, Bhaskaran (2001): Toward an Implied Cost of Capital, in: JAR, Vol. 39, S. 135-176.

Gentry, James A./Whitford, David T./Newbold, Paul (1988): Predicting Industrial Bond Ratings with a Probit Model and Funds Flow Components, in: FR, Vol. 23, S. 269-286.

Gerke, Wolfgang (1999): Mittelstand: Finanzierungsprobleme und Lösungen, in: Cramer, Jörg E. u.a. (Hrsg.): Knapps Enzyklopädisches Lexikon des Geld-, Bank- und Börsenwesens, 4. Aufl., Frankfurt a.M., S. 1336-1345.

Gerke, Wolfgang/Mager, Ferdinand (2005): Die Macht der Ratingagenturen? Der Fall der ThyssenKrupp AG, in: BFuP, 57. Jg., S. 203-214.

Gerke, Wolfgang/Mager, Ferdinand/Röhrs, Alexander (2005): Pension Funding, Insolvency Risk and the Rating of Corporations, in: Ballwieser, Wolfgang (Hrsg.): sbr Special Issue 2/2005 - Current Issues in Financial Reporting and Financial Statement Analysis, Düsseldorf, Frankfurt a.M., S. 35-64.

Gerke, Wolfgang/Pellens, Bernhard (2003): Pensionsrückstellungen, Pensionsfonds und das Rating von Unternehmen - eine kritische Analyse, Stand: 11/2003, abrufbar unter: http://www.bankundboerse.wiso.uni-erlangen.de/Forschung/_Gutachten/_gutachten.html, letzter Zugriff: 12.01.2004.

Gerke, Wolfgang/Pfeufer, Gabriele (1995): Finanzintermediation, in: Gerke, Wolfgang/Steiner, Manfred (Hrsg.): Handwörterbuch des Bank- und Finanzwesens, 2. Aufl., Stuttgart, Sp. 727-735.

Glaum, Martin (2005): Internationale Rechnungslegung: Stand und Entwicklungsperspektiven, in: Brandt, Werner/Picot, Arnold (Hrsg.): Unternehmenserfolg im internationalen Wettbewerb - Strategie, Steuerung und Struktur, Stuttgart, S. 145-174.

Goh, Jeremy C./Ederington, Louis H. (1993): Is a Bond Rating Downgrade Bad News, Good News, or No News for Stockholders?, in: JoF, Vol. 48, S. 2001-2008.

Gohdes, Alfred E./Meier, Karin (2003): Pensionsverpflichtungen im Unternehmensrating: Fremdkapital besonderer Art, in: BB, 58. Jg., S. 1375-1380.

Golland, Frank u.a. (2005): Mezzanine-Kapital, BB-Special 4, in: BB, 60. Jg., S. 1-32.

Govindarajan, Vijayaraghavan (1980): The Objectives of Financial Statements: An Empirical Study of the Use of Cash Flow and Earnings by Security Analysts, in: AOS, Vol. 5, S. 383-392.

Graham, John R./Harvey, Campell R./Rajgopal, Shiva (2005): The Economic Implications of Corporate Financial Reporting, in: JA&E, Vol. 40, S. 3-73.

Gras, Isabelle (2003): The Power to Rate. Eine Untersuchung zur Rolle der Ratingagenturen auf den internationalen Finanzmärkten. REGEM Analysis No. 6, May 2003, Trier University, abrufbar unter: http://www.chinapolitik.de/studien/regem/regem_no6.pdf, letzter Zugriff: 08.03.2005.

Greene, William H. (2003): Econometric Analysis, 5. Aufl., Upper Saddle River, N.J.

Greil, Robert (2002): Nach Enron & Co. einiges verbessert, in: Börse Online, o. Jg., Heft 43, S. 34-35.

Griep, Clifford/De Stefano, Michael (2001): Standard & Poor´s official response to the Basel Committee´s proposal, in: JBF, Vol. 25, S. 149-169.

Gromer, Simone (2000): Rating in Deutschland: Eine kritische Marktuntersuchung, IWK-Studie 01/2000, Leipzig.

Grossman, Sanford J./Stiglitz, Joseph E. (1980): On the Impossibility of Informationally Efficient Marktes, in: AER, Vol. 70, S. 393-408.

Gujarati, Damodar N. (2003): Basic Econometrics, 4. Aufl., Boston.

Güttler, André/Wahrenburg, Mark (2007): The Adjustment of Credit Ratings in Advance of Defaults, in: JBF, Vol. 31, S. 751-767.

Janssen, Jürgen/Laatz, Wilfried (2005): Statistische Datenanalyse mit SPSS für Windows, 5. Aufl., Berlin.

Hackethal, Andreas/Gleisner, Fabian (2006): Kreditprozesse aus Sicht des Mittelstands, Working Paper des efinance lab Frankfurt a.M., Stand: 01/2006, abrufbar unter: http://www.efinancelab.de/research/kreditprozesse/pdf/2006/E-

FinanceLabStudieKreditprozesseAusSichtdesMittelstands.pdf, letzter Zugriff: 13.07.2006.

Hamerle, Alfred/Rauhmeier, Robert/Rösch, Daniel (2003): Uses and Misuses of Measures of Credit Rating Accuracy, Working Paper der Universität Regensburg, Stand: 28.04.2003, abrufbar unter: http://www.defaultrisk.com/_pdf6j4/Uses_n_Misuses_o_Measures_4_Cr_Rtng_Accrc.pdf, letzter Zugriff: 10.09.2007.

Hamilton, David T. (2003): Historical Corporate Rating Migration, Default and Recovery Rates, in: Ong, Michael K. (Hrsg.): Credit Ratings - Methodologies, Rationale and Default Risk, London, S. 17-44.

Hand, John R. M./Holthausen Robert W./Leftwich, Richard W. (1992): The Effect of Bond Rating Agency Announcements on Bond and Stock Pricing, in: JoF, Vol. 47, S. 733-752.

Hartmann-Wendels, Thomas (2001): Finanzierung, in: Jost, Peter-J. (Hrsg.): Die Prinzipal-Agenten-Theorie in der Betriebswirtschaftslehre, Stuttgart, S. 117-146.

Hartung, Joachim (2005): Statistik - Lehr- und Handbuch der angewandten Statistik, 14. Aufl., München.

Harwood, Tracy G./Garry, Tony (2003): An Overview of Content Analysis, in: TMR, Vol. 3, S. 479-498.

Hauschildt, Jürgen/Leker, Jens (Hrsg.) (2000): Krisendiagnose durch Bilanzanalyse, 2. Aufl., Köln.

Hawkins, David F./Brown, Barbara A./Campell, Walter J. (1983): Rating Industrial Bonds, Morristown.

Hax, Georg (1998): Informationsintermediation durch Finanzanalysten, Frankfurt a.M.

Hax, Herbert/Hartmann-Wendels, Thomas/von Hinten, Peter (2001): Moderne Entwicklung der Finanzierungstheorie, in: Breuer, Rolf-E. (Hrsg.): Handbuch Finanzierung, 3. Aufl., Wiesbaden, S. 583-608.

Hayden, Evelyn (2002): Modeling an Accounting-based Rating System for Austrian Firms, Wien.

Healy, Paul M./Palepu, Krishna G. (2001): Information Asymmetry, Corporate Disclosure, and the Capital Markets: A Review of the Empirical Disclosure Literature, in: JA&E, Vol. 31, S. 405-440.

Healy, Paul M./Wahlen, James M. (1999): A Review of the Earnings Management Literature and its Implications for Standard Setting, in: AH, Vol. 13, S. 365-383.

Heinke, Volker G. (2000): Shareholder Value und Credit Ratings am Aktienmarkt, in: FB, 2. Jg., S. 741-748.

Heinke, Volker G. (1998): Bonitätsrisiko und Credit Rating festverzinslicher Wertpapiere: Eine empirische Untersuchung am Euromarkt, Bad Soden/Ts.

Heinke, Volker G./Steiner, Manfred (2000a): Rating am europäischen Kapitalmarkt: Aktuelle Entwicklungstendenzen - Teil I, in: FB, 2. Jg., S. 1-8.

Heinke, Volker G./Steiner, Manfred (2000b): Rating am europäischen Kapitalmarkt: Aktuelle Entwicklungstendenzen - Teil II, in: FB, 2. Jg., S. 138-150.

Hellwig, Martin (1982): Zur Informationseffizienz des Kapitalmarktes, in: ZWS, 102. Jg., S. 1-27.

Hesse, Martin (2006): Hedge-Fonds an die Leine, in: SZ, o. Jg., Nr. 114 vom 18.05.2006, S. 17.

Heubeck, Klaus/Seeger, Norbert (2004): „Ungedeckte" Pensionsverpflichtungen im Rating von Unternehmen - Wird die Rückstellungsfinanzierung deutscher Unternehmen im S&P-Rating systematisch benachteiligt?, in: DB, 57. Jg., S. 993-998.

Hickman, Walter B. (1958): Corporate Bond Quality and Investor Experience, Princeton, N.J. 1958.

Hill, Claire A. (2003): Regulating the Rating Agencies, Georgetown University Law Center Working Paper No. 452022, Stand: 10.10.2003, abrufbar unter: http://ssrn.com/abstract=452022, letzter Zugriff: 23.09.2004.

Ho, Christina/Rao, Ramesh P. (1993): Bond Rating and Their Determinants in a Changing Environment, in: JABR, Vol. 9, S. 132-139.

Ho, Thomas/Michaely, Roni (1988): Information Quality and Market Efficiency, in: JFQA, Vol. 23, S. 53-70.

Hoffjan, Andreas/Wömpener, Andreas (2006): Comparative Analysis of Strategic Management Accounting in German- and English-Language General Management Accounting Textbooks, in: sbr, Vol. 58, S. 234-258.

Hoffjan, Andreas/Wömpener, Andreas (2005): Framework or Patchwork? - Comparative Analysis of Strategic Management Accounting in German and English-Language Management Accounting Textbooks, Vortrag auf der 28. Jahrestagung der European Accounting Association in Göteborg (Schweden) vom 18.-20.05.2005, Stand: 01.05.2005, abrufbar unter: http://aaahq.org/AM2005/display.cfm?Filename=SubID_731.pdf&MIMEType=application%2Fpdf, letzter Zugriff: 04.10.2005.

Hoffmann, Peter (1991): Bonitätsbeurteilung durch Credit Rating: Funktionsweise und Einsatzmöglichkeiten eines Instruments zur Optimierung von Investitions- und Finanzierungsprozessen, Berlin.

Hofmann, Bernd/Pluto, Katja (2005): Zentrale Aspekte der neuen aufsichtlichen Eigenmittelempfehlungen (Basel II), in: Aktuelle Entwicklungen im Bankcontrolling: Rating, Gesamtbanksteuerung und Basel II, zfbf Sonderheft 52, S. 241-270.

Hofmann, Siegfried (2004): Immer mehr Konzerne wollen Pensionsschulden auslagern, in: Handelsblatt, o. Jg., Nr. 23 vom 03.02.2004, S. 14.

Holsti, Ole R. (1969): Content Analysis of the Social Sciences and Humanities, Reading, Mass.

Holthausen, Robert W./Leftwich, Richard W. (1986): The Effect of Bond Rating Changes on Common Stock Prices, in: JFE, Vol. 17, S. 57-89.

Holthausen, Robert W./Watts, Ross L. (2001): The Relevance of the Value-Relevance Literature for Financial Accounting Standard Setting, in: JA&E, Vol. 31, S. 3-75.

Holzkämper, Hilko/Fischer, Jochen (2002): Rating Advisory, in: Achleitner, Ann-Kristin/Thoma, Georg F. (Hrsg.): Handbuch Corporate Finance, 2. Aufl., Köln, S. 1-40.

Hommel, Ulrich/Schneider, Hilmar (2006): Die Kreditentscheidung im Rahmen von Leveraged-Buy-Out-Transaktionen, in: FB, 8. Jg., S. 521-525.

Horrigan, James O. (1966): The Determination of Long-term Credit Standing with Financial Ratios, in: JAR, Supplement, Vol. 4, S. 44-62.

Howe, Jane Tripp (1998): Credit Analysis for Corporate Bonds, in: Fabozzi, Frank J. (Hrsg.): The Handbook of Corporate Debt Instruments, New Hope, S. 273-311.

Hsueh, Paul L./Kidwell, David S. (1988): Bond Ratings: Are Two Better Than One?, in: FM, Vol. 17, S. 46-53.

Hull, John/Predescu, Mirela/White, Alan (2004): The Relationsship between Credit Default Swap Spreads, Bond Yields, and Credit Rating Announcements, in: JBF, Vol. 28, S. 2789-2811.

Hüls, Dagmar (1995): Früherkennung insolvenzgefährdeter Unternehmen, Düsseldorf.

Husisian, Gregory (1990): What Standard of Care Should Govern the World´s Shortest Editorials? An Analysis of Bond Rating Agency Liability, in: CLR, Vol. 75, S. 411-461.

IASCF (Hrsg.) (2007): International Financial Reporting Standards (IFRSs) 2007 including International Accounting Standards (IASs) and Interpretations as at 1 January 2007, London 2007.

IFD (2004): Presseerklärung der IFD, IFD Initiatorenmeeting, Stand: 20.12.2004, abrufbar unter: http://www.finanzstandortdeutscland.de/BaseCMP/documents/5000/IFD_Pressemitteilung_20041220_de.pdf, letzter Zugriff: 16.06.2006.

IOSCO (2004): Code of Conduct Fundamentals for Credit Rating Agencies, IOSCO Public Document No. 180, Stand: 01.12.2004, abrufbar unter: http://www.iosco.org/library/pubdocs/pdf/IOSCOPD180.pdf, letzter Zugriff: 14.06.2006.

IOSCO (2003a): Report on the Activities of Credit Rating Agencies, IOSCO Public Document No. 153, Stand: 09/2003, abrufbar unter: http://www.iosco.org/library/pubdocs/pdf/IOSCOPD153.pdf, letzter Zugriff: 14.06.2006.

IOSCO (2003b): Statement of Principles for the Activities of Credit Rating Agencies, IOSCO Public Document No. 151, Stand: 25.09.2003, abrufbar unter: http://www.iosco.org/library/pubdocs/pdf/IOSCOPD151.pdf, letzter Zugriff: 14.06.2006.

Iskandar, Mai E. (1992): Evidence of Nonstationarity in the Bond Rating Process for Newly Issued Bonds: A Note, in: JABR, Vol. 8, S. 124-128.

Jackson, John D./Boyd, James (1984): Model Specification in the Statistical Analysis of Bond Ratings, unveröffentlichtes Working Paper der Louisiana Tech University.

Jafry, Yusuf/Schuermann, Til (2004): Measurement, Estimation and Comparison of Credit Migration Matrices, in: JBF, Vol. 28, S. 2603-2639.

Jasper, Thomas/ Delvai, Karen (2005): Betriebliche Altersversorgung im Fokus des Kapitalmarkts, in: FB, 7. Jg., S. 506-512.

Jensen, Micheal C./Meckling, William H. (1976): Theory of the Firm: Managerial Behaviour, Agency Costs and Ownership Structure, in: JFE, Vol. 3, S. 305-360.

Jewell, Jeff/Livingston, Miles (1999): A Comparison of Bond Ratings from Moody's, S&P and FitchIBCA, in: FMII, Vol. 8, S. 1-45.

Jewell, Jeff/Livingston, Miles (1998): Split Ratings, Bond Yields, and Underwriter Spreads, in: JFR, Vol. 21, S. 185-204.

Jones, Michael J./Shoemaker, Paul A. (1994): Accounting Narratives: A Review of Empirical Studies of Content and Readability, in: JAL, Vol. 13, S. 142-184.

Jorion, Philippe/Liu, Zhu/Shi, Charles (2004): Informational Effects of Regulation FD: Evidence from Rating Agencies, Stand: 03/2004, abrufbar unter: http://www.gsm.uci.edu/~jorion/papers%5CregFD.pdf, letzter Zugriff: 10.09.2007.

Jorion, Philippe/Shi, Charles/Zhang, William Sanjian (2007): Tightening Credit Standards: The Role of Accounting Quality, Stand: 03/2007, abrufbar unter: http://web.gsm.uci.edu/cshi/External20Documents/TighteningCreditStandards.pdf, letzter Zugriff: 10.09.2007.

Kaiser, Ulrich/Szczesny, Andrea (2001): Einfache ökonometrische Verfahren für die Kreditrisikomessung, in: Szczesny, Andrea (Hrsg.): Kreditrisikomessung und Kreditrisikomanagement, Baden-Baden, S. 155-203.

Kamp, Andreas/Solmecke, Henrik (2005): Mezzanine-Kapital: Ein Eigenkapitalsubstitut für den Mittelstand?, in: FB, 7. Jg., S. 618-625.

Kamp, Bart (1998): Solvency Assessment and Annual Reporting: An Empirical Study on the Informative Value of Annual Reports Based on Bond Rating, Tilburg.

Kamstra, Mark/Kennedy, Peter/Suan, Teck-Kin (2001): Combining Bond Rating Forecasts Using Logit, in: FR, Vol. 37, S. 75-96.

Kaplan, Robert S./Urwitz, Gabriel (1979): Statistical Models of Bond Ratings. A Methodological Inquiry, in: JoB, Vol. 52, S. 231-262.

Kassarjian, Harold H. (1977): Content Analysis in Consumer Research, in: JCR, Vol. 4, S. 8-18.

Kassberger, Stefan/Wentges, Paul (1999): Die Schätzung der Ausfallwahrscheinlichkeiten von Unternehmen, in: Eller, Roland/Gruber, Walter/Reif, Markus (Hrsg.): Handbuch Kreditrisikomodelle und Kreditderivate, Stuttgart 1999, S. 23-50.

Katz, Steven (1974): The Price Adjustment Process of Bonds to Rating Reclassifications: A Test of Bond Market Efficiency, in: JoF, Vol. 29, S. 551-559.

Kealhofer, Stephen/Kwok, Sherry/Weng, Wenlong (1998): Uses and Abuses of Bond Default Rates, Stand: 1998, abrufbar unter: http://www.Moodyskmv.com/research/whitepaper/Uses_and_Abuses_of_Bond_Default_Rates.pdf, letzter Zugriff: 22.03.2005.

Keitz, Isabell von/Stibi, Bernd/Stolle, Ingeborg (2007): Rechnungslegung nach (Full-) IFRS - auch ein Thema für den Mittelstand?, in: KoR, 7. Jg., S. 509-519.

Kerwer, Dieter (2005): Holding Global Regulators Accountable: The Case of Credit Rating Agencies, in: Governance, Vol. 18, S. 453-475.

Kerwer, Dieter (2002): Rating Agencies: Setting a Standard for Global Financial Markets, Economic Sociology - European Electronic Newsletter, Vol. 3 (2002), No. 3, S. 40-46, Stand: 01.06.2002, abrufbar unter: http://econsoc.mpifg.de/ archive/esjune02.pdf, letzter Zugriff: 10.11.2004.

Kerwer, Dieter (2001): Standardising as Governance: The Case of Credit Rating Agencies, Reprints aus der Max-Planck-Projektgruppe Recht der Gemeinschaftsgüter, Bonn, 2001, Stand: 01.03.2001, abrufbar unter: http://www.Mpp-rdg.mpg.de/pdf_dat/001_3.pdf, letzter Zugriff: 10.11.2004.

Kerwer, Dieter (1999): Credit Rating Agencies and the Governance of Financial Markets, Stand: 01.07.1999, abrufbar unter: http://www.sase.org/conf1999/papers/dieter_kerwer.pdf, letzter Zugriff: 13.01.2004.

Kiefer, Kerstin/Schorn, Philipp (2007): Auswirkungen der IFRS-Umstellung auf die Risikoprämie von Unternehmensanleihen - Eine empirische Studie für Deutschland, Österreich und die Schweiz, SFB 649 Discussion Paper 2007-056, Stand: 09/2007, abrufbar unter: http://sfb649.wiwi.hu-berlin.de/papers/pdf/SFB649DP2007-056.pdf, letzter Zugriff: 14.12.2007.

Kirsten, Stefan A./Schiffer, Johannes (2006): Pensionen als Herausforderung für Unternehmen, in: zfbf, 58. Jg., S. 675-689.

Kisgen, Darren J. (2003): Credit Ratings and Capital Structure, Stand: 29.05.2003, abrufbar unter: http://papers.ssrn.com/sol3/papers.cfm?abstract_id=355680, letzter Zugriff: 09.03.2005.

Kley, Christoph (2003): Mittelstands-Rating, St. Gallen, Konstanz.

Kley, Christoph R./Everling, Oliver (2002): Anerkennung von Ratingagenturen im Rahmen von Basel II, in: FB, 3. Jg., S. 137-144.

Kley, Christoph R./Vater, Hendrik J. (2002): Pro-forma-Gewinne im Visier von Standard & Poor´s, in: ST, 76. Jg., S. 1085-1094.

Kliger, Doron/Sarig, Oded (2000): The Information Value of Bond Ratings, in: JoF, Vol. 55, S. 2879-2902.

Kniese, Wolfgang (1996): Die Bedeutung der Rating-Analyse für deutsche Unternehmen, Wiesbaden.

Kothari, S. P. (2001): Capital Markets Research in Accounting, in: JA&E, Vol. 31, S. 105-231.

Koziol, Christian/Thabe, Tim (2005): Streben Unternehmen nach ihrem optimalen Rating? Theorie und Evidenz vom deutschen Kapitalmarkt, in: ZfB, 75. Jg., S. 919-945.

KPMG (2002): KPMG Fast Close-Studie 2002, KPMG Consulting AG (Hrsg.), Stand: 2002, abrufbar unter: http://www.evimcon.de/cms/upload/pdf/FastClose_ Survey_ 2002-deutsch.pdf, letzter Zugriff: 01.02.2007.

Krämer, Walter/Güttler, André (2003): Comparing the Accuracy of Default Predictions in the Rating Industry: The Case of Moody's vs. S&P, Stand: 01.09.2003, abrufbar unter: http://141.2.73.5/wahrenburg/Mitarbeiter/guettler/kraemer_guett ler_2003_v1.pdf, letzter Zugriff: 03.02.2004.

Kreps, David M./Wilson, Robert (1982): Reputation and Imperfect Information, in: JET, Vol. 82, S. 253-279.

Krimphove, Dieter (2005): Rechts- und Haftungsfragen des externen Unternehmensratings, FB, 6. Jg., S. 333-341.

Krippendorff, Klaus (1980): Content Analysis. An Introduction to Its Methodology, Beverly Hills, London.

Kromrey, Helmut (2006): Empirische Sozialforschung, 11. Aufl., Stuttgart.

Kübler, Friedrich (1997): Rechtsfragen des Rating, in: Hadding, Walther/Hopt, Klaus J./Schimansky, Herbert (Hrsg.): Vorzeitige Beendigung von Finanzierungen, Rating von Unternehmen. Bankrechtstag 1996, Schriftenreihe der bankrechtlichen Vereinigung, Band 8, Berlin, New York, S. 115-136.

Kuhner, Christoph (2005): Zur Zukunft der Kapitalerhaltung durch bilanzielle Ausschüttungssperren im Gesellschaftsrecht der Staaten Europas, in: ZGR, 34. Jg., S. 753-787.

Kuhner, Christoph (2001): Financial Rating Agencies: Are They Credible?, in: sbr, Vol. 53, S. 2-26.

Küppers, Christoph/Louven, Christoph/Schröder, Jan (2005): Contractual Trust Arrangements - Insolvenzsicherung und Bilanzverkürzung, in: BB, 60. Jg., S. 763-770.

Küting, Karlheinz/Nardmann, Benita (1993): Pensionsverpflichtungen im Lichte der Bilanzpolitik und Bilanzanalyse, in: DStR, 31. Jg., S. 1834-1840.

Küting, Karlheinz/Ranker, Daniel/Wohlgemuth, Frank (2004): Auswirkungen von Basel II auf die Praxis der Rechnungslegung - Ist eine ausschließlich ratinginduzierte Umstellung der Rechnungslegung auf IFRS sinnvoll?, in: FB, 6. Jg., S. 93-104.

Küting, Karlheinz/Weber, Claus-Peter (2006): Die Bilanzanalyse – Beurteilung von Abschlüssen nach HGB und IFRS, 8. Aufl., Stuttgart.

Kütung, Karlheinz/Weber, Claus-Peter/Boecker, Corinna (2004): Fast Close - Beschleunigung der Jahresabschlusserstellung: (zu) schnell am Ziel?!, in: StuB, 7. Jg., S. 1-10.

Küting, Karlheinz/Zwirner, Christian (2007): Analyse quantitativer Reinvermögenseffekte durch die Anwendung der IFRS, in: KoR, 7. Jg., S. 142-154.

Lachnit, Laurenz/ Müller, Stefan (2004): Bilanzanalytische Behandlung von Pensionsverpflichtungen, in: DB, 57. Jg., S. 497-506.

Lamnek, Siegfried (2005): Qualitative Sozialforschung, 4. Aufl., Weinheim, Basel.

Landmann, Juliane/Züll, Cornelia (2004): Computerunterstützte Inhaltsanalyse ohne Diktionär? Ein Praxistest, ZUMA-Nachrichten Nr. 54, 28. Jg., S. 117-140, Stand: 01.05.2004, abrufbar unter: http://www.gesis.org/Publikationen/Zeitschriften/ZUMA_Nachrichten/documents/pdfs/54/09_Landmann.pdf, letzter Zugriff: 05.07. 2006.

Lando, David/Skødeberg, Torben M. (2002): Analyzing Rating Transitions and Rating Drift with Continuous Observations, in: JBF, Vol. 26, S. 423-444.

Lang, Mark/Lundholm, Russell (1993): Cross-Sectional Determinants of Analyst Ratings of Corporate Disclosure, in: AR, Vol. 31, S. 246-271.

Langer, Thomas/Weber, Martin (2000): Banken als Finanzintermediäre, in: Hagen, Jürgen von/Stein, Johann Heinrich von (Hrsg.): Obst/Hintner - Geld-, Bank- und Börsenwesen, 40. Aufl., Stuttgart, S. 201-231.

Leftwich, Richard (1992): Securities Ratings, in: Newman, Peter/Milgate, Murray/ Eatwell, John (Hrsg.): The New Palgrave Dictionnary of Money and Finance, London, Vol. III, S. 431-433.

Leuz, Christian (1996): Rechnungslegung und Kreditfinanzierung, Frankfurt a.M.

Lev, Baruch (1989): On the Usefulness of Earnings and Earnings Research: Lessons and Directions from Two Decades of Empirical Research, in: JAR, Vol. 27, Supplement, S. 153-192.

Lindemann, Jens (2006): Kapitalmarktrelevanz der Rechnungslegung – Konzepte, Methodik und Ergebnisse empirischer Forschung , in: ZfB, 76. Jg., S. 967-1003.

Liu, Pu (1985): The Information Content in Bond Ratings and Potential Bond Rating Changes, Indiana University, Ann Arbor 1985.

Liu, Pu/Thakor, Anjan V. (1984): Interest Yields, Credit Ratings, and Economic Characteristics of State Bonds: An Empirical Analysis, in: JMCB, Vol. 16, S. 344-351.

Livingston, Miles u.a. (2003): Bond Ratings and Private Information, Stand: 01/2003, abrufbar unter: http://207.36.165.114/Denver/Papers/bondratingsandprivateinformation.pdf, letzter Zugriff: 08.03.2005.

Löffler, Gunter (2004): An Anatomy of Rating Through-the-Cycle, in: JBF, Vol. 28, S. 695-720.

Löffler, Gunter (2003): Avoiding The Rating Bounce: Why Rating Agencies Are Slow To React To New Information, Stand: 03/2003, abrufbar unter: http://www.mathematik.uni-ulm.de/dof/papers/ratingbounce.pdf, letzter Zugriff: 22.03.2004.

Löffler, Gunter/Posch, Peter N. (2007): How do Rating Agencies Score in Predicting Firm Performance, SFB 649 Discussion Paper 2007-043, Stand: 30.07.2007, abrufbar unter: http://sfb649.wiwi.hu-berlin.de/papers/pdf/SFB649DP2007-043.pdf, letzter Zugriff: 10.09.2007.

Long, J. Scott (1997): Regression Models for Categorial and Limited Dependent Variables, Thousand Oaks u.a.

Maher, John J. (1996): Perceptions of Postretirement Benefit Obligations by Bond Rating Analysts, in: RQFA, Vol. 6, S. 79-94.

Maher, John J. (1987): Pension Obligations and the Bond Credit Market: An Empirical Analysis of Accounting Numbers, in: AR, Vol. 62, S. 785-798.

Maher, John J./Sen, Farum K. (1997): Predicting Bond Ratings Using Neural Networks: A Comparison with Logistic Regression, in: ISAFM, Vol. 6, S. 59-72.

Mahlstedt, Dirk (2008): IFRS und Bilanzrating – Eine empirische Untersuchung auf Basis von IFRS-Erstanwendern, Lohmar, Köln 2008.

Manzoni, Katiuscia (2004): Modeling Eurobond Credit Ratings and Forecasting Downgrade Probability, in: IRFA, Vol. 13, S. 277-300.

Massenberg, Hans-Joachim/Borchardt, Anke (2007): Rating und Rechnungslegung im Mittelstand, in: BFuP, 59. Jg., S. 346-357.

Mayring, Philipp (1993): Qualitative Inhaltsanalyse. Grundlagen und Techniken, Weinheim.

McConnell, Dennis/Haslam, John A./Gibson, Virginia R. (1986): The President´s Letter to Stockholders: A New Look, in: FAJ, Vol. 42, S. 66-70.

McKelvey, Richard D./Zavoina, William (1975): A Statistical Model for the Analysis of Ordinal Level Dependent Variables, in: JMS, Vol. 4, S. 103-120.

Megginson, William L./Weiss, Kathleen A. (1991): Venture Capital Certification in Initial Public Offerings, in: JoF, Vol. 46, S. 879-903.

Meier, Karin/Bätzel, Martina (2004): Auslagerung von Pensionsrückstellungen auf einen Pensionsfonds - Motive und Gestaltungsoptionen unter Beachtung der Änderungen durch das Alterseinkünftegesetz, in: DB, 57. Jg., S. 1437-1441.

Meier, Karin/Recktenwald, Stefan (2006): Direktzusage in der betrieblichen Altersversorgung: Ein Durchführungsweg mit Zukunft, in: BB, 61. Jg., S. 707-713.

Menz, Klaus-Michael/Nelles, Michael (2006): Corporate Governance und Credit Spreads, in: FB, 8. Jg., S. 628-636.

Merten, Klaus (1995): Inhaltsanalyse - Einführung in Theorie, Methode und Praxis, 2. Aufl., Opladen.

Merton, Robert C. (1987): A Simple Model of Capital Market Equilibrium with Incomplete Information, in: JoF, Vol. 42, S. 483-510.

Merton, Robert C. (1974): On the Pricing of Corporate Debt: The Risk Structure of Interest Rates, in: JoF, Vol. 29, S. 449-470.

Merton, Robert C./Bodie, Zvi (1992): On the Management of Financial Guarantees, in: FM, Vol. 21, S. 87-109.

Meyer-Parpart, Wolfgang (1996): Ratingkriterien für Unternehmen, in: Büschgen, Hans/Everling, Oliver (Hrsg.): Handbuch Rating, Wiesbaden, S. 111-174.

Milgrom, Paul/Roberts, John (1992): Economics, Organization and Management, Englewood Cliffs, N.J.

Millon, Marcia H./Thakor, Anjan V. (1985): Moral Hazard and Information Sharing: A Model of Financial Information Gathering Agencies, in: JoF, Vol. 40, S. 1403-1422.

Milne, Richard (2005): BASF moves Pensions off the Balance Sheet, in: FT, o. Jg., vom 18.10.2005, S. 30.

Milne, Markus J./Adler, Ralph. W. (1999): Exploring The Reliability of Social and Environmental Disclosure Content Analysis, in: AAAJ, Vol. 12, S. 237-256.

Mittermaier, Christoph/Böhme, Timo (2006): Auslagerung von Pensionsverpflichtungen im Rahmen eines CTA: Bilanzverkürzung unter Verwendung alternativer Vermögenswerte, in: BB, 61. Jg., S. 204-207.

Mölls, Sascha H./Strauß, Michael (2007): Bewertungsrelevanz der Rechnungslegung - Stand und Implikationen der empirischen Forschung für Aktionäre und Regulierer, in: ZfB, 77. Jg., S. 955-995.

Monro-Davies, Robin (1996): Die Bonitätsbewertung von Banken, in: Büschgen, Hans/Everling, Oliver (Hrsg.): Handbuch Rating, Wiesbaden, S. 175-218.

Moody, John/Utans, Joachim (1995): Architecture Selection Strategies for Neural Networks Application to Corporate Bond Rating, in: Refenes, Apostolos-Paul (Hrsg.): Neural Networks in Capital Markets, Chichester, S. 277-300.

Moody´s (2007a): Moody´s Ratingsymbole und -definitionen, Stand: 07/2007, abrufbar unter: http://www.moodys.com/moodys/cust/research/MDCdocs/10/2006700 000442939.pdf, letzter Zugriff: 26.09.2007.

Moody´s (2007b): Moody´s Investors Service NRSRO Application, Stand: 26.06.2007, abrufbar unter: http://www.moodys.com/cust/content/content.ashx? source=staticcontent/Free%20Pages/Regulatory%20Affairs/Documents/nrsroappli cation.pdf, letzter Zugriff: 10.09.2007.

Moody´s (2006a): Moody´s Approach to Global Standard Adjustments in the Analysis of Financial Statements for Non-Financial Corporations - Part I, Stand: 02/2006, abrufbar unter: http://www.moodys.com/moodys/cust/research/MDCdo cs/22/2053000004246 29.pdf?doc_id=2005300000424629&frameOfRef=corporate, letzter Zugriff: 17.08.2006.

Moody´s (2006b): Moody´s Approach to Global Standard Adjustments in the Analysis of Financial Statements for Non-Financial Corporations - Part II, Stand: 02/2006, abrufbar unter: http://www.moodys.com/moodys/cust/research/MDCdo cs/17/2052 00000428419.pdf?doc_id=2005200000428419& frameOfRef=corpora te, letzter Zugriff: 17.08.2006.

Moody´s (2006c): Default and Recovery Rates of Corporate Bond Issuers, 1920-2005, Stand: 02/2006, abrufbar unter: http://www.moodys.com/moodys/cust/research/

MDCdocs/01/2005200000425952.pdf?doc_id=2005200000425952&frameOfRef =corporate, letzter Zugriff: 20.09.2006.

Moody's (2005a): Refinements to Moody's Tool Kit: Evolutionary, not Revolutionary!, Stand: 02/2005, abrufbar unter: http://www.moodys.com/moodys/cust/research/MDCdocs/25/2003200000428658.pdf?doc_id=2003200000428658&frameOfRef=corporate, letzter Zugriff: 17.08.2006.

Moody's (2005b): Moody's in Deutschland - Basis-Ratings, Stand: 15.11.2005, abrufbar unter: http://www.moodys.de/mdcsRatingWatchListsPage.aspx?mdcsId=4&template=ratinglists-f, letzter Zugriff: 15.11.2005.

Moody's (2005c): Moody's Investors Service Code of Professional Conduct, Stand: 06/2005, abrufbar unter: http://www.moodys.com/moodys/cust/research/MDCdocs/01/2003400000425277.pdf?search=6&searchQuery=Code+of+Conduct&click =1, letzter Zugriff: 26.09.2007.

Moody's (2004a): The Impact of Moody's Financial Reporting Initiative on European Corporates, Stand: 03/2004, abrufbar unter: http://www.moodys.com/moodys/cust/search/syn_srch_research_result.aspx?search=5&searchQuery=%20Financial%20Reporting%20Initiative%20on%20European%20Corporates&searchIdent=qcksearch, letzter Zugriff: 15.12.2004.

Moody's (2004b): The Analysis of Off-Balance Sheet Exposures - A Global Perspective, Stand: 07/2004, abrufbar unter: http://www.moodys.com/cust/loadBusLine.asp?busLine=default+research, letzter Zugriff: 15.12.2004.

Moody's (2004c): The Impact of International Financial Reporting Standards ("IFRS", formerly known as IAS) on the Credit Ratings of European Corporates, Stand: 10/2004, abrufbar unter: http://www.moodys.com/moodys/cust/research/MDCdocs/02/2004600000425930.pdf?search=5&searchQuery=The+Impact+of+International+Financial+Reporting+Standards&click=1, letzter Zugriff: 15.12.2004.

Moody's (2004d): Guide to Moody's Ratings, Rating Process, and Rating Practices, Stand: 06/2004, abrufbar unter: http://www.moodys.com/moodys/cust/search/syn_srch_research_result.aspx?search=5&searchQuery=Rating%20Practices&searchIdent=qcksearch, letzter Zugriff: 29.12.2004.

Moody's (2004e): Moody's Rating Symbols & Definitions, Stand: 08.08.2004, abrufbar unter: http://www.moodys.com/moodys/cust/research/MDCdocs/26/2002000000426899.pdf?search=6&searchQuery=Rating%20Symbols&click=1, letzter Zugriff: 15.11.2005.

Moody's (2004f): Other Postretirement Benefits - Moody's Analytical Approach, Stand: 12/2004, abrufbar unter: http://www.moodys.com/moodys/cust/research/MDCdocs/22/2003000000443590.pdf, letzter Zugriff: 16.03.2005.

Moody's (2003a): Financial Reporting Assessments Stand: 12/2003, abrufbar unter: http://www.moodys.com/moodys/cust/research/MDCdocs/20/2002200000427723.pdfsearch=6&searchQuery=Financial%20Reporting%20Assessments&click=1, letzter Zugriff: 15.12.2004.

Moody's (2003b): Hybrid Securities Analysis, Stand: 11/2003, abrufbar unter: http://www.moodys.com/cust/loadBusLine.asp?busLine=default+research, letzter Zugriff: 15.12.04.

Moody's (2003c): Analytical Observations Related to U.S. Pension Obligations, Stand: 01/2003, abrufbar unter: http://www.moodys.com/moodys/cust/research/venus/Publication/Rating%20Methodology/noncategorized_number/77242.pdf, letzter Zugriff: 15.12.2004.

Moody's (2003d): Analytical Observations Related to "Underfunded" Pension Obligations When using UK and IAS GAAP, Stand: 05/2003, abrufbar abrufbar unter: http://www.moodys.com/moodys/cust/research/MDCdocs/10/2001900000428665.pdf?search=5&searchQuery=Analytical+Observations+Related+to+Underfunded+Pension+Obligations+when+Using+UK+and+IAS+GAAP&click=1, letzter Zugriff: 15.12.2004.

Moody's (2002a): The Bond Rating Process in a Changing Environment, Stand: 01/2002, abrufbar abrufbar unter: http://www.moodys.com/moodys/cust/research/MDCdocs/10/2001200000371169.pdf?search=5&searchQuery=The+Bond+Rating+Process+in+a+Changing+Environment&click=1, letzter Zugriff: 09.06.2005.

Moody's (2002b): Das revidierte Länder-Obergrenzen-Konzept von Moody's, Stand: 02/2002, abrufbar unter: http://www.moodys.com/moodys/cust/research/venus/Publication/Rating%20Methodology/noncategorized_number/742 04.pdf, letzter Zugriff: 09.06.2005.

Moody's (2002c): Changing Paradigms: Revised Financial Reporting for Special Purpose Entities, Stand: 05/2002, abrufbar unter: http://www.moodys.com/moodys/cust/research/venus/Publication/Rating%20Methodology/noncategorized_number/74947.pdf, letzter Zugriff: 22.03.2004.

Moody's (2001): Blick hinter die Kulissen: das Ratingkomitee bei Moody's, Stand: 01/2001, abrufbar unter: http://www.moodys.com/moodys/cust/research/MDCdocs/20/2000400000337186.pdf?doc_id=2000400000337186&frameOfRef=corporate, letzter Zugriff: 15.12.2004.

Moody's (2000): Ratingaktualisierung bei Moody's - Eine Einführung für die Teilnehmer am Kapitalmarkt, Stand: 12/2000, abrufbar unter: http://www.moodys.com/moodys/cust/research/MDCdocs/18/2000400000334185.pdf?doc_id=2000400000334185&frameOfRef=corporate, letzter Zugriff: 15.12.2004.

Moody's (2000b): Benchmarking Quantitative Default Risk Models: A Validation Methodology, Stand: 03/2000, abrufbar unter: http://riskcalc.moodysrms.com/us/research/crm/53621.pdf, letzter Zugriff: 10.02.2004.

Moody's (1999): The Evolving Meaning of Moody's Bond Ratings, Stand: 08/1999, abrufbar unter: http://www.moodys.com/moodys/cust/rsearch/venus/Publication/Rating%20Methodology/noncategorized_number/48185.pdf?search=&searchQuery=Rating%20Methodology%20The%20Evolving%20Meaning&click=1, letzter Zugriff: 23.03.2005.

Moody's (1998a): Ratingmethodologie für Industrieunternehmen, Stand: 07/1998, abrufbar unter: http://www.moodys.com/moodys/cust/research/MDCdocs/18/2000 400000298487.pdf, letzter Zugriff: 14.09.2005.

Moody's (1998b): Moody's Approach to Analyzing Pension Obligations of Corporations, Stand: 11/1998, abrufbar unter: http://www.moodys.com/moodys/custresea rch/venus/Publication/Rating%20Methodology/noncategorized_number/39330.pd f, letzter Zugriff: 03.06.05.

Moody's (1998): Emittenten-Ratings: Neues Instrument für Investoren und Emittenten, Stand: 07/1998, abrufbar unter: http://www.moodys.com/moodys/cust/research/MDCdocs/18/2002400000430352.pdf?doc_id=2002400000430352&frame OfRef=corporate, letzter Zugriff: 15.12.2004.

Moon, Choon G./Stotsky, Janet G. (1993): Testing the Differences Between the Determinants of Moody's and Standard & Poor's Ratings, in: JAE, Vol. 8, S. 51-69.

Müller, Stefan/Wobbe, Christian (2007): Verbesserung der nachhaltigen Fremdkapitalaufnahmemöglichkeit durch die Integration eines Bonitätsmanagements in das Controllingsystem, in: BB, 62. Jg., S. 1491-1497.

Müller-Böling, Detlef/Klandt, Heinz (1996): Methoden empirischer Wirtschafts- und Sozialforschung. Eine Einführung mit wirtschaftswissenschaftlichem Schwerpunkt, 3. Aufl., Köln, Dortmund.

Müller-Masiá, Christoph u.a. (2005): Verwendung von Ratinginformationen in der modernen Banksteuerung, in: Aktuelle Entwicklungen im Bankcontrolling: Rating, Gesamtbanksteuerung und Basel II, zfbf Sonderheft 52, Düsseldorf, Frankfurt a.M., S. 55-95.

Myers, Stewart C. (1977): Determinants of Corporate Borrowing, in: JFE, Vol. 5, S. 147-175.

Nelles, Michael/Klusemann, Markus (2003): Die Bedeutung der Finanzierungsalternative Mezzanine-Capital im Kontext von Basel II für den Mittelstand, in: FB, 5. Jg., S. 1-10.

Nickell, Pamela/Perraudin, William/Varotto, Simone (2000): Stability of Rating Transitions, in: JBF, Vol. 24, S. 203-227.

Nickell, Pamela/Perraudin, William/Varotto, Simone (1999): Ratings- versus Equity-based Credit Risk Modeling: An Empirical Analysis, Stand: 01.07.1999, abrufbar unter: http://www.ifk-cfs.de/papers/perraudin.pdf, letzter Zugriff: 08.03. 2005.

Nielsen, Christian (2004): Through the Eyes of Analysts: A Content Analysis of Annual Report Narratives, Working Paper M 2004-03, Copenhagen Business School, Stand: 2004, abrufbar unter: http://www.hha.dk/afl/wp/man/M_2004_03.pdf, letzter Zugriff: 07.10.05.

Nikolaev, Valeri/van Lent, Laurence (2005): The Endogeneity Bias in the Relation between Cost of Debt Capital and Corporate Disclosure Policy, in: EAR, Vol. 14, S. 677-724.

Ng, Serena/Anand, Shefali (2006): Ratings Firms Look at Hedge Funds, in: WSJE vom 28.08.2006, S. 19.

Nölling, Philipp/Jendruschewitz, Boris (2006): Hybrid-Anleihen: Dauerhafte Alternative in der Unternehmensfinanzierung?, in: FB, 8. Jg., S. 435-439.

Norden, Lars/Weber, Martin (2005): Möglichkeiten und Grenzen der Bewertung von Ratingsystemen durch Markt und Staat, in: Neupel, Joachim/Rudolph, Bernd/ Hahnenstein, Lutz (Hrsg.): Aktuelle Entwicklungen im Bankcontrolling: Rating, Gesamtbanksteuerung und Basel II, zfbf Sonderheft 52, Düsseldorf, Frankfurt a.M., S. 31-54.

Norden, Lars/Weber, Martin (2004): Informational Efficiency of Credit Default Swap and Stock Markets: The Impact of Credit Rating Announcements, in: JBF, Vol. 28, S. 2813-2843.

Odders-White, Elizabeth R./Ready, Mark J. (2006): Credit Ratings and Stock Liquidity, in: RFS, Vol. 19, S. 119-157.

Oehler, Andreas/Voit, Mario (1999): Informationsökonomische Aspekte des Bond-Rating, in: ÖBA, 47. Jg., S. 968-974.

Oehler, Ralph (2006): Auswirkungen einer IFRS-Umstellung auf das Kreditrating mittelständischer Unternehmen, in: DB, 58. Jg., S. 113-119.

Oehler, Ralph (2005): Auswirkungen einer IAS/IFRS-Umstellung bei KMU, München.

Ohlson, James A. (1980): Financial Ratios and the Probabilistic Prediction of Bankruptcy, in: JAR, Vol. 18, S. 109-131.

Ordelheide, Dieter (1998): Rechnungslegung und internationale Aktienanalyse, in: Möller, Hans Peter/Schmidt, Franz (Hrsg.): Rechnungswesen als Instrument für Führungsentscheidungen, FS für Coenenberg, Stuttgart, S. 505-524.

Osman, Yasmin (2007a): Aufseher üben Kritik an kleinen Ratingagenturen, in: FTD, o. Jg., vom 20.02.2007, S. 17.

Osman, Yasmin (2007b): Fonds verlassen sich nicht auf Ratings, in: FTD, o. Jg., vom 14.09.2007, S. 20.

o.V. (2007a): Wachsender Druck auf die Rating-Agenturen, in: NZZ vom 17.08.2007, S. 1.

o.V. (2007b): US-Aufsicht knöpft sich Ratingagenturen vor, in: FTD vom 10.09.2007, S. 19.

o.V. (2007c): Rating für Hedge-Fonds, in: SZ vom 08.06.2007, S. 24.

o.V. (2006a): Bewertungs-Report - Ratingagenturen unter Beobachtung, in: FB, 8. Jg., S. 32.

o.V. (2006b): Hybrid Capital Goes from Strength to Strength, in: Euromoney, Vol. 37, No. 4, S. 4-5.

o.V. (2006c): Corporates See the Benefits of Hybrid Capital, in: Euromoney, Vol. 37, No. 4, S. 8-9.

o.V. (2006d): Finanzierungs-Report: Pensionsverpflichtungen der Dax-Unternehmen weiter gestiegen, in: FB, 6. Jg., S. 372-373.

o.V. (2006e): Basel-Rating soll transparent sein, in: FB, 8. Jg., S. 572.

o.V. (2005): Who Rates the Raters?, in: Economist, o. Jg., vom 26.03.2005, S. 67-69.

o.V. (2004): Wir konzentrieren uns auf die Bonitäts-Risiken, Interview mit Maria Bissinger von Standard & Poor's in Frankfurt a.M., Stand: 01.05.2004, abrufbar unter: http://deutsche-boerse.com/dbag/dispatch/de/listcontent/gdb_navigation/private_investors/75_Opinions+Topics/30_Bonds/Content-Files/interviews_bonds/pi_ivw_bissinger.htm, letzter Zugriff: 02.08.2005.

o.V. (2003): Pensionsrückstellungen – Deutsche Unternehmen sollen Pensionsrückstellung aufstocken, in: FAZ.net vom 14.03.2003, abrufbar unter: http://www.faz.net/s/RubC9401175958F4EE28E143E68888825F6/Doc~EBF8A7F40E28334451B1D80F33FF20D62E~ATpl~Ecommon~Scontent.html, letzter Zugriff: 23.10.2003.

o.V. (2002): Badly overrated, in: The Economist, o. Jg., vom 18.05.2002, S. 69-70.

o.V. (2001): New Interests, New Conflicts, in: The Economist, o. Jg., vom 14.04.2001, S. 68-69.

Partony, Frank (2002): The Paradox of Credit Ratings, in: Levich, Richard M./Majnoni, Giovanni/Reinhardt, Carmen (Hrsg.): Ratings, Rating Agencies and the Global Financial System, Boston, S. 65-84.

Partony, Frank (1999): The Siskal and Ebert of Financial Markets? Two Thumbs Down for the Credit Rating Agencies, in: WULQ, Vol. 77, S. 619-712.

Päßler, Nadja M. (2007): Interessenkonflikte in der Informationsintermediation. Eine ökonomische Analyse, Frankfurt a.M.

Paul, Holger (2005): Thema Pensionsverpflichtungen oben auf der Tagesordnung, in: Stuttgarter Zeitung, o. Jg., vom 16.09.2005, S. 15.

Paul, Stephan (1999): Finanzintermediation: Theoretische Fundierung, in: Cramer, Jörg E. u.a. (Hrsg.): Knapps Enzyklopädisches Lexikon des Geld-, Bank- und Börsenwesens, 4. Aufl., Frankfurt a.M., S. 649-667.

Paul, Walter (1996): Rating als Instrument des Finanzmarketings, in: Büschgen, Hans/Everling, Oliver (Hrsg.): Handbuch Rating, Wiesbaden, S. 373-422.

Peavy, John W./Edgar, Michael S. (1982): Long-Run Implications of Industrial Bond Ratings as Risk Surrogates, in: JEB, Vol. 34, S. 331-341.

Peemöller, Volker H./Hofmann, Stefan (2005): Bilanzskandale - Delikte und Gegenmaßnahmen, Berlin.

Pellens, Bernhard/Crasselt, Nils (2005): Funding Strategies for Defined Benefit Plans and the Measurement of Leverage Risk, in: Ballwieser, Wolfgang (Hrsg.): sbr Special Issue 2/2005 - Current Issues in Financial Reporting and Financial Statement Analysis, Düsseldorf, Frankfurt a.M., S. 3-33.

Pellens, Bernhard/Fülbier, Rolf Uwe/Gassen, Joachim (2006): Internationale Rechnungslegung, 6. Aufl., Stuttgart.

Pellens, Bernhard/Fülbier, Rolf Uwe/Sellhorn, Thorsten (2004): Bilanzierung leistungsorientierter Pensionspläne bei deutschen und US-amerikanischen Unternehmen - Vorschlag und Simulation einer Weiterentwicklung von SFAS 87, in: DBW, 64. Jg., S. 133-153.

Pellens, Bernhard/Jödicke, Dirk/Richard, Marc (2005): Solvenztest als Alternative zur bilanziellen Kapitalerhaltung?, in: DB, 58. Jg., S. 1393-1401.

Perraudin, William/Taylor, Alex P. (2004): On the Consistency of Ratings and Bonds Market Yields, in: JBF, Vol. 28, S. 2769-2788.

Perridon, Louis/Steiner, Manfred (2007): Finanzwirtschaft der Unternehmung, 14. Aufl., München.

Perry, Larry G. (1985): The Effect of Bond Rating Agencies on Bond Rating Models, in: JFR, Vol. 8, S. 307-315.

Perry, Larry G./Henderson, Glenn V. Jr./Cronan, Timothy P. (1984): Multivariate Analysis of Corporate Bond Ratings and Industry Classifications, in: JFR, Vol. 7, S. 27-36.

Peters, Andreas C. (2001): Die Haftung und die Regulierung von Rating-Agenturen, Baden-Baden.

Petersen, Jochen (2002): Rechnungslegung für Pensionsverpflichtungen nach HGB, US-GAAP und IAS, Düsseldorf.

Pettit, Justin u.a. (2004): The New World of Credit Ratings, Stand: 01.09.2004, abrufbar unter: http://papers.ssrn.com/sol3/papers.cfm?abstract_id=593522, letzter Zugriff: 24.07.2006.

Picot, Arnold/Dietl, Helmut/Franck, Egon (2005): Organisation - Eine ökonomische Perspektive, 4. Aufl., Stuttgart.

Planert, Susanne (2006): Bilanzierung von Pensionsverpflichtungen, Wiesbaden.

Plankensteiner, Dirk/Rehbock, Tobias (2005): Die Bedeutung von Mezzanine-Finanzierungen in Deutschland, in: ZfgK, 58. Jg., S. 790-794.

Poon, Winnie P. H. (2003): Are Unsolicited Credit Ratings Biased Downward?, in: JBF, Vol. 27, S. 593-614.

Porter, Micheal E. (1999): Wettbewerbsstrategie. Methoden zur Analyse von Branchen und Konkurrenten, 10. Aufl., Frankfurt a.M.

Potter, James W./Levine-Donnerstein, Deborah (1999): Rethinking Validity and Reliability in Content Analysis, in: JACR, Vol. 27, S. 258-284.

Pottier, Steven W./Sommer, David W. (1999): Property-Liability Insurer Financial Strength Ratings: Differences Across Rating Agencies, in: JRI, Vol. 66, S. 621-642.

Previts, Gary J. u.a. (1994): Content Analysis of Sell-Side Financial Analyst Company Reports, in: AH, Vol. 8, S. 55-70.

Purda, Lynnette D. (2005a): Consistency of Global Credit Ratings: An Analysis of Firm versus Country Factors, Stand: 26.05.2005, abrufbar unter: http://web.business.queensu.ca/faculty/lpurda/globalmay_26_05.pdf, letzter Zugriff: 22.05.2006.

Purda, Lynnette D. (2005b): Controlling for Anticipation in Stock Price Reactions to Credit Rating Changes, Stand: 21.03.2005, abrufbar unter: http://papers.ssrn.com/sol3/papers.cfm?abstract_id=745445, letzter Zugriff: 22.05.2006.

Purda, Lynnette D. (2004): How Predictable are Rating Changes? Examining the Information Content of Anticipated Changes, Stand: 29.04.2004, abrufbar unter: http://finance.business.queensu.ca/~lpurda/index_files/working_files/purda04.pdf, letzter Zugriff: 22.05.2006.

Ramakrishnan, Ram T. S./Thakor, Anjan V. (1984): Information Reliability and a Theory of Financial Intermediation, in: RES, Vol. 51, S. 415-432.

Rammert, Stefan (2006): § 51 Bilanzpolitik und Bilanzanalyse, in: Lüdenbach, Nobert/Hoffmann, Wolf-Dieter (Hrsg.): Haufe IFRS-Kommentar, 4. Aufl., Freiburg u.a., S. 1883-1934.

Randow, Philip von (1996a): Rating und Regulierung, in: Büschgen, Hans/Everling, Oliver (Hrsg.): Handbuch Rating, Wiesbaden, S. 543-577.

Randow, Philip von (1996b): Rating und Wettbewerb, in: ZBB, 8. Jg., S. 85-164.

Randow, Philip von (1995): Rating und Regulierung, in: ZBB, 7. Jg., S. 140-156.

Resti, Andrea (2003): Replicating Agency Ratings Through Multinomial Scoring Models, in: Ong, Michael K. (Hrsg.): Credit Ratings - Methodologies, Rationale and Default Risk, London, S. 213-232.

Richter, Rudolf/Furubotn, Eirik G. (2003): Neue Institutionenökonomik, 3. Aufl., Tübingen.

Rogers, Rodney K./Grant, Julia (1997): Content Analysis of Information Cited in Reports of Sell-Side Financial Analysts, in: JFSA, Vol. 3, S. 17-31.

Rohrlack, Christian (2006): Logistische und Ordinale Regression, in: Albers, Sönke u.a. (Hrsg.): Methodik der empirischen Forschung, Wiesbaden, S. 205-222.

Rosenbaum, Jens (2004): Der Einsatz von Rating-Agenturen zur Kapitalmarktregulierung in den USA: Ursachen und Konsequenzen. REGEM Analysis No. 8, February 2004, Trier University, Stand: 01.02.2004, abrufbar unter: http://www.chinapo litik.de/studien/regem/regem_no8.pdf, letzter Zugriff: 08.03.2005.

Ross, Stephen A. (1977): The Determination of Financial Structure: The Incentive-Signalling Approach, in: BJE, Vol. 8, S. 23-40.

Rothfuss, Christian (2005): Die Zwischenberichterstattung börsennotierter deutscher Unternehmen: Eine theoretische und empirische Untersuchung nach nationalen und internationalen Vorschriften, Würzburg.

Rothschild, Michael/Stiglitz, Joseph E. (1976): Equilibrium in Competitive Insurance Markets: An Essay on the Economics of Imperfect Information, in: QJE, Vol. 90, S. 629-649.

Rottmann, Horst/Seitz, Franz (2004): Credit Spreads und ihre Determinanten in Deutschland, in: Ifo Schnelldienst, 57. Jg., S. 10-14.

Rudolph, Bernd (2006): Unternehmensfinanzierung und Kapitalmarkt, Tübingen.

Rudolph, Bernd (2004): Analyse hybrider Finanzinstrumente: Mezzanine-Kapital, in: ZfgK, 57. Jg., S. 14-18.

Rudolph, Bernd (1999): Ansätze zur Kreditnehmerbeurteilung: Theoretische Analyse und Würdigung, in: ZfgK, 52. Jg., S. 112-117.

Rudolph, Bernd (1979): Zur Theorie des Kapitalmarktes - Grundlagen, Erweiterungen und Anwendungsbereiche des Capital Asset Pricing Model (CAPM), in: ZfB, 49. Jg., S. 1034-1063.

Ryan, Gery W./Bernard, H. Russell (2000): Data Management and Analysis Methods, in: Denzin, N. K./Lincoln, Yvonna. S. (Hrsg.): Handbook of Qualitative Research, Thousand Oaks, S. 769-802.

Saaty, Thomas L. (1980): The Analytic Hierarchy Process, New York.

Sanio, Jochen (2004): Keine Macht ohne Kontrolle. Ein Ordnungsrahmen für Rating-Agenturen, in: FAZ, o. Jg., Nr. 52 vom 02.03.2004, S. 27.

Saunders, Anthony/Allen, Linda (2002): Credit Risk Measurement, 2. Aufl., New York.

Schäfer, Marcus/Wojtysiak, Christian (2002): Pensionsfonds als Instrument zur innovativen Ausgestaltung von Versorgungswerken im Rahmen der betrieblichen Altersversorgung, in: FB, 4. Jg., S. 349-360.

Schaffer, Christian (2005): Führt wertorientierte Unternehmensführung zur messbaren Wertsteigerung?, Frankfurt a.M.

Scheffeler, Eberhard (2006): Eigenkapital im Jahres- und Konzernabschluss nach IFRS, München.

Scherer, Bernd (2004): German Pension Liabilities: What Firms Need to Know about Pension Liabilities, in: European Pensions & Investments News, o. Jg., S. 1-3.

Schildbach, Thomas (1999): Pensionsverpflichtungen nach US-GAAP/IAS versus HGB/GoB und die Informationsfunktion des Jahresabschlußes, in: ZfB, 60. Jg., S. 957-975.

Schipper, Katherine (1991): Analysts' Forecasts, in: AH, Vol. 5, S. 105-121.

Schmidt, Matthias (1996): Zweck, Ziel und Ablauf des Ratings aus Emittentensicht, in: Büschgen, Hans/Everling, Oliver (Hrsg.): Handbuch Rating, Wiesbaden, S. 253-272.

Schmidt, Reinhard H. (1988): Neuere Property Rights-Analysen in der Finanzierungstheorie, in: Budäus, Dietrich/Gerum, Elmar/Zimmermann, Gebhard (Hrsg.): Betriebswirtschaftslehre und Theorie der Verfügungsrechte, Wiesbaden, S. 239-267.

Schmidt, Reinhard H./Terberger, Eva (2003): Grundzüge der Investitions- und Finanzierungstheorie, 4. Aufl., Wiesbaden.

Schmidt-Bürgel, Jens (2005): Ratings im Investment Banking, in: Everling, Oliver/Schmidt-Bürgel, Jens (Hrsg.): Kapitalmarktrating, Wiesbaden, S. 141-157.

Schnabel, Helmut (1996): Die Funktionen des Rating für deutsche Industrieunternehmen als Emittenten, in: Büschgen, Hans/Everling, Oliver (Hrsg.): Handbuch Rating, Wiesbaden, S. 305-326.

Schnell, Rainer/Hill, Paul B./Esser, Elke (2005): Methoden der empirischen Sozialforschung, 7. Aufl., München, Wien.

Schreiber, Nobert (1999): Wie mache ich Inhaltsanalysen? Vom Untersuchungsplan zum Ergebnisbericht, Frankfurt a.M.

Schröder, Michael (2005): Ratings im Investment Banking, in: Everling, Oliver/Schmidt-Bürgel, Jens (Hrsg.): Kapitalmarktrating, Wiesbaden, S. 95-120.

Schulte, Reinhard (1996): Kursänderungsrisiken festverzinslicher Wertpapiere, Wiesbaden.

Schulz, Marion (2006): Wandelanleihen in der Unternehmensfinanzierung, Hamburg.

Schwarcz, Steven L. (2002): The Role of Rating Agencies in Global Market Regulation, in: Ferran, Ellis/Goodhart, Charles E. (Hrsg.): Regulating Financial Services and the Markets in the Twenty First Century, 2. Aufl., Oxford, S. 297-310.

Schwarcz, Steven L. (2001): Private Ordering of Public Markets: The Rating Agency Paradox, Stand: 01.06.2001, abrufbar abrufbar unter: http://papers.ssrn.com/sol3/papers.cfm?abstract_id=267273, letzter Zugriff: 07.06.2006.

Scott, William A. (1955): Reliability of Content Analysis: The Case of Nominal Scale Coding, in: POQ, Vol. 19, S. 321-325.

SEC (2007a): Seven Credit Rating Agencies Register with SEC as Nationally Recognized Statistical Rating Organizations - Press Release 2007-199, Stand: 24.09. 2007, abrufbar unter: http://www.sec.gov/news/press/2007/2007-199.htm, letzter Zugriff: 10.09.2007.

SEC (2007b): Credit Rating Agencies Apply for Registration as Nationally Recognized Statistical Rating Organizations - Press Release 2007-124, Stand: 28.06. 2007, abrufbar unter: http://www.sec.gov/news/press/2007/2007-124. htm, letzter Zugriff: 10.09.2007.

SEC (2005): Proposed Rule: Definition of Nationally Recognized Statistical Rating Organization, Release 33-8570, 3451572, Stand: 19.04.2005, abrufbar unter: http://www.sec.gov/rules/proposed/33-8570.pdf, letzter Zugriff: 10.09.2007.

SEC (2003a): Concept Release: Rating Agencies and the Use of Credit Ratings under the Federal Securities Laws, Release No. 33-8236, 34-47972, Stand: 04.06.2003, abrufbar unter: http://www.sec.gov/rules/concept/33-8236.htm, letzter Zugriff: 10.09.2007.

SEC (2003b): Report on the Role and Function of Credit Rating Agencies in the Operation of the Securities Markets, Stand: 01.01.2003, abrufbar unter: http://www.sec.gov/news/studies/creditratingreport0103.pdf, letzter Zugriff: 10.11.2005.

SEC (2002): Testimony Concerning the Role of Credit Rating Agencies in the U.S. Securities Markets (before the Senate Committee on Governmental Affairs), Stand: 20.03.2002, abrufbar unter: http://www.sec.gov/news/testimony/032002tsih.htm, letzter Zugriff: 10.09.2007.

Seeger, Norbert (2007): Contractual Trust Arrangements auf dem Prüfstand, in: DB, 60. Jg., S. 697-703.

Sengupta, Partha (1998): Corporate Disclosure Quality and the Cost of Debt, in: AR, Vol. 73, S. 459-474.

Sengupta, Partha/Wang, Zheng (2004): Pricing of Off-Balance Sheet Debt: How do Bond Market Participants use the Footnote Disclosures on Operating Leases and Postretirement Benefit Plans?, Stand: 13.07.2006, abrufbar unter: http://wpcarey.asu.edu/acc/upload/Pricing-of-Off-Balance-Sheet-Debt-How-do-Bond-Market-Participants-use-the-Footnote-Disclosures-on-Operating-Leases-and-Postretirement-Benefit-Plans.pdf, letzter Zugriff: 13.07.2006.

Serfling, Klaus/Badack, Elke/Jeiter, Vera (1996): Möglichkeiten und Grenzen des Credit Rating, in: Büschgen, Hans/Everling, Oliver (Hrsg.): Handbuch Rating, Wiesbaden, S. 629-655.

Serfling, Klaus/Pries, Andreas (1990): Möglichkeiten und Grenzen des Rating, in: Die Bank, o. Jg., S. 381-384.

Shapiro, Carl (1983): Premiums for High Quality Products as Returns to Reputations, in: QJE, Vol. 98, S. 659-680.

Shapiro, Harvey D. (1976): How Corporations Are Trying to Improve Their Credit Ratings, in: II, Vol. 10, S. 47-52.

Sherwood, Hugh C. (1976): How Corporate and Municipal Debt is Rated: An Inside Look at Standard & Poor's Rating System, New York u.a.

Shin, Yoon S./Moore, William T. (2003): Explaining Credit Rating Differences between Japanese and U.S. Agencies, in: RFE, Vol. 12, S. 327-344.

Sinclair, Timothy J. (2003): Global Monitor. Bond Rating Agencies, in: NPE, Vol. 8, S. 147-161.

Sinclair, Timothy J. (2000): Reinventing Authority: Embedded Knowledge Networks and the New Global Finance, in: EPC, Vol. 18, S. 487-502.

Singleton, J. Clay/Surkan, Alvin J. (1995): Bond Rating with Neural Networks, in: Refenes, Apostolos-Paul (Hrsg.): Neural Networks in Capital Markets, Chichester, S. 301-307.

Singleton, J. Clay/Surkan, Alvin J. (1991): Modeling the Judgement of Bond Rating Agencies: Artificial Intelligence Applied to Finance, in: JMFA, Vol. 20, S. 72-80.

Smith, Roy C./Walter, Ingo (2002): Rating Agencies: Is there an Agency Issue?, in: Levich, Richard M./Majnoni, Giovanni/Reinhardt, Carmen (Hrsg.): Ratings, Rating Agencies and the Global Financial System, Boston, S. 289-318.

Sönnichsen, Christoph (1996): Ratingsysteme am Beispiel der Versicherungswirtschaft, in: Büschgen, Hans/Everling, Oliver (Hrsg.): Handbuch Rating, Wiesbaden, S. 423-454.

Sorensen, Eric H. (1980): Bond Ratings versus Market Risk Premiums, in: JPM, Vol. 8, S. 64-69.

Spence, Michael A. (1973): Job Market Signaling, in: QJE, Vol. 87, S. 355-374.

Spremann, Klaus (1990): Asymmetrische Information, in: ZfB, 60. Jg., S. 561-586.

Srinivasan, Venkant/Bolster, Paul J. (1990): An Industrial Bond Rating Model Based on the Analytical Hierarchy Process, in: EJOR, Vol. 48, S. 105-119.

Srnka, Katharina J./Koeszegi, Sabine T. (2007): From Words to Numbers: How to Transform Qualitative Data into Meaningful Quantitative Results, in: sbr, Vol. 59, S. 29-57.

S&P (2007a): Application for Registration as a Nationally Recognized Statistical Rating Organization (NRSRO), Stand: 26.06.2007, abrufbar unter: http://www.standardandpoors.com/spf/pdf/fixedincome/Ratings_Serices_Form_NRSRO.pdf, letzter Zugriff: 10.09.2007.

S&P (2007b): Standard & Poor´s Ratings Services Code of Conduct, Stand: 06/2007, abrufbar unter: http://www.standardandpoors.com/spf/pdf/fixedincome/Ratings ServicesCodeOfConduct_June2007.pdf, letzter Zugriff: 26.09.2007.

S&P (2007c): IFRS Beyond Transition, in: Standard & Poor´s Credit Week, Special Issue, vom 31.01.2007, o. Jg., S. 13-19 und 39-51.

S&P (2006a): Corporate Ratings Criteria 2006, Stand: 2006, abrufbar unter: http://www.standardandpoors.com/spf/pdf/fixedincome/CorporateRatings2006.pdf, letzter Zugriff: 20.09.2006.

S&P (2006b): Annual 2005 Global Corporate Default Study and Rating Transitions, Stand: 01/2006, abrufbar unter: www.standardandpoors.com/spf/pdf/media/Ann ualDefaultStudy_2005.pdf, letzter Zugriff: 20.09.2006.

S&P (2005a): Corporate Ratings Criteria 2005, Stand: 2005, abrufbar unter: http://www.standardandpoors.com/spf/pdf/fixedincome/CorporateRatings2005.pdf, letzter Zugriff: 23.11.2005.

S&P (2005b): Standard & Poor´s - Ratings in Deutschland, Stand: 15.11.2005, abrufbar unter: http://www.standardandpoors.com/servlet/Satellite?pagename=sp/sp_product/ProductBodyTemplate&cid=1056724732165&l=DE&s=&b=11&f=1&r=4&ig=, letzter Zugriff: 15.11.2005.

S&P (2005c): Corporate Ratings Criteria – Equity Credit: What It Is and How You Get It, Stand: 08.07.2005, abrufbar unter: http://www.ratingsdirect.com/Apps/RD/controller/Article?id=304516&type=&outputType=print&from=, letzter Zugriff: 16.09.2005.

S&P (2005d): European Corporates Effect A Smooth Transition to IFRS - So Far, Stand: 11.05.2005, abrufbar unter: http://www.ratingsdirect.com/Apps/RD/con

troller/Article?id=463016&type=&outputType=print&from, letzter Zugriff: 16.09. 2005.

S&P (2005e): Beyond Reported Debt: Corporate Financial Obligations Under IFRS, Stand: 25.04.2005, abrufbar unter: http://www.ratingsdirect.com/Apps/RD/controller/Article?id=437749&type=&outputType=print&from=, letzter Zugriff: 16.09. 2005.

S&P (2004a): Industrial and Utility Companies′ Criteria for Accounting Characteristics, Stand: 03.05.2004, abrufbar unter: http://www.ratingsdirect.com/Apps/RD/controller/Article?id=372566&type=&outputType=print&from=, letzter Zugriff: 26.09.2005.

S&P (2004b): Transition Without Tears: A Five-Point Plan for IFRS-Disclosure, Stand: 06.12.2004, abrufbar unter: www.ratingsdirect.com/Apps/RD/controller/Article?id=410551&type=&outputTyp=print&from=, letzter Zugriff: 16.09.2005.

S&P (2004c): Corporate Ratings Show Steady Growth in Germany, but Structural Constraints Persist, Stand: 02.12.2004, abrufbar unter: http://www.ratingsdirect.com/Apps/RD/controller/Article?id=409846&type=&outputType=print&from=, letzter Zugriff: 22.09.2005.

S&P (2003): Adjusting Financials for Postretirement Liabilities, Stand: 03.03.2003, abrufbar unter: http://www.ratingsdirect.com/Apps/RD/controller/Article?id=30 4516&type=outputType=print&from=, letzter Zugriff: 26.09.2005.

S&P (2002a): Exploring the Link Between Accounting Principles and Ratings Penetration in Germany, Stand: 14.01.2002, abrufbar unter: http://www.ratingsdirect.com/Apps/RD/controller/Article?id=226804&type=&outputType=print&from=, letzter Zugriff: 26.09.2005.

S&P (2002b): Measures of Corporate Earnings Stand: 14.05.2002, abrufbar unter: http://www.ratingsdirect.com/Apps/RD/controller/Article?id=273558&type=&out put Type=print&from=, letzter Zugriff: 26.09.2005.

S&P (2002c): Cash ist Fakt – Gewinn ist Ansichtssache, Stand 08.04.2002, abrufbar unter: http://www.ax-net.de/inhalt/allgemein/boerse/cashisfact.pdf, letzter Zugriff: 26.09.2005.

Steiner, Manfred (1992): Rating - Risikobeurteilung von Emittenten durch Rating-Agenturen, in: WiSt, 21. Jg., S. 509-515.

Steiner, Manfred/Bruns, Christoph (2007): Wertpapiermanagement, 9. Aufl., Stuttgart.

Steiner, Manfred/Heinke, Volker G. (2001): Event Study Concerning International Bond Price Effects of Credit Rating Actions, in: IJFE, Vol. 6, S. 139-157.

Steiner, Manfred/Heinke, Volker G. (1996): Rating aus Sicht der modernen Finanzierungstheorie, in: Büschgen, Hans/Everling, Oliver (Hrsg.): Handbuch Rating, Wiesbaden, S. 579-628.

Steiner, Manfred/Mader, Wolfgang/ Starbatty, Nikolaus (2003): Aktuelle Entwicklungen in der Unternehmensfinanzierung, in: FB, 5. Jg., S. 513-525.

Steiner, Manfred/Starbatty, Nikolaus (2004): Bedeutung von Ratings in der Unternehmensfinanzierung, in: Achleitner, Ann-Kristin/Everling, Oliver (Hrsg.): Handbuch Ratingpraxis, Wiesbaden, S. 15-35.

Stiglitz, Joseph E. (1975): The Theory of "Screening", Education and the Distribution of Income, in: AER, Vol. 65, S. 283-300.

Stiglitz, Joseph E./Weiss, Alan (1981): Credit Rationing in Markets with Imperfect Information, in: AER, Vol. 71, S. 393-410.

Strunz-Happe, Anne (2005): Ein Ordnungsrahmen für Rating-Agenturen - Bericht über die internationalen und nationalen Bestrebungen, in: BFuP, 57. Jg., S. 231-245.

Süchting, Joachim (1995): Finanzmanagement, Theorie und Politik der Unternehmensfinanzierung, 6. Aufl., Wiesbaden 1995.

Sylla, Richard (2002): An Historical Primer on the Business of Credit Rating, in: Levich, Richard M./Majnoni, Giovanni/Reinhardt, Carmen (Hrsg.): Ratings, Rating Agencies and the Global Financial System, Boston, S. 19-40.

Szczesny, Andrea (2003): Risikoindikatoren, Rating und Ausfallwahrscheinlichkeit im Kreditgeschäft, Baden-Baden.

Templin, Hans-Ulrich (2005): Die Bedeutung von Ratings auf die Kursnotierungen von Corporate Bonds, in: Everling, Oliver/Schmidt-Bürgel, Jens (Hrsg.): Kapitalmarktrating, Wiesbaden, S. 121-140.

Tennyson, B. Mack/Ingram, Robert W./Dugan, Michael T. (1990): Assessing the Information Content of Narrative Disclosure in Explaining Bankruptcy, in: JBFA, Vol. 17, S. 391-410.

Thießen, Friedrich (1996): Covenants in Kreditverträgen: Alternative oder Ergänzung zum Insolvenzrecht?, in: ZBB, 8. Jg., S. 19-37.

Treacy, William F./Carey, Mark (2000): Credit Risk Rating Systems at large US Banks, in: JBF, Vol. 24, S. 167-201.

Uhrig-Homburg, Marliese (2002): Valuation of Defaultable Claims - A Survey, in: sbr, Vol. 54, S. 24-57.

Unerman, Jeffrey (2000): Methodological Issues: Reflections on Quantification in Corporate Social Reporting Content Analysis, in: AAAJ, Vol. 13, S. 667-680.

Užík, Martin/Nelles, Michael (2007): Debt-Rating - Kapitalmarktreaktionen auf die Ankündigung einer Ratingveränderung, in: FB, 9. Jg., S. 172-180.

Van der Stede, Wim A./Young, Mark S./Chen, Clara Xiaoling (2005): Assessing the Quality of Evidence in Empirical Management Accounting Research: The Case of Survey Studies, in: AOS, 30. Jg., S. 655-684.

Völckner, Franziska/Pirchegger, Barbara (2006): Immaterielle Werte in der internen und externen Berichterstattung deutscher Unternehmen, in: DBW, 66. Jg., S. 219-243.

Wagenhofer, Alfred (2005): Internationale Rechnungslegungsstandards – IAS, IFRS, 5. Aufl., Frankfurt a.M.

Wagenhofer, Alfred (2001): Austria - Individual Accounts, in: Ordelheide, Dieter/ KPMG (Hrsg.): Transnational Accounting, Band 1, 2. Aufl., New York, S. 237-318.

Wagenhofer, Alfred/Ewert, Ralf (2007): Externe Unternehmensrechnung, 2. Aufl., Berlin u.a.

Wagner, Wolf-Christof (1991): Rating mittelständischer Unternehmen - Fundierung und Konzeption einer standardisierten Unternehmensbeurteilung durch Rating, Frankfurt a.M.

Wakeman, MacDonald L. (1990): The Real Function of Bond Rating Agencies, in: Smith, Clifford W. Jr. (Hrsg.): The Modern Theory of Corporate Finance, 2. Aufl., New York, S. 410-415.

Watrin, Christoph (2001): Internationale Rechnungslegung und Regulierungstheorie, Wiesbaden.

Weber, Robert P. (1990): Basic Content Analysis, 2. Aufl., London.

Weber, Martin/Krahnen Jan Pieter/Voßmann, Frank (1999): Risikomessung im Kreditgeschäft: Eine empirische Analyse bankinterner Ratingverfahren, in: Gebhardt, Günther/Pellens, Bernhard (Hrsg.): Rechnungswesen und Kapitalmarkt, zfbf Sonderheft 41, Düsseldorf, Frankfurt a.M., S. 117-142.

Weber-Rey, Daniela (2005): Empfehlungen der CESR zu einer Selbstregulierung des Ratingwesens, in: AG, 50. Jg., S. 253-256.

Weißenberger, Barbara E./Stahl, Anne B./Vorstius, Sven (2004): Die Umstellung auf internationale Rechnungslegungsgrundsätze - Wunsch und Wirklichkeit in deutschen Unternehmen, in: KoR, 4. Jg., S. 5-16.

Welge, Martin K./Al-Laham, Andreas (2003): Strategisches Management. Grundlagen – Prozess – Implementierung, 4. Aufl., Wiesbaden.

West, Richard R. (1973): Bond Ratings, Bond Yields and Financial Regulation: Some Findings, in: JLE, Vol. 16, S. 159-168.

White, Gerald I./Sondhi, Ashwinpaul C./Fried, Dov (2003): The Analysis and Use of Financial Statements - International Edition, 3. Aufl., Hoboken, N.J.

White, Gerald I./Sondhi, Ashwinpaul C./Fried, Dov (1994): The Analysis and Use of Financial Statements, New York.

White, Lawrence J. (2002): The Credit Rating Industry: An Industrial Organization Analysis, in: Levich, Richard M./Majnoni, Giovanni/Reinhardt, Carmen (Hrsg.): Ratings, Rating Agencies and the Global Financial System, Boston, S. 41-63.

Wieben, Hans-Jürgen (2004): Credit Rating und Risikomanagement - Vergleich und Weiterentwicklung der Analysekonzepte, Wiesbaden.

Wielenberg, Stefan (2007): Führt das Rating nach Basel II zu einer freiwilligen Umstellung der Rechnungslegung von den handelsrechtlichen GoB zu den IFRS?, in: zfbf, 59. Jg., S. 728-747.

Williamson, Oliver E. (1975): Markets and Hierarchies. Analysis and Antitrust Implications, New York.

Wooldrigde, Jeffrey M. (2003): Introductory Econometrics, 2. Aufl., Mason, Ohio.

Yesilyaprak, Ata (2004): Bond Ratings with Artificial Neural Networks and Econometric Models, in: ABR, Vol. 22, S. 113-123.

Yu, Fan (2005): Accounting Transparency and the Term Structure of Credit Spreads, in: JFE, Vol. 75, S. 53-84.

Zhou, Chunsheng (2001): Credit Rating and Corporate Defaults, in: JFI, Vol. 11, S. 30-41.

Ziebart, David A./Reiter, Sara A. (1992): Bond Ratings, Bond Yields and Financial Information, in: CAR, Vol. 9, S. 252-282.

Züll, Cornelia/Mohler, Peter P. (2001): ZUMA How-to-Reihe, Nr. 8, Computerunterstützte Inhaltsanalyse: Codierung und Analyse von Antworten auf offene Fragen, Stand: 2001, abrufbar unter: http://www.gesis.org/Publikationen/Berichte/ZUMA_How_to/Dokumente/pdf/how-to8cz.pdf, letzter Zugriff: 04.10.2005.

Gesprächspartnerverzeichnis

1 *Dr. Christian Aders (CFA)*, Managing Director Duff & Phelps, München, Leopoldstr. 8, 80802 München.

(E-Mail-Kontakte und Telefongespräch bezüglich Feedback zum Fragebogen am 12.03.2007)

2 *Prof. Dr. Dr. h.c. Wolfgang Ballwieser*, Vorstand des Seminars für Rechnungswesen und Prüfung, Department für Betriebswirtschaft, Ludwig-Maximilians-Universität München, Ludwigstr. 28/RG, 80539 München.

(Persönliches Gespräch bezüglich Feedback zum Fragebogen am 07.03.2007)

3 *Maria Bissinger*, Director Corporate Ratings, Standard & Poor's, Neue Mainzer Str. 52 (Main Tower), 60311 Frankfurt a.M.

(Persönliches Gespräch am 16.09.2005 und E-Mail-Kontakte)

Dipl.-Kfm. Benjamin Brudler, Wissenschaftlicher Mitarbeiter und Doktorand am Institut für Marketing von Prof. Dr. Anton Meyer, Department für Betriebswirtschaft, Ludwig-Maximilians-Universität München, Ludwigstr. 28/RG, 80539 München.

(Persönliches Gespräch bezüglich Feedback zum Fragebogen am 08.03.2007)

5 *Tanja Mietke*, Business Development, Moody's Deutschland GmbH, An der Welle 5, 60322 Frankfurt a.M.

(Telefongespräch am 15.11.2005 und E-Mail-Kontakte)

6 *WP/StB Dr. Martin Plendl*, Geschäftsführer Deloitte & Touche GmbH, München, Rosenheimer Platz 4, 81669 München.

(E-Mail-Kontakte und Telefongespräch bezüglich Feedback zum Fragebogen am 13.03.2007)

7 *Dr. Isabel Welpe, MSc (LSE)*, Habilitandin am Institut für Information, Organisation und Management von Prof. Dr. dres. h.c. Arnold Picot, Department für Betriebswirtschaft, Ludwig-Maximilians-Universität München, Ludwigstr. 28, 80539 München.

(E-Mail-Kontakte und Telefongespräch bezüglich Feedback zum Fragebogen am 13.03.2007)

BETRIEBSWIRTSCHAFTLICHE STUDIEN
RECHNUNGS- UND FINANZWESEN, ORGANISATION UND INSTITUTION

Die Herausgeber wollen in dieser Schriftenreihe Forschungsarbeiten aus dem Rechnungswesen, dem Finanzwesen, der Organisation und der institutionellen Betriebswirtschaftslehre zusammenfassen. Über den Kreis der eigenen Schüler hinaus soll originellen betriebswirtschaftlichen Arbeiten auf diesem Gebiet eine größere Verbreitung ermöglicht werden. Jüngere Wissenschaftler werden gebeten, ihre Arbeiten, insbesondere auch Dissertationen, an die Herausgeber einzusenden.

Band 1 Joachim Hartle: Möglichkeiten der Entobjektivierung der Bilanz - Eine ökonomische Analyse. 1984.

Band 2 Peter Wachendorff: Alternative Vertragsgestaltung bei öffentlichen Aufträgen - Eine ökonomische Analyse. 1984.

Band 3 Doris Zimmermann: Schmalenbachs Aktivierungsgrundsätze. 1985.

Band 4 Elke Michaelis: Organisation unternehmerischer Aufgaben - Transaktionskosten als Beurteilungskriterium. 1985.

Band 5 Arno Schuppert: Die Überwachung betrieblicher Routinetätigkeiten. Ein Erklärungs-Entscheidungsmodell. 1985.

Band 6 Bonaventura Lehertshuber: Unternehmensvertragsrecht und Konzernhandelsbilanz. 1986.

Band 7 Joachim Schindler: Kapitalkonsolidierung nach dem Bilanzrichtlinien-Gesetz. 1986.

Band 8 Gerhard R. Schell: Die Ertragsermittlung für Bankbewertungen. 1988.

Band 9 Ulrich Hein: Analyse der Neubewertungsverfahren im belgischen und französischen Bilanzrecht. 1988.

Band 10 Rainer Leuthier: Das Interdependenzproblem bei der Unternehmensbewertung. 1988.

Band 11 Dieter Pfaff: Gewinnverwendungsregelungen als Instrument zur Lösung von Agency-Problemen. Ein Beitrag zur Diskussion um die Reformierung der Ausschüttungskompetenz in Aktiengesellschaften. 1989.

Band 12 Christian Debus: Haftungsregelungen im Konzernrecht. Eine ökonomische Analyse. 1990.

Band 13 Ralph Otte: Konzernabschlüsse im öffentlichen Bereich. Notwendigkeit und Zwecke konsolidierter Jahresabschlüsse von Gebietskörperschaften dargestellt am Beispiel der Bundesverwaltung der Bundesrepublik Deutschland. 1990.

Band 14 Rüdiger Zaczyk: Interdisziplinarität im Bilanzrecht. Rechtsfindung im Spannungsfeld zwischen Betriebswirtschaftslehre und dogmatischer Rechtswissenschaft. 1991.

Band 15 Oliver Fliess: Konzernabschluß in Großbritannien – Grundlagen, Stufenkonzeption und Kapitalkonsolidierung. 1991.

Band 16 Joachim Faß: Konzernierung und konsolidierte Rechnungslegung. Eine Analyse der Eignung des Konzernabschlusses als Informationsinstrument und als Grundlage der Ausschüttungsbemessung konzernverbundener Unternehmen. 1992.

Band 17 Michael Feldhoff: Die Regulierung der Rechnungslegung. Eine systematische Darstellung der Grundlagen mit einer Anwendung auf die Frage der Publizität. 1992.

Band 18 Uwe Jüttner: GoB-System, Einzelbewertungsgrundsatz und Imparitätsprinzip. 1993.

Band 19 Ralf Häger: Das Publizitätsverhalten mittelgroßer Kapitalgesellschaften. 1993.

Band 20 Jutta Menninger: Financial Futures und deren bilanzielle Behandlung. 1993.

Band 21 Stefan Lange: Die Kompatibilität von Abschlußprüfung und Beratung. Eine ökonomische Analyse. 1994.

Band 22 Hans Klaus: Gesellschafterfremdfinanzierung und Eigenkapitalersatzrecht bei der Aktiengesellschaft und der GmbH. 1994.

Band 23 Vera Marcelle Krisement: Ansätze zur Messung des Harmonisierungs- und Standardisierungsgrades der externen Rechnungslegung. 1994.

Band 24 Helmut Schmid: Leveraged Management Buy-Out. Begriff, Gestaltungen, optimale Kapitalstruktur und ökonomische Bewertung. 1994.

Band 25 Carsten Carstensen: Vermögensverwaltung, Vermögenserhaltung und Rechnungslegung gemeinnütziger Stiftungen. 1994. 2., unveränderte Auflage 1996.

Band 26 Dirk Hachmeister: Der Discounted Cash Flow als Maß der Unternehmenswertsteigerung. 1995. 2., durchgesehene Auflage 1998. 3., korrigierte Auflage 1999. 4., durchgesehene Auflage 2000.

Band 27 Christine E. Lauer: Interdependenzen zwischen Gewinnermittlungsverfahren, Risiken sowie Aktivitätsniveau und Berichtsverhalten des Managers. Eine ökonomische Analyse. 1995.

Band 28 Ulrich Becker: Das Überleben multinationaler Unternehmungen. Generierung und Transfer von Wissen im internationalen Wettbewerb. 1996.

Band 29 Torsten Ganske: Mitbestimmung, Property-Rights-Ansatz und Transaktionskostentheorie. Eine ökonomische Analyse. 1996.

Band 30 Angelika Thies: Rückstellungen als Problem der wirtschaftlichen Betrachtungsweise. 1996.

Band 31 Hans Peter Willert: Das französische Konzernbilanzrecht. Vergleichende Analyse zum deutschen Recht im Hinblick auf die Konzernbilanzzwecke und deren Grundkonzeption. 1996.

Band 32 Christian Leuz: Rechnungslegung und Kreditfinanzierung. Zum Zusammenhang von Ausschüttungsbegrenzung, bilanzieller Gewinnermittlung und vorsichtiger Rechnungslegung. 1996.

Band 33 Gerald Schenk: Konzernbildung, Interessenkonflikte und ökonomische Effizienz. Ansätze zur Theorie des Konzerns und ihre Relevanz für rechtspolitische Schlußfolgerungen. 1997.

Band 34 Johannes G. Schmidt: Unternehmensbewertung mit Hilfe strategischer Erfolgsfaktoren. 1997.

Band 35 Cornelia Ballwießer: Die handelsrechtliche Konzernrechnungslegung als Informationsinstrument. Eine Zweckmäßigkeitsanalyse. 1997.

Band 36 Bert Böttcher: Eigenkapitalausstattung und Rechnungslegung. US-amerikanische und deutsche Unternehmen im Vergleich. 1997.

Band 37 Andreas-Markus Kuhlewind: Grundlagen einer Bilanzrechtstheorie in den USA. 1997.

Band 38 Maximilian Jung: Zum Konzept der Wesentlichkeit bei Jahresabschlußerstellung und -prüfung. Eine theoretische Untersuchung. 1997.

Band 39 Mathias Babel: Ansatz und Bewertung von Nutzungsrechten. 1997.

Band 40 Georg Hax: Informationsintermediation durch Finanzanalysten. Eine ökonomische Analyse. 1998.

Band 41 Georg Schultze: Der spin-off als Konzernspaltungsform. 1998.

Band 42 Christian Aders: Unternehmensbewertung bei Preisinstabilität und Inflation. 1998.

Band 43 Thomas Schröer: Das Realisationsprinzip in Deutschland und Großbritannien. Eine systematische Untersuchung und ihre Anwendung auf langfristige Auftragsfertigung und Währungsumrechnung. 1998.

Band 44 Anne d'Arcy: Gibt es eine anglo-amerikanische oder eine kontinentaleuropäische Rechnungslegung? Klassen nationaler Rechnungslegungssysteme zwischen Politik und statistischer Überprüfbarkeit. 1999.

Band 45 Christian Back: Richtlinienkonforme Interpretation des Handelsbilanzrechts. Abstrakte Vorgehensweise und konkrete Anwendung am Beispiel des EuGH-Urteils vom 27. Juni 1996. 1999.

Band 46 Cornelia Flury: Gewinnerläuterungsprinzipien. 1999.

Band 47 Hanne Böckem: Die Durchsetzung von Rechnungslegungsstandards. Eine kapitalmarktorientierte Untersuchung. 2000.

Band 48 Jens Kengelbach: Unternehmensbewertung bei internationalen Transaktionen. 2000.

Band 49 Ursula Schäffeler: Latente Steuern nach US-GAAP für deutsche Unternehmen. 2000.

Band 50 Rainer Doll: Wahrnehmung und Signalisierung von Prüfungsqualität. 2000.

Band 51 Brigitte Strasser: Informationsasymmetrien bei Unternehmensakquisitionen. 2000.

Band 52 Lars Franken: Gläubigerschutz durch Rechnungslegung nach US-GAAP. Eine ökonomische Analyse. 2001.

Band 53 Oliver Bärtl: Wertorientierte Unternehmenssteuerung. Zum Zusammenhang von Kapitalmarkt, externer und interner Rechnungslegung. 2001.

Band 54 Gabi Ebbers: A Comparative Analysis of Regulatory Strategies in Accounting and their Impact on Corporate Compliance. 2001.

Band 55 Mark Währisch: The Evolution of International Accounting Systems. Accounting System Adoptions by Firms from a Network Perspective. 2001.

Band 56 Jakob Schröder: F&E-Bilanzierung als Einflußfaktor der F&E-Freudigkeit. 2001.

Band 57 Martin Hebertinger: Wertsteigerungsmaße – Eine kritische Analyse. 2002.

Band 58 Rainer Zensen: Die Bewertung von deutschen Universalbanken unter Berücksichtigung rechtsformspezifischer Besonderheiten. 2002.

Band 59 Oliver Beyhs: Impairment of Assets nach International Accounting Standards. Anwendungshinweise und Zweckmäßigkeitsanalyse. 2002.

Band 60 Britta Leippe: Die Bilanzierung von Leasinggeschäften nach deutschem Handelsrecht und US-GAAP. Darstellung und Zweckmäßigkeitsanalyse. 2002.

Band 61 Christian Heitmann: Beurteilung der Bestandsfestigkeit von Unternehmen mit Neuro-Fuzzy. 2002.

Band 62 Bernd Hacker: Segmentberichterstattung – Eine ökonomische Analyse. 2002.

Band 63 Jörg Hoffmann: Das DRSC und die Regulierung der Rechnungslegung. Eine ökonomische Analyse. 2003.

Band 64 Cornelia Stanke: Entscheidungskonsequenzen der Rechnungslegung bei Unternehmenszusammenschlüssen. 2003.

Band 65 Peter Gampenrieder: Squeeze-out. Rechtsvergleich, empirischer Befund und ökonomische Analyse. 2004.

Band 66 Tim Laas: Steuerung internationaler Konzerne. Eine integrierte Betrachtung von Wert und Risiko. 2004.

Band 67 Michael Dobler: Risikoberichterstattung. Eine ökonomische Analyse. 2004.

Band 68 Martina Bentele: Immaterielle Vermögenswerte in der Unternehmensberichterstattung. 2004.

Band 69 Maik Esser: Goodwillbilanzierung nach SFAS 141/142. Eine ökonomische Analyse. 2005.

Band 70 Jörg-Markus Hitz: Rechnungslegung zum fair value. Konzeption und Entscheidungsnützlichkeit. 2005.

Band 71 Christian Schaffer: Führt wertorientierte Unternehmensführung zur messbaren Wertsteigerung? 2005.

Band 72 Marcus Borchert: Die Sicherung von Wechselkursrisiken in der Rechnungslegung nach deutschem Handelsrecht und International Financial Reporting Standards (IFRS). Darstellung und Zweckmäßigkeitsanalyse. 2006.

Band 73 Marcus Bieker: Ökonomische Analyse des Fair Value Accounting. 2006.

Band 74 Jörg Wiese: Komponenten des Zinsfußes in Unternehmensbewertungskalkülen. Theoretische Grundlagen und Konsistenz. 2006.

Band 75 Silvia Hettich: Zweckadäquate Gewinnermittlungsregeln. 2006.

Band 76 Stephan Rosarius: Bewertung von Leveraged Buyouts. 2007.

Band 77 Bernhard Moitzi: Fair Value Accounting und Anreizwirkungen. 2007.

Band 78 Jörg Reichert: Das Residual-Income-Model. Eine kritische Analyse. 2007.

Band 79 Nadja M. Päßler: Interessenkonflikte in der Informationsintermediation. Eine ökonomische Analyse. 2007.

Band 80 Raimo Reese: Schätzung von Eigenkapitalkosten für die Unternehmensbewertung. 2007.

Band 81 Jens Hackenberger: Professionelle Fußballspieler in der internationalen Rechnungslegung. Eine ökonomische Analyse. 2008.

Band 82 Christian Wappenschmidt: Ratinganalyse durch internationale Ratingagenturen. Empirische Untersuchung für Deutschland, Österreich und die Schweiz. 2009.

Band 83 Andreas Scholze: Discounted Cashflow und Jahresabschlußanalyse. Zur Berücksichtigung externer Rechnungslegungsinformationen in der Unternehmensbewertung. 2009.

www.ingramcontent.com/pod-product-compliance
Ingram Content Group UK Ltd.
Pitfield, Milton Keynes, MK11 3LW, UK
UKHW021918290926
8980IPUK00015B/1336

9 783631 580042